**Kohlhammer**

# Der Autor

Peter Geiss (geb. 1971) ist Professor für Didaktik der Geschichte an der Universität Bonn. Neben der Auseinandersetzung mit Möglichkeiten und Grenzen des praktischen Lernens aus der Geschichte umfasst sein Arbeitsgebiet die Frage nach den Besonderheiten historischer Erkenntnis in Forschungs- und Lernkontexten. Weitere Schwerpunkte sind internationale Konfliktbearbeitung und Verständigung in historischer Perspektive (ausgehend vom deutsch-französischen Fallbeispiel) sowie der grenzüberschreitende Vergleich von Unterrichtskulturen.

Peter Geiss

# Geschichte in Zeiten der Unsicherheit

Wie Politik seit der Antike aus der Vergangenheit lernt

Verlag W. Kohlhammer

Dieses Werk einschließlich aller seiner Teile ist urheberrechtlich geschützt. Jede Verwendung außerhalb der engen Grenzen des Urheberrechts ist ohne Zustimmung des Verlags unzulässig und strafbar. Das gilt insbesondere für Vervielfältigungen, Übersetzungen, Mikroverfilmungen und für die Einspeicherung und Verarbeitung in elektronischen Systemen.

Es konnten nicht alle Rechtsinhaber von Abbildungen ermittelt werden. Sollte dem Verlag gegenüber der Nachweis der Rechtsinhaberschaft geführt werden, wird das branchenübliche Honorar nachträglich gezahlt.

Dieses Werk enthält Hinweise/Links zu externen Websites Dritter, auf deren Inhalt der Verlag keinen Einfluss hat und die der Haftung der jeweiligen Seitenanbieter oder -betreiber unterliegen. Zum Zeitpunkt der Verlinkung wurden die externen Websites auf mögliche Rechtsverstöße überprüft und dabei keine Rechtsverletzung festgestellt. Ohne konkrete Hinweise auf eine solche Rechtsverletzung ist eine permanente inhaltliche Kontrolle der verlinkten Seiten nicht zumutbar. Sollten jedoch Rechtsverletzungen bekannt werden, werden die betroffenen externen Links soweit möglich unverzüglich entfernt.

Umschlagabbildung: © comicsans – stock.adobe.com

1. Auflage 2025

Alle Rechte vorbehalten
© W. Kohlhammer GmbH, Stuttgart
Gesamtherstellung: W. Kohlhammer GmbH, Heßbrühlstr. 69, 70565 Stuttgart
produktsicherheit@kohlhammer.de

Print:
ISBN 978-3-17-045282-4

E-Book-Formate:
pdf:     ISBN 978-3-17-045283-1
epub:  ISBN 978-3-17-045284-8

# Inhalt

Einleitung .................................................................................. 7
Historisches Lernen macht Geschichte

1   Was heißt Lernen aus der Geschichte? ........................ 20

2   Rom 27 v. Chr. ................................................................ 36
     Octavian/Augustus als lernender Leviathan

3   Canossa 1077 .................................................................. 64
     Den Herrscher als Sünder bezwingen? Papst Gregor VII. und das
     Beispiel des Ambrosius von Mailand

4   Florenz 1564 ................................................................... 89
     Großherzog Cosimo I. de' Medici als gelehriger Schüler des
     Augustus

5   Nantes 1598 .................................................................. 112
     Heinrich IV. und das Lernen aus den französischen
     Religionskriegen

6   Wien 1814/15 ............................................................... 137
     Das Europäische Konzert als Antwort auf die Napoleonischen
     Kriege

7   Westfront 1914/1940 .................................................. 169
     Die Schlacht von Cannae, oder Hannibal als Lehrer des deutschen
     Aggressionskrieges

8   München 1938 .............................................................. 197
     Neville Chamberlain und die »lessons of 1914«

9   Paris 1950 ..................................................................... 225
     Robert Schuman und die Lektionen der deutsch-französischen
     »Erbfeindschaft«

| 10 | Andernach 1956 .................................................................. | 250 |

Der »Staatsbürger in Uniform« als Antwort auf eine Geschichte deutscher Aggression

| 11 | Dakar 1960 ........................................................................ | 278 |

Léopold Sédar Senghor und die Geschichte als Wegweiserin zur universalen Menschenwürde

| 12 | Washington 1962 ............................................................... | 305 |

John F. Kennedy und die Appeasement-Analogie am nuklearen Abgrund

| 13 | Stuttgart-Stammheim 1975 ................................................ | 331 |

Ulrike Meinhof, die RAF und die Lektionen des Faschismus

| 14 | Fort Dix 1976 .................................................................... | 358 |

Die Spanische Grippe als tödliche Wiedergängerin

| 15 | Bielefeld 1999 ................................................................... | 381 |

»Nie wieder Krieg, nie wieder Auschwitz!« Die rot-grüne Bundesregierung und der erste Kampfeinsatz der Bundeswehr

| 16 | Schluss und Ausblick ....................................................... | 406 |

Aus dem Lernen lernen?

Anmerkungen ............................................................................ 420

Abbildungsverzeichnis ............................................................. 503

# Einleitung

## Historisches Lernen macht Geschichte

Das Lernen aus der Geschichte war und ist allgegenwärtig: Kriege werden in seinem Namen geführt, aber auch Frieden und Versöhnung aus historischen Erfahrungen und Einsichten heraus begründet. Tatsächliche oder vermeintliche Lehren der Geschichte fließen in Staatsverfassungen und internationale Organisationen ein, prägen Gesetze, begründen Besitzansprüche, nähren Leidenschaften, mahnen zur Mäßigung, motivieren aber auch Massenmorde bis hin zu Genoziden oder werden umgekehrt als Appell zu deren Verhinderung beschworen. Lang ist die Liste menschlicher Entscheidungen, Unterlassungen, Taten und Untaten, die unmittelbar zeitgenössisch oder im Rückblick mit dem Lernen aus der Geschichte in Verbindung gebracht wurden.[1]

Was glaubten Menschen in politischen Entscheidungssituationen praktisch aus der Geschichte lernen zu können? Und welche konkreten Konsequenzen hatte dieses Bemühen für ihr Handeln und die daraus erwachsenden Folgen? Diesen beiden Fragen wird dieses Buch anhand von vierzehn exemplarischen Fällen von der Antike bis an die Schwelle zum 21. Jahrhundert nachgehen. Damit ist auch bereits ausgesprochen, was dieses Buch *nicht* bietet: eine Beantwortung der Frage, was heute aus der Geschichte abzuleiten wäre, um bestimmte Gegenwartsprobleme zu lösen. Dass ich hier bewusst keine historisch argumentierende Politikberatung mit direktem Anwendungsbezug versuche, ergibt sich nicht aus einem Desinteresse gegenüber den drängenden Fragen unserer Zeit. Es ist vielmehr Ausdruck der Vorsicht und der Hoffnung, dass vielleicht gerade der Verzicht auf aktualitätsbezogene Orientierungsansprüche Erkenntnisse über Möglichkeiten und Grenzen des praktischen Lernens aus der Geschichte erlaubt, die unter dem Druck und in der Hitze von Gegenwartsfragen kaum zu erreichen wären. Vorsicht ist geboten, denn allzu oft haben sich Menschen geirrt, wenn sie in der Geschichte Rat suchten – selbst gemessen an ihren eigenen Absichten und Zielen.[2] Davor schützte die Aufrichtigkeit und Ernsthaftigkeit der Lernbereitschaft nicht immer – und auch die Fachkompetenz von Historikern macht sie nicht automatisch zu guten politischen Ratgebern.

Geschichte schärft den Blick von Menschen auf ihre jeweilige Gegenwart nicht notwendigerweise, sie kann ihn auch begrenzen, vernebeln und radikalisieren – mit bedenklichen Konsequenzen bis hin zum Realitätsverlust. Oft genug wurde Geschichte überdies »als Waffe« eingesetzt, wie es Edgar Wolfrum treffend formuliert hat.[3] Vielfach dürfte den politischen Akteuren selbst nicht bewusst gewesen sein, ob sie historische Herleitungen und Analogien tatsächlich einsetzten, um eine aktuelle Situation besser zu verstehen (»diagnostisch«), oder ob es vielleicht doch eher darum ging, bereits getroffene Entscheidungen zu legitimieren (»rhetorisch«).[4] Dies galt auch für Vertreter der Geschichtswissenschaft, wenn sie gefragt oder ungefragt in ihrer fachlichen Rolle politische Empfehlungen abgaben. Ein Beispiel war das flammende und dezidert historisch argumentierende Plädoyer des prominenten Fachvertreters Friedrich Meinecke für den Kriegseinsatz im Jahr 1914, den er als eine aus der deutschen Geschichte seit den Befreiungskriegen gegen Napoleon abzuleitende Notwendigkeit präsentierte.[5] Der sicherste Weg, sich politischer (Selbst-)Instrumentalisierung solcher Art zu entziehen oder zu vermeiden, unter dem Deckmantel von Wissenschaft Politik zu treiben, besteht für Historiker zweifellos darin, gar keine Lehren für das Hier und Heute auszusprechen – am besten durch das tiefe Abtauchen in Spezialforschung, für die sich außerhalb eines engen Kreises von Spezialisten kein Mensch interessiert.[6] Wer sich weltvergessen im Elfenbeinturm den Details merowingerzeitlicher Paläografie widmet, verfällt nicht so leicht dem Risiko, aus der eigenen professionellen Rolle heraus Kriegsrhetorik zu produzieren oder bei der Formulierung menschenfeindlicher Ideologien zu assistieren.

Der Verzicht auf einen gegenwartsbezogenen Lernanspruch zugunsten einer Betrachtung des Lernens aus der Geschichte als einer wirksamen Kraft *in* der Geschichte hat allerdings einen Preis: Die Geschichtswissenschaft kann sich der Frage, was denn aus der Geschichte gelernt werden solle, wohl nie vollständig entziehen, ohne den Eindruck der Pflichtvergessenheit zu hinterlassen.[7] Mehr noch dürfte dies für das geschichtswissenschaftliche Teilgebiet der Geschichtsdidaktik gelten, die ja das »Lehren« mit dem griechischen *didáskein* schon im Namen trägt. Gesellschaften erwarten von der historischen Forschung berechtigterweise Orientierung in ihrer Gegenwart, was der Didaktiker Karl-Ernst Jeismann treffend als »Geschichtsbegehren« charakterisiert hat.[8] Neben dem Wunsch nach einer Positionsbestimmung im Gefüge der Zeiten liegt darin auch die Hoffnung darauf, dass wissenschaftlich abgesicherte Historie zumindest Anhaltspunkte dafür geben kann, wie eine Gesellschaft ihre Ziele bestimmen soll und welchen Kurs sie einschlagen muss, damit sie diese Ziele erreicht. Es geht dabei um ein kaum zu entwirrendes Knäuel der Fragen ›Wo kommen wir her?‹, ›Wie sehen wir uns selbst?‹ und ›In welche Zukunft gehen wir?‹.[9] Historiker dürfen solche Orientierungswünsche nicht ignorieren – und würden doch ihrer Gesellschaft einen schlechten Dienst erweisen, wenn sie ihr eine gesicherte Fahrrinne historisch fundierter Handlungsempfehlungen vorgaukeln würden, wo doch tatsächlich vor allem Untiefen und Strudel sind. Aber wie könnte ein Kurs zwischen Skylla und Charybdis aussehen, zwischen der vorsichtigen Verweigerung handlungsorientierter Lektionen der Geschichte einerseits und oberflächlichen oder naiven Belehrungen anderseits, die Scheingewissheit erzeugen und vielleicht mehr Schaden als Nutzen nach sich ziehen?

Bei einer Kursbestimmung können vielleicht Überlegungen helfen, die der deutsche Historiker Thomas Nipperdey 1972 in seinem Aufsatz *Über Relevanz* formuliert hat. Dies geschah wahrscheinlich nicht zufällig in der Zeitschrift *Geschichte in Wissenschaft und Unterricht*, die schon im Titel Forschung und Vermittlung zusammenführt. Nipperdey reagierte in der Reformstimmung der 1970er Jahre auf den verbreiteten Vorwurf, die Befassung mit Geschichte sei irrelevant, da sie in ihrer Rückwärtsgewandtheit die Gesellschaft nicht voranbringen könne. Seine Position lässt sich aber aus diesem Debattenkontext lösen und kann auch heute noch Geltung beanspruchen: Man könne durchaus die Erfahrungen der Vergangenheit für Gegenwart und Zukunft nutzbar machen, wenn auch nicht als konkrete Handlungsanleitungen. Die Befassung mit historischen Problemen und Prozessen vermittle vielmehr ein Gespür für das, was Nipperdey den »Spielraum des Möglichen« nennt. Geschichte lenke unter anderem heilsame Aufmerksamkeit auf die Tatsache, dass Absichten und Wirkungen menschlichen Handelns vielfach auseinanderdriften können. Je mehr und je engagierter wir es dagegen darauf anlegen, Geschichte als »Vorgeschichte« des Hier und Jetzt an gegenwärtige Interessen zu binden und aus ihr konkrete Handlungsanleitungen abzuleiten, desto weniger werden uns Nipperdey zufolge solche Anleitungen bei der Bewältigung anstehender Herausforderungen tatsächlich helfen. Zugespitzt formuliert müssen wir auf das Lernen verzichten, um lernen zu können – in Nipperdeys Worten:

» Nur wer sich, indem er vom Lernenwollen gerade absieht, der Fülle der wesentlichen Phänomene der Vergangenheit zuwendet, wird zu Ergebnissen kommen, von denen wir im eben beschrieben Sinne vielleicht etwas lernen können.«[10]

Die Erkenntnis der »Diskrepanz zwischen Absichten und Verwirklichungen« menschlichen Handelns führt Nipperdey zufolge dazu, dass Ideologien ihre Macht verlieren und »Handlungsprogramme relativiert« werden: Wer studiere, wie frühere politische Strategien und Heilsversprechen die von ihren Verkündern ausgegebenen Ziele verfehlt hätten, der neige dazu, Vorsicht walten zu lassen, wenn er in der eigenen Lebenszeit auf Zukunftsvisionen und zugehörige Umsetzungspläne vertrauen solle.[11] Das entscheidende Lernergebnis war für ihn also Skepsis.[12] Auch wenn Nipperdey das nicht ganz wörtlich ausgesprochen hat, drängt sich beim Lesen seiner Ausführungen von 1972 die Annahme auf, dass er in dieser Skepsis eine für die Demokratie lebensnotwendige Grundhaltung sah. Genau dadurch setzte er sich in einen scharfen Gegensatz zu jenen Zeitgenossen, die den ungebrochenen Glauben an die großen gesellschaftspolitischen Fortschrittsprojekte der 1970er Jahre zum Kern ihres demokratischen Projekts gemacht hatten. Diese hätten – über den möglichen Vorwurf einer als Skeptizismus getarnten konservativen Gesellschaftspolitik hinaus – natürlich mit Recht antworten können, dass mit dem Gestus der Hinterfragung allein keine konstruktive demokratische Willensbildung möglich sei.[13] Skepsis mag sich im Raum der Politik kontraproduktiven oder ideologisierten Problemlösungen entgegenstellen, löst aber selbst kein einziges Problem. Sie muss konsensbezogen und konstruktiv ergänzt werden.

Es überrascht vor dem Hintergrund von Nipperdeys skeptischer Grundhaltung nicht, dass er betonte, Geschichte könne »die Frage, was wir tun sollen«, nicht »beantworten«, auch wenn er an anderer Stelle von einer »Aufhellung der Gegenwart« spricht.[14] In einer sicherlich unvollkommenen Analogie zur Physik könnte man sagen, dass Nipperdey so etwas wie die ›Heisenberg'sche Unschärferelation der Geschichte‹ formuliert hat: Je präziser wir uns mit einer historischen Situation befassen, desto weniger relevant wird sie für unsere Gegenwart, je mehr wir jedoch gegenwartsbezogene Relevanz hineinlesen wollen, desto unschärfer werden vor unseren Augen ihre zeitgenössischen Besonderheiten, desto weniger geschichtswissenschaftlich betrachten wir sie. Der Vergleich sei durch Stephen Hawkings knappe Definition der physikalischen Unschärferelation erläutert: »Je genauer man die Position eines Teilchens zu messen versucht, desto ungenauer lässt sich seine Geschwindigkeit messen, und umgekehrt.«[15]

Dass der vergleichende Blick in ferne Wissenschaftsdisziplinen wie die Physik helfen kann, den spezifischen Charakter des historischen Lernens besser zu verstehen, mag auch ein weiteres Beispiel vor Augen führen: Der Wissenschaftstheoretiker Karl R. Popper vermochte es wie wohl kaum ein weiterer Denker, die Welt der Naturwissenschaften und die Sphären der Geschichte und Politik aufeinander zu beziehen. Er war schon in den 1950er Jahren zu einer ähnlichen Einschätzung wie Nipperdey gelangt, indem er das Lernen aus der Geschichte vorwiegend durch Negation bestimmte: Nicht positive Gesetze der Gesellschaftsentwicklung sollten aus den Erfahrungen der Vergangenheit abgeleitet werden, stattdessen gehe es um »Gesetze, die den Aufbau gesellschaftlicher Einrichtungen begrenzen«.[16] Stärker noch als bei Nipperdey ist es in dieser Sichtweise also nicht das Mögliche, sondern das Unmögliche, was aus der Geschichte gelernt werden kann. Dieses Verständnis von historischem Lernen hängt mit Poppers Grundauffassung von Wissenschaft, vor allem von Naturwissenschaft, zusammen: Erkenntnis wird demnach dadurch erreicht, dass die Wissenschaft Theorien formuliert, die sie dann durch das »Testen« an der beobachteten Realität zu widerlegen (»falsifizieren«) und durch bessere zu ersetzen sucht. Endgültig beweisbar beziehungsweise »verifizierbar« ist in dieser Perspektive keine Theorie, aber gute wissenschaftliche Theorien lassen sich trotzdem erreichen und daran erkennen, dass sie empirische Tests vorerst bestehen.[17]

Nicht überall stand die Diskussion über das Lernen aus der Geschichte so im Zeichen der Skepsis wie bei Nipperdey und Popper. Vor allem in den USA fällt im Ringen um historische Entscheidungshilfen für Gegenwart und Zukunft ein pragmatischer Grundton auf. Die vom Skeptizismus gebotene Vorsicht sollte lernende Bezugnahmen auf die Vergangenheit nicht blockieren. Das von Nipperdey geforderte Ausleuchten eines Möglichkeitsspektrums lässt sich jenseits des Atlantiks mit Überlegungen der Politikberater Richard E. Neustadt und Ernest R. May verknüpfen, die Mitte der 1980er Jahre eine wesentliche Funktion historischer Analogien darin sahen, die politische Vorstellungskraft (*imagination*) zu fördern – und damit das Durchdenken möglicher Folgen einer Entscheidung. Dies hielten sie deshalb für wichtig, weil Entscheidungsträger gar nicht anders können, als sich auf zurückliegende Erfahrungen zu stützen – und dies heißt eben ab einem gewissen Zeitabstand: auf Geschichte.[18] Ähnlich vertrat auch Robert Jervis als Experte für die Psychologie der internationalen Politik den Standpunkt, historisches Lernen finde unvermeidlich statt, auch dann, wenn sich die Akteure dessen gar nicht bewusst seien. In einer solchen Perspektive ist es keine Option für die Geschichtswissenschaft, dieses Lernen als Quelle von Fehleinschätzungen pauschal zurückzuweisen. Ginge es ungeprüft ›unter dem Radar‹ der historischen Fachexpertise hindurch, so würde es wohl nur zu noch schlechteren Ergebnissen führen als mit wissenschaftlicher Begleitung.[19]

Mit Blick auf die Übernahme von Verantwortung für geschichtsbasierte Lernprozesse zeigt die ›amerikanische Schule‹ eine konstruktive Grundhaltung, die bei aller Vorsicht und Sensibilität für Fehlerquellen nicht so weit geht, den Anspruch auf eine geschichtlich informierte Politik einfach aufzugeben. Erst recht hält sich diese Schule von der manchmal naheliegenden Versuchung fern, in Resignation zu verfallen und das tiefsitzende Schlechte im Menschen dafür verantwortlich zu machen, dass in dieser Welt zumindest im Großen und Ganzen kein lernendes Weiterkommen möglich ist. Ein eindrucksvolles Beispiel für diese Versuchung lieferte 1942 der Arzt, Dichter und vorübergehende geistige NS-Kollaborateur Gottfried Benn: In einem damals natürlich unveröffentlichten Essay suchte er sich seine ganz persönliche Verantwortung vor der Geschichte dadurch vom Leib zu schreiben, dass er beim Blick in den *Großen Ploetz* alles Historische auf eine »Krankengeschichte von Irren« reduzierte.[20] Angesichts der nie enden wollenden Wiederkehr von Krieg, Gewalt und Unrecht ist es nicht leicht, diesem Impuls zu widerstehen, obwohl er doch vielleicht nur eine Variante der von Ralf Dahrendorf beschriebenen »Versuchung der Unfreiheit« ist,[21] weil der Geschichtspessimismus Menschen dazu bringen kann, sich einem von anderen vorgegebenen Gang der Dinge zu unterwerfen.

Wie aber könnte ein gegenwartsbezogener Umgang mit Geschichte aussehen, der nicht bei Resignation, Nichtzuständigkeitserklärung und Verantwortungsverweigerung stehen bleibt? May und Neustadt bieten hier eine bedenkenswerte Antwort: Sie betonen, dass es in aller Regel wohl nicht der *eine* und isolierte Geschichtsvergleich sein wird, der in einer bestimmten Situation eine angemessene Orientierung bieten kann; vielmehr sei es das Jonglieren mit verschiedenen, für sich immer unvollkommenen Vergleichsoptionen und Analogieperspektiven, das eine im wahrsten Sinne des Wortes umsichtige Betrachtung der Lage unterstütze und so die Qualität der Entscheidung erhöhe.²² In seiner Studie über die Rolle historischer Analogien auf dem amerikanischen Weg in den Vietnamkrieg warnt der in Harvard und später Singapur lehrende Politikwissenschaftler Yuen Foong Khong mit ähnlichem Tenor besonders vor solchen Parallelisierungen, die allzu konsensfähig sind und zu wenig zum Fragen anregen – die scheinbar ›klarsten‹ Analogien hält er also für die gefährlichsten.²³ Doch nicht nur das Durchdenken einer Pluralität möglicher Parallelen zwischen Vergangenheit und Gegenwart kann ein verantwortliches Lernen aus der Geschichte unterstützen. Auch die Kenntnis früherer Lernversuche vermag dazu beizutragen. Für einen solchen Umgang mit dem schwierigen ›Lernstoff‹ Geschichte möchte ich mich in diesem Buch aussprechen, indem ich eine facettenreiche Auswahl solcher Versuche aus mehr als zwei Jahrtausenden vorstelle. Dabei sollen die aufgegriffenen *case studies* einen Beitrag zur Klärung der Frage leisten, welche Erwartungen wir sinnvollerweise an ein handlungsbezogenes Lernen aus der Geschichte richten können. Keine Scheingewissheit durch neue Analogien zur aktuellen Weltlage, sondern das Wirkenlassen der im Thema liegenden Unsicherheiten ist dabei mein Anliegen, bieten doch gerade diejenigen Lernversuche besonderes Aufklärungspotenzial, die im Rückblick als gescheitert gelten können.²⁴ Solche Fehlleistungen des politisch-historischen Denkens fordern die lernwilligen ›Schüler‹ der Geschichte dazu auf, immer mit blinden Flecken in der eigenen Situationsanalyse zu rechnen und sich einer historischen Analogie gerade dann nicht restlos zu überlassen, wenn sich die Gegenwart als nahezu perfektes *Déjà-vu* einer vergangenen Konstellation zu präsentieren scheint. Wie wichtig dieses von dem Psychologen Daniel Kahneman für den angemessenen Umgang mit Statistiken beschriebene »langsame Denken« auch für die Außen- und Sicherheitspolitik ist, wird deutlich, wenn man sich die starken kognitiven Effekte von Analogiebildungen vor Augen hält.²⁵ Was eine historische Analogie im Raum der Politik konkret leistet, hat Khong am Beispiel des bekannten Topos ›Münchner Konferenz 1938‹ aufgezeigt, der 1965 zur Begründung des Kriegseintritts der USA in Vietnam herangezogen wurde:

> » Appeasement in München 1938 (A) ereignete sich als eine Folge westlicher Nachgiebigkeit (X). Appeasement in Vietnam 1965 (B) ereignet sich auch als eine Folge westlicher Nachgiebigkeit (X). Aus Appeasement in München 1938 (A) ergab sich ein Weltkrieg (Y); deshalb wird sich aus Appeasement in Vietnam 1965 (B) ebenfalls ein Weltkrieg (Y) ergeben.«²⁶

Man muss kein Genie im Bereich der Aussagenlogik sein, um zu erkennen, dass hier kein logisch korrekter Schluss vorliegt. Vielmehr handelt es sich – um Kahnemans Begrifflichkeit nochmals aufzugreifen – um »schnelles Denken« mit hohem Selbsttäuschungsrisiko – oder um einen »shortcut to rationality«, wie es Jervis ausgedrückt hat.[27] Dass eine bestimmte Politik (A) in einem bestimmten Kontext zu einem bestimmten Ergebnis (Y) – hier einem Weltkrieg – geführt hat, bedeutete keineswegs, dass eine ähnliche Politik (B) in einem anderen Kontext zu einem ähnlichen Ergebnis (Y) führen muss. Was die Analogie Khong zufolge 1965 ›leistete‹, war die Ableitung »unbekannter Folgen einer Appeasement-Politik in Vietnam« aus dem historischen Vergleichsbeispiel München 1938.[28] Welch desaströsen Folgen verkürztes Lernen aus der Geschichte nach sich ziehen kann, hat auch der französische Historiker und Offizier Marc Bloch in seiner Analyse der Niederlage Frankreichs im Jahr 1940 auf den Punkt gebracht: Die französischen Militärbefehlshaber hätten damals »vor allem beansprucht, den Krieg von 1914–1918 zu erneuern. Die Deutschen führten den von 1940«.[29] Dies war für Bloch aber kein Argument, das sich grundsätzlich gegen das Lernen aus der Geschichte ins Feld führen ließe. Ganz im Gegenteil sprach er sich dafür aus, im Geschichtsunterricht unmittelbar zeithistorische Verkürzungen zu überwinden und auch durch die Behandlung weiter entfernter Vergangenheit wieder den »Sinn für das Unterschiedliche« und für »die Veränderung« zu schärfen. Er verwendete hierfür die Metapher eines Meeresforschers, der die Gestirne vernachlässige, weil sie von seinem Forschungsgegenstand zu weit entfernt seien – und der genau deshalb an der Erklärung der Gezeiten scheitere.[30]

Unter den kurzen Fallstudien dieses Buches finden sich neben Beispielen für Irrtümer und (Selbst-)Täuschungen auch solche, bei denen sich die Leserinnen und Leser fragen mögen, ob sie nicht das Thema verfehlen: Es geht um die Verwendung von Geschichte zur Durchsetzung von Ansprüchen und Positionen. Dies kann bis hin zur interessengeleiteten »Erfindung von Vergangenheit« reichen, wie sie der britische Historiker Eric Hobsbawm unter dem Eindruck der blutigen Geschichtspolitik im zerfallenden Jugoslawien der 1990er Jahre beobachtete.[31] Oft dürfte den Akteuren aber gar nicht bewusst gewesen sein, in welchem Sinne sie Geschichte heranziehen. Daher müssen auch Beispiele im diffusen Grenzbereich zwischen einer glaubwürdigen Lernabsicht und propagandistischen Instrumentalisierungen von Vergangenheit berücksichtigt werden, wenn es um eine nähere Bestimmung des Bereichs geht, der sich sinnvoll als Lernen aus der Geschichte bezeichnen lässt. Überdies sollen auch jene Grenzfälle Beachtung finden, bei denen sich die Lebenserfahrung der Akteure und die (Zeit-)Geschichte nicht voneinander trennen lassen, wie dies etwa bei Augustus (Octavian) der Fall war, der aus der Geschichte der römischen Republik seit dem späten 2. Jahrhundert v. Chr., aber auch ganz speziell aus dem von ihm miterlebten Schicksal seines 44 v. Chr. ermordeten Onkels und Adoptivvaters C. Iulius Caesar zu lernen suchte.[32]

Eine ›Gesamtgeschichte‹ des praktischen Lernens aus der Geschichte ist natürlich nicht realisierbar – nicht für gut 2 000 Jahre, nicht für ein Jahrhundert und nicht einmal für ein Jahrzehnt. Somit bleibt ein Vorhaben des hier versuchten Typs immer Fragment. Daher verwundert es auch nicht, dass jede Auswahl von Fallbeispielen durch andere ersetzt oder um zahllose weitere ergänzt werden könnte: Warum sind Neuzeit und insbesondere Zeitgeschichte im vorliegenden Buch prominenter vertreten als Antike und Mittelalter? Wie kommt es zu dem auffallenden Schwerpunkt in der Geschichte der internationalen Beziehungen unter Einschluss von Kriegen und Fast-Kriegen? Warum ist die RAF-Terroristin Ulrike Meinhof die einzige Frau, die im Zentrum eines Kapitels steht? Wie kann es sein, dass mit dem ersten senegalesischen Staatspräsidenten Léopold Sédar Senghor nur ein einziger postkolonialer Akteur die Bühne betritt – noch dazu einer, dessen intellektuelle Entwicklung intensiv durch das französische Bildungssystem geprägt wurde und der zeitlebens nie mit der Kolonialmacht gebrochen hat? Die Antwort auf diese Fragen – und viele weitere ließen sich ergänzen – liegt natürlich nicht in einer zwingenden Sachlogik, sondern in Prägungen, Interessenschwerpunkten, Kenntnissen, aber auch Kenntnislücken des Verfassers. Insofern trifft auch für dieses Buch die Bemerkung zu, die der französische Humanist Michel de Montaigne im späten 16. Jahrhundert seinen *Essais* vorangestellt hat: Es liefert unabwendbar auch ein Bild seines Autors mit den Unzulänglichkeiten und Einschränkungen seines Blicks auf die historische und gegenwärtige Welt.[33] Unerreichbar war auch das Ziel des knapp 300 Jahre nach Montaigne schreibenden Historikers Leopold von Ranke (1795–1886), beim Verfassen historischer Werke sein »Selbst gleichsam auszulöschen, und nur die Dinge reden, die mächtigen Kräfte erscheinen zu lassen.«[34] Denn schon allein die Bestimmung dessen, was als eine in der Geschichte wirksame »Kraft« gelten sollte und ab welchem Wirksamkeitsgrad diese als »mächtig« eingestuft werden könnte, ist gar nicht unabhängig von menschlichen Auswahl- und Gewichtungsentscheidungen möglich, durch die vergangenes Geschehen überhaupt erst darstellbar wird.[35] Eine solche, nicht einfach aus vergangenem Geschehen ableitbare Entscheidung liegt ohne Zweifel vor, wenn das Lernen aus der Geschichte als eine über die Zeiten hinweg handlungsleitende Kraft verstanden wird – als ein Faktor, der selbst Geschichte hervorgebracht hat und weiterhin hervorbringt.

Nicht mit in der Sache liegenden Notwendigkeiten begründbar und damit auch der Subjektivität des Verfassers geschuldet ist zudem die Tendenz dieses Buches, sich im historischen Denken, Entscheiden und Handeln eher für das Tragische zu interessieren als für das Böse. Zu einer solchen Blickrichtung regt ein Gedanke von Robert Jervis an, der angesichts von Rüstungsspiralen feststellt, dass das »zentrale Thema der internationalen Beziehungen nicht das Übel, sondern das Tragische« sei.[36] Dass das Böse eine in der Geschichte leider hochwirksame Macht ist, weiß jeder Mensch intuitiv so genau, dass sich jede Aufzählung von Beispielen erübrigt. Das Tragische hebt sich vom Bösen dadurch ab, dass es – mit Aristoteles gesprochen – nicht üble Charaktereigenschaften sind, welche die Handelnden – und in der Politik oft auch die ihnen anvertraute Bevölkerung – ins Unglück führen, sondern dass sie »durch irgendeinen Fehler« hineingeraten.[37] Aus solchen Fehlern, die vergangene Akteure trotz teilweise ernsten Bemühens beim Ableiten von Lektionen der Geschichte gemacht haben, lässt sich vielleicht etwas lernen – aus der eindimensionalen Verwerflichkeit menschenverachtender Geschichtsbilder, wie sie totalitäre Regime und Bewegungen zur Legitimation ihrer Verbrechen einsetzten und wahrscheinlich weiterhin einsetzen werden, hingegen nicht. Daher liegt der Fokus auf dem Tragischen, nicht auf dem Bösen, das – wie von Hannah Arendt wohl richtig hervorgehoben – »die ganze Welt verwüsten« kann, »gerade weil es wie ein Pilz an der Oberfläche weiterwuchert«, aber »keine Tiefe« hat, weil es nach ihrem Verständnis »immer nur extrem« ist, »aber niemals radikal«. Auch den für dieses Buch immer wieder wichtigen Zusammenhang zwischen Tragik und menschlichem (Fehl-)Urteil hat Hannah Arendt bereits betont.[38]

Mir ist voll bewusst, dass für alle in diesem Band angesprochenen historischen Prozesse und Probleme jeweils umfangreiche Spezialforschungen ausgewiesener Experten vorliegen. Das Viele und Vielfältige, was Buch und Autor diesen Forschungen verdanken, wurde nach bestem Vermögen in den Anmerkungen festgehalten, was deren Zahl und Länge entschuldigen mag.[39] Im Respekt vor der fundierten Expertise, die zu jedem der aufgegriffenen Beispiele bereits existiert, erhebt das Buch zugleich in keinem Fall den Anspruch, den Forschungsstand umfassend zu dokumentieren, bilanzierend zu würdigen oder gar in Form neuer Spezialkenntnis weiterzubringen. Sinn und Rechtfertigung des Werkes, so meine Hoffnung, sind vielmehr in der epochenübergreifenden Verknüpfung von für sich zumeist gut erforschten Themen unter der Leitfrage nach dem praktischen Lernen aus der Geschichte, seiner jeweiligen Handlungsrelevanz und seinen konkreten Folgen zu sehen. Hier, in der problembezogenen Zusammenschau, will das Buch Neues erreichen und Perspektiven eröffnen. Meiner Grenzen bin ich mir dabei sehr bewusst. Auch im Ringen um größtmögliche Exaktheit glaube ich nicht, auf einem Weg durch mehr als zwei Jahrtausende und zahlreiche sehr verschiedene Themengebiete von der Militärstrategie bis hin zur Gesundheitspolitik sämtliche Ungenauigkeiten und Fehler vermieden zu haben – oder bei allem Bemühen um angemessene Formulierungen immer den Ton getroffen zu haben, den gerade bei den zeitlich jüngeren Themen persönlich und emotional beteiligte Leserinnen und Leser vielleicht als den angemessenen erwarten werden. Hierfür sei an dieser Stelle bereits um Nachsicht gebeten – und um die Bereitschaft, bei Fehlleistungen eher von Unwissenheit auszugehen als von Absicht. Ergänzenden Denkanstößen und Rückmeldungen, auch dezidiert kritischen und korrigierenden, sehe ich mit Offenheit, Spannung und Freude entgegen, gerade weil mein Bemühen darum, Möglichkeiten und Grenzen des praktischen Lernens aus der Geschichte besser zu verstehen, mit diesem Buch keineswegs an sein Ende gelangt ist.

Mit Blick auf das dynamische und gefährliche Geschehen unserer unmittelbaren Gegenwart werden Leserinnen und Lesern ›weiße Elefanten im Raum‹ auffallen. Dies ist dem Umstand geschuldet, dass es gerade die durch zeitliche und räumliche Nähe besonders bedrückenden, emotional aufrührenden und bedrohlichen Konstellationen sehr schwer machen, über ein auf sie bezogenes Lernen aus der Geschichte zu reflektieren, ohne die behandelten Themen zu politisieren und in eine emotionale wie kognitive (Selbst-)Überforderung zu geraten, die dem einleitend skizzierten Zweck des Buches nicht förderlich sein kann. Vielleicht liegt ein wesentlicher Teil der Tragik des Lernens aus der Geschichte darin, dass es gerade dann, wenn es am allernotwendigsten wäre, auch am allerschwierigsten ist, weil die Hitze des Geschehens und der Zwang zur schnellen Reaktion darauf jene Zuschauerrolle nicht zulässt, in der Hannah Arendt die Voraussetzung für das ausgewogene Urteilen sah.[40]

## Dank

Für Unterstützung bei der Arbeit am vorliegenden Buch, das in meiner Antrittsvorlesung an der Universität Bonn im Jahr 2015 wurzelt, habe ich vielen Menschen zu danken. Ganz besonders hervorheben möchte ich jene Leserinnen und Leser, die mir auf der Basis ihrer Expertise Anregungen und Rückmeldungen zum Manuskript gegeben und mir so beim Vermeiden von Fehlern, Unschärfen und blinden Flecken geholfen haben. Alles, was an Unvollkommenheit sicher dennoch im Buch geblieben ist, verantworte ich natürlich allein. Namentlich danken möchte ich den Kollegen Wolfgang Will (Austausch über Thukydides und seine Relevanz für das Thema), Konrad Vössing (Rückmeldungen zu den Kapiteln 2, 3 und 5), Eugenio Riversi (erste Anregung und Rückmeldungen zu Kapitel 3), Arne Karsten (Rückmeldungen zu Kapitel 4), Michael Rohrschneider (zu Kapitel 5), Dominik Geppert, Hans-Dieter Heumann und Friedrich Kießling (zu Kapitel 12) sowie Matthias Bormuth (zu Kapitel 13) wie auch Stefan von der Lahr, der mich für die Auswahlproblematik besonders sensibilisiert hat. Für weitere anregende Gespräche über das Projekt danke ich besonders meinen Bonner Mithistorikerinnen und -historikern Martin Aust, Matthias Becher, Matthias Koch (von ihm auch die erste Anregung zu Kapitel 2) und Andrea Stieldorf. Darüber hinaus möchte ich das Institut für Geschichtswissenschaft der Universität Bonn insgesamt in meinen Dank einbeziehen, da ich hier aufgrund der Offenheit aller Abteilungen für geschichtsdidaktische Fragestellungen über hervorragende Austausch- und Arbeitsbedingungen verfügt habe. Nicht zuletzt dankbar erwähnen möchte ich auch die Bonner Studierenden, mit denen ich in meinen Lehrveranstaltungen immer wieder über Fragen des Lernens aus der Geschichte sprechen konnte, aber auch alle Mitarbeiterinnen und Mitarbeiter und studentischen Hilfskräften der Abteilung für Didaktik der Geschichte im Institut für Geschichtswissenschaft: Florian Helfer, Victor Söll, Sandra Müller-Tietz, Eva Schnurpfeil, Sebastian Diedrichs, Tom Emmrich, Dominik Gigas, Jonas Kummerer, Karoline Schmidt, Theresa Michels, Merlin Schiffers, Jana Schulz und Philipp Wippermann. Sie haben den hinter diesem Buch stehenden Forschungsprozess teils durch den Gedankenaustausch im Gespräch, teils ganz praktisch durch Beschaffung von Quellen und Literatur vielfältig unterstützt.

Sehr dankbar bin ich dem Kohlhammer Verlag dafür, dass er sich auf das Wagnis dieser Buchveröffentlichung eingelassen hat. Als Leiter des Lektorats

Geschichte hat sich Peter Kritzinger intensiv mit der Buchidee beschäftigt und mich bei der Fertigstellung des Manuskripts durch ermutigende Gespräche und E-Mail-Korrespondenzen maßgeblich unterstützt. Julius Alves verdanke ich neben Hilfe bei der Bildrecherche eine sehr genaue Korrektur und eine Vielzahl wertvoller Verbesserungsvorschläge – nicht zu vergessen auch seine Geduld und Hilfe beim Zusammenführen der in der Erstfassung für ein Sachbuch noch zu zahlreichen Einzelanmerkungen. Das engagierte, gewissenhafte und sensible Lektorat, das dem Buch zuteil wurde, habe ich als ein ausgesprochenes Privileg empfunden. An der Prüfung der letzten Korrekturen hat sich dankenswerterweise auch Johanna E. Blume beteiligt.

Bonn im Dezember 2024
Peter Geiss

# 1
# Was heißt Lernen aus der Geschichte?

In den Fallskizzen des vorliegenden Bandes geht es ganz praktisch um *Uses and Abuses of History* – so der Titel eines einschlägigen Werkes von Margret MacMillan aus dem Jahre 2010 –, nicht um eine Ideengeschichte oder gar eine eigene Theorie des Lernens aus der Geschichte. Dennoch ist es sinnvoll, aus der Vielzahl der theoretischen Auseinandersetzungen mit dem Thema seit der Antike exemplarisch jene aufzugreifen, die für die nachfolgenden Praxisbeispiele besonders erhellend sind, da sie im ganz ursprünglichen Wortsinn des griechischen Begriffs *theoría* bei deren »Betrachtung« helfen. Inwieweit kann der Mensch aus einer Geschichte lernen, die er selbst doch erst durch seine eigene Interpretationsleistung aus dem Vergangenen hervorbringt, indem er, mit Johann Gustav Droysen (1808–1884) gesprochen, »Geschäfte« rückblickend in »Geschichte« verwandelt?[41] Es bleibt natürlich für das praktische Lernen aus der Geschichte nicht folgenlos, wenn das Vergleichsszenario, aus dem gelernt werden soll, selbst erst durch einen Konstruktionsakt erkennbar wird. Unter den vielfältigen Positionen, die im Laufe von mehr als zwei Jahrtausenden zu Möglichkeiten und Grenzen des Lernens aus der Geschichte formuliert wurden, ist die am häufigsten zitierte wahrscheinlich die des römischen Politikers und Redners Marcus Tullius Cicero (106–43 v. Chr.): *historia magistra vitae* – die »Geschichte als Lehrmeisterin des Lebens«. Im Textzusammenhang seiner Schrift *De oratore* (»Über den Redner«) liest sich dies so:

> » Und wirklich die Geschichte, diese Zeugin der Zeiten, dieses Licht der Wahrheit, dieses Leben der Erinnerung, diese Lehrmeisterin des Lebens, diese Botin uralter Vergangenheit – durch welche Stimme als die des Redners wird sie der Unsterblichkeit übergeben?«[42]

Dass Ciceros Formulierung bis heute wie keine andere mit dem Lernen aus der Geschichte verbunden wird, ist insofern erstaunlich, als er sich gar nicht als Historiker, sondern als Experte der Redekunst äußerte. Den zitierten Satz legte er in seinem Lehrdialog dem Redner Antonius in den Mund.[43] In anderen Teilen seines Werkes war Cicero durchaus an historischer Analyse im Sinne politischer Handlungsaufklärung interessiert, aber im Kontext der Schrift *De oratore* ging es ihm eher um Geschichte als rhetorisches Überzeugungsmittel und damit um eine Funktion, die sie bis auf den heutigen Tag in politischen Zusammenhängen wohl oft übernimmt, wenn Redner die *magistra vitae* zur Bekräftigung ihrer jeweiligen Anliegen in den Zeugenstand rufen.[44] Darin unterschied sich die zitierte Passage aus *De oratore* vom Geschichtswerk des ein Jahrhundert früher schreibenden Griechen Polybios (vor 199 – ca. 120 v. Chr.), einem in Rom als Geisel lebenden und mit den dortigen Eliten bestens vernetzten Politiker und Militär, der im »Unterricht aus der Geschichte […] die echteste Bildungs- und Übungsschule für die Staatsgeschäfte« sah.[45] Dies war zumindest der Etikettierung nach eine entschieden handlungsorientierte Geschichtsschreibung – nach »Art der pragmatischen Geschichte«, wie es Polybios selbst formulierte.[46] Der darin zum Ausdruck gebrachte Gedanke einer Übertragbarkeit vergangener Erfahrung auf Gegenwart und Zukunft hinderte Polybios allerdings nicht daran, ein lineares Voranschreiten der Geschichte für möglich zu halten, war es doch gerade die völlige Neuartigkeit und Unvergleichbarkeit des Zusammenwachsens der Welt unter römischer Herrschaft, die ihn wesentlich zum Verfassen seines Geschichtswerkes veranlasst hatte.[47] Mit der Idee des »Verfassungskreislaufs« hat er dennoch ein im ganz wörtlichen Sinne zyklisches Geschichtsgesetz formuliert: Menschen verändern aus seiner Sicht politische Ordnungen, weil sie mit den damit jeweils verbundenen Übeln, die aus Egoismus und Machtmissbrauch resultieren, nicht mehr leben wollen; dann vergessen sie diese Übel und lassen zu, dass die neu geschaffene Ordnung ebenfalls – und aus ähnlichen Gründen wie die vorangehende – ins Schlechte umschlägt und zugunsten einer anderen beseitigt wird. Genau deshalb führt der Weg eines Gemeinwesens regelhaft von der Monarchie zur Tyrannis, dann von dort über die Aristokratie zur Oligarchie und schließlich von der Demokratie in die Anarchie, deren Chaos sich dann wieder eine stabilisierende Monarchie anschließt usw. Dass Polybios damit ein für Prognosen geeignetes Entwicklungsschema entdeckt haben könnte, scheint sich in der Vorhersage der Französischen Revolution und der napoleonischen Herrschaft zu bestätigen, die dem französischen Aufklärer Denis Diderot in den 1770er Jahren auf der Grundlage des polybianischen Modells vom Verfassungskreislauf gelungen ist.[48] Vielleicht entsteht dieser Eindruck aber nur dadurch, dass wir fehlgeleitete Prognosen auf der Basis von Polybios' Theorie nicht kennen, weil diese – anders als der mögliche Zufallstreffer Diderots – so sehr von den realen Entwicklungen abwichen, dass niemand sie für zitierwürdig hielt.

Mit dem Politiker und Rhetoriker Cicero wurde hier begonnen, weil er unter den antiken Autoren zu unserem Thema sicher der meistzitierte ist, aber der Blick muss weiter zurückreichen, auch über den im Bannkreis der römischen Expansion schreibenden Polybios hinaus. Schon im Griechenland des 5. Jahrhundert v. Chr. bestand die Hoffnung auf ein historisch fundiertes Verstehen von Gegenwart und Zukunft, das sich nicht auf rhetorische Indienstnahmen von Geschichte beschränkte. Um ein solches Lernen aus der Geschichte ging es dem aus Athen stammenden Historiker Thukydides (ca. 460 – ca. 400 v. Chr.), der tatsächlich in einem analytischen Sinne an der Geschichte von Großmachtpolitik, Gewalt, Krieg, Kommunikation und Propaganda interessiert war. Seiner Geschichte des Peloponnesischen Krieges (431–404 v. Chr.) zwischen Athen und Sparta sowie ihren Bundesgenossen, den er als Zeitzeuge und zum Teil auch als Akteur erlebt hatte, stellte er die Bemerkung voran, sein Werk solle nicht nur »angenehm zu hören« sein, sondern einen »dauernden Besitz« darstellen. Weil das »Menschliche« gleich bleibe, könne man aus dem Vergangenen auch auf zukünftige Entwicklungen schließen.[49] Damit brachte er das genaue Gegenteil der Position zum Ausdruck, die später der Philosoph Aristoteles einnahm. Dieser behauptete nämlich, die Dichtung stehe über der Geschichtsschreibung, da sie »das Allgemeine« zum Thema mache, während die Historiker nur »das Besondere« behandeln könnten.[50]

Was allerdings Thukydides trotz seiner Fokussierung auf allgemein Menschliches nicht aussprach, war folgende Hoffnung: Wer in die Vergangenheit blickt, erhält Einsichten, die ihm bei der praktischen Bewältigung gegenwärtiger und künftiger Herausforderungen helfen. Dies wäre die Linie des unmittelbar anwendungsorientierten ›Geschichtstrainers‹ Polybios im 2. Jahrhundert v. Chr. gewesen, nicht aber die seines Vorgängers.[51] Der Althistoriker Wolfgang Will ging sogar so weit, Thukydides in seinem Wissen um das »Menschliche« mit einem überforderten Arzt zu vergleichen, der eine Krankheit aufgrund seiner Kenntnisse zwar genau beschreiben, sie aber nicht heilen könne.[52] Übersetzt in die Begrifflichkeit des Lernens würde es sich um einen Lehrer handeln, der seinen Schülern zwar vortreffliche Analysen menschlichen Handelns, aber keinerlei praktische Handlungsorientierung für ihr künftiges Leben zu vermitteln vermag. Einen etwas anderen Interpretationsakzent setzte der Geschichtstheoretiker Arthur C. Danto: Thukydides sei durchaus davon ausgegangen, dass es möglich wäre, Entwicklungen vorherzusagen, wenn Bedingungen beobachtet würden, die denen des Peloponnesischen Krieges ähnlich wären.[53] Diese an sich triviale Feststellung sah Danto aber in einem Spannungsverhältnis zu der von Thukydides selbst betonten Einzigartigkeit dieses Krieges, die ihn gerade nicht als geeigneten Fall für die Vorhersage künftiger Ereignisse erscheinen lasse.[54] Was Danto zufolge den antiken Geschichtsschreiber interessierte, war das Aufzeigen »typisch menschlicher Reaktionsformen auf typische Situationen«, also vielleicht so etwas wie eine Sensibilisierung für kleinräumig vorhersagbare Verhaltensmuster, unterhalb der Schwelle ganzer Ereigniskomplexe wie Krieg.[55] Trifft diese Lesart zu, so hat dies Konsequenzen für das Verständnis der wohl bekanntesten Passage im Werk des Thukydides, die neuerdings von dem amerikanischen Politikwissenschaftler Graham Allison auf einen möglichen Waffengang zwischen China und den USA bezogen wird. Es geht um die Aufhebung eines 446 v. Chr. auf drei Jahrzehnte geschlossenen Friedensvertrags zwischen Athen und Sparta und damit um das direkte Vorfeld des Peloponnesischen Krieges, der 431 v. Chr. ausbrach:

> Die Ursachen, warum sie ihn [den Friedensvertrag, P. Geiss] aufhoben, und die Streitpunkte schreibe ich vorweg, damit nicht später einer fragt, woher denn ein solcher Krieg in Hellas ausbrach. Den wahrsten Grund freilich, zugleich den meistbeschwiegenen, sehe ich im Wachstum Athens, das die erschreckten Spartaner zum Kriege zwang; [...]«.[56]

Diese Passage wäre im Anschluss an Dantos Thukydides-Interpretation nicht als ein ›Geschichtsgesetz‹ zu verstehen – etwa der Form: »Die Expansion einer aufstrebenden Macht fordert immer die Gegenwehr einer sich im Abstieg fühlenden Macht heraus und führt unausweichlich zum Krieg.« Eher ließe sich das von Thukydides vielleicht mitgedachte Lernen aus der Geschichte als Sensibilisierung für Warnsignale deuten: Wenn es zu einer drastischen Machtverschiebung zwischen zwei Staaten oder Blöcken kommt, dann erhöht sich die Kriegsgefahr – und dies verlangt besondere Vorsicht. Damit wäre eine Bewusstseinsschärfung gegenüber einem plausiblen Risiko verbunden, aber kein Prognoseanspruch der logischen Form »immer wenn A (Aufstieg und Expansion der einen, Abstieg der anderen Macht), dann auch B (Krieg)«.[57] Thukydides hätte nach Dantos Lesart also keine historischen Gesetze formuliert – oder allenfalls ›weiche Gesetze‹. Diese Auffassung vertreten allerdings nicht alle Interpreten seines Werkes. So zog der an historischen Konstellationen interessierte Politikwissenschaftler Herfried Münkler durchaus nomologische, also ›harte‹, gesetzmäßige Schlüsse aus Thukydides' Geschichtsschreibung. In einer 2005 erkennbar unter dem Eindruck des zweiten Irakkrieges entstandenen Längsschnittstudie über Wesen und Funktionsweise von Imperien leitete er aus Thukydides' berühmtem Melierdialog das Prinzip des »imperialen Interventionszwangs« ab: Imperien, wie der von Athen kontrollierte Seebund, können demnach auch eine scheinbar nur lokale Infragestellung ihres Herrschaftsanspruchs – etwa das Beharren der Stadt Melos auf Neutralität – nicht akzeptieren, sondern müssen disziplinierend dagegen vorgehen. Die ungestrafte Weigerung, sich unterzuordnen, würde sonst auch bei den eigenen Bundesgenossen Schule machen und den Bestand der imperialen Ordnung insgesamt gefährden.[58] Dies wäre, wenn es überzeitlich so zuträfe, tatsächlich ein Geschichtsgesetz. Damit wäre es auf andere Fälle übertragbar und würde Formen des Lernens aus der Geschichte gestatten, die einer Prognose von Ergebnissen menschlicher Handlungen in bestimmten Kontexten sehr nahekäme. Thukydides ließ hingegen in seinem Melierdialog nur die Athener eine nomologische Position vertreten, verzichtete also darauf, sich diese explizit selbst zu eigen zu machen: Die athenischen Unterhändler sprachen in Melos – sofern uns Thukydides hier richtig informiert und nicht nur die eigene Analyse zum Ausdruck bringt – vom überzeitlichen »Gesetz« (*nómos*) eines Herrschaftsstrebens, das »aus natürlicher Notwendigkeit« bestehe und nur durch den Umfang der eigenen Macht beschränkt sei.[59]

Man wird wohl nicht fehlgehen in der Annahme, dass die Grundströmung der im 19. Jahrhundert als forschende Disziplin konstituierten Geschichtswissenschaft keine nomologische, also am Herausarbeiten von Gesetzmäßigkeiten orientierte war und ist. Für den späten Historisten Ernst Bernheim (1859–1942), dessen *Lehrbuch der historische Methode und Geschichtsphilosophie* vielleicht in Forschung und Geschichtsunterricht stärker weiterlebt, als manchmal vermutet, war klar, dass Geschichte Ursachenzusammenhänge immer nur »rekursiv«, also im Rückblick, bestimmen kann, nicht wie bei Anwendung naturwissenschaftlicher Gesetze »progressiv«, das heißt im Sinne von Voraussagen. Wenn es überhaupt historische »Gesetze« geben sollte, müssten sie aus Bernheims Sicht »wegen ihrer Unbestimmtheit und Allgemeinheit sehr vage« ausfallen.[60] Diese Auffassung teilte später auch Karl R. Popper, der den aus seiner Sicht allenfalls geringen nomologischen Gehalt der Sozial- und mehr noch der Geschichtswissenschaft durch die Trivialität möglicher Beispielgesetze verdeutlichte: »Es ist unmöglich, eine Revolution zu machen, ohne eine Reaktion hervorzurufen.« Auch wenn es schwerfällt, ein historisches Beispiel zur Widerlegung dieses Satzes zu finden, hält sich sein Erkenntniswert doch sehr in Grenzen, weil er etwa potenziellen Revolutionären keinerlei konkrete Handlungsanweisungen dafür zu bieten vermag, wie sie einen Sieg der mutmaßlich unvermeidlichen Reaktion abwenden könnten. Dies steht im Kontrast zu dem von Popper genannten Naturgesetz über die physikalische Unmöglichkeit eines Perpetuum mobile, von dem sich sehr klar die praktische Konsequenz ableiten lässt, sich erst gar nicht an der Konstruktion eines solchen Apparats zu versuchen.[61]

Für die Frage nach der Möglichkeit eines zukunftsbezogenen Lernens aus der Geschichte spielt es eine wesentliche Rolle, ob Menschen an die Existenz von historischen Gesetzen glauben, die sich im politischen Handeln erfolgsfördernd berücksichtigen lassen, oder nicht. Während Thukydides wahrscheinlich keine Geschichtsgesetze dieser Art im Sinn hatte, bezog der amerikanische Wissenschaftstheoretiker Carl G. Hempel eine klar nomologische Position, was schon der programmatische Titel eines 1942 von ihm veröffentlichten Aufsatzes deutlich machte: *The Function of General Laws in History*. Hempel ging davon aus, dass es keinen prinzipiellen Unterschied zwischen naturwissenschaftlichen und geschichtswissenschaftlichen Erklärungen gebe, da beide mit empirisch überprüfbaren Hypothesen mit allgemeinem Geltungsanspruch arbeiten müssten und daher auch beide auf die Ermittlung universaler Gesetze abzielten. Die Geschichtswissenschaft würde allerdings keine »vollständigen Erklärungen« von Ereignissen angeben, da diese eine Vielzahl von banalen und gar nicht umfassend dokumentierbaren Kausalbeziehungen nennen müssten, wie etwa einzelne Handgriffe des Attentäters von Sarajevo vor dem kriegsauslösenden Mord am 28. Juni 1914, sondern nur »Erklärungsskizzen«.[62]

Die vorgestellten Positionen mögen trotz ihres Schlaglichtcharakters hinreichend verdeutlichen, dass Ciceros Aussage über die Geschichte als »Lehrmeisterin des Lebens« vielfältig relativiert und nuanciert wurde. Als extremer Gegenpol zu Ciceros Sichtweise, der weit über solche Abwandlungen hinausgeht, lässt sich eine Passage des deutschen Philosophen Georg Wilhelm Hegel (1770–1831) zitieren:

> Man verweist Regenten, Staatsmänner, Völker vornehmlich an die Belehrung durch die Erfahrung der Geschichte. Was die Erfahrung aber und die Geschichte lehren, ist dieses, daß Völker und Regierungen niemals etwas aus der Geschichte gelernt und nach Lehren, die aus derselben zu ziehen gewesen wären, gehandelt haben.«[63]

Was Hegel in der Geschichte suchte, war nicht die Belehrung durch Beispiele, die er für nicht übertragbar hielt. Stattdessen suchte er »die leitende Seele der Begebenheiten selbst« beziehungsweise den »Geist, der immer bei sich selber ist, und für den es keine Vergangenheit gibt.«[64] Damit machte er sich eine Haltung zu eigen, die Karl R. Popper später als »Historizismus« (nicht zu verwechseln mit dem oben erwähnten Historismus) bezeichnet und auf das Schärfste bekämpft hat: die aus seiner Sicht für Ideologisierungen und totalitäre Abwege allzu anschlussfähige Idee, dass in der Geschichte überzeitlich und zielgerichtet Kräfte und Gesetzmäßigkeiten am Werk wären, die einzelne Gesellschaften oder sogar die ganze Menschheit zum vermeintlich Guten führen könnten und denen daher strikt zu gehorchen wäre.[65]

## Vom zyklischen zum linearen Geschichtsbild?

Cicero und Hegel – diese beiden Extrempole des geschichtsdidaktischen Optimismus und Pessimismus hat der deutsche Historiker Reinhart Koselleck 1979 prominent in einem Aufsatz behandelt, der sich in einer ideengeschichtlichen Perspektive mit dem Lernen aus der Geschichte befasst: *Historia Magistra Vitae. Über die Auflösung eines Topos im Horizont neuzeitlich bewegter Geschichte*. Dass dieser Text zu einem Klassiker der Geschichtswissenschaft geworden ist, verdankt sich nicht zuletzt seiner starken These: Die in Antike und Mittelalter vorherrschende Vorstellung von Geschichte sei die eines Raums der ständigen Wiederholung gleicher oder doch zumindest ähnlicher menschlicher Verhaltensweisen gewesen. Diese Vorstellung habe seit dem 18. Jahrhundert zunehmend der Idee Platz gemacht, Geschichte sei selbst eine handelnde Kraft, die fortwährend neue Rahmenbedingungen schaffe. Damit sei es nicht mehr möglich, das Vergangene als beispielhaft für das Gegenwärtige und Zukünftige zu betrachten. Kurz und bündig: Die Annahme des biblischen Predigers Salomo (1,9), dass es »nichts Neues unter der Sonne« gebe, verlor Koselleck zufolge im Übergang zur Moderne ihre Gültigkeit. Begrifflich machte Koselleck dies daran fest, dass der griechisch-lateinische Begriff der »Historie« ab der Mitte des 18. Jahrhunderts durch das deutsche Wort »Geschichte« verdrängt worden sei. Der Akzent liege damit nicht mehr auf die Erforschung und Darstellung von Vergangenheit – wie etwa ganz ursprünglich bei dem griechischen Geschichtsschreiber Herodot im 5. Jahrhundert mit der Formulierung *histories apódexis* (wörtlich etwa »Darstellung der Erkundung«). Vor allem seit den Umwälzungen der Französischen Revolution trete die Geschichte vielmehr zunehmend als Handlungsmacht auf oder sogar personifiziert.[66]

Mit dieser Wahrnehmung lag Koselleck wohl richtig und falsch zugleich. Zwar spielte die Idee von Geschichte als einem zielgerichtet auf Fortschritt ausgerichteten Geschehen seit der Aufklärung eine wesentliche Rolle – besonders deutlich in Friedrich Schillers Jenaer Antrittsvorlesung zur »Universalgeschichte« (1789).[67] Aber auch davor gab es zum Beispiel im Kontext antiker Zeitalterlehren und mittelalterlicher Heilsgeschichte schon die Vorstellung, dass sich die Zeiten änderten und daher nicht immer umstandslos vom Vergangenen auf das Gegenwärtige oder Zukünftige geschossen werden könne.[68] Hinzu kommt, dass auch nach der von Koselleck ausgemachten Zäsur um 1800 historische Beispiele und Analogien natürlich weiterhin eine Rolle spielten. Ein bekanntes Beispiel in Buchform war Barbara Tuchmans Studie *Die Torheit der Regierenden. Von Troja bis Vietnam* (1984). Die Autorin zitiert darin einen bildlichen Vergleich, der Zweifel an der Möglichkeit des zukunftsorientierten Lernens aus der Geschichte zum Ausdruck bringt: Der historische Rückblick sei wie »die Laterne am Heck, die nur die Wellen hinter uns erleuchtet«. Aber sie widerspricht dieser skeptischen Position doch sogleich mit der Forderung, aus der Betrachtung der Wasserfläche hinter dem Schiff »Rückschlüsse auf die Beschaffenheit der Wellen vor uns zu ziehen.«[69] Auch die 2015 unter dem Schlagwort »Thukydides Trap« von dem amerikanischen Politikwissenschaftler Graham Allison ausgelöste Diskussion über die Unvermeidlichkeit eines bewaffneten Konflikts zwischen einer absteigenden Großmacht USA und einem aufsteigenden China in Analogie zu Sparta und Athen am Vorabend des Peloponnesischen Krieges (s. o.) ist ein Beispiel dafür, dass sogar noch die weit entfernte Antike für die exemplarische Orientierung in der Gegenwart herangezogen wird. In der Schlussbetrachtung des vorliegenden Buches wird noch näher auf diese Parallelisierung einzugehen sein.

Dies sind nur wenige Bezugspunkte, die Liste ließe sich für Publizistik und Politik immer weiter fortsetzen. Die von Koselleck für die Moderne tendenziell totgesagte *historia magistra vitae* war und ist quicklebendig. Vor allem den Analogiebildungen zur Münchner Konferenz 1938, die in der Vergangenheit rezeptionsgeschichtlich, wenn auch oft nicht in den praktischen Wirkungen sehr erfolgreich waren, könnte noch ein langes Leben beschieden sein. Sie eignen sich hervorragend, um in Situationen der Bedrohung und Überforderung durch Aggressoren ein Gefühl strategischer Klarheit und Eindeutigkeit zu vermitteln: Der Feind muss zurückgedrängt werden, auch um den Preis des Krieges.[70] Im Anschluss an Herfried Münkler ließe sich in dem desaströsen Ereignis von 1938 auch anderes sehen. Es könnte dafür sensibilisieren, wie unsicher und fehlbar das Lernen aus der Geschichte oft ist: Denn Neville Chamberlain setzte seine Unterschrift in der Überzeugung unter das Münchner Abkommen, die richtigen Lehren aus den Erfahrungen des Sommers 1914 gezogen zu haben (▶ Kap. 8).[71]

Betrachtet man das bleibende Gewicht historischer Analogien in der Moderne, dann erscheint der Wechsel zwischen ›Geschichte als Raum wiederholbarer Erfahrung‹ und ›Geschichte als Kraft dynamischer Veränderung jenseits der Vergleichbarkeit‹ nicht als ein Phänomen, das sich exklusiv auf die Zeit um 1800 und ihren besonderen ideengeschichtlichen Kontext festlegen lässt. Vielmehr ist der überzeugenden Deutung Alexandra Lanieris zuzustimmen: Das auf Analogien und Beispiele bezogene Lernen aus der Geschichte hat damals keineswegs geendet, sondern ist bis heute eine der beiden universalen und aufeinander bezogenen Betrachtungsweisen des historischen Denkens geblieben, auf die sich der Mensch zu unterschiedlichen Zeiten einmal mehr, einmal weniger besinnen kann.[72]

## Vom augusteischen Prinzipat zum Kosovokrieg: die Fallskizzen im Überblick

Das vorliegende Buch soll, wie gesagt, keinen neuen Theoriebeitrag zur voranstehend umrissenen Diskussion liefern. Es will die Praxis des auf Geschichte gestützten Entscheidens über zwei Jahrtausende beobachten, was natürlich nur in Schlaglichtern möglich ist. Die vom Bürgerkriegssieger Octavian im späten ersten Jahrhundert v. Chr. bis hin zum bundesdeutschen Außenminister Joschka Fischer am Ende des 20. Jahrhunderts reichenden Skizzen mögen die

Leserinnen und Leser zunächst einmal zweckfrei interessieren und die Faszination von historischen Stoffen vermitteln, die auch auf den Verfasser stark gewirkt haben. Die Verschiedenheit der Epochenzusammenhänge, die Dramatik der betrachteten Situationen, die Rolle von Affekten, aber auch das bisweilen Tragische des Scheiterns im Bemühen um die ›richtigen‹ Lehren aus der Geschichte sind eine packende Materie. Sie hat hier hoffentlich eine Behandlung gefunden, die nicht nur akademisches Interesse weckt. Darüber hinaus ist das Werk aber durchaus ein Versuch, im Rückblick auf vergangenes Lernen aus der Geschichte die Reflexion darüber anzuregen und anzureichern, wie eine praxisorientierte Bezugnahme auf historische Beispiele und Analogien aussehen müsste, damit Erkenntnischancen gegenüber den Risiken der (Selbst-)Täuschung durch Geschichte überwiegen. Es knüpft darin an Bemühungen vor allem in der englischsprachigen Literatur an, zu einem differenzierten Lernen aus der Geschichte zu gelangen, das sich selbst in seiner Begrenztheit und Fehleranfälligkeit reflektiert.[73]

Der hier eingeschlagene Weg durch die Geschichte des praktischen Lernens aus der Geschichte führt über 14 Stationen, die hier nur ganz kurz im Überblick vorgestellt seien: Den Anfang macht der römische Bürgerkriegspolitiker Octavian, der unter dem Namen Augustus als erster Kaiser Roms (27 v. Chr. bis 14 n. Chr.) Berühmtheit erlangen sollte. Er ist ein Beispiel machtpolitisch erfolgreichen Lernens, da er aus den Krisen der späten römischen Republik und dem Scheitern seines Onkels und Adoptivvaters Caesar als Diktator die Lehre zog, seine im Kern monarchische Herrschaft republikanisch zu stilisieren und nach Anwendung brutalster Gewalt auf einen Elitenkonsens zu stützen (▶ Kap. 2).

Stand bei Octavian wohl tatsächlich die lernende Analyse der Vergangenheit im Vordergrund, so folgte das nächste Beispiel einer anderen, wahrscheinlich stärker an Zwecken der Rechtfertigung und Propaganda orientierten Logik. Im Investiturstreit des späten 11. Jahrhunderts bekämpfte Papst Gregor VII. seinen Widersacher Heinrich IV. mit einem historischen Präzedenzfall, den er als »Waffe« gegen den ungehorsamen König und nachmaligen Kaiser einsetzte: So wie Bischof Ambrosius im späten 4. Jahrhundert den sündigen Imperator Theodosius nach einem von diesem angeordneten Massaker aus der Kirche ausgeschlossen hatte, stehe dies nun auch Gregor gegenüber Heinrich zu. Auch wenn die Bedeutung von Heinrichs berühmtem Canossagang im Jahr 1077 – reine Unterwerfung unter den Papst oder geschickter Schachzug zur Wiederherstellung seiner Handlungsfreiheit? – in der Forschung kontrovers diskutiert wird, ist deutlich genug, dass es Gregor und seinen Anhängern gelang, erheblichen Druck auf seinen Kontrahenten auszuüben und dessen Herrschaft an den Rand des Zusammenbruchs zu bringen (▶ Kap. 3).

Mit einem Grenzfall zwischen historisierender Herrschaftspropaganda und analytischem Lernen aus der Geschichte hat man es vermutlich bei dem Florentiner Cosimo I. de' Medici zu tun, der in frappierender Weise auf den Spuren des Octavian zu wandeln schien, woraus sich eine enge thematische Verknüpfung zwischen dem zweiten und dem vierten Kapitel des vorliegenden Buches ergibt. 1569 schloss Cosimo durch Annahme des Titels »Großherzog der Toskana« die seit dem 15. Jahrhundert voranschreitende Umwandlung der zunächst noch republikanisch gerahmten Medici-Herrschaft in eine echte Monarchie ab (▶ Kap. 4).

Ganz anders gelagert war hingegen das Lernen aus der Geschichte, das sich 1598 im Edikt von Nantes niederschlug, mit dem der vom reformierten Glauben zum Katholizismus konvertierte König Heinrich IV. den französischen Religionskriegen ein Ende setzte: Das Edikt enthielt wenig, was nicht schon in vorangehenden, aber vergeblich gebliebenen Regelungsversuchen zur Überwindung konfessioneller Gewalt enthalten gewesen war, aber der Leidensdruck der Kriegsjahrzehnte wie auch die Erfahrung eines für Frankreich zerstörerischen Zusammenwirkens zwischen innerfranzösischer Glaubensspaltung und europäischer Großmachtpolitik haben einen Lernprozess bewirkt und die Akzeptanz dieser Ansätze so erhöht, dass sie 1598 durchsetzbar wurden (▶ Kap. 5).

Zielte das Edikt von Nantes auf die innere Befriedung eines Königreichs, so war der Fokus des Wiener Kongresses 1814/15 ein geografisch sehr viel weiterer: Auf der Agenda stand die Etablierung einer europäischen Friedensordnung nach den Kriegen der Französischen Revolution und Napoleons, aus deren noch sehr junger Geschichte die Außenminister Österreichs, Frankreichs und Großbritanniens (Metternich, Talleyrand und Castlereagh) die richtigen Konsequenzen zu ziehen bestrebt waren: Stabilität durch legitime Herrschaft, Gleichgewicht und Interessenausgleich durch Kongressdiplomatie, aber auch gemeinsame Großmachtinterventionen gegen alles Revolutionäre (▶ Kap. 6). Der Wiener Kongress avancierte dann später im Vorfeld der Pariser Friedenskonferenz von 1919 seinerseits zum historischen Beispielfall, hinterließ in deren Ergebnissen aber keine tieferen Spuren, da der Versailler Vertrag einen ganz anderen Ansatz zur Friedenssicherung verfolgte: Schwächung und Bestrafung des Aggressors, Reparationen und kollektive Sicherheit nicht durch Mächtegleichgewicht, sondern durch einen Völkerbund als Garanten des Völkerrechts und Schlichtungsinstanz.

Kann man von einem antiken Strategen im Zeitalter des hochtechnisierten Massenkrieges siegen lernen? Um das genaue Gegenteil von Frieden geht es im Kapitel über die moderne Wirkungsgeschichte der Schlacht von Cannae, durch die der karthagische Feldherr Hannibal der Großmacht Rom 216 v. Chr. eine vernichtende Niederlage bereitet hatte. Seine Schlachtordnung diente deutschen Militärs in beiden Weltkriegen und in der Zwischenkriegszeit als Blaupause für das Prinzip ›Vernichtung nach Umfassung‹ – und wie am Ende Hannibal blieben auch seine um die ›Lehren von Cannae‹ bemühten Nachahmer in den Führungsetagen der deutschen Armeen ohne Erfolg. Insofern trug die anachronistische Orientierung von Teilen der deutschen Militärelite am Cannae-Ideal zur Niederlage der nationalsozialistischen Barbarei bei (▶ Kap. 7).

Nicht für den Krieg, sondern für die Vermeidung eines neuen europäischen Gemetzels wollte der britische Premierminister Neville Chamberlain in der von Hitler vom Zaun gebrochenen Sudetenkrise des Jahres 1938 aus den Erfahrungen von 1914 lernen (▶ Kap. 8). Einen neuen und noch abgründigeren Weltkrieg verhinderte er dadurch nicht und wurde schließlich selbst zu einer abschreckenden Bezugsfigur für Formen des historischen Lernens, die vor allem dazu mahnen, gegenüber Aggressoren keine Schwäche zu zeigen. Bis heute wird dieser Gedanke mit den nach den Erfahrungen des Zweiten Weltkrieges extrem negativ aufgeladenen Erinnerungen an ›Appeasement‹ und ›München‹ begründet.

Einen langfristig richtungsweisenden Versuch, aus den furchtbaren Kriegs- und Verbrechenserfahrungen der Jahre 1939 bis 1945 konstruktive Lehren abzuleiten, stellte der sogenannte Schuman-Plan vom 9. Mai 1950 dar. Dessen erklärtes Ziel bestand nach dem namensgebenden französischen Außenminister Robert Schuman darin, einen neuen Waffengang in Europa zu verhindern, und zwar indem die strategischen Ressourcen Kohle und Stahl einem gemeinschaftlichen und zugleich über den Nationalstaaten stehenden Kontroll- und Verteilungsmechanismus unterstellt wurden. Die auf dieser Basis geschaffene Europäische Gemeinschaft für Kohle und Stahl (EGKS) beziehungsweise Montanunion kann mit Fug und Recht als ein Ergebnis des Lernens aus der

Geschichte gelten – auch wenn man sich der Gefahr bewusst sein muss, dass sich solche Feststellungen immer auf einem schmalen Grat bewegen: zwischen der Analyse von tatsächlich gegebenen Motiven und Strategien und teleologischen Erzählungen über die europäische Integration, die das heute Bestehende allzu glatt und folgerichtig aus dem »Zündfunken« von 1950 ableiten (▶ Kap. 9).

Standen schon beim Schuman-Plan strategische Aspekte des Lernens aus der Kriegsgeschichte des 20. Jahrhunderts im Fokus, so trat diese Dimension natürlich auch in der Debatte über die westdeutsche »Wiederbewaffnung« ins Zentrum der politischen Aufmerksamkeit. Diese Debatte wurde in der Bundesrepublik und bei den Westalliierten durch den Koreakrieg (1950–53) wesentlich befeuert. War nicht auch in Europa ein kommunistischer Griff nach freien Ländern zu befürchten und sollte nicht auch die junge Bonner Republik einen militärischen Beitrag dazu leisten, einen Stellvertreterkrieg mit einem Epizentrum zwischen Rhein und Elbe zu verhindern? Die größte historische Lernaufgabe bestand für die westdeutsche Gesellschaft und Politik darin, aus der Verbrechensgeschichte der Wehrmacht die Konsequenzen zu ziehen und die neue Streitmacht mit dem Namen Bundeswehr ganz auf den demokratischen Staat und seine Normen zu verpflichten. In diesem Kontext entstand das Konzept der »Inneren Führung«, das den Soldaten als »Staatsbürger in Uniform« definierte und als Ausdruck des Lernens aus der Aggressions- und Gewaltgeschichte deutscher Armeen in den Weltkriegen, aber auch aus der Demokratieferne der Reichswehr in der Weimarer Republik zu betrachten ist (▶ Kap. 10).

Bedeutende Folgen zeitigten die beiden Weltkriege nicht nur in Europa, sondern auch in den europäischen Kolonialreichen. Es war nicht zuletzt der Beitrag, den Soldaten aus den französischen Kolonien für den Sieg über den Nationalsozialismus geleistet hatten, der Rufe nach bürgerlicher Gleichstellung, Autonomie und bald auch Unabhängigkeit lauter werden ließ. 1960 kam es auf dem afrikanischen Kontinent zu einer Welle postkolonialer Staatsgründungen, darunter auch die der Republik Senegal. Vor diesem Hintergrund bezog sich der Dichter, Intellektuelle und Politiker Léopold Sédar Senghor auf das Erbe der Französischen Revolution, um Würde und Rechte seiner senegalesischen Heimat gegenüber der französischen Kolonialmacht zu verteidigen. Am Beispiel eines Beschwerdeheftes von 1789 wies er darauf hin, dass französische Bürger senegalesischer Herkunft schon damals eine aktive Rolle übernommen und sich voll und ganz als Franzosen verstanden hätten – ein Lernen am historischen Beispiel, das allerdings den unangenehmen Sachverhalt ausblendete, dass sich gerade dieses Beschwerdeheft auch für die Interessen von Sklavenhaltern und Sklavenhändlern positionierte. Als erstem Staatspräsidenten des Senegal kam Senghor eine zentrale Bedeutung für die Geschichte dieser seit 1960 unabhängigen Nation zu; kontrovers blieb dabei seine Nähe zu Frankreich und dessen Kultur und Geschichte, die er lernend heranzuziehen bestrebt war (▶ Kap. 11).

Wie dramatisch sich das Bemühen um ein Lernen aus der Geschichte gestalten kann, zeigt die Kubakrise von 1962. Unter dem Schock der Entdeckung sowjetischer Basen für Atomraketen auf Kuba suchten US-Präsident Kennedy und seine Berater Orientierung in verschiedenen historischen Analogien – so etwa in Vergleichen mit Juli 1914, München 1938 und Pearl Harbor 1941. Kennedy selbst verwendete die mahnende Erinnerung an die 1930er Jahre in einer öffentlichen Ansprache an das amerikanische Volk, um vor Schwäche und Nachgeben zu warnen. In den internen Beratungen des Krisenstabs Ex-Comm gab er dann aber dem Druck nicht nach, die vermeintlich ›richtigen‹ Lektionen aus München zu ziehen und die sowjetischen Stellungen auf Kuba kurzerhand bombardieren zu lassen, was mutmaßlich in einen nuklear eskalierenden Krieg geführt hätte (▶ Kap. 12).

Zielte Kennedys Lernabsicht auf die Verhinderung eines apokalyptischen Krieges, so strebte die Terrorgruppe RAF in den 1970er Jahren unter maßgeblicher intellektueller Führung von Ulrike Meinhof den Bürgerkrieg als »Stadtguerilla« durchaus an – und reklamierte dabei ebenfalls für sich, aus der Geschichte zu lernen. In diesem Fall ging es um die deutsche NS-Vergangenheit, die aus Sicht der RAF nicht einfach vergangen war, sondern im ausbeuterischen »Imperialismus« des Westens als »Faschismus« weiterlebte. So sahen sich die Linksterroristen berechtigt, an die Tradition des Widerstandes anzuknüpfen, und schreckten in Einzelfällen, wie bei Ulrike Meinhof in der Isolationshaft, nicht einmal davor zurück, sich in die Nähe von Auschwitz-Opfern zu rücken. Die Absurdität dieser Selbststilisierung wird noch dadurch unterstrichen, dass Meinhof in ihrer brutalen Gegenüberstellung von »Menschen« und »Schweinen« (zum Beispiel Polizisten, die man erschießen dürfe) selbst ein totalitäres Denkmuster bediente. Trotzdem ist gerade Ulrike Meinhof eine für dieses Buch interessante Figur, weil sie sich vor ihrem Weg in den Terrorismus als Journalistin in einer Art und Weise mit der NS-Vergangenheit auseinandergesetzt hatte, die durchaus noch als eine demokratisch-emanzipatorisch orientierte Form des Lernens aus der Geschichte gelten konnte. Mit dem Weg in die Gewaltbejahung und -anwendung pervertierte sich dieses Bestreben dann und wurde nach einem Umschlag ins Totalitäre 1969/70 zur ideologisierend-instrumentellen Geschichtspropaganda (▶ Kap. 13).

In der anschließenden Fallskizze richtet sich die Aufmerksamkeit dann noch einmal auf die US-amerikanische Politik, wobei dieses Mal keine äußere Bedrohung, sondern eine gesundheitspolitische Herausforderung im Fokus steht. Die 1976 von Präsident Gerald Ford mit Unterstützung des Kongresses angeordneten Massenimpfungen lassen sich als Ausdruck eines ›geschichtsbasierten Krisenmanagements‹ verstehen. Im Februar 1976 kam es in einem Ausbildungscamp der US-Army mutmaßlich zu einer Tier-Mensch-Übertragungen von Schweinegrippe mit zum Teil tödlichen Folgen. Ähnlichkeiten des entdeckten Virus mit dem Erreger der Spanischen Grippe von 1918/19 ließen es geboten erscheinen, aus der Geschichte dieser mit Abstand tödlichsten Pandemie des 20. Jahrhunderts zu lernen. So wurden Abwehrmaßnahmen durch Massenimmunisierung ergriffen, bevor das Virus im Herbst und Winter mutmaßlich Millionen Menschen dahinraffen würde. Allerdings blieb 1976 ein pandemisches Szenario aus. Die Impfkampagne unter Ford ist ein Musterbeispiel dafür, wie sehr es letztlich von Zufällen – in diesem Fall von der nicht sicher vorhersagbaren Entwicklung eines Virus – abhängen kann, ob gegenwartsbezogenes historisches Lernen als erfolgreich oder gescheitert bewertet wird (▶ Kap. 14).

Ein letztes Mal soll dann in einem Kapitel über den Kosovokonflikt des Jahres 1999 das Thema Krieg und Frieden in der Perspektive des Lernens aus der Geschichte betrachtet werden. Der erste Kampfeinsatz einer deutschen Armee seit dem Zweiten Weltkrieg – in Gestalt der Teilnahme der Bundesluftwaffe an NATO-Angriffen auf Serbien – stellte sich für den damaligen Außenminister Joschka Fischer (Grüne) als eine Konsequenz deutscher Verantwortung für die in Auschwitz begangenen Verbrechen dar. Es bedeutete einen tiefen und weit in die Zukunft wirkenden Einschnitt in der Geschichte seiner pazifistisch geprägten Partei, dass militärische Gewaltanwendung zur Verhinderung massiver Menschenrechtsverletzung als zulässig erachtet wurde. Auch für die sozialdemokratischen Koalitionspartner lag eine Zäsur darin, nicht mehr wie gewohnt eine weitreichende Friedenspflicht, sondern den Einsatz militärischer Mittel aus der Verantwortung für die deutsche Geschichte abzuleiten (▶ Kap. 15). Mit diesem Fallbeispiel, das schon nahe an akute Herausforderungen der Gegenwart heranreicht, soll der Weg durch die Geschichte des praktischen Lernens aus der Geschichte enden.

# 2
# Rom 27 v. Chr.

## Octavian/Augustus als lernender Leviathan

An den Iden des März 44 v. Chr. brach der römische Diktator Gaius Iulius Caesar unter den Dolchstößen seiner Feinde im Senat zusammen. Der mächtigste Mann Roms musste sterben, weil er aus Sicht seiner adeligen Mörder eine königsgleiche Stellung angestrebt hatte. Caesars Verhalten verletzte schon lange die Würde vieler römischer Aristokraten. Als er starb, trug er den unbescheidenen Amtstitel *dictator perpetuo*, »Diktator auf Lebenszeit«. Kein Römer hatte sich jemals einen solchen Rang angemaßt. In der römischen Republik wetteiferten die senatorischen Familien traditionell mit harten Bandagen um Ämter und Ehren, dabei waren sie sich aber in einem entscheidenden Grundsatz immer einig: Niemand durfte so viel Macht und Prestige erhalten, dass er sich dauerhaft über seine Standesgenossen erheben oder gar eine monarchische Stellung einnehmen konnte. Deswegen war die Ausübung hoher Staatsämter in Rom auf ein Jahr begrenzt. Zudem war der Entfaltung individueller Herrschaftsambitionen durch das Prinzip der Kollegialität eine Grenze gezogen: Kein Spitzenbeamter konnte allein schalten und walten. An der Spitze des Staates standen immer zwei Konsuln, die Stufen der nachgeordneten Ämter, wie die der Prätoren, wurden sogar jeweils mit noch mehr Amtsträgern besetzt. Auch wenn diese Verfassungsprinzipien schon lange vor Caesars Karrierebeginn wiederholt ausgehebelt worden waren, bildeten sie doch einen politischen Ordnungsrahmen, der nur mit einem erheblichen Begründungsaufwand – und auch dann nur vorübergehend – außer Kraft zu setzen war. Dies galt zum Beispiel in einer den Staat insgesamt gefährdenden Kriegs- oder Krisensituation, in der ein Diktator befristet auf ein halbes Jahr ernannt werden konnte.[74]

Die fundamentalen Spielregeln der republikanischen Ordnung sahen auch in den härtesten machtpolitischen Konflikten die Achtung der Würde (*dignitas*) aller Mitglieder der senatorischen Führungsschicht, gesichtswahrende Streitbeilegung und den Respekt gegenüber der Autorität des Senats vor

– und genau gegen diese Regeln hatte Caesar in Sache und Form vielfach verstoßen.[75] Paradoxerweise war dies gerade deshalb geschehen, weil Caesars Gegner im Senat bei einer regulären, ›unbewaffneten‹ Rückkehr aus den erfolgreichen Feldzügen in Gallien eben nicht bereit gewesen wären, seine *dignitas* zu respektieren.[76] Er hatte deshalb 49 v. Chr. ohne legale Befehlsgewalt seine Legionen nach Italien geführt, einen jahrelangen Bürgerkrieg ausgefochten und nach seinem Sieg die auf ein halbes Jahr begrenzte Notstandsmagistratur des Diktators schließlich auf Lebenszeit angenommen. Für seine Ermordung mindestens ebenso ursächlich wie diese machtpolitischen Tatsachen war sicherlich sein Umgang mit seinen Standesgenossen, durch den er extremen Hass auf sich zog. Hierzu nur ein Beispiel: Als ihn die Senatoren einmal vor dem Tempel der göttlichen Stammmutter seiner Familie, der Venus Genetrix, aufsuchten, um ihn durch neue Ehrenbeschlüsse zu verherrlichen, soll er sich nicht von seinem Sessel erhoben haben. Ganz zu Recht stellte der Kaiserbiograf Sueton im frühen zweiten Jahrhundert n. Chr. fest, dass dies für die Senatoren ein Affront, ein *factum intolerabile*, gewesen sei. Das von Caesars Parteigängern zu seiner Verteidigung vorgebrachte Argument, er habe sich wegen der Gefahr eines epileptischen Anfalls nicht erheben können, wurde bald derb-satirisch unter Hinweis auf eine akute Durchfallattacke des Geehrten entkräftet.[77] Zum Hass seiner adeligen Mörder dürfte wesentlich beigetragen haben, dass sie selbst es gewesen waren, die den Alleinherrscher mit immer neuen Ehrungen überhäuft hatten.[78] Menschen verzeihen es nicht gern, wenn sie durch die machtpolitischen Verhältnisse zu Komplizen ihrer eigenen Demütigung gemacht werden. Für stolze Aristokraten, deren Vorfahren die Eroberung der halben Welt durch römische Heere geleitet haben, musste dies besonders schwer zu ertragen sein. Dabei war es vermutlich gar nicht Caesars persönlicher Wille, der sie zu diesem Personenkult drängte, sondern der ungeheure Loyalitätsdruck, den seine Machtstellung hervorbrachte und dem weder die Senatsaristokratie noch er selbst sich entziehen konnte.[79] Allein schon die Tatsache, dass Menschen sichtbare Macht gewinnen, ändert das Verhalten ihrer Umgebung ihnen gegenüber, ganz gleichgültig, ob sie das wollen oder nicht. Bislang Gleichgestellte spüren, dass sie in ihren persönlichen Belangen auf das Wohlwollen des Emporgehobenen angewiesen sein könnten, und versuchen deshalb, ihm zu gefallen – oder ihm wenigstens nicht zu missfallen.

Abb. 1: Monarchieverdacht kann tödlich sein: Caesars Mörder verherrlichen ihre Tat als Tyrannenmord auch auf Münzen. Die Vorderseite dieses Denars (Silberprägung) zeigt den Attentäter Brutus, die Rückseite die als Freiheitszeichen verwendete Mütze *pilleus*, zwei Dolche und die Abkürzung EID MART für »Iden des März« (15. März 44 v. Chr., Datum des Caesar-Attentats).

Am 13. Januar 27 v. Chr., gut anderthalb Jahrzehnte nach dem gewaltsamen Ende des Diktators Caesar, betrat ein Mann mit ähnlicher Machtfülle wie dieser den Sitzungssaal des Senats: Gaius Octavius, der sich nach seinem mittlerweile zu den Göttern erhobenen Adoptivvater »Imperator Caesar *Divi filius*«, »Sohn des Vergöttlichten«, nannte.[80] Doch obwohl schon diese Selbstbezeichnung alles andere als bescheiden war und er auch sonst Macht und Erfolg deutlich in Szene setzte, erhoben die Senatoren gegen diesen Erben Caesars keine Dolche. Ganz im Gegenteil: Er verließ das Senatsgebäude nicht nur lebend, sondern erhielt drei Tage später auch noch per Senatsbeschluss den Ehrentitel »Augustus«, der Erhabene. Zudem wurden an der Tür seines Hauses Lorbeer und eine Bürgerkrone (*corona civica*) als Zeichen dafür angebracht, dass er die römischen Bürger – und zwar alle – gerettet habe. Darüber hinaus ließen Senat und Volk ihm zu Ehren im Sitzungssaal der Senatoren einen goldenen Schild anbringen, dessen Aufschrift seine Tugend (*virtus*), Sanftmut (*clementia*), Gerechtigkeit (*iustitia*) und Frömmigkeit (*pietas*) rühmten.[81]

Blickt man auf die politische Karriere Octavians zurück, wie er im Folgenden trotz seiner Namensveränderungen bis zur Annahme des Ehrennamens »Augustus« vereinfachend genannt werden soll, so scheint es für diese Auszeichnungen keinen Anlass zu geben. Nach Caesars Ermordung war er in einen Bürgerkrieg mit mehrfach wechselnden Fronten eingetreten. Es begann damit, dass er trotz der Ängste seiner Mutter Atia und gegen den Rat seines Stiefvaters Philippus das Testament Caesars annahm und sich mit Erfolg darum bemühte, unter den caesarischen Veteranen eine Armee anzuwerben.[82] Selbstbewusst stellte er dazu später in seinem Tatenbericht fest:

> » Im Alter von 19 Jahren stellte ich aus privatem Entschluss und mit privaten Mitteln ein Heer auf, mit dem ich dem von der Gewaltherrschaft einer Clique unterdrückten Staat die Freiheit zurückgewann.«[83]

Bei der Truppenanwerbung soll er einem zeitgenössischen Brief Ciceros zufolge in Kampanien die stolze Summe von 500 Denaren an jeden zum Dienst bereiten Soldaten gezahlt haben.[84] Mindestens so wichtig wie der massive Geldeinsatz dürfte für seine Bürgerkriegskarriere die Tatsache gewesen sein, dass er als Sohn des ermordeten Feldherrn die Loyalität von zehntausenden kampferprobten Legionären geerbt hatte. Dies entsprach dem spätrepublikanischen System der sogenannten »Heeresklientel«, in dem Versorgungsperspektiven für die Soldaten, etwa durch Landzuweisung nach der Entlassung, und soldatische Treue gegenüber dem jeweiligen Imperator die Festigung herausragender Machtpositionen außerhalb der Verfassung ermöglichten.[85] Schon unmittelbar nach dem Tod Caesars wurde Octavian bedrängt, sich dessen enormes Ansehen bei den Soldaten für die Mobilisierung einer militärischen Anhängerschaft zunutze zu machen, wie sein Biograf Nikolaus von Damaskus berichtete:

> » Die Soldaten würden nämlich der Führung durch Caesars Sohn sehr gern Folge leisten und zu allem bereit sein; denn sie waren erfüllt von der wunderbaren Treue und Liebe zu Caesar und von der Erinnerung daran, was sie zu seinen Lebzeiten zusammen vollbracht hatten.«[86]

In dem bald nach dem Tod des Diktators ausbrechenden Bürgerkrieg kämpfte sein Adoptivsohn als »Erbe« und »Sohn des Vergöttlichten« nicht nur gegen dessen Mörder, allen voran Brutus und Cassius, sondern am Ende auch gegen Caesars prominenten Weggefährten Marcus Antonius, der sich zuletzt mit der ägyptischen Königin Kleopatra verbündet hatte. Ob Octavian, der dem Althistoriker Christian Meier zufolge der »gerissenste, grausamste, klügste sowie lernfähigste Bürgerkriegsführer« war, in diesen Konflikten besonders gewissenlos vorgegangen ist, lässt sich kaum objektiv feststellen.[87] Jedenfalls spielte er – wie andere Befehlshaber dieser unruhigen Jahre auch – nach den Regeln des Bürgerkrieges, die da lauten: Schließe und breche Bündnisse, wie es deine Interessen erfordern; kümmere dich nicht um das Gesetz, weil es die anderen auch nicht tun; zerstöre die Legitimität deiner Gegner, indem du sie in deiner Kriegspropaganda systematisch als Staatsfeinde und Verräter brandmarkst; schalte möglichst viele von ihnen physisch aus und bemächtige dich ihres Vermögens; sorge durch materielle Zuwendungen und soziale Zukunftsperspektiven dafür, dass dir deine Soldaten treu ergeben bleiben.[88]

Vor allem das noch näher zu betrachtende Beispiel der Proskriptionen, durch die Octavian und seine Partner Gegner für vogelfrei erklärt und ihr Vermögen konfisziert hatten, zeigt, dass er sich zweifellos nach den Maximen eiskalter Machtpolitik verhalten und sich so in der Sache wohl keiner der positiven Eigenschaften besonders verdächtig gemacht hatte, die Senat und Volk ihm 27 v. Chr. auf den goldenen Ehrenschild schreiben ließen. Eine Ausnahme bildete vielleicht das Ideal der Frömmigkeit (*pietas*). Denn diese bedeutete im römischen Verständnis nicht nur Frömmigkeit gegenüber den Göttern, sondern betraf auch das pflichtbewusste Verhalten gegenüber den Vätern, unabhängig davon, ob die Vaterschaft eine leibliche oder durch Adoption gestiftete war. Ein solches Verhalten konnte Octavian tatsächlich für sich in Anspruch nehmen, denn gemäß der Losung »Rache für Caesar« waren seine Legionen 42 v. Chr. bei Philippi am entscheidenden Sieg über die Armeen der Caesarmörder Brutus und Cassius beteiligt, wenn auch die militärische Führung nicht bei ihm, sondern bei seinem damaligen Verbündeten und späteren Todfeind Marcus Antonius gelegen hatte.[89] Allerdings ist in einer erhaltenen Marmorkopie des »Tugendschildes« nicht von Pflichterfüllung gegenüber dem toten Caesar die Rede, sondern »gegenüber den Göttern und dem Vaterland« – eine Ergänzung, die im Tatenbericht des Augustus fehlt. Der Schild befand sich nicht nur im Senatsgebäude in einem räumlichen und inhaltlichen Bezug zur Statue der Siegesgöttin, die Octavian dort hatte aufstellen lassen, auch in seiner Münzpropaganda tauchten beide Elemente, Schild und Göttin Victoria, kombiniert auf. Durch die Verbindung beider Symbole sollte gegenüber der Öffentlichkeit zum Ausdruck gebracht werden, dass der Sieg und die militärische Macht Octavians die Grundlage der nun propagierten Wiederherstellung des Staates und des Friedens waren.[90]

Aber warum überhöhten die Senatoren nun den Rächer jenes Mannes, dem so viele von ihren Standesgenossen 44 v. Chr. bis hin zur persönlichen Beteiligung an seiner Ermordung den Tod gewünscht hatten? Die Herren mit dem Purpurstreifen an der Toga schienen nach Octavians Sieg über Marcus Antonius und Kleopatra wieder in eine ähnlich fatale Spirale der Ehrungen zugunsten Octavians zu geraten, wie sie Caesar so verhasst gemacht und ihm schließlich den Tod gebracht hatte.[91] Im Gegensatz zu seinem Adoptivvater gelang es Octavian aber, nicht nur am Leben zu bleiben, sondern eine der am längsten bestehenden Monarchien der Weltgeschichte zu begründen. Die Frage nach den Ursachen dieses Erfolgs wird seit der Antike gestellt – und sie prägt auch die Auseinandersetzung mit Octavian in der modernen Geschichtswissenschaft.[92] Ein wesentlicher Teil der Antwort liegt sicherlich in den realen Machtverhältnissen, wie sie sich 27 v. Chr. präsentierten. Nicht nur Caesars Mörder, sondern auch andere mächtige Konkurrenten – wie der zuletzt im Bündnis mit der ägyptischen Königin Kleopatra agierende Marcus Antonius oder der Sohn des Pompeius, Sextus Pompeius – waren besiegt und tot, die senatorische Elite hatte insgesamt im Rahmen der Bürgerkriege und Proskriptionen einen gewaltigen Blutzoll entrichtet. Schon der römische Historiker Tacitus (55/56 bis nach 117 n. Chr.) glaubte, dass es neben der allgemeinen Friedenssehnsucht und den von Octavian gebotenen Versorgungsgarantien und Aufstiegsperspektiven diese kriegsbedingte Ausschaltung von Oppositionskräften gewesen war, die Octavians Machtstellung ermöglicht hatte:

> » Sobald er dann [nach dem Sieg über seine Gegner, P. Geiss] die Soldaten durch Geschenke, das Volk durch eine Getreidespende, alle durch den verführerischen Reiz des Friedens gewonnen hatte, schob er sich allmählich empor und zog die Befugnisse des Senats, der Behörden, des Gesetzgebers an sich, ohne dass sich jemand widersetzte; denn die mutigsten Männer waren den Kämpfen oder der Ächtung zum Opfer gefallen, während die übrigen Adeligen, je mehr einer zur Unterwürfigkeit bereit war, durch Reichtum und Ehrenstellen nach oben gelangt waren und als Günstlinge der neuen Verhältnisse die Sicherheit der Gegenwart den Gefahren der Vergangenheit vorzogen.«[93]

Die Situationsskizze des Tacitus war sicher zutreffend. Als »Drei Männer zur (Wieder-)Errichtung des Staates« (*triumviratus* beziehungsweise *tresviri rei pubicae constituendae*) – hatten Octavian und seine Verbündeten, Marcus Antonius und Lepidus, seit 43 v. Chr. ein wahres Terrorregiment ausgeübt.[94] Dies zeigte sich vor allem in den sogenannten Proskriptionslisten, in denen die drei starken Männer die Namen ihrer Gegner aufführten: Wer seinen Namen darauf fand, hatte damit sein Todesurteil gelesen. Jedermann konnte ihn ungestraft, ja sogar gegen Belohnung töten, sein Vermögen fiel dann an einen der Triumvirn, die es zum Beispiel zur Besoldung oder Versorgung ihrer militärischen Anhängerschaft einsetzten. Aufschlussreich ist die Verlautbarung, mit der die drei Machthaber ihr Handeln begründeten. Sie ist bei dem in der Mitte des 2. Jahrhunderts n. Chr. schreibenden Historiker Appian überliefert. Die Triumvirn nahmen demnach für sich in Anspruch, aus der Zeitgeschichte gelernt zu haben. So betonten sie Appian zufolge, dass Caesars sprichwörtliche Milde (*clementia*) ihm den Tod gebracht habe, weil sich unter seinen Mördern auch von ihm verschonte Gegner befunden hätten. Daraus zogen sie nun eiskalt die Konsequenz: Schonung war keine Option mehr, präventiv sollten vielmehr alle ausgeschaltet werden, die ihnen gefährlich werden konnten.[95] Sie setzten Kopfgelder aus – wortwörtlich, also für das Herbeischaffen des abgeschlagenen Kopfes von Feinden. Folgt man der düsteren Darstellung bei Appian, dann appellierten die Triumvirn an die niedersten Instinkte ihrer Mitbürger, indem sie deren Eigennutz und Hass, aber auch deren Angst zu Werkzeugen ihrer Mordpolitik machten. Auch das Leben des mit Marcus Antonius tief verfeindeten Cicero, um dessen Unterstützung er sich lange bemüht hatte, schützte Octavian nicht.[96]

Bei der Lektüre der Vorrede zu den Proskriptionen fühlt man sich unweigerlich an die harte Logik von Machiavellis *Il Principe* (»Der Fürst«, 1532) erinnert:

> » Es gilt also festzuhalten, dass man die Menschen entweder verwöhnen oder vernichten muss. Denn für leichte Demütigungen nehmen sie Rache, für schwere können sie dies nicht tun, also muss der Schaden, den man ihnen zufügt, so groß sein, dass man keine Rache zu fürchten braucht.«[97]

Octavian und seine politischen Partner hatten sich zunächst gegenüber ihren Feinden auf das Vernichten verlegt, das Verwöhnen galt nur loyalen Anhängern und sollte erst nach Erringung der Alleinherrschaft von »Caesars Sohn« die propagierte Leitlinie seiner Politik gegenüber der gesamten Bürgerschaft werden.

Octavians Weg an die Macht war – wie dies bei Siegern von Bürgerkriegen der Fall zu sein pflegt – mit Leichen gepflastert, auch in dem auf die Proskriptionen folgenden Krieg gegen Marcus Antonius und Kleopatra, den er

31 v. Chr. in der berühmten Seeschlacht von Actium für sich entscheiden konnte. Aber für die langfristige Sicherung seiner Herrschaft reichte Gewalt nicht aus. Hier war ein weiterer Faktor mindestens ebenso entscheidend: seine Bereitschaft, aus der Geschichte zu lernen. Dabei ging es zunächst vor allem um das unmittelbar zeitgeschichtliche Lernen aus dem tödlichen Scheitern Caesars, also zu seiner eigenen Lebenszeit, sodann aber auch um den weiteren Rahmen der Krisengeschichte der späten römischen Republik.[98] Schon die Proskriptionen lassen sich, wie festgestellt, als ein makabres Lernen aus der Zeitgeschichte verstehen – nach der schlichten Devise: Verzeihe heute keinem Feind, der dich morgen töten kann, wie dies dem zu milden Caesar widerfahren ist – genau dies war ja die Begründung zu Beginn des offiziellen Mordaufrufs der Triumvirn. Bei Octavian ging das Lernen aus der Geschichte aber weit über situative Reaktionsmuster dieser Art, über die blutige Schule des Bürgerkriegs hinaus: Es mündete in die Schaffung einer neuen und sich dabei als traditionell ausgebenden politischen Kultur. Hier liegt die besondere Originalität des Octavian und eine Stärke, die ihn über die anderen führenden Persönlichkeiten der Zeit hinaushob und seinen Erfolg wesentlich erklärt. Zwar findet sich in den Quellen keine Aussage Octavians, in der er sich selbst als gelehrigen Schüler der Geschichte bekennt, aber sein Verhalten seit 27 v. Chr. deutet darauf hin, dass die von ihm begründete Staatsordnung, der Prinzipat, das Ergebnis eines historischen Lernprozesses war. Dieses Verhalten beruhte auf der Strategie, Herrschaft gerade dadurch zu gewinnen, dass man sie vermeintlich aufgibt.[99] Denn was Octavian damals vor dem Senat vollzog, war eine Inszenierung von Herrschaftsaufgabe, die er selbst in dem nach seinem Tod als Inschrift veröffentlichten Tatenbericht wie folgt beschrieb:

> » Nachdem ich die Bürgerkriege ausgelöscht hatte, habe ich, im Besitz der (mir dafür) unter allgemeiner Zustimmung verliehenen umfassenden Vollmachten, in meinem sechsten und siebten Konsulat den Staat aus meiner Verfügungsgewalt in das freie Ermessen von Senat und Volk zurückgegeben.«[100]

Abweichend von der oben zitierten Übersetzung wäre auch folgende möglich: »obwohl ich die Macht über alles hatte, habe ich den Staat ... zurückgegeben« – eine Interpretation, welche die Freiwilligkeit des Aktes noch deutlicher unterstreicht, denn damit wird ja auch ausgesagt: »Ich hätte durchaus die Macht gehabt, anders zu handeln, habe aber aus freien Stücken darauf verzichtet, sie zu gebrauchen.«[101]

Diese inszenierte ›Rückgabe‹ des Staates jedenfalls war in keiner Weise mit einem wie auch immer gearteten Loslassen der realen Macht verbunden, denn Octavian verfügte als Erbe der caesarischen Militärklientel und erfolgreicher Bürgerkriegsbefehlshaber faktisch über den Großteil des Heeres. Diese Realität hat nicht erst die moderne Geschichtswissenschaft erfasst, sie wurde detailliert auch von dem antiken Historiker Cassius Dio im frühen 3. Jahrhundert n. Chr. herausgearbeitet: Zahlreiche Senatoren des Jahres 27 v. Chr. hätten die völlige Unaufrichtigkeit der vermeintlichen Machtrückgabe erkannt und das Spiel nur deshalb mitgespielt, weil die Kräfteverhältnisse nichts anderes zuließen und sie zwangen, Octavian zur Weiterführung der Herrschaft zu drängen. Dies taten Cassius Dio zufolge auch ihre naiveren Standesgenossen, die seinen Worten geglaubt und nach seinem politischen Abtreten eine Rückkehr des Bürgerkriegs gefürchtet hätten. So habe sich Octavian dazu ›überreden‹ lassen, die am stärksten mit Militär besetzten Provinzen unter seinem Kommando zu halten – mit der fadenscheinigen Begründung, diese seien noch nicht befriedet und er wolle dem Senat durch ihre Übernahme in seine Verantwortung Gefahren ersparen.[102] Seine Befehlsgewalt wurde nun vom Senat in eine rechtliche Form gekleidet, mit der er wie ein als Statthalter amtierender Ex-Konsul (*proconsul*) Truppen in jenen Provinzen befehligen konnte, in denen die meisten Legionen standen. Zudem besaß er bereits die Unverletzlichkeit eines Volkstribunen und das mit diesem Amt verbundene Recht, Bürger vor den Handlungen von Magistraten zu schützen, seit 23 v. Chr. dann die volle tribunizische Amtsgewalt (*tribunicia potestas*), mit der er Senatssitzungen und Volksversammlungen einberufen und ihre Entscheidungen mit seinem Veto außer Vollzug setzen durfte.[103]

Aber wieso ertrugen die Senatoren diese unübersehbare Machtfülle besser als die Diktatur Caesars? – Es ist der Ton, der auch in der Politik die Musik macht – und der Ton des vom Bürgerkriegsgeneral zum Augustus, das heißt »Erhabenen«, mutierten Octavian musste in den Ohren der Senatoren angenehmer klingen als der seines Adoptivvaters, der sich provokativ zum Diktator auf Lebenszeit hatte bestellen lassen. Ganz offensichtlich hatte er aus dem Ende Caesars gelernt, dass die blanke oder nur durch einzelne Versatzstücke republikanischer Ordnung dekorierte Militärherrschaft als Grundlage nicht ausreiche, wenn man in Rom als mächtigster Mann im Staat alt werden wollte. Vielmehr musste eine Atmosphäre geschaffen werden, in der Alleinherrschaft für weite Teile der Eliten annehmbar, ja gewinnbringend wurde.[104]

In seinem Tatenbericht behauptet Augustus, er habe seit 27 v. Chr. an Amtsgewalt (*potestas*) nie mehr besessen als seine jeweiligen Kollegen, also insbesondere seine Mitkonsuln, hingegen habe er durch seine persönliche Autorität (*auctoritas*) alle anderen Amtsträger überragt.[105] Dies ist eine Vernebelung der Herrschaftsverhältnisse, die deshalb erfolgreich war, weil er die zu Konsulat beziehungsweise Prokonsulat gehörende militärische Befehlsgewalt und die dem republikanischen Volkstribunat zugeordneten Rechte von diesen Ämtern abgelöst hatte. So konnte er deren Amtsgewalt auch ohne die offiziellen Amtstitel ausüben.[106] Die Ehrung als *princeps*, mit der er vom Senat bedacht wurde und für die sich die Benennung der römischen Monarchie als »Prinzipat« ableitet, war daher geschickt gewählt. Sie bezeichnete kein Amt mit Amtsgewalt, sondern die prestigeträchtige Stellung des vornehmsten Senators in der Republik – *princeps senatus*, wie Augustus in seinem Tatenbericht es selbst ausdrückt.[107] Somit verweist sie auf die von Augustus als Grundlage seiner Macht betonte persönliche Autorität und stellt die aristokratische Gleichheit nicht infrage – denn der *princeps* war ja der propagandistischen Selbstinszenierung nach nur der Erste unter Gleichen.[108]

Im Zentrum des Lernprozesses, der in der Inszenierung des Jahres 27 v. Chr. seinen prägnantesten Ausdruck fand, stand die Einsicht, dass es bei der Sicherung der im Krieg gewonnenen Herrschaft vor allem auf politische Kommunikation ankam: Im Umgang mit der republikanischen Tradition galt es, Kontinuität zu suggerieren und der senatorischen Elite eine gesichtswahrende, mit ihrem Standesbewusstsein vereinbare und sogar ehrenvolle Integration in das neue System zu ermöglichen.[109] Wer aber die reale Macht nicht aufgeben will oder kann, dem bleiben nur die Mittel einer erfolgreichen Kommunikationspolitik oder – etwas weniger fein ausgedrückt – Propaganda, die allerdings nicht nur »von oben« kam, sondern von den Beherrschten aktiv mitbetrieben wurde.[110] In dem Bemühen, die eigene Stellung genau so zu ›kommunizieren‹, wie es für die Sicherheit der eigenen Person und die Stabilität seiner Herrschaft notwendig war, handelte er ganz ähnlich, wie sein späterer ›Schüler‹ Cosimo I. de' Medici dies im 16. Jahrhundert bei der Verwandlung der Republik Florenz in eine Monarchie vorführen sollte (▶ Kap. 4). Dazu gehörte neben dem gesprochenen und geschriebenen Wort auch eine Kommunikationsform, die der Archäologe Paul Zanker als »Bildersprache« bezeichnet hat: die Verbreitung von politischen Botschaften durch vielfältige Kanäle wie etwa Münzprägung, im öffentlichen Raum aufgestellte Statuen, Denkmäler, Tempel und Altäre.[111]

Abb. 2: Nur ein Bürger? Die Statue zeigt Kaiser Augustus im typischen Gewand eines *civis romanus*, der Toga, mit bedecktem Haupt, wie dies bei Opferhandlungen üblich war (Museo Nazionale Romano, Diokletiansthermen, Rom).

Ein solches Kommunikationssystem funktionierte auch dann, wenn Teile seiner Adressaten – wie von Cassius Dio angenommen – in keiner Weise an eine Wiederkehr der guten alten Republik glaubten. Auch ganz ohne diese Illusion konnten sie sich in den pseudorepublikanischen Sprechregelungen und Umgangsformen einrichten. Dies war sogar dann noch möglich, als der zweite Nachfolger des Augustus auf dem Kaiserthron, Caligula, die Verlogenheit des Regimes durch sein demonstrativ beleidigendes Verhalten gegenüber der Senatsaristokratie in besonders drastischer Weise hervortreten ließ.[112] Aber bedurfte es überhaupt einer provokativen Offenlegung dessen, was doch im Grunde jedem verständigen Beobachter seit dem Beginn des Prinzipats klar sein musste? Ein Mann wie Augustus, dessen Prätorianergarde auf Senatsbeschluss den doppelten Legionärssold erhielt und der in allen wichtigen Staatsangelegenheiten nach seinem Votum gefragt werden musste, war eben kein republikanischer Aristokrat, sondern ein Monarch, auch wenn seiner Monarchie eine rechtlich abgesicherte Erbfolgeregelung fehlte.[113] Aber auch diese Lücke versuchte er zu schließen, indem er zunächst seine Enkel Gaius und Lucius Caesar und, nach deren Tod, Tiberius adoptierte, zu potenziellen Nachfolgern aufbaute und so auf die Etablierung einer Herrscherdynastie hinarbeitete, was mit den Prinzipien einer Republik völlig unvereinbar war.[114]

Man kann sich angesichts der militärischen Machtverhältnisse fragen, ob der 27 v. Chr. zum Augustus erhobene Octavian die durchsichtige und doch von Teilen des Publikums eifrig mitinszenierte »Show« einer Wiederherstellung der Republik überhaupt nötig hatte, nachdem er bereits 28 v. Chr. die illegalen und teilweise terroristischen Maßnahmen des Triumvirats außer Kraft gesetzt und diese »Rückkehr zur Normalität« mit einer Goldmünze hatte feiern lassen: »Er hat die Gesetze und Rechte des R[ömischen] V[olkes] wiederhergestellt«.[115] Die Antwort auf die Frage nach dem Sinn dieser Schritte ist folgende: Das Konstrukt der *res publica restituta* sollte die Menschen nicht überzeugen; es hatte vielmehr die Funktion, ihr Reden und Handeln im Rahmen der Monarchie zu regulieren und auf die Interessen des *princeps* hin auszurichten. Dabei konnte Octavian vermutlich auf einen Mechanismus setzen, den die Medienwissenschaftlerin Elisabeth Noelle-Neumann für die Moderne als »Schweigespirale« charakterisiert hat: die Bereitschaft von Menschen, sich ohne eigene Einsicht, oft sogar wider besseres Wissen dominierenden Kommunikationsmustern zu unterwerfen, um einen sozialen Ausschluss mit all seinen nachteiligen Folgen zu vermeiden.[116] Eine solche Anpassungsleistung erbrachte zur Zeit des Augustus vor allem die Senatsaristokratie. Die senatorischen Geschichtsschreiber Tacitus und Cassius Dio, die zwar nicht unter Augustus, aber noch in der von ihm begründeten Ordnung lebten, sind hervorragende Beispiele dafür, dass man die pseudorepublikanische Prinzipatsideologie nicht glauben musste, um im neuen System zu funktionieren. Trotz ihrer Kritik an der Selbstdarstellung des Kaisertums waren beide keine verfolgten Oppositionellen im Untergrund, sondern als Konsul und Statthalter hochrangige Repräsentanten des von ihnen kritisierten Systems.[117]

Zwar waren die alten Familien nach den Dezimierungen durch Bürgerkrieg und Proskriptionen im Vergleich zur Situation des Jahres 44 v. Chr., bei Caesars Ermordung, deutlich geschwächt. Dass Augustus aber dennoch Anlass hatte, sich ihnen gegenüber nicht ganz sicher zu fühlen, zeigt sich darin, dass er 28 v. Chr. den Senat mit Kettenhemd und Schwert gerüstet und von zehn befreundeten Rittern begleitet betreten haben soll – wenn66gleich zu berücksichtigen ist, dass dies bei dem besonders konfliktträchtigen Anlass einer unter seiner Regie durchgeführten »Reinigung« des Senats von unwürdigen Elementen geschehen sein soll.[118] Diese Vorsichtsmaßnahme kann als eine der ganz konkreten und naheliegenden Lehren der Iden des März 44 v. Chr. verstanden werden, hatten doch die Caesarmörder mit Erfolg darauf spekuliert, dass sie den über zehntausende Legionäre gebietenden Feldherrn in der Kurie völlig unbewaffnet, ohne Leibwache und damit ihren Dolchstößen wehrlos ausgeliefert antreffen würden. Auch diverse Verschwörungen gegen Augustus sprechen dafür, dass von der senatorischen Elite noch eine nicht ganz zu vernachlässigende Restgefahr ausging und es keine gute Idee gewesen wäre, allein auf die Stärke von Legionen und Prätorianerkohorten zu setzen.[119]

Den geschichtsbasierten Lernprozess des Octavian – und dann seit 27 v. Chr. des Augustus – darf man sich nun nicht so vorstellen, dass er im stillen Kämmerlein mit seinen Beratern zusammengesessen, mit ihnen gemeinsam die Werke der griechischen und römischen Geschichtsschreiber studiert und dann gewissermaßen am Reißbrett die politische Ordnung des Prinzipats entworfen hätte. Ganz zu Recht hat der Althistoriker Karl Christ darauf hingewiesen, dass die von ihm im Sinne der Hegel'schen Geschichtsphilosophie als Synthese von Monarchie und Republik interpretierte Herrschaft des Augustus nicht als fertiges System etabliert, sondern »evolutionär« entwickelt worden ist. Hierin ebenso wie in seinen früh einsetzenden Bemühungen um eine Legalisierung seiner Macht sah Christ eine »traumatische Reaktion auf die provozierende Diktatur Caesars und auf deren Scheitern.«[120]

Caesars Erbe dachte dabei nicht nur taktisch, sondern langfristig strategisch. Den für ihn zentralen Aspekt, Handlungsbedingungen und -möglichkeiten lernend zu analysieren, hat der im frühen 3. Jahrhundert n. Chr. schreibende Senator Cassius Dio in zwei erfundenen Reden dargelegt, die er wichtigen Freunden Octavians, Agrippa und Maecenas, nach dem Sieg im

Bürgerkrieg in den Mund legte.[121] Dabei sind die über 200 Jahre nach dem Tod des Kaisers entstandenen Überlegungen des Cassius Dio natürlich keine Quelle für das Geschehen der Jahre 31 bis 27 v. Chr., sondern ein intellektuell anspruchsvoller Interpretationsvorschlag zu dem, was im Kopf Octavians und seiner Berater vorgegangen sein mag.[122] Die Reden präsentieren strategische Optionen, mit denen sich der analytisch und realpolitisch denkende Octavian auseinandergesetzt haben wird, wenn auch vermutlich nicht in einer einzelnen Entscheidungssituation, wie es die Form als Rede suggeriert. Die Szene präsentiert sich bei Cassius Dio wie folgt: Nach dem Sieg über Antonius und Kleopatra und den daran anschließenden Ehrungen für Octavian in Rom lässt er den Sieger gemeinsam mit seinen Freunden Agrippa und Maecenas darüber beraten, welchen politischen Kurs er nun einschlagen sollte. Agrippa tritt für die »Demokratie« ein, womit natürlich nicht an das Modell Athens zu denken ist, sondern an die aristokratisch dominierte römische Republik.[123] Demgegenüber fordert Maecenas die Einrichtung einer Monarchie, wenn auch unter Fortführung republikanischer Traditionen. Doch zunächst zu der Position, die Cassius Dio in der Rede des Agrippa zum Ausdruck bringt: In ihrem Zentrum steht das Argument, dass die »Demokratie«, also die republikanische Ordnung, den Gemeinsinn fördere. Die Bürger trügen bereitwilliger zu den steuerlichen Lasten des Staates bei und respektierten die Rechtsprechung eher. Mehr noch, unter ihnen gebe es einen »Wettstreit« zugunsten des Gemeinwesens, was sich unter anderem im machtpolitischen Aufstieg der römischen Republik gezeigt habe. Durch die Einführung einer monarchischen Ordnung werde Octavian sich hingegen überfordern, denn »die ganze Menschheit« werde dann Erwartungen an ihn richten. Agrippa mahnt seinen Freund schließlich, seine Macht wie öffentlich versprochen aus freien Stücken zurückzugeben, da er so hohes Ansehen und Sicherheit gewinnen könne, während ihn weiteres Abwarten in eine ungünstigere und gefährliche Lage bringen könne. Ganz ausdrücklich kommt in diesem Zusammenhang das abschreckende Beispiel seines Adoptivvaters Caesar zur Sprache: »Schließlich erinnerst du dich, wie sie mit deinem Vater verfuhren, weil die Leute einen gewissen Verdacht gegen ihn hegten, er möchte die Alleinherrschaft erstreben.«[124]

Auch wenn diese Aufforderung zum Lernen aus dem negativen historischen Beispiel fiktiv ist, darf man es für wahrscheinlich halten, dass Caesars Tod Octavian in seinem politischen Handeln vor Augen gestanden hat und er immer wieder praktische Konsequenzen daraus gezogen hat. Auf die Argumentation des Agrippa folgt die scheinbare Gegenposition in Gestalt der Maecenas-Rede – ›scheinbar‹ deshalb, weil in der Forschung zu Recht darauf hingewiesen wurde, dass in beiden Reden unterschiedliche Aspekte eines zusammenhängenden Gedankensystems zur Sprache kommen: Es geht letztlich um die Bestimmung des Prinzipats als einer vernunftgemäßen politischen Ordnung, in der beide Pole, ›Demokratie‹ und Diktatur, vereint sind.[125] Denn auch Maecenas tritt keineswegs für die Einführung einer unverblümten Militärmonarchie ein. In der von ihm befürworteten Ordnung hat der Monarch peinlich darauf zu achten, sein Ansehen nicht durch ungerechtes Verhalten zu beschädigen. In der Gerechtigkeit gegenüber anderen sei die wirksamste Voraussetzung der eigenen Sicherheit zu sehen. Maecenas geht so weit, ihn einer Art ›kategorischem Imperativ‹ zu unterwerfen: Er solle andere so beherrschen, wie er selbst beherrscht werden wolle. Zudem ist der Monarch Maecenas zufolge gehalten, die Eliten zum Teil seines Systems zu machen. Dies gelinge zum Beispiel dadurch, dass alte republikanische Ämter weitergeführt werden und der Aristokratie zugänglich bleiben, wenn auch in entpolitisierter Form und unter strikter personeller Kontrolle durch den Monarchen:

> »Denn meiner Ansicht nach musst du diese Ämter sowie das des Konsuls als einzige in der Heimat durch Wahl besetzen, und zwar mit Rücksicht auf die Einrichtungen unserer Väter und zur Vermeidung des Anscheins, als wolltest du die Verfassung gänzlich umstoßen! Doch behalte ja die Auswahl all dieser Männer selbst in der Hand und überlasse sie in keinem Falle mehr der Plebs oder dem Volk – sie werden sich ja nur darüber streiten – oder auch dem Senat, dessen Mitglieder dabei persönliche Interessen verfolgen werden. Erhalte die alten Ämter aber nicht in ihrer alten Machtfülle, damit sich die Geschichte nicht wiederholt, sondern sichere ihnen nur die gebührende Ehre«.[126]

Hält man sich vor Augen, was unter der Herrschaft des Augustus zum Beispiel aus dem republikanischen Konsulat geworden ist, zeigt sich, dass Cassius Dio hier durch den Mund des Maecenas eine perfekte Analyse und Begründung dessen bietet, was tatsächlich geschehen ist: Seit Augustus übte der Kaiser durch das Verfahren der Nominierung (*nominatio*) sowie die direkte Unterstützung von Bewerbern – dann als *candidatus Caesaris*, »Kandidat des Kaisers« bezeichnet – einen erheblichen Einfluss auf die Bestellung der Konsuln aus, die sich nur noch bei ganz formalistischer Betrachtung als Wahl verstehen ließ. Mit der Führung des Staates hatte das alte Spitzenamt nichts mehr zu tun, blieb allerdings insofern politisch relevant, als es weiterhin Sprungbrett für die wichtigsten Statthalterschaften war. Deren Befehlsgewalt war allerdings in den allermeisten Provinzen von der kaiserlichen Gewalt abgeleitet, sie verfügten also streng genommen über kein politisches Eigengewicht.[127]

Statthalter sollten dementsprechend unter dem Prinzipat nicht als selbstständige Politiker, sondern als hohe Verwaltungsbeamte und Militärkommandeure fungieren. Tatsächlich verfügten sie aber wegen der in ihren Provinzen stehenden Legionen über ein Machtpotenzial, aus dem sich in Krisensituationen politisch Kapital schlagen ließ. Dies sollte sich nach dem Tod des Kaisers Nero im Jahr 68 n. Chr. zeigen, als nacheinander vier Statthalter nach dem Kaisertum griffen.[128] Entwicklungen dieser Art änderten aber nichts daran, dass das Amt der Konsuln unter Augustus im Vergleich zur Republik eine drastische politische Abwertung erfuhr, was sich unter anderem auch in der Vermehrung der Amtsträger pro Jahr zeigte: Durch die Bestellung zusätzlicher *consules suffecti,* »nachgewählter Konsuln«, sollte das ehrenvolle Amt noch mehr Mitgliedern der Senatsaristokratie zugänglich gemacht und der Bedarf an ehemaligen Konsuln für die wichtigsten Statthalterschaften besser gedeckt werden.[129]

Aus der Ermordung Caesars und dem Scheitern anderer Führungspersönlichkeiten der späten römischen Republik hatte Augustus gelernt, wie wichtig es war, als Herrscher bescheiden aufzutreten und sich prinzipiell gegenüber allen Bürgern respektvoll zu verhalten. Dies galt auch gegenüber dem einfachen stadtrömischen Volk, der *plebs urbana*. So vermied er es zum Beispiel im Gegensatz zu Caesar, während der Spiele im Amphitheater oder Circus vor aller Augen Briefe zu schreiben, da dies von den kleinen Leuten als beleidigendes Desinteresse an Darbietungen verstanden worden wäre, die sie wie nichts anderes begeisterten. Dies behauptete jedenfalls sein Biograf Sueton, der auch zu berichten weiß, der Princeps habe in einem »bescheidenen Haus« auf dem Palatin gelebt, um nicht in den Ruch eines luxuriösen Lebensstils zu gelangen.[130] Für das heute noch auf diesem Hügel zu besichtigende Haus des Augustus mit seinen gut erhaltenen Wandmalereien mag dies noch halbwegs zutreffen. Berücksichtigt man jedoch die Tatsache, dass zum Wohnsitz des Kaisers auch ein prächtiger Tempel des Apollo – seines göttlichen Protektors in der Schlacht von Actium – gehörte, der durch eine Rampe mit dem Wohnkomplex verbunden war, so ergibt sich ein anderes Bild: Die enge architektonische Beziehung zum Kultbau seiner Schutzgottheit verlieh dem Haus des Augustus insgesamt ein monumentales Aussehen.[131]

Entscheidend war nicht, tatsächlich bescheiden zu wohnen; wichtiger war, dass dem Herrscher diese Bescheidenheit zugeschrieben wurde, weil sie einem propagandistisch unterfütterten Erwartungsmuster gegenüber seiner Person entsprach. Obwohl fast jeder Satz seines Tatenberichts verrät, dass er als bescheiden und zurückhaltend wahrgenommen werden wollte, schreckte Augustus nicht davor zurück, die Stadt Rom mit einem nie dagewesenen Bauprogramm zu überziehen. Bekannt ist sein bei Sueton überlieferter Ausspruch, »eine Stadt aus Marmor zu hinterlassen, wo er eine aus Ziegeln übernommen hatte«.[132] Mit dem Bau von Tempeln, dem Augustusforum sowie einem gewaltigen Mausoleum für sich und seine Familie und anderen öffentlichen Gebäuden, aber auch mit dem Annehmen von Ehrenstatuen seiner Person im öffentlichem Raum knüpfte er an die Formen architektonischer Selbsterhöhung an, die schon die großen Politiker- und Feldherrenfiguren der späten Republik praktiziert hatten. Dem Archäologen Paul Zanker zufolge hatte Octavian Kunst und Architektur in der Bürgerkriegsphase ebenfalls ganz ichbezogen als Instrumente des aristokratischen Konkurrenzkampfes eingesetzt, sie dann aber nach seinem Sieg in eine staatstragende »Bildersprache« überführt.[133] In diesem Sinne lässt sich etwa der Bericht Suetons verstehen, Augustus habe die von großen Römern der Vergangenheit errichteten Gebäude erneuert und dabei die Bauinschriften mit deren Nennung bewahrt – mehr noch: er habe diesen Repräsentanten alter Größe Statuen auf dem Augustusforum aufstellen lassen, die sie als siegreiche Feldherren, als Triumphatoren zeigten.[134] Ganz offensichtlich wollte der Princeps demonstrieren, dass es ihm um das Prestige des römischen Gemeinwesens ging, nicht um seine Person, selbst wenn die Familie der Julier unter den großen Ahnen der Römer besonders prominent hervorgehoben wurde.[135]

Auch hierin lässt sich im Vergleich mit dem Tempelbau Caesars, der im Falle der Venus Genetrix ganz auf die Überhöhung der göttlichen Ursprünge seiner Familie und nicht zuletzt auch seiner Person abzielte, ein Lernprozess erkennen. Augustus' Entschluss, die vom Senat zur Würdigung seiner Siege in den 30er Jahren aufgestellten Statuen einschmelzen zu lassen, zeigt, dass er sich bewusst von allzu triumphalistischen Formen des Personenkultes abwandte. Stattdessen sollte die Ehrung der eigenen Person unauflöslich mit dem Staatswohl verknüpft oder, anders formuliert, die Geschichte der Julier in die Erfolgsgeschichte des Imperium Romanum eingebettet werden.[136] In der Forschung wurde überdies betont, dass Augustus durch das Statuenprogramm seines Forums nicht nur in eine Reihe mit den großen Römern der Republik gestellt wurde; vielmehr sei es zugleich auch darum gegangen, ihn als denjenigen zu präsentieren, der alle anderen herausragenden Männer der römischen Geschichte noch übertroffen habe. Die teilweise erhaltenen Ruhmesinschriften (*eulogia*) zu den Taten der durch Statuen geehrten Personen sollten dieser Deutung zufolge nach seinem Tod mit seinem Tatenbericht, den als Monumentalinschrift veröffentlichten *Res gestae Divi Augusti*, verglichen werden – und dieser Vergleich musste natürlich zugunsten des Princeps ausfallen.[137] Eine literarische Parallele dazu findet sich in dem von Vergil verfassten Epos *Aeneis*, in dem die Julier als künftige Träger einer beispiellosen Machtausdehnung Roms gefeiert werden. Der Dichter stand Augustus so nah, dass eine Verschriftlichung dieser weitreichenden geschichtspolitischen Konzeption ohne dessen Billigung undenkbar gewesen wäre. Die Augustus unmittelbar glorifizierende Szene spielt sich in der Unterwelt ab, wo der verstorbene Anchises seinem aus Troja geflohenen Sohn Aeneas die imperiale Zukunft der Römer vor Augen führt:

> » Hierher nun wende die Blicke, hier, dieses Volk, sieh an – und deine Römer! Hier sind Caesar und all die Nachkommen des Iulus, die dereinst auffahren werden zum großen Himmelsgewölbe. Dieser Mann, der ist es, der dir – du hörst es immer wieder – verheißen wird, Caesar Augustus, des Göttlichen Sohn. Goldene Zeiten wird er für Latium bringen. Allüberall in den Landen, die einst Saturnus beherrschte. Er wird weit über Garamanten und Inder hinaus seine Herrschaft ausdehnen.«[138]

Wie weit die Einbettung des Augustus in die Kontinuität römischer Geschichte hier reicht, wird daran deutlich, dass Anchises neben anderen Größen Roms auch den Ahnherrn des Caesarmörders Brutus, den Begründer der Republik, rühmt: »er [der alte Brutus] wird als Vater die Söhne, die neue Kämpfe anzetteln wollten, um der herrlichen Freiheit willen ihrer Strafe zuführen, der Unglückliche!«[139] Die Passage schließt mit den wohl berühmtesten Versen des Vergil zur universalen Mission der Römer: »Du aber, Römer, gedenke, den Völkern mit Macht zu gebieten. Das sei dein Beruf, Gesittung und Frieden zu schaffen. Unterworfene zu schonen und niederzuringen die Stolzen.«[140] Augustus hat für seine durch den Dichter Vergil maßgeblich mitgetragene Selbstdarstellung gelernt, dass er sich nicht als Fremdkörper in der römischen Geschichte präsentieren darf, wie der Diktator Caesar leicht gesehen werden konnte, sondern als deren logischer ruhmreicher Fortsetzer.

Ein noch weiter reichender Lernprozess betraf die Strukturveränderungen, die das römische Gemeinwesen im Zuge seiner atemberaubenden Expansion seit den Kriegen mit der rivalisierenden Großmacht Karthago, das heißt seit der Mitte des 3. Jahrhunderts v. Chr., erfahren hatte. Ob er diese nun intuitiv erfasste oder bewusst analysierte: Augustus zog daraus die für seinen Machterhalt zweckdienlichen Konsequenzen. Mit den unter großen Opfern erfochtenen Siegen über Karthago und dem etwas später einsetzenden Ausgreifen in die griechische Welt hatte sich Rom im 3. und 2. Jahrhundert v. Chr. zunehmend als mediterrane Großmacht etabliert. Als Octavian geboren wurde, gab es an den Küsten des Mittelmeeres kaum noch Gebiete, die keine römischen Provinzen oder abhängige Klientelstaaten waren. Und mit Caesars Gallienfeldzügen samt spektakulären Rheinübergängen griff der militärische Aktionsradius Roms schon bald weit über die Mittelmeerwelt nach Norden aus.

Aber was hat diese imperiale Machtausdehnung mit dem Niedergang der Republik und dem Entstehen einer Monarchie zu tun? Auf Octavian bezogen: Welche Herrschaftsoptionen gab dieser Prozess einem Mann an die Hand, der ihn richtig zu lesen und daraus pragmatisch zu lernen verstand? Einen über lange Zeit einflussreichen und in Teilen immer noch zutreffenden Erklärungsansatz hierzu hat der Althistoriker Karl Christ in den 1970er Jahren angeboten: Es sei gerade die Expansion nach außen gewesen, welche die Republik in ihren Inneren sozial und politisch destabilisiert und so der Monarchie den Weg bereitet hätte. Bis ins späte 2. Jahrhundert v. Chr. seien Roms Kriege überwiegend von Bauern geführt worden, die als Bürgersoldaten in den Legionen Dienst taten. Wer aber jahrelang in Griechenland oder Spanien kämpfen musste, der sei irgendwann nicht mehr in der Lage gewesen, seinen heimischen Hof zu leiten. Dies habe zu erheblichen sozialen Notlagen geführt, die sich in politischen Konflikten entladen hätten. Überdies habe die Senatsaristokratie bei der Verteilung von neu erobertem Land stärker profitiert als die bäuerlichen Massen. Diese Schieflagen hätten unter den Volkstribunen Tiberius und Gaius Gracchus in den Jahren 133 bis 121 v. Chr. Reformversuche veranlasst, die jedoch die agrarischen Besitzinteressen der Senatsaristokratie gefährdet und neben politischer Gewalt eine Spaltung der römischen Führungsschicht in zwei Lager hervorgerufen hätten: die reformorientierten Popularen, die auf die bäuerlichen Massen setzten, und die Optimaten, die sich gegen Eingriffe in die Eigentums- und Staatsordnung wehrten. Der Populare Gaius Marius, berühmt als Sieger über die gefürchteten Kimbern und Teutonen, habe das Problem der militärischen Überbeanspruchung der Bauern am Ende des 2. Jahrhunderts v. Chr. durch die Schaffung einer Berufsarmee gelöst. Die neuen Legionen hätten sich nach Wegfall der Bindungen an Haus und Hof flexibel auf weit entfernten Kriegsschauplätzen einsetzen lassen, aber sie seien zugleich in sozialer Hinsicht auch völlig abhängig von Besoldung und Versorgung geworden, was sie zunehmend zu einer »Heeresklientel« in der Verfügungsgewalt einzelner Feldherren gemacht habe.[141]

Die neuere Forschung hat die Bedeutung des Marius als Heeresreformer relativiert und auch die von Christ angenommene Massenverelendung römischer Bauern durch Kriegsdienst und Ausbreitung des aristokratischen Großgrundbesitzes angezweifelt: Archäologische Untersuchungen bäuerlicher Hofanlagen geben Hinweise auf Stabilität und regional sogar auf eine Dynamik kleinerer bäuerlicher Betriebe in der spätrepublikanischer Zeit.[142] Es wurde sogar die Auffassung vertreten, die Reformversuche des Volkstribunen Tiberius Gracchus hätten lediglich auf eine »eingebildete Krise« bei Landverteilung und Rekrutierung geantwortet und die für die römische Republik tödliche »politische Krise« selbst erst hervorgebracht.[143]

Was jedoch von Christs Krisendiagnose bleibt, ist die wichtige Beobachtung, dass einzelne Feldherren in den Augen der römischen Soldaten zunehmend Bedeutung als Garanten ihrer auskömmlichen Zukunft gewannen. Dies manifestierte sich in einem mehr oder minder unausgesprochenen ›Deal‹: Als Politiker konnte sich der Feldherr die Stimmen seiner Soldaten in der Volksversammlung – und natürlich auch ihre Kampfkraft in Bürgerkriegssituationen – zunutze machen. Im Gegenzug brachte er Gesetzesvorlagen ein, die den Interessen der Legionäre entsprachen, da sie zum Beispiel die Zuweisung von Land an Veteranen regelten.[144] Diesem Trend folgte schon 83 v. Chr. der junge Pompeius, indem er sich eine regelrechte »Privatarmee« aufbaute. Auch Octavian orientierte sich an diesem Muster, als er 44 v. Chr. ohne jeden staatlichen Auftrag aus Caesars Veteranen ein Heer rekrutierte: Er gab dies in seinem späteren Tatenbericht auch offen zu, indem er feststellte, dass er dies »aus privatem Entschluss« und »mit privaten Mitteln« unternommen habe – im Grunde ein Akt des »Hochverrats« (Klaus Bringmann).[145]

Nach seinem Sieg im Bürgerkrieg verstand es Augustus dann, die Legionen, die ja auch gegen den Princeps einsetzbar gewesen wären, durch eine dauerhafte Regelung der Heeresfinanzierung und Veteranenversorgung zu »entpolitisieren«. Das sicherte die Monarchie bis zum Vierkaiserjahr 68 n. Chr.

gegen erfolgreiche Usurpationen von Statthaltern mit Befehlsgewalt über Truppen ab. Da er damit den für die Republik so zerstörerischen Strukturwiderspruch zwischen der imperialen Notwendigkeit eines stehenden Heeres und dem republikanischen Prinzip einer *ad hoc* einzuberufenden Bürgermiliz überwandte, kann in der Reform des militärischen Versorgungssystems ein wesentlicher Teil von Augustus' Lernen aus der Krisengeschichte des vorangehenden Jahrhunderts gesehen werden.[146]

Ein wichtiger Grund für den Erfolg des Augustus lag seinem modernen Biografen Klaus Bringmann zufolge darin, dass es ihm gelungen war, die für so viele Menschen tödliche Konkurrenz innerhalb der Senatsaristokratie außer Kraft zu setzen und von seinen Standesgenossen als Garant dafür wahrgenommen zu werden, dass diese nicht erneut blutig ausbrechen konnte.[147] Er hatte gelernt, dass Rom – wie Thomas Hobbes Jahrhunderte später (1651) aus der englischen Bürgerkriegssituation heraus formulierte – einen »Leviathan« benötigte, der die Gewalt monopolisierte und so die Aristokraten daran hinderte, sich im »Krieg aller gegen alle« unter massiver Schädigung breiter Bevölkerungskreise zu bekämpfen, weil die Republik zur Erhaltung des Weltreichs strukturell nicht mehr in der Lage war und doch kein Konsens darüber erreichbar schien, in wessen Hand die Fäden zusammenlaufen sollten.[148] Hier erkannte schon Thomas Hobbes die Überlegenheit des Octavian beziehungsweise Augustus gegenüber Caesar. So schrieb er in seinem *Discourse upon the beginning of Tacitus* von 1620:

> » [E]r wusste, dass die Menge nicht so sehr durch außerordentliche Macht zum Aufstand angestachelt wurde wie durch anmaßende Titel, die sie dazu bringen könnten, sich dieser Macht und ihres Freiheitsverlusts inne zu werden. Und deswegen wollte er zuallererst nicht einen so kränkenden Titel wie König oder Diktator annehmen, da diese wegen des früher vorgefallenen Missbrauchs dem Volk verhasst waren.«[149]

Wie schon Tacitus sah Hobbes eine wesentliche Stärke von Caesars Erben darin, dass er seinen Zeitgenossen nach den Bürgerkriegen »Ruhe« (*quietness*) garantiert habe, was der englische Staatsdenker ganz sicher mit Blick auf die blutigen Auseinandersetzungen seiner eigenen Zeit hervorhob.[150]

Wahrscheinlich ist in der Durchsetzung von Frieden und Sicherheit nach dem Leid und Chaos der Bürgerkriege tatsächlich eine zentrale Geschäftsgrundlage für den ungeschriebenen Herrschaftsvertrag zu sehen, den die römischen Eliten mit Augustus aus einer rationalen Abschätzung ihrer Interessen heraus eingegangen sind.[151] Denn sie standen – wie von Egon Flaig treffend betont – nicht vor der Wahl zwischen einer vom Senat geführten Republik oder einer Monarchie, sondern vor der zwischen einem monarchischen »Akzeptanzsystem« oder einer Fortsetzung der »Warlordsysteme« der Bürgerkriegszeit[152] – sofern von einer Wahl unter den machtpolitischen Gegebenheiten des Jahres 27 v. Chr. überhaupt die Rede sein konnte. Für die politische Überzeugungskraft der Friedensthematik spricht ihre prominente Hervorhebung in der augusteischen Propaganda und Staatskunst, so etwa in der berühmten Ara Pacis Augustae (»Altar des Augusteischen Friedens«) in Rom.[153] Die Verankerung der augusteischen Ordnung im Ganzen des Kosmos sollte wohl das Solarium Augusti unterstreichen, eine riesige, 10 v. Chr. fertiggestellte astronomische Anlage, als deren »Zeiger« ein ägyptischer Obelisk diente. Die Anlage erlaubte die Anzeige von Tages- und Nachtlängen sowie des Standes der Sonne im Tierkreis, was durch im Jahresverlauf unterschiedlich lange Schattenwürfe des Obelisken auf eine durch Markierungen skalierte Mittagslinie erfolgte.[154]

Der Herrschaftspakt zwischen Augustus und der Senatsaristokratie war kein republikanischer Gesellschaftsvertrag im Sinne von Jean-Jacques Rousseau, bei dem sich zwar jeder Bürger vollständig der gesamten Bürgerschaft unterwirft, zugleich aber auch wieder als Teil dieses aus allen gemeinsam gebildeten »Souveräns« mitregiert und somit als frei gelten kann.[155] Echte politische Partizipationsrechte im Sinne einer *entscheidungsrelevanten*, nicht nur dienenden Teilhabe an Herrschaft hatte unter Augustus nicht einmal die Senatsaristokratie, von weiter unten stehenden Teilen der römischen Bürgerbevölkerung ganz zu schweigen.[156] Auf die Verhältnisse zwischen Princeps und senatorischer Elite passt die Vertragstheorie des Thomas Hobbes viel besser. Dessen furchteinflößender Leviathan lässt ja keine Mitbestimmung geschweige denn Demokratie zu, sondern fordert völlige Unterwerfung unter seinen Willen: Die Vertragspartner verzichten im Interesse des Friedens untereinander auf jede Befugnis zur Selbstregierung und übertragen alle Gewalt einem Herrscher.[157]

Wie erwähnt ging Cassius Dio davon aus, dass zumindest ein Teil der Senatoren nicht an die Wiederherstellung der Republik glaubte. Um Ordnung und Frieden zu halten, brauchte der augusteische Leviathan ja eigentlich keine republikanischen Kleider, sondern neben seiner militärischen Macht einzig und allein den Konsens, dass es sich unter seiner Herrschaft besser leben ließ als unter einer zerstrittenen und ehrgeizigen Aristokratie, deren Mitglieder sich mit immer neuen Bürgerkriegen überziehen würden. Die Stärke der Prinzipatsideologie lag vielleicht – wie schon von Cassius Dio gesehen – weniger in ihrem Verschleierungspotenzial als darin, dass sie die Hülsen der alten Republik mit ihren wohlklingenden Titeln und Formen in eine gewaltige Maschinerie zur Befriedigung von aristokratischen Prestigebedürfnissen verwandelte. Lediglich auf den Anspruch, selbst die höchste Regierungsgewalt auszuüben, musste die Aristokratie verzichten.[158] Der französische Staatstheoretiker Montesquieu sah 1748 in seinem berühmten Werk *Vom Geist der Gesetze* die Ehre (*honneur*) als das entscheidende Prinzip der Monarchie an. Jeder Monarch, der eine geregelte Herrschaft und keinen blanken Despotismus ausüben wolle, brauche sogenannte »Zwischengewalten« in Gestalt eines Adels – bezogen auf Rom wäre das zu einem wesentlichen Teil die Senatsaristokratie. Solche Zwischengewalten könnten nur durch gesellschaftliche Rangabstufungen und Privilegierungen unter den Beherrschten entstehen, wie sie das Streben nach Ehre seiner Auffassung nach hervorbringt. Obwohl Montesquieu diese Ehre für »falsch« und das Streben nach ihr für rein egoistisch motiviert hält, schreibt er diesem Prinzip Nutzen zu, da es Leistungen im Interesse des Gemeinwohls hervorbringe.[159] Mit dem Senat und den republikanischen Magistraturen verfügte Augustus über ein System, das ihm persönlich eine sehr differenzierte Verteilung und Dosierung von aristokratischer Ehre erlaubte und es ihm ermöglichte, Mitglieder der Elite in Dankbarkeit und Loyalität an sich zu binden.[160] Dieses System hatte den Vorteil, dass die alten republikanischen Amtsbezeichnungen ihren Trägern weiterhin den Nimbus einer großen Tradition verliehen, ohne ihnen substanzielle Machtbefugnisse in die Hände zu geben.[161] Sein Erfolg beruhte darauf, die allzu menschliche Bereitschaft, Ehre und Fortkommen über Freiheit und Unabhängigkeit zu stellen, als Herrschaftsressource einzusetzen. Tacitus stellte gleich zu Beginn seines Geschichtswerks in schonungsloser Offenheit fest, dass man unter Augustus umso schneller »zu Vermögen und Ämtern emporgehoben« worden sei, je »prompter« man sich der »Knechtschaft« beflissigt habe. Es war wohl diese Bereitschaft der Aristokratie, die Tacitus zufolge Tiberius, den zweiten Kaiser Roms, beim Verlassen des Senatsgebäudes jedes Mal ausrufen ließ: »Ach ihr zur Sklaverei bereiten Menschen!« – und das, obwohl er als Princeps der politische Hauptprofiteur des von ihm verachteten Kriechertums war.[162]

In Vollendung zeigt sich der Erfolg dieser Instrumentalisierung des republikanischen Erbes durch die Monarchie dann ein Jahrhundert später im *Panegyricus* des jüngeren Plinius. Dieser war im Jahr 100 n. Chr. Suffektkonsul geworden und richtete die Dankesrede für sein »republikanisches« Amt bezeichnenderweise nicht an irgendein »Wahlvolk«, sondern an den Spender aller wesentlichen Positionen und Würden, den Kaiser Trajan. Plinius verklärte den Princeps zum Idealmonarchen, indem er dessen respektvollen Umgang mit der Senatsaristokratie und den alten Institutionen lobte. So ist es ihm eine Erwähnung wert, dass Trajan nach Plinius' »Wahl« zum Konsul seinen Diensteid stehend vor dem sitzenden Amtsvorgänger abgelegt habe:

> » Ich bin voll Staunen, Senatoren, mag meinen Augen und Ohren noch nicht trauen, und immer wieder frage ich mich, ob ich das wirklich gehört, wirklich gesehen habe. So stand also der Kaiser, der Caesar, der Augustus, der oberste Priester vor dem Stuhle des Konsuls, und der Konsul saß, während vor ihm der Princeps stand, saß da, ruhig und ohne Furcht, als wenn das so üblich wäre.«[163]

Unter den Bedingungen einer lebendigen republikanischen Kultur wäre es eine Selbstverständlichkeit gewesen, die keiner Erwähnung bedurft hätte, vor dem Konsul zu stehen. Gerade indem Plinius die Ungewöhnlichkeit des Verhaltens seines Kaisers hervorhebt, zeigt er, dass die Republik längst tot war. Gemessen am Ideal einer kollektiven Herrschaft des Senatorenstandes zu Zeiten der Republik kann man die Sinnentleerung republikanischer Verhaltensnormen kaum deutlicher zum Ausdruck bringen, als dies Plinius hier tut: Er rühmt Trajan für eine Geste, die keinerlei machtpolitische Relevanz mehr hatte. Denn anders als ein zum Konsul gewählter Senator der Republik teilte der Kaiser seine Befugnisse weder mit Amtskollegen noch würde er sie nach Ablauf eines Jahres an einen Nachfolger abgeben. Das Lob für sein formal ›republikanisches‹ Verhalten lebt davon, dass er aufgrund seiner realen Machtfülle auch ganz anders hätte auftreten können – genau wie schon Augustus gut 100 Jahre zuvor. Dies drückt sich in der oben bereits zitierten Passage seines berühmten Tatenberichts aus: »obwohl ich die Macht über alles hatte, habe ich den Staat … zurückgegeben.« Gerade das im Dank des Plinius enthaltene Andenken an die Republik ist es, das ihr endgültig den Totenschein ausstellt – wie sollte auch ein Monarch, der gleich zu Beginn des *Panegyricus* nicht nur als »bester« (*optimus*) Princeps, sondern auch als den »Göttern überaus ähnlich« (*dis simillimus*) bezeichnet wird, sich noch in eine Ordnung wenigstens prinzipiell gleichrangiger Senatoren einfügen lassen? Daran ändert auch das – falsche – Lob nichts, der Kaiser betrachte sich als »Bürger« und »einer von uns«, das heißt als Senator. Hier sind die Folgen einer umfassenden ›Umformatierung‹ von Mentalitäten und Haltungen zu beobachten, die den Adel – wie es später auch im Frankreich Ludwigs XIV. der Fall sein sollte – weitgehend auf die Spitze des Staates hin auszurichten vermochte. Dies konnte gelingen, weil der Monarch durch seine Kontrolle über Ressourcenzuwendungen und Gunsterweisungen – nicht zuletzt durch die Verteilung von Ehre – über ein sehr wirksames Erziehungs- und Steuerungsinstrument verfügte.[164] Ein wesentlicher Unterschied lag allerdings darin, dass Augustus und seine Nachfolger dies aus Rücksicht auf die republikanische Tradition nicht so offen und in Formen höfischer Selbstverherrlichung praktizieren konnten wie mehr als anderthalb Jahrtausende später der »Sonnenkönig« in Versailles.

Selbst wenn unter Augustus der Glaube an die Realität der Republik noch nicht ganz erloschen sein sollte, wird man voraussetzen können, dass dieser Mechanismus – Loyalitätssicherung durch Ehrung – schon damals entscheidend war. Machtpolitisch kosteten solche Gesten Trajan wie schon Augustus nichts. Schon Thomas Hobbes stellte mit Blick auf den ersten Princeps fest:

> » Da er aber die Hauptsache, die er anstrebte, erhalten hatte, hielt er es für keinen ungünstigen Handel, sie sodann in Worten zufriedenzustellen, die ihn weder Geld noch Mühe kosteten. Und dies war nicht nur für die Gegenwart bestimmt. Denn er zweifelte nicht daran, dass die Macht, die er der Sache nach besaß, mit der Zeit jeden beliebigen Namen, den er annehmen sollte, mit Würde aufladen und über den Namen eines Königs erheben würde«.[165]

Leicht auszusprechende Worte und leicht zu vollziehende Gesten ermöglichten es Augustus und seinen Nachfolgern, Sympathien zu gewinnen und die Aristokratie darauf hoffen zu lassen, in der Nähe des Monarchen Respekt und Ehre im Sinne Montesquieus zu bekommen. Außerdem wurde Vertrauen wiederhergestellt, dessen Zerstörung während der Spätphase der Republik ein zentrales Krisenphänomen gewesen war.[166] Fast jede Zeile des augusteischen Tatenberichts zeugt von dem Bestreben, das eigene Handeln als selbstlos, verlässlich, integer und respektvoll gegenüber Staat und Mitbürgern erscheinen zu lassen. Mit der von Augustus zur Schau getragenen Achtung vor Personen, Institutionen und Traditionen verschaffte sich seine Herrschaftsordnung ein Potenzial an Zustimmung, über das Caesars Herrschaft nie verfügt hatte.

Nichts veranschaulicht dies deutlicher, als das bereits angesprochene Sitzenbleiben des Diktators vor den Senatoren, während Augustus sie durch namentliche Ansprache, persönliches Aufsuchen der Kurie und die Erlaubnis, auf ihren Plätzen zu bleiben, mit demonstrativem Respekt bedachte.[167]

Auch wenn Worte und Gesten nichts kosten, war es für Octavian beziehungsweise später Augustus nicht einfach, die Lehren aus der blutigen Geschichte der späten Republik und aus dem Tod seines Adoptivvaters auch in konkrete Politik zu übersetzen. Denn es galt ja nicht nur, die eigene Kommunikation zu disziplinieren, sondern auch die Kommunikation anderer Akteure zu berücksichtigen, die nicht leicht zu kontrollieren waren, wie etwa die Bevölkerung Roms oder zeitweilig auch die Soldaten. Starke Strukturkräfte drängten Augustus in Bahnen, die andere fähige Politiker und Feldherren ins Verderben geführt hatten. Dies zeigte sich etwa 22 v. Chr.: Als ihn Teile der Stadtbevölkerung angesichts von Seuche und Inflation tumultartig nötigten, die Diktatur anzunehmen, wies er dies dadurch zurück, dass er niederkniete und sich durch Entblößung seiner Brust vor der Menge verletzlich machte.[168] Gerade hier nicht in die Fußstapfen Caesars zu treten und so den Hass der Aristokratie auf sich zu ziehen, dürfte Augustus einige Anstrengung gekostet haben. Parallel reduzierte Augustus den Druck, das lebensgefährliche Amt des Diktators anzutreten, indem er die Versorgung der stadtrömischen Bevölkerung mit Getreide übernahm und dafür private Mittel einsetzte.[169]

Einer der entscheidenden Lerneffekte zeigte sich bei Augustus in der Einsicht, dass er integrativ herrschen musste. Dies galt nicht nur für seinen Umgang mit der Senatsaristokratie, mit Soldaten und dem »einfachen« römischen Volk, sondern auch für die Behandlung nichtrömischer Reichsbewohner. Hier kam es darauf an, Integrationsperspektiven anzubieten und treue Dienste zu belohnen, etwa mit der Verleihung des römischen Bürgerrechts. Ein zukunftsweisendes Beispiel ist die Auszeichnung des Syrers Seleukos, der zu einem nicht genau bestimmbaren Zeitpunkt nach 36 v. Chr. für seine militärischen Verdienste auf Befehl Octavians das Bürgerrecht für sich und seine Nachkommen erhielt.[170] Die rechtliche Integration von Hilfstruppensoldaten und anderen loyalen Leistungsträgern nichtrömischer Herkunft durch den Bürgerrechtsstatus wurde geradezu ein Markenkern des römischen Kaiserreiches und trug maßgeblich zu seiner Stabilität bei, da es den Beherrschten die Identifikation mit der sie beherrschenden Ordnung ermöglichte.[171] In diesem Zusammenhang spricht der Politikwissenschaftler Herfried Münkler von einer

»augusteischen Schwelle«: Unter dem frühen Prinzipat habe Rom begonnen, sich für das Wohl seiner Untertanen zu interessieren. Wenn diese Analyse zutrifft, wäre auch das ein Ergebnis des Lernens aus den Gefahren der »imperialen Überdehnung« im Weltreich. Denn man braucht deutlich weniger Soldaten, um loyale Reichsbewohner zu regieren, als für die Beherrschung von Menschen, die sich geknechtet und ausgebeutet fühlen.[172] Allerdings lässt sich dieser Lerneffekt nicht exklusiv mit Augustus verknüpfen, da die Praxis der Integration durch Bürgerrechtsverleihung bereits älter war.[173]

Was und wie hat Augustus also aus der Geschichte gelernt? Aus dem Scheitern von Caesars Milde im Umgang mit unterworfenen Gegnern haben Octavian und seine Verbündeten im zweiten Triumvirat die Lehre gezogen, dass man im Bürgerkrieg ein Wolf sein muss: Gegner sollte man besser töten und sich ihres Besitzes bedienen, um die Loyalität und Schlagkraft des eigenen Militärapparats zu erhöhen. Diese brutalen Maximen schrieben Octavian nicht feindliche Zeitgenossen oder moderne Historiker zu. Vielmehr waren es er selbst uns seine Bürgerkriegsverbündeten, die sie in der bereits zitierten Vorrede der Proskriptionen in aller Deutlichkeit formulierten. Aber anders als andere Bürgerkriegsgrößen hatte Octavian auch erfasst, dass sich der reißende Wolf rechtzeitig den Schafspelz überziehen musste, um eine Herrschaft zu verstetigen, die er mit Gewalt an sich gerissen hatte. Dieser Schafspelz war die »wiederhergestellte Republik«, aber den meisten Zeitgenossen dürfte klar gewesen sein, dass es ein Wolf war, der ihn trug. Er musste nun seinen Raubtiercharakter nicht mehr zeigen, hatte das Beißen nicht mehr nötig, da ja alle wussten, dass er Zähne hatte. Und sie fügten sich, da allein seine Herrschaft eine realistische Gewähr für Stabilität und Sicherheit bot.

Augustus selbst scheint voll bewusst gewesen zu sein, dass seine vermeintliche Wiederherstellung der republikanischen Ordnung nur inszeniert war. Dies ließ er auf dem Sterbebett erkennen: Er sei ein Komödienschauspieler gewesen und bitte – für den Fall, dass er gut gespielt haben sollte – die von ihm Abschied Nehmenden um Applaus.[174] Auch Cassius Dio legte später seinem Maecenas einen ähnlichen Vergleich in den Mund: »Du wirst nämlich gleichsam in einem einzigen Theater leben, dessen Zuschauer die ganze Welt ist«.[175] Aber Rolle und Kostüm zeigten eine massive politische Wirkung. Nicht, weil das Spiel so authentisch gewirkt hätte, sondern weil es den starken Traditionsstrom republikanisch-aristokratischen Strebens nach Ehre in das Flussbett der Monarchie lenkte. Ein Jahrhundert später zeigte sich dies geradezu idealtypisch im *Panegyricus* des Plinius. Die Schilderung der Szene des stehenden Kaisers Trajan vor dem sitzenden Konsul veranschaulicht, wie der in der Sache eigentlich unüberwindliche Gegensatz zwischen Monarchie und republikanischer Tradition durch eine bloße Geste des Respekts als aufgehoben erscheinen konnte, eine Geste, die andererseits nur deshalb bewundernswert wirkte, weil der Kaiser an ›republikanisches‹ Verhalten nicht tatsächlich gebunden war.

Bei Octavian beziehungsweise Augustus kann man von einem historischen Lernen von epochaler praktischer Tragweite sprechen, das sich nicht auf die unmittelbaren Erfahrungsquellen seiner Zeit beschränkte, sondern die Geschichte der römischen Republik seit dem späten zweiten Jahrhundert v. Chr. insgesamt einbezog. Wie auch immer es um die sozioökonomischen Bedingungen bestellt gewesen sein mag, aus der Krise des politischen Systems der späten Republik war in jedem Fall die Lehre zu ziehen, dass Versorgungspolitik nicht mit einem gegen die Interessen der Senatsaristokratie gerichteten Gestus der Revolution verknüpft werden durfte, wie dies den Reformern Gaius und Tiberis Gracchus in den Jahren 133–121 v. Chr. vorgeworfen worden war. Auch Sullas letztlich gescheiterter Versuch, als »Diktator zum Schreiben von Gesetzen und zur Sicherung des Staates« die vom Senat dominierte Ordnung wiederherzustellen, hielt Lehren bereit: Die soziale und politische Veränderungsdynamik der römischen Krise erlaubte es nicht mehr, dass ein starker Mann mit Gewalt die verfassungspolitische Uhr gleichsam zurückstellte und sich dann wieder zurückzog. In dem Maße, wie sich Loyalitäten und Versorgungsinteressen der Soldaten zunehmend auf einzelne Imperatoren richteten, die infolge der römischen Expansion mit mehrjähriger Befehlsgewalt ausgestattet werden mussten, wurde diese Option unrealistisch. Aber auch Caesars Strategie, die Rolle des starken Mannes gar nicht mehr aufzugeben und die Diktatur auf Dauer zu stellen, hatte mit einem tödlichen Misserfolg geendet.[176] Was blieb also übrig? – Ein lernender Umgang mit Geschichte in praktischer Absicht, der die unterschiedlichen Versuche zur Lösung der spätrepublikanischen Krise Roms kritisch bilanzierte und auf dieser Basis eine Strategie formte, die schließlich zum Erfolg führte: Das römische Kaisertum war ein Produkt des Lernens aus der Geschichte.

# 3
# Canossa 1077

Den Herrscher als Sünder bezwingen?
Papst Gregor VII. und das Beispiel des Ambrosius von Mailand

Der Investiturstreit des späten 11. und frühen 12. Jahrhunderts war ein schwerer Konflikt, in dem sich die weltliche und die geistliche Gewalt der mittelalterlichen Ordnung gegenüberstanden. Die Bezeichnung »Investiturstreit« leitet sich von der sogenannten *investitura* (wörtlich: »Einkleidung«) ab, was sich auf die Einsetzung von Bischöfen bezog. Dabei ging es nicht nur um zeremonielle Aspekte, sondern vor allem um Personalentscheidungen: Wer sollte diese hohen kirchlichen Amtsträger, die im Mittelalter ja auch Herrschaft ausübten, bestimmen dürfen? War es der König oder der Papst oder beide? Und wenn Letzteres, welches Entscheidungsgewicht sollte dem König und dem Papst jeweils zukommen? Seinen Höhenpunkt erreichte der keineswegs auf diese Frage begrenzte Streit, als der Salierkönig und spätere Kaiser Heinrich IV. 1076 nach der päpstlichen Exkommunikation seiner Berater und der Androhung derselben Maßnahme gegen ihn selbst seinen Gegenspieler, Papst Gregor VII., zum Amtsverzicht aufforderte. Daraufhin exkommunizierte der Reformpapst Heinrich tatsächlich und entband alle Untergebenen von ihrer eidlichen Treuepflicht ihm gegenüber. Schon 1077 schien Heinrich IV. hoffnungslos unterlegen zu sein, als er seinen sprichwörtlich gewordenen ›Canossagang‹ antrat und sich dem Papst unterwarf. Doch der Konflikt ging weiter – und am Ende war es nicht Gregor VII. oder einer seiner Nachfolger, sondern der Sohn des Saliers, Heinrich V., der die Herrschaft seines Vaters durch einen Aufstand beendete. Gregor VII. vertrat in seinem öffentlich ausgetragenen Konflikt mit Heinrich IV. eine Position, die man als aggressive Form des Lernens aus der Geschichte verstehen kann: Er berief sich auf das spätantike Beispiel des Bischofs Ambrosius von Mailand, der im späten 4. Jahrhundert dem ›sündigen‹ römischen Kaiser Theodosius die Teilnahme am Gottesdienst verweigert hatte.[177]

# 3 Canossa 1077

Abb. 3: Kein Zutritt für Sünder: Bischof Ambrosius schließt Kaiser Theodosius nach dem Massaker von Thessaloniki vom Gottesdienst aus. So stellt sich der niederländische Kupferstecher Jan Luyken um 1700 die berühmte Kirchentür-Szene von 390 n. Chr. vor (Illustration für eine Darstellung der Geschichte des Frühchristentums).

Um dieses historische Exempel und seine Verwendung im Investiturstreit verständlich zu machen, ist zunächst eine Rückblende in die Spätantike erforderlich. Thessaloniki im Jahr 390: Der hohe kaiserliche Offizier Buthericus lässt einen Wagenlenker ins Gefängnis werfen, weil der sich seinem Mundschenken sexuell genähert haben soll. Daraufhin kommt es zu einem Aufruhr unter der Stadtbevölkerung. Die Menschen sehen durch die Verhaftung die von ihnen heiß geliebten Wagenrennen gefährdet. Eine wütende Menge tötet Buthericus. Kaiser Theodosius reagiert mit der Anordnung, zur Strafe eine Auswahl an Bürgern der Stadt hinrichten zu lassen. Wie der Befehlshaber Buthericus waren die kaiserlichen Soldaten, die den Befehl auf grausamste Weise vollziehen, wahrscheinlich überwiegend germanischer Herkunft. Es kommt zu entsetzlichen Szenen. Ein Händler, dessen beide Söhne zur Hinrichtung bestimmt wurden, bietet sein gesamtes Geldvermögen und sich selbst als Opfer an, kann sich aber in einem furchtbaren Dilemma nicht rechtzeitig entscheiden, welcher gerettet und welcher getötet werden soll, sodass beide dann doch umkommen. Als Theodosius einige Zeit später in der weströmische Stadt Mailand an einem Gottesdienst teilnehmen will, tritt ihm der dortige Bischof Ambrosius vor der Kirchentür mit folgenden Worten entgegen: »Halt! Einem Mann, von Sünde verunreinigt und mit durch Unrecht blutbefleckten Händen steht es nicht an, die heilige Schwelle zu betreten und ohne Buße an Gottes Mysterien teilzuhaben.«

So lässt sich knapp der Bericht zusammenfassen, den der mehr als ein halbes Jahrhundert später schreibende Kirchenhistoriker Sozomenos über das Massaker von Thessaloniki und seine Folgen verfasst hat.[178] Im mittelalterlichen Westen war diese Schilderung durch eine wohl um 560 entstandene lateinische Version des Senators Cassiodor bekannt, der ein weiteres Jahrhundert später ebenfalls eine Kirchengeschichte verfasste.[179] Seine Darstellung überformt die ältere Überlieferung in einer für die Verwendung der Szene im mittelalterlichen Investiturstreit entscheidenden Weise, da sie dem Kaiser Theodosius' Worte in den Mund legt, die sich als Unterwerfung des Herrschers unter die Strafgewalt der Kirche verstehen lassen:

》 Ich widersetze mich nicht den kirchlichen Strafen und bemühe mich nicht, zu Unrecht über die heiligen Schwellen zu treten, sondern fordere von dir, meine Fesseln zu lösen und die Milde des gemeinsamen Herrn für mich zu erflehen und mir nicht das Tor schließen zu lassen, das unser Herr allen öffnet, die da Buße tun.«[180]

Der genaue Verlauf und die Hintergründe des Massakers, aber auch die Aktionen des Ambrosius sind aus den Quellen schwer zu rekonstruieren. Es deutet einiges darauf hin, dass der Kaiser die Kontrolle über die in Thessaloniki stationierten Truppen verloren hatte, zumal er seinen Blutbefehl offenbar vor der Massenhinrichtung wieder zurückgezogen hatte.[181] Möglicherweise war das grausame Durchgreifen aber auch der Staatsraison geschuldet: Wenn – wie in der Forschung vermutet – Buthericus eigentlich Butherich hieß und nicht nur ein in römischen Diensten stehender Offizier, sondern auch gotischer Clanchef war, dann musste der Kaiser harte Strafmaßnahmen verhängen, um die Goten zu besänftigen und von einem Aufstand abzuhalten.[182]

Die Goten waren im späten 4. Jahrhundert ein für Rom gefährlicher Machtfaktor: Nach ihrer Aufnahme in das Imperium Romanum 378 mit Zustimmung Kaiser Valens' hatten sie das oströmische Heer in der Schlacht von Adrianopel vernichtend geschlagen.[183] In jahrelangen Kriegen hatte Theodosius vergeblich versucht, sie militärisch zu besiegen. Schließlich fand er sich mit ihrer Präsenz auf dem Boden des Reiches ab und gewährte ihnen den Status von vertraglich Verbündeten. Dies war ein tiefer historischer Einschnitt: Zwar hatten die Römer auch in den vergangenen Jahrhunderten aus strategischen Gründen Germanen auf ihr Gebiet übersiedeln lassen. Neu und für den Bestand des Imperiums bedrohlich war nun aber, dass sich Rom hier aus einer Situation der Ohnmacht heraus mit der Ansiedlung von Germanen abfinden musste. Anders als die früher Aufgenommenen handelte es sich jetzt um geschlossene bewaffnete Gruppen, die sich nicht mehr in die römischen Gesellschafts- und Ordnungsstrukturen integrierten und kaum noch zu kontrollieren waren.[184]

Auch wenn das Massaker von Thessaloniki eine Geste des ›Appeasement‹ gegenüber den Goten gewesen sein sollte, scheint sich Theodosius seiner Sache nicht sicher gewesen zu sein: Der den Ereignissen zeitlich wesentlich nähere Kirchenvater Augustinus berichtet jedenfalls davon, Theodosius habe seinen Befehl auf Bitten von Bischöfen zunächst zurückgenommen, es sich dann aber unter dem Einfluss seiner Berater wieder anders überlegt. Da Augustinus die spektakuläre Zurückweisung des Imperators an der Mailänder Kirchentür im Übrigen nicht erwähnt, könnte es sich um eine spätere Erfindung handeln.[185] Aber entscheidender als die tatsächlichen Begebenheiten ist mit Blick auf die Frage nach dem Lernen aus der Geschichte die spätere Interpretation – und zwar zunächst im unmittelbaren Zeithorizont der Spätantike und dann erneut am Ende des 11. Jahrhunderts, als der Fall im »Investiturstreit« wieder aufgegriffen werden sollte.

Doch zunächst noch einmal zurück in die Spätantike und ins Jahr 390. Den blutigen Ereignissen von Thessaloniki zeitlich am nächsten steht ein Brief des Ambrosius, in dem der Mailänder Bischof das Fehlverhalten des Kaisers anklagt und seine Position als Seelsorger begründet. In der ersten Briefhälfte formuliert Ambrosius eine Aussage, die wie ein Paukenschlag wirkt:

> »  Es geschah etwas in Thessaloniki, was in der Erinnerung Seinesgleichen sucht. Ich konnte dieses Geschehen nicht verhindern, obwohl ich Dich oft darum gebeten und darauf hingewiesen hatte, dass es sehr fürchterlich sein werde. Du selbst hieltest es

für eine schwere Tat, als Du es zu spät verhindern wolltest. Diese Tat konnte ich nicht abmindern.«[186]

In diesem Schreiben unterstreicht Ambrosius, dass er vom Blutbefehl des Theodosius wusste, aber angesichts der ihm von anderen Fällen vertrauten gnädigen Grundhaltung des Kaisers mit einem Widerruf rechnete. Deswegen habe er sich nicht für die Begnadigung der Einwohner von Thessaloniki ausgesprochen – hier äußert sich unüberhörbar ein leises Schuldgefühl des Bischofs.[187] Aber auch eine andere, weniger moralische Deutung des Briefes ist möglich. Ambrosius berichtet, das Morden habe bei einer Zusammenkunft zwischen ihm und den gallischen Bischöfen für Entrüstung gesorgt. Da er seine Kaisernähe betonte, musste er nun fürchten, die Schandtat könne auf ihn zurückfallen, da er seinen Einfluss nicht genutzt habe, um Theodosius davon abzuhalten. Dann wäre das Prestige des Ambrosius nicht weniger betroffen gewesen als sein Gewissen als Seelsorger, der in der Lenkung des ihm anvertrauten Kaisers versagt hätte. Von diesem Vorwurf glaubte sich der Bischof nur durch Strenge gegenüber seinem kaiserlichen ›Schäfchen‹ befreien zu können: »Wenn der Priester dem nichts sagt, der vom Wege abkommt, und dieser dann in seiner Schuld stirbt, ist der Priester schuld an der Strafe, weil er den, der vom Weg abkam, nicht ermahnte.«[188]

Gerade dadurch, dass er sein zurückweisendes Verhalten nicht als Strafmaßnahme, sondern als Folge seiner eigenen Gewissenspein darstellte, übte Ambrosius maximalen moralischen Druck auf den Kaiser aus. Zudem habe er gefürchtet, die Eucharistie in Anwesenheit des Herrschers zu feiern – eine klare Anspielung auf die Gefahr einer Entweihung dieser im katholischen Christentum bis heute heiligsten Gottesdiensthandlung durch die Gegenwart eines blutbefleckten Sünders.[189] In einem mit eigener Hand geschrieben Zusatz, der nur für die Augen des Kaisers bestimmt war, behauptete er sogar, dass ihm dies durch göttliche Eingebung im Traum verboten worden sei.[190] Wie reagierte Theodosius auf diese scharfe Maßregelung durch den Gottesmann? Verwies ihn der Herrscher des Weltreichs auf seinen Platz, um diese ungeheuerliche Infragestellung seiner kaiserlichen Autorität nicht dulden zu müssen? Nichts dergleichen geschah. Vielmehr bekannte der Imperator dem Bericht des Sozomenos zufolge seine Schuld, unterwarf sich der von Ambrosius geforderten Buße und verzichtete in der dafür festgelegten Zeit sogar auf das Tragen des kaiserlichen Ornats. Zudem dekretierte er, dass ein Todesurteil erst

30 Tage nach seiner Verhängung vollstreckt werden durfte, um sich so die Möglichkeit zu geben, aus einem emotionalen Affekt heraus getroffene Entscheidungen noch einmal zu überdenken und zu korrigieren.[191]

Dass der Mailänder Bischof hier Moral und Gewissen eingesetzt hat, um die eigenen Einflussmöglichkeiten zu erweitern, ja um Macht auszuüben, dürfte auch dann außer Zweifel stehen, wenn sein Entsetzen über die Bluttaten von Thessaloniki und sein Pflichtgefühl als Seelsorger authentisch waren.[192] Das Instrumentalisieren von Schuldgefühlen ist eine ›weiche‹ Herrschaftsressource, derer sich nicht nur religiöse Autoritäten bedienen konnten und können, um Menschen zu lenken und gefügig zu machen – nach der Devise: Rede und handle, wie ich es von Dir verlange, sonst stellst Du Dich außerhalb der anerkannten (göttlichen) Werteordnung. In dieser Hinsicht hat der französische Historiker Philippe Buc sehr berechtigt auf die religiösen Wurzeln moderner, säkular geprägter Formen von Tyrannei hingewiesen.[193] Trotz aller Schärfe, die in der Zurückweisung des Theodosius an der Kirchentür lag, versuchte der Bischof nicht, die politische Stellung des Kaisers zu unterminieren oder gar auf dessen Sturz hinzuarbeiten: Er sollte sich durch Gottes Wirken nur so verhalten wie es sich für »christliche und fromme« Imperatoren gehöre.[194] Auch wenn die geistliche Führungsrolle des Ambrosius in dem Schreiben überdeutlich wird, geht sie an keiner Stelle in die Beanspruchung politischer Macht oder gar in die Forderung nach einer Unterordnung des Kaisers über. Es ging Ambrosius nicht um die Aufwertung der Kirche gegenüber dem Staat, oder gar um die Durchsetzung einer kirchlichen Oberhoheit. Die Buße des Kaisers setzte seine Autorität nicht herab, da er sich an dem ehrenvollen Beispiel König David orientieren konnte, das Ambrosius' Brief eigens erwähnt: »Schämt es Dich denn, das zu tun, was der Prophetenkönig und Stammvater des Geschlechts Christi nach dem Fleisch, David, getan hat?«[195] Schon der biblische König David tat nämlich Buße für seinen Ehebruch mit Bathseba und den Tod ihres Ehemanns Uria. Er hatte Uria absichtlich in eine gefährliche Kriegssituation geschickt hatte, um die Beziehung mit Bathseba ungestört fortsetzen zu können (2. Samuel 11–12).

Dass Theodosius ein »christlicher und frommer Imperator« im Sinne des Ambrosius sein wollte und das alttestamentarische Exempel Davids als verbindlich betrachtete, dürfte außer Zweifel stehen. Seine Religionspolitik war von einem äußerst energischen Vorgehen gegen die alten römischen Götterkulte geprägt, was sich vor allem in Verboten ›heidnischer‹ Kultausübung zeigte.[196] Das vom Staat geförderte Christentum der Spätantike war in seinem Trend zu Gewalt und Intoleranz nicht der Glaube der »Sanftmütigen«, die in der Bergpredigt Jesu Christi seliggepriesen werden (Matth 5,5). Insofern traf vielleicht damals in Ansätzen schon die Devise zu, mit der Gerd Althoff provokativ zuspitzend das Programm des hochmittelalterlichen Papsttums umrissen hat: »Selig sind, die Verfolgung ausüben.«[197]

In der grundsätzlichen Achtung der Herrscherwürde des kaiserlichen Sünders liegt ein wesentlicher Unterschied zu den Konflikten, zu denen es im späten 11. Jahrhundert zwischen Teilen der Kirche und Königtum kommen sollte, als Papst Gregor VII. den Herrscher Heinrich IV. nicht nur seelsorgerlich maßregelte und zur Buße veranlasste, sondern schließlich auch exkommunizierte und vom Thron stoßen wollte.[198] Die Hintergründe dieser Auseinandersetzung seien hier nur ganz kurz ausgeleuchtet: Das 11. Jahrhundert war eine Zeit der Kirchenreform. Deren Akteure, zu denen Papst Gregor zählte, wollten die Kirche von der aus ihrer Sicht theologisch unhaltbaren Vorherrschaft weltlicher Gewalten befreien und für ihre Reinheit sorgen. Dies verlangte aus Sicht der Reformer unter anderem ein energisches Vorgehen gegen Missachtungen des Zölibats und gegen den Kauf kirchlicher Ämter, die sogenannte »Simonie«. Die Frage der Investitur, das heißt, ob kirchliche Amtsträger durch Laien wie etwa den römisch-deutschen König eingesetzt werden durften, rückte aus Sicht der neueren Forschung erst in der Spätphase des Konflikts in den Fokus. Die Bezeichnung als »Investiturstreit« ist also etwas verkürzt. In der Forschung wurde sogar von einer »Erfindung des Investiturstreits« gesprochen, was wiederum übertrieben sein dürfte, da Konflikte um Investituren durchaus machtpolitisch von Bedeutung waren und bisweilen zur Spaltung von Bistümern führten, in denen dann ein papst- und ein königstreuer Bischof in Konkurrenz zueinander amtierten. Zunächst bestand vermutlich gar kein päpstliches Verbot der Investitur durch Laien, gegen das Heinrich IV. und andere Herrscher hätten verstoßen können. Zumindest wurde ein solches Verbot wohl erst 1078, bezogen auf die Empfänger der Investitur, beziehungsweise 1080, bezogen auf die sie investierenden Autoritäten, explizit formuliert.[199] Es ging vielmehr ganz prinzipiell um das Machtverhältnis zwischen Königtum und Papsttum bei der Gestaltung kirchlicher Verhältnisse und darüber hinaus – mit dem Ergebnis einer ausgeprägteren Trennung der beiden Bereiche.[200] Ein wesentlicher Stein des Anstoßes war schon die Besetzung des Mailänder Erzbischofsstuhls gewesen, die noch in die Amtszeit von Gregors Vorgänger, Papst Alexander II., fiel. Der König hatte im Jahre 1071 einen seiner Anhänger, Gottfried, als Erzbischof eingesetzt, was zu einem religiösen Aufstand von Teilen der Stadtbevölkerung und zur Exkommunikation der Berater Heinrichs IV. führte. Der Konflikt mit dem Papsttum spitzte sich dann nochmals zu, als Heinrich 1075 Tedald als Erzbischof von Mailand einsetzte, der seiner Hofkapelle angehört hatte, statt den Kandidaten des Papstes zu berücksichtigen. Die Mediävisten Wolfgang Hasberg und Hermann-Josef Scheidgen haben deshalb argumentiert, dass damit tatsächlich von Anfang an die Investiturfrage auf der Tagesordnung des Konflikts zwischen Papst und König stand, nicht erst an dessen Ende.[201]

Angesichts der kollidierenden machtpolitischen und theologischen Ansprüche bedurfte es gar keines expliziten Verbots der Laieninvestitur, um diese zum zentralen Streitpunkt zu machen. Dies geht aus einem Schreiben Gregors an Heinrich vom 8. Dezember 1075 hervor, in dem er dem König in scharfer Tonlage vorwirft, bei der Besetzung des Mailänder Bischofsstuhls gegen die päpstliche Anordnung und eigene Versprechen verstoßen zu haben. Außerdem habe er mit den wegen der Mailänder Sache gebannten Räten zusammengearbeitet und in anderen kirchlichen Personalfragen den Papst übergangen.[202] Vor allem die unabgestimmte Einsetzung von Bischöfen in den mittelitalienischen Bistümern Fermo und Spoleto musste der Papst dem Historiker Matthias Becher zufolge als höchst provokativen Akt empfinden, da beide in der Kirchenprovinz Mittelitalien lagen, die Gregor in seiner Funktion als Erzbischof direkt leitete. Hier sei also Gregors Autorität unmittelbar herausgefordert, denn schon das Nizäische Konzil von 325 habe festgelegt, dass kein Bischof ohne Zustimmung seines Metropoliten investiert werden dürfe.[203] Der Einsatz der geistlichen Waffen gegen den ungehorsamen König wird im päpstlichen Brief vom 8. Dezember 1075 insofern schon angekündigt, als Gregor ihn auffordert, gegenüber einem Bischof Buße zu leisten und nach Vollzug dem Papst darüber Bericht zu erstatten.[204] Gregor geht so weit, von seinem Status als Nachfolger des Heiligen Petrus eine Unterwerfung des weltlichen Herrschers unter seinen Willen abzuleiten, was er mit zwei Bibelstellen zu belegen sucht:

> » Es hätte Deiner Würde als König auch geziemt, da Du Dich als Sohn der Kirche bekennst, mit einiger Ehrerbietung auf den Leiter der Kirche, nämlich den heiligen Apostelfürsten Petrus zu schauen. Falls Du zu den Schafen des Herrn gehörst, bist Du ihm [Petrus] durch das Wort und die Macht des Herrn übergeben, daß er Dich weide, als

> ihm Christus sagte: ›Petrus, weide meine Schafe‹, und wiederum: ›Dir sind die Schlüssel des Himmelreiches gegeben; und was Du auf Erden binden wirst, wird auch im Himmel gebunden sein; und was Du auf Erden lösen wirst, wird auch im Himmel gelöst sein.‹«[205]

Wer als Herrscher kein gefügiges ›Schaf‹ sein will, soll also die Härte kirchlicher Sanktionsmechanismen spüren … Für heutige, demokratisch und säkular sozialisierte Leserinnen und Leser ist es schwer, sich durch die Zeilen Gregors VII. nicht zu starken Werturteilen provozieren zu lassen, die den Denkweisen des 11. Jahrhunderts nicht gerecht würden. Schnell ist Heinrich so anachronistisch zum Bannerträger der »offenen Gesellschaft« (Karl Popper) im Kampf gegen theokratische Tyrannei umgedeutet.[206] Allerdings war es nicht der Papst, sondern Heinrich, der den nächsten Eskalationsschritt vollzog: Da sich einige deutsche Bischöfe durch Gregors Führungsstil gegängelt fühlten, unterstützten sie den König, der nun in zwei beleidigenden Briefen offen den Rücktritt des Papstes verlangte. Aus dem zweiten dieser Schreiben, das wie das erste an den Papst adressiert war, tatsächlich jedoch Akteure in Heinrichs Herrschaftsbereich ansprechen und von der Richtigkeit von Gregors Absetzung überzeugen sollte, seien nur Grußformel und Schlusssatz zitiert, um Tonlage und Intensität der Auseinandersetzung zu verdeutlichen:

> » Heinrich nicht durch Anmaßung, sondern durch Gottes gerechte Anordnung König, an Hildebrand [Gregors Name vor seiner Wahl zum Papst, P. Geiss], nicht mehr den Papst, sondern den falschen Mönch.«

> » Ich Heinrich, nicht durch Anmaßung, sondern durch Gnade Gottes König, sage dir zusammen mit allen meinen Bischöfen: Steige herab, steige herab!«[207]

Der zentrale Vorwurf, den Heinrich seinem Gegner in diesem Schreiben macht, betrifft die Ungeheuerlichkeit von Gregors Drohung mit der Absetzung des Königs. Damit habe er seine Kompetenzen weit überschritten. Das Königtum werde allein von Gott verliehen, nicht vom Papst, der sich seinen Rang ohnehin nur mit unlauteren Mitteln wie Korruption und Gewalt erschlichen habe. Wie der Papst und seine Anhänger arbeitet auch Heinrich IV. in seinem Brief mit einer historischen Analogie: Nicht einmal den zum Heidentum zurückgekehrten römischen Kaiser Julian Apostata hätten seinerzeit die Bischöfe verurteilt oder abgesetzt, da sie dies Gott allein anheimstellen wollten.[208] Der Vergleich sollte offenkundig die königliche Position gegen jegliches Zugriffsrecht der Kirche abschirmen.

Konfliktstoff ergab sich generell dort, wo die Ziele der Kirchenreform mit einer königlichen Politik kollidierten, die in der Kirche vor allem einen Teil des eigenen Herrschaftssystems sah. Die sogenannte ottonisch-salische Reichskirche war voll in dieses System integriert, an dessen Spitze der König oder Kaiser stand: Er setzte selbstverständlich Bischöfe und Äbte ein, stellte ihnen Güter und andere Einnahmequellen zur Verfügung und erhielt dafür im Gegenzug unter anderem Bewaffnete für sein Heer, die Beherbergung und Verpflegung seines reisenden Hofes, Rat und geistliche Unterstützung. Eine Auflistung der Panzerreiter aus ottonischer Zeit deutet darauf hin, dass die von der Reichskirche gestellten Streitkräfte für das Königtum militärisch hoch bedeutsam waren. Heinrich IV. konnte auf die Kontrolle über die Kirche in seinem Herrschaftsbereich nicht leichten Herzens verzichten: Er hätte damit ein existenzielles Fundament seines Königtums preisgegeben.[209]

Die Auseinandersetzungen waren auch deshalb so intensiv, weil sich die institutionellen Interessen von Königtum und Papsttum mit einer zweiten Konfliktdimension verbanden, in der es um die Machtverhältnisse zwischen dem König und den ›Großen im Reich‹ ging. Besorgnis erregte bei diesen ›Großen‹ insbesondere der königliche Sieg über die aufständischen Sachsen 1075 sowie – bereits davor – die königliche Politik, die eigene Herrschaft durch systematischen Burgenbau unter Einsatz abhängiger Ministerialen, das heißt unfreier und damit vom Herrscher besonders abhängiger Waffenträger, zu intensivieren. Die fürstliche Opposition und Interessenpolitik ließ sich vor dem Hintergrund des Konflikts mit dem Papst nun theologisch legitimieren, indem die Fürsten für die gregorianische Seite Partei ergriffen. Umgekehrt bestand für Bischöfe die Option, aus ihrer Sicht zu weitgehende Eingriffe des Papstes in ihren Bereich durch demonstrative Königstreue abzuwehren.[210] In beiden Fällen zeigt sich ein wahrscheinlich überzeitliches Phänomen: Machtbewusste Akteure – wie hier höchster Adel und Klerus – agieren nicht gern als gefügige Befehlsempfänger übergeordneter Instanzen. Gerade wenn ihnen die übergeordnete Gewalt zu stark wird, suchen sie nach Hebeln, um den eigenen Herrschaftsbereich gegen den Zugriff ›von oben‹ abzusichern oder sogar selbst nach dieser Gewalt zu greifen.

Der Historiker Karl Mirbt ging 1894 in seiner Studie zur Publizistik des Investiturstreits davon aus, dass der Konflikt auf unterschiedlichsten Ebenen große Teile der mittelalterlichen Gesellschaft erfasst hat, obwohl die Streitschriften in lateinischer Sprache verfasst und damit nur gebildeten Minderheiten unmittelbar zugänglich waren. Eine regelrechte »öffentliche Meinung« sei entstanden. Dieser klar in der Moderne verankerte Begriff bedarf natürlich für das 11. Jahrhundert einer besonderen Rechtfertigung. Mirbt hält die Übertragung für vertretbar, weil die ständischen Gruppen im Streit nicht als geschlossene Einheiten aufgetreten, sondern in sich gespalten gewesen seien und überdies auch zum Mittel breiterer Mobilisierung gegriffen hätten.[211] Ein von Mirbt genanntes Beispiel dafür ist die Bewegung der Pataria in Mailand, die sich ständeübergreifend gegen die von Heinrich vorgenommene Einsetzung des Bischofs Gottfried richtete, aber auch ganz allgemein die »Reinheit« und Ehelosigkeit des Klerus durchsetzen wollte.[212]

Der Konflikt zwischen Gregor und Heinrich eskalierte schließlich so weit, dass der Papst 1076 seinen königlichen Widersacher aus der Kirche ausschloss und überdies absetzte. Beide Strafmaßnahmen brachte er im Rahmen eines Gebetes an den Apostel Petrus folgendermaßen zum Ausdruck:

> » Und daher glaube ich, daß es dir in deiner Gnade und nicht um meiner Werke willen gefallen hat und noch gefällt, daß das christliche Volk, das dir ganz besonders anvertraut ist, mir gehorcht, weil es mir als deinem Stellvertreter ebenfalls ausdrücklich anvertraut ist, und daß mir um deinetwillen von Gott Gewalt gegeben ist, zu binden und zu lösen, im Himmel und auf Erden. In dieser festen Zuversicht also, zur Ehre und zum Schutz deiner Kirche, im Namen des allmächtigen Gottes, des Vaters, des Sohnes und des Heiligen Geistes, kraft deiner Gewalt und Vollmacht spreche ich König Heinrich, des Kaisers Heinrich Sohn, der sich gegen deine Kirche mit unerhörtem Hochmut erhoben hat, die Herrschaft über Deutschland und Italien ab, und ich löse alle Christen vom Eid, den sie ihm geleistet haben oder noch leisten werden, und untersage ihm fürderhin als König zu dienen. [...] Und weil er es verschmäht hat, wie ein Christ zu gehorchen, und nicht zu Gott, den er verlassen hat, zurückgekehrt ist, sondern mit Gebannten Gemeinschaft hält, vielerlei Unrecht tut, meine Ermahnungen, die ich um seines Heiles willen an ihn gerichtet habe, verachtet – du bist mein Zeuge –, sich von deiner Kirche trennt und sie zu spalten sucht, darum binde ich als dein Stellvertreter ihn mit der Fessel des Fluchs [lat. *vincula anathematis*]«.[213]

Dieses Gebet verweist auf die apostolische Vollmacht zu »binden« und zu »lösen«, die im Matthäus-Evangelium formuliert ist. Dort bezieht sie sich aber eindeutig nur auf das Verhalten sündiger »Brüder«, die notfalls aus der Gemeinde ausgeschlossen werden können (Matth. 18,17), und an anderer Stelle auf die durch Christus ausgesprochene Übertragung der Vollmacht zum Binden und Lösen auf den Heiligen Petrus (Matth. 16,19). Diese Stelle war für die Begründung der Sonderstellung des Papsttums als Institution der Nachfolge Petri von größter Bedeutung und sei deshalb hier im Wortlaut zitiert:

> Und ich sage dir auch: Du bist Petrus, und auf diesen Felsen will ich bauen meine Gemeinde, und die Pforten der Hölle sollen sie nicht überwältigen. Ich will dir des Himmelreichs Schlüssel geben, und alles, was du auf Erden binden wirst, soll auch im Himmel gebunden sein, und alles, was du auf Erden lösen wirst, soll auch im Himmel los sein.«[214]

Diese unverkennbar rein theologisch gemeinte Befugnis dehnte Gregor VII. in den weltlichen Herrschaftsbereich aus: Immerhin verfügte er nichts weniger als den Sturz Heinrichs als König. Mit einer solchen Interpretation seines Textes hätte der unter ›heidnischer‹ römischer Kaiserherrschaft lebende Evangelist Matthäus wohl im Traum nicht gerechnet! Ob Gregor VII. die apostolische Gewalt hier bewusst überdehnte oder aus tiefster theologischer Überzeugung heraus handelte, wird sich nicht mehr rekonstruieren lassen und war wahrscheinlich auch schon für die Zeitgenossen nicht klar. Jedenfalls rechtfertigte er sein Verhalten am 25. August 1076 in einem für die Position seiner Parteigänger einflussreichen Brief an Bischof Hermann von Metz mit verschiedenen historischen »Präzedenzfällen«, so unter anderem mit dem Beispiel des Ambrosius, der Theodosius trotz seiner Frömmigkeit exkommuniziert habe. All jenen Zeitgenossen, die seine Befugnis zur Bannung und Absetzung des weltlichen Herrschers anzweifelten, hielt er entgegen:

> Sie sollen auch nicht übersehen, daß der heilige Ambrosius nicht nur einen König, sondern sogar den Kaiser Theodosius, der durch Lebensführung und Macht ausgezeichnet war, nicht nur exkommunizierte, sondern ihm gegenüber auch das Verbot ausspracht, es zu wagen, auf dem Platz der Priester in der Kirche zu bleiben«.

Von einer solchen Exkommunikation berichten die ältesten Zeugnisse zu dem Ereignis vom 390 allerdings nichts.[215] Die von Gregor VII. beanspruchte Machtfülle war weitreichender als die des spätantiken Bischofs von Mailand. In dogmatischer Schärfe formulierte er sie in seinem *Dictatus Papae*, einer in seinem Register erhaltenen Liste von Lehrsätzen. Dort heißt es unter anderem:

> II. Dass nur der römische Pontifex mit Recht universal genannt wird. [...]
> VI. Dass wir mit den von ihm Exkommunizierten unter anderem nicht im selben Haus bleiben dürfen. [...]
> VIII. Dass er allein kaiserliche Insignien verwenden darf. [...]
> IX. Dass seine Füße allein alle Fürsten küssen mögen. [...]
> XII. Das es ihm erlaubt sein möge, Kaiser abzusetzen. [...]
> XIV. Dass er über die ganze Kirche hinweg, wo immer er wolle, Geistliche zu weihen vermöge. [...]

XXII. Dass die Römische Kirche niemals geirrt hat und nach dem Zeugnis der Schrift niemals irren wird. [...]
XXVI. Dass nicht als katholisch gelten möge, wer nicht mit der Römischen Kirche übereinstimmt.
XXVII. Dass er die Untertanen von der Treue zu den Ungerechten entbinden darf.«[216]

Ein solches Denken war revolutionär. Diese Sätze richteten sich zwar nicht an ein breites Publikum, lassen aber als internes »Grundsatzpapier« (Claudia Zey) dennoch in drastisch zugespitzter Form Vorstellungen erkennen, die für Gregor VII. handlungsleitend waren. Dass eine an solchen Prinzipien orientierte Politik zu einem rasch eskalierenden Konflikt mit dem ja seinem Selbstverständnis nach ebenfalls niemandem außer Gott untergeordneten Königtum führen musste, liegt auf der Hand.[217]

Berühmt geworden ist der Investiturstreit vor allem durch die spektakuläre Szene der Buße des Königs vor der Burg von Canossa in Oberitalien. In Canossa hielt sich der Papst 1077 als Gast der Markgräfin Mathilde von Tuszien auf. Er war auf der Durchreise nach Deutschland, wo er gemeinsam mit den abtrünnigen Fürsten und Geistlichen des Heiligen Römischen Reiches über den gebannten Heinrich zu Gericht sitzen wollte. Dieses gefährliche Szenario eines direkten Zusammenwirkens päpstlicher und fürstlicher Macht konnte Heinrich in seiner schwierigen Situation wohl nur auf einem Wege verhindern: Er musste den Angriffen des Papstes und seiner anderen geistlichen wie weltlichen Widersacher den Stachel nehmen, indem er sich demütig als Sünder bekannte und um Vergebung und Wiederaufnahme in den Schoß der Kirche flehte. In dieser Perspektive kann der Bußgang nach Canossa als gelungener Schachzug Heinrichs gewertet werden.[218] Dem Bericht des Geschichtsschreibers Lampert von Hersfeld zufolge blieb er nach Ablegung aller Zeichen seiner königlichen Herrschaft und ohne Nahrung drei Tage vor dem inneren Mauerring stehen, bis ihn der Papst vorließ und vom Kirchenbann befreite. Dies war Lampert zufolge allerdings an die Bedingung geknüpft, dass er sich vor einer Versammlung der deutschen Fürsten rechtfertigen und sich dem Urteil des Papstes über seinen weiteren Verbleib auf dem Thron unterwerfen sollte. Auch bei einer erfolgreichen Verteidigung seines Königtums sollte er dem Oberhaupt der Kirche für immer unterworfen bleiben.[219]

# 3 Canossa 1077

**Abb. 4:** Trotziger Büßer: Das Historiengemälde von Eduard Schwoiser (1862) präsentiert einen Heinrich IV., der bei seinem Bußgang nach Canossa von Reue weit entfernt zu sein scheint.

Heinrichs Gang nach Canossa wurde in der Forschung sehr unterschiedlich gedeutet: Während die Interpretation als schmachvoller Unterwerfungsakt lange Konsens war, vertrat der Historiker Johannes Fried in jüngerer Zeit die These, das Ereignis sei eher ein diplomatisch sorgfältig vorbereitetes »Gipfeltreffen« mit dem Ziel einer im beiderseitigen Interesse liegenden Konfliktbeilegung gewesen.[220] Markgräfin Mathilde von Tuszien, deren Rolle auch schon in der traditionellen Interpretation weit über die einer bloßen Gastgeberin hinausging, erscheint in dieser Perspektive als politisch aktive Schlüsselfigur, die gemeinsam mit dem Taufpaten Heinrichs IV., Abt Hugo von Cluny, den Ausgleich maßgeblich vorbereitet und arrangiert hat.[221] In der kriegerischen und patriarchalischen Welt des 11. Jahrhunderts verstand es Mathilde offenbar, sich so viel Respekt und politisches Gewicht zu verschaffen, dass sie die Beschränkungen, die ihrem Geschlecht damals auferlegt waren, außer Kraft setzen konnte und wie ein männlicher Akteur wahrgenommen wurde.[222]

Die Bedeutung des Bußaktes von Canossa wird vor dem politisch sehr hohen Risiko verständlich, dem sich der König infolge der päpstlichen Sanktionen ausgesetzt sah: Für Heinrich IV. hatten Exkommunikation und Absetzung gravierende Konsequenzen, da sie seine Gegner unter den Großen im Reich ermutigten, ihm offen die Loyalität zu entziehen und sogar mit der Wahl eines neuen Königs zu drohen, falls er sich nicht demütig der Autorität des Papstes unterwerfen und auf diesem Wege seine Wiederaufnahme in die Kirche erreichen würde. Dies war das Thema einer Fürstenversammlung in Trebur im Oktober 1076, wo mächtige Große des Reiches und zahlreiche Bischöfe ihre teilweise tiefen Konflikte beiseiteschoben, um gemeinsam gegen den König Front zu machen: Neben der ultimativen Verpflichtung Heinrichs, den päpstlichen Bann durch bußfertiges Verhalten gegenüber dem Nachfolger Petri abzustreifen, verlangten sie, dass er den Fortbestand seines Königtums einem für 1077 in Augsburg geplanten ›Gericht‹ des Papstes und der Großen unterwerfen müsse.[223] Damit dehnten sie der Interpretation des Historikers Stefan Weinfurter zufolge die Zuständigkeit des Papstes auf ihre weltlichen Konflikte mit dem König aus. Heinrich sei es in Canossa durch seinen Bußakt gelungen, den Papst wieder auf das Feld des Geistlichen zu verweisen. Paradoxerweise habe er gerade durch die Unterwerfung als Büßer die Ausdehnung der päpstlichen Macht in weltliche Belange eingedämmt.[224] Von dem Heinrich ›entgegenkommenden‹ Verhalten des Papstes in Canossa scheinen die Fürsten regelrecht enttäuscht gewesen zu sein. Das hielt sie aber nicht davon ab, die nächste politische Eskalationsstufe zu nehmen: Am 15. März 1077 machten sie ihre politische Drohung wahr und wählten Rudolf von Rheinfelden zum Gegenkönig, obwohl sich Heinrich doch in Canossa vorläufig vom Stigma des Kirchenbanns befreit hatte.[225]

Neben Gregor selbst nahmen auch verschiedene seiner Anhänger den Präzedenzfall von 390 für ihre Argumentation in Anspruch.[226] Dies gilt etwa für das *Buch der Kirchengesetze gegen Heinrich IV.*, in dem festgehalten wird, dass Ambrosius die »Person des Kaisers« durch Ausschluss von der Kommunion nicht geschont und ihn so zur Buße gebracht habe.[227] Bischof Bonizo von Sutri ging in seinem *Buch an einen Freund* noch einen Schritt weiter, indem er von einer Exkommunikation des Theodosius durch Ambrosius sprach und die rhetorische Frage anschloss: »Wer, wenn nicht ein Geisteskranker, kann ignorieren, dass die königliche Gewalt den Päpsten unterworfen ist? Wer glaubt sich der Unterwerfung unter den römischen Bischof fremd, wenn nicht der, der aufgrund seiner fordernden Sünden nicht verdient, zur Schar der Schafe Christi zu zählen?«[228] Sein Amtsbruder Wido von Ferrara, der allerdings ein Gegner des Papstes war, referierte das von den Gregorianern gebrauchte Argument in einer noch verschärften Form: Der Papst habe auf jeden Fall das Recht zur Exkommunikation und Absetzung eines Königs, da dies in früheren Zeiten bereits Bischöfen zugekommen sei.[229] Und Placidus von Nonantola spitzte noch weiter zu, indem er behauptete, der »frömmste Imperator« Theodosius habe nicht nur die Exkommunikation durch den Bischof Ambrosius, sondern schon die durch einen Mönch gegen ihn ausgesprochene so gefürchtet, dass er nicht zu essen wagte, bevor ihm dieser die Absolution erteilt hätte.[230]

Da Ambrosius mitnichten eine Unterwerfung der kaiserlichen Gewalt unter die priesterliche im Sinne hatte, handelt es sich bei diesen Verwendungen von »Geschichte als Argument« (Hans-Werner Goetz) oder – drastischer formuliert – als »gelehrtes Waffenarsenal« (Johannes Laudage) mit einiger Wahrscheinlichkeit um einen verfälschenden Umgang mit der Vergangenheit.[231] Denn dass es durchaus möglich war, das Handeln des Ambrosius bereits im 11. Jahrhundert historisch präziser zu rekonstruieren, belegt folgendes Beispiel: Bischof Wido von Osnabrück, ein Parteigänger Heinrichs IV., bezichtigte den Papst in einer Streitschrift offen der Lüge und des missbräuchlichen Umgangs mit dem Beispielfall von 390. Gregor VII. berufe sich zu Unrecht auf das Vorbild des Ambrosius, denn dieser habe weder eine Exkommunikation ausgesprochen noch eine Absetzung. Von einer »Bindegewalt« habe er persönlich trotz der schweren Schuld des Theodosius keinerlei Gebrauch gemacht, vielmehr auf »Fesseln« verwiesen, die Gott dem Kaiser auferlegt habe. Widos Ausführungen gipfeln in einer sehr scharfen Verurteilung des Papstes, dem nichts anderes vorgeworfen wird als »Geschichtsfälschung« zum Zweck des Machtmissbrauchs:

> » Unangemessen also und betrügerisch leitet Hildebrand [Gregors Name vor seiner Wahl zum Papst, Verwendung hier verächtlich gemeint, P. Geiss] von Ambrosius ein Beispiel ab, um den römischen Kaiser zu exkommunizieren und seine Anhänger von der Gemeinschaft mit ihm zu lösen und ihrer Treuepflicht zu entbinden. Denn weder unterstand sich Ambrosius, den Theodosius, obwohl er schuldig war an der Tötung so vieler tausend Menschen, mit einem zornigen Spruch und herrscherlichem Gebaren zu exkommunizieren, noch entband er einen seiner Getreuen von seinem Dienst und der Gemeinschaft mit ihm, noch löste er sie vom Eid, den sie ihm geleistet hatten, noch beabsichtigte er, ihn der Herrschaft oder des Lebens zu berauben.«[232]

Wido von Osnabrück gelangte also ungeachtet seiner polemischen Schärfe gegenüber dem Papst zu einem sehr ähnlichen Urteil wie die Forschung. Der Historiker Karl Mirbt ging 1894 so weit, die Arbeitsweise Widos bereits als »historische Kritik« zu charakterisieren. Damit rückte er sie in die Nähe einer streng wissenschaftlichen Erforschung von Vergangenheit, wie sie auf breiter Front erst im 19. Jahrhundert mit dem Historismus ihren Siegeszug erlebte und bis heute das selbstverständliche Fundament der Geschichtswissenschaft bildet.[233]

Der Mediävist Hans-Werner Goetz hat die Heranziehung des Beispiels von 390 im Investiturstreits als eine Instrumentalisierung von Geschichte charakterisiert.[234] Wer aber instrumentalisiert, muss nicht unbedingt von der Absicht beseelt sein, aus der Geschichte zu lernen. Insofern stellt sich manchen Leserinnen und Lesern an dieser Stelle vielleicht die Frage, was denn die historischen Rekurse beider Seiten im späten 11. Jahrhundert überhaupt mit dem Thema des vorliegenden Bandes zu tun haben. Sicherlich handelt es sich um einen Grenzfall, der aber Beachtung verdient, weil didaktische und legitimatorische Verwendungen von Geschichte fließend ineinander übergehen können.[235] Dies gilt vor allem für geschichtsbezogene Argumentationsstrategien, die mit »moralischen Analogien« (Dominic Tierney) operieren, wie der Vergleich eines möglichen amerikanischen Luftangriffs auf Kuba mit dem japanischen Angriff auf Pearl Harbour 1941 während der Kubakrise des Oktobers 1962 (▶ Kap. 12).²³⁶ Um eine solche »moralische Analogie« scheint es sich bei der Rechtfertigung der Bannung und Absetzung Heinrichs IV. durch Gregor VII. gehandelt zu haben, denn der spätantike Beispielfall sollte ja in gregorianischer Perspektive belegen, dass die Vorgehensweise des Papstes legitim war, da auch ein verehrungswürdiger Kirchenvater und Heiliger in einer vergleichbaren Situation gegenüber dem sündigen Herrscher so gehandelt habe. Aus einem 1059 verfassten Brief des Kirchenreformers und Kardinalbischofs von Ostia Petrus Damiani an Gregor, seinerzeit noch Archidiakon Hildebrand, geht hervor, dass dieser schon vor Beginn seines Pontifikats eine »Sammlung« von päpstlichen »Entscheidungen und Handlungen« (*decreta et gesta*) in Auftrag gegeben hatte, die geeignet schienen, die Autorität des Heiligen Stuhls zu stärken.²³⁷ Geht man davon aus, dass der Papst und seine Anhänger tatsächlich aus Überzeugungen handelten und nicht nur instrumentell beziehungsweise manipulativ argumentierten, so kann man hier durchaus von einer Form des Lernens aus der Geschichte sprechen, wenn auch nur in einem rein moralischen oder kirchenrechtlichen Sinne.

Die Verwendung von Geschichte als moralisches und auch »politisches Argument« (Matthias Pape) kann auch mit Blick auf den Ereigniskomplex ›Canossa 1076‹ selbst weiterverfolgt werden: Wie kaum anders zu erwarten, wurde die Szene über die Jahrhunderte sowohl von den Gegnern allzu weitreichender päpstlicher Machtansprüche als auch vom Papsttum und seinen Parteigängern selbst mit natürlich diametral entgegengesetzten Stoßrichtungen in Erinnerung gerufen. Im Petersdom verherrlicht zum Beispiel ein aus der Schule Berninis stammendes Relief auf dem Grabmal der 1632 hierher überführten Mathilde von Tuszien den Sieg des Papsttums über das Königtum mit der Szene des vor Gregor VII. knienden Heinrichs IV.²³⁸ Das Kunstwerk wurde im päpstlichen Auftrag geschaffen und erneuerte die Erinnerung an das Ereignis von 1077 im Zeichen des neuen Selbstbewusstseins der katholischen Kirche nach dem Konzil von Trient.²³⁹

Aber das bekannteste Beispiel für einen Rückbezug auf ›Canossa‹ ist Otto von Bismarcks Reichstagsrede vom 14. Mai 1872: »Seien Sie außer Sorge, nach Canossa gehen wir nicht, weder körperlich noch geistig«. Hintergrund war der Konflikt, der unter dem Namen »Kulturkampf« ins kollektive Gedächtnis eingegangen ist. Bismarcks Rede bezog sich auf die vom Vatikan abgelehnte Entsendung des Kardinals Prinz Gustav von Hohenlohe-Schillingsfürst nach Rom, wo er das Deutsche Reich als Nuntius beim Heiligen Stuhl vertreten sollte. Diese Ernennung war eine Kampfansage an das Papsttum, da der Kardinal unter anderem wegen seiner kritischen Haltung zum Jesuitenorden als ein Gegner der damals in der katholischen Kirchenhierarchie dominierenden Linie galt.[240] Mit seinem Satz habe der »Eiserne Kanzler« der Deutung des Bismarck-Biografen Lothar Gall zufolge seine Zusammenarbeit mit dem antiklerikalen Liberalismus im deutschen Reichstag bekräftigen wollen. Die Aussage, man werde auch »geistig« nicht nach Canossa gehen, habe sich auf das Erste Vatikanische Konzil und das dort formulierte päpstliche Unfehlbarkeitsdogma bezogen, in dem die Liberalen eine Gefahr für den Geist der Moderne insgesamt gesehen hätten.[241] Bismarcks Verwendung der Canossa-Analogie fand überaus schnell Eingang in sprichwörtliche Redewendungen der deutschen Sprache und ist daraus seitdem nicht mehr verschwunden, auch wenn die Kenntnis der historischen Zusammenhänge um Heinrichs Bußgang offenbar kaum noch verbreitet ist.[242]

Bismarcks Analogie ist nicht weniger anachronistisch als der Vergleich der Konfliktpaare Heinrich IV. und Gregor VII. sowie Theodosius und Ambrosius, den der Papst und seine Anhänger im 11. Jahrhundert anstellten: Eine Unterordnung des Staates unter die päpstliche Gewalt stand 1872 in keiner Weise zu befürchten. Umgekehrt ging es vielmehr darum, den Anspruch des modernen Nationalstaats auf die ungeteilte Treue seiner Staatsbürger durchzusetzen, neben der keine andere zu einer Autorität außerhalb der Grenzen, nämlich in Rom, bestehen sollte. Nicht nur in Deutschland, sondern in ganz Europa waren die Nationalstaaten auf dem Vormarsch, und zwar auch die eher republikanisch-liberalen wie Frankreich, nicht wie im 11. Jahrhundert das Papsttum. Es ging um die Folgen dessen, was Max Weber die »Entzauberung der Welt« genannt hat, das heißt hier: der Herausbildung einer nicht mehr religiös gerahmten Sphäre politischer Rationalität, deren Anfänge Stefan Weinfurter bereits im Ereignis von Canossa angelegt sah.[243] Die Rahmenbedingungen und Vorzeichen von Kulturkampf und Investiturstreit hätten unterschiedlicher kaum sein können. Insofern war Bismarcks Bezugnahme auf 1077 natürlich kein um echte Erkenntnis bemühtes Lernen aus der Geschichte. Vielmehr ging es dem Reichskanzler darum, den Topos ›Canossa‹ zum Schüren von Emotionen zu nutzen, die seine Position im Konflikt mit Kirche und politischem Katholizismus stärken konnten. Denn vom Machtanspruch Gregors VII. war das Papsttum damals denkbar weit entfernt. Auch die auf dem Ersten Vatikanischen Konzil im Januar 1870 fixierte Unfehlbarkeit des Papstes in Lehrentscheidungen war wohl eher eine verunsicherte Reaktion der Kirche auf den Wandel der Moderne – und kein Offensivprogramm im Stil des *Dictatus Papae*.[244] Was Gregor und Bismarck indessen verband, war die Bereitschaft, schiefe, ja regelrecht falsche Analogien einzusetzen, wenn dies ihren politischen Zwecken diente.

Als schmückendes Versatzstück politischer Diskussionen wurde ›Canossa‹ auch nach der Bismarckzeit immer wieder herangezogen. Wer das entsprechende Stichwort in den digitalisierten Plenarprotokollen des deutschen Bundestages sucht, kommt für die Zeit seit 1949 auf 38 Fundstellen, von denen sich 28 tatsächlich auf den Vorfall von 1077 beziehen. Das älteste Beispiel ist in einer Rede des kommunistischen Abgeordneten Rische vom 13. Februar 1950 enthalten: Er beklagt sich über eine Diskriminierung des deutschen Bergbaus und insbesondere der Bergleute durch zu niedrige Exportpreise für Kohle, denen die Bundesregierung zugestimmt habe. Er sieht in dieser Preissituation eine Folge der »kolonialen Herrschaft der westlichen Alliierten« und äußert die Vermutung, dass die Bundesregierung auch künftig »den Canossa-Gang zum Petersberg [den Sitz der Hohen Alliierten Kommissare, P. Geiss] antreten« müsse, »um Diktate gegen die deutsche Wirtschaft und damit auch gegen die deutschen Werktätigen entgegenzunehmen«. Rische verwendet die Canossa-Analogie hier, um eine ungerechtfertigte Demütigung und Benachteiligung zum Ausdruck zu bringen – und er tut dies trotz seiner Verankerung in der politischen Linken in einer Tonlage, die an die nationale Empörung vieler Deutscher der Zwischenkriegszeit über den Versailler Vertrag erinnert.[245]

Am 4. Dezember 2002 warf Michael Glos (CSU) der Bundesregierung unter Gerhard Schröder (SPD) vor, durch ihre Nichtbeteiligung am heraufziehenden Irakkrieg einen neuen »Sonderweg« beschritten und das Verhältnis zu den USA beschädigt zu haben.[246] Seinen Appell zu einem Kurswechsel und einer Geste guten Willens gegenüber Washington verknüpfte er in einer Weise mit Canossa, in der sich über die bloße Redensart hinaus tatsächlich noch eine Erinnerung an das historische Geschehen zu spiegeln scheint: Immerhin wird die Burg geografisch in Italien verortet, auch wenn sie natürlich nicht tatsächlich am Tiber liegt.

> » Zwölf Jahre nach der Wiedervereinigung kann Deutschland bei der Bewältigung weltweiter Krisen nicht die Rolle des unbeteiligten Fernsehzuschauers übernehmen. Herr Bundeskanzler, Ihr Canossa liegt nicht am Tiber, sondern Ihr Canossa liegt am Potomac.

Je eher Sie sich zu Ihrem Canossagang nach Washington aufmachen, desto günstiger wird es für unser Land. Jeder Tag, den Sie länger warten, macht das Ganze teurer.«[247]

Diese Bezugnahme auf 1077 ist natürlich in beiden Fällen eher floskelhaft. Erkennbar geht es nicht um ein Lernen aus der Geschichte und wahrscheinlich nicht einmal um die Verwendung einer historischen Analogie als Argument. Der Canossa-Vergleich soll in beiden Fällen lediglich den politischen Gegner herabsetzen, der in eine Position der Abhängigkeit, Ohnmacht und Unterwürfigkeit gerückt wird. Eine besondere Pointe liegt darin, dass diese Position als selbstverschuldet gilt, weil sie aus einem vorangehenden Fehlverhalten oder einer Fehlentscheidung resultiert.

Es wird sicherlich noch in vielen politischen Konstellationen opportun erscheinen, den jeweiligen Gegner als durch eigenes Fehlverhalten gedemütigt und geschwächt zu präsentieren. Insofern dürfte der Canossa-Analogie in deutschen Parlamenten wohl noch ein langes Leben beschieden sein. Dies liegt weniger an tatsächlichen Ähnlichkeiten zwischen Vorgängen des 21. und des 11. Jahrhunderts. Ihre Attraktivität dürfte eher darin liegen, dass sie ein »archetypischer Mythos« (Hayden White) ist, es also erlaubt, unterschiedlichste Situationen menschlicher Konfliktaustragung und Konfliktbeilegung narrativ zu stilisieren.[248] Man mag zu der bereits erwähnten Canossa-Interpretation Johannes Frieds stehen, wie man mag, seine These, dass die etablierte Deutung der Geschichte »griffig« und dadurch für die Übertragung auf spätere Konstellationen attraktiv ist, lässt sich nicht von der Hand weisen, auch wenn damit noch in keiner Weise gesagt ist, dass sie falsch sein muss.[249]

Dass ›Canossa‹ in der deutschen Öffentlichkeit immer noch einige Schwingungen auszulösen vermag, führt die 2012 teilweise in Tageszeitungen ausgetragene Kontroverse um Frieds Interpretation des Zusammentreffens von König und Papst auf der Burg von Canossa vor Augen. Fried beanspruchte, unter Zuhilfenahme der Erinnerungskritik den wahren Geschehensverlauf des Jahres 1077 rekonstruieren zu können. Große Teile der mittelalterlichen Historiografie seien dagegen zugunsten der gregorianischen Position verzerrt, und dieser verfälschende ›Bias‹ sei bis in die moderne Geschichtswissenschaft weitertradiert worden. Im Kern von Frieds Interpretation steht die These, dass es in Canossa gar nicht vorrangig um eine Unterwerfung oder gar Demütigung des Königs gegangen sei; vielmehr hätten König und Papst ein durch Vertraute aus ihrem Umfeld vorbereitetes »Gipfeltreffen« abgehalten, das zu einem Friedensvertrag geführt habe. Erst nach der erneuten Bannung Heinrichs im Jahr 1080 sei das gegenüber dem König feindselige Narrativ einer gänzlich unrühmlichen Unterwerfung entstanden, an dem die meisten Historikerinnen und Historiker bis heute festgehalten hätten, weil es sich so gut in eine seit langem bestehende Forschungstradition einfüge. Fried beruft sich in seiner Interpretation vor allem auf einen Bericht des Arnulf von Mailand, der nach eigener Aussage selbst in Canossa anwesend war. Arnulf schildert die Ereignisse folgendermaßen:

> » Inzwischen wurde auf Rat des überaus heiligen Abtes von Cluny, der Königinmutter und der bereits erwähnten höchst weisen Mathilde um des Friedens und der Gerechtigkeit willen eine allgemeine Besprechung zwischen ihnen, dem König und dem Papst [*Apostolicus*] anberaumt. Als der Papst von Rom aus aufbrach, um nach Deutschland zu ziehen, kam er im Vertrauen auf die Hilfe der Mathilde nach [Nord-]Italien. Als er dort blieb, wurde er von ihr mit Ehren und Gefolge überreich bedacht. Eilig reiste ihm Heinrich entgegen, der eine Zusammenkunft in seinem Vaterland ablehnte. Es war die durch viele Mauern und die Beschaffenheit des Ortes ringsum befestigte Burg der Gräfin mit Namen Canossa, eine wahrhaft uneinnehmbare Festung, wo unter der Aufsicht des Papstes der nackte König zu Fuß einhergehend und auf den Boden sich niederwerfend nach vielen Tränen Verzeihung erlangte und die Abmachungen durch Eide seiner Getreuen unter der Bedingung des zu schaffenden Rechts bekräftigte. So wurden durch die große Klugheit der Mathilde beider Friedensverträge gegen den Willen der Bischöfe bekräftigt, die im Streit verblieben.«[250]

Johannes Fried deutet diese Begegnung so, dass es bei den ausgehandelten Abmachungen um die Ehre (*honor*) aller am Konflikt Beteiligten gegangen sei, also die Ehre des Königs, des Papstes und der gegen Heinrich opponierenden Fürsten, ja selbst um die Ehre Gottes. Die Behauptung dagegen, der König habe einen Eid geleistet, sich einem Gerichtsverfahren über sein Königtum zu stellen, auf dessen Grundlage er später als meineidig abgesetzt werden konnte, sei eine spätere Rückprojektion gewesen.[251] Nichts weniger als die Wiederherstellung einer auf der »Anerkennung« der legitimen Kompetenzen aller basierenden »rechte[n] Ordnung der Welt« sei Gegenstand der Verhandlungen zwischen König und Papst gewesen, die nach mittelalterlichen Vorstellungen natürlich eine von Gott gewollte Ordnung sein musste. In dieser Perspektive erscheint Gregor als deutlich weniger aggressiv als in der traditionellen Lesart: Nicht er selbst, sondern die mit dem ›Deal‹ von Canossa nicht einverstandenen deutschen Fürsten hätten – unter anderem durch die Wahl des Gegenkönigs Rudolfs von Rheinfelden – den von Heinrich und dem Papst eigentlich schon beigelegten Konflikt wieder angefacht. In der Perspektive Frieds ist die etablierte Canossa-Interpretation letztlich Ausfluss eines aus dem 19. Jahrhundert stammenden, »militaristisch« geprägten Nationalnarrativs, das von Bismarck durch sein bekanntes Diktum wirksam in eine Formel gebracht worden sei – ein weiteres Kapitel im endlosen Buch der »Geschichte als Argument« also. In Frieds Deutung hat das anachronistische Bild eines »deutschen Kaisers«, der heldenhaft der Erniedrigung trotzt (wie ihn der Maler Schwoiser zeigt, ▶ Abb. 4), national gesinnte Historiker nach 1871 dazu verleitet, unkritisch jenen mittelalterlichen Quellen zu folgen, die dazu am besten zu passen schienen.[252]

Aber ist das von Fried entwickelte Gegennarrativ nicht auch wieder dem Bemühen geschuldet, eine Lektion der Geschichte abzuleiten, wenn auch eine der Bismarck'schen völlig entgegengesetzte? Fast könnte man den Eindruck haben, es ginge um die Formulierung einer Lehre aus dem sogenannten »deutschen Sonderweg« – also um die Vorstellung, Deutschland habe mindestens seit dem 19. Jahrhundert eine besonders autoritäre, aggressive, von den westeuropäischen Ländern abweichende Entwicklung durchlaufen, die in der NS-Diktatur ihren schrecklichen Höhepunkt gefunden habe: Indem die aggressiv identitätsstiftende Rezeption von Canossa durch den militaristisch-nationalistischen Obrigkeitsstaat von 1871 und seine geistigen Vorbereiter und Förderer zurückgewiesen wird, eröffnet sich die Perspektive auf eine ›pazifistischere‹ Lesart des Ereignisses von 1077, das damit für die Demokratie des Grundgesetzes ›traditionsfähig‹ wird. Wird hier der Versuch unternommen, dem Eisen-und-Blut-Kanzler Bismarck ›Canossa‹ nachträglich zu entreißen, um es für ein friedliches Deutschland als frühen Referenzpunkt zu gewinnen, gleichsam als mittelalterliche Ausfahrt aus dem deutschen Sonderweg, die nicht erkannt oder bewusst verunklart wurde? Mit der Sonderwegsdiskussion auch nur ein wenig vertrauten Leserinnen und Lesern dürfte es bei der Lektüre der abschließenden Teile von Frieds »Streitschrift« zu Canossa schwerfallen, keinen solchen Subtext mitzulesen. So betont Fried etwa, das »militaristisch getönte kollektiven Gedächtnis im ›Deutschen Reich‹« habe dazu beigetragen, »neben mancherlei zutreffenden Aussagen und Erkenntnissen ein Sammelsurium falscher Erinnerungen« hervorzubringen.[253]

Dass Nationalismus und Obrigkeitsstaat ›Canossa‹ für ihre Zwecke eingespannt und anachronistisch ausgedeutet haben, dürfe außer Zweifel stehen.[254] Aber widerlegt dies eine Lesart, die in dem Ereignis vom 1077 vor allem die massive Unterwerfung und Demütigung des Königtums durch das Papsttum sieht? Stefan Weinfurter hat betont, dass auch bei Arnulf von Mailand, den Fried als Kronzeugen heranzieht, der demütigende Charakter des Bußgangs doch sehr deutlich hervorgehoben werde. Auch sei die Annahme eines sorgfältig vorbereiteten und vollumfänglichen Friedensschlusses zwischen Heinrich IV. und Gregor VII. nicht plausibel, weil der Papst die Frage einer Fortsetzung oder Beendigung von Heinrichs Königtum in seinen Briefen an die deutschen Fürsten als durchaus offen behandelt habe. Auch nach dem Treffen in Canossa wollte er zu Verhandlungen über Heinrichs Königtum ins Reich kommen und bezeichnete die ganze Sache in seinem brieflichen Bericht über die Begegnung mit Heinrich ausdrücklich als »in der Schwebe«.[255]

In einer Studie haben sich die Althistoriker Mischa Meier und Steffen Patzold mit der Frage befasst, wie die Einnahme Roms (410) durch die von Alarich geführten Westgoten im Laufe der nachfolgenden Jahrhunderte erzählt wurde und warum dies mit jeweils unterschiedlichen Akzentsetzungen geschah. In Anlehnung an den deutschen Kinofilm *Lola rennt* (1999) schreiben sie:

> » Immer wieder wird Alarich gegen Rom anrennen, immer wieder wird Rom fallen – aber der Sinn, den die Zeitgenossen, dann die Historiographen und schließlich professionelle Historiker dem Geschehen zuschreiben, wird sich von Mal zu Mal ändern (und bisweilen sogar das Ereignis selbst).«[256]

Ähnliches wird man auch über Heinrich IV. sagen können. Wieder und wieder wird er den Gang nach Canossa antreten, mal mehr als Verlierer, mal mehr als heimlicher Sieger, und die Gesamtbedeutung des Ereignisses wie auch die daraus abzuleitenden Lehren werden sich in Abhängigkeit von den jeweils verfolgten Argumentationszwecken ändern – wobei sie wenigstens im Beritt der Geschichtswissenschaft immer mit den Quellen kompatibel sein muss.[257]

Es ist bedauerlich, dass der dem Lernen aus der Geschichte so überaus verpflichtete Florentiner Niccolò Machiavelli der Szene von Canossa kein Kapitel seines *Il Principe* (»Der Fürst«) gewidmet hat. Man wäre neugierig zu lesen, welche strategischen Lektionen er aus dem Ereignis von 1077 abgeleitet hätte. Immerhin stellte er in seinen *Florentiner Geschichten* fest, dass Heinrich im Konflikt mit Gregor erstmalig erfahren habe, von »welcher Bedeutung die geistlichen Verletzungen sind.«[258] Am Ende dieses Kapitels sei ein Stück reine Spekulation erlaubt. Darauf angesprochen, was denn ein Fürst aus Heinrichs Schicksal lernen könnte, hätte Machiavelli vielleicht geantwortet: Der kluge

Fürst ist besonders vorsichtig, wenn er spürt, dass sich die Interessen seiner Gegner mit mächtigen Strömungen des Zeitgeists verbinden, da dies leicht in eine demütigende Schwächung seiner Position münden kann. Er vermeidet es, gegen den Strom der Glaubensüberzeugungen zu schwimmen, macht sich diese vielmehr selbst zu eigen, setzt sich an die Spitze der Bewegung und nutzt deren Wucht, um seine Feinde in einer Weise seiner Herrschaft zu unterwerfen, dass sie dies am Ende selbst als notwendig und zeitgemäß empfinden.

# 4
# Florenz 1564

Großherzog Cosimo I. de' Medici als gelehriger Schüler des Augustus

Die toskanische Stadt Florenz verstand sich im Spätmittelalter und in der Frühen Neuzeit als eine Republik. Anders als der heutige Sprachgebrauch vermuten lässt, hatte die politische Ordnung mit einer Demokratie jedoch wenig gemein. Mächtige Familien bestimmten die Geschicke der Stadt, deren Institutionen sie durch Mechanismen der Patronage mit Abhängigen besetzten und kontrollierten. Als bekanntester dieser Clans können sicherlich die Medici gelten. Ihre Macht verdankten sie dem Reichtum, den sie vor allem im Bankgewerbe angehäuft hatten. Im 15. und 16. Jahrhundert erlebten sie trotz existenzbedrohender Rückschläge einen geradezu kometenhaften Aufstieg, der sie schließlich mit den Herzögen Alessandro (1510–1537) und Cosimo I. de' Medici (1519–1574) in eine monarchische Stellung brachte. Letzterer erreichte am Ende seines Lebens sogar noch den Rang eines Großherzogs der Toskana. Es ist fast ein Gemeinplatz, festzustellen, dass der Weg dorthin nicht vorgezeichnet und überaus gefährlich war. Denn das Streben nach einem monarchengleichen Rang – und sei es nur von außen unterstellt – ruft in einer republikanischen Ordnung immer starke Gegenkräfte hervor, vor allem dann, wenn andere große Familien den Aufstieg von Konkurrenten mit Argwohn beobachten.[259] Lassen sich im Übergang vom republikanischen zum monarchischen System Parallelen zur Geschichte Roms im ersten Jahrhundert v. Chr. feststellen? Präziser gefragt: Blickten die an antiker Literatur geschulten Florentiner der Führungs- und Bildungsschicht in die Auflösungsphase der römischen Republik und die Frühgeschichte des augusteischen Prinzipats (▶ Kap. 2) zurück, um Lehren für die eigene Zeit zu gewinnen?

Florenz war eines der wichtigsten kulturellen und intellektuellen Zentren der Renaissance. Dieser französische Begriff bedeutet bekanntlich »Wiedergeburt« und soll einen im Spätmittelalter und dann vor allem in der Frühen Neuzeit liegenden Zeitabschnitt bezeichnen, in dem die Antike »wiedergeboren« beziehungsweise neu entdeckt wurde. In den deutschsprachigen Ländern wurde dieser Begriff wohl vor allem durch das von dem Basler Historiker Jacob Burckhardt veröffentlichte Werk *Die Kultur der Renaissance in Italien* (1860) bekannt.[260] Burckhardt war zwar bewusst, dass es seit der Karolingerzeit Rückgriffe auf das antike Erbe gegeben hatte, diese also nichts grundsätzlich Neues waren. Aber er sah doch einen welthistorischen Neuansatz darin, dass es seit dem 14. Jahrhundert in Italien zu einer »gelehrte[n] und zugleich populäre[n] sachliche[n] Parteinahme für das Altertum überhaupt« gekommen sei, weil dieses dort als die »Erinnerung an die eigene [alte] Größe« gegolten habe.[261] Diese intensive und programmatische Hinwendung zur Antike betraf natürlich nicht nur Sprache, Kunst und Kultur, sondern auch die Geschichte der Griechen und Römer. Ein Beispiel hierfür war der wohl bis heute bekannteste Florentiner der Frühen Neuzeit, Niccolò Machiavelli. Durch sein 1513 verfasstes und 1532 posthum erschienenes Werk *Il Principe* (»Der Fürst«) wurde er – ob zu Recht oder zu Unrecht, sei dahingestellt – zum Namensgeber des Machiavellismus: ein Politikstil, bei dem der Zweck des Erhalts oder der Vergrößerung von Macht jedes Mittel heiligt.[262] In seinen zeitgleich verfassten *Discorsi* (»Reden« oder auch »Erörterungen«) zu den ersten zehn Büchern des römischen Historikers Titus Livius vertrat er die Auffassung, dass man sich nicht mit einem bloßen Bewundern von antiken Gemeinwesen begnügen dürfe, sondern sich ganz gegenwartsbezogen und in praktischer Absicht auf deren Beispiel berufen müsse.[263]

Dass Machiavelli hier das Lernen aus der Geschichte im Blick hat, führt er dem Leser in den dann folgenden Kapiteln seiner *Discorsi* deutlich vor Augen: Die von Livius geschilderte Geschichte der frühen römischen Republik zieht der Florentiner heran, um seinem Publikum zu erläutern, nach welchen Grundsätzen Politik ganz allgemein und überzeitlich funktioniert und wie man sich verhalten muss, um auch in der Gegenwart erfolgreich zu sein.[264] Das Werk ist ein Musterbeispiel für ein zyklisches Geschichtsbild, das von der stetigen Wiederkehr typischer Ereignis- und Verlaufsformen ausgeht und deswegen die Frage nach der Möglichkeit von Lehren der Geschichte uneingeschränkt positiv beantworten kann. Auch Machiavellis *Il Principe* ist aus diesem Denken hervorgegangen, wie er Ende 1513 in einem oft zitierten Brief an den florentinischen Botschafter in Rom, Francesco Vettori, erläuterte. Hier steigert sich die Idee eines Lernens aus der Geschichte zur Vorstellung eines persönlichen Dialogs mit den Menschen der Antike, der deshalb so lehrreich sei, weil Welt und Menschsein sich in ihren Grundmustern aus Machiavellis Sicht nicht ändern:

> » Wenn der Abend gekommen ist, kehre ich nach Hause zurück und trete in meine Schreibstube ein – und an der Tür lege ich meine Alltagskleidung voller Schmutz und Unrat ab und ziehe königliches und höfisches Tuch an und trete in die antiken Höfe der antiken Menschen ein. Dort werde ich von ihnen liebevoll empfangen und weide mich an jener Speise, die einzig meine ist und für die ich geboren wurde. Dort schäme ich mich nicht, mit ihnen zu sprechen und nach den Gründen ihrer Taten zu fragen. Und sie antworten mir aus ihrer Bildung und ich fühle vier Stunden lang keinerlei Langeweile, vergesse alle Sorgen, fürchte die Armut nicht und auch der Tod schreckt mich nicht; so ganz ziehe ich zu ihnen. Und da Dante sagt ›Es gibt keine Wissenschaft, ohne das Gehörte zu behalten‹, so habe ich aufgeschrieben, was ich aus dem Gespräch mit ihnen an Kapital gewinnen konnte, und ein Büchlein unter dem Titel *de Principatibus* verfasst, wo ich mich, so gut ich kann, in die Überlegungen zu diesem Thema vertiefe und diskutiere, was ein Fürstentum ist, welche Arten es davon gibt, wie Fürstentümer erworben werden, wie sie sich erhalten und wie sie verloren gehen. Wenn Ihnen jemals etwas von meinem Geschreibsel gefallen hat, dann dürfte Ihnen dies nicht missfallen. Es müsste von einem Fürsten, vor allem einem neuen Fürsten, gut angenommen werden.«[265]

Nicht alle Zeitgenossen sahen die Möglichkeit des Lernens aus der Geschichte im ›Gespräch‹ mit Griechen und Römern so optimistisch. Eine wesentlich skeptischere Haltung nahm der Politiker und Historiker Francesco Guicciardini (1483–1540) ein, der Machiavellis *Discorsi* einen ausführlichen Kommentar widmete. Eine rustikale Metapher soll die Überschätzung konkreter Lehren aus der Geschichte des alten Rom veranschaulichen:

> » Wie täuschen sich doch alle, die bei jedem Wort die Römer anführen. Man bräuchte eine Stadt, die genau wie die ihrige aufgebaut wäre und müsste sie dann nach ihrem Beispiel regieren. Dies ist für denjenigen, der dazu nicht passende Eigenschaften hat, genauso unangemessen, wie es wäre, zu wollen, dass ein Esel die Gangart eines Pferdes an den Tag legt.«[266]

Noch grundsätzlicher formuliert Guicciardini seine Zweifel daran, dass Menschen überzeitliche Leitprinzipen der Geschichte erkennen und daran ihr Handeln in Gegenwart und Zukunft ausrichten können, an anderer Stelle in seinen Aufzeichnungen:

> » Es ist ein großer Irrtum, von den Dingen der Welt ohne Unterscheidung und absolut zu sprechen – sozusagen im Sinne einer Regel. Denn wegen der Vielgestaltigkeit der

Umstände weisen fast alle Dinge Unterschiede und Ausnahmen auf, die sich nicht durch ein einziges Maß in den Griff bekommen lassen, und diese Unterschiede und Ausnahmen finden sich nicht in den Büchern beschrieben. Die Urteilskraft muss sie vielmehr lehren.«[267]

Dieser Skeptizismus im Umgang mit den antiken Vorbildern war für einen Humanisten eine eher untypische Haltung. Als primär politikwissenschaftlich orientierter und damit an überzeitlichen Prinzipien des Politischen interessierter ›Nutzer‹ von Geschichte war Machiavelli von solchen Zweifeln jedenfalls nicht geplagt.[268]

Einen ähnlichen Optimismus mit Blick auf die praktische ›Verwertbarkeit‹ von Geschichte legte später ein anderer humanistisch gebildeter Autor an den Tag: Mario Matasilani. Eine im frühen 19. Jahrhundert erschienene Literaturgeschichte ordnet diese heute weithin unbekannte Figur einer Gruppe von Schriftstellern im Umfeld Cosimos I. zu, die »sich bei der Überhöhung des Lobes seiner Person in einem Wettstreit befunden« hätten.[269] Im Jahr 1572, das heißt knapp sechs Jahrzehnte nach der Entstehung von Machiavellis *Discorsi*, trat Matasilani mit einer kleinen Schrift an die Öffentlichkeit, die Machiavellis Glauben an den Beispielcharakter der römischen Geschichte ungebrochen teilte, allerdings mit einer deutlichen Verschiebung der Wertmaßstäbe – weg von der republikanischen hin zu einer monarchischen Ordnung. Sein Werk unter mit dem Titel *La Felicità del Serenissimo Gran Duca di Toscana Cosimo de' Medici* (»Das Glück des erlauchten Großherzogs der Toskana, Cosimo de' Medici«) widmete Matasilani in schmeichelnd-unterwürfigem Ton seiner »Patronin«, Isabella de' Medici-Orsini, Herzogin von Bracciano (1542–1576).[270] Sie war die dritte und nach dem Tod ihrer Schwestern einzige Tochter des Großherzogs Cosimo I. de' Medici, dem es erstmalig gelungen war, die Fürstenherrschaft der Familie offen und langfristig zu etablieren.[271] Nach dem Tod ihrer Mutter, Eleonora de Toledo, wurde Isabella zur führenden weiblichen Persönlichkeit der Dynastie und nahm einen hohen protokollarischen Rang ein: Bei dessen Einzug in Rom anlässlich seiner Krönung zum Großherzog folgte sie ihrem Vater an zweiter Stelle. Diese herausgehobene Stellung im Herrschaftssystem der Medici wie auch in der Kulturpatronage erklärt, weshalb Matasilani die Schrift zu Ehren ihres Vaters seiner Gönnerin widmete.[272] Matasilanis Werk ist im direkten Umfeld der Medici entstanden und nicht ohne ihre Billigung denkbar. Es zeigt, dass 1572 die Zurückhaltung im Umgang mit der Rangerhöhung der Familie längst einem eindeutigen, wenn auch stilisierten

Bekenntnis zur Monarchie gewichen war: Die zentrale Botschaft Matasilanis, der als Sprachrohr des Regimes gelten kann, ist denkbar einfach und klar: Cosimo I. de' Medici habe für Florenz genau das geleistet, was Octavian/Augustus mehr als anderthalb Jahrtausende früher für Rom gelungen sei: Nach langen Jahren der Selbstzerfleischung in Parteikonflikten und Bürgerkriegen habe er Ruhe hergestellt und Stabilität und Wohlstand gebracht:

> » So scheint es mir, dass die anfangs so glückliche und abenteuerlustige Stadt Rom, die durch Unruhen und Zwistigkeiten, die unter den Parteiungen Marius', Sullas, Caesars und Pompeius' entstanden waren, bis an den Rand des äußersten Ruins gebracht wurde, wieder zu sich kam und sich erhob, als durch himmlische Anordnung und schicksalhaften Befehl ihr der große Octavian Augustus geschickt wurde, der sie mit so großem Glück regierte und vergrößerte. [Und es scheint mir], dass so der Heilige Gott der Stadt Florenz genau zur richtigen Zeit den großen Cosimo zugestanden hat, auf dass er mit derselben Fortune und demselben Glück wie Augustus der Zwietracht ein Ende bereite, sich halte und der Stadt Florenz wie auch dem Volk der Toskana ein immerwährendes Glück wachsen lasse und sichere, und der Welt den Frieden Octavians bringe; [...].«[273]

Der Großherzog der Toskana als Bringer des Weltfriedens ... Lobeshymnen auf mächtige Männer bedienen sich wohl schon immer historischer Vergleiche mit großen Vorbildern. Dies war bereits in der Antike zu beobachten, wenn etwa der römische Feldherr Pompeius in die Nähe des Makedonenkönigs und Welteroberers Alexander gerückt und wie dieser mit dem Beinamen »der Große« geehrt wurde. Man könnte daher meinen, dass dieses Phänomen mit dem Lernen aus der Geschichte wenig zu tun habe, dass es sich vielmehr um ein typisches Stilmittel der Panegyrik handelte, die den Humanisten der Frühen Neuzeit vor allem aus der römischen Kaiserzeit als »Herrscherlob« geläufig war und die sie für die Großen und Gönner ihrer Epoche zum Einsatz brachten.[274]

Gerade im Fall der Medici gibt es allerdings gute Gründe für die Annahme, dass die Figur des Octavian/Augustus tatsächlich ein wesentlicher Bezugspunkt historischen Lernens gewesen ist, auch wenn sich dies nicht hieb- und stichfest beweisen lässt. Dafür spricht vor allem eine Strukturparallele, die das Florenz des 15./16. Jahrhunderts mit dem Rom der späten Republik verbindet: In den republikanischen Ordnungen beider Staatswesen war es für mächtige Einzelpersönlichkeiten ein großes Problem, ihre Herrschaft so auszuüben, dass sie von ihren Mitbürgern nicht als monarchisch, ja tyrannisch und damit gegen die Republik gerichtet erlebt wurde.[275] Caesar musste es mit dem Leben bezahlen, dass er für diese Herausforderung kein tragfähiges Konzept gefunden hatte; sein Erbe Octavian lernte aus Caesars Scheitern und zog die Konsequenz, seine Monarchie republikanisch zu stilisieren (▶ Kap. 2).

Auch die Medici lebten gefährlich, wenn sie ihre Machtpotenziale, die auf ökonomischer Potenz und Klientel basierten, allzu offen ausspielten. Der berühmte Clanchef Lorenzo der Prächtige wäre 1478 durch die Verschwörung der konkurrierenden Familie Pazzi um ein Haar ermordet worden. Er musste mitansehen, wie sein Bruder neben ihm im Dom erstochen wurde, konnte sich aber selbst wehren und entkommen. Die Pazzi bemühten das Pathos des Tyrannenmordes, das sie aus der antiken Tradition kannten. Sie konnten sich damit aber nicht durchsetzen und fielen zum Teil der Lynchjustiz zum Opfer: Ein städtischer Mob erhängte den Aristokraten Jacopo de' Pazzi als Oberhaupt der Verschwörer an der Fassade des Palazzo della Signoria.[276] Trotz der Niederschlagung dieses Komplotts blieb die Herrschaft der Medici prekär. Es ist kaum vorstellbar, dass die führenden Mitglieder dieser umfassend humanistisch gebildeten und politisch hoch ambitionierten Bankiersdynastie die späte römische Republik, das Schicksal Caesars und den Aufstieg des Octavian bis hin zur stabilen monarchischen Herrschaft im republikanischen Gewand nicht vor Augen hatten, wenn sie ihre eigene Lage und ihre Handlungsmöglichkeiten analysierten. Denn dieses Beispiel konnte ihnen wie kaum ein anderes in der Geschichte dabei helfen, den Weg zur dauerhaften Monarchie erfolgreich zu beschreiten. In den Worten Volker Reinhardts ging es den Medici um folgendes Herrschaftsprojekt:

> » Altverbriefte Werte zugleich ostentativ respektieren und de facto aushöhlen, ganz allmählich neue Verhältnisse vorbereiten, die für breite Kreise noch völlig unannehmbar sind, und das alles mit informellen Mitteln, ohne dafür ein offizielles Mandat oder auch traditionelle Legitimation zu besitzen: ein anspruchsvolleres politisches Unterfangen ist selten in Angriff genommen worden.«[277]

Nahezu unverändert ließe sich Reinhardts Charakterisierung der Medici-Strategie auch auf den Aufstieg Octavians zum Augustus beziehen. Betrachtet man die historischen Vergleiche, die im 15. Jahrhundert auf die Medici angewandt wurden, so bewegten sich diese allerdings noch im Figurenkreis der römischen Republik: Es ging um republikanische Patrioten wie etwa Scipio Africanus oder Cato den Älteren.[278] Dass Augustus als erster Kaiser Roms hier bei den freundlich gemeinten Vergleichen noch nicht im Vordergrund stand, verwundert kaum: Wer die Medici im Rahmen der republikanischen Ordnung von Florenz damals mit dem Begründer der römischen Monarchie verglichen hätte, wäre schwerlich in den Verdacht geraten, ihnen damit einen politischen Gefallen zu tun. Die Medici des 14. und frühen 15. Jahrhunderts hatten zum ersten Kaiser Roms noch einen Sicherheitsabstand halten müssen: Zwar wurde schon Cosimo »der Alte« von Zeitgenossen offenbar mit Augustus verglichen, er hat darauf aber stets ablehnend reagiert.[279] Diese Reserviertheit dürfte Ausdruck einer politischen Klugheit gewesen sein, die – vielleicht gerade in der Zurückweisung des offenen Vergleichs mit ihm – vom Beispiel des Augustus gelernt hatte. Es galt, die republikanische Form zu wahren. Die Annäherung an eine Persönlichkeit, mit der *im Rückblick* doch ganz klar die römische Monarchie begonnen hatte, verbot sich im Florenz des 15. Jahrhunderts noch – auch wenn es dieser Persönlichkeit *zeitgenössisch* durch einen republikanischen Anstrich gelungen war, ihre Herrschaft für große Teile der römischen Eliten annehmbar zu machen. Akzeptieren konnte Cosimo »der Alte« eine mit der Republik gerade noch vereinbare Ehrenbezeichnung, die ihm die Stadtregierung zuerkannte: »Vater des Vaterlandes« (*pater patriae*), sollte er genannt werden, wie schon der römische Redner und Politiker Cicero.[280] Bereits damals wurde ihm eine außergewöhnliche Autorität (*autorità*) über seine Mitbürger zugeschrieben, das heißt genau jene Ressource nicht institutionell geregelter Machtausübung, die auch schon Kaiser Augustus in seinem berühmten Tatenbericht für sich in Anspruch genommen hatte: »Seit dieser Zeit« – er bezog sich hier auf die »Wiederherstellung« der Republik im Jahre 27 v. Chr. – »überragte ich alle an Einfluss [*auctoritas*], Amtsgewalt [*potestas*] aber besaß ich um nichts mehr als diejenigen, die meine Kollegen in den jeweiligen Ämtern gewesen sind.«[281] Nun war diese Formulierung im Florenz des 15. Jahrhunderts wahrscheinlich noch nicht bekannt. Christliche Europäer ›entdeckten‹ sie durch Zufall erst 1555 im Zuge einer habsburgischen Gesandtschaftsreise ins Osmanische Reich, nach Ankara, wo der größte Teil des Textes buchstäblich in Stein gemeißelt erhalten ist.[282] Dennoch frappieren die Ähnlichkeiten der politischen Stilisierung des Medici-Oberhaupts und des ersten römischen Kaisers: Die Kraft der republikanischen Tradition lässt es in beiden Fällen als opportun, ja sogar als lebensnotwendig erscheinen, die eigene Vorrangstellung in das Gewand einer Machtressource zu hüllen, die nicht in einem fundamentalen Widerspruch zum Gleichheitsanspruch der Herrschaftselite steht: persönlicher Einfluss durch Ansehen und Urteilskraft, ohne besondere Amtsbefugnis. Dass dies unter Augustus eine reine Fiktion war, wurde bereits dargelegt (▶ Kap. 2).

Zu Zeiten des Herzogs und späteren Großherzogs Cosimo I., in der zweiten Hälfte des 16. Jahrhunderts, hatte sich die Lage verglichen mit den Tagen Cosimos »des Alten« grundlegend verändert: Inzwischen war die Herrschaft der Familie so weit gefestigt, dass sie ihren Namen offen aussprechen konnte. Nun ließ sich das Beispiel des Octavian/Augustus nicht mehr nur ganz diskret als strategische Anregung heranziehen, sondern selbstbewusst und offen zur Verherrlichung einer Monarchie. Wie dies funktionierte, hat jüngst der Frühneuzeithistoriker Michael Roth in einer quellennahen Studie untersucht. Er zeigt, wie sehr sich das Beispiel des Octavian/Augustus in die politische »Kommunikationsstrategie« Cosimos I. einfügte.[283]

Das offene Bekenntnis zur Monarchie war der logische Endpunkt einer Entwicklung, die weit vor die Herrschaftszeit Cosimos I. ins 15. Jahrhundert zurückreicht. Die republikanische Inszenierung erwies sich – wie schon beim antiken Beispiel Augustus – zunehmend als unglaubwürdig, und blieb doch notwendig, um die eigene Herrschaft gegen Angriffe abzusichern. Die historische Forschung hat dieses System als »Krypto-Signoria« beschrieben, als verborgene Stadtherrschaft.[284] Der Enkel Cosimos des Älteren, Lorenzo, genannt »der Prächtige« (*il Magnifico*, 1449–1492), hielt ebenfalls daran fest. In einem Brief aus dem Jahre 1481 beschrieb er seine Stellung folgendermaßen: »Ich bin nicht der Herr von Florenz, sondern ein Bürger mit einer gewissen Autorität, die ich mit Mäßigung und Gerechtigkeit gebrauchen muss.« So hätte sich auch Augustus äußern können. Dieses Understatement, den eigenen Herrschaftsanspruch scheinbar zurückzunehmen, um ihn umso wirkungsvoller durchsetzen zu können, entspricht ganz der Sprache eines Mafia-»Paten«, wie sie Jahrhunderte später die Figur des Don Vito Corleone im Spielfilm *The Godfather* von Francis Ford Coppola meisterhaft vor Augen führt.[285]

Lorenzos Selbstinszenierung darf nicht vergessen machen, dass die Medici die Zügel der Macht fest in der Hand hielten und ihre Position auch institutionell absicherten. Diesem Zweck diente etwa die sogenannte »Handverlesung«, eine Praxis, die der Familie entscheidenden Einfluss darauf gab, welche Namen aus den Losbehältern gezogen werden konnten, die bei der Besetzung der Posten im höchsten Regierungsgremium zum Einsatz kamen, der Signoria. Ein Teil des Regierungspersonals war damit buchstäblich »handverlesen«, und zwar im Sinne der Medici. Mindestens ebenso wichtig für die politische Vorrangstellung der Familie waren Strukturen der Patronage. Durch Begünstigungen und Protektion söhnten die Medici wichtige Vertreter der florentinischen Eliten mit ihrer Herrschaft aus und machten sie sogar noch zu ihrem Werkzeug: Die Klienten vertraten in den Räten eben die Interessen eines Cosimo oder Lorenzo de' Medici.[286]

Nicht allen Medici gelang es, den Eindruck zu erwecken, sich im republikanischen Rahmen machtpolitisch selbst zu beschränken. Schon 1494, zwei Jahre nach dem Tod Lorenzos des Prächtigen, musste dessen Nachfolger als Familienoberhaupt, Piero de' Medici, Florenz verlassen, weil es ihm nicht gelungen war, die Interessen der großen Familien der Republik mit der eigenen Machtposition auszutarieren.[287] Es folgte eine kurze Phase der wiederhergestellten Republik; sie ging indessen bald in das radikalreligiöse Regime des Dominikanerpredigers Savonarola über, ein Zwischenspiel, das nach dessen Tod auf dem Scheiterhaufen erneut durch eine republikanische Phase in den Jahren 1498 bis 1512 abgelöst wurde. In diese Zeit fiel das aktive politische Wirken Niccolò Machiavellis, der als Sekretär der »Zweiten Kanzlei« vor allem die Außen- und Militärpolitik der Republik Florenz mitgestaltete. Das Machtzentrum der gestürzten Medici verlagerte sich nach Rom, wo sie schließlich in den Jahren 1513 bis 1521 mit Kardinal Giovanni de' Medici, einem Sohn Lorenzos des Prächtigen, den Papst stellten. Dieser Leo X. wurde in Deutschland vor allem dadurch bekannt, dass er den Kirchenbann über Martin Luther aussprach. Noch als Kardinal hatte er 1512 die Wiederherstellung der Medici-Herrschaft in Florenz erreicht.[288]

Für die Frage nach dem Lernen aus der Geschichte ist vor allem die Herrschaft des Alessandro de' Medici wichtig: In der lobhudelnden Darstellung des bereits erwähnten Mateo Matasilani übernimmt er die Rolle Caesars, vor dessen düsterem Hintergrund die Lichtgestalt Cosimos I. als neuer Augustus umso heller strahlt.[289] Alessandro wurde 1531 auf Anordnung Kaiser Karls V. als Herrscher der Stadt Florenz eingesetzt, die indessen weiter den Namen einer Republik führte. Ihr politisches System war damals eine merkwürdige Mischung aus gewählten republikanischen Institutionen und erblicher Führungsrolle Alessandros. Dies zeigte schon der Titel Alessandros, den das kaiserliche Dekret als »Oberhaupt der Regierung, des Staates und der Herrschaft der Republik Florenz« bezeichnete.[290] Der republikanische Rahmen hinderte ihn jedoch nicht daran, mit Unterstützung des zweiten Medici-Papstes Clemens VII. für sich den Herzogstitel durchzusetzen und diesen Anspruch auch in einem Gemälde zu dokumentieren, das er bei dem berühmten Maler und Künstlerbiografen Giorgio Vasari in Auftrag gab: Es zeigt Alessandro in der Pose des ritterlichen Feldherrn, in glänzend-martialischem Harnisch vor der Stadtsilhouette von Florenz. Durch seine als tyrannisch empfundene Führung machte er sich viele Feinde und zog zudem die gefährliche Konkurrenz seines Cousins Lorenzino auf sich, der im Gegensatz zu dem ›Bastard‹ Alessandro ein legitimer Spross der Medici war und daraus das Recht ableitete, den Herzog zu beseitigen. Das gelang schließlich durch einen Mordanaschlag am 6. Januar 1537.[291] Ob Alessandro tatsächlich ein Despot war, ist angesichts parteiischer Verzerrungen seiner Regierungszeit schwer zu ergründen. Vor allem seine Gegner, die seine vielfältigen Liebschaften als Zeichen fehlender Herrschertugend und Zügellosigkeit werteten, prägten sein Bild in der Nachwelt. Als hätte er bereits an spätere Verfilmungen der Medici-Saga gedacht, wählte Lorenzino für seinen Mordanschlag den spektakulären Rahmen einer »Liebesfalle«: Er lockte seinen Verwandten unter dem Vorwand eines intimen Treffens mit einer verheirateten Frau in ein Gemach, wo er mit gezücktem Dolch über sein Opfer herfiel. Lorenzino selbst stellte sich bezeichnenderweise in die Tradition des Caesar-Mörders Brutus: Er ließ eine Münze mit seinem Porträt prägen – überdeutlich orientiert an den Denaren, die sein römisches Vorbild nach den Iden des März 44 v. Chr. hatte schlagen lassen: Auf der Rückseite sind dieselben zwei Dolche und die Freiheitsmütze *pilleus* zu sehen (▶ Abb. 1).[292] Auch dies verdeutlicht, wie ungeheuer nah die Antike als Bezugsrahmen politischer Handlungsformen im Florenz der Medici war.

Nach der Ermordung Alessandros erkoren führende Florentiner unter maßgeblicher Beteiligung Francesco Guicciardinis Cosimo I. de' Medici zum Nachfolger aus. Im Juli 1537 setzte er sich in der Schlacht von Montemurlo gegen seine innenpolitischen Gegner durch. Seine monarchischen Absichten sollten sich bald zeigen: So zog er 1540 aus dem Palazzo Medici, dem Familiensitz, in den (heute so genannten) Palazzo Vecchio um, bezog also den früheren Regierungssitz der Signoria als Residenz. In den neu errichteten Uffizien baute er einen monarchischen Verwaltungsapparat auf, in dem potenzielle Rebellen der alten republikanischen Führungsschicht mit Posten abgefunden und ruhig gestellt werden konnten.[293] Auch dies war eine Strategie, die mehr als anderthalb Jahrtausende zuvor bereits Augustus angewandt hatte (▶ Kap. 2). Im August 1569 erreichte Cosimo I. durch seine besondere Loyalität gegenüber dem katholischen Glauben eine Rangerhöhung: Der Papst erkannte ihm den Titel »Großherzog der Toskana« zu und krönte ihn im Folgejahr in Rom.[294] Es dürfte kaum ein Zufall sein, dass Mario Matasilanis Augustus-Vergleich in diese letzte Phase seiner Herrschaft fiel. Auch in der offiziellen Kunst dieser Zeit wurde die Selbststilisierung Cosimos I. als »neuer Augustus« nun mehr als deutlich: Eine 1570 von Vincenzo Danti geschaffene Statue zeigt ihn im römischen Muskelpanzer, so wie ihn auch die berühmte Augustus-Statue von Prima Porta aufweist.[295] Ein weiteres Beispiel für diese Inanspruchnahme der kaiserlich-römischen Tradition ist ein Cameo (Steinschnitzerei) des Giovanni Antonio de' Rossi: Das kleine Kunstwerk präsentiert Cosimo, wiederum im antiken Muskelpanzer, mit seiner Frau und Söhnen, einander anblickend, genau wie dies auf einem römischen Vorbild, der Gemma Claudia, zu sehen ist, die den Kaiser Claudius, dessen Bruder Germanicus sowie deren Ehefrauen Agrippina Maior und Agrippina Minor zeigt. Die Darstellung erinnert zudem an die Gemma Augustea, die den ersten Princeps im Kreis seiner Familie zeigt.[296] Auch die emblematische Verwendung des Sternzeichens Steinbock verband Cosimo I. mit Augustus. Beide waren unter diesem Sternzeichen geboren und verwendeten es wie ein Wappen.[297]

Cosimo I. beließ es jedoch nicht bei einer bloßen Aneignung der augusteischen Tradition. Er ging so weit, die Geschichte seiner Vaterstadt neu erzählen zu lassen: Sie sei in der Zeit des zweiten Triumvirats von Octavian/Augustus gegründet worden. Dies wurde bei der ganz auf die Verherrlichung Cosimos als »neuer Augustus« ausgerichteten Umgestaltung des Salone dei Cinquecento im Palazzo Vecchio in einem Gemälde von Giorgio Vasari festgehalten (▶ Abb. 5)[298] – eine Umgestaltung, auf die wegen ihrer zentralen Bedeutung für die Selbstdarstellung Cosimos noch ausführlicher einzugehen sein wird.

Mit welcher Liebe zum Detail die Antike für die Legitimation der Herrschaft des Cosimo mobilisiert wurde, zeigt sich nicht nur in der bildenden Kunst, sondern auch in Matasilanis Augustus-Vergleich. So zitiert er eine Passage des antiken Historikers Cassius Dio über die Begründung der augusteischen Monarchie. Darin treten zwei Freunde des Octavian nach dessen Sieg im Bürgerkrieg als Ratgeber auf: Agrippa spricht sich für die Wiederherstellung der Republik, Maecenas für die Einrichtung einer Monarchie aus (▶ Kap. 2). In einer analogen Situation sieht Matasilani seinen Helden Cosimo I. und formuliert sogar den abenteuerlichen Gedanken, Dios Überlegungen wirkten so, als seien sie eigens geschrieben worden, um »dem großen Cosimo zu dienen«. Die Rolle des Republikaners Agrippa weist er dem Kardinal Giovanni Salviati zu, einem mächtigen Mitglied der Florentiner Führungsschicht: Dieser habe dem jungen Cosimo geraten »auf den Fürstenrang zu verzichten und sich damit zu begnügen, unter den Bürgern einen überaus ehrenvollen Platz einzunehmen, einen Platz, der für ihn sehr ruhmreich sei in dieser freien Stadt, die es gewohnt sei, mit ihren Gesetzen zu leben und zu blühen.« Salviati habe an die erfolgreichen Vorbilder seiner mit »bürgerlicher Mäßigung« herrschenden Vorfahren Cosimo den »Alten«, Lorenzo den Prächtigen und Piero erinnert, aber auch an die starke Liebe der Florentiner zur Freiheit – und er habe das abschreckende Beispiel des ermordeten Herzogs Alessandro de' Medici beschworen, der in diesem Zusammenhang fast als Opfer der Florentiner Freiheitsliebe erschien. Die Argumente des ›neuen Agrippa‹ Salviati hätten es aber nicht vermocht, »den großzügigen Geist Cosimos so weit zu erniedrigen, dass er auf die Größe (*grandezza*) und das Glück (*felicità*) verzichtet« hätte, zu deren Erlangung »der Herrgott ihn erhöht habe.«[299]

Gerne würde man hier noch erfahren, welchem Zeitgenossen Cosimos I. Matasilani den Part des Maecenas wohl zuweisen würde, aber hier schweigt sich der Autor aus. Da der gesamte Text einen unterwürfig-monarchistischen Grundton hat, schien es dem Verfasser wohl nicht notwendig, die ihm selbstverständlichen Vorzüge der Monarchie noch einmal zu preisen, jedenfalls nicht über seine eben zitierte Auffassung hinausgehend, dass sie im Falle des Cosimo gottgewollt sei und ihm Größe und Glück einbringe. In gewisser Weise wird die gemäßigte Monarchie, die Maecenas seinem Freund Octavian empfahl, jedoch in dem tugendhaften Verhalten deutlich, das Matasilani dem Großherzog zuschreibt: Genau wie Octavian sei er nicht »von Natur aus« grausam, sondern habe Tötungen von Mitbürgern nur in den Anfängen seiner Herrschaft und nur auf Drängen anderer angeordnet – nach Sicherung seiner Macht habe es dergleichen gar nicht mehr gegeben.[300] Auch Octavian sei dem Beispiel seines Adoptivvaters Caesar (das heißt der Milde) gefolgt und habe nach der Trennung von den Triumvirn Marcus Antonius und Lepidus auf Mordbefehle verzichtet.[301] Durch diesen Vergleich mit der blutigen Aufstiegsgeschichte Octavians schimmert eine Rechtfertigung politischer Gewalt hindurch. Aber neben dem Vorbild des antiken Massenmörders sind hier auch Anleihen bei Machiavelli denkbar, denn dieser hatte in seiner Schrift *Il Principe* schnelle und weitreichende Gewalt, ja sogar Grausamkeit zur Durchsetzung einer Fürstenherrschaft empfohlen. Es komme darauf an, in welcher Situation und für wie lange dieses Mittel eingesetzt werden:

» Ich meine, sie [›erfolgreiche‹ Herrschaft durch Grausamkeit, P. Geiss] ist davon abhängig, ob Grausamkeiten gut oder schlecht angewandt werden. Gut angewandt kann man solche nennen – wenn es erlaubt ist, von etwas Schlechtem etwas Gutes zu sagen – die man auf einen Schlag ausführt aufgrund der Notwendigkeit, sich zu sichern, und bei denen man nicht verharrt«.[302]

Man wundert sich, dass Machiavelli das naheliegende Beispiel des Triumvirn Octavian und der Proskriptionen an dieser Stelle nicht erwähnt und stattdessen auf den Fall des Tyrannen Agathokles von Syrakus (317–289 v. Chr.) verweist, der durch Morde an den Eliten seiner Heimatstadt zur Herrschaft gelangt sei und diese dann lange Zeit behalten hätte.[303]

Eine weitere Parallele deutet Matasilani an: Wie Octavian habe auch Cosimo gewaltsam die innere Ruhe hergestellt, indem er die alten, freiheitsgewohnten republikanischen Eliten beseitigt habe – und wie einst in Rom seien die Nachgeborenen bereit gewesen, sich zu unterwerfen.[304] Der Humanist Matasilani greift dafür die Beurteilung der langen Regierungszeit des Augustus durch den antiken Historiker Cassius Dio auf.[305] Zwar wird eine Verbindung zu Cosimo I. in diesem Punkt nicht ausdrücklich herausgearbeitet, aber die gesamte Struktur des auf Analogien ausgerichteten Werkes legt diese doch sehr nahe. Das zum Zeitpunkt des Drucks der *Felicità* schon über 30 Jahre und damit tatsächlich lange herrschende Oberhaupt der Medici soll wie Octavian als berechtigter Sieger über innere Gegner erscheinen. Die noch lebenden Älteren ordnen sich Matasilani zufolge unter, weil sie sich an Chaos und Gewalt im Zeichen republikanischer Freiheit mit Entsetzen erinnern – und die Jüngeren gehorchen, weil sie mit dieser Freiheit gar nicht mehr vertraut sind, weil sie nicht darin ›sozialisiert‹ wurden. In beiden Fällen werden die Eliten von republikanischer Teilhabe entwöhnt: durch zunehmende zeitliche Distanz und die Frieden und Sicherheit fördernden Wirkungen des monarchischen Regimes. Matasilani hätte an dieser Stelle neben Cassius Dio auch die *Annalen* des römischen Historikers Tacitus zitieren können, der die Durchsetzung und Stabilität des augusteischen Prinzipats genau so erklärt.[306]

Doch wie stand es um die konkreten Leistungen Cosimos als Basis seiner Herrschaft? Wenn Matasilani Cosimo I. als Friedensbringer und Überwinder der florentinischen Bürgerkriegssituation feiert, so mag dies auf den ersten Blick nur begrenzt überzeugen, da die Herrschaftsansprüche der Medici selbst ja zu deren Ursachen gehörten. Tatsächlich aber gelang es ihm, die Herrschaft von Florenz über andere wichtige Städte der Toskana, insbesondere über Pisa und Siena, zurückzuerlangen und dauerhaft zu sichern – und mehr noch: Die Gebiete dieser Städte verschmolzen nun mit denen von Florenz zu einem zusammenhängenden Staatsgebilde, das am Ende seiner Herrschaft den Namen Großherzogtum Toskana erhielt. Auch im Bereich der zwischenstaatlichen Politik konnte Cosimo I. zweifellos die Position von Florenz stabilisieren, nachdem die Stadtrepublik seit dem späten 15. Jahrhundert immer wieder in den Malstrom der Großmachtpolitik Frankreichs, der Habsburger und des Papsttums geraten war. Durch die 1539 geschlossene Ehe mit Eleonora von Toledo, einer Tochter des Vizekönigs von Neapel, verband er sich mit dem habsburgischen Spanien. So erlangte er Hilfe bei der Ausdehnung des eigenen Herrschaftsbereichs und verschaffte seiner Familie Zugang zum spanischen Hof, was eine gute Absicherung gegen einen Zugriff der französischen Krone auf Florenz bedeutete. Eine weitere Grundlage seiner Macht war seine von Ambivalenzen nicht freie, jedenfalls nicht bis zur fanatischen Unterstützung der Inquisition reichende Treue gegenüber Rom, die ihm schließlich, wie erwähnt, 1570 die Krönung zum Großherzog durch Papst Pius V. einbrachte.[307]

Ungeachtet dieser Erfolge wird Matasilanis Panegyrik unfreiwillig komisch, wenn sie Octavian/Augustus und Cosimo I. auf eine Ebene stellt: Stand der erste Princeps an der Spitze eines Weltreiches, das in der Wahrnehmung zumindest der Römer mit dem Erdkreis (*orbis terrarum*) selbst identisch war, so rangierte Cosimos Staat nicht einmal auf der obersten Etage der europäischen Großmächte, sondern musste in untergeordneter, teilweise auch abhängiger Position seinen Platz finden und behaupten. Weniger überzogen ist vielleicht der Vergleich der Bautätigkeit beider Herrscher, den Matasilani zieht: Beiden wird zugeschrieben, ihre Gemeinwesen durch prächtige Architektur verschönert zu haben, was man im Falle Cosimos überall sehen könne.[308] Möglicherweise dachte Matasilani hier an das – allerdings erst unter Mussolini zu Propagandazwecken archäologisch freigelegte – Augustus-Forum in Rom und die Uffizien in Florenz, wo die Verwaltung des Medici-Prinzipats ihren repräsentativen Sitz fand. Vielleicht zitiert dieses Florentiner Bauensemble sogar antike Forumsarchitektur, da hier ebenfalls Kolonnaden einen geräumigen, wenn auch vergleichsweise langestreckten Innenhof umgeben.[309]

**Abb. 5:** Renaissancefürst auf römisch-imperialen Spuren: In einem Deckengemälde des Palazzo della Signoria, dem Machtzentrum der alten Republik Florenz, lässt sich Cosimo I. 1565 durch den Künstler Giorgio Vasari als Augustus verherrlichen. Wie dem ersten römischen Kaiser wird auch Cosimo eine Eichenlaubkrone verliehen (hier stark stilisiert als dünner Kranz, vgl. die deutlich vollere *corona civica* beim antiken Augustus ► Abb. 6).

Matasilani hätte eine weitere, mit der Architektur vielfältig verbundene Parallele zwischen Cosimo I. und Octavian/Augustus aufzeigen können: die Bildpolitik. Genau wie der erste römische Princeps verstand es auch Cosimo I., die

»Macht der Bilder« (Paul Zanker) für seine politischen Zwecke einzusetzen – und auch in der Ikonografie stellte er sich sehr deutlich in die Tradition von Caesars erfolgreichem Erben. Dies lässt sich nicht nur an der bereits erwähnten Augustus-Statue Dantis zeigen, sondern noch aussagekräftiger an der Gestaltung des ebenfalls bereits erwähnten Deckengemäldes im ehemaligen Palazzo della Signoria, heute Palazzo Vecchio, den der Medici-Herrscher ja zu seiner Residenz erkoren hatte. Im Salone dei Cinquecento (»Ratssaal der Fünfhundert«) ließ Cosimo I. 1565 durch Giorgio Vasari ein Kunstwerk gestalten, das ihn in kaum zu übertreffender Eindeutigkeit in der Rolle des ersten römischen Kaisers zeigt (▶ Abb. 5): Auf einem römischen Amtssessel (*sella curulis*) sitzend, wird er von einer in der Forschung als Personifikation der Stadt Florenz gedeuteten weiblichen Figur mit einem Eichenlaubreif bekränzt. In der römischen Antike stand die Eichenlaubkrone als Bürgerkrone (*corona civica*) demjenigen zu, der einen römischen Bürger gerettet hatte.[310]

Eine besondere Bedeutung kam dieser Bürgerkrone im Jahr 27 v. Chr. zu, dem Schlüsseljahr für die Begründung des römischen Kaisertums: Octavian legte damals seine im Bürgerkrieg erworbenen Machtbefugnisse öffentlich nieder und wurde dafür von römischen Senat mit weitreichenden Ehrungen sowie einer republikanisch verbrämten Legalisierung seiner Position als De-Facto-Monarch belohnt (▶ Kap. 2). Um den Vergleich mit Cosimo I. zu erleichtern, sei hier der Tatenbericht des Augustus mit der einschlägigen Stelle nochmals ausführlicher zitiert:

> » Nachdem ich die Bürgerkriege ausgelöscht hatte, habe ich, im Besitz der (mir dafür) unter allgemeiner Zustimmung verliehenen umfassenden Vollmachten, [...], den Staat aus meiner Verfügungsgewalt in das freie Ermessen von Senat und Volk zurückgegeben. Für dieses mein Verdienst bin ich durch Senatsbeschluss Augustus genannt worden, und die Türpfosten meines Hauses wurden von Staats wegen mit Lorbeer umkleidet, ein Bürgerkranz über meiner Haustür angebracht und ein goldener Schild in der Curia Iulia [Sitzungssaal des Senats, P. Geiss] aufgestellt, den mir, wie durch die Inschrift des Schildes bezeugt ist, Senat und Volk aufgrund meiner Tapferkeit, Milde, Gerechtigkeit und Pflichttreue widmeten.«[311]

In der Forschung besteht weithin Konsens in der Annahme, dass sich Cosimos Darstellung in Vasaris Deckengemälde klar an dem Ereignis des Jahres 27 v. Chr. orientierte.[312] Auch wenn der im christlichen Europa frühstens seit der erwähnten Wiederentdeckung 1555 bekannte Text der *Res gestae* hier wahrscheinlich nicht die direkte Vorlage war – andernfalls hätte sich Matasi-

Iani sicher auch darauf bezogen –, stand mit Cassius Dio eine häufig zitierte Quelle zur Verfügung, die genau diesen Vorgang thematisiert und dabei auch explizit die Bedeutung der Eichenlaubkrone erläutert: Stand der Lorbeer für die Sieghaftigkeit des Herrschers, so wurde er Dio zufolge durch die »Bürgerkrone« (*corona civica*) als »Retter der Bürger« geehrt.[313] Davon zeugen auch erhaltene Bildnisse des Augustus, die ihn mit dieser Auszeichnung auf dem Kopf darstellen.[314]

Abb. 6: Lehrmeister Augustus: Der erste Kaiser Roms mit der Eichenlaubkrone, mit der in Rom traditionell Retter römischer Bürger geehrt wurden (römische Büste aus Marmor, heute in der Glyptothek, München).

Der Bezug zu Caesars erfolgreichem Adoptivsohn wird in Vasaris Deckengemälde auch dadurch sehr deutlich, dass in Analogie zum römischen SPQR hier in der Umschrift »Senatus Populusque Florentinus« (»Senat und Volk von Florenz«, abgekürzt SPQF) als Veranlasser einer durch das Gemälde ausgedrückten Ehrung Cosimos I. genannt werden. Auch der Grund dieser Ehrung wird in der an römische Inschriften erinnernden Form des Ablativus absolutus angegeben: nachdem das »Gemeinwesen gefestigt« (*constituta civitate*), der »Herrschaftsbereich vergrößert« (*aucto imperio*) und »Etrurien befriedet« worden war (*pacata Etruria*, ▶ Abb. 5).[315] Auffallend ist, dass der Geehrte hier nicht wie bei einer Widmung üblich im Dativ steht, es heißt *optimo principe*, nicht *principi*. Der Ablativ kann hier wohl nur mit »durch den besten Fürsten« übersetzt werden und bezieht sich auf die vorgenannten Leistungen Cosimos. Mit der Formulierung wird sicherlich auch auf den römischen Kaiser Trajan (reg. 98–117 n. Chr.) angespielt, der ebenfalls als *optimus princeps* gefeiert wurde – nicht zuletzt, weil er sich im politischen Umgang mit dem Senatorenstand unter Nutzung republikanischer Gesten und Formen als Herrscher zurückzunehmen verstand.[316]

Die Kunsthistorikerin Christina Strunck konnte anhand der Skizzen Vasaris nachzeichnen, wie das Deckenprogramm des Salone dei Cinquecento von einer ursprünglich rein republikanischen Konzeption mit der siegreichen, über Pisa und Siena triumphierenden Florentia im Zentrum zur schließlich umgesetzten Gestaltung überging, bei der zwar immer noch die Personifikation der Stadt im Mittelpunkt stand, diese aber weithin auf die Funktion der Bekrönung des neu hinzugefügten Octavian-Augustus-Cosimo bezogen wurde. Die dadurch bewirkte Umdeutung des ganzen Bildprogramms sei Vasari voll bewusst gewesen. Das zentrale Bildfeld mit Cosimo bezeichnete er in seiner Skizze tatsächlich als »Schlüssel und Conclusio« (*chiave et conclusione*) der gesamten Raumgestaltung. Strunck zufolge wertet die bildliche Darstellung den Sieg der Republik (über Pisa) gegenüber dem unter Cosimo erfochtenen (über Siena) ab, indem sie den ersten Fall mit einer weiblichen und damit ›schwachen‹ Victoria verknüpfe, während im Fall von Siena martialisch-kraftstrotzende Männlichkeit das Bild beherrsche. Auch wenn diese Deutung vielleicht zu weit geht, wird man mit Strunck festhalten können, dass die Zentralstellung Cosimos im Bildprogramm eine nicht mehr republikanische Verdichtung von Sieghaftigkeit und Erfolg in seiner Person bewirkt, was durch die triumphale lateinische Inschrift zusätzlich unterstrichen wird.[317] Diese Monopolisierung der Siegerrolle wirkt jedenfalls sehr augusteisch und spiegelt sich etwa in der ebenso lakonischen wie unwahren Aussage des ersten römischen Princeps wider, *er* – nicht etwa operativ tätige Feldherren wie Drusus und Tiberius – habe neben Spanien und Gallien auch Germanien »befriedet«.[318]

Man könnte nun das Deckengemälde Vasaris und andere Gleichsetzungen Cosimos mit Augustus in der bildenden Kunst genau wie Matasilanis Schrift als reine Propaganda abtun, wenn sie nicht im Kontext einer politischen Strategie des Medici-Herrschers stünden, die tatsächlich auf ein Lernen aus der Geschichte hindeutet: Cosimo I. vollzog im Jahr 1564, das heißt kurz vor Entstehung des Deckengemäldes im Salone dei Cinquecento, eine merkwürdige Teilabdankung: Er übertrug einen Teil seiner Regierungsgewalt auf seinen Sohn Francesco, betonte aber ausdrücklich, dass er sich die »Höchste Autorität« (*Suprema Autorità*) vorbehalte. In Cosimos Brief an den Senat von Florenz liest sich das so:

> » Sehr Prächtige und unsere Liebsten [wörtliche Übers. von *Molto Magnifici Nostri Carissimi*], da wir den Prinzen Don Francesco, unseren Erstgeborenen, in vielen Angelegenheiten durch die Güte des Talents und des Urteils, über das er verfügt, als fähig und geeignet kennengelernt haben, das Regiment der öffentlichen Angelegenheiten zu übernehmen, haben wir ihm die Regierung dieser Herrschaft und unserer anderen Staaten übergeben, wobei wir uns die Titel, die Herzogswürde und die Höchste Autorität [*Suprema Autorità*] erhalten und andere Bedingungen, die der Erhaltung der Staaten und dem öffentlichen Wohl dienen, wie es sich im Einzelnen erweisen sollte, und hoffen, dass er [uns] glücklich und zur allgemeinen Zufriedenheit nachfolge«.[319]

Der Historiker Michael Roth hat jüngst überzeugend dargelegt, dass es sich eigentlich um einen Scheinrückzug gehandelt habe, mitnichten um ein Ausscheiden Cosimos I. aus der Führung der Stadt Florenz und des toskanischen Staates. Damit habe er drei wichtige Ziele erreicht: erstens die Vorbereitung einer Heirat seines Sohnes Francesco mit Erzherzogin Johanna von Österreich, die im folgenden Jahr realisiert wurde. So habe Cosimo eine enge politische Verbindung zu Johannas Vater, Kaiser Ferdinand I., hergestellt, der nicht gewillt gewesen sei, sie einem Mann ohne eigene fürstliche Regierungsgewalt zur Frau zu geben. Zweitens habe Cosimos Scheinrückzug bereits zu Lebzeiten seine Nachfolge durch Übertragung eines Teils dieser Gewalt auf den Sohn gesichert. Drittens habe er auf diesem Wege die eigene Krönung zum Großherzog der Toskana erreicht. All dies diente Roth zufolge der Festigung der Medici als Dynastie und habe keineswegs eine Abdankung, sondern im Gegenteil eine Steigerung von Macht und Prestige für Cosimo I bedeutet.[320] Es handelt sich um ein strategisches Verhalten, das dem antiken Vorbild einer »Zurückweisung der Herrschaft« (*recusatio imperii*) entspricht: Man gibt sich – sei es in eigener Rede oder vermittelt durch die Lobhudeleien von Panegyrikern – bescheiden, ehrgeizlos, unwillig, die Last der Staatslenkung zu schultern; man lässt sich beknien und anflehen, die Führungsverantwortung bitte doch zu übernehmen, und gibt dann irgendwann nach – nicht etwa um des eigenen Interesses oder Vorteils willen, sondern zum Wohl des Gemeinwesens.[321] Genau diese scheinbare Weigerung löst Loyalitätsreflexe bei den Regierten aus und lässt den zur Herrschaft gelangenden Menschen als jemanden erscheinen, der den Konsens des Gemeinwesens hinter sich hat und jeglicher Tyrannei unverdächtig ist.[322] Dies dürfte ein überzeitlicher, auch heute noch wirksamer Grundmechanismus politischer Strategie sein. Cosimo nutzte diesen Mechanismus, um zu suggerieren, dass er keine Ambitionen mehr hege, um gerade dadurch die genannten Ziele seiner Herrschaftssicherung und -steigerung zu erreichen.[323] Auch in der posthumen Panegyrik wurde das Ereignis des Jahres 1564 in diesem Sinne ausgedeutet. In einer fiktiven antikisierenden Rede ließ der Forentiner Rechtsgelehrte Sebastiano Sanleolino Cosimo I. folgende Worte an seinen Sohn richten:

» Dass du mit mir in einem Teil der Herrschaft nachfolgst, ist recht: Dies fordert von dir eben das flehende Vaterland (dem alle Geborenen alles schulden) Und flehend fordert der Senat dasselbe Die Beamten sind geneigt, auf deine Worte zu schwören, und bitten mit Stimme und Herz [...]: / Unterwirf Deine erwählten Schultern der bürgerlichen Mühe [d. h. der Last der Regierung]: / Denn diese Mühe ist nicht schwer, da sie ja zum Teil von deinem Erzeuger getragen wird.«[324]

Der lateinische Text dieses Absatzes ist in Hexametern gehalten, die sich im Deutschen ohne weitreichende Umformulierungen kaum nachbilden lassen. Dieses antike Versmaß musste jeden humanistisch gebildeten Leser der damaligen Zeit sofort an das Epos *Aeneis* erinnern, in dem der Dichter Vergil Kaiser Augustus verherrlicht hatte (▶ Kap. 2) – und damit rückte Sanleolino allein durch die stilistische und metrische Imitation seines antiken Vorbilds die von ihm geehrten Großherzöge Cosimo und Francesco in die Nähe des ersten römischen Kaisers. Der Gedanke der *recusatio imperii* wird hier also auf Francesco ausgedehnt, was angesichts der Entstehungszeit des Textes unter dessen Alleinregierung auch politisch Sinn ergibt: Auch ihn habe es nicht zur Herrschaft gedrängt. Nur auf Bitten des Vaters und des Vaterlandes, des Senats und des Magistrats sei er zu ihrer Übernahme bereit gewesen. Leichten Herzens, aber eben nur aus Pflichtbewusstsein und bis in den Tod dienstbereit, habe er die neuen Aufgaben übernommen und wurde dann in der Darstellung Sanleolinos nach allgemeinem Jubel von Senat und Volk akklamiert: »Es folgt die glückliche Akklamation durch das Volk und die Väter [d. h. Senatoren].«[325] Auch, wenn die Last als »leicht« beschrieben wird – Regierung ist in der propagandistischen Außendarstellung Arbeit und Mühe, die weder Vater noch Sohn um eigener Interessen willen auf sich nehmen, sondern nur im Dienst des Gemeinwesens, das darauf dringt. Zumindest Cosimo I. scheint angesichts seiner sehr bewussten Stilisierung der partiellen Herrschaftsübertragung an Francesco ein gelehriger Schüler des Octavian/Augustus gewesen zu sein, aber auch Francesco folgte offensichtlich dem Beispiel des Vaters und dessen antikem Vorbild.[326]

In der Forschung zur künstlerischen Darstellung von Cosimos Regierungszeit seit 1564 stehen sich zwei Richtungen gegenüber: Auf der einen Seite wird betont, Cosimo I. habe die Bilderwelt der republikanischen Tradition von Florenz in seine visuelle Selbstdarstellung aufgenommen. Dies habe aber – angesichts des klar monarchischen Charakters seiner Herrschaft – auf eine Täuschung der Öffentlichkeit gezielt. Eine jüngere Deutung geht hingegen davon aus, dass die Übernahme republikanischer Formen ehrlich gemeint war und Cosimo I. sich geradezu als Vollender der Republik inszenieren wollte.[327] Dafür bietet Vasaris Deckengemälde in der Tat starke Argumente: Es ist nicht die Hand Gottes, die hier, wie bei Kaiserdarstellungen des Mittelalters, den Herzog und späteren Großherzog bekrönt, sondern eine selbstbewusst über ihm schwebende Florentia, die Personifikation der Stadt und Republik. Aussagekräftig ist auch die Tatsache, dass sie ihm nicht die Herzogskrone aufsetzt, sondern eine für die Bürgerrettung stehende antike *corona civica*.[328] Geht man allerdings davon aus, dass sich Cosimo nicht nur als Octavian/Augustus stilisieren ließ, sondern dessen Beispiel tatsächlich als strategisches Modell betrachtete, von dem er lernen wollte,[329] so muss die Frage nach dem Verhältnis republikanischer und monarchischer Elemente gar nicht klar beantwortet werden. Denn der Principat des Augustus lebte geradezu davon, dass er nach außen hin keine klare Antwort auf diese Frage gab, sondern sich in eine systemstabilisierende Vagheit und Ambivalenz hüllte (▶ Kap. 2).

Erstaunlich ist, dass Mario Matasilani in seiner immerhin acht Jahre nach der Scheinabdankung Cosimos verfassten Schrift dieses Ereignis an keiner Stelle erwähnt. Hätte es nicht hervorragend zu seiner Argumentationslinie gepasst, die darauf abzielte, die Ähnlichkeiten zwischen seinem Helden und dem ersten römischen Kaiser zu betonen? Vielleicht ist der Grund für diese merkwürdige Leerstelle darin zu sehen, dass Cosimo 1572 den neu erworbenen Titel eines Großherzogs trug. Vor diesem Hintergrund hätte es noch unglaubwürdiger gewirkt als zur Zeit der Entstehung von Vasaris Deckengemälde, von einer ernst gemeinten Niederlegung der Herrschaft im Jahr 1564 zu sprechen. Allerdings hätte es Cosimos deutliches Zurückgreifen auf die römische Tradition der Herrschaftszurückweisung durchaus erlaubt, auch die monarchische Rangerhöhung widerspruchsfrei mit dem republikanischen Prinzip des allgemeinen Konsenses zu verbinden: Wenn man aus einer solchen zur Herrschaft geradezu nötigenden Zustimmung heraus Kaiser des Römischen Reiches sein konnte, warum dann nicht auch Großherzog der Toskana? Dass die öffentliche Inszenierung von Konsens auch dann noch eine legitimierende Rolle spielen kann, wenn das monarchische Regiment längst gefestigt ist, zeigt wiederum das Beispiel des römischen Kaisertums, das bis in die Spätantike an entsprechenden Ritualen festhielt.[330]

Wie aber unterscheidet sich das Lernen aus der Geschichte von einer umsichtigen Analyse einer gegenwärtigen Situation und der in ihr bestehenden Handlungsoptionen? Die Grenze ist nicht leicht zu ziehen. Einem klugen Machtpolitiker wie Cosimo I. ist durchaus zuzutrauen, dass es ihm schon die persönliche Urteilskraft – und vielleicht auch so etwas wie ein Machtinstinkt – erlaubte, Konstellationen richtig einzuschätzen und die für ihn vorteilhaften Schlüsse zu ziehen. Dazu benötigte er möglicherweise gar nicht das antike Vorbild des Augustus. Dass es in einem auf Machtkonzentration ängstlich und missgünstig reagierenden Umfeld keine gute Idee ist, eigene Herrschaftsinteressen allzu offensiv nach außen zu tragen, dürfte eine zeitlos geltende, intuitiv aus der Erfahrungswelt ableitbare Regel politischer Psychologie sein. Vielmehr ist gut beraten, wer in einem solchen Umfeld das eigene Handeln aus übergeordneten Interessen ableitet, sich konsensorientiert und opferbereit zeigt und sich dabei augenfällig in Bescheidenheit übt. In der Psychologie der internationalen Beziehungen wurde die Vermutung geäußert, dass Politiker beim Lernen aus der Geschichte häufig nur eigene, von historischen Einsichten ganz unabhängige Überzeugungen mit Beispielen aus der Vergangenheit begründen.[331] Strategische Zurückhaltung bei der offenen Übernahme von Befugnissen könnte tatsächlich zu den Universalien der Machtpolitik gehören. Diese Strategie gilt bis heute – mit nennenswerten Ausnahmen – und erfunden hat sie wohl Augustus ebenso wenig wie Cosimo I. Sie dürfte sich vielmehr aus einer genauen Beobachtung der psychologischen Grundbeschaffenheit des Menschen ergeben – einer erfahrungsgestützten Einsicht in das, was der griechische Historiker Thukydides als das »Menschliche« oder die menschliche »Natur« (*phýsis*) bezeichnet hat.[332] Aber auch um diese Grundbeschaffenheit zu erkennen, braucht es den Blick in die Vergangenheit, zunächst in die eigene Biografie und dann auch in die Geschichte als tradierte Erfahrung – ein Blick, der bei jeder politischen Entscheidung unausweichlich ist, auch wenn er unbewusst bleibt. Dies hat Robert Jervis, ein vielzitierter Psychologe der internationalen Politik, treffend zum Ausdruck gebracht: »Wir können unserer Umgebung keinen Sinn verleihen, wenn wir nicht annehmen, dass die Zukunft in gewisser Weise der Vergangenheit ähneln wird.«[333] Hier scheint die Annahme plausibel, dass sich im Lernen aus der Geschichte die eigene Ratio, Lebenserfahrung, Familientradition und ›große‹ Geschichte zu einem Gesamtkomplex verknüpfen. Vermutlich hätte Cosimo I. auch bei sorgfältigstem Überlegen nicht angeben können, in welchem Aspekt seines politischen Handelns ihn das Beispiel des Augustus, die Pazzi-Verschwörung gegen seinen Vorfahren Lorenzo den Prächtigen, die Ermordung Alessandros de' Medici oder unmittelbar eigene Zeitbeobachtungen geprägt haben. Wahrscheinlich floss all dies zu einem nicht mehr in seine Einzelbestandteile auflösbaren Konglomerat von Erinnerungen und Erfahrungen zusammen, bei dem nicht ganz klar ist, was dem bewussten Lernen zuzuordnen ist und was eher als unbewusste Quelle in jenen politischen ›Instinkt‹ eingegangen ist, der Herrschaft ermöglicht und festigt.[334]

# 5
# Nantes 1598

Heinrich IV. und das Lernen aus den französischen Religionskriegen

In der zweiten Hälfte des 16. Jahrhunderts durchlebte die französische Gesellschaft eine Periode grausamer Religionskriege zwischen Katholiken und Protestanten (in Frankreich als Hugenotten bezeichnet). War es in einer Zeit des religiösen Hasses und der Gewalt möglich, aus der Geschichte zu lernen, dass praktizierte Toleranz dem Durchsetzen bestimmter Glaubensüberzeugungen überlegen ist? Das 1598 von dem französischen König Heinrich von Navarra unterzeichnete Edikt von Nantes wurde lange als klassisches Ergebnis eines solchen Lernprozesses verstanden: Nach Jahrzehnten von Gemetzel und gegenseitiger Verteufelung eröffnete es eine Phase relativen Friedens zwischen den Konfessionen in Frankreich.[335] Heute dominiert in der Geschichtswissenschaft jedoch eher die Auffassung, dass der Begriff der »Koexistenz« dem der »Toleranz« vorzuziehen ist – zu stark war das 16. Jahrhundert von religiösen Wahrheitsvorstellungen geprägt. Die Rede ist sogar von »Koexistenz in der Intoleranz« (Michel Grandjean).[336] Die hinter dem Edikt von 1598 stehenden Leitvorstellungen waren demnach weit von dem entfernt, was seit dem Zeitalter der Aufklärung von einem toleranten Umgang der Religionsgemeinschaften miteinander erwartet wurde – und in säkular geprägten Staaten weiterhin erwartet wird. Dennoch bleibt die Frage interessant, inwieweit das Edikt von Nantes – bloße Überwindung religiös motivierter Gewalt bei gleichzeitigem Fortbestehen harter religiöser Gegensätze – als das Ergebnis eines historischen Lernprozesses gelten kann.[337] Jüngste Forschungsthesen des Frühneuzeit-Historikers Hillard von Thiessen regen dazu an, nicht vorschnell von einer Überlegenheit der Moderne im Umgang mit unterschiedlichen Wertesystemen und Weltvorstellungen auszugehen, sondern die Frühe Neuzeit als ein »Zeitalters der Ambiguität« wahrzunehmen. Die Zeitgenossen, so seine Annahme, seien in bestimmten Bereichen pragmatischer mit Differenzen umgegangen als die Menschen nach der Aufklärung mit ihrer Tendenz zur letztlich illusorischen »Vereindeutigung« der Welt.[338] Die Kompromisslosigkeit der Konfessionspolemik und die Ausbrüche konfessioneller Gewalt in den heißen Phasen der französischen Religionskriege sprechen gegen diese Deutung. Aber zumindest im Edikt von Nantes lassen sich vielleicht doch Anhaltspunkte dafür finden, dass es relevante Teile der französischen Gesellschaft am Ende des 16. Jahrhunderts gelernt hatten, Frieden durch das bewusste Ertragen von Ambiguität zu verwirklichen.

Die Grausamkeit der Religionskriege hat nicht nur Menschen traumatisiert, verstümmelt und getötet, sondern auch geistige Spuren hinterlassen. In seinen berühmten *Essais* beschäftigte sich der französische Humanist Michel de Montaigne (1533–1592) mit der Frage, ob die indigene Bevölkerung Amerikas von den Europäern zu Recht als barbarisch betrachtet werde. In einem mit *Des cannibales* (»Von den Kannibalen«) überschriebenen Text bezieht er sich auf Gruppen, denen nachgesagt wurde, Menschenfleisch zu verzehren. Nach einer sicherlich nicht von Fehlvorstellungen, aber doch immerhin von kolonialer Arroganz freien Darstellung der Sitten und Gebräuche, die seinen Quellen nach den Kannibalismus in der ›Neuen Welt‹ begleiteten, formulierte er einen für seine Zeit erstaunlichen Vergleich mit der Gewalt der französischen Religionskriege, die er in der Nachbarschaft seines kleinen Schlosses bei Bordeaux selbst erlebt hatte. Die Ureinwohner Südamerikas pflegten, Montaigne zufolge, zum Verzehr vorgesehene Feinde in Freiheit zu belassen. Die Besiegten würden nur durch ihre Ehre daran gehindert, sich ihrem Schicksal zu entziehen. Denn nur wer sich bereits unter dem Eindruck der von den Siegern in allen Farben anschaulich ausgemalten Qualen zu einer Äußerung der Angst verleiten lasse, gelte als richtig besiegt. Solch ein Verhalten könne man wohl schwerlich barbarischer finden als die Praktiken französischer Religionskrieger seiner Zeit, deren Untaten Montaigne drastisch beschreibt:

> » Ich glaube, dass mehr Barbarei darin liegt, einen Menschen lebendig zu essen als tot, mit Martern und Ketten einen noch voller Gefühl steckenden Körper zu zerreißen, ihn nach und nach zu rösten, ihn von den Hunden und Schweinen beißen und zermalmen zu lassen (wie wir es nicht nur gelesen, sondern in frischer Erinnerung gesehen haben, nicht unter alten Feinden, sondern unter Nachbarn und Mitbürgern und, was noch schlimmer ist, unter dem Vorwand von Frömmigkeit und Religion).«[339]

Montaigne war offenbar in seiner südwestfranzösischen Heimat Augenzeuge von Grausamkeiten geworden, die ihn zutiefst schockiert, vielleicht sogar traumatisiert hatten. Dies brachte ihn dazu, die angebliche moralische Überlegenheit der christlich-europäischen Lebensordnung in einer für das 16. Jahrhundert sicherlich ungewöhnlichen Radikalität infrage zu stellen. Der Humanist war allerdings noch kein ›postkolonialer‹ Denker, da er die globale Expansion europäischer Mächte und ihre Folgen nicht explizit ablehnte.[340] Montaigne stand in Frankreich mit dieser Kritik an religiös motivierter Barbarei nicht allein. Auch der protestantische Brasilienreisende Jean de Léry schilderte – ebenfalls im Kontrast zu Südamerika – von seinen französischen Landsleuten im Glaubenskrieg begangene Scheußlichkeiten, die über das Martern und Ermorden von Menschen hinaus auch noch die Entmenschlichung der Opfer durch Leichenschändung und sogar Akte des Kannibalismus umfassten. Möglicherweise vermischten sich in Montaignes *Essais* eigene Beobachtungen mit den Eindrücken seines protestantischen Zeitgenossen.[341]

Die grausame Geschichte der französischen Revolutionskriege ist heute vor allem noch durch die Erinnerung an die berüchtigte Bartholomäusnacht von 1572 präsent: Katholische Fanatiker nutzten damals die Hochzeit Heinrichs von Navarra, eines protestantischen Hochadeligen aus der bourbonischen Nebenlinie der herrschende Dynastie (der später als König Heinrich IV. das Edikt von Nantes unterzeichnete), mit der katholischen Königstochter Margarete von Valois, um den in Paris versammelten protestantischen Adel zu ermorden und darüber hinaus ein Blutbad unter der nicht-katholischen Stadtbevölkerung anzurichten. Man spricht deshalb auch von der »Pariser Bluthochzeit«. In Paris waren wahrscheinlich 3000 Tote, andernorts insgesamt etwa 8000 zu beklagen. Doch die Zahlen allein sagen noch nicht alles. Die Grausamkeit der maßgeblich von der Pariser Stadtmiliz und einem plündernden und mordenden Mob aus weiteren Teilen der Hauptstadtbevölkerung verübten Verbrechen vermag auch fast 450 Jahre später noch Entsetzen auszulösen: Der ungeheure Hass auf die Opfer zeigte sich auch in den genannten Leichenschändungen, die sich durch politische Motive oder Bereicherungsinteressen allein nicht erklären lassen. In einem – natürlich parteiischen – Gemälde hat der Protestant François Dubois als Augenzeuge und Überlebender des Massakers die Gräuel ins Bild gesetzt und dabei die Königinmutter als maßgeblich Verantwortliche inmitten des Mordens auftreten lassen.[342]

Das Massaker der Bartholomäusnacht ist Anschauungsbeispiel für ein Phänomen, das der Sozialpsychologe Harald Welzer als »radikale Koordinatenverschiebung« im System der anerkannten Werte und der »sozialen Zugehörigkeit« bezeichnet und als Voraussetzung schwerster Gewaltverbrechen bis hin zum Genozid charakterisiert hat: Seiner Auffassung nach können »ganz normale Menschen« problemlos dazu gebracht werden, ihre Mitmenschen zu ermorden, wenn diese entmenschlicht und so aus dem Kreis der Schutzwürdigen ausgeschlossen werden.[343] Diese Entmenschlichung lässt sich in den Religionskriegen beim Umgang mit Andersgläubigen zweifellos beobachten, auch wenn die frühneuzeitliche Kriegsgewalt hinsichtlich der Opferzahlen deutlich unterhalb der Schwelle dessen blieb, was im 20. Jahrhundert für Genozide charakteristisch werden sollte. Vielleicht war aber das von Welzer formulierte genozidale Projekt »einer vollständigen Abschaffung der Nicht-Zugehörigen« als »einzige Lösung der bestehenden gesellschaftlichen Probleme« zumindest bereits in den Köpfen der Menschen des 16. Jahrhunderts anzutreffen.[344] Dieser Eindruck drängt sich auf, wenn man Quellenberichte liest, denen zufolge radikale Katholiken in den 1590er Jahren nicht nur die lebenden ›Häretiker‹ aus ihrer Mitte entfernten, sondern sogar die Toten ausgruben und zerhackten, um auch auf den Friedhöfen eine umfassende konfessionelle »Säuberung« zu verwirklichen.[345] Da diese Quellen in einem überaus polemischen Kontext entstanden sind, wird man ihren Wahrheitsgehalt allerdings ganz besonders kritisch prüfen müssen. Der protestantische Kannibalismusvorwurf an die Adresse der Katholiken ist zum Beispiel nicht zu trennen von einer scharfen theologischen Kritik am katholischen Abendmahl und der Lehre von der sogenannten »Transsubstantiation«: Wenn sich Hostie und Wein bei der Messe (der Substanz nach) tatsächlich in den Leib und Blut Christi verwandeln, wie es das Konzil von Trient erst 1551 endgültig zum Dogma erhoben hatte, waren Katholiken aus der Sicht vieler Hugenotten schlicht Gotteslästerer und obendrein Kannibalen.[346]

Wahrscheinlich handelte es sich bei dem Blutbad der Bartholomäusnacht nicht um ein von langer Hand geplantes Massaker. In der Forschung wurde vermutet, dass die radikal katholische Hochadelsfamilie der Guise in Komplizenschaft mit der Königinmutter Katharina von Medici einen Mordanschlag auf den führenden Protestanten Admiral Gaspard de Coligny verüben wollte. Dies sollte einen Kriegseintritt der französischen Krone zugunsten des niederländischen Aufstands gegen Spanien verhindern. Ein erster Anschlagsversuch war am Vortag des Massakers, am 22. August 1572, gescheitert. Wenn die Königinmutter beteiligt war, musste sie fürchten, dass die folgenden Ermittlungen ihre Rolle in dem Mordkomplott enthüllen könnten. Diese Gefahr hätte sie veranlasst, ihrem Sohn Karl unter Verweis auf eine angebliche protestantische Racheverschwörung die Zustimmung zu einem Massaker abzuringen, in dessen Rahmen dann auch der verletzte Coligny getötet und das Risiko einer Entdeckung und Ahndung von Katharinas Rolle beim ersten Mordversuch beseitigt wurde – gab es doch nach dem Massaker in Paris keine Protestanten mehr, die noch zu einer Vendetta fähig gewesen wären. Sollte das der Wahrheit entsprechen, so hätte es sich bei der Bartholomäusnacht um tausendfachen Verdeckungsmord gehandelt, also um ein sekundäres Verbrechen, durch das die Aufklärung eines vorangehenden Verbrechens verhindert werden sollte. Bei der Annahme einer Mittäterschaft Katharinas ist allerdings Vorsicht geboten, da sie sich als Frau und ›Ausländerin‹ im aufgeheizten Klima der Zeit ganz besonders dafür eignete, zum Ziel von Hass und vielleicht auch von verschwörungstheoretischen Unterstellungen zu werden.[347]

Immer wieder wurde Katharina von Medici vorgehalten, sie habe als eine der zentralen Verantwortlichen für das Massaker von 1572 eine brutale Form des Machiavellismus praktiziert. Dieser Auffassung hat der französische Philosoph Thierry Ménissier mit dem Argument widersprochen, Machiavelli habe einen an klar definierte politische Ziele gebundenen und kontrollierten Einsatz von Gewalt befürwortet, während die Bartholomäusnacht genau das Gegenteil gewesen sei.[348] Wenn allerdings die Annahme zutrifft, dass sich Katharina durch die weitgehende Ausschaltung des in Paris versammelten hugenottischen Adels dem Risiko einer Rache entziehen wollte, dann entspricht dies durchaus einer bereits im Zusammenhang mit der Mordpolitik Octavians (▶ Kap. 2) zitierten Überlegung, die sich in Machiavellis Büchlein *Il Principe* (»Der Fürst«) findet: Wer seine Gegner gewaltsam ausschalten wolle, müsse dies so brutal und gründlich tun, dass sich das Problem der Rache nicht mehr stelle.[349]

Zudem wäre zumindest die ›Liquidierung‹ Colignys und der Spitzen des protestantischen Adels in der geschilderten Deutung durchaus einem klar definierten politischen Ziel verpflichtet gewesen: Sie kann sogar als eine unmenschliche Form der strategischen Weichenstellung zugunsten der katholischen Großmacht Spanien gelten. Der Mord an Coligny, das heißt die ›Enthauptung‹ des antispanischen Lagers, wäre ein von Madrid unterstützter »Staatsstreich« der Guise, die damit den politisch schwachen Karl IX. genötigt hätten, sich klar auf die Seite des Katholizismus und damit gegen die von Coligny beabsichtigte antispanische Intervention in den Niederlanden zu positionieren.[350]

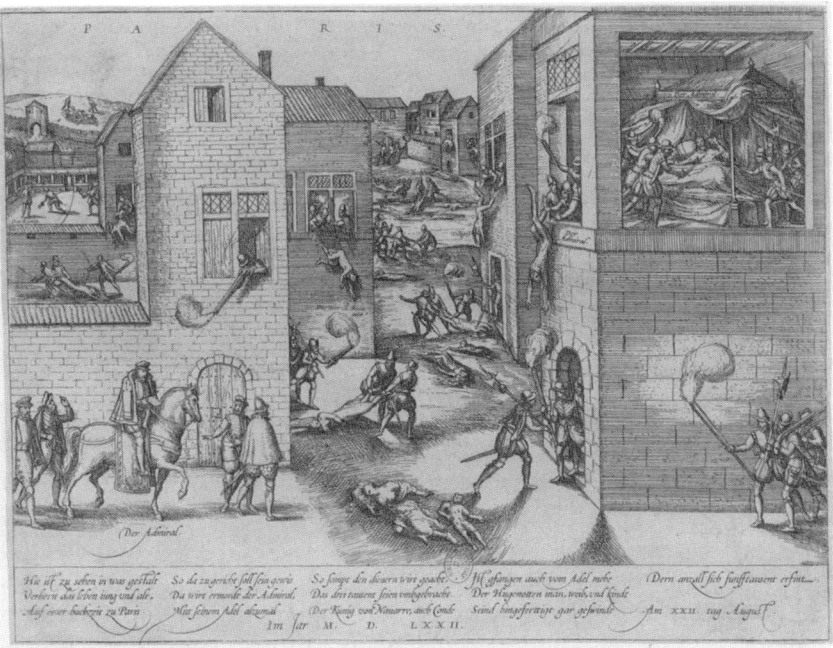

Abb. 7:   Blutiger Lernstoff: Der Massenmord in der Bartholomäusnacht ruft überall im protestantischen Europa Entsetzen hervor und wird in drastischem Detailreichtum wiedergegeben, wie in diesem deutschen Stich von Frans Hogenberg. Die Ermordung des Admirals Coligny ist rechts in zwei Etappen dargestellt. Links ist das gescheiterte Schusswaffenattentat auf ihn vor dem Massaker zu sehen.

Das Massaker von Paris war nur ein, wenn auch aufgrund der hohen Opferzahl und möglichen Beteiligung der Krone besonders herausgehobenes Schreckensereignis in einer langen Serie der Gewaltakte. In der Forschungsliteratur wird das 16. Jahrhundert gern in zwei etwas ungleiche Hälften geteilt: die kulturelle Blütezeit der französischen Renaissance bis zum Tod von König Heinrich II. – und danach die Schreckensperiode der Religionskriege.[351] Die Pracht des unter Franz I. erbauten Schlosses von Chambord einerseits und das Gemetzel der »Pariser Bluthochzeit« von 1572 anderseits tauchen als Bilder dieser Zweiteilung vor dem geistigen Auge des Betrachters auf. Das ist allerdings zu schematisch: Auch unter dem idealisierten Renaissance-Herrscher Franz I. war es bereits zu Verfolgungen von Protestanten gekommen, so etwa 1534 nach der »Plakataffäre« (*Affaire de Placards*), als bis an die Tür des königlichen Schlafzimmers antikatholische Plakate angebracht worden waren.[352] Es folgten Todesurteile und unter dem nächsten König, Heinrich II., auch eine gegen Protestanten gerichtete Strafjustiz, die gegen die neue ›Ketzerei‹ vorgehen sollte. Mit Hinrichtungen auf dem Scheiterhaufen sollten die ›Häretiker‹ unter Franz I. und Heinrich II. restlos ausgerottet werden. Um 1559 verschob sich die Natur der Gewalt dann zunehmend in den Bereich von Bürgerkriegspraktiken, was der französische Historiker Bernard Cottret als Übergang von einem »Zeitalter des Feuers« zu einem »Jahrhundert des Eisens« bezeichnet hat.[353] Diese Entwicklung lässt sich auch in der Wortwahl der königlichen Edikte nachvollziehen: Unter Franz I. und Heinrich II. war mit Blick auf die Protestanten noch von »teuflischen Irrtümern« und einer das Königreich »infizierenden« Ketzerei die Rede, später in den sogenannten »Befriedungsedikten« nur noch von der »angeblich reformierten Religion« (*religion prétendue réformée*, kurz »RPR«).[354] Darin spiegelte sich zwar immer noch die Herablassung der katholischen ›Wahrheitsbesitzer‹ gegenüber ihren protestantischen Landsleuten, aber nicht mehr die Vernichtungswut, die sich in der Bezeichnung ›Ketzer‹ ausdrückte.[355] Hintergrund dieses begrifflichen Wandels war sicherlich auch ein hartes machtpolitisches Faktum: Unter dem Eindruck der Bartholomäusnacht organisierten sich die französischen Hugenotten 1573 als ein regelrechter »Staat im Staate«, der über politische Entscheidungsgremien, eine eigenes Steuerwesen und – nicht zuletzt – Streitkräfte verfügte. Das katholische Gegenstück hierzu war die sogenannte Liga, die sich 1576 etablierte.[356] Zusammenfassend kann festgehalten werden, dass die Entwicklung widersprüchlich war: Der Übergang von eher gegen Einzelne gerichteten Verfolgungsmaßnahmen zu Bürgerkriegen bedeutete eine Gewaltentgrenzung, der aber die wachsende Einsicht gegenüberzustellen ist, dass es wohl nicht mehr gelingen dürfte, den religiösen Feind gewaltsam aus der Welt zu schaffen.

Die französische Bevölkerung wurde in der zweiten Hälfte des 16. Jahrhundert durch nicht weniger als acht aufeinanderfolgende Religionskriege gepeinigt, eine Geschichte der Gewalt und Intoleranz, die nur von brüchigen Versuchen des Ausgleichs und der Stabilisierung unter einem nach 1559 überwiegend schwachen Königtum immer wieder unterbrochen wurde. Begünstigt wurde diese Instabilität durch mehrere Todesfälle an der Spitze der herrschenden Dynastie der Valois-Angoulême: Heinrich II., der Erbe des ›Renaissance-Idealkönigs‹ Franz I., starb 1559 unerwartet in einem Turnier; ihm folgte sein erst fünfzehnjähriger Sohn Franz II., der aber schon 1560 zu Grabe getragen werden musste – auch seine Brüder, die nach ihm den Thron bestiegen, Karl IX. (König 1560–1574) und Heinrich III. (König 1574–1589), verstarben jeweils vor ihrem 40. Lebensjahr. Dies verlieh der Königin Mutter Katharina von Medici als Regentin eine Schlüsselstellung, ohne dass es ihr gelungen wäre, starke Vorbehalte gegenüber ihrer Person als ›Ausländerin‹ abzubauen.[357] Dass Franz II. mit Maria Stuart, der katholischen Rivalin der englischen Königin Elisabeth I., verheiratet war, wirft bereits ein Licht auf die zwischenstaatliche Dynamik der Konfessionskonflikte in dieser Zeit: Die Frage nach dem rechten Glauben spaltete Europa grenzüberschreitend, sodass in der Forschung in freier Anlehnung an den späteren Kalten Krieg von einer »bipolaren« Konstellation (Béatrice Nicollier) die Rede war, wie dies ja bereits die erwähnte Wechselwirkung zwischen innerfranzösischer und internationaler Konfrontation beim Massaker von 1572 zeigt. In Frankreich standen weder die Katholiken noch die Protestanten für sich allein, sondern suchten und fanden mächtige Verbündete im Ausland: Das katholische Spanien unter Philipp II. stützte die Altgläubigen, zumal es selbst in den damals spanischen Niederlanden mit einem vom Protestantismus getragenen Aufstand konfrontiert war. Hinter den französischen Protestanten stand nach ihrem Bruch mit Rom die englische Krone ebenso wie die niederländische Unabhängigkeitsbewegung oder deutsche Fürsten, in deren Territorien die Reformation eingeführt worden war.[358] Dies erschwerte eine innerfranzösische Verständigung zwischen den konfessionellen Lagern, da die auswärtigen Akteure eigene Interessen verfolgten und die Konfliktherde in Frankreich immer wieder neu anfachten.[359] Ein möglicher Übertritt Frankreichs ins Lager der protestantischen Mächte war für die spanische Krone wie auch für das Papsttum ein regelrechter Alptraum, den es nach Kräften zu verhindern galt, da er eine tiefgreifende Verschiebung der Machtverhältnis in Europa bedeutet hätte. Vor diesem Hintergrund wird verständlich, weshalb der Kampf Heinrichs von Navarra um die Königskrone in den 1590er Jahren nicht nur ein Bürgerkrieg war, sondern auch die Züge eines zwischenstaatlichen Krieges gegen Spanien trug.[360]

Zu einer Verschärfung und Verlängerung des Religionskonflikts trugen aber auch machtbewusste Adelsparteien und Familien innerhalb Frankreichs bei, wie etwa die radikal katholische Hochadelsfamilie der Guise, die bei dem zunächst gescheiterten Attentat auf Coligny mutmaßlich ihre Hände im Spiel hatten. Auch die Guise verbanden die religiöse Agenda mit eigenen Interessen und kooperierten dabei mit auswärtigen Staaten – und Ähnliches gilt für die mit den herrschenden Valois verwandtschaftlich eng verbundenen Bourbonen mit Louis de Bourbon, Premier Prince de Condé an der Spitze.[361] Diese Rivalitäten unterminierten neben den erwähnten Unterbrechungen der Herrschaftskontinuität wesentlich die Autorität der französischen Krone und verringerten ihre Möglichkeiten, das Land durch wirksame Friedensregelungen aus der Misere der Religionskriege herauszuführen. Auf protestantischer Seite führte der Autoritätsverlust der Monarchie sogar dazu, dass sich nach der Bartholomäusnacht eine Widerstandstheorie entwickelte, die in Fällen von extremem Machtmissbrauch den Sturz des Königs vorsah. Eine weitere Folge war die Entwicklung einer politischen Denkrichtung, die den Staat und die Monarchie als über den Religionsparteien und sonstigen Gruppierungen stehende Größen wahrnahm. Der bekannteste Vertreter dieser häufig als »Politiker« bezeichneten Tendenz war Jean Bodin, der in seinen 1583 erschienenen *Six livres de la république* (»Sechs Bücher vom Staat«) eine Theorie absoluter Souveränität entwarf. Darin heißt es bezeichnenderweise:

> » Nach Gott gibt es nichts Größeres auf Erden als die souveränen Fürsten, die als seine Stellvertreter eingesetzt sind, um den anderen Menschen zu befehlen. Es ist daher notwendig, diese ihre Eigenschaft [ihre Stellvertreterfunktion, P. Geiss] zu beachten, um ihre Majestät in vollem Gehorsam zu respektieren und zu verehren, von ihnen nur in voller Ehre zu denken und zu sprechen. Denn wer seinen souveränen Fürsten verachtet, der verachtet Gott, dessen Abbild auf Erden dieser ist.«[362]

Auch Jean Bodin stellte sich also keineswegs ein ›säkulares Königtum‹ vor. Insgesamt ist es für das Verständnis des 16. Jahrhunderts wichtig, dass die Menschen Staat und Politik nicht als religionsfreie Räume denken konnten. Dies galt keineswegs nur für die Fanatiker, die buchstäblich mit Feuer und Schwert den aus ihrer Sicht falschen Glauben vernichten wollten, sondern auch für die um Ausgleich und Frieden bemühten Zeitgenossen. Da es in der Religion um das Seelenheil des Menschen und damit um das Wichtigste überhaupt ging, kam es nicht infrage, eine Toleranz zu üben, wie sie im 18. Jahrhundert die

Aufklärung im Sinn hatte.[363] Dies hat selbst der vehement gegen jede Form der religiösen Gewalt eingestellte königliche Kanzler Michel de L'Hospital im Januar 1561 betont, als er folgende Worte an die in Orléans versammelten Generalstände des Königreichs richtete:

> » Unterdessen, meine Herren, halten und bewahren wir den Gehorsam gegenüber unserem jungen König! Seien wir nicht so schnell und leicht dabei, eine neue Meinung anzunehmen und ihr zu folgen, jeder nach seiner Weise. Denn es geht nicht um wenig, sondern um die Rettung unserer Seelen. Und falls es doch jedem überlassen sein sollte, nach Belieben eine neue Religion anzunehmen, sorgen Sie immerhin dafür und achten Sie darauf, dass es nicht so viele Religionen wie Familien oder Köpfe von Menschen gibt.«[364]

Es ist diese epochentypische Denkweise, welche die Forschung dazu veranlasst hat, für das 16. Jahrhundert nicht von religiöser Toleranz zu sprechen, sondern stattdessen wie erwähnt von »Koexistenz in der Intoleranz«: Man konnte darauf verzichten, sich zu töten und zu vertreiben, vielleicht sogar ein freundschaftliches Miteinander im Alltag pflegen, aber dies bedeutete keineswegs, dass man den Glauben des anderen als gleichwertig erachten durfte, denn damit hätte man ja vor einem alles sehenden Gott einen Gedanken zugelassen, der für das eigene Seelenheil potenziell gefährlich gewesen wäre.[365]

Obwohl Michel de L'Hospital eine schrankenlose Wahlfreiheit des Einzelnen in Religionsfragen ablehnte, machte er in seiner Ansprache doch auch deutlich, dass er von einer gewaltsamen Bekehrung nichts hielt, sondern ganz auf die sanfte Kraft der Überzeugung setzte:

> » Und wenn es um die christliche Religion geht, dann handeln die, die sie mit Waffen, Schwertern und Pistolen einpflanzen wollen, sehr wohl gegen ihr Bekenntnis, das darin besteht, Gewalt zu erleiden, nicht sie auszuüben. Denn darin, sagt Chrysostomos [ein bedeutender Theologe der Spätantike, P. Geiss], unterscheiden wir Christen uns von den Heiden, die Gewalt und Zwang einsetzen, wir hingegen Worte und Mittel des Überzeugens. Ihr Argument, dass sie die Waffen für die Sache Gottes ergreifen, gilt nichts – denn die Sache Gottes will nicht mit Waffen verteidigt werden.«[366]

De L'Hospital argumentierte in seiner Rede theologisch, zugleich aber auch historisch: Aus der Kirchengeschichte glaubte er die Lehre ableiten zu können, dass Christentum und Gewalt nicht zusammenpassten – eine für das 16. Jahrhundert sicherlich nicht selbstverständliche Position. Er berief sich dabei auf das mittelalterliche Beispiel einer angeblich friedlichen Bekehrung von Katharern (Albigensern) durch einen spanischen Bischof.[367] Gemeint sein dürfte Dominik, Begründer des Dominikanerordens, der die Häretiker tatsächlich durch Predigten zur ›wahren‹ Religion zurückführen wollte. Das Beispiel ist in mehrfacher Hinsicht kurios: Nach dem Tode Dominiks waren die Dominikaner wesentlich mit der Inquisition beauftragt worden, stehen also durchaus für eine gewaltsame Form der Ketzerbekämpfung.[368] Überhaupt ist der ganze Themenkomplex des Vorgehens der Papstkirche gegen die Katharer nicht gerade ein Beleg für kirchliches Vertrauen auf die Macht des gewaltlosen Arguments: Papst Innozenz rief im 13. Jahrhundert sogar einen Kreuzzug gegen sie aus. Das Beispiel ließe sich also eigentlich eher als historischer Beleg dafür ins Feld führen, dass zumindest die mittelalterliche Papstkirche nicht davor zurückschreckte, christlichen Glauben und brutalste Verfolgungspraktiken zusammenzudenken (▶ Kap. 3).[369] Ganz im Sinne dieser gewaltsamen Verteidigung der ›wahren Religion‹ bezog sich denn auch das Pariser Parlament auf den Kreuzzug gegen die Katharer beziehungsweise Albigenser: durch die Beseitigung dieses »Übels« hätten die französischen Monarchen den Titel »Allerchristlichster König« bewahrt.[370]

Die von Michel de L'Hospital Anfang 1561 vor den Generalständen in Orléans gesprochenen Worte des Friedens vermochten eine Eskalation des Religionskonflikts nicht zu verhindern. Im Oktober desselben Jahres fixierte ein von Katharina von Medici anberaumtes Religionsgespräch die unterschiedlichen Auffassungen zur Realpräsenz Jesu Christi in der Eucharistie als unüberwindlichen theologischen Streitpunkt und vertiefte dadurch die Gräben noch. In dogmatischer Härte erklärte der Genfer Theologe und Calvin-Nachfolger Theodor Beza die Vorstellung einer Gegenwart Jesu Christi in Brot und Wein für absurd, was natürlich für gläubige Katholiken ein schwerer Affront war.[371] Die gewaltsame Reaktion ließ nicht lange auf sich warten. Im März 1562 kam es unter Führung des lothringischen Herzogs von Guise zu einem Massaker in Wassy (Champagne). Auslöser war ein protestantischer Gottesdienst in einer Scheune, die innerhalb der Stadtmauern lag und damit nach dem damals geltenden Religionsrecht von den ›Häretikern‹ nicht hätte genutzt werden dürfen. Die Soldaten töteten im Verlauf einer Auseinandersetzung etwa 50 unbewaffnete Gottesdienstbesucher, darunter Frauen und Kinder.[372]

Die Religionskriege erlegten Frankreich nicht nur auf menschlicher Ebene unerhörte Kosten auf, sie führten auch zu einer Schwächung der Monarchie im Inneren wie auch im europäischen Großmachtgefüge.[373] Die immensen Schäden, die von der religiös motivierten Gewalt ausgingen, waren Zeitgenossen wie Michel de L'Hospital von Beginn der Religionskriege an bewusst. Die sogenannten »Pazifikationsedikte«, das heißt königliche Verfügungen zur friedlichen Beilegung des Religionskonflikts, zeigen, dass es im Prinzip keines lang andauernden Lernprozesses bedurfte, um die Notwendigkeit eines Ausgleichs zwischen den konfessionellen Lagern zu erkennen. Die wichtigsten Instrumente dazu wurden bereits in verschiedenen Regelungen lange vor dem Edikt von Nantes erprobt, das den Religionskriegen schließlich 1598 ein Ende bereitete. Der Historiker Mark Greengrass spricht dennoch von einer »Lernkurve«, die sich in der Aufnahme älterer erfahrungsgestützter Regelungen in das Edikt von Nantes zeige, aber auch in einem im Vergleich zu früheren Edikten größeren Umfang.[374] Eine von der École nationale des chartes in Paris erstellte digitale Edition der seit 1562 erlassenen Edikte erlaubt es, Bausteine der Regelungen von 1598 in älteren Texten leicht wiederzufinden. Die wichtigsten Bestimmungen des Edikts von Nantes lassen sich wie folgt zusammenfassen:[375]

1. Das Prinzip des Vergessens und Verzeihens von früherem Unrecht (Art. 1 und 2, mit Ausnahmen in Art. 86–87). Dies äußerte sich auch in einem Verbot »diffamierender« Schriften und Schandmäler (Art. 21 und 58).
2. Die örtlich begrenzte öffentliche Religionsausübung von Protestanten, wo diese bereits etabliert war, sowie in Vororten von Städten mit ausschließlich katholischer Messe; zudem die Möglichkeit einer privaten Religionsausübung an weiteren Orten, etwa in Häusern von Adeligen mit Hochgerichtsbarkeit (Art. 8–11), niemals jedoch bei Hof (Art. 14).
3. Die Einrichtung von protestantischen »Sicherheitsplätzen« (*places de sûreté*) mit Streitkräften zur Verteidigung (Zusatzbestimmungen im *Brevet des garnisons*).
4. Die Zulassung von Protestanten zu allen öffentlichen Ämtern (Art. 27).
5. Der Anspruch für Protestanten, ihre Straf- und Zivilverfahren vor einem konfessionell gemischten Gericht zu verhandeln (Art. 30–34).

Eine für heutige Betrachter besonders schwer nachvollziehbare Bestimmung des Edikts findet sich gleich zu Beginn, im ersten und im zweiten Artikel nach der Präambel. Hier geht es um den Umgang mit den schrecklichen Gewalttaten der Bürgerkriegszeit, an die sich die Zeitgenossen natürlich erinnerten und die sicherlich bei vielen von ihnen bleibende Traumata hinterlassen hatten. Dazu heißt es im Wortlaut des Edikts:

> » Erstens, dass die Erinnerung an alle Dinge, die auf der einen oder anderen Seite seit dem Beginn des Monats März 1585 bis zu unserem Regierungsantritt und während der vorangehenden Wirren und durch sie veranlasst geschehen sind, ausgelöscht und eingeschläfert sein soll wie an eine Sache, die nicht geschehen ist. Und es wird weder unseren Staatsanwälten noch sonst öffentlichen oder privaten Personen erlaubt sein, zu welcher Zeit und aus welchem Anlass es auch sein möge, diese zu erwähnen oder einen Prozess oder eine Strafverfolgung vor welchem Gerichtshof oder Rechtsprechungsorgan auch immer zu veranlassen. «[376]

Der unmittelbar folgende Artikel des Edikts ging sogar noch einen Schritt weiter, indem er es den Untertanen des Königs untersagte, die »Erinnerung [an die schwere Vergangenheit] zu erneuern« und einander deswegen zu »provozieren«. Dekretiert wurde hier nichts Geringeres als ein Vergessen mit dem Ziel, ein »friedliches Zusammenleben unter Brüdern, Freunden und Mitbürgern« zu ermöglichen.[377] Ähnliche Bestimmungen, auch wenn sie stärker den Gedanken des Verzichts auf Bestrafung als den des Vergessens betonten, fanden sich schon 1579 im Frieden von Nérac. Dort waren besonders verabscheuenswerte Taten wie Vergewaltigungen von Frauen und Mädchen oder durch Verrat und Hinterhalt außerhalb der eigentlichen Kampfhandlungen begangene Morde und private Racheakte von der allgemeinen Amnestie ausgenommen.[378] Auch diese Ausnahmen wurde in Artikel 86 des Edikts von Nantes (*édit général*) übernommen. Darin zeigt sich ein Bemühen, zwischen Kriegsgewalt im engeren Sinne und durch den Krieg zwar begünstigten, aber nicht als Teil des militärischen Handelns angesehenen Verbrechen zu unterscheiden. Möglicherweise zeichnet sich in dieser Unterscheidung bereits der Anspruch ›zivilisierter‹ Staaten ab, militärisch ›gerechtfertigte‹ von krimineller Gewalt abzugrenzen, ein Anspruch, der mit der Haager Landkriegsordnung von 1907 bekräftigt wurde.[379]

Trotz dieser Einschränkung ist die Reichweite der im Edikt von Nantes ausgesprochenen Amnestie für heutige Betrachter zumindest irritierend. Wie konnte Heinrich IV. Menschen, die eben noch ihre Angehörigen und Freunde auf grausamste Art verloren hatten, abverlangen, auf die Bestrafung der Schuldigen zu verzichten? In der Gegenwart scheint das wohl unvorstellbar. Die juristische Ahndung von Kriegsverbrechen und Verbrechen gegen die Menschlichkeit gilt in demokratischen Gesellschaften als ein Gebot der Gerechtigkeit und des Respekts gegenüber den Opfern und ihren Nachkommen – im deutschen Fall auch noch 80 Jahre nach dem Ende des Zweiten Weltkriegs. Gesten wie Willy Brandts berühmter Kniefall 1970 im ehemaligen Ghetto von Warschau sind tief im kollektiven Bewusstsein verankert. Dass Frieden gerade nicht vom Vergessen, sondern vom Wachhalten der Erinnerung an vergangenes Unrecht zu erhoffen ist, erscheint in dieser Tradition als selbstverständlich.[380]

Die für Versöhnungsbemühungen in der Moderne wichtige »Konstruktion gemeinsamer Deutungsräume« (Sonja Fücker)[381] dürfte im 16. Jahrhundert aufgrund der fortdauernden Glaubensspaltung kaum möglich gewesen sein, da sogar die Ablehnung religiös motivierter Gewalt nur eine Minderheitenposition war. Damals blieb die königliche Anordnung des Vergessens und Verzeihens wahrscheinlich der einzige Weg, die Spirale von Schuld und Sühne juristisch und politisch so weit unter Kontrolle zu halten, dass es nicht mehr zu massiver Gewalt kam. Dies mag – gemessen an heutigen Maßstäben der Verständigung und Versöhnung – ein bescheidenes, ja unehrliches Ergebnis gewesen sein, stellte aber für die von Kriegsgewalt und Unsicherheit geprägten Zeitgenossen sicherlich eine bedeutende Verbesserung der Lebensbedingungen dar.

Dass es tatsächlich um die Herstellung eines Modus vivendi und nicht um religiöse Toleranz ging, wird im Edikt von Nantes an vielen Stellen deutlich. Ein Beispiel sind die Regelungen zum protestantischen Gottesdienst. Ein dem Geist moderner Toleranz verpflichtetes Edikt hätte kurz und bündig die völlige Gleichstellung protestantischer und katholischer Religionsausübung verfügen können – nicht so das Edikt von Nantes. Auch nach 1598 war die öffentliche Ausübung des protestantischen Kultus nur in denjenigen Städten gestattet, wo sie sich bereits etabliert hatte. Andernorts war sie nur in Vororten zulässig oder aber im Privaten, etwa im Rahmen eines adeligen Hauses (Art. 7). Demgegenüber wurde die katholische Messe überall im Königreich gestattet beziehungsweise auch dort wiedereingeführt, wo die Hugenotten sie verdrängt hatten (Art. 3). Insofern muss im Ergebnis von einer sehr ungleichen Behandlung beider Konfessionen gesprochen werden, die für die

Protestanten akzeptabel war, weil ihre Religionsausübung zumindest nicht mehr grundsätzlich infrage gestellt und mit den Machtmitteln des Staates bekämpft wurde.[382]

Als ein weiteres Zugeständnis konnten die Protestanten verbuchen, dass die Krone ihre besonderen Sicherheitsinteressen anerkannte. Die Protestanten unterhielten 1594 einen »Staat im Staat« mit Provinzen und Versammlungen. Zusatzbestimmungen (*brevets*) zum Edikt von Nantes erkannten diese protestantische Parallelstrukturen zum königlichen Staat teilweise an: befestigte und militärisch geschützte »Sicherheitsplätze« sowie 45 000 Écus für die Bezahlung von Pastoren. Die Summe war zugleich als Ausgleich für enteigneten katholischen Kirchenbesitz zu verstehen, den die Hugenotten zurückgeben mussten.[383] Auch »Sicherheitsplätze« waren keine neue Idee. Sie hatte bereits das Edikt von St. Germain im Jahr 1570 vorgesehen – für Protestanten, die um Leben und Besitz fürchteten.[384] In den das Edikt von Nantes vervollständigenden Zusatzbestimmungen heißt es zu diesem Themenkomplex:

> » Dass alle Plätze, Städte und Schlösser, die sie [die Protestanten, P. Geiss] bis zum vergangenen Monat August gehalten hatten und in denen es nach dem von seiner Majestät festzustellenden und zu unterzeichnenden Stand Garnisonen geben wird, unter ihrer Obhut unter der Hoheit und im Gehorsam seiner vorgenannten Majestät bleiben werden, und zwar acht Jahre von der Veröffentlichung des genannten Edikts an.«[385]

Dies führt vor Augen, dass das Gewaltmonopol des erst allmählich entstehenden frühmodernen Staates offenbar zumindest aus Sicht der Protestanten nicht derart konsolidiert war, dass der Staat die Sicherheit seiner Bürger – beziehungsweise im Sprachgebrauch der Monarchie Untertanen – garantieren konnte. Denn die »Sicherheitsplätze« blieben ja trotz der Stellung königlicher Truppen unter protestantischer Kontrolle, was in der Friedensordnung von 1598 ein Element der Selbstverteidigung verankerte – aber auch wie schon bei früheren Edikten eine Art »Pfand« für die Umsetzung der königlichen Vorgaben zum Schutz der Protestanten.[386] Im Grunde ist die Idee eines staatlichen Gewaltmonopols für das 16. Jahrhundert noch überwiegend ein Anachronismus, da sich dieses Monopol ja erst als eine Folge der religiösen Auseinandersetzungen nach und nach entwickelte.[387] Wichtig für das Verständnis der politischen Konstellationen im späten 16. Jahrhundert ist die Beobachtung, dass keineswegs nur Hugenotten im Zustand der organisierten Rebellion gegen das Königtum waren, sondern auch ihre radikal katholischen Kontrahenten in der Liga. Auch hier entwickelten sich Widerstandstheorien gegen das Königtum. Sogar das Mittel des Königsmordes wurde diskutiert – und praktiziert, denn es war kein Protestant, sondern ein radikaler katholischer Mönch, der König Heinrich III. erstach, nachdem dieser die Ermordung der Herzogs von Guise und seines Bruders, des Kardinals von Lothringen, befohlen und sich auf die Seite des Hugenotten Heinrichs von Navarra geschlagen hatte.[388]

In der Religionsfrage war das Edikt von Nantes vom Geist eines pragmatischen Kompromisses getragen. Bereits zuvor hatten sogenannte »Rückführungsedikte« unbotmäßige katholische Städte und Adelige wieder der königlichen Autorität unterworfen, was im Rahmen von ›Deals‹ mit beiderseitigen Zugeständnissen geschah. Zu diesen Konzessionen gehörten steuerliche Vorteile und das Verbot des protestantischen Gottesdienstes in katholisch geprägten Städten und Herrschaften. In der Regel wurde die protestantische Religionsausübung aber nur dort untersagt, wo sie ohnehin nicht verankert war.[389] Eine Gleichberechtigung der Konfessionen brachten diese Regelungen nicht: Neben vollständigen Gottesdienstverboten an bestimmten Orten gab es auch Auflagen wie die Verpflichtung, diese nur diskret zu feiern, um keinen Anstoß bei der katholischen Mehrheit zu erregen.[390] Abgesichert war lediglich das Recht, unbehelligt überall wohnen zu dürfen und nichts tun zu müssen, was der eigenen »Gewissensfreiheit« widersprach (Art. 6). Hierin bestätigte sich, dass in Nantes 1598 kein ›Toleranzedikt‹ unterzeichnet worden war, sondern nur eine pragmatische Ordnung des inneren Friedens. Tatsächlich verstanden die allermeisten katholischen Zeitgenossen die erreichte Lösung nicht als einen erhaltenswerten Idealzustand, sondern als ein notwendiges Übergangsstadium auf dem Weg zur Wiederherstellung religiöser »Eintracht« (*concorde*): Man duldete vorübergehend eine Vielfalt im Bereich der Glaubensüberzeugungen, um die »Einheit« und Stärke des Staates nach innen und außen wiederherzustellen. Denn genau dieser geeinte und gestärkte Staat galt als Voraussetzung, die religiöse Spaltung zu einem späteren Zeitpunkt zu überwinden. Insofern ist es vielleicht nicht übertrieben, mit Bernard Cottret im Edikt von Nantes ein Rechtsdokument zu sehen, das den Protestantismus zwar vorläufig sicherte, aber auch schon seine »vorprogrammierte Auslöschung« enthielt.[391]

War das Edikt von Nantes also das Ergebnis eines Lernens aus der Geschichte? Die bereits angesprochene These von Mark Greengrass erscheint als eine etwas widersprüchliche Antwort auf diese Frage: Denn er spricht für die

## 5 Nantes 1598

blutigen Zeiten vor dem Edikt von einer »Lernkurve«, betont aber auch, dass die wesentlichen Leitvorstellungen und Instrumente des Edikts schon Jahrzehnte früher existiert hätten, eigentlich schon seit Beginn der Religionskriege. Wie können aber – rein logisch betrachtet – Regelungen als das Ergebnis eines Lernvorgangs gelten, die diesem zeitlich teilweise vorausgingen oder in seinen frühen Stadien bereits bekannt waren? Immerhin lässt sich feststellen, dass sich im Umgang mit diesen früheren Versatzstücken 1598 substanziell etwas geändert haben muss. Denn anders als nach den früheren »Pazifikationsedikten« etablierte sich jetzt eine Friedensordnung, die nicht schon nach wenigen Jahren wieder ins Chaos des religiösen Hasses, der Gewalt und der wechselnden Allianzen versunken ist.[392] Die Auflösung des Widerspruchs liegt in Greengrass' Argumentation darin, dass es nicht die Regelungen des Edikts selbst waren, die »gelernt« wurden, sondern die Berücksichtigung des politischen ›Settings‹, in dem sie gelten sollten: Heinrich erkannte, dass die besten Prinzipien nichts helfen, wenn ihnen die Rahmenbedingungen nicht Stärke und Akzeptanz verleihen – und nach dieser Einsicht handelten er und seine Berater.[393]

Wahrscheinlich waren es günstige Umstände, die Heinrich IV. so zu nutzen verstand, dass 1598 eine neue Basis für die Befriedung des Königreichs erreicht werden konnte. Auch dabei profitierte er von vergangenen Erfahrungen: Eine dieser Erfahrungen lag darin, dass die katholische Seite ein Überwechseln des Königtums ins Lager des Protestantismus fürchtete – und dies galt spätestens seit der Verschwörung von Amboise, als radikale protestantische Adelige ja tatsächlich den Versuch unternommen hatten, den König in ihre Gewalt zu bringen.[394] Die von Heinrich von Navarra gefundene Lösung für dieses sowohl politische als auch psychologische Problem erklärt die Historikerin Béatrice Nicollier wie folgt: Heinrich habe nach dem Tod des letzten Valois-Herrschers die in der Genealogie liegende Gelegenheit ergriffen, vielen Katholiken die panische Angst vor einem hugenottischen Königtum zu nehmen, indem er zum katholischen Bekenntnis übergetreten sei.[395] Da er Nicollier zufolge als ehemals führender Glaubensgenosse der Hugenotten eine besonders enge, wenn auch durch die Konversion schwer belastete Beziehung zu diesen unterhielt, habe er sich in einer für die Überwindung der blutigen Dauerkrise des 16. Jahrhunderts günstigen Position befunden. Denn auch den Protestanten habe er Ängste zu nehmen vermocht: Durch den von ihm gewollten und in den Jahren 1595 bis 1598 tatsächlich geführten Krieg gegen die katholische Führungsmacht Spanien sei den Protestanten glaubhaft gemacht worden, dass der Konvertit auf dem Königsthron keineswegs gewillt war, als Vollstrecker einer gesamteuropäischen Gegenreformation zu handeln, sondern vielmehr den 1572 von Coligny verfolgten antispanischen Kurs wieder aufzugreifen. Zwischen dem siegreichen französischen Krieg gegen Spanien und der inneren Befriedung Frankreichs bestand, so Nicollier, ein strategischer Zusammenhang. Das entscheidend neue Element, das im Vergleich zu allen früheren Friedensbemühungen den Unterschied gemacht und den Erfolg des Edikts von Nantes gewährleistet habe, sah sie in Heinrichs Entschluss zu diesem Waffengang. Nach außen hin praktizierte der Neukatholik dieser Interpretation zufolge im Grunde eine protestantische Politik, was Vorbehalte der Hugenotten seiner Person gegenüber zerstreuen half.[396] Zudem erlaubte es die von der Bevölkerung natürlich weithin als Besatzung wahrgenommene Präsenz spanischer Truppen auf französischem Boden, die ›patriotische‹ Karte auszuspielen und damit die Franzosen über die Konfessionen hinweg für ihren König zu mobilisieren. Der Krieg gegen Spanien ließ überdies die Katholiken aus dem Spektrum der Liga, die sich im Aufstand gegen die Krone befanden, geradezu als Landesverräter, als »Franzosen-Spanier« erscheinen. Denn Spanien war kein ferner Feind, sondern als mit den katholischen Radikalen verbündete Besatzungsmacht vor Kriegsbeginn in Teilen Frankreichs – bis 1593 sogar in Paris – präsent. Dies machte es für Heinrich IV. leichter, auch diese radikalen Kräfte zur Raison zu bringen, was wiederum nur befriedend auf die immer noch militärisch handlungsfähigen und bestens organisierten Hugenotten wirken konnte.[397]

In dieser Hinsicht scheint Heinrich IV. tatsächlich aus den Erfahrungen der Religionskriege gelernt zu haben, wie wichtig es für ein friedensstiftendes Königtum war, eine Position der Stärke zu erringen, die mit einem hohen Maß an Unabhängigkeit gegenüber den radikalen Lagern auf beiden Seiten verbunden war – hatte doch gerade eine fehlende Unabhängigkeit des Königs in der Vergangenheit zu heftigen Reaktionen der jeweiligen politisch-religiösen Gegenseite geführt.[398] Hält man sich vor Augen, wie leicht sich Figuren wie Karl IX. und sein Bruder Heinrich III. von aggressiven Kräften vereinnahmen ließen, so war eine über den Parteien stehende Monarchie keine Selbstverständlichkeit. Natürlich verfügte Heinrich IV. aufgrund der besonderen Kombination von Erbanspruch auf die Krone und Verwurzelung im Protestantismus über Handlungsmöglichkeiten, die keinem der Valois-Herrscher zur Verfügung gestanden hatten. Aber diese Gelegenheit – wie von Nicollier betont – beim Schopf zu packen, darf als Ausdruck einer besonderen analytischen Intelligenz und eines Lernens aus den historischen Erfahrungen seit den 1560er Jahren gelten.

Abb. 8: Lernbereiter Konvertit: Grabmal des 1610 von einem religiösen Fanatiker ermordeten Heinrich IV., der 1598 das Edikt von Nantes unterzeichnet hatte und bis heute als der »gute König Heinrich« bekannt ist (Krypta der Basilika Saint Denis bei Paris).

Denn der Bourbone, der selbst um ein Haar der Bartholomäusnacht zum Opfer gefallen wäre, hätte ja auch die Option gehabt, im Bündnis mit den Hugenotten und auswärtigen protestantischen Mächten ein reformiertes Königtum anzustreben – entgegen dem Rat Heinrichs III. auf seinem Sterbebett, der ihm die Krone mit der Bitte um Konversion übergeben hatte.[399] Auch wenn die Spekulationen an dieser Stelle nicht zu weit getrieben werden sollen, scheint es doch schwer vorstellbar, dass die Religionskriege auf diesem Wege überwunden worden wären: Das katholische Lager in Frankreich hätte sich wahrscheinlich in seinen radikalen Rändern – und durch weitere Polarisierung vielleicht auch bis ins Milieu der gemäßigten Katholiken hinein – mit Spanien verbündet, und Frankreich wäre wohl für weitere Jahre und Jahrzehnte zum Schauplatz eines gesamteuropäischen Krieges zwischen Reformation und Gegenreformation geworden. Der französische Bürgerkrieg hätte noch mehr als zuvor den Charakter eines Stellvertreterkonflikts im Rahmen einer sehr viel weiterreichenden Konfrontation angenommen.[400]

Im Fall von Heinrich IV. lässt sich nicht belegen, dass er selbst das Edikt von Nantes und dessen Durchsetzung als das Ergebnis eines geschichtsbezogenen Lernprozesses verstanden hätte. Es gab aber durchaus bereits zeitgenössisch Versuche, die 1598 gefundenen Lösungen aus der Geschichte abzuleiten. Dies ist schon 1561 in der bereits erwähnten Ansprache des Kanzlers Michel de L'Hospital vor den Generalständen in Orléans festzustellen, wenn er den Einsatz von Gewalt zur Überwindung von Glaubensspaltung unter Verweis auf die angeblich mit friedlichen Mitteln erreichte Konversion von Katharern im Hochmittelalter zurückwies. Wesentlich ausführlicher entwickelte diese Argumentation aus der Kirchengeschichte der Historiker Jacques-Auguste de Thou in seiner 1604 erschienenen *Universalgeschichte*. De Thou war als Unterhändler Heinrichs IV. im unmittelbaren Vorfeld des Edikts von Nantes an den Verhandlungen mit der Protestantenversammlung von Châtellerault beteiligt. Das an Heinrich IV. gerichtete Vorwort zu seiner *Universalgeschichte* wurde separat in französischen Übersetzungen veröffentlicht und fand weite Verbreitung. Ähnlich wie vier Jahrzehnte zuvor de L'Hospital leitet de Thou aus der Erfahrung ab, dass Gewalt und Verfolgung ein »Übel« nur verschlimmerten, das »seine Wurzel im Geist« habe.[401] In Frankreich könne man seit 40 Jahren beobachten, was geschehe, wenn man religiöse »Neuerer« gewaltsam ausschalten wolle: Der Versuch, mit wenigen Hinrichtungen der Situation Herr zu werden, sei vergeblich gewesen, da sie nur zur Verhärtung und Ausbreitung der häretischen Überzeugungen geführt hätten. De Thou verweist zudem auf das historische Beispiel des Kirchenvaters Augustinus (354–430), der als Bischof von Hippo den römischen Statthalter der afrikanischen Provinz darum gebeten hatte, die als Häretiker geltenden Anhänger des Donatius nicht mit dem Tod zu bestrafen. Überdies hatte er sich ihren Klerikern gegenüber gesprächsbereit gezeigt.[402] Tatsächlich passt das Beispiel des Augustinus nur zum Teil in diese Argumentation, da dieser Gewalt zwar zunächst zurückgewiesen, sie später aber im Zuge der weiteren Eskalation des Konflikts mit den Donatisten befürwortet hatte.[403]

Darüber hinaus suchte de Thou im Rückgriff auf die Kirchengeschichte darzulegen, dass die Kirche in der Spätantike niemals die Todesstrafe gegen Häretiker akzeptiert habe. Und als diese einmal im Jahr 383 auf kaiserlichen Befehl hin an Priscilianus vollstreckt worden war, habe das die Ausbreitung der von ihm gepredigten Ketzerei keineswegs beendet. Als ein positives Beispiel der jüngeren Zeitgeschichte hebt de Thou den römisch-deutschen König und späteren Kaiser Ferdinand I. hervor: Dieser habe 1555 sofort nach seinem Herrschaftsantritt den Augsburger Religionsfrieden dekretiert, da er aus der Erfolglosigkeit der antiprotestantischen Kriegs- und Verfolgungspolitik seines Bruders Karls V. gelernt hätte, dass sich Glaubensüberzeugungen nicht wirksam militärisch bekämpfen ließen. Als Negativbeispiel dient de Thou hingegen der Herzog von Alba, dessen freiheitsfeindliche Politik im Dienst der spanischen Krone die reichsten Provinzen der Niederlande zunächst in den Ruin und sodann in die erfolgreiche Sezession getrieben habe. Bezogen auf Frankreich formuliert de Thou folgende Einsicht:

> » Ich komme nun zu dem, was uns betrifft, und ich werde eine noch so frische Wunde offenlegen, dass ich fürchte, allein der Gedanke, daran zu rühren, wird mir Schwierigkeiten bereiten. Aber, Sire, da ich schon damit angefangen habe, werde ich fortfahren und in einem Wort und ganz offen sagen (da es unter Eurer Herrschaft zu sagen erlaubt ist), dass der Krieg kein legitimes Mittel ist, um das Schisma der Kirche zu heilen. Die Protestanten in diesem Königreich, die in Zeiten des Friedens an Zahl und Ansehen verloren, haben während des Krieges und inmitten unserer Spaltungen immer mehr zugenommen.«[404]

Dies war auch das zentrale Argumentationsmuster Michel de L'Hospitals – und ähnlich argumentierte auch König Heinrich IV. selbst, als er vor dem Pariser Parlament die Registrierung des Edikts von Nantes durchsetzen wollte.[405] Die Parlamente waren königliche Gerichtshöfe, hatten also mit einem modernen Organ der gewählten Legislative nichts zu tun. Aber trotz königlicher Ernennung waren die Parlamentarier nicht einfach Erfüllungsgehilfen des Monarchen, sondern vertraten durchaus eigene Vorstellungen bis hin zu offenem Widerstand gegen das Königtum, was sie im 18. Jahrhundert sogar – im Ergebnis gegen ihre eigenen Standesinteressen – zu Wegbereitern der Französischen Revolution machen sollte.[406] Da königliche Edikte und Ordonnanzen erst rechtskräftig wurden, wenn die Parlamente sie »registriert« hatten, verfügten die Parlamentarier über einen politischen Hebel, der ihnen die Durchsetzung von Änderungen erlaubte.[407]

Wie gesagt: An keiner Stelle behauptete das Edikt von Nantes eine Gleichrangigkeit der beiden Konfessionen. Die Asymmetrie in Glaubensfragen zeigte sich schon darin, dass der Protestantismus sich mit der wenig schmeichelhaften Bezeichnung einer »angeblich reformierten Religion« abzufinden hatte, während der Kultus der Altgläubigen die etablierte und ehrenvolle Bezeichnung der »katholischen, apostolischen und römischen Religion« führte.[408] So gesehen war der Widerruf des Edikts von Nantes unter Ludwig XIV. kein wirklicher Bruch, sondern die Fortsetzung einer königlichen Politik, die immer schon auf die Einheit des Glaubens hingearbeitet hatte und die Präsenz von Protestanten auf französischem Boden als ein unvermeidliches Provisorium sehen musste. Für die betroffene Minderheit bedeutete die »Révocation« von 1685 aber durchaus einen tiefen Einschnitt: Sie befand sich nun erneut in der Situation einer nicht nur von katholischen Nachbarn ›privat‹ angefeindeten, sondern vom Staat verfolgten Gruppe. Dies bewog einen Teil der französischen Hugenotten – trotz Auswanderungsverbot unter Androhung der Galeerenstrafe – zur Emigration, etwa nach Brandenburg-Preußen und in andere protestantische Territorien des Heiligen Römischen Reiches Deutscher Nation. Für Frankreich bedeutete das einen *brain drain* – und für die aufnehmenden Staaten einen Zugewinn an oft hoch qualifizierten und leistungswilligen Migranten. Die Regierung Ludwigs XIV. hatte bereits vor 1685 massiven Druck auf die noch in Frankreich verbliebenen Protestanten ausgeübt, indem sie die gemischt konfessionellen Gerichtshöfe abschaffte, Hugenotten keinen Zugang mehr zu Ämtern ermöglichte und in ihren Haushalten Soldaten einquartierte. Diese sogenannten ›Dragonaden‹ verfolgten das Ziel, die Menschen zu drangsalieren und so zur Konversion zu bewegen.[409]

Trotz dieses für den französischen Protestantismus geradezu fatalen Ausgangs wird man dem Edikt von Nantes in mittelfristiger Perspektive zubilligen dürfen, die Phase des offenen Religionskrieges beendet und für viele Menschen vergleichsweise akzeptable Lebensbedingungen in einer halbwegs stabilen Ordnung geschaffen zu haben. Die Idee eines gewaltfreien, aber nur provisorischen Nebeneinanders der Konfessionen kann nicht umstandslos als ein Ergebnis des Lernens aus der Geschichte betrachtet werden, da sie seit Beginn der Religionskriege in der oben zitierten Ansprache des Kanzlers Michel de L'Hospital vor den Generalständen ausformuliert war.[410] Gelernt wurde aber im Zuge der jahrzehntelangen Auseinandersetzungen doch, dass der Preis dafür, diese von Anfang an präsente Idee in der illusionären Hoffnung auf den ultimativen Sieg der eigenen Sache zu verdrängen, für alle Beteiligten zu hoch war. Für diese Einsicht war es offenbar notwendig gewesen, in leidvollen Jahrzehnten zu erfahren, dass keine Seite – seien es die Katholiken, die Protestanten oder die zwischen den Lagern schwankende Monarchie – es vermochte, dauerhaft über die Kontrahenten zu triumphieren. Trotz trügerischer Etappensiege zeigte sich am Ende stets, dass es sich nicht auszahlte, auf die Karte der Gewalt und des Sieges zu setzen. Diese Lehre aus zeitgeschichtlichen Erfahrungen hat Jacques-Auguste de Thou durch Heranziehung der Kirchengeschichte zusätzlich in eine langfristige Perspektive gestellt und so als eine Lehre der Geschichte – nicht nur der Zeitgeschichte – präsentiert. Solche Überlegungen dürften aber unwirksam geblieben sein, wenn nicht Heinrich IV. aus seiner Lebenserfahrung zu der Auffassung gelangt wäre, dass nur ein Abbau von massiven Ängsten in beiden Lagern den inneren Frieden sichern konnte: Den Katholiken musste seine Konversion die Angst vor einem protestantischen Königtum nehmen, bei den Hugenotten hingegen musste die Sorge vor einer Einreihung Frankreich ins Lager einer grenzüberschreitend unter spanischer Führung agierenden Gegenreformation entkräftet werden, was durch den erfolgreichen Krieg Heinrichs gegen Spanien gelang. Dies zu begreifen – die Unmöglichkeit des gewaltsamen Sieges und die Notwendigkeit des Abbaus von Urängsten bei Protestanten wie Katholiken –, war das zentrale Lernergebnis der französischen Religionskriege. Nicht im Sinne einer Hervorbringung neuer Ideen und Konzepte, sondern als Ausdruck dieser Einsicht kann das Edikt von Nantes als Produkt eines Lernens aus der Geschichte gesehen werden.[411]

Religiöse Fragen, die Menschen des 16. Jahrhunderts umgetrieben und bis zum Massenmord radikalisiert haben, sind von den Mehrheitsgesellschaften säkularer Staaten der Gegenwart sehr weit entfernt. Allerdings können diese Gesellschaften solche Fragen auch nicht einfach für irrelevant und im Zeichen der Neutralität des Staates gegenüber Glaubensdingen abschließend geklärt betrachten. Denn auch heute wirken im Spektrum des religiösen Extremismus Kräfte, die »eschatologische Gewalt« gegen Andersgläubige oder aus anderen Gründen zur Zielscheibe gemachte Menschen anwenden. Was diese von dem Mediävisten Philippe Buc auf den Begriff gebrachte und ideengeschichtlich untersuchte Form der Gewalt so gefährlich macht, ist die Selbstwahrnehmung der Akteure: Sie glauben, durch ihr mörderisches Handeln die Welt auf einen von Gott gewollten Endzustand (*eschaton*) zuzuführen – in der säkularen Variante rückt an die Stelle von Gottes Plan eine Ideologie wie etwa der Marxismus, was es Buc möglich macht, auf den ersten Blick so unterschiedliche Akteure wie die Kreuzzugsprediger, gewaltbereite protestantische Sekten, jakobinische Revolutionäre oder RAF-Terroristen als Repräsentanten einer in fataler Weise eschatologischen Programmatik zu verstehen.[412] Auch nicht-religiöse Konflikte haben im Zuge der Polarisierung vieler Daseinsbereiche eine Dimension der Unversöhnlichkeit erreicht, die sich nur noch mit absoluten und in keinen Kompromiss mehr überführbaren Wahrheitsansprüchen erklären lässt.[413] Man könnte mit dem Soziologen Alexander Bogner vielleicht hoffen, dass heute der Rekurs auf wissenschaftliche Evidenz eine Versachlichung und einen Konsens ermöglicht, wie sie in dogmatischen Fragen des Seelenheils im 16. Jahrhundert nicht zu gewinnen waren. Bogner hat aber überzeugend aufgezeigt, dass es in den schärfsten Konflikten der Gegenwart nicht um Fragen eines durch Forschung gesicherten Wissens geht, sondern um Gewichtungen und Wertungen, auch wenn die eigentlich normative Dimension des Konflikts oft und von allen Seiten durch eine zumindest dem Anspruch nach faktenbezogene Argumentation verschleiert werde. So kann man Boger zufolge den Klimawandel durchaus als Faktum anerkennen und dennoch eine klimaschädliche Politik befürworten, wenn man in der Zielhierarchie ökonomische Belange (»Wirtschaftswachstum«) über ökologische stellt. Da Wissenschaftlichkeit auch für Wissenschaftsgegner das dominierende Paradigma sei, so Bogner, werde aber nicht zugegeben, dass eine Wertung im Hintergrund stehe. Diese werde vielmehr hinter einer pseudowissenschaftlichen Argumentation verborgen – unter Verweis auf marginalisierte, aber vermeintlich ›richtig liegende‹ Experten wird der Klimawandel abgestritten oder verharmlost. Wenn Bogners Analyse auch nur zu Teilen zutrifft, dann sind die gespaltenen Gesellschaften der Gegenwart in ihren mit Wissenschaft und Pseudowissenschaft begründeten Absolutheitsansprüchen vielleicht weniger weit von den religiösen Konflikten des 16. Jahrhunderts entfernt, als sie sich eingestehen mögen.[414] Das verführt am Ende dieses Kapitels zu der provokativen Frage, ob die zunächst so defizitär wirkende »Koexistenz in der Intoleranz« nicht doch ein für die Gegenwart noch – oder wieder – interessantes Modell sein könnte.[415] Darauf habe ich keine Antwort, schon weil ich meine selbstgesetzte Verpflichtung nicht verletzten möchte, eben gerade keine Lehren für die Gegenwart aus der Geschichte anzubieten. Ein Einwand gegen eine Übertragung in die Gegenwart sei noch gestattet: Die Gesellschaften des 16. Jahrhunderts konnten es sich *objektiv* leisten, religiösen Dissens hinzunehmen, auch wenn sie dies *subjektiv* – wie in Michel de L'Hospitals Ansprache deutlich zu erkennen – in ihrer Orientierung am Seelenheil und damit an einem transzendenten Daseinsfeld nicht in der uns heute möglichen Entspanntheit wahrgenommen haben. In einer realen Bedrohungslage, wie sie der Klimawandel oder auch die Gefahr einer nuklearen Eskalation weltpolitischer Konflikte heute zweifellos darstellen, kann das Leugnen oder Ausblenden dieser Bedrohung eine ganze Gesellschaft oder sogar die Menschheit gefährden. Wenn die Überzeugung an Boden gewinnt, dass die jeweilige Gegenseite existenzgefährdend handelt – oder dringend gebotenes Handeln unterlässt – dann dürfte sogar die »Koexistenz in der Intoleranz« auch im 21. Jahrhundert bald ähnlich schwer zu erreichen sein, wie sie es vor 500 Jahren im Zeitalter der Glaubensspaltung war.

# 6
## Wien 1814/15

Das Europäische Konzert als Antwort auf die
Napoleonischen Kriege

Die Französische Revolution stürzte nicht nur die politische und soziale Ordnung Frankreichs um, sie hob auch die europäische Staatenwelt aus den Angeln und löste bewaffnete Auseinandersetzungen aus, die in der neueren Forschung als »Weltkrieg« eingestuft wurden – allein fünf Millionen Soldaten kosteten die Kriege der Revolution und der napoleonischen Zeit zwischen 1792 und 1815 das Leben, Opferzahlen, die erst im 20. Jahrhundert wieder erreicht wurden.[416] Was lag näher, als nach diesen Jahren des Gemetzels nach Lehren der – von damals aus gesehen – jüngsten Zeitgeschichte zu fragen? Genau dies war eines der wesentlichen Themen des Wiener Kongresses, der 1814/15 in der österreichischen Hauptstadt die diplomatischen Vertreter der europäischen Mächte und zeitweilig auch deren gekrönte Häupter selbst versammelte. Wie konnte der Kontinent so neu geordnet werden, dass die Stabilität von Herrschaft und Territorien auf Dauer gewährleistet war? Dies würde aus Sicht der maßgeblichen Akteure nur gelingen, wenn die Ursachen des revolutionären und dann napoleonischen Weltkrieges erkannt und gebannt wurden, also durch eine lernende Auseinandersetzung mit der Geschichte mindestens seit dem späten 18. Jahrhundert, teilweise aber auch wesentlich weiter in den Erfahrungsschatz der Vergangenheit zurückreichend. Dies galt vor allem für den österreichischen Außenminister Clemens Wenzel Lothar Fürst von Metternich, der eine, wenn nicht *die* Schlüsselfigur des Kongresses war.[417] Der amerikanische Historiker Paul Schroeder ging sogar so weit, den Hauptakteuren der Neuordnung Europas in den Jahren 1814/15 eine besonders intensive Form des Lernens aus (zeitgeschichtlicher) Erfahrung zuzuschreiben, die für die Stabilität der damals geschaffenen Friedensordnung wesentlich gewesen sei: Die damaligen Protagonisten, die bei allen Erschütterungen dieser Zeit im Wesentlichen dieselben blieben, hätten in der Revolutionszeit und der napoleonischen Ära so viele Kriege erlebt, dass dies den »Lernerfahrungen« von zwei Weltkriegen und einem Kalten Krieg im 20. Jahrhundert entsprochen habe.[418] Das Ergebnis dieses extrem verdichteten Lernprozesses war ein ungewöhnlich dauerhafter Friedenszustand in Europa. Dieser wurde vor Ausbruch des Ersten Weltkriegs zwar durchaus immer wieder durch Kriege unterbrochen, aber darunter gab es nur einen einzigen, in den fast alle europäischen Staaten verwickelt waren: den Krimkrieg der Jahre 1853 bis 1856. Die militärischen Operationen betrafen damals nur die Schwarzmeerregion, sie griffen nicht auf ganz Europa aus. Insofern war der Wiener Friedensordnung eine vor allem im Vergleich zum 20. Jahrhundert beeindruckende Stabilität beschieden.[419]

Dieser Stabilisierungserfolg ist wahrscheinlich ausgerechnet auf eine Tatsache zurückzuführen, die den Kongress in den Augen der national bewegten Nachwelt besonders unpopulär gemacht hat: 1814/15 triumphierte nicht die Souveränität der Nationen, sondern die der Monarchen, nicht die Leidenschaften der Völker, sondern das Interessenkalkül der gekrönten Häupter, die nichts mehr fürchteten, als durch Kriege und revolutionäre Aufwallungen im Zeichen der Nation von den Thronen gestürzt zu werden. Die Enttäuschung darüber, dass in den Worten des Schriftstellers Willibald von Alexis »die Diplomatie der Nationalbegeisterung ein Schnippchen geschlagen hatte« mag unter den kriegsgeplagten Zeitgenossen noch nicht das vorherrschende Gefühl gewesen sein, aber sie wurde im weiteren Verlauf des 19. Jahrhunderts stärker und wirkte bis in bundesrepublikanische Schulgeschichtsbücher weiter, die dem Wiener Kongress in anachronistischer Weise anlasteten, die deutsche Einheit verhindert zu haben.[420]

Wie war es zu der besonderen Entfesselung von Kriegsgewalt im späten 18. und frühen 19. Jahrhundert gekommen – ausgerechnet im Zeitalter der Spätaufklärung, die mit Immanuel Kants Schrift *Zum ewigen Frieden* (1795) die Überwindung militärischer Auseinandersetzungen zu einem zentralen Anliegen erhoben hatte?[421] Die Kriege des revolutionären Frankreichs gegen die europäischen Monarchien hatten zunehmend den Charakter eines nationalen Kampfs um Werte angenommen: Hier die französische Nation, die in universaler Mission für die Geltung von Freiheit, Volkssouveränität und Menschenrechten einzutreten beanspruchte – dort die europäischen Monarchien, die genau in diesen Prinzipien eine existenzielle Bedrohung für sich sahen. Was der französische Historiker François Furet als eine für sein Land typische »instabile Mischung aus Nationalem und Universalem« bezeichnet hat, stand zwar nicht am Anfang des Krieges, den König Ludwig XVI. am 20. April 1792 dem König von Ungarn und Böhmen und baldigem römisch-deutschen Kaiser Franz II. erklärte – der Krieg wurde zunächst als Verteidigungskampf wahrgenommen. Aber Frankreichs Eintreten für allgemein geltende Werte und Ordnungsprinzipien, wie sie in der berühmten Erklärung der Menschen- und Bürgerrechte von 1789 zum Ausdruck kamen, gewann als Rechtfertigung für die militärischen Auseinandersetzungen zwischen der revolutionären Nation und den europäischen Monarchien zunehmend an Bedeutung.[422]

Ob und inwiefern Frankreich berufen und verpflichtet war, seine Werte auch jenseits der Grenzen zu verbreiten, war zunächst sehr umstritten. So befand im März 1792 der Jakobiner Maximilien Robespierre, der später im Rahmen der Schreckensherrschaft durchaus zu ›wertegeleiteter‹ Gewalt gegen innere und äußere Feinde bereit war, dass »bewaffnete Missionare« nicht das Mittel der Wahl seien, um den Prinzipien der Revolution international zum Erfolg zu verhelfen:

》 Die abgehobenste Idee, die im Kopf eines Politikers geboren werden kann, besteht darin zu glauben, dass es für ein Volk reichen könnte, mit Waffengewalt bei einem anderen Volk einzudringen, um es dazu zu bringen, seine Gesetze und seine Verfassung anzunehmen. Niemand liebt die bewaffneten Missionare; und der erste Rat, den Natur und Klugheit geben, ist es, sie als Feinde in die Flucht zu schlagen.«[423]

Eine ganz andere Position hatte wenige Monate zuvor der Girondist Jacques-Pierre Brissot vertreten, indem er an die christlich-universalistische Tradition der Kreuzzüge anknüpfte:

》 Erinnern sie sich an die Kreuzzüge, in denen sich Europa für ein wenig Aberglauben bewaffnete, sich durch die Stimme eines Mannes erschüttern ließ, um die Hydra zu zerquetschen. Die Zeit ist gekommen für einen anderen Kreuzzug, und dieser hat ein viel edleres Ziel. Es handelt sich um einen Kreuzzug der universellen Freiheit. Hier ist jeder Soldat Peter der Einsiedler, ein Bernhard [von Clairvaux], und wird beredsamer sein als diese. Er wird nicht mystische Dogmen predigen, sondern das, was jeder kennt, was jeder will, die Freiheit.«[424]

Indem Brissot die Revolutionäre mit den mittelalterlichen Kreuzzugspredigern Peter dem Einsiedler und Abt Berhard von Clairvaux verglich, machte er sie zu Protagonisten einer säkularen Heilsgeschichte, in der Vernunft und Freiheit zwar die Gebote Gottes ablösten, der missionarische Eifer des Kreuzzugsgedankens aber erhalten blieb. Insofern zeigt Brissots Rede mustergültig jene Weiterführung religiöser Denkweisen im säkularen Gewand, die der Philosoph Karl Löwith als ein zentrales Merkmal modernen Geschichtsdenkens herausgearbeitet hat.[425]

Die Eroberungskriege Napoleon Bonapartes und seine Neuordnung der europäischen Staatenwelt waren zweifellos durch hegemoniale Machtinteressen motiviert, schlossen aber auf ideologischer Ebene nahtlos an das zunehmend universalistische Programm der revolutionären Außen- und Expansionspolitik an. Dies verdeutlichte im November 1807 mustergültig ein Brief Napoleons an seinen Bruder Jérôme, den König des napoleonischen Satellitenstaates Westfalen, in dem der französische Kaiser die Funktion der als ›Anlage‹ mitgeschickten westfälischen Verfassung für dieses neu geschaffene territoriale Gebilde mit folgenden Worten erläuterte:

> » Ihr Volk muss sich einer Freiheit, einer Gleichheit, eines Wohlstandes erfreuen, die den übrigen Völkern Deutschlands unbekannt sind! Eine solche liberale Regierung muss auf diese oder jene Weise für die Politik des Rheinbundes und für die Macht Ihres Reiches die heilsamsten Veränderungen hervorbringen. Sie wird Ihnen eine mächtigere Schranke gegen Preußen sein als die Elbe, als alle Festungen und der Schutz Frankreichs. Welches Volk wird zu der willkürlichen preußischen Regierung zurückkehren wollen, wenn es einmal von den Wohltaten einer weisen und liberalen Verwaltung gekostet hat?«[426]

Kriege, die im Zeichen eines universalen Wahrheits- und Weltverbesserungsanspruchs geführt werden, ließen sich wesentlich schwerer begrenzen und pragmatisch beenden als die klassischen Kabinettskriege der Frühen Neuzeit, über die allein die Fürsten und ihre Regierungen gemäß der jeweiligen Interessenlage entschieden. Ein wichtiger Faktor der Radikalisierung und Eskalation des Krieges war dessen »Nationalisierung«, die ja – wie gesehen – im französischen Fall Hand in Hand mit der Universalisierung der ideologischen Kriegsziele ging. Noch 1806 hieß es auf einem nach der preußischen Niederlage ausgehängten Plakat in Berlin, dass der »König [...] eine Bataille verloren« habe und »Ruhe« nun »die erste Bürgerpflicht« sei. Diese Trennung von Monarch und Nation war nun immer weniger denkbar. Seit der berühmten Massenaushebung der französischen Revolution im Jahr 1792 – der *levée en masse* – waren es nicht mehr nur Berufsheere, die auf Europas Schlachtfeldern zum Einsatz kamen, sondern Bürgerarmeen, die ganze Nationen militärisch repräsentierten und bisher nie dagewesene Kräfte und Ressourcen freisetzten. Erst damit wurde der Krieg zu einer Angelegenheit, die mit heftigsten nationalen Emotionen behaftet war: Es kam zu einer »Entgrenzung der Kriegsziele und der ideologischen Stigmatisierung des Feindes« (Jörn Leonhardt) und letztlich auch zu einer allerdings erst im 20. Jahrhundert erfahrbaren »Totalisierung des Krieges«.[427]

Der Geist des alles verschlingenden Krieges war also seit 1792 aus der Flasche – und ein Lernen aus der Geschichte der beiden zurückliegenden blutigen

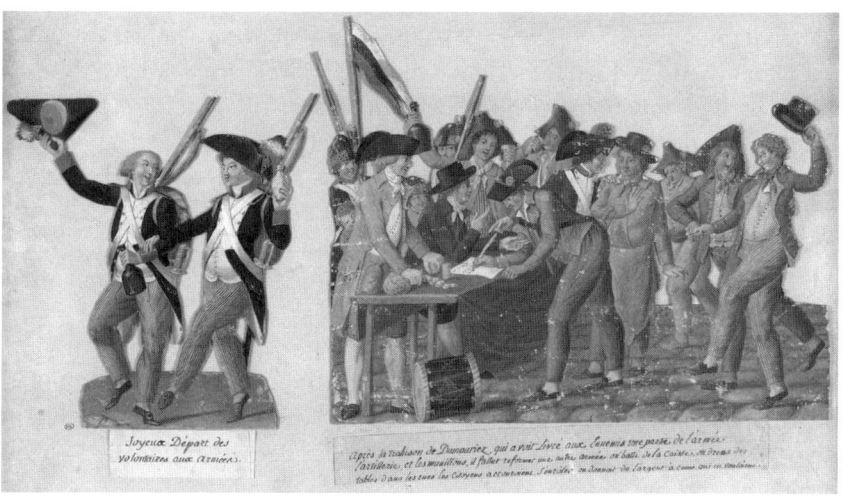

Abb. 9: Massenmobilisierung und Ideologisierung: Der revolutionären Bilderzyklus von Jean-Baptiste Lesueur (1792/93) zeigt links den »fröhlichen Aufbruch von Freiwilligen«. Rechts sind Bürger zu sehen, die sich in Rekrutierungslisten eintragen und Geld zur Verteidigung des von äußeren Feinden bedrängten Frankreich spenden.

Jahrzehnte musste sich im erschöpften Europa des Jahres 1814 auf die Frage konzentrieren, wie dieser Geist wieder in diese Flasche hineinzuzwängen und durch einen möglichst fest sitzenden Pfropfen am erneuten Entweichen zu hindern war. Den revolutionären Universalismus und Nationalismus in ihren potenziell Gewalt freisetzenden Wirkungen zu entschärfen, war (neben der Sicherung von allerlei Herrschaftsinteressen und territorialen Ansprüchen) das große Thema des Wiener Kongresses.[428]

Es wäre zu einfach, den Akteuren dieses Kongresses ein lediglich an partikularen Macht- und Besitzinteressen orientiertes Programm zu unterstellen. Auch sie richteten die neue Ordnung durchaus an universalen – oder von ihnen jedenfalls so wahrgenommenen – Wertvorstellungen wie Frieden oder der Idee einer christlichen Fürsorge der Monarchen für ihre Völker aus. Sie setzten sogar Vorhaben wie das Verbot des Sklavenhandels um, die an universalistisch-humanitäre Traditionen der Aufklärung anknüpften, auch wenn daraus nicht die aus heutiger Sicht selbstverständliche Konsequenz gezogen wurde, die Sklaverei selbst abzuschaffen.[429] Insofern trifft Henry Kissingers Auffassung nicht ganz zu, der Wiener Kongress habe die Eskalationsdynamik des Nationalismus dadurch in Schach gehalten, dass er ihm die »Einheit konservativer Interessen« gegenübergestellt habe.[430] Dies lässt sich am damaligen österreichischen Außenminister und späteren Staatskanzler Metternich zeigen, der als zentraler Koordinator des Kongresses gelten kann: Er vertrat die Idee einer auf zwischenstaatlicher Kooperationsbereitschaft und der Achtung vor dem Recht basierenden Friedensordnung. Auch wenn diese Idee die Belange der gekrönten Häupter Europas zum Dreh- und Angelpunkt der Neuordnung machte, lässt sie sich nicht einfach nur als Ausdruck einer reaktionären Interessenpolitik verstehen.[431]

Der Historiker Wolfram Siemann hat in seiner Metternich-Biografie die Bedeutung des Lernens aus der Geschichte für den österreichischen Außenminister deutlich herausgearbeitet. Er zitiert ein »Glaubensbekenntnis«, in dem Metternich das Ideal des Gleichgewichts aus der Geschichte der Neuzeit ableitete:

> » Die Geschichte lehrt uns, dass jedes Mal, wenn die partikularen Interessen eines Staates zu den allgemeinen Interessen im Widerspruch stehen und man die letzteren vernachlässigt oder verkennt, um nur den ersteren zu folgen, dann muss diese Tatsache als eine Ausnahme angesehen werden, als eine Krankheit, deren Entwicklung oder schnelle Heilung letztlich über das Schicksal dieses Staates entscheidet, das heißt über seinen baldigen Fall oder seine Wiedergeburt.«[432]

Unverkennbar steht hier die von dem Aufklärungsphilosophen Jean-Jacques Rousseau formulierte Lehre vom *Gesellschaftsvertrag* (1762) im Hintergrund, die Metternich vom Einzelstaat auf den Bereich der zwischenstaatlichen Beziehungen übertrug: So wie sich bei Rousseau die »Partikularwillen« (*volontés particulières*) dem »Gesamtwillen« (*volonté générale*) des staatlich geordneten Gemeinwesens unterordnen müssen, damit dem Ganzen bestmöglich gedient ist, so soll dies in der Perspektive Metternichs für die konfliktreiche Welt der Staaten gelten.[433] Siemann leitet das »Glaubensbekenntnis« nicht nur aus Metternichs Erfahrungen mit dem extremen Machtpolitiker und Eroberer Napoleon Bonaparte ab, sondern ebenso aus den Bildungsprozessen seiner Studienzeit in Straßburg und Mainz. An der Straßburger Universität habe Metternich Vorlesungen bei Christoph Wilhelm Koch gehört, der ihm die Geschichte als eine Quelle der politischen Urteilskraft in der Gegenwart vorgestellt habe.[434] Tatsächlich wird in Kochs *Tableau des Révolutions de l'Europe* (»Übersicht der Revolutionen in Europa«) die Idealvorstellung eines zwischenstaatlichen Gleichgewichts vertreten, die Metternichs Überlegungen vorwegzunehmen scheint und sich dabei auf das Beispiel Ludwigs XIV. bezieht: Nach dem Dreißigjährigen Krieg habe Frankreich ein solches »Übergewicht entfaltet, und einen [für die anderen Staaten] so furchterregend Charakter angenommen, dass sich alle Kräfte der Politik gegen es wandten.« Ludwig XIV. hätte Koch zufolge die Möglichkeit gehabt, sein Land als allseits geachtete Nation zu führen, wenn er nicht dem Ehrgeiz erlegen wäre, jene »Art von Ruhm zu erwerben, welche die Geißel der Menschheit ist.«[435]

Der Gleichgewichtsgedanke, der sich bei Metternich und seinem akademischen Lehrer Koch findet, lässt an die berühmte Thukydides-Passage zur tieferen Ursache des Krieges zwischen Sparta und Athen denken (▶ Kap. 1). Wie bereits erwähnt hatte der griechische Historiker im späten 5. Jahrhundert betont, man könne von allerlei Anlässen des Krieges erzählen, aber der »wahrste Grund« des Waffengangs sei ein anderer gewesen: das »Wachstum Athens, das die erschreckten Spartaner zum Kriege zwang.«[436] Diese These des Thukydides wird in Kochs Einleitung zu seinem dreibändigen Werk zitiert, aber nicht vertieft. Ein Einfluss auf Kochs Werk – und damit indirekt vielleicht auch auf Metternich – scheint aber wahrscheinlich, denn schon auf der ersten Seite des *Tableau* formuliert der Autor einen Satz, der Thukydides' Denken höchst verwandt ist: »Es gibt gewisse Prinzipien und Verhaltensregeln, die immer wahr sind, weil sie mit der unveränderlichen Natur der Dinge übereinstimmen.«[437] Auch Thukydides hatte sein Werk als »Besitz für immer« bezeichnet und darauf verwiesen, dass sich die »menschliche Natur« nicht ändere. Zugleich ist eine Nähe zu Montesquieus Werk *De l'esprit des lois* (»Vom Geist der Gesetze«) gegeben, das ebenfalls den Anspruch erhob, allgemeine Gesetze des Politischen aus der »Natur der Dinge« abzuleiten.[438]

Metternich selbst entfernte sich allerdings von der Vorstellung eines stets den gleichen Gesetzen unterworfenen und von einer unwandelbaren Menschennatur geprägten Geschehens; er nahm an einem Prozess der Veränderung von Geschichtswahrnehmung teil, den der Historiker Reinhardt Koselleck als »Verzeitlichung« bezeichnet und für ein zentrales Merkmal der Zeit um 1800 gehalten hat (▶ Kap. 1). Geschichte galt in dieser Perspektive nicht mehr als Feld, auf dem sich dieselben Phänomene nach überzeitlichen Mustern ständig wiederholten, sondern selbst als eine treibende Kraft der Weltveränderung.[439] Dass sich Metternich Geschichte nicht mehr als einen von ewiger Wiederholung bestimmten Kreislauf vorstellte, zeigt seine ablehnende Haltung gegenüber historischen Analogien, mit denen die Zeitgenossen versuchten, das Phänomen Napoleon in den Griff zu bekommen: Sein Verständnis von Geschichte dagegen könnte man als historistisch bezeichnen, weil es die Einzigartigkeit des Individuums hervorhebt und vor der verunklarenden Wirkung der Vergleiche warnt:

》 Man hat viele unnütze Versuche unternommen und vergeblich viel Gelehrsamkeit investiert, um Napoleon im Laufe seiner Eroberungen und der politischen Umwälzungen mit diesem oder jenem seiner Vorgänger zu vergleichen. Die Manie der Vergleiche fügt der Geschichte ein echtes Leid zu; sie hat ein falsches Licht auf die deutlichsten Charakterzüge geworfen und oft den Blickwinkel verzerrt, unter dem man sie eigentlich wahrnehmen musste. Es ist unmöglich, einen Mann zu beurteilen, wenn man ihn aus dem Rahmen herausnimmt, in den ihn die Gesamtheit der Umstände gestellt hat, die auf ihn eingewirkt haben. Selbst wenn es der Natur gefallen hätte, zwei absolut gleiche Individuen zu schaffen, würde ihre Entwicklung in Zeiten und Situationen, die keine Analogie erlauben, doch notwendigerweise ihre zunächst ins Auge fallende Ähnlichkeit verwischen und den ungeschickten Maler, der sie mit seinem Pinsel malen wollte, Lügen strafen. Der echte Historiker, der die bis zur Unendlichkeit verschiedenen Elemente zu berücksichtigen weiß, die in den Aufbau seines Bildes Eingang finden müssen, der wird – wie ich meine – gerne auf den hohlen Anspruch verzichten, Napoleon zu vergleichen – sei es mit den Helden der Antike, sei es mit den barbarischen Eroberern des Mittelalters, sei es (abgesehen vom militärischen Talent) mit einem großen König des letzten Jahrhunderts, sei es mit einem Usurpator vom Schlage Cromwells. Keiner dieser Vergleiche wäre in der Lage, die Nachwelt durch neue Aufklärung zu belehren, aber zweifellos würde er die Wahrheit der Geschichte verfälschen.«[440]

Für Metternich kam es darauf an, die Besonderheit der historischen Situation seiner Zeit wahrzunehmen und daraus die notwendigen praktischen Schlussfolgerungen abzuleiten: In seinem »Glaubensbekenntnis« sah er ein wesentliches Merkmal seiner Epoche darin, dass sich die Staaten anders als in der »alten Welt [...] einander annäherten« und ein Äquivalent zur »großen menschlichen Gesellschaft« bildeten, »die sich im Schoße des Christentums entwickelt« habe. Er ging so weit, für diese »Staatengesellschaft« die Geltung der Goldenen Regel einzufordern, der zufolge Menschen anderen nichts zufügen sollten, was sie selbst nicht erdulden wollten.[441] Hier zeigt sich nicht nur die Übertragung des Gesellschaftsbegriffs auf die Staatenwelt erneut, sondern auch die Bedeutung christlicher Werte für die internationale Ordnung. Auf den ersten Blick ähnelt dies dem Gedanken, der den Kern der sogenannten »Heiligen Allianz« bildete, eines nach der zweiten und endgültigen Niederwerfung Napoleons im September 1815 zwischen den Monarchen von Russland, Preußen und Österreich geschlossenen Vertrags: Sie bezeichneten sich und ihre Völker darin als »Mitglieder ein und derselben christlichen Nation«, die also staatsübergreifend gedacht wurde, und unterstellten diese und damit sich selbst dem einzigen wahren »Souverän« Jesus Christus.[442] Wolfram Siemann zeigt allerdings, dass Metternich die christliche Überhöhung des Monarchenbundes ablehnte und auch später eher die Konzeption einer bis zur Idee eines »Völkerbundes« reichenden Staatenordnung befürwortete.[443]

Auch wenn Metternich mit der theokratischen Begründung der Heiligen Allianz wenig anzufangen wusste, teilte er doch mit den unterzeichnenden Monarchen die Vorstellung, dass der Friede in Europa nur in einer Ordnung dauerhaft gesichert werden konnte, in der kein Staat ein machtpolitisches Übergewicht gegenüber den anderen entwickelte und alle durch ein Band der »Solidarität« zusammengehalten wurden.[444] In dieser Orientierung am friedlichen Zusammenwirken der Staaten unterschied sich sein Verständnis von internationaler Politik wesentlich vom Gleichgewichtskonzept des 18. Jahrhunderts, das auf die Durchsetzung der Interessen regierender Familien ausgerichtet war.[445] Auch sein enger politischer Weggefährte und Sekretär, Friedrich von Gentz, vertrat diesen Ansatz – und zwar ebenso wie Metternich in direkter Auseinandersetzung mit den Kriegen der Revolution und Napoleons. So schrieb er 1801:

> Das wohlverstandene Interesse von Frankreich wird mit dem gemeinschaftlichen Interesse des gesamten europäischen Bundes, wird mit den wahren Prinzipien des Förderativ-Systems zu keiner Zeit im Widerspruche stehen. [...] Aber das wahre Interesse einer Nazion [sic] liegt nicht in der Ohnmacht, und Demüthigung und Unterdrückung der anderen. Wer diese Art von Größe ihr wünscht[,] spielt, was immer auch sein Beweggrund seyn mag, allemal die Rolle ihres Feindes. Der allein ist ihr Freund, der ihr

Genügsamkeit und Mäßigung empfiehlt, der sie vor der Gefahr ihrer eigenen Sucesse, ihrer eigenen Übermacht warnt.«[446]

Die europäische Ordnung, die sowohl Gentz als auch Metternich der Kritik unterzogen und als das krasse Gegenbild des von ihnen gewünschten Gleichgewichts zeichneten, war das napoleonische *système continental*. Es handelte sich um eine seit dem Frieden von Lunéville 1801 zunehmend durchorganisierte und institutionalisierte Hegemonie Frankreichs, die am Ende, das heißt am Vorabend des für Napoleon katastrophalen Russland-Feldzugs 1812, den Charakter eines Imperiums mit Bereichen unterschiedlicher Herrschaftsorganisation – sei es direkt durch Erweiterung des französischen Staatsgebiets, sei es indirekt durch Vasallisierung anderer Staaten – angenommen hatte. Der entscheidende Punkt lag darin, dass dieses Imperium keine Ordnung des europäischen Interessenausgleichs oder der Orientierung an gesamteuropäischen Belangen war, sondern sehr klar den machtpolitischen, militärischen und ökonomischen Belangen Frankreichs diente.[447]

Grundlage der französischen Expansion waren die militärischen Siege der Republik und Napoleons. Diesen Erfolg der Waffen verband Bonaparte mit einer geschickten Bündnis- und Neuordnungspolitik, bei der die Interessen pro-französischer Fürstenhäuser wie Württemberg, Baden und Bayern durch Rangerhöhungen und Gebietserweiterungen so berücksichtigt wurden, dass diese bereit waren, sich gleichsam als Bausteine in die napoleonische Herrschaftsarchitektur einfügen zu lassen. Wie präsentierte sich dieses Imperium auf dem Höhepunkt seiner Macht um 1812, kurz vor dem Russland-Desaster? Den Kernraum französischer Herrschaft bildete das Staatsgebiet des Grand Empire, zu dem damals unter anderem auch die linksrheinischen Teile Deutschlands, die Niederlande, die deutsche Nordseeküste und Norditalien gehörten. Diesem Kernraum vorgelagert waren verbündete Monarchien, die in Deutschland seit 1806 organisatorisch unter dem Dach des Rheinbundes zusammengefasst waren. Teils waren die Dynastien dieser Satellitenstaaten über Eheschließungen mit dem Bonaparte-Clan verbunden, teils standen aber auch Mitglieder des Clans als Monarchen an ihrer Spitze, so etwa der erwähnte Bruder Jérôme im napoleonischen Musterstaat des Königreichs Westfalen. Österreich und Preußen wurden auch in den kurzen Friedenszeiten nicht Teil des napoleonischen Herrschaftssystems, mussten aber zeitweilig aus militärischer Schwäche kooperieren. England und Russland waren dem machtpolitischen

Zugriff Napoleons entzogen; letzteres sollte ihm schließlich die entscheidende Niederlage bereiten. Napoleons Versuch, England durch die Kontinentalsperre, also ein aggressives Embargo gegen britische Waren, wirtschaftlich in die Knie zu zwingen, zog die extrem verlustreichen französischen Feldzüge in Spanien und Russland zwecks ›Schließung undichter Stellen‹ nach sich, die sein Regime schließlich zu Fall bringen sollten.[448]

Wolfram Siemann deutet das Handeln Metternichs in den Jahren der napoleonischen Vorherrschaft als weitblickende Realpolitik, zu deren Repertoire taktische Winkelzüge und Täuschungsmanöver gehörten. Der in österreichischen Diensten stehende Diplomat und Politiker habe begriffen, dass in der frontalen Konfrontation wenig gegen Napoleon auszurichten war, und sein Verhalten dieser Lage angepasst, dabei jedoch nie das grundsätzliche Ziel einer Überwindung der napoleonischen Hegemonie aus den Augen zu verloren. Seine Politik speiste sich Siemann zufolge unmittelbar aus zeitgeschichtlichen Erfahrungen: Sowohl Preußen als auch Österreich hätten aufgrund schlechter Vorbereitung und falscher Einschätzung der Kräfteverhältnisse ihr militärisches Aufbegehren gegen den Kaiser der Franzosen in den Jahren 1806 und 1809 teuer bezahlt und dabei fast ihre staatliche Existenz eingebüßt. Unter solchen Umständen sei es in der Wahrnehmung Metternichs die einzig plausible Strategie gewesen, Österreich durch eine – scheinbare – Annäherung an Frankreich vor weiteren existenzbedrohenden Angriffen zu schützen. Diese Strategie habe sich 1810 besonders spektakulär in einer von Metternich arrangierten Eheschließung zwischen der habsburgischen Kaisertochter Marie-Louise und Napoleon niedergeschlagen.[449]

Napoleons Niederlage stand nach dem für Frankreich katastrophal verlaufenen Russlandfeldzug 1812/13 als Möglichkeit deutlich am Horizont, aber bis zur Völkerschlacht von Leipzig im Oktober 1813 war nicht ausgemacht, dass sein europäisches Herrschaftssystem untergehen würde. In dieser Situation der Unsicherheit und Unübersichtlichkeit unternahm es Metternich, Österreich vorsichtig aus dem Bündnis mit Frankreich zu lösen und dem gegnerischen Lager anzunähern – zunächst ohne offenen Bruch, sondern durch den Zwischenschritt der sogenannten »bewaffneten Mediation«.[450] Zu dieser Strategie gehörte das berühmte Gespräch, das er am 26. Juni 1813 im Dresdner Palais Marcolini mit Napoleon führte und in seinen Memoiren später ausführlich schilderte. Der französische Kaiser eröffnete die Diskussion nach Metternichs Schilderung brüsk mit einer Drohung – »Sie wollen also Krieg, gut, sie werden ihn bekommen« –, die der österreichische Außenminister als Zeichen der Schwäche wertete und zum Anlass nahm, sich selbst als »Vertreter der gesamten europäischen Gesellschaft« gegenüber dem »kleinen« Napoleon zu sehen. Er forderte sein Gegenüber auf, im Interesse des Friedens in Europa Grenzen zu akzeptieren, die mit der Stabilität des Kontinents vereinbar seien – andernfalls drohe sein Untergang. Napoleon reagierte darauf mit einer hellsichtigen Analyse seiner eigenen Herrschaftsgrundlagen: Eine solche »Entehrung« sei ihm nicht möglich. Seine Stellung als Kaiser habe eine ganz andere Quelle und Rechtfertigung als die der traditionellen – wie er es ausdrückte »auf dem Thron geborenen« – Herrscher: Diese könnten sich 20 militärische Niederlagen erlauben, er aber nicht, da er ein soldatischer »Parvenu« sei, also jemand, der nur durch Erfolg an die Macht gelangt sei. Seine Herrschaft werde verschwinden, sobald sie nicht mehr durch seine Stärke und die damit verbundene Angst vor ihm getragen werde. Als ihn Metternich auf das junge Alter der neu einberufenen Soldaten – er nannte sie »Kinder« – ansprach und fragte, was er nach deren Tod noch tun wolle, entgegnete Napoleon aufgebracht, indem er seinen Hut der Schilderung nach in eine Ecke schleuderte:

》 Sie sind kein Soldat [...], und Sie wissen nicht, was in der Seele eines Soldaten vor sich geht. Ich bin auf den Schlachtfeldern aufgewachsen. Ein Mann wie ich kümmert sich wenig um das Leben einer Million Menschen.«[451]

Tatsächlich drückte er sich wohl noch drastischer aus, wie aus einer anderen Version hervorgeht, die Metternich handschriftlich festgehalten hatte: »Ein Mann wie ich s... auf das Leben von Millionen Menschen.«[452] Der österreichische Außenminister suchte daraufhin Napoleon die menschenverachtende Tragweite seiner Aussage vor Augen zu führen, indem er ihn aufforderte, dies doch auch öffentlich in Frankreich so zu sagen – und er wies darauf hin, dass eine solche Offenlegung der Denkweise des Kaisers jedenfalls die von Metternich »vertretene Sache« nicht schwächen würde. Daraufhin griff Napoleon nach einem Argument, das den Zynismus seines Umgangs mit Menschenleben nur noch stärker hervortreten lassen musste: »Die Franzosen können sich nicht über mich beschweren: Um sie zu schonen, habe ich Deutsche und Polen geopfert. Ich habe 300 000 Mann im Russlandfeldzug verloren, aber in dieser Zahl waren nicht mehr als 30 000 Franzosen enthalten.« Metternich will darauf entrüstet erwidert haben: »Sie vergessen, Sire, dass Sie mit einem Deutschen sprechen.« Nach verschiedenen Äußerungen des Kaisers, die den

Charakter von Kriegserklärungen gehabt hätten, äußerte dieser Metternich zufolge verbunden mit der kumpelhaften Geste des Schulterklopfens die Erwartung, dass Österreich keinen Krieg gegen ihn führen werde. Doch der Außenminister beendete das Gespräch mit einer gerade in ihrer Kürze und Schlichtheit bedrohlichen Aussage: »Sie sind verloren, Sire, ich hatte eine entsprechende Ahnung, als ich herkam, nun habe ich Gewissheit.« So jedenfalls stellte sich das Gespräch in Metternichs Memoiren dar.[453]

Die Revolution und die aus ihr hervorgegangene Militärdiktatur Napoleons hatten gewaltige Kräfte der Zerstörung freigesetzt, die es in einer neuen Friedensordnung dauerhaft zu bannen galt. Diese Ordnung entstand nach der ersten Niederlage und Abdankung Napoleons auf dem Wiener Kongress der Jahre 1814/15, wo die wesentlichen Weichenstellungen für die Zukunft des Kontinents vorgenommen wurden. Der Wiener Kongress wurde lange Zeit mit dem Begriff der »Restauration« in Verbindung gebracht, der allerdings die damaligen Strukturentscheidungen nicht treffend charakterisiert, ja geradezu irreführend ist. Denn in wichtigen Bereichen hat der Wiener Kongress keineswegs die alten Verhältnisse ›restauriert‹, also ›wiederhergestellt‹, sondern Neues geschaffen beziehungsweise die von der Französischen Revolution und Napoleon durchgesetzten Veränderungen bestätigt: So wurde das Heilige Römische Reich Deutscher Nation ebenso wenig ins Leben zurückgerufen wie das zugehörige römisch-deutsche Kaisertum. An die Stelle des alten Imperiums trat der Deutsche Bund, der kein Bundesstaat, sondern ein Zusammenschluss von »souverainen Fürsten und freien Städte« war, wie es im ersten Artikel der Deutschen Bundesakte von 1815 heißt.[454] Die durch Napoleon vergrößerten Rheinbundstaaten Bayern, Württemberg und Baden behielten ihre üppigen Gebietszuwächse, die von ihnen einverleibten kleineren weltlichen und geistlichen Herrschaften und Territorien blieben von der politischen Landkarte getilgt. Sie waren noch in der Schlussphase des Alten Reiches ›mediatisiert‹, das heißt von einer ›unmittelbaren‹ (›immediaten‹) Stellung unter Kaiser und Reich in eine ›mittelbare‹ unter Reichsfürsten herabgestuft und damit als eigenständige Faktoren ausgeschaltet worden. Preußen konnte sein Gebiet beträchtlich ausweiten, indem es unter anderem die mit dem Vertrag von Lunéville 1801 an Frankreich gefallenen ehemaligen Reichsterritorien links des Rheins größtenteils übernahm, so etwa wesentliche Gebiete der Erzbischöfe und früheren Kurfürsten von Köln und Trier. Von einer territorialen Wiederherstellung Polens konnte nicht die Rede sein, denn die Königskrone des in Wien geschaffenen »Kongresspolen« trug in Personalunion Zar Alexander I., was einer Angliederung an Russland gleichkam.[455]

Abb. 10: Gelingt die Stabilisierung ›von oben‹? Europas gekrönte Häupter waren keine selbstlosen ›Friedensengel‹, wie die Karikatur *Der Kuchen der Könige* von 1815 unterstreicht. Der russische Zar Alexander I. hat bereits den mit »Polen« beschrifteten Kartenfetzen zusammengerollt in der Hand und blickt sorgenvoll auf den »Wiedergänger« Napoleon. Der Preußenkönig Friedrich Wilhelm III. greift nach Sachsen …

Die Stabilität der Friedensordnung, die aus dem Wiener Kongress hervorgegangen ist, könnte im Rückblick vermuten lassen, dass in den Jahren 1814/15 unter den gegen Frankreich verbündeten Staaten Harmonie geherrscht hätte. Dem war aber nicht so. Begehrlichkeiten Preußens und Russlands in Bezug auf die sächsisch-polnische Doppelmonarchie hätten beinahe zu einem neuen Großmachtkonflikt geführt. Hintergrund war der späte Seitenwechsel des sächsischen Königs Friedrich August: Die sächsischen Truppen waren erst in der berühmten Völkerschlacht bei Leipzig (16.–19. Oktober 1813) in das Lager der dort schließlich siegreichen Alliierten Preußen, Russland, Österreich und Schweden übergewechselt – nachdem ihr zwischen beiden Seiten lavierender König schon im April den Rheinbund verlassen und sich für Metternichs »bewaffnete Mediation« erklärt hatte.[456] Dies ließ es nun aus Sicht der Regierenden in Sankt Petersburg und Berlin als legitim erscheinen, Sachsen in Preußen aufgehen zu lassen und das zuvor in Personalunion mit Sachsen verbundene Polen unter russische Herrschaft zu stellen. Großbritannien und Österreich lehnten die mit einer solchen ›Lösung‹ verbundene Verschiebung des Mächtegleichgewichts zugunsten Preußens und vor allem Russlands ab. Letztlich musste Sachsen Gebiete an Preußen abtreten, blieb aber erhalten; der größte Teil Polens geriet, wie bereits festgestellt, unter die Herrschaft des Zaren, während Westpreußen und Posen preußisch wurden.[457]

Diese Streitfragen um Sachsen und Polen wusste sich nun der französische Außenminister Charles Maurice de Talleyrand-Périgord zunutze zu machen, um das besiegte Frankreich wieder in die ›Chefetage‹ der europäischen Großmachtpolitik hinaufzuführen. In seinen Memoiren gab er rückblickend offen zu, dass er 1814 auf Konflikte unter den Siegern hoffte.[458] Bei Talleyrand handelte es sich um eine Schlüsselfigur der europäischen Politik, die in ihrem taktischen Geschick sicherlich Metternich das Wasser reichen konnte: Er hatte als Kleriker eine revolutionäre Vergangenheit, war unter Napoleon Außenminister gewesen, hatte sich dann aber 1808 von ihm abgesetzt und mit Metternich sogar konspirativ auf den Sturz des Kaisers hingearbeitet.[459] Talleyrand war ähnlich wie Metternich mit Napoleons Eigenschaften und auch seiner Verwundbarkeit bestens vertraut, bis ins Persönlichste hinein: In seinen Memoiren schildert er, wie er Napoleon 1805 bei einem – epileptischen? – Krampfanfall Hilfe leisten musste, wobei es dem Kaiser gerade noch gelungen sei, die Tür zu schließen, damit niemand ihn in seiner Lage beobachten konnte.[460] Wie nah Momente der Schwäche und Machtentfaltung bei Napoleon beieinanderliegen konnten, zeigte kurz darauf sein Sieg über die vereinigten russischen und österreichischen Armeen bei Austerlitz – einer seiner größten Triumphe überhaupt. Noch beim 200. Todestag Napoleons im Jahr 2021 würdigte der französische Staatspräsident Macron diesen Sieg mit erstaunlichen Worten: »Die Sonne von Austerlitz strahlt noch.« Der Anblick des Schauplatzes war offenbar weniger glänzend: Talleyrand besichtigte ein Leichenfeld, auf dem nach seiner entsetzten Schilderung 15 000 bis 16 000 Tote lagen.[461] Oft zitiert wird der Außenminister, der Napoleon und später dem Bourbonenkönig Ludwig XVIII. diente, mit einer Äußerung von 1814, die seine Prinzipienlosigkeit unterstreichen soll: »Verrat ist eine Frage des Datums« – und wie so oft bei besonders ›stimmigen‹ Zitaten ist dieses wohl nicht authentisch. Es basiert auf einem Gespräch Talleyrands mit dem russischen Zaren, in dem ersterer das späte Überwechseln Sachsens auf die Seite der Alliierten zu verteidigt:

> » In diesem ganzen Gespräch [...] wurden Polen und Sachsen nicht ein einziges Mal genannt, sondern nur durch Umschreibungen angesprochen. So wollte der Kaiser [d. h. Zar Alexander I., P. Geiss] Sachsen bezeichnen, indem er sagte: ›Diejenigen, die die Sache Europas verraten haben‹ – Dies gab mir die Gelegenheit zu folgender Antwort: ›Sire, das ist eine Frage des Datums‹, und nach einer kleinen Pause konnte ich hinzufügen: ›... und die Auswirkung der misslichen Lage, in die einen die Umstände bringen können.‹«[462]

So jedenfalls berichtete es Talleyrand in einem Brief, den er am 4. Oktober 1814 aus Wien an den König von Frankreich, Ludwig XVIII., schrieb. Man kann in Talleyrands Bemerkung über die Zeitabhängigkeit des Tatbestands ›Verrat‹ auch einen Seitenhieb auf Alexander I. mitlesen, denn dieser hatte 1807 mit dem Vertrag von Tilsit selbst auf Kosten des besiegten Preußen mit Napoleon kooperiert.[463] Der Brief behandelt neben dem harten, mit offener Kriegsdrohung verbundenen Beharren des Zaren auf einer russischen Gebietserweiterung um Polen auch die delikate Frage der diplomatischen Gleichstellung Frankreichs mit den Siegern. So störte sich Talleyrand an der weiteren Verwendung des in den Kriegszeiten geprägten Begriffs »Alliierte« ebenso wie an den ohne französische Beteiligung getroffenen Vorabsprachen.[464] In einem weiteren Brief an den König warf er den Siegermächten vor, sich zu einer »Liga« zusammengeschlossen zu haben, um »sich zum Herren über alles aufzuschwingen und zu höchsten Schiedsrichtern Europas zu machen«.[465] Sollten die mächtigsten Sieger ihre Vorabsprachen ohne formelle Eröffnung des Kongresses fortsetzen, drohte Talleyrand, sich aus ihrem Kreis zurückzuziehen. Er würde als einfacher Kongressteilnehmer auf dessen Eröffnung warten. Er begründete dies mit Frankreichs neuer Verpflichtung auf völkerrechtliche Prinzipien und mit der Ablehnung von Methoden revolutionären Typs (»man würde die Revolution wiederauferstehen lassen«).[466] Seine Argumentationsstrategie bestand also darin, völkerrechtswidrige ›Deals‹ mit dem in Wien 1814 natürlich sehr negativ besetzten Begriff der Revolution in Verbindung zu bringen und sie so zu diskreditieren. Mehr noch als um die völkerrechtliche und ethische Problematik solcher Vereinbarungen ging es aber wahrscheinlich um einen machtpolitischen Punkt: Wer nicht an Vorabsprachen teilnahm, war auch nicht an deren Ergebnisse gebunden, was den Siegern im Falle einer für die Neuordnung Europas unverzichtbaren Macht wie Frankreich nicht gleichgültig sein konnte. Dies hat Talleyrand bewusst als Druckmittel genutzt: In seinen Memoiren stellte er fest, die Alliierten hätten Frankreich ohne Entscheidungsbefugnis am Kongress teilnehmen und alle Vorentscheidungen akzeptieren lassen wollen, damit es diese nicht später infrage stellen konnte. Genau aus diesem Grund hielt er es für so wichtig, alles »für null und nichtig erklären zu lassen, was man ohne Frankreich getan hatte.« Damit meinte er Absprachen unter den Siegern, die zwischen dem Frieden von Paris im Mai 1814 und der in diesem Vertrag für den 1. Oktober festgesetzten Kongresseröffnung getroffen worden waren. Dies hielt er für nicht statthaft, da dadurch die Entscheidungsfreiheit des Kongresses eingeschränkt und die Hierarchie zwischen Siegern und Besiegten auch in die Friedenszeit hinein aufrechterhalten wurde.[467]

Wie erfolgreich Talleyrands Bemühungen waren, das besiegte Frankreich in den Kreis der Großmächte zurückzubringen, sollte bald ein Härtetest unter Beweis stellen: Im März 1815 landete der aus dem Exil auf Elba aufgebrochene Napoleon an der südfranzösischen Küste und vermochte es nach wenigen Tagen, Frankreich wieder unter seine Kontrolle zu bringen – unter anderem, weil sich die bourbonische Regierung beim Abbau der napoleonischen Armee Feinde unter den auf »Halbsold« gesetzten Offizieren gemacht hatte. Nun begannen die berühmten »Hundert Tage«, der letzte Teil seiner Karriere als Herrscher und Feldherr, der die Schlacht von Waterloo und die zweite Abdankung mit der anschließenden Verbannung auf die mitten im Atlantik gelegenen Insel Sankt Helena ein Ende bereiteten.[468] Talleyrand gelang es in dieser schwierigen Situation, die Alliierten dazu zu bringen, dass sie formal nicht gegen Frankreich als Nation die Waffen ergriffen, sondern nur Napoleon zum »Usurpator« erklärten und als »Kriminellen« der »öffentlichen Strafverfolgung« anheimstellten.[469] In ihrer Ächtungserklärung gegen Napoleon sprachen sie sogar explizit davon, »dem französischen König und der französischen Nation« beizustehen.[470] Wolfram Siemann sah in diesem kurzen Krieg gegen Napoleon die erste Intervention des Europäischen Konzerts zur Erhaltung der Wiener Friedensordnung.[471] Zwar fiel der zweite Friede 1815 für Frankreich härter aus als der von 1814 und brachte unter anderem Kontributionen, das heißt Entschädigung für die Kriegskosten, weitere Zahlungen für den Bau von gegen Frankreich gerichteten Sicherungsfestungen und eine Besetzung durch fremde Truppen mit sich, aber als Feind wurde das Land völkerrechtlich auch jetzt nicht behandelt.[472]

Talleyrand vertrat Vorstellungen von einem europäischen Gleichgewicht, die denen Metternichs nahestanden – und dies nicht erst nach der Niederlage Frankreichs. So riet er Napoleon schon nach dem Sieg über Österreich bei Austerlitz im Dezember 1805, Maß zu halten und der besiegten Monarchie »eine großmütige Hand zu reichen«. Österreich könne trotz seiner Schwäche als »ausreichendes Bollwerk gegen die Barbaren« dienen, was sich vermutlich auf Russland und vielleicht auch auf das Osmanische Reich bezog.[473] Metternich gegenüber begründete er am 19. Dezember 1814 die Idee des Gleichgewichts mit einem historischen Beispiel, das er aus Montesquieus *De l'esprit des lois* entnahm: Der König von Frankreich verfolge, so der Kontext des Briefs, keine eigenen Gebietsinteressen, sondern trete überall in Europa für eine Restauration ein, worunter im Geist des Kongresses die »konservativen Interessen und die Ruhe für alle« zu verstehen seien.[474] Das angestrebte Gleichgewicht, das aus französischer Sicht die Bewahrung des legitimen sächsischen Herrscherhauses einschloss, sei mehr als nur eine »arithmetische« Frage: Das antike Athen habe in seiner Glanzzeit – bei der erfolgreichen Abwehr der Perser und später bei der Expedition nach Sizilien im Peloponnesischen Krieg – dieselbe Zahl an Bürgern gehabt, 20 000 nämlich, wie in der Phase seiner Unfreiheit, das heißt nach der Unterwerfung durch die neue Großmacht Makedonien, als sie Ende des 3. Jahrhunderts v. Chr. gezählt worden seien, »wie man Sklaven auf einem Markt zählt«. Dieses historische Beispiel zeige, dass Gleichgewicht mehr sei als ein Zahlenverhältnis. Die wahren Kräfteverhältnisse hingen von »der moralischen Kraft« ab, die in der »Tugend« bestehe – und die »erste Tugend« sei im Bereich der internationalen Beziehungen die »Gerechtigkeit«.[475] Einem Mann, der mit dem scharfen Verstand Talleyrands ausgestattet war, dürfte nicht entgangen sein, dass diese ›Lehre der Geschichte‹ einen entscheidenden logischen Schwachpunkt aufwies: Die Zahl der athenischen Bürger ließ sich ja nur dann als machtpolitisch wenig relevant abtun, wenn sich an den sonstigen Rahmenbedingungen – mit Ausnahme eines von Montesquieu unterstellten moralischen Verfalls – nichts geändert hätte. Dagegen sprach zum Beispiel die Modernisierung der makedonischen Armee unter Philipp II., die wahrscheinlich zur Niederlage Athens und seiner Verbündeten in der für die Unterwerfung der freien griechischen Poliswelt entscheidenden Schlacht von Chaironeia 338 v. Chr. beigetragen hatte: Der tödlichen Kombination neuartiger Torsionsgeschütze, schwerer, mit langen Stoßlanzen bewaffneter Infanterie und hochmobiler Kavallerie hatten die alten Stadtstaaten offenbar wenig entgegenzusetzen.[476]

Jedenfalls eignete sich das antike Beispiel gewiss nicht dafür, eine Bedeutung ethischer Prinzipien für Macht und Stabilität von Staaten oder von internationalen Ordnungen aus der Geschichte abzuleiten. Die Alte Geschichte sollte hier offensichtlich nur das Ergebnis eines *zeitgeschichtlichen* Lernprozesses – die Ablehnung von willkürlicher territorialer Veränderung auf der Basis von Gewalt – mit den Weihen zeitlicher Tiefe ausstatten. Das Schreckbild, das Talleyrand gegenüber Metternich für den Fall entwarf, dass die Legitimität des Sachsenkönigs nicht respektiert werden sollte, verwies denn auch allein auf die Verhältnisse des zurückliegenden Vierteljahrhunderts seit 1789: Könige werden nach dem Recht des Stärkeren abgeurteilt; die Beschlagnahmung von Territorien setzt sich als Prinzip des Völkerrechts durch; ganze Völker können verschoben werden wie »Vieh«; Souveränität wird zu einer Frage von Eroberung; die Nationen Europas seien auf moralischer Ebene einander ähnlich verbunden wie die Bewohner von Inseln im »südlichen Ozean«.[477] Es ist also die Erinnerung an das raue internationale Klima der revolutionären und insbesondere napoleonischen Ära, die Talleyrand hier heraufbeschwor.

Das Prinzip des machtpolitischen Gleichgewichts setzten die Großmächte Großbritannien, Österreich und Frankreich gegenüber Preußen und Russland durch, indem sie unter Führung des britischen Außenministers Robert Stewart Viscount Castlereagh eine Allianz bildeten. Sie erreichten, dass Sachsen als Staat erhalten blieb und Russland nicht ganz Polen seiner Herrschaft unterwerfen konnte, sondern westliche Gebiete Preußen überlassen musste, was in einer nationalen polnischen Perspektive natürlich alles andere als eine ›gemäßigte‹ Regelung war.[478] Castlereagh hatte diese Position bereits Mitte Oktober 1814 in einem Brief an den Zaren vertreten. Darin forderte er diesen trotz aller diplomatischen Höflichkeit doch recht robust dazu auf, in Polen machtpolitisch zurückzustecken, um nicht »als ein Grund zur Besorgnis, statt zum Vertrauen, für diejenigen zu erscheinen, die Sie [ihre Majestät, der Zar] befreit haben.« In dem beigefügten Memorandum bezeichnete er die Absicht des Zaren als besorgniserregend, das »Königreich Polen unter der russischen Dynastie wiederauferstehen zu lassen«, nachdem doch die Kriegsabsprachen mit Preußen 1813 eine erneute Teilung Polens vorgesehen hätten, wie sie dem Land ja bereits im späten 18. Jahrhundert in drei Schritten bis zum völligen Verschwinden seiner Eigenstaatlichkeit auferlegt worden war.[479] Castlereagh teilte das Ideal des europäischen Gleichgewichts mit Metternich und Talleyrand, befürwortete aber im Gegensatz zu seinem österreichischen Kollegen keine Interventionen in innere Angelegenheiten europäischer Staaten zur Sicherung monarchischer Interessen beziehungsweise zur Abwehr revolutionärer Bestrebungen.[480]

Dass die Architekten der Neuordnung des Kontinents nicht naiv davon ausgingen, eine Restauration im Sinne der vollen Wiederherstellung Alteuropas ins Werk setzen zu können, wird nicht nur bei der Regelung zwischenstaatlicher Verhältnisse deutlich. So wurde vor allem auf britisches Betreiben hin auch das bereits erwähnte Verbot des Sklavenhandels beschlossen. Damit fand eine zeitgenössisch als progressiv wahrgenommene Entscheidung Eingang in das Regelwerk des Kongresses, die Traditionen des humanitären Denkens – insbesondere der britischen Abolitionismusbewegung des späten 18. Jahrhunderts – fortsetzte.[481] Gegen die Abschaffung des Sklavenhandels hatten sich die Vertreter Spaniens, Portugals und Frankreichs gewandt – mit dem hochgradig rassistischen und materialistischen Argument, dass damit »das geheiligte Eigentumsrecht ihrer weißen Untertanen zum Vorteil der Schwarzen« verletzt und die wirtschaftlichen Grundlagen der »westindischen Niederlassungen« zerstört würden.[482] Dabei schreckten sie nicht vor der Taktik zurück, die Abschaffung des Handels mit afrikanischen Sklaven für inkonsequent zu erklären, solange im Mittelmeerraum die Versklavung von Europäern durch muslimische Piraten toleriert werde.[483] Die schließlich am 8. Februar 1815 verabschiedete Erklärung ist in einem Vokabular gehalten, das auch einem aufklärerischen Traktat des 18. Jahrhunderts entnommen sein könnte – und bei aller Verpflichtung auf humanitäres Denken in zeittypischer Weise die rassistische Bezeichnung der Opfer des Sklavereisystems weiterführt:

>> In Ansehung der Tatsache, dass der unter dem Namen *Handel mit afrikanischen Negern* bekannte Handel von den gerechten und aufgeklärten Menschen aller Zeiten als den Prinzipien der Menschlichkeit und der universellen Moral zuwiderlaufend angesehen wurde; dass die besonderen Bedingungen, denen dieser Handel seine Entstehung verdankt hat, und die Schwierigkeit, ihr Fortdauern zu unterbrechen, bis zu einem gewissen Grad überdecken konnten, was in seiner Beibehaltung an Hässlichkeit lag; dass aber *die Stimme der Öffentlichkeit* sich in *allen zivilisierten Ländern* erhoben hat, um zu verlangen, dass er *so bald wie möglich abgeschafft* wird [...]; sind die vorgenannten Bevollmächtigten darin übereingekommen ihre Beratungen über die *Mittel zur Errei-*

*chung* eines derart heilsamen Zieles durch eine *feierliche Erklärung* der *Prinzipien* zu eröffnen, die sie in dieser Arbeit geleitet haben.«[484]

Mit dieser Erklärung, die dem »Geist des Jahrhunderts« entspreche, war noch keineswegs die Sklaverei selbst abgeschafft – und selbst der Handel mit Sklaven sollte erst nach einer Übergangszeit enden.[485] Dennoch wird man hier keinen reaktionären Rückschritt gegenüber der Revolution und der napoleonischen Zeit sehen können: Die Revolution hatte sich trotz der universellen Erklärung der Menschen- und Bürgerrechte (1789) noch bis 1794 Zeit gelassen, um die Sklaverei im ganzen französischen Herrschaftsbereich abzuschaffen; Napoleon hatte sie 1802 sogar wieder eingeführt.[486]

Der Wiener Kongress war geprägt von einem Geschichtsbild, das von der Neuartigkeit der Zeitgeschichte ausging und ganz überwiegend nicht mehr der Vorstellung folgte, man könne Beispiele aus früheren Perioden einfach auf die Gegenwart übertragen, um zu angemessenen Lösungen für die drängenden Probleme im Hier und Jetzt zu gelangen. In besonders ausgeprägter Form tritt dieser intellektuelle Neuansatz ausgerechnet im Geschichtsdenken des vermeintlichen ›Erzreaktionärs‹ Metternich zu Tage. Metternichs Modernität in dieser Hinsicht hat Wolfram Siemann plausibel herausgearbeitet – eine Modernität allerdings, die nicht im Gegensatz zu den repressiven Seiten vom Metternichs Politik stand. Denn Zensur und die Verfolgung tatsächlicher oder vermeintlicher Revolutionäre nach den berühmt-berüchtigten Karlsbader Beschlüssen von 1819 sind mit Siemann als Ausdruck dieses Geschichtsverständnisses zu verstehen: Gerade weil die unvergleichbare Geschichte der Französischen Revolution und Napoleons gezeigt habe, welch ungeheure Zerstörungskräfte revolutionäre Umwälzungs- und Machtpolitik freisetzen konnte – nicht nur für Eliten, sondern auch für Millionen Tote der napoleonischen Kriege –, sei er so sehr darum bemüht gewesen, entsprechende Bestrebungen schon an ihren geistigen Wurzeln zu packen.[487] Allerdings erliegt Siemann vielleicht etwas zu stark der Versuchung, seinen Helden als eine Lichtgestalt erscheinen zu lassen.[488] Vor dem Hintergrund des traditionell düsteren Metternich-Bildes ist das verständlich, aber für eine Korrektur der früheren Darstellungen erforderlich ist es nicht. Metternich war eine ganz andere Persönlichkeit als Napoleon, aber in einer Hinsicht lässt sich vielleicht doch eine Parallele erkennen, die viele Mächtige der Weltgeschichte miteinander verbindet: Wie Napoleon Bonaparte, der die revolutionäre Überwindung der Ständegesellschaft im bürgerlichen Recht festschreiben ließ, durch autoritäre Herrschaft aber die Freiheitswerte von 1789 eklatant verriet, lässt er sich auch der österreichische Staatsmann als eine Figur charakterisieren, die der von Max Horkheimer und Theodor W. Adorno beschriebenen *Dialektik der Aufklärung* unterlag: Was am Anfang berechtigte Kritik gewesen ist – bei den Jakobinern an der Unfreiheit und Ungleichheit der Ständegesellschaft, bei Metternich an revolutionärem Chaos und Gewalt – kippt bei Menschen an den Schalthebeln der Macht leicht in die »Affirmation«. Damit bezeichnen Horkheimer und Adorno eine ursprünglich aufgeklärte Denk- und Handlungsweise, die irgendwann ihre Fähigkeit zur kritischen Selbsthinterfragung verliert und deshalb in eine neue Form des »Despotismus« abgleiten kann, obwohl sie mit dem Anspruch der Überwindung autoritärer und entrechtender Strukturen angetreten war. Als Beispiel erwähnen die Autoren explizit Napoleon.[489] Das ist eine gute Wahl, denn in seiner Person treffen die emanzipatorischen Potenziale der Revolution, wie er sie im oben zitierten Brief zur Modellverfassung des Königreichs Westfalen selbst proklamiert, auf brutalste Formen des menschenverachtenden Despotismus, wie er sich im bedenkenlosen Verschwenden von Menschenleben für größenwahnsinnige Eroberungsprojekte oder im harten Vorgehen gegen Opposition zeigte, aber auch in der Wiedereinführung der Sklaverei.

Im Anschluss an Siemann kann bei Metternich die Dialektik darin gesehen werden, dass sein echtes, aus Humanität gespeistes Entsetzen über revolutionäres Chaos und Gewalt in eine Überwachungs- und Repressionspolitik überging, in der neben Zensur auch das nachrichtendienstliche Vorgehen gegen Oppositionelle eine zentrale Rolle spielte – ein Vorgehen, das teilweise paranoide Züge annahm. Ähnlich charakterisiert auch Christopher Clark Metternich als ein »Lehrbuchbeispiel« dafür, wie das Streben nach der Bewahrung einer als gut erkannten Ordnung unter dem Eindruck ihrer Gefährdung in doktrinäre Verhärtung münden kann.[490] Dies lässt sich durch eine im Juni 1826 verfasste Instruktion Metternichs an den österreichischen Gesandten in der Schweiz verdeutlichen. Sie zeigt beispielhaft, wie seine Sorge um Frieden und Stabilität Europas in eine geradezu verschwörungstheoretisch anmutende Angst vor den Freiheits- und Nationalbewegungen des Kontinents ausuferte. Deren grenzüberschreitende Vernetzung wollte er mit einer ebenfalls über Staatsgrenzen hinwegreichenden Repressionspolitik der Regierungen beantwortet sehen:

» Das erste Ziel der Bemühungen unserer Regierung und aller seit der Wiederherstellung der Unabhängigkeit Europas [durch den Wiener Kongress, P. Geiss] mit ihr verbündeten Regierungen ist die Aufrechterhaltung der gesetzlichen Ordnung, die das glückliche Ergebnis dieser Wiederherstellung ist; eines Zustandes der Ruhe, der allen die Früchte eines so teuer erkauften Friedens sichert [...]. Seit einigen Jahren sehen wir zu unserer Genugtuung, wie mehrere der Regierungen, die am spätesten die Notwendigkeit der zur Erreichung dieses Zieles geeigneten Maßnahmen einsahen, sich endlich zu der Überzeugung durchrangen, daß die Unterdrückung des noch bestehenden Übels die erste und unerläßlichste Vorbedingung dafür ist. Dieses Übel [...] hat gerade seit der allgemeinen Befriedung erschreckende Fortschritte gemacht. Es ist allumfassend in seiner unheilvollen Betätigung, es äußert sich in allen möglichen Formen, in fast allen Ländern. Da es in seiner destruktiven Betätigung allumfassend ist, kann es nur durch einen allumfassenden Widerstand bekämpft und besiegt werden. Dieses Übel ist der revolutionäre Geist«.[491]

Dies waren keine abstrakten Überlegungen, sondern Grundlagen einer sehr konkreten Politik. Zu den Opfern gehörten keineswegs nur revolutionär motivierte Attentäter, sondern auch liberale Kritiker der bestehenden Ordnung, wie etwa der Dichter und Publizist Heinrich Heine. Im Dezember 1835 verbot der Bundestag, das Beschlussorgan des Deutschen Bundes, seine Schriften: Sie seien gegen Religion und »Sitte« gerichtet. Die deutschen Einzelstaaten, forderte der Bundestag, sollten gegen Heine und weitere Vertreter der Literaturbewegung »Junges Deutschland« polizeilich und strafrechtlich vorgehen. Der im Pariser Exil lebende Heine beschwerte sich mit der ihm eigenen Ironie darüber, dass man ihn gröber als Martin Luther behandle. Denn dieser habe sich immerhin vor dem Reichstag zu Worms verteidigen dürfen, während ihn der Bann des Bundestages ohne jede Anhörung treffe.[492]

Der Wiener Kongress begründete wie bereits festgestellt eine Friedensordnung, die es tatsächlich vermochte, den Menschen bis 1914 einen gesamteuropäischen Krieg zu ersparen. Für diese lange Friedenszeit war dem amerikanischen Historiker Paul W. Schroeder zufolge ein Gleichgewichtsprinzip verantwortlich, das anders als das »Gleichgewicht der Kräfte« des 18. Jahrhunderts Mechanismen der Zusammenarbeit und des Interessenausgleichs unter den Großmächten vorsah.[493] Dieses Prinzip zu beachten, gelang allerdings nur deshalb, weil sich die Beteiligten auf eine gemeinsame Wertebasis verständigen konnten. Dies wäre zwischen ideologisch unterschiedlich orientierten Systemen – etwa einer auf die Volkssouveränität verpflichteten Republik und einer auf Gottesgnadentum gegründeten Monarchie – niemals möglich gewesen. Talleyrand hatte dies in seiner ersten Wiener Besprechung mit den Vertretern der Siegermächte so ausgedrückt:

>> Die erste Notwendigkeit Europas liegt darin, für immer die Meinung zu verbannen, man könne Rechte allein durch Eroberung erwerben, und das geheiligte Prinzip der Legitimität wiederaufleben zu lassen, aus dem sich Ordnung und Stabilität ergeben.«

In einer fast an Provokation grenzenden Kühnheit nahm Talleyrand für sich in Anspruch, als Repräsentant des besiegten Frankreichs in besonderer Weise zum Hüter dieser Legitimität berufen zu sein, da sein Land im Gegensatz zu allen anderen keine interessengeleiteten Forderungen erhebe.[494] Um dieses stabilisierende Prinzip der Legitimität gegen revolutionäre Umwälzungen abzusichern, verständigten sich die europäischen Großmächte des »Europäischen Konzerts« bei mehreren internationalen Kongressen auf Maßnahmen, die bis hin zu militärischen Interventionen reichen konnten: so etwa gegen revolutionäre Kräfte im Königreich Neapel oder 1823 mit französischen Truppen in Spanien.[495] In den wahrscheinlich von Talleyrand mitverfassten Instruktionen König Ludwigs XVIII., welche die Grundlage seiner Arbeit auf dem Wiener Kongress bilden sollten, entwickelte er die erstaunliche Vorstellung von einem Europa, das selbst als rechtliche Entscheidungsinstanz in Erscheinung treten solle: Europa sei so etwas wie eine »allgemeine Gesellschaft« beziehungsweise ein übergreifender Rechtsraum, in dem nicht einfach einzelne Mächte nach Gutdünken die Souveränität von Staaten übertragen könnten, nur weil deren Throne – wie das offensichtlich gemeinte Sachsen – infolge von Eroberung »vakant« seien. Eine Übertragung von Souveränität sei nur möglich, wenn Europa dem zustimme. Eroberung biete dafür jedenfalls keine rechtliche Grundlage.[496] Aber wer oder was war dieses Europa? In seiner unter dem Eindruck des Kriegsbeginns 1939 stehenden Interpretation von Talleyrands Wirken in Wien hat der italienische Historiker Guglielmo Ferrero die These formuliert, der französische Außenminister habe im Kongress »den Sprecher Europas« gesehen – und zwar eines Europas, das er als eine »höhere und fast mystische Autorität« betrachtete.[497]

Von einigem Interesse ist, dass Talleyrand das Prinzip der Legitimität nicht auf monarchische Herrschaft verengte: Seinem Verständnis nach konnten auch Republiken aristokratischen oder demokratischen Typs legitim sein. Die Legitimität einer Regierung sei wesentlich darin begründet, dass deren »Existenz, Form und Handlungsweise durch eine lange Reihe von Jahren geheiligt«

sei. Allerdings hielt er es in einer Monarchie für einfacher, die legitime Ordnung aufrechtzuerhalten, da sie hier nur durch die physische Beseitigung der »regierenden Familie« zu zerstören sei. Machiavelli habe dies gewusst, als er Usurpatoren empfahl, alle Mitglieder der legitim herrschenden Dynastie zu töten – und die Französische Revolution habe sich ebenso verhalten, indem sie den Bourbonen nach dem Leben trachtete.[498]

Die Frage nach dem Lernen aus der Geschichte stellt sich nicht nur für den Wiener Kongress der Jahre 1814/15 selbst, sondern auch mit Blick auf die weitere Entwicklung der damals etablierten Friedensordnung: Wie wurde nach 1815 weitergelernt? Welche neuen Erfahrungen stellten die in Wien gezogenen ›Lehren‹ infrage? Und inwieweit eignete sich der Kongress selbst als ein Modellfall für historisches Lernen mit praktischer Zielsetzung? Das Wiener System war anfällig für Widersprüche: Was sollte etwa geschehen, wenn das Prinzip der Legitimität in einen Gegensatz zu anderen Leitvorstellungen geriet, etwa zum Ideal christlicher Solidarität, wie es sich im Vertrag der Heiligen Allianz von 1815 ausdrückte? Genau dies war das Problem, vor das sich die europäischen Staaten angesichts griechischer Aufstände und Unabhängigkeitsbemühungen gegenüber der osmanischen Herrschaft gestellt sahen. Denn hier prallten zwei Zielvorstellungen aufeinander: Gegenüber den aufständischen Griechen fühlten sich nicht nur liberale Nationalbewegungen überall in Europa, sondern auch die orthodoxe Großmacht Russland und zunehmend auch Großbritannien in einer Verantwortung. Zugleich stützte sich jedoch die osmanische Herrschaft über Griechenland auf das Legitimitätsprinzip, war also den Leitgedanken des Wiener Kongresses zufolge ebenfalls schützenswert. Russland, Großbritannien und Frankreich schlossen sich schließlich ohne Beteiligung, aber mit Duldung Österreichs zu einer Allianz zusammen, die 1827 in der Schlacht von Navarin die osmanische Flotte vernichtete, was 1830 in die Gründung eines souveränen griechischen Staates mündete. Metternich hatte befürchtet, dass in der Freiheit der Griechen ein Präzedenzfall für die Zerstörung der Habsburgermonarchie liegen könnte – wie das Osmanische Reich ein multinationales Imperium mit unterschiedlichen Religionen. Die Spannung zwischen dieser neuen Staatsgründung und dem monarchischen Verständnis von Souveränität wurde schließlich dadurch aufgehoben, dass an die Spitze Griechenlands mit Otto I. aus dem Hause Wittelsbach ein durch keine Verfassung eingeschränkter König von Gottes Gnaden trat.[499]

Der Rückbezug auf die Geschichte hatte natürlich auch für die europaweite Unterstützung der griechischen Freiheitsbewegung eine wesentliche Rolle gespielt. Ein Beispiel für die politische Kraft des Erinnerns an historische Größe bietet René de Chateaubriands *Note sur la Grèce* (»Note über Griechenland«) aus dem Jahr 1825.[500] Als Außenminister König Ludwigs XVIII. von Frankreich war Chateaubriand auf dem Kongress von Verona 1822 für eine Militärintervention zum Schutz der Monarchie in Spanien eingetreten, also für das Prinzip der monarchischen Legitimität. Nun suchte er darzulegen, dass der Sultan in Konstantinopel dieses Prinzip gegenüber den Griechen nicht für sich in Anspruch nehmen könne und die christlichen Staaten Europas berechtigt und verpflichtet seien, zugunsten der aus ihrer Sicht unterdrückten Bevölkerung wenigstens politisch zu intervenieren. Die osmanische Herrschaft sei ein »Willkürregime, wo das Gesetz das Vergehen oder Verbrechen ist«, die einzigen »legitimen Untertanen« des Sultans seien Muslime. Chateaubriand beschwor seine Leser mit historischen Argumenten, sich für den griechischen Freiheitskampf einzusetzen: zum einen mit der Größe der antiken Vergangenheit, der er Frankreich als »älteste Tochter Griechenlands« durch »Mut, Genie und Künste« besonders verbunden sah; zum anderen mit der christlichen Tradition. Schließlich habe einst auch der Apostel Paulus in Athen den Griechen einen damals noch »unbekannten Gott« verkündigt, was dafür spräche, der christlichen Religion in dieser Stadt wieder die gebührenden Altäre zu errichten. Letzteres war natürlich angesichts der im Osmanischen Reich weithin gewährleisteten Religionsfreiheit eine irreführende Forderung. Schließlich lobte er die Opferbereitschaft der französischen Jugend, sich für die Freiheit Griechenlands einzusetzen. Auch hier bemühte er das Vorbild der klassischen Antike: Ein neuer Perikles werde mit Blick auf das Engagement junger Franzosen sagen können: »Das Jahr hat seinen Frühling verloren.«[501] Damit spielte er auf die berühmte Rede zu Ehren der Gefallenen an, die der athenische Staatsmann Perikles am Ende des ersten Jahres des Peloponnesischen Krieges gehalten hatte – eine Rede, die das unermessliche Leid, das der Verlust von jungen Söhnen für Eltern bedeutet, in zeitlose Worte fasst und in wohl für alle Kriege typischen Formen patriotischer Rechtfertigung als ›akzeptabel‹ deutet: »Richtet euch auf an eurer Söhne Ruhm«.[502]

Die von Rheinhart Koselleck beschriebene »Verzeitlichung« des Geschichtsdenkens hatte also nicht dazu geführt, dass ältere Epochen in der ersten Hälfte des 19. Jahrhunderts überhaupt nicht mehr als exemplarisch empfunden oder präsentiert werden konnten. Gerade im Kontext der erstarkenden Nationalbewegungen war der Rückgriff auf Geschichte wichtig, um »fundierende Mythen« (Jan Assmann) zu schaffen.[503] Dies zeigen etwa die Worte des italienischen Rechtsanwalts Giuseppe Mazzini, der 1831 die nationalistische Organisation *Giovine Italia* (»Junges Italien«) mit dem Ziel gegründet hatte, die Herrschaft fremder Mächte und Dynastien – vor allem der Habsburger – über die Halbinsel zu beenden und die Einheit Italiens herbeizuführen. 1845 veröffentlichte er in der französischen *Revue indépendante* einen Artikel, in dem er den Anspruch der Italiener auf einen Nationalstaat auch historisch begründete:

> » Wir sind ein Volk von 21 bis 22 Millionen Menschen, die seit unerdenklichen Zeiten unter demselben Namen genannt werden – dem des italienischen Volkes –, in den genausten natürlichen Grenzen eingeschlossen, die Gott jemals gezogen hat, das Meer und die höchsten Berge Europas – dieselbe Sprache sprechend, die sich in untereinander weniger verschiedene Dialekte als das Schottische und Englische aufgliedert –, mit denselben Glaubensüberzeugungen, denselben Sitten und denselben Gewohnheiten ausgestattet, mit weniger großen Unterschieden als diejenigen, die im am stärksten geeinten Land der Welt, in Frankreich, die baskische von den bretonischen Bevölkerungen trennen; stolz auf die ruhmreichste politische, wissenschaftliche und künstlerische Vergangenheit, die in der Geschichte Europas bekannt ist. Wir, die wir der Menschheit zweimal eine Verbindung, einen Ordnungsruf zur Einheit gegeben haben – einmal durch das Rom der Kaiser und ein anderes Mal, als die Päpste ihre Mission noch nicht verraten hatten, durch das päpstliche Rom –, mit schnellen, glänzenden Handlungsfähigkeiten begabt, die uns unsere Verleumder nicht absprechen – reich an allen Quellen des materiellen Wohlstandes, die aus uns bei brüderlicher und freier Nutzung eine glückliche Nation machen könnten und unseren Schwesternationen den schönsten Markt der Welt öffnen würden. Wir haben keine Fahne, keinen politischen Namen, keinen Rang unter den europäischen Nationen.«[504]

Auch hier wird aus Geschichte gelernt, allerdings in einem ganz anderen Sinne als bei jenen Architekten der Wiener Ordnung, die Mazzini im Zeichen der nationalen Selbstbestimmung aus den Angeln heben wollte: Der italienische Aktivist leitete seine politischen Agenda gerade nicht von der Einsicht in die historische Neuartigkeit und Unvergleichbarkeit der eigenen Gegenwart ab. Eine weit entfernte Vergangenheit soll die Italiener und ihre Nachbarn lehren, dass sie als Nation zusammengehören. Mazzini versuchte, so etwas wie ein »Wesen« der Italiener aus der Geschichte zu begründen. Darin liegt eine von dem Historiker Dieter Langewiesche hervorgehobene Ambivalenz aller nationalen Projekte, die neben einer inklusiven Seite auch eine exklusive und aggressive zeigen: Man ist nicht nur Italiener, weil man sich einer Gemeinschaft zuordnet, sondern auch, weil man sich gegen andere abgrenzt, die nicht dazugehören – denen gegenüber man sich vielleicht sogar als höherrangig betrachtet und sich deshalb ein Sendungsbewusstsein zuschreibt (zum Beispiel, sie zu ›befreien‹, ihnen ›Vorbild‹ zu sein, ihnen die ›Zivilisation‹ zu bringen etc.).[505] Auch wenn bei Mazzini die emanzipatorische Stoßrichtung gegen die Fremdherrschaft Österreichs sicherlich im Vordergrund stand, kündigt sich in der Erinnerung an die weit über Italien hinausreichende Ordnung des Imperium Romanum ein Überlegenheitsdenken an, das sich durchaus expansiv gegen andere Nationen wenden ließ. Mazzini ging so weit nicht, sondern beließ es bei einer anachronistischen Vereinnahmung des Römischen Reiches für sein nationales Einigungsvorhaben. Ganz anders stellte sich dies im italienischen Faschismus des 20. Jahrhunderts dar, der unter Berufung auf die imperialen Traditionen Roms Eroberungskriege führte und dabei 1935/36 in Abessinien bis zum Einsatz von Giftgas gegen Soldaten und Zivilbevölkerung ging.[506]

Das Lernen aus der Zeitgeschichte von 25 Jahren Revolution und napoleonischer Expansion, das den Wiener Kongress und die aus ihm hervorgegangene Friedensordnung prägte, hatte zweifellos seinen Preis: repressive Herrschaftspraktiken, die Meinungsfreiheit begrenzten und auf die Verfolgung Oppositioneller hinausliefen, wenn die Mächtigen und ihre Polizeiapparate ihnen revolutionäre Umtriebe unterstellten. Wolfgang Siemann hat im Grundsatz zu Recht darauf hingewiesen, dass die Gefahr einer revolutionären Destabilisierung Europas im Vormärz keine bloße Propagandaerfindung war.[507] Festzuhalten bleibt, dass zwar gesamteuropäische Waffengänge zunächst weitgehend vermieden werden konnten, die großen und opferreichen Kriege aber im Zeichen der Nation auf den europäischen Kontinent zurückkehrten, das heißt im Namen der dynamischen Größe, über die das »monarchische Prinzip« in Wien 1814/15 triumphiert hatte: Schreckliche Schlachten wie die von Solferino (1859), die den Schweizer Geschäftsmann Henri Dunant zur Gründung des Roten Kreuzes veranlassten, wurden im Rahmen zunehmend national aufgeladener Kriege ausgefochten.[508] Betrachtet man die weitere Entwicklung – über die deutschen Einigungskriege mit dem Gewaltgipfel des deutsch-französischen Waffengangs von 1870/71 bis hin zur für Millionen Menschen tödlichen Explosion des Nationalismus im Ersten Weltkrieg –, so kann man sich des Eindrucks nicht erwehren, dass die Protagonisten des Wiener Kongresses auch jenseits ihrer Herrschaftsinteressen gute Gründe dafür hätten vorbringen können, nationale Dynamiken nicht zur Quelle einer Friedensordnung in Europa zu machen. Als der britische Historiker Charles Webster den Auftrag erhielt, die Geschichte des Wiener Kongresses als ein mögliches Modell für die Pariser Friedenskonferenz (1919) zu untersuchen, scheint er sich der Gefahr des Nationalismus bewusst gewesen zu sein. Websters Feststellung am Schluss des kleinen Auftragswerkes, die Staatsmänner von 1814/15 hätten Europa ins Chaos gestürzt, hätten sie sich an den für die damaligen Europäer kaum verständlichen »vagen Prinzipien der Nationalität und der Demokratie« orientiert, kann als ein Ausdruck von Skepsis gegenüber dem vom damaligen US-Präsidenten Woodrow Wilson zum Grundsatz der neuen Friedensordnung erhobenen Selbstbestimmungsrecht der Völker gelesen werden.[509] Dieses Selbstbestimmungsrecht bezeichnete Wilsons Außenminister Robert Lansing kurz darauf als »Phrase«, die »mit Dynamit geladen« sei – eine verständliche Einschätzung angesichts der tödlichen Sprengkraft, die dieses Prinzip bei aggressiver und missbräuchlicher Verwendung im Laufe des 20. Jahrhunderts und darüber hinaus entfalten sollte.[510] Dass Webster die Ableitung politischer Lehren aus dem Wiener Kongress für die 1918 bevorstehende Friedenskonferenz skeptisch beurteilte, legt seine einleitende Bemerkung nahe, dass in den Jahren 1814/15 eher »Warnungen als Beispiele« für die Gegenwart zu finden seien.[511] In seiner Antrittsvorlesung als Wilson-Professor 1923 vertrat Webster dann allerdings ein weniger zurückhaltendes Verständnis von Geschichte als Quelle gegenwartsbezogenen Handlungswissens: Der britische Premierminister David Lloyd George sei sich bewusst gewesen, dass ausländische Interventionen gegen die Französische Revolution radikalisierend gewirkt hatten, und habe davon seinen Widerstand gegen französische und britische Planungen zu einer weiterreichenden Intervention gegen die Bolschewiki im russischen Bürgerkrieg nach der Oktoberrevolution von 1917 abgeleitet.[512] Zudem war er nun davon überzeugt, dass der Wiener Kongress den Protagonisten der Pariser Friedenskonferenz von 1919 doch bei der Bewältigung ihrer großen Aufgaben hätte helfen können, wenn sie sich näher damit befasst und Präsident Wilson eine Bezugnahme auf 1814/15 nicht schon in einer der ersten Sitzungen abgelehnt hätte.[513] Dies lässt sich im Sitzungsprotokoll des Rates der Zehn vom 28. Januar 1919 nachvollziehen. Als der Vertreter Neuseelands seine Skepsis gegenüber Wilsons »Idee des Völkerbundes« unter Verweis auf den aus seiner Sicht gescheiterten Wiener Kongress begründete, habe der amerikanische Präsident geradezu empört geantwortet. Das Protokoll gibt diese Reaktion in indirekter Rede wie folgt wieder:

》 [U]m die Geschichte nicht zu verbiegen, würde er [Wilson] einen beiläufigen Kommentar zu einer der eben gehörten Bemerkungen abgeben. Er werde nicht einräumen, dass es irgendeinen historischen Präzedenzfall zu der nun zu erledigenden Arbeit gebe [der Pariser Friedenskonferenz von 1919, P. Geiss]; am allerwenigsten solle der Wiener Kongress als solcher angeführt werden. Die Heilige Allianz dieser Zeit habe erklärtermaßen dazu gedient, das System der monarchischen und willkürlichen Herrschaft in der Welt auszudehnen. Dies sei, wie er hoffe, nicht das Anliegen der gegenwärtigen Konferenz. Es sei die Heilige Allianz, die in der westlichen Hemisphäre die Monroe-Doktrin hervorgerufen habe, die ein Protest gegen das in Wien herbeigeführte System sei. [...] Das gegenwärtige Unternehmen unterscheide sich stark von dem, das in Wien vor einem Jahrhundert unternommen wurde, und er hoffe, dass der Geruch von Wien nicht noch einmal durch Bezugnahmen erneut in die aktuellen Verhandlungen gebracht würde.《[514]

Mit dem Verweis auf die Monroe-Doktrin zeigte Wilson, dass der Vergleich mit 1814/15 einen zentralen Nerv des amerikanischen Freiheitsdenkens traf. Denn diese Doktrin war 1823 mit dem Anspruch verkündet worden, sich aus Streitigkeiten unter Europäern herauszuhalten, gleichzeitig aber ein Hineinwirken reaktionärer europäischer Kräfte in den amerikanischen ›Vorgarten‹ zu verhindern. Damit reagierte US-Präsident Monroe unmittelbar auf die erwähnte Intervention der Heiligen Allianz in Spanien, die ihn ein weiteres Ausgreifen der in den USA seit 1776 als tyrannisch eingestuften Monarchien über den Atlantik befürchten ließ.[515] Wilson knüpfte nicht nur rhetorisch, sondern auch in der argumentativen Substanz an die Monroe-Doktrin an, indem er das Wiener Friedenswerk in allererster Linie als ein Produkt reaktionärer Monarchien wahrnahm und ablehnte. Dies wurde allerdings nicht dem Legitimitätsverständnis Talleyrands gerecht, das sich nicht an der Monarchie als Staatsform orientiert hatte, sondern am Prinzip der Dauer und Stabilität als Antithese zur revolutionären und napoleonischen Expansion. In solchen Kategorien zu denken, war vor dem düsteren Erfahrungshorizont der 1792 einsetzenden Kriege nicht ohne Weiteres als reaktionäre Attitüde abzutun – auch wenn diese bei einem Teil der hochprivilegierten Akteure sicherlich nicht fehlte –, sondern lässt sich durchaus auch als menschenfreundlicher Pragmatismus verstehen, der neues Leiden, Sterben und Elend für Millionen von Menschen abwenden wollte.[516]

Während Wilson Analogien zu 1814/15 für unzulässig erklärt hatte, hielt es Webster 1923 für ein Versäumnis der Pariser Friedenskonferenz, sich den

Lehren der Wiener Kongressjahre verweigert zu haben. So habe man zum Beispiel die »humane und praktische Art der Bestrafung« außer Acht gelassen, die in den beiden Friedensverträgen von 1814 und 1815 sogar noch für einen »Feind« vorgesehen gewesen sei, »der das gesamte kontinentale Europa erobert und gedemütigt habe«.[517] Dies kann wohl nur als eine Kritik an Artikel 231 des Versailler Vertrags verstanden werden, der »Deutschland und seine Verbündeten als Urheber für alle Verluste und Schäden verantwortlich« machte und sich darin deutlich von der Zurückhaltung der Alliierten von 1815 unterschied. Damals war Napoleon zum Feind und Gesetzlosen erklärt worden, nicht die französische Nation. Natürlich dürfte auch 1815 den Beteiligten klar gewesen sein, dass Napoleon Europa nicht als ›Einzeltäter‹ mit Krieg überzogen hatte, die Trennung von ›schuldigem Tyrannen‹ und unschuldiger französischer Nation war eine Fiktion. Sie war aber für die Wiener Friedensordnung vielleicht insofern notwendig, als nur so jenes Ausmaß an Unversöhnlichkeit zwischen Nationen vermieden werden konnte, das ›Versailles‹ durch die kaum verhohlene Verurteilung eines zum Schwerverbrecher gestempelten Feindes in sich aufnahm.[518]

Grundsätzlichere, ja geradezu anthropologische Fragen zur Bedeutung des Wiener Kongresses stellte der bereits erwähnte Soziologe und Historiker Guglielmo Ferrero, der aus dem faschistischen Italien nach Genf geflohen war.[519] Seine originelle Deutung des Kongresses, die unter dem Eindruck des Kriegsbeginns 1939 entstanden war, hat jüngst der Historiker und Romanist Jürgen Lauer ins Blickfeld der Forschung gerückt.[520] Ferrero interpretierte den Kongress und Talleyrands Rolle als einen erfolgreichen Versuch, die 1789 freigesetzte »Große Angst« (*la Grande Peur*) zu überwinden und so aus der tödlichen Gewaltspirale auszusteigen, die angstgetriebene Aggressionen und die dadurch ausgelösten ›Gegenängste‹ und ›Gegenaggressionen‹ während der Revolution und unter Napoleon in Gang gesetzt hätten. Die durch den »konstruktiven Geist« Talleyrands einst besiegte Macht des ordnungszerstörenden »Terrors« sei nun mit der »Großen Angst« nach Europa zurückgekehrt. Nun komme es erneut darauf an, der Ängste Herr zu werden und Europa durch eine »Konföderation legitimer Staaten« auf der Basis von Oppositionsrecht und Wahlfreiheit neu ins Gleichgewicht zu bringen. Angesichts der totalitären Barbarei des deutschen Aggressionskrieges von 1939 und seiner Vorgeschichte der Drohungen, Täuschungen und Gewaltmaßnahmen mag das hoffnungslos gewirkt haben. Aber Ferrero verwies mit vorsichtigem Optimismus auf die Ausgangslage von 1812/13: Auch damals sei Europa aus einer scheinbar hoffnungslosen Situation »durch den Mut eines revolutionären Zaren [Alexanders I.], eines verheirateten Priesters [Talleyrand] und eines Königs im Exil [Ludwig XVIII.] gerettet« worden. Ferrero schließt mit der Hoffnung auf derart unwahrscheinliche Retter auch für die europäische Zukunft. Andernfalls werde man im 21. oder 22. Jahrhundert von Europa als dem »Sitz einer großen Zivilisation« sprechen – damit meinte er sicherlich: einer untergegangenen Zivilisation.[521]

# 7
# Westfront 1914/1940

## Die Schlacht von Cannae, oder Hannibal als Lehrer des deutschen Aggressionskrieges

》 Nicht alles haben die Götter freilich einem einzigen Manne gegeben; zu siegen verstehst du, Hannibal; den Sieg zu nutzen verstehst du nicht.«
*Livius, Römische Geschichte*[522]

》 ›[U]nser Idealismus heißt einkesseln, unsere Metaphysik zehntausend Kopfschüsse! Eisern! Mitschreiben! Stichwort Reginald: 13.25 fünfzig Batterien Steilfeuer auf Bunker Germinal –:‹
Die Generäle taumeln: wachen und schanzen! Bilder, Visionen auf dem Schlachtfeld melden: Fall der Festung! 100 000 Gefangene! Melde gehorsamst: unaufhaltsame Verfolgung – –; melde: völlige Vernichtung – –: Cannä –! – melde, melde gehorsamst – –.«
*Gottfried Benn, Zum Thema: Geschichte, 1942*[523]

In seinem regimekritischen Essay *Zum Thema: Geschichte* charakterisiert der Militärarzt und Dichter Gottfried Benn mitten im Zweiten Weltkrieg die zwischen Kadavergehorsam gegenüber dem ›Führer‹ und verbrecherischem Größenwahn changierende Mentalität großer Teile der deutschen Wehrmachtselite mit einem antiken Ortsnamen: Cannae. Doch was hat der süditalienische Ort, an dem der Karthager Hannibal 216 v. Chr. die Römer geschlagen hatte, in der Auseinandersetzung Benns mit dem Zweiten Weltkrieg zu suchen, einem Krieg, der auf deutscher Seite untrennbar mit Völkermord und Kriegsverbrechen verbunden war und eine Zahl an Opfern forderte, von der selbst die verlustreichsten Waffengänge der Antike sehr weit entfernt waren? Handelte es sich um eine Verharmlosung von Vernichtungsfeldzug und Massenmord auf dem Wege eines unpassenden Vergleichs? – »Geschichte war immer so«, stellt der Dichter später im Text lapidar fest und bestätigt damit, dass er die Singularität der nationalsozialistischen Verbrechen im Jahr 1942 nicht sehen konnte oder wollte. Dies dürfte seine heutigen Leserinnen und Leser umso mehr verstören, als er die Menschenverachtung des Nationalsozialismus im selben Essay schonungslos thematisiert. So berichtet er vom unerträglichen »antisemitischen Geschwätz« Josef Goebbels' auf einer Festsitzung der Deutschen Akademie und von der Mitwisserschaft und Komplizenschaft der Eliten im Angesicht des Holocausts: »[S]ie alle ausnahmslos sehen die Lastwagen, auf die jüdische Kinder, vor aller Augen aus den Häusern geholt, geworfen werden, um für immer zu verschwinden«.[524] Auch wenn Benn sich 1942 sehr weit von seiner anfänglichen Anbiederung an das NS-Regime und dessen Ideologie entfernt hatte, zog er aus seinen Beobachtungen nicht die Konsequenzen, die sich eigentlich aufgedrängt hätten. Dann wäre er zu einem ganz anderen Urteil gelangt: »Nein, Geschichte war eben nicht immer so«.

Was aber hatte Benn mit dem antiken Schlachtort im Sinn? Wenn er die verantwortungslosen Generäle in seinem Essay »Cannae« schreien lässt, dann verweist er auf einen in beiden Weltkriegen handlungsleitenden Mythos deutscher Spitzenmilitärs, der auf den kaiserlichen Generalstabschef Alfred Graf von Schlieffen (1833–1913) zurückging, den Urheber der strategischen Blaupause für die deutsche Westoffensive 1914: Die Heere Frankreichs sollten nach dem Vorbild Cannaes schnell mit massiven Kräften umfasst und besiegt werden.[525] Der namensgebende Schöpfer des Schlieffenplans feierte im Sieg des Karthagers Hannibal über die Römer 216 v. Chr. ein operatives Ideal, das unter der schrecklichen Bezeichnung »Vernichtungsgedanke« Eingang in das Vokabular der führenden deutschen Militärs gefunden hatte.[526] Gemeint war damit im Wesentlichen die schnelle Niederwerfung des ›Feindes‹ durch eine so umfassende Ausschaltung seiner Streitkräfte, dass er den Kampf aufgeben musste. Obwohl Cannae in Schlieffens Werk, das zahlreiche weitere historische Schlachten thematisiert, nur knapp zu Beginn behandelt wird, kam diesem Ereignis die Stellung eines Modells zu.[527]

Was aber hatte die berühmteste Schlacht des Zweiten Punischen Krieges (218–201 v. Chr.) und vielleicht der Antike insgesamt jenseits der recht allgemeinen Idee einer völligen Niederwerfung des Feindes mit den deutschen Aufmarsch- und Angriffsplänen vor dem Ersten Weltkrieg zu tun? – In Schlieffens Wahrnehmung hatte Hannibal 216 v. Chr. deshalb einen solchen Sieg errungen, weil ihm bei zahlenmäßiger Unterlegenheit ein beidseitiger Flankenangriff schwerer Infanterie auf die in dichter Schlachtordnung gegen sein schwaches Zentrum vorrückenden Legionen geglückt sei.[528] Auch der Kavallerieangriff in den Rücken der römischen Verbände sei bedeutsam gewesen, wird aber bei Schlieffen nicht so stark gewichtet wie in Hans Delbrücks

Darstellung der Schlacht, die Schlieffen zu Beginn als einzige ›Quelle‹ zitiert.[529] Welche Aktualität Schlieffen – mit schulbildender Wirkung für Generationen deutscher Offiziere – dem Beispiel Hannibals zuschrieb, wird in folgender Wertung besonders deutlich:

> » Die Vernichtungsschlacht kann heute nach demselben Plane, wie ihn Hannibal in vergessenen Zeiten erdacht hat, geschlagen werden. Die feindliche Front ist nicht das Ziel des hauptsächlichen Angriffs. Nicht gegen sie brauchen die Waffen versammelt, die Reserven aufgestellt werden; das Wesentliche ist, die Flanken einzudrücken. Sie dürfen nicht in den Flügelspitzen der Front, sondern müssen in der ganzen Tiefe und Ausdehnung der feindlichen Aufstellung gesucht werden. Vollendet wird die Vernichtung durch einen Angriff gegen den Rücken des Feindes. Hier ist in erster Linie die Kavallerie berufen.«[530]

Dies liest sich fast wie eine Grobskizze des Schlieffenplans, auf den noch näher einzugehen sein wird. Die Schlacht von Cannae war sicher nicht das »Modell« dieses Plans, der bereits vor der Entstehung von Schlieffens militärhistorischer Studie fertiggestellt war.[531] Vielmehr wollte der Generalstabschef sein Konzept durch das historische Beispiel zusätzlich plausibilisieren und möglicherweise auch seinen Nachfolger, Moltke den Jüngeren, durch seinen publizistischen Einfluss auf dieses Konzept verpflichten.[532] Aber auch wenn das historische Beispiel Schlieffens Weichenstellungen für den Zweifrontenkrieg erst nachgeliefert wurde, hatte der militärische Planer außer Dienst sein operatives Szenario doch derart wirkungsvoll mit Hannibals Sieg begründet, dass der Name der Schlacht von Cannae zu einer in beiden Weltkriegen einflussreichen Chiffre für den schnellen Sieg werden konnte.[533] In dieser Hinsicht fügt sich die Bezugnahme auf die Schlacht von Cannae bei Schlieffen und seinen Anhängern gut in eine Geschichte des Lernens aus der Geschichte. Schlieffen und seine Schüler in Generalsuniform schlugen damit eine Warnung des in Deutschland und weit darüber hinaus hochgeschätzten Militärtheoretikers Carl von Clausewitz in den Wind: Dieser hatte in seinem posthum erschienenen und bald zum Klassiker avancierten Werk *Vom Kriege* (1832–1834) die Verwendung von Geschichte zur oberflächlichen Illustration vorgefasster Meinungen als missbräuchlich bemängelt. Insbesondere den Rückgriff auf die Kriegsgeschichte der Antike lehnte er ab, da diese zu weit entfernt sei und sich daher nicht so präzise darstellen lasse, dass man aus ihr für militärische Herausforderungen der Gegenwart etwas lernen könnte.[534]

Der berühmt-berüchtigte Schlieffenplan fehlt wohl in kaum einem Schulbuchkapitel zur Vorgeschichte von 1914. Das Szenario ging von einem Zweifrontenkrieg aus, das heißt von der Erwartung, dass Frankreich und Russland als Verbündete im Kriegsfall das zwischen ihnen liegende Deutschland gemeinsam angreifen und so in die Zange nehmen würden. Da Schlieffen überzeugt war, dass eine gleichzeitige Abwehr beider Gegner die deutschen Streitkräfte überfordern musste, sprach er sich für eine Konzentration der militärischen Anstrengungen auf die Westfront aus. Dafür war er bereit, östliche Regionen des Reiches den russischen Truppen zunächst preiszugeben. Nach einem schnellen Sieg über Frankreich sollten dann die im Westen nicht mehr gebundenen Truppenteile an die russische Front verlegt werden und auch dort siegen. Für den Triumph über die französische Armee sah Schlieffen eine Strategie vor, die er später durch Bezugnahmen auf die Schlacht von Cannae zu begründen suchte. Nicht auf breiter Front sollte Frankreich niedergeworfen werden, nicht im durch Festungen gut geschützten mittleren und südlichen Frontabschnitt, sondern durch einen Flankenangriff mit starken Truppen auf dem rechten, also nördlichen Flügel der deutschen Armeen, der durch das neutrale Belgien vorstoßen sollte. Dafür nahm Schlieffen eine Schwäche anderer Frontabschnitte in Kauf. Dieser Plan wurde 1914 in seinen Grundzügen tatsächlich umgesetzt, scheiterte aber mit den bekannten Folgen: Es kam zur weitgehenden Erstarrung der Fronten in einem zermürbenden Stellungskrieg, zu extrem hohen Verlusten an Menschenleben bei jedem größeren Versuch, die feindlichen Linien durch Offensiven zu durchbrechen. Nach dem Frieden mit Sowjetrussland im März 1918 zogen großangelegte Vorstöße im Westen, die zur völligen Erschöpfung führten, die Niederlage des Kaiserreiches im Oktober/November desselben Jahres nach sich.[535]

Was verstand Schlieffen unter »Vernichtung«? In der militärischen Logik des frühen 20. Jahrhunderts bezeichnete dieser furchtbare Begriff das Herbeiführen einer entscheidenden Niederlage, die dem Feind eine Fortsetzung seines Kampfes unmöglich macht, aber nicht unbedingt auf das Töten oder Verwunden möglichst vieler Menschen hinausläuft.[536] Es gehört allerdings nicht viel Phantasie dazu, sich vorzustellen, was das unter den Bedingungen moderner, hochtechnisierter Armeen bedeutete: millionenfaches Leiden und Sterben, wie es die beiden Weltkriege des 20. Jahrhunderts in entsetzlicher Weise gezeigt haben – und wie es die Verfügbarkeit von Nuklearwaffen seit 1945 befürchten lässt. Zudem darf nicht vergessen werden, dass deutsche

Truppen in der Kolonie Deutsch-Südwestafrika (heute Namibia) in den Jahren 1904 bis 1908 einen Kolonialkrieg gegen Herero, Nama und andere Bevölkerungsgruppen geführt hatten, der in einen Genozid mündete. Im rassistischen Kontext des Kolonialismus konnte der »Vernichtungsgedanke« also auch damals schon Massenmord bedeuten, Jahrzehnte vor dem nationalsozialistischen Vernichtungskrieg gegen Osteuropa und vor dem Holocaust. Der für die Kriegführung in Südwestafrika verantwortliche General Lothar von Trotha hat Schlieffen im Oktober 1904 durch einen Brief persönlich davon in Kenntnis gesetzt, dass er die Vernichtung der Herero durchaus nicht nur militärisch als Ausschaltung ihrer Streitmacht verstand, sondern als Massenmord: Er wollte erreichen, dass die »Nation in sich untergeht«, und verwendete in diesem Zusammenhang die Begriffe »Rassenkampf« und »gewisse rigorose Behandlung aller Teile der Nation«, die so oder doch sehr ähnlich auch in einem nationalsozialistischen Text stehen könnten.[537] Daraus lässt sich allerdings – wie von dem Historiker Dan Diner hervorgehoben – keine Angleichung oder kausale Verknüpfung kolonialer und nationalsozialistischer Verbrechen ableiten. Diner fordert dazu auf, beide Verbrechenskomplexe jeweils für sich und unter Anerkennung der für jedes einzelne Opfer geltenden Absolutheit menschlichen Leidens und Sterbens zu betrachten.[538]

In Alfred Graf von Schlieffens Cannae-Studie ist der von ihm geradezu hymnisch gefeierte »Vernichtungsgedanke« zwar nicht genozidal aufgeladen, aber doch sehr klar mit der Idee des massenhaften Tötens verknüpft. Schlieffen präsentiert Hannibals Sieg über die Römer als »vollkommene Vernichtungsschlacht«, nachdem er wenige Zeilen zuvor festgestellt hatte, dass »auf engstem Raum [...] 48 000 Leichen zu Bergen geschichtet« gewesen seien.[539] Eine militärische Denkweise, die in ihrem Begriff von ›Vollkommenheit‹ so drastisch die menschliche Dimension von Leiden und Sterben ausblenden konnte, ließ nichts Gutes für die von vielen Beobachtern befürchteten Waffengänge des 20. Jahrhunderts erwarten. Der als hochrangiger Offizier am Zweiten Weltkrieg beteiligte Heinrich Nolte hat in seiner kurzen Skizze zum »Cannae-Mythos« ein überaus kritisches Bild von Schlieffen entworfen, dem er Arroganz attestierte und vorwarf, »Hannibals Sieg völlig isoliert darzustellen von Politik und Strategie«.[540] Oberst im Generalstab a. D. Nolte verfügte 1939/40 als erster Adjutant Franz Halders, des Chefs des Generalstabs des Heeres, über direkte Einblicke in die Planung des Krieges gegen Frankreich, war von 1939 bis 1943 in Polen und in der Sowjetunion eingesetzt und schließlich als Korpschef in Rommels Afrikaheer. Er konnte also durchaus für sich in Anspruch nehmen, sich als ›Insider‹ über die Konzeption und Praxis deutscher Kriegführung unter dem NS-Regime zu äußern. Dass die Rolle eines Soldaten, der unmittelbar am heute zu Recht als Vernichtungskrieg eingestuften »Unternehmen Barbarossa« beteiligt war, auch mit Verdrängung unerträglicher Erinnerung verbunden sein könnte, muss bei der Lektüre dieses zwischen Selbstzeugnis und Ex-Post-Analyse changierenden Textes berücksichtigt werden: Zwar stuft Nolte den Krieg als durchgehend völkerrechtswidrig, dem »imperialistischen Ziel der Weltherrschaft« verpflichtet und überdies als wirklichkeitsfremd ein, spricht von »verdienten Niederlagen« und dem »Odium der Aggression«. Er kommt in seinem Büchlein aber nicht auf die Massenmorde an sowjetischen Juden hinter der Front und weitere ungeheuerliche Verbrechen an Zivilbevölkerung und Rotarmisten zu sprechen. Dass er diesen Verbrechen ablehnend gegenüberstand und Distanz dazu hielt, ist gut möglich. Wenn es zutrifft, dass er die nach dem sogenannten »Kommissarbefehl« vorgesehene Erschießung sowjetischer Parteioffiziere in seinem Verantwortungsbereich verhinderte, könnte dies ein Indiz dafür sein, dass er sich der verbrecherischen Dimensionen deutscher Kriegführung bewusst war und keinen Anteil daran haben wollte (soweit dies im Gesamtkontext eines menschenverachtenden Angriffs- und Vernichtungskrieges überhaupt möglich war).[541] Noltes Kritik an den offensiven Traditionen der deutschen Militäreliten wurde in der neueren militärgeschichtlichen Forschung auf die vorherrschende Denkrichtung in deutschen Generalstabskreisen insgesamt bezogen: Seit Schlieffens Vorgänger, dem Generalstabschef Moltke dem Älteren, sei es üblich gewesen, Strategie unter weitgehender Ausklammerung der politischen Dimension als eine rein militärische Angelegenheit zu begreifen und so den von Clausewitz formulierten Grundsatz vom »Primat der Politik« zur Disposition zu stellen.[542]

Doch welche Art von antiker Schlacht war es eigentlich, die sich seit Schlieffen so fatal in den Köpfen führender deutscher Militärs festsetzte und geradezu zum strategischen Credo verdichtete? – Cannae 216 v. Chr.: Im Ersten Punischen Krieg (264–241 v. Chr.) hatte die ursprüngliche Landmacht Rom die Seemacht Karthago besiegt und aus Sizilien, nach dem Friedensschluss durch Ausnutzung eines Aufstandes karthagischer Söldner auch noch aus Sardinien verdrängt. Unter Hamilkar Barkas trieben die Karthager gewissermaßen als Ersatz für den Verlust der großen Inseln und ihrer maritimen Dominanz eine territoriale Expansion in Spanien voran, was Rom zunächst hinzunehmen schien. Als jedoch der ebenfalls aus der Familie der Barkiden stammende Hannibal 219 v. Chr. die mit Rom verbündete Stadt Sagunt angriff und im Folgejahr einen als römisch-karthagische Einflussgrenze vertraglich festgelegten Fluss, mutmaßlich den Ebro, überschritt, provozierte er einen Waffengang mit der alten Rivalin am Tiber. Einer abweichenden Interpretation zufolge verlief die römisch-karthagische Einflussgrenze an einem anderen Fluss, südlich von Sagunt, sodass bereits die Belagerung Sagunts den Vertragsbruch bedeutet hätte. Am Ergebnis ändert das nichts. Dies war der Beginn des Zweiten Punischen Krieges (218–201 v. Chr.).[543]

Der römische Geschichtsschreiber Titus Livius lässt Hannibal in seiner Darstellung des Zweiten Punischen Krieges eine Rede halten, in der das Programm eines Revanche- und Freiheitskrieges verkündet wird:

> » Dieses höchst unmenschliche und sehr hochmütige Volk will überall besitzen, überall entscheiden. Immer maßt es sich die Entscheidung an, mit wem wir Krieg führen, mit wem wir Frieden haben sollen. Es engt und schließt uns in Grenzen von Bergen und Flüssen ein, die wir nicht verlassen dürfen; und selbst achtet es die Grenzen nicht, die es setzte. ›Du darfst den Ebro nicht überschreiten! Du darfst dich nicht an den Saguntinern vergreifen!‹ Liegt Sagunt noch am Ebro? ›Du darfst dich nirgends von der Stelle rühren!‹ Ist es denn noch zu wenig, daß du mir meine uralten Provinzen Sardinien und Sizilien geraubt hast? Du nimmst mir nun auch noch Spanien. Und wenn ich es aufgebe, dann wirst du auch nach Afrika kommen.«[544]

Dass ausgerechnet ein dem Ruhm Roms verpflichteter Historiker wie Titus Livius den Erzfeind der römischen Republik diese Worte sprechen lässt, ist auf den ersten Blick sehr erstaunlich, rückt doch Hannibals ›Imperialismuskritik‹ die Römer in ein denkbar schlechtes Licht. Möglicherweise ging es ihm darum, neben dem Feldherrengenie Hannibals auch seine Motivation überhöht darzustellen, damit der römische Triumph über einen derart gefährlichen, fanatisch von der Rechtmäßigkeit des eigenen Handelns überzeugten Gegner umso großartiger wirkte.[545] Dass Hannibal Rom vernichten wollte, ist eher unwahrscheinlich: Aus seinem bei dem griechischen Historiker Polybios zitierten Bündnisvertrag mit König Philipp V. von Makedonien geht hervor, dass er lediglich eine Schwächung Roms zur Wiederherstellung des machtpolitischen Gleichgewichts im Mittelmeerraum beabsichtigte. Denn der Vertrag erwähnt zwar die Räumung von griechischen Städten an der östlichen Adriaküste, das heißt im direkten Vorhof Makedoniens, als Bedingung für einen Frieden mit

Rom, sagt aber nichts über die römische Herrschaft in Italien, die offenbar unangetastet bleiben sollte.[546]

Hannibals Feldzug gegen Rom ist bis heute als eine der spektakulärsten militärischen Unternehmungen der Antike in Erinnerung. Mit einer aus Karthagern, Hispaniern und Numidern zusammengesetzten ›multinationalen‹ Streitmacht gelang es dem punischen Feldherrn, die Alpen zu überqueren und nach Norditalien einzufallen, wo sich ihm keltische Stämme anschlossen. In der Folge brachte er den Römern eine Serie schwerer Niederlagen bei. Unter dem zum Diktator gewählten Quintus Fabius versuchte die römische Armee, Hannibal zu verfolgen und so ohne das Risiko weiterer großer Schlachten zu verhindern, dass sich die karthagischen Streitkräfte in Städten festsetzten. Das brachte ihm den Beinamen »Cunctator«, der Zauderer, ein. Livius hat Fabius Cunctator die folgende Begründung für seine abwartende Strategie in den Mund gelegt. Es handelt sich dabei um einen Ratschlag des bereits entmachteten Diktators an den Konsul Aemilius Paullus, in dem er kurz vor der Schlacht von Cannae vor den offensiven Kriegsplänen von dessen Amtskollegen Terentius Varro warnte:

> » Es gibt nur eine einzige Methode, gegen Hannibal Krieg zu führen; und das ist die, die ich angewandt habe. Dies lehrt nicht nur der Erfolg – er ist ein Lehrmeister der Toren –, sondern die gleiche Überlegung, die bereits galt und die auch in Zukunft unabänderlich weitergelten wird, solange die Verhältnisse die gleichen bleiben: In Italien führen wir Krieg, auf unserem heimatlichen Grund und Boden. Alles ringsum ist voll von Mitbürgern und Bundesgenossen. Sie helfen uns mit Waffen, Soldaten, Pferden und Proviant und werden es immer tun. Diesen Beweis der Treue haben sie uns schon im Unglück gegeben. Besser, klüger und härter werden wir durch die Zeit mit jedem Tag. Hannibal dagegen steht auf fremder, feindlicher Erde. Alles um ihn ist feindlich und bedrohend. Er ist fern von Hause, fern vom Vaterland. [...] Er verlor mehr Leute durch Hunger als durch das Schwert; und nicht einmal mehr für diese wenigen reichen die Lebensmittel. Zweifelst du nun noch, daß wir ihn durch ruhiges Verhalten bezwingen werden, da er doch von Tag zu Tag schwächer wird, keine Zufuhr, keinen Ersatz von Mannschaften und kein Geld hat?«

Obwohl die Römer mit einem Expeditionsheer in Spanien erfolgreich gegen die Karthager operierten, blieb ein Sieg über Hannibals Hauptstreitmacht in Italien aus. Das führte auf römischer Seite zu Enttäuschung und zum Wunsch nach einem Strategiewechsel – dem Urteil des Polybios nach zu Unrecht, da Fabius die geringen Siegeschancen der Römer in offener Schlacht gegen Hannibals kriegserprobte Truppen strategisch richtig eingeschätzt und auf einen längeren Abnutzungskrieg gesetzt habe, in dem die bessere Versorgung und Rekrutierungsbasis auf heimischem Gebiet an Bedeutung gewinnen musste. In dieser unentschiedenen Kriegslage erhielten die Konsuln des Jahres 216 v. Chr., Aemilius Paullus und Terentius Varro, den Auftrag, Hannibal mit einem gewaltigen Heer von 80 000 Mann in offener Schlacht zu stellen und zu besiegen.[547] Zwischen den beiden Oberbeamten scheint es einen Konflikt über die strategische Ausrichtung gegeben zu haben. Die immer aggressiver ausgetragenen Rangeleien zwischen ihnen und die daraus hervorgehende Durchsetzung der Offensivstrategie des Terentius Varro wird insbesondere von dem zwei Jahrhunderte später schreibenden Livius durch die oben zitierte Mahnung des Fabius als ein vorhersehbarer Weg in den Abgrund charakterisiert: Unbesonnenheit und das ungeduldige Drängen auf den schnellen Erfolg führten in dieser Perspektive in den Ruin, während geduldiges Abwarten den Sieg gebracht hätte. Den allermeisten Zeitgenossen dürften sich die Entwicklungsmöglichkeiten des Krieges nicht in einer solchen Eindeutigkeit präsentiert haben, wie sie Livius mit dem besseren Wissen des Nachlebenden literarisch herauspräpariert hat.[548]

Das ungleiche Konsuln-Paar Aemilius und Varro erreichte mit seiner riesigen Armee Hannibals Streitmacht in der Nähe des apulischen Ortes Cannae, wo sich beide Seiten zunächst in Lagern – auf römischer Seite für jeden der uneinigen Konsuln ein eigenes – am Fluss Aufidius verschanzten, sich gegenseitig belauerten und sich Scharmützel lieferten.[549] Die besterhaltene Quelle zur Schlacht ist der Bericht des Polybios, der nach Roms Sieg über Makedonien als hochrangige Geisel nach Rom gekommen war und dort ein privilegiertes Gelehrtenleben im direkten Austausch mit Vertretern der römischen Aristokratie führen konnte. Polybios' Anliegen bestand vor allem darin, einem griechischsprachigen Publikum zu erklären, wie die Stadt am Tiber zur Herrschaft über weite Teile der damals bekannten Welt gelangt war.[550] Sein Bericht sei hier mit Blick auf die zentralen Entwicklungen in der Schlacht zusammengefasst. Hannibal wählte bei Cannae demnach folgende Schlachtordnung (▶ Abb. 11): Im Zentrum standen Kelten und Hispanier, die in einem dünnen, im Vormarsch zunehmend gegen die Feinde hin gewölbten Kreissegment angeordnet waren. An den Flanken hatten die mit römischen Beutewaffen ausgestatteten Libyer Aufstellung genommen. Keltische, karthagische und numidische Kavallerie bildete die äußersten Flügel. Auf römischer Seite standen die Legionen und ähnlich strukturierte schwer bewaffnete Bundesgenossenverbände im Zentrum und bildeten eine besonders tiefe Phalanx, vielleicht mehr als 30 Mann hintereinander. Die Reiterei nahm der karthagischen gegenüber Aufstellung, also ebenfalls an den Flügeln. Phalanx bedeutet im griechischen »Walze« und bezeichnet eine Formation von Schwerbewaffneten, die durch ihre Masse und kompakte Aufstellung erheblichen Druck auf die Gegner ausüben und diese förmlich »niederwalzen« konnten. 216 v. Chr. dürften die Legionäre wie ihre schwerbewaffneten Kontrahenten auf karthagischer Seite überwiegend noch nicht mit der später typischen Wurflanze (*pilum*) bewaffnet gewesen sein, sondern führten eine Stoßlanze, die sie beim Vormarsch in dichter Aufstellung nach vorn richteten.[551]

Bei Polybios findet sich folgende Schilderung des Schlachthergangs:[552] Hannibals Plan entsprechend rückte die tief aufgestellte römische Phalanx gegen die dünne Linie der Kelten und Hispanier vor. Diese wich zurück, sodass die Römer und Bundesgenossen immer weiter nachstießen. An den Flügeln kam es derweil zu Kavalleriegefechten, welche die karthagische Seite für sich entscheiden konnte. Die Legionen rückten siegessicher so weit vor, dass sie sich schließlich zwischen den auf den Seiten stehenden Libyern befanden. Diese schwenkten nun als dichte Phalanx-Formationen gegen die zwischen ihnen stehende feindliche Infanterie ein und griffen sie in den Flanken an. Als dann auch noch die siegreiche Kavallerie der Karthager den Legionären in den Rücken fiel, schnappte die von Hannibal gestellte Falle zu. Die eingekreisten Truppen verloren ihre Bewegungsfreiheit und wurden offenbar zu Zehntausenden massakriert, Polybios zufolge 70 000 Soldaten.

Der Militärhistoriker Wolfgang von Groote bezeichnete das planvolle Zurückziehen der zunächst halbmondförmig gegen die Legionen gewölbten Hispanier und Kelten als eine »indirekte Führung des feindlichen Heeres« durch Hannibal und sah darin den schlachtentscheidenden Vorgang, dessen Bedeutung sowohl Delbrück als auch Schlieffen in ihrer Überschätzung des Kavallerieangriffs in den Rücken der Römer nicht erfasst hätten.[553] Sein Kollege Martin Samuels relativierte hingegen die Bedeutung der Umfassungsbewegung. Für den Ausgang der Schlacht von Cannae seien andere Faktoren ausschlaggebend gewesen: der höhere Professionalisierungsgrad der zu Teilen schon in Spanien kriegserprobten karthagischen Streitkräfte, aber auch der gezielte Einsatz qualitativ überlegener gegen schwächere Truppenteile (wie beim Angriff karthagischer auf römische beziehungsweise verbündeter Reiterei) und schließlich – als psychologischer Faktor – die insgesamt höhere Kampfmoral von erprobten Berufssoldaten gegenüber einer zu Teilen aus jungen und unerfahrenen Rekruten zusammengesetzten Bürgermiliz, wie sie das römische Heer darstellte.[554]

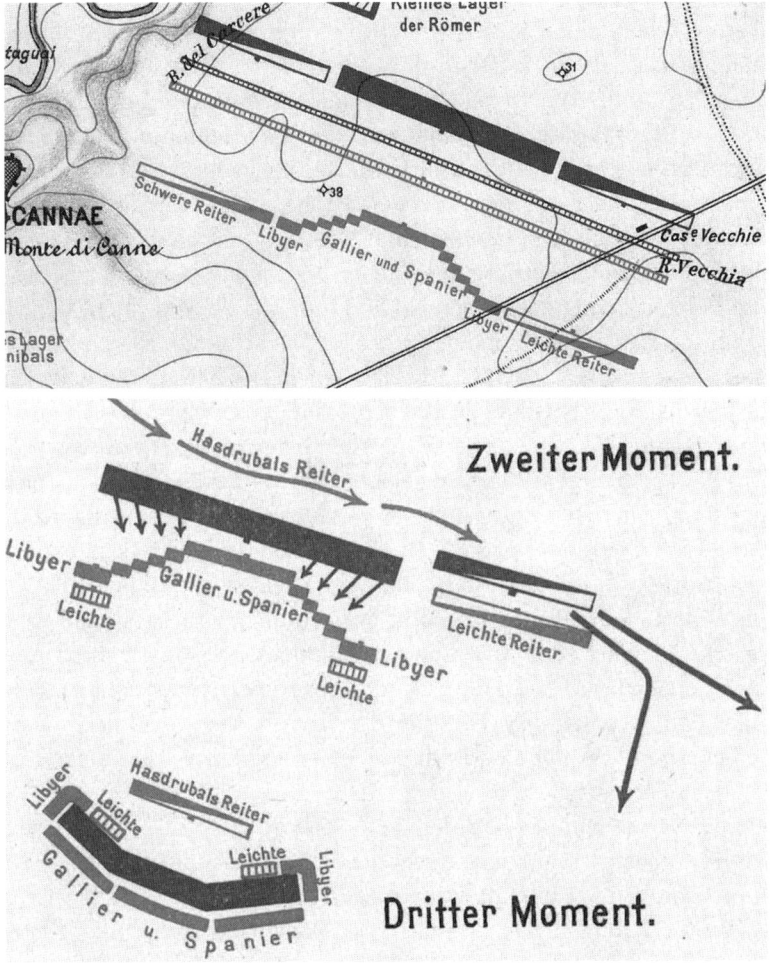

Abb. 11: Vernichtung durch Umfassung: Ein militärhistorischer Atlas aus der Zeit, als das Cannae-Modell noch die Militärs beschäftigte, stellt die Vernichtung des römischen Heeres durch Hannibal in drei Stadien dar. Johannes Kromayer/Georg Veith, Schlachten-Atlas zur antiken Kriegsgeschichte: Älteste Zeit und Punische Kriege bis Cannae (Römische Abteilung 1, Erste Lieferung), Leipzig 1922, Bl. 6.

Hannibal wurde oft als militärisches Genie gefeiert – und dies keineswegs nur in militärhistorischer Spezialliteratur, sondern bis in den Bereich des Jugendsachbuchs hinein.[555] Aber ist ein siegreicher Feldherr auch ein erfolgreicher Stratege? Der Weltkriegsveteran Heinrich Nolte warf Hannibal und dem ihn verherrlichenden Schlieffen wie auch seinen ›Jüngern‹ in der deutschen Militärelite vor, den Strategiebegriff auf den militärischen Teil des Kriegsgeschehens zu reduzieren. Hannibal habe aber überwiegend im Feindesland operiert, sei vom Nachschub aus der karthagischen Heimat oder aus Spanien abgeschnitten und mit einem hochmotivierten Gegner konfrontiert gewesen, der über bessere Rekrutierungs- und Versorgungsmöglichkeiten verfügt habe. Nolte greift hier die schon bei Polybios und Livius ausgeführte Analyse der Strategie des Fabius im Licht seiner eigenen Weltkriegserfahrung auf. Die Zeit spielte Nolte zufolge gegen Hannibal und für Rom, die von Fabius Cunctator verfolgte Strategie der Vermeidung großer Schlachten wäre eigentlich die richtige gewesen.[556] Hannibal hätte demgegenüber alles daran liegen müssen, die schnelle Entscheidung in einem großen Waffengang zu suchen, bevor seine Kräfte zu schwach würden.[557] Dieser Gedanke kommt auch schon im Bericht des Polybios zum Ausdruck: Hannibal habe bei Cannae die »günstige Gelegenheit« (*kairós*) erkannt und – so möchte man ergänzen – beim Schopf gepackt. In der Rede vor der Schlacht, die er Hannibal halten lässt, dankt dieser den Göttern dafür, dass sie die Römer auf ein so günstiges Schlachtfeld gebracht hätten, und fordert seine Soldaten auf, ihm dafür zu danken, dass er sie – die Feinde – »zum Kämpfen gezwungen habe«. Unabhängig von der Frage, ob die Rede auf einen historischen Kern zurückgeht oder nicht, brachte Polybios den Entscheidungscharakter der Schlacht zum Ausdruck, indem er Hannibal sagen ließ, der Sieg in diesem einen Kampf werde sie zu »Herren von ganz Italien« machen.[558]

Ob die Römer von einem defensiven ›Spiel auf Zeit‹ so profitiert hätten, wie Nolte annimmt, ist allerdings nicht sicher: Durch die für Spanien und Nordafrika vorgesehenen Expeditionsheere waren die römischen Streitkräfte über einen weiten Raum verteilt und nicht auf den Schutz Italiens konzentriert. Als die Römer zu ihrer Überraschung von den Alpen her angegriffen wurden, beorderten sie die in Sizilien zur Einschiffung bereitstehenden Legionen wieder nach Norden zurück. Nach verlustreichen Gefechten stand die Gefahr im Raum, dass der über mehrere Schlachten unbesiegte Feldherr Hannibal Roms Bundesgenossen auf seine Seite ziehen könnte. Die römische Herrschaft in Italien hatte damals nicht den Charakter einer territorial gefestigten Staatlichkeit, sondern beruhte auf einem komplizierten Gewebe von Verträgen mit Städten und Volksgruppen. Hannibal versuchte gezielt, einen Keil zwischen Rom und seine Verbündeten zu treiben: So schenkte er den Bundesgenossen 218 v. Chr. nach den römischen Niederlagen an der Trebia und am Trasimenischen See anders als den römischen Bürgern die Freiheit und gab Städten wie dem wichtigen Capua Land zurück, das Rom ihnen zuvor abgenommen hatte.[559] Dem Prinzip ›Zuckerbrot und Peitsche‹ folgend, schreckte er aber auch nicht davor zurück, Terrormethoden anzuwenden, um die Bundesgenossen zum Abfall von der römischen Republik zu bewegen: So verwüstete er landwirtschaftliche Flächen und zerstörte damit die Lebensgrundlagen oder ließ aufgegriffene Männer systematisch ermorden. Vor diesem Hintergrund scheint die strategische Lage Roms nicht ganz so eindeutig für ein ›Spiel auf Zeit‹ gesprochen zu haben, wie Nolte annimmt. Denn Hannibal hatte die Option, die Römer durch Ausübung von Druck von dieser Strategie abzubringen: 217 v. Chr. zwang er sie durch die Verwüstung des Ager Falernus in Süditalien dazu, die abwartende Strategie des Fabius Cunctator aufzugeben und sich der offenen Schlacht zu stellen, was sie dann im Folgejahr bei Cannae auch taten. Die Römer standen vor einem Dilemma: Verweigerten sie den Entscheidungskampf und überließen Hannibal die Kontrolle über weite Landstriche, so konnte dies das Vertrauen der Bundesgenossen in die Schutzmacht Rom erschüttern und sie zum Seitenwechsel veranlassen. Ließen sie sich hingegen erneut in einer großen Feldschlacht schlagen, konnte dies dasselbe Ergebnis haben.[560]

Die Dinge lagen also nicht ganz so klar, wie Nolte dies in seiner Kritik an Schlieffens Cannae-Publikation darstellt. Die vereinfachende Analyse ist sicher dem Anliegen geschuldet, gleichsam über Bande, das heißt über die Kritik an Hannibals strategischen Versäumnissen als Traditionsreferenz, die Militärideologie des deutschen »Vernichtungsgedankens« zu treffen, die Nolte zufolge für die Abgründe beider Weltkriege verantwortlich war.[561] Festzuhalten bleibt aber immerhin, dass der Druck Hannibals auf die Stabilität des römische Bundesgenossensystems selbst nach der Katastrophe von Cannae nicht so hoch war, dass es zu einer flächendeckenden Abwendung von Rom und Hinwendung zu Karthago gekommen wäre. Da dieses für die Römer vernichtende Schreckensszenario ausblieb, hatten sie doch noch die Chance, auf den Faktor Zeit zu setzen und die karthagische Armee in einem mehr als ein

Jahrzehnt dauernden Ermattungskrieg niederzuringen.[562] Durch eine von Scipio, später mit dem Siegerbeinamen »Africanus« geehrt, geleitete Invasion in Nordafrika zwangen sie den immer noch in Süditalien stehenden Feldherrn, das Mittelmeer zu überqueren, und schlugen ihn 202 v. Chr. in der Schlacht von Zama.[563] Aus diesem besseren Wissen des Nachlebenden heraus hat Livius den oben zitierten Ratschlag des Fabius Cunctator verfasst.

Noltes Analyse geht davon aus, dass der »Cannae-Mythos« weit über Schlieffens Tod hinaus für das strategische Denken deutscher Militärs maßgeblich geblieben ist und seine tiefen und zerstörerischen Spuren in der Operationsführung beider Weltkriege hinterlassen hat. Das mit Hannibal verknüpfte Ideal der »Vernichtungsschlacht« sei von den Schlieffen-Jüngern in der deutschen Militärelite durch die Zwischenkriegszeit hindurch in den Zweiten Weltkrieg hineingetragen worden.[564] Auch wenn Noltes Eindruck, schon das antike Vorbild Hannibal sei denselben strategischen Selbsttäuschungen aufgesessen wie die deutschen Militäreliten 1914 oder 1942, vielleicht nicht in dieser Eindeutigkeit zutrifft, wird man der modernen Vorstellung von ›Cannae‹ durchaus fatale Wirkungen zuschreiben können. Dies erkannte bereits der 1920 bis 1926 an der Spitze der Reichswehr stehende Generaloberst Hans von Seeckt als eine der wenigen kritischen Stimmen: »Cannae – kein Schlagwort ist uns so verderblich gewesen wie dieses«, schrieb er in seinem 1929 erschienen *Gedanken eines Soldaten*. In dem mit Esprit und auch Selbstironie verfasste Einleitungskapitel beleuchtet von Seeckt die gravierenden Folgen einer unkritischen Übernahme von Schlagwörtern, zu denen vor allem Menschen ihre Zuflucht nähmen, die »nicht in der Lage sind, ihre eigenen Gedanken zu denken.« Im Bereich des militärischen Denkens hält Seeckt dies für besonders gefährlich:

> » Auf dem mir eigenen Gebiet, dem militärischen, verfolge ich das Schlagwort aus einem ganz bestimmten Grund, weil es hier im eigentlichen Sinn tödlich wirken kann und muß, weil dem militärischen Schlagwort Tausende von Menschenleben geopfert sind, sicher nie aus bösem Willen, sondern aus dem Mangel an eigenem Denken.«[565]

Es geht dem ehemaligen Chef der Heeresleitung um eine todbringende Form der Unselbständigkeit des Denkens – er formuliert also eine an Immanuel Kants berühmte Auseinandersetzung mit der »selbstverschuldeten Unmündigkeit« des Menschen erinnernde Kritik am militärischen Dogmatismus. Als Musterbeispiel für diese Untugend zitiert Seeckt das deutsche Cannae-Ideal,

## 7 Westfront 1914/1940

wobei er sich allerdings mehr auf dessen Umsetzung 1914 als auf Schlieffens Vorlage bezieht und den 1913 verstorbenen Generalstabschef sogar in Schutz nimmt: Die Vernichtung des Feindes durch Umfassung sei wie in Cannae der richtige Ansatz gewesen – und auch dass Schlieffen die französischen Heere nur von einer Seite umfassen wollte (nach dem Vorstoß über Belgien von Norden her), statt wie Hannibal das römische Heer von zweien, sei der Lage des Kriegsschauplatzes im Westen angemessen gewesen. Den Fehler sah von Seeckt nicht in dieser Umfassungsidee, sondern in der Unfähigkeit der militärischen Führung von 1914, die für den Erfolg der strategischen Umfassung notwendige Konzentration der Streitkräfte konsequent umzusetzen, statt sich in einzelnen, lediglich taktischen Umfassungsversuchen an verschiedenen Frontabschnitten zu ›verzetteln‹. Auf die Respektsperson Schlieffen selbst lässt Seeckt nichts kommen. Es sind vielmehr die namentlich nicht genannten »Gesellen« des »Meisters«, vermutlich insbesondere Generalstabschef Moltke der Jüngere, die seinen Unmut auf sich ziehen. Zudem wirft Seeckt der Reichswehr vor, nach dem Krieg nichts aus den Erfahrungen von 1914 gelernt zu haben. Bei Manövern habe »das Streben nach Umfassen um jeden Preis und das Langziehen der Front bis zur Wesenlosigkeit« weiterhin ein Problem dargestellt, als hätte es die gescheiterte Offensive gegen Frankreich nie gegeben. Die Orientierung am Cannae-Ideal will auch Seeckt nicht preisgeben, verlangt aber einen reflektierten Umgang mit diesem Konzept: »›Cannae‹ als Begriff des Vernichtungswillens bleibt. Wer seinen Sinn nicht erfaßt, für den wird er zum leeren und gefährlichen Schlagwort.«[566]

Das Scheitern des Schlieffenplans, vor dessen Hintergrund von Seeckt diese Zeilen geschrieben hat, war Anfang September 1914 mit der Marne-Schlacht besiegelt: Anders als vorgesehen, zog der rechte Flügel des deutschen Heeres nicht westlich an Paris vorbei, umfasste die französische Hauptstadt also nicht, sondern bog östlich von ihr in Richtung Süden ab. Die britische und französische Gegenoffensive führte bis zum 9. September zu einer deutschen Niederlage an der Marne; nach einem von beiden Seiten bestrittenen »Wettlauf zum Meer« kam es zum ›Einfrieren‹ der Front und zum Beginn des jahrelangen Stellungskrieges mit den charakteristischen Schützengräben im Westen. Für diese Entwicklung wurde Generalstabschef Moltke der Jüngere wesentlich verantwortlich gemacht: Er habe den rechten Flügel für die Umfassung zu schwach gehalten, um den linken stärker aufzustellen. In der Forschung wurde aber auch auf Faktoren hingewiesen, auf die Moltke keinen Einfluss hatte: Der Einsatz von Maschinengewehren und Artillerie habe die für die Umfassung notwendige Geschwindigkeit des Vormarsches nicht zugelassen, auch an ausreichenden Transport- und Versorgungskapazitäten habe es gefehlt. Zudem hätten die Gegner nach dem Verpuffen des anfänglichen Überraschungseffekts auf der »inneren Linie«, das heißt mit dem Vorteil kürzerer Verbindungswege, einen Teil der in den Grenzschlachten eingesetzten Truppen nach Paris zurückgezogen und dann für den Abwehrkampf an der Marne verfügbar gehabt.[567]

Die bei Gottfried Benn »Cannä!« schreienden Generäle verweisen darauf, dass Schlieffens Studie nicht nur auf die deutsche Operationsführung im Ersten, sondern auch noch im Zweiten Weltkrieg Einfluss ausgeübt hat. Dies ist, wie erwähnt, die Leitthese von Heinrich Noltes kritischer Auseinandersetzung mit der deutschen Tradition der Umfassungs- und Vernichtungsoffensive. Auch der Militärhistoriker und Bundeswehroffizier Gerhard P. Groß stellt in seiner Analyse des deutschen »operativen Denkens« von 1866 bis in den Kalten Krieg fest, dass das »Cannaeprinzip gerade für jüngere Offiziere bis weit ins 20. Jahrhundert hinein Sinnbild für eine optimale Operation« gewesen sei.[568] Dabei hätte die ausbildungsrelevante Geschichtsschreibung der kriegsgeschichtlichen Abteilung des Generalstabs dazu beigetragen, das positive Schlieffenbild zulasten seiner für die Niederlage verantwortlich gemachten Nachfolger Moltke und Falkenhayn aufrechtzuerhalten. Man trauerte – so eine von Groß zur Veranschaulichung zitierte Militärzeitschrift aus dem Jahr 1932 – dem nach Kriegsausbruch 1914 vermeintlich zwingend zu erwartenden »Ober-Cannä« nach, das nur wegen der Inkompetenz der Verantwortlichen nicht realisiert worden sei.[569] Der im Stil einer knappen Glosse von einem Generalleutnant a. D. Marx verfasste Artikel karikiert den Diskurs in der deutschen Militärfachliteratur als ein von Selbstmitleid und deutschem Hang zur »Selbsterniedrigung« geprägtes »Cannä-Oratorium«. Aber auch die Entente sei im Hinblick auf eine erfolgreiche Nachahmung Hannibals inkompetent gewesen, da sie durch unsinnige Durchbruchsversuche einen enormen Blutzoll bezahlt habe.[570]

7 Westfront 1914/1940

Abb. 12: Kein Cannae in Frankreich: Die von Generalstabschef Alfred von Schlieffen geplante Umfassung von Paris gelingt den Deutschen in keiner Phase des Ersten Weltkrieges. Die zeitgenössische Übersichtskarte zeigt das weiteste Vordringen der deutschen Truppen Anfang September 1914 (schraffierter Bereich); die Pfeile skizzieren stark vereinfacht die von Schlieffen geplanten Vorstöße (Karte: Le Front: Atlas dépliant de 32 cartes en six couleurs, Paris 1915, S. 22; Pfeile in Anlehnung an Gerhard Ritter, Der Schlieffenplan. Kritik eines Mythos, München 1962, Karte 6).

Gegenstand dieses »Cannä-Oratoriums« war nicht das historische Geschehen von 216 v. Chr., sondern die von Seeckt diagnostizierte Reduktion der antiken Schlacht auf ein nicht mehr hinterfragtes »Schlagwort«, das als Chiffre für ein bestimmtes Handlungsmuster die Entscheidungen prägte oder mitprägte. Das tatsächliche Gewicht dieser Chiffre für den Verlauf des deutschen Aggressions- und Vernichtungskrieges von 1939 bis 1945 wird natürlich nicht zu ermitteln sein. Ein Indiz für die Prägekraft des Cannae-Ideals auch in der unmittelbaren Vorgeschichte des Zweiten Weltkrieges bietet eine von Gerhard P. Groß zitierte Bemerkung des Generalmajors Georg von Sodenstern aus dem Mai 1938:

> » Ich spreche über die Kunst, denn wahrlich: im Bereich der weitreichenden Operationen wird der Soldat zum Künstler! Es sind immer nur einige Wenige, die solches Künstlertum erreichen. [...] Einige Wenige, die – mit Seheraugen des Feindes Handeln vorausschauend – ihn, wie einst Hannibal bei Cannae, in die eisernen Klammern ihrer Umfassungsflügel hineinmarschieren lassen. Es sind jene, von denen der verstorbene General von Seeckt einmal gesagt hat, dass sie um ›letzte Dinge‹ wissen.«[571]

Pathetisches Geraune dieser Art, das die nüchterne Analyse der Gegebenheiten den Eingebungen quasireligiös überhöhter Führerfiguren unterordnete, könnte die reale Vorlage für Gottfried Benns Karikatur der deutschen Generäle aus dem Jahr 1942 gewesen sein: »Melde gehorsamst: unaufhaltsame Verfolgung – –; melde: völlige Vernichtung – –: Cannä –! – melde, melde gehorsamst – –.«

Doch welche Spuren des Cannae-Ideals lassen sich in der Operationsführung des Zweiten Weltkrieges beobachten? In der militärhistorischen Forschung hat Stephen Holmes die These vertreten, Schlieffens Orientierung an Hannibal sei vor dem Ersten Weltkrieg zugleich »anachronistisch und futuristisch« gewesen: Sein Plan habe eine motorisierte, hochmobile und schnelle Kriegführung vorausgesetzt, die technisch erst deutlich später in den 1930er und 1940er Jahren möglich geworden sei.[572] In der militärischen Fachpublizistik der Zwischenkriegszeit zeichne sich die Tendenz ab, die im Ersten Weltkrieg noch begrenzt eingesetzten Tanks beziehungsweise Panzer in ihrer Bedeutung aufzuwerten und als eigenständige Waffe einer hochmobilen Kriegführung zu begreifen. Die veränderten technischen Rahmenbedingungen hätten bei einem Teil der militärischen Planer den Eindruck vermittelt, anders als 1914 habe man nun die Möglichkeit, Schlieffens Cannae-Konzept erfolgreich umzusetzen, da der darin vorgesehene Umfassungsvorstoß nun mithilfe von Motorisierung und Panzerung in der gebotenen Geschwindigkeit ausgeführt werden könne.[573] Schon in den 1920er Jahren hatte der an der Spitze der Reichswehr stehende Generaloberst von Seeckt die Idee eines »Gefechts der verbundenen Waffen« mitgeprägt, bei dem die spezifischen Potenziale der Motorisierung zur Geltung gebracht werden sollten.[574]

Die Idee eines kriegsentscheidenden Einsatzes von Panzern in der Tradition der Kavallerie entwickelte der General der Panzertruppe Heinz Guderian 1939 in dem Artikel *Schnelle Truppen einst und jetzt*. Eingangs nimmt er darin auf die Schlacht von Cannae Bezug und betont den hohen Anteil der Reiterei im Heer Hannibals, die ihrem römischen Pendant anders als die Infanterie zahlenmäßig mit 10 000 zu 6000 Mann überlegen gewesen sei.[575] Dies bleibt die einzige Erwähnung der Schlacht von Cannae. Wie bei Schlieffen steht sie neben anderen Beispielen aus verschiedenen Epochen, aber ihre Nennung auf der ersten Seite des Beitrags und die vergleichsweise detaillierten Zahlenangaben heben sie doch besonders prominent als Modell hervor.[576] Guderians Argumentationsrichtung ist klar: Er stellt die von ihm repräsentierte Waffengattung als besonders wichtig dar, indem er sie in die Kriegsgeschichte der »schnellen Truppen« einordnet, die bis zum Aufkommen der Motorisierung eine Geschichte der Kavallerie war.[577] Aus seiner Sicht hatten die im Ersten Weltkrieg als *tanks* oder *chars d'assault* bezeichneten frühen Panzer ihr militärisches Potenzial noch nicht ausschöpfen können: Zu eng seien sie mit der langsamen Infanterie verbunden gewesen, so dass eine »Ausnutzung« von Frontdurchbrüchen unmöglich geblieben sei. Guderian zufolge galt es, »aus den Lehren der Kriegsgeschichte die richtigen Vorbereitungen für den nächsten Krieg zu treffen« – und dafür müsse man zwischen zwei grundverschiedenen Optionen wählen: Entweder betrachte man Panzer als »Hilfswaffe der Infanterie« oder man erhebe sie neueren Entwicklungen in Großbritannien folgend zu einer eigenständig operierenden »schnellen Truppe«. Letzteres war natürlich der Weg, den der General befürwortete: die Zusammenfassung der gepanzerten und motorisierten Kräfte zu autonom operierenden Einheiten für den »Massenangriff im Ringen um große Entscheidungen« beziehungsweise für den »überraschende[n] Einsatz der geballten Faust« als »zuverlässigste[r] Bürge des Sieges«.[578] Da wohl viele militärisch sozialisierte Leser des Aufsatzes die klassischen Ausführungen Delbrücks und Schlieffens über Cannae gekannt haben, wird für sie die Verbindung zum Umfassungskonzept klar gewesen sein. Denn es war Hannibals »schnelle Truppe« gewesen, die von Hasdrubal geführte Kavallerie, die nach den Flankenangriffen der afrikanischen Infanterie den Ring durch den Angriff in den Rücken der Legionen geschlossen hatte.[579]

Schon der deutsche Angriffskrieg gegen Polen im September 1939 und mehr noch der überraschend schnelle Sieg über Frankreich im Mai 1940 schienen das Szenario des Sieges mithilfe schneller gepanzerter Verbände zu bestätigen.[580] Im Rahmen der von Generalfeldmarschall Erich von Manstein geplanten »Operation Sichelschnitt« simulierten deutsche Armeen eine Wiederholung des Schlieffenplans durch einen Vorstoß in den Niederlanden, während die entscheidende Invasion mit schnellen Panzerverbänden weiter südlich über die Ardennen erfolgte und die französischen und britischen Streitkräfte in Belgien und Nordfrankreich umfasste – allerdings ohne sie völlig aufzureiben, da ein wesentlicher Teil über Dünkirchen nach Großbritannien evakuiert werden konnte. In der nächsten Phase folgte ein deutscher Vorstoß nach Süden, in den Rücken der französischen Streitkräfte an der stark befestigten Maginot-Linie. Diese Phase kommentierte Generalstabschef Halder mit einem aufschlussreichen Satz: »Cannae tritt in den Vordergrund.«[581]

Bis heute wirkt das in der nationalsozialistischen Propaganda entworfene Bild des »Blitzkrieges« nach, das Hitler nach dem Frankreichfeldzug ein ungeheures Prestige als vermeintlich genialer Feldherr einbrachte.[582] Hier lag die Quelle jener Überheblichkeit, mit der das nationalsozialistische Regime und die ihm als Aggressionsinstrument weithin willfährig dienende Wehrmacht in den nächsten großen Konflikt eintraten: das sogenannte »Unternehmen Barbarossa«. Eigentlich hätte absehbar sein sollen, dass der Krieg gegen die Sowjetunion ab August 1941 schon geografisch bedingt zu einer Überdehnung und Überforderung der deutschen Angriffsarmeen führen musste. Heinrich Nolte hat den aus seiner Sicht auf das Engste mit dem Cannae-Mythos verbundenen Wahnsinn der deutschen Planungen mit folgenden Worten zum Ausdruck gebracht:

》 Wie schon unter Schlieffen hielt man sich selbst für derart unübertrefflich, dass man meinte, mit einem Blitz-Sieg, mit einer einzigen gewaltigen Schlacht, einem gigantischen Cannae, das kontinentale Reich der Sowjets so nebenher im Handgalopp der Panzer-Kessel-Taktik zwischen dem Schwarzen Meer und der Ostsee niederwerfen zu können.«[583]

Auch an der Ostfront sollte nun noch vor dem Wintereinbruch ein »Blitzsieg« errungen werden. Dafür fehlten jedoch sowohl die technischen Voraussetzungen als auch die Versorgungsgrundlagen. Die wenigen motorisierten Verbände konnten nicht darüber hinwegtäuschen, dass Hitlers Angriffsheer eine – wie Gerhard P. Groß es ausgedrückt hat – langsame »Pferdearmee« beziehungsweise eine »Zwei-Klassen-Armee« war, in der hochmobile und hochtechnisierte Verbände neben einer weit größeren Anzahl traditioneller Verbände standen.[584] Die Absicht der Wehrmachtsführung, den Sieg über die Sowjetunion wegen des extrem weiten Operationsraums nicht wie 1914 in einer Umfassung, sondern in einer »Abfolge von Cannaes« zu suchen, war Groß zufolge eine der militärischen Ursachen für die Bereitschaft der Spitzenmilitärs gewesen, den von Hitler gewollten verbrecherischen Vernichtungskrieg zu akzeptieren: Das Manko der völlig unzureichenden Truppenversorgung habe nur durch Raub der von der sowjetischen Zivilbevölkerung benötigten Lebensmittel in grausamer Weise kompensiert werden können.[585] Hier wie auch bei der fließend in den Genozid übergehenden Partisanenbekämpfung ist es vermutlich gar nicht möglich, menschenverachtende Formen des operativen Denkens von der rassistisch-biologischen »Lebensraum«-Ideologie des Nationalsozialismus zu trennen, als deren Instrument auch die Wehrmacht – trotz des Dissenses und mutigen Widerstands eines kleinen Teils der Militärs – im Ganzen fungierte und funktionierte.[586] Hitler war es dem Historiker Johannes Hürter zufolge gelungen, den ursprünglich auf das Militärische beschränkten Vernichtungsbegriff auf den Kampf gegen den »Bolschewismus« als Ideologie auszuweiten.[587] Eine noch wesentlich weitergehende und eindeutig genozidale Entgrenzung des Begriffs bedeuteten die Kriegsverbrechen und Verbrechen gegen die Menschlichkeit unter Verantwortung der Wehrmachtsführung, die in den 1990er Jahren durch die Ausstellung »Vernichtungskrieg – Verbrechen der Wehrmacht« erstmals ins Bewusstsein einer breiten Öffentlichkeit gebracht wurden: der »Ernährungskrieg« gegen die Zivilbevölkerung, das Verhungernlassen von Millionen sowjetischen Kriegsgefangenen und die Unterstützung der von deutschen Einsatzgruppen hinter der Front begangenen Massenmorde an Juden, teilweise mit direkter Täterschaft von Wehrmachtsangehörigen.[588] Das »Schlagwort Cannae« ist auch aus dem Kontext des deutschen Vernichtungskrieges gegen die Sowjetunion und ihre Bevölkerung überliefert und scheint noch immer mit Hannibals Feldherrennimbus assoziiert gewesen zu sein. Hürter zitiert Generaloberst Maximilian von Weichs mit folgendem Tagebucheintrag zur für die Deutschen siegreichen Kesselschlacht von Kiew im Jahr 1941:

> [A]uf jeden Fall wird die Kriegsgeschichte die operative Durchführung der Schlacht selbst durch den Oberbefehlshaber der Heeresgruppe Süd würdig neben Schlachten wie Cannae und Tannenberg stellen.«[589]

Bald nach der Einnahme Kiews durch die Wehrmacht verübten deutsche Einsatzgruppen das größte Einzelmassaker an Juden auf dem Gebiet der Sowjetunion: In der Schlucht von Babij Jar erschossen die deutschen Mörder Ende September 33 771 jüdische Einwohner der Stadt.[590]

Der Forschung ist sicherlich in der Annahme zuzustimmen, dass Vernichtungskrieg und Holocaust in den bekannten Ausmaßen schreckliche Wirklichkeit wurden, weil die Tradition des »Vernichtungsgedankens« auch im Denken ursprünglich nicht nationalsozialistisch ideologisierter Militärs verbrecherische Praktiken bis hin zum Genozid anschlussfähig machte.[591] Mit der Auslieferung der im »Hinterland« der Front lebenden Bevölkerung an mordende Einsatzgruppen und andere Komponenten des NS-Terrorapparats betrat die Wehrmacht ein Terrain, auf dem sich die »Grenzen zwischen den rassenideologischen Verbrechen des Nationalsozialismus und der Kriegführung der Wehrmacht allmählich auflösten.«[592]

Im kolonialen Kontext war bei der »deutschen Schutztruppe« schon vor 1914 eine solche Entgrenzung festzustellen. Im Ersten Weltkrieg begingen deutsche Truppen zwar auch in Europa durchaus schwere Kriegsverbrechen, so etwa im August 1914 an der belgischen und ostfranzösischen Zivilbevölkerung.[593] Anders als im kolonialen Kontext hatten diese aber keinen genozidalen Charakter, weil es nicht darum ging, eine ganze Gruppe »als solche« auszulöschen, wie es die UN-Völkermordkonvention dann 1948 bezeichnete.[594] Für die deutsche Genozidpolitik im Zweiten Weltkrieg als Extremform solcher Verbrechen könnte maßgeblich gewesen sein, dass es im Rahmen rassistischer Selbst- und Feindbilder (deutlich fassbar in NS-Begriffen wie »Herrenmenschen« versus »Untermenschen«) zu dem kam, was Harald Welzer als »radikale Koordinatenverschiebung« beschrieben hat: In dem Moment, in dem den »Anderen« die »Zugehörigkeit« zur Gruppe der in ihrer Unverletzlichkeit und Würde zu respektierenden Menschen abgesprochen wurde, konnte die Vernichtungsphantasie der »Cannae«-Tradition zur Brücke in genozidales Denken und Handeln werden.[595] Die Exklusion von wie auch immer definierten

›Anderen‹ aus dem Kreis der mit Würde und Rechten ausgestatteten Menschen gab es sicherlich schon vor der Moderne, etwa in der römischen Vorstellung von den ›Barbaren‹ – und auch in den französischen Religionskriegen des 16. Jahrhunderts, bei deren Behandlung Welzers Ansatz bereits herangezogen wurde (▶ Kap. 5). Was aber weder in der Antike noch in der Frühen Neuzeit existierte, war die nur unter totalitären Rahmenbedingungen und mit den Vernichtungspotenzialen der Moderne denkbare Bestrebung, eine gesamte Gruppe in ganz Europa vollständig zu ermorden, wie sie das Protokoll der Wannsee-Konferenz vom 20. Januar 1942 in eiskalt bürokratischer Sprache dokumentierte, als der Holocaust längst im Gange war.[596]

Der von den Deutschen um ein Haar in den Osten deportierte Pariser Friseur Joseph Joffo beschreibt einen wichtigen Aspekt dieses ganz eigenen Massenverbrechens in seinen Kindheitserinnerungen. Er war mit seinem Bruder in das vermeintlich sichere, dann aber doch noch von den Deutschen besetzte Südfrankreich geflohen und im Gestapo-Hauptquartier in Nizza wochenlang verhört worden:

》 Sie hatten einen Weltkrieg am Hals, sie wichen vor Russen und Amerikanern zurück, sie kämpften in allen vier Ecken des Planeten – und doch verwendeten sie Männer und Zeit auf den Versuch, herauszufinden, ob zwei Jungs Juden waren oder nicht – und das seit drei Wochen.«[597]

Dieses Zitat illustriert, dass auch die grausamste Interpretation der militärischen Vernichtungslogik in deutscher Generalstabstradition nicht ausreicht, um das singuläre Verbrechen des Holocaust zu erklären: Es hatte seine Wurzeln in einer Verklammerung von barbarischer Menschenverachtung und dem fanatischem Irrationalismus der nationalsozialistischen Ideologie. Die Abwesenheit von erkennbaren »Zweckmäßigkeitsgründen« war es, die Hannah Arendt zu ihrer Kritik an der deutschen Übersetzung des 1945/46 im Nürnberger Hauptkriegsverbrecherprozess verhandelten Anklagepunktes *crimes against humanity* veranlasste: Die im Deutschen übliche Wiedergabe mit »Verbrechen gegen die Menschlichkeit« sei verharmlosend; man müsse den Anklagepunkt vielmehr mit »Verbrechen gegen die Menschheit« übersetzen. Nur so könne, wie sie in ihrer berühmten Auseinandersetzung mit dem Jerusalemer Eichmann-Prozess von 1961 hervorhob, klargestellt werden, dass die »völkerrechtliche Ordnung der Welt und die Menschheit im ganzen« durch solche Verbrechen bedroht werde.[598] Arendts Position kann als Einwand dagegen gelesen werden, NS-Verbrechen aus (radikalisierten) militärischen Handlungslogiken heraus zu erklären; sie steht aber nicht im Widerspruch zu der oben bereits thematisierten Forschungsthese, die mit ›Cannae‹ verknüpfte Vorstellung der Vernichtung habe die deutschen Militärs anfälliger dafür gemacht, sich genozidalen Logiken zu überlassen (sofern sie diese als ideologisch motivierte Täter nicht ohnehin schon teilten). Dass sowohl Cannae als auch die Genozidverbrechen des NS-Regimes in einem einzigen Text – dem eingangs zitierten Essay von Gottfried Benn – thematisiert werden, deutet an, dass ein Zusammenhang schon 1942 gesehen werden konnte: Neben der antiken Schlacht als ›Chiffre‹ deutscher Vernichtungsprogrammatik und »1000 Kopfschüssen« kommt darin ja auch die brutale Deportation von zur Ermordung bestimmten jüdischen Kindern zur Sprache. Die auf den ersten Blick unzusammenhängenden Sphären von scheinbar gepflegtem Antikenkult in deutscher Generalstabstradition und Genozid waren vielleicht doch Teil eines verbrecherischen Gesamtgefüges, auch wenn sich die nationalsozialistischen *crimes against humanity* im Sinne Arendts nicht erschöpfend aus Schlieffens glorifizierendem Blick auf die Vernichtung ableiten lassen, da diese ja der – wenn auch grausamen – Rationalität des militärischen Sieges verpflichtet blieb.

Im Rahmen apologetischer Selbstschutzmechanismen haben es sich Teile der deutschen Gesellschaft nach 1945 angewöhnt, die im Namen Deutschlands begangenen Verbrechen in den Verantwortungsbereich des Individuums Hitler oder von nationalsozialistischen Institutionen wie Partei, SS oder SD zu verweisen. Demgegenüber blieb die Beteiligung der Wehrmacht am nationalsozialistischen Verbrechen ausgeklammert oder unterbelichtet – und noch in den 1990er Jahre erlebte ein Teil der deutschen Öffentlichkeit die ungeschönte Thematisierung dieses Kapitels deutscher Militärgeschichte als derart unerträglich, dass es zu massiven Protesten und Anfeindungen gegen die Ausstellung »Vernichtungskrieg – Verbrechen der Wehrmacht« kam.[599] Auch in Heinrich Noltes Kritik am deutschen »Mythos Cannae« und seinen ebenso verbrecherischen wie zerstörerischen Folgen ist dieser blinde Fleck noch 1989 spürbar: Die Verletzung der Neutralität Belgiens infolge des Schlieffenplans, das Opfern von Hunderttausenden Soldaten im Namen einer realitätsfernen Cannae-Logik wird ebenso verurteilt wie der deutsche Aggressionskrieg von 1939 bis 1945. Beides sei Ausdruck einer Kombination von »Wunschträume[n], Selbstbetrug, Illusionen und katastrophalen Utopien«, »tendenziöse[r], wahrheitswidrige[r] Geschichtsschreibung« sowie die »Folge hochfahrenden verbrecherischen Größenwahns«. Was aber dem heutigen Leser auffällt, ist die fehlende Betonung der Spezifika des deutschen Vernichtungskrieges im Osten und des mit ihm untrennbar verwobenen Holocaust. Der Veteran nennt Hitler zwar einen »größenwahnsinnigen Barbar[en] und mörderischen Unmensch[en]«, aber das bezieht sich auf die unmittelbar davor thematisierte Haltung des Diktators zum deutschen Volk, dem er bei militärischem Versagen das »Verschwinden« gewünscht habe. Von den ungeheuerlichen deutschen Verbrechen an Zivilbevölkerung und Soldaten anderer Staaten ist nicht die Rede, wenn auch immerhin die desaströse Lage der Deutschen an der Ostfront Anfang 1942 als »verdiente Quittung für die absolut überflüssige Aggression« bezeichnet wird. Explizit kritisiert wird eine militärische Fehlleistung, das »Auseinanderziehen der Front« im Rahmen des »Unternehmens Barbarossa«, nicht jedoch der von Deutschen praktizierte Massenmord an Juden und anderen zu Feinden erklärten Bevölkerungsgruppen hinter dieser Front, nicht das Belagern und Aushungern Leningrads und auch nicht der Tod von drei Millionen sowjetischen Kriegsgefangenen unter der Verantwortung der Wehrmacht. Nolte mag all dem zutiefst ablehnend gegenübergestanden haben, aber im Fokus seiner Kritik bleibt militärisches Versagen aus Unverstand und Größenwahn.[600]

Es ist nach heutigem Stand der Forschung schwer vorstellbar, dass ein Zeitzeuge, der als Stabsoffizier am deutschen Krieg gegen die Sowjetunion beteiligt war, von den dort in deutscher Verantwortung begangenen Verbrechen an Zivilbevölkerung und Soldaten keine Kenntnis hatte (Nolte behauptet ein solches Nichtwissen auch gar nicht, er schreibt nur nicht über diese Verbrechen).[601] General Franz Halder, als Chef des Generalstabs des Heeres Noltes unmittelbarer Dienstvorgesetzter in den Jahren 1939/40, bewies in einer Ansprache vor ranghohen Offizieren zu den Vorbereitungen des Angriffskrieges auf Polen, wie die Barbarisierung bereits vor dem Krieg in den Bahnen des Operativen als Möglichkeit aufschien – bezeichnenderweise wieder im Rückgriff auf das Cannae-Ideal:

> » Wir können hier keine Schlachten im landläufigen Sinne liefern, wir müssen und werden zermalmend über Polen herfallen. Von Ostpreußen, wahrscheinlich auch durch Litauen, von Pommern, Brandenburg, Schlesien, Mähren und durch die Slowakei werden sich unsere Armeen konzentrisch nicht etwa nur auf Warschau, sondern auch auf einen Punkt weit hinter Warschau bewegen. Zeit zum Rückzug darf den Polen nicht

gelassen [werden], es muß ihnen das Cannae bereitet werden, das, wie Sie wissen, immer unser Ideal war.«[602]

Wie 1914 ging es darum, durch Geschwindigkeit strategische Vorteile zu erlangen – in diesem Falle die Sowjetunion von einem Eingreifen gegen NS-Deutschland abzuhalten, was zum Zeitpunkt der Rede Halders im Frühjahr 1939, das heißt Monate vor dem berüchtigten Molotov-Ribbentrop-Pakt durchaus noch eine Möglichkeit war.[603] Auch wenn Nolte sich in seinem Büchlein nicht explizit auf diese Rede bezieht, kann sein Text als eine nachträgliche Distanzierung von seinem Chef gelesen werden, dem er rückblickend vorwarf, »vermessenen und realitätsfernen Illusionen« angehangen zu haben. Er stieß zwar nach eigenen Angaben erst im November als erster Adjutant zu Halder, gibt aber an, an dessen Planungen für den Krieg gegen Frankreich beteiligt und bei »nahezu allen Vorträgen von Abt. Chefs bei Halder« zugegen gewesen zu sein und wird dessen Denkweise daher gekannt haben.[604] Hierzu würde passen, dass Nolte, wie erwähnt, dem Grafen von Schlieffen eine kurzsichtige Ausklammerung von »Politik und Strategie« zugunsten einer auf das Militärischen reduzierten Sichtweise vorwirft. Eine völlige Nicht-Zuständigkeit der Armee für alle politischen Fragen hatte Halder zu Beginn seines oben zitierten Vortrags geradezu zum Programm erhoben:

>> Wenn ich heute zu Ihnen über das Thema ›Der kommende Krieg‹ spreche, so will ich von vorneherein darauf hinweisen, daß politische Erwägungen etc. bewußt beiseite gelassen werden. Die deutsche Wehrmacht hat das Schwert zu führen, aber sie hat sich nicht darüber zu entscheiden [sic], ob und wann es zu ziehen ist.«[605]

Mit anderen Worten: Eine benachbarte Nation zu »zermalmen«, wird hier dem politischen Ermessensspielraum einer Führung anheimgestellt, der sich der Soldat dann ohne weiteres Nachdenken als gehorsames Werkzeug zu fügen hat. Diese vermeintliche Entpolitisierung, die in Wahrheit nichts anderes war als die hochpolitische Mitwirkung an einem totalitären Kriegsprojekt, geißelte Gottfried Benn in seinem bereits mehrfach zitierten Essay von 1942: »Melde gehorsamst [...].«

In einer Diskussion mit jungen Erwachsenen wies der Hessische Oberstaatsanwalt und Spiritus Rector des Frankfurter Auschwitzprozesses Fritz Bauer 1964 auf die Bedeutung des Soldatengesetzes der Bundesrepublik Deutschland hin, in dem es im ursprünglichen Wortlaut von 1956 heißt: »Ein

Befehl darf nicht befolgt werden, wenn dadurch ein Verbrechen oder Vergehen begangen würde.«[606] Dass dieser Gedanke schon vor dem Zweiten Weltkrieg auch einem durch und durch militärisch sozialisierten Geist möglich war, lässt das Beispiel von Halders Vorgänger, General der Artillerie Ludwig Beck erkennen. Im Sommer 1938 trat er als Gegner von Hitlers Kriegskurs von seinem Posten als Chef des Generalstabs des Heeres zurück. Später hatte er eine Schlüsselrolle im Widerstand gegen Hitler am 20. Juli 1944, die er mit dem Leben bezahlte. Aus dem Juli 1938 ist von Beck folgende Notiz für einen Vortrag erhalten, in der er sich gegen ein ›Weckducken‹ der militärischen Führung angesichts der von ihm als gefährlich und verwerflich eingestuften Angriffspläne Hitlers gegen die Tschechoslowakei (dazu ausführlicher ► Kap. 8) ausspricht und teilweise fast die Formulierung des Soldatengesetzes der Bundesrepublik vorwegnimmt:

>> Es stehen jetzt letzte Entscheidungen über den Bestand der Nation auf dem Spiele. Die Geschichte wird diese Führer [d. h. die Führung der Wehrmacht, P. Geiss] mit einer Blutschuld belasten, wenn sie nicht nach ihrem fachlichen und staatspolitischen Wissen und Gewissen handeln. Ihr soldatischer Gehorsam hat dort eine Grenze, wo ihr Wissen, ihr Gewissen und ihre Verantwortung die Ausführung eines Befehls verbieten.«

>> Finden ihre Ratschläge und Warnungen in solcher Lage kein Gehör, dann haben sie das Recht und die Pflicht vor dem Volk und der Geschichte, von ihren Ämtern abzutreten. [...]«

>> Es ist ein Mangel an Größe und Erkenntnis der Aufgabe, wenn ein Soldat in höchster Stellung in solchen Zeiten seine Pflichten und Aufgaben nur im begrenzten Rahmen seiner militärischen Aufträge sieht, ohne sich der höchsten Verantwortung vor dem gesamten Volk bewusst zu werden. Außergewöhnliche Zeiten verlangen außergewöhnliche Handlungen.«[607]

In einer Denkschrift zu Hitlers Angriffsplänen gegen die Tschechoslowakei hatte Beck schon Ende 1937 Deutschland als Teil eines europäischen Staatengefüges charakterisiert, in dem sich größere territoriale Veränderungen zugunsten Deutschlands »nur durch schwerste und in ihrer Dauer nicht absehbare Erschütterungen« erreichen ließen. Unter Verweis auf die Abhängigkeit des Reiches von der Weltwirtschaft sprach er sich überdies gegen die nationalsozialistische Idee einer langfristigen »Autarkie« aus und befürwortete einen gewaltfreien Interessenausgleich mit Großbritannien. Die Möglichkeit eines späteren Krieges ließ er allerdings offen und schloss auch die »Zweckmäßigkeit« eines Angriffs auf die Tschechoslowakei nicht grundsätzlich aus.[608] Was Ludwig Beck 1937/38 vertrat, war kein pazifistisches Konzept, wie man es von einem Soldaten wohl auch nicht wird erwarten dürfen, aber von einer klaren Absage an das Credo eines jederzeit wiederholbaren Cannae kann man durchaus sprechen. Ähnlich wie Clausewitz betrachtete auch Beck die »Gewinnung des Friedens« als »den letzten Akt des Krieges«, der damit zu einem eminent politischen Unterfangen wurde.[609] Die menschenverachtende Kriegführung und Mordpraxis des nationalsozialistischen Deutschlands war von solchen Vorstellungen denkbar weit entfernt. Das Ende von NS-Deutschland hat der israelische Militärhistoriker Jehuda Wallach unmittelbar mit der fatalen Verklärung Cannaes verknüpft: »Deutschland hat zum Glück für die Menschheit einen gewaltigen Preis für Schlieffens Cannae-Wahn bezahlen müssen.«[610]

# 8
# München 1938

## Neville Chamberlain und die »lessons of 1914«

Die britisch-französische Appeasement-Politik verfolgte in den späten 1930er Jahren das Ziel, einen großen europäischen Krieg durch Zugeständnisse an das nationalsozialistische Deutschland abzuwenden oder zumindest zu verzögern. Da Hitler diesen Großkonflikt dann im September 1939 mit katastrophalen Folgen für Europa und die Welt doch herbeiführte, liegt es im Rückblick sehr nahe, aus dem Scheitern der »Appeaser« für die Zukunft lernen zu wollen, was in der internationalen Politik zu tun und zu vermeiden ist. Dabei gerät leicht in Vergessenheit, dass die Praktiker und Befürworter des Appeasement selbst mit dem Anspruch auftraten, aus der Geschichte gelernt zu haben. In besonders dramatischer Weise geschah dies im Vorkriegsjahr 1938, als die von Hitler provozierte Sudetenkrise die »Schatten von 1914« (John Horne) auf den Kontinent warf. Stand bei vielen Menschen damals das nackte Entsetzen angesichts einer als Déjà-vu empfundenen Kriegsgefahr im Vordergrund, so versuchten andere, Angst in Strategie münden zu lassen und aus den historischen Erfahrungen von 1914 die richtigen Schlussfolgerungen zu ziehen, um eine Wiederkehr katastrophaler Eskalationsdynamiken zu bannen. Wie kein anderer Politiker dieser spannungsgeladenen Zeit stand hierfür Neville Chamberlain, der den Konservativen angehörte und seit 1937 als Premierminister Großbritannien führte.[611]

Chamberlains erfolgloses Bemühen um ein gegenwartsbezogenes Lernen aus der Geschichte ist gerade deshalb von großem Interesse, weil das Streben nach Frieden mit Hitler später immer wieder als warnendes Lehrbeispiel einer naiven und verfehlten Strategie herangezogen wurden, so etwa in der Kubakrise des Jahres 1962 (▶ Kap. 12) und 1965 im unmittelbaren Vorfeld der amerikanischen Entscheidung für den Kriegseintritt in Vietnam.[612] Die Analogie zu ›München 1938‹ kommt wahrscheinlich deshalb in fast allen schweren internationalen Krisen seit dem Zweiten Weltkrieg vor, weil sie eine doppelte Funktion zu erfüllen verspricht: Zum einen wird der jeweilige Gegner zumindest implizit in die Nähe Hitlers gerückt, das heißt moralisch maximal herabgesetzt; zum anderen wird die eigene Seite ermahnt, Stärke zu zeigen, um nicht ins Fahrwasser eines Chamberlain zu geraten.[613]

Was war aber konkret geschehen in jenen gefährlichen Krisentagen des September 1938, als Chamberlain glaubte, einen neuen Krieg durch persönliche Verhandlungen mit Hitler noch einmal abwenden zu können? – In den frühen Morgenstunden des 30. September 1938 unterzeichneten die Regierungschefs Großbritanniens und Frankreichs, Chamberlain und Daladier, mit den Diktatoren Hitler und Mussolini eine ungeheuerliche Vereinbarung: Das Münchner Abkommen zwang die von den Verhandlungen ausgeschlossene Tschechoslowakei, wesentliche Teile ihres Staatsgebietes an das nationalsozialistische Deutschland abzutreten. So lässt sich das wichtigste Ergebnis der berühmt-berüchtigten Konferenz zusammenfassen, mit der Hitler gerade noch einmal davon abgebracht wurde, den Zweiten Weltkrieg bereits 1938 zu beginnen. Dieses spektakuläre Ereignis der internationalen Politik war nach den Worten des britischen Premiers von den Deutschen sehr schlecht vorbereitet worden. Chamberlain stütze diesen Eindruck bei seiner Schilderung der Geschehnisse im Londoner Kabinett unter anderem anekdotisch auf die Beobachtung, dass Hitler seinen Füller beim Unterschreiben zunächst in ein leeres Tintenfass getaucht habe.[614]

Bedeutsamer als dieses Detail war natürlich der Inhalt des Münchner Abkommens. Mit dem überwiegend von deutschsprachiger Bevölkerung bewohnten Sudetenland verlor die Tschechoslowakische Republik nicht nur bedeutende Teile ihres Territoriums an den aggressiven Nachbarn, sondern auch den darin liegenden Festungsgürtel, also einen wichtigen Schutz gegen weitere deutsche Aggression. Diesen Festungsgürtel hatte Reichskriegsminister von Blomberg im November 1937 mit der französischen Maginot-Linie verglichen und Hitler davor gewarnt, dass er einen deutschen »Angriff aufs Äußerste erschwere«.[615] Mit dem Münchner Abkommen war dieses wichtige Hindernis gegen eine deutsche Invasion gefallen: Innerhalb von nur zehn Tagen sollten die tschechoslowakischen Truppen das Sudetenland vollständig geräumt haben und unzerstörte militärische und sonstige Infrastruktur zurücklassen. Die deutsche Wehrmacht würde dann unmittelbar in die geräumten Landesteile nachrücken. Dafür wurden die Grenzen des verbliebenen tschechoslowakischen Staates von den Demokratien durch eine vage Zusatzformulierung garantiert. Wie wenig diese Garantie wert war, sollte sich bald zeigen: Am 15. März 1939 ließ Hitler die Hauptstadt Prag militärisch besetzen und sodann den westlichen, tschechischen Landesteil als »Reichsprotektorat Böhmen und Mähren« in direkte deutsche Herrschaft überführen, während der slowakische Landesteil den Status eines lediglich formal unabhängigen Satellitenstaats erhielt.[616]

Die Zerstörung der Tschechoslowakei war Teil einer rassistischen Expansionspolitik, die Hitler ideologisch bereits in seinem Buch *Mein Kampf* (1924/25) konzipiert hatte und dann nach seiner Ernennung zum Reichskanzler 1933 Schritt für Schritt in die Tat umsetzte – mit verbrecherischer Konsequenz bis zum Vernichtungskrieg und Genozid.[617] Auf dem Weg dorthin gelang es ihm über längere Zeit, zumindest Teile der ausländischen Öffentlichkeiten über seine wahren Absichten zu täuschen. Das lag daran, dass er vor allem die ersten Schritte seiner hochaggressiven Strategie noch als Versuche ausgeben konnte, die Benachteiligung Deutschlands durch das Versailler Friedenssystem von 1919 zu überwinden. Im Zusammenspiel mit seinem diplomatischen Personal suggerierte Hitler, er wolle im Grunde »nur« mit rabiateren Mitteln den revisionistischen Kurs fortsetzen, der den europäischen Nachbarstaaten schon vom Umgang mit den Regierungen der Weimarer Republik her vertraut war. Nichts Neues unter der Sonne also – diesen falschen Eindruck suchte Hitler zum Beispiel durch seine sogenannte »Friedensrede« vom 17. Mai 1933 zu fördern. Darin behauptete er, das Deutsche Reich sei friedliebend und verlange nur die Gleichberechtigung mit den anderen Staaten Europas, vor allem im militärischen Bereich. An das Ausland richtete Hitler in dieser Reichstagsrede folgende Worte:

》 Indem wir in grenzenloser Liebe und Treue an unserem eigenen Volkstum hängen, respektieren wir die Rechte auch der anderen Völker aus dieser selben Gesinnung heraus und möchten aus tiefinnerstem Herzen mit ihnen in Frieden und Freundschaft leben. *(Laute Zustimmung.)* Wir kennen daher nicht den Begriff des Germanisierens.«[618]

Im kleinen Kreis hatte Hitler wenige Monate zuvor – am 3. Februar, unmittelbar nach seiner Ernennung zum Reichskanzler – in Gegenwart von Befehlshabern des Heeres und der Marine das genaue Gegenteil verkündet und damit seine später in die Tat umgesetzten Eroberungsabsichten enthüllt. In der Mitschrift des damals in der Villa des Generals Freiherr von Hammerstein-Equord anwesenden Generalleutnants Liebmann liest sich dies so:

## 8 München 1938

》 Wie soll pol. Macht, wenn sie gewonnen ist, gebraucht werden? Jetzt noch nicht zu sagen. Vielleicht Erkämpfung neuer Export-Mögl., vielleicht – und wohl besser – Eroberung neuen Lebensraums im Osten u. dessen rücksichtslose Germanisierung.«[619]

Vor diesem Hintergrund erweist sich Hitlers »Friedensrede« vom Mai 1933 als eine bewusste Irreführung der europäischen wie der deutschen Öffentlichkeit. Ihr unmittelbarer Zweck bestand darin, die deutsche Verhandlungsposition auf der Genfer Abrüstungskonferenz zu verbessern, die bereits 1932, das heißt noch in der Schlussphase der Weimarer Republik, begonnen hatte. Dort hatte sich abgezeichnet, dass Abrüstungsgespräche paradoxerweise auch in Verhandlungen über ein deutsches Aufrüstungsrecht münden konnten, da das Prinzip der militärischen Gleichberechtigung Deutschlands international seit Dezember 1932 anerkannt war. Die deutsche Delegation in Genf konnte sich zusätzlich darauf berufen, dass der Versailler Vertrag die Deutschland auferlegte Reduzierung seiner militärischen Machtmittel lediglich als Auftakt einer allgemeinen Absenkung des Rüstungsniveaus festlegte, zu der es allerdings nie gekommen war. Noch klarer als zuvor verfolgte die deutsche Diplomatie nach Hitlers Ernennung zum Reichskanzler am 30. Januar 1933 das Ziel, die Aufrüstung des Reiches unter Verweis auf eine als diskriminierend angeprangerte Beschränkung der technischen und personellen Ausstattung der deutschen Streitkräfte international zustimmungsfähig zu machen. Die Bezugnahme auf Abrüstungsverpflichtungen anderer Staaten dürfte also ein taktischer Vorwand gewesen sein. Als sich die Deutschen mit ihren Forderungen vor allem wegen – im Rückblick mehr als berechtigter – französischer Sicherheitsbedenken nicht durchsetzten, erklärte Hitler sein Land für diskriminiert und trat am 14. Oktober aus der Genfer Abrüstungskonferenz wie auch aus dem Völkerbund aus.[620]

Nun begann eine Phase der offenen Aufrüstung Deutschlands, die im Widerspruch zu den Abrüstungsbestimmungen des Versailler Vertrages stand. Weitere eklatante Vertragsverletzungen folgten: 1935 führte Hitler die allgemeine Wehrpflicht wieder ein, im März 1936 ließ er das bis dahin entmilitarisierte Rheinland wieder besetzen, was neben dem Versailler Vertrag auch das von ihm zuvor gekündigte Locarno-Abkommen von 1925 missachtete. Auch den Prozess der territorialen Expansion leitete Hitler bereits vor Kriegsbeginn ein. Hatte sich die Angliederung des Saargebiets im Jahr 1935 noch unter Aufsicht des Völkerbundes per Plebiszit vollzogen, so erfolgte schon die nächste Gebietserweiterung auf dem Wege offener Aggression und im Bruch mit dem Völkerrecht: Hitler zwang den österreichischen Kanzler Schuschnigg im März 1938 durch massive Drohungen zum Amtsverzicht, ließ die Alpenrepublik militärisch besetzen und durch den »Anschluss« in das Territorium des Deutschen Reiches einverleiben.[621]

Die Demokratien protestierten, griffen aber nicht militärisch ein. Aus Sicht des britischen Massenblattes *Daily Express* war Hitlers Griff nach Österreich angesichts von dessen deutschsprachiger Bevölkerung verständlich und bedeutete keinen Grund zur Sorge. Am 14. März 1938 kommentierte die Zeitung das Ereignis folgendermaßen: »Es wird keinerlei Krieg geben. Warum nicht? Weil Hitlers Staatsstreich in Österreich nichts ändert. Österreich war deutsch, bevor Hitler einen Mann oder eine Kanone in Bewegung gesetzt hat.« Auch für den erwarteten Fall weiterer deutscher Aggression gegen die Tschechoslowakei erklärte die zum Medienimperium des isolationistischen Lord Beaverbrook gehörende Zeitung vorsorglich: »Mind our own business! Czecho-Slowakia is *not* our business«, sprich: »Wir wollen uns um unsere eigenen Angelegenheiten kümmern! Die Tschechoslowakei ist *nicht* unsere Angelegenheit.« Der kanadisch-britische Pressebaron, ursprünglich mit bürgerlichem Namen Max Aitken, gehörte zu den Schwergewichten der medialen Meinungsbildung in Großbritannien: Er hatte wesentliche Teile seiner steilen Karriere im Ersten Weltkrieg absolviert und war 1918 als Informationsminister des Kabinetts Lloyd George für einige Monate Chef des britischen Propagandaapparats gewesen.[622]

Das in Großbritannien verbreitete Verständnis dafür, dass Hitler »Deutsche« – in der Diktion des Nationalsozialismus – »heim ins Reich« holte, war einer der Gründe dafür, dass die britische Regierung nicht bereit war, für die Verteidigung Österreichs oder der Tschechoslowakei ernste Risiken einzugehen. Zeitgenossen, die Hitlers Aggressionskurs gegenüber Nachsicht zeigten, gab es damals in Großbritannien einige und durchaus prominente. Zu ihnen gehörte auch David Lloyd George, der als britischer Premierminister die Friedensverhandlungen von 1919 so maßgeblich mitgeprägt hatte. Auf der Pariser Friedenskonferenz hatte er eine ambivalente Rolle gespielt. Einerseits war er für möglichst weitreichende Reparationsforderungen eingetreten, andererseits hatte er in einer Denkschrift vom März 1919 davor gewarnt, den Deutschen einen zu harten und vor allem durch Gebietsabtretungen an Polen demütigenden Frieden aufzuzwingen und sie so in die Arme des Bolschewismus zu treiben. In diesem Text sah die Forschung einen der Ursprünge jener Politik, die schon auf der Pariser Friedenskonferenz von 1919 als »Appeasement« bezeichnet wurde: eine Rücksichtnahme auf die Interessen des besiegten Deutschlands, die den Frieden sichern sollte.[623]

Am 4. September 1936 suchte der ehemalige britische Regierungschef und immer noch einflussreiche *elder statesman* den deutschen Diktator Hitler zu einem zweitägigen Besuch auf dessen Anwesen Berghof bei Berchtesgaden auf. Lloyd Georges Nachlass im britischen Parlamentsarchiv zeugt von einer Reise durch Deutschland, die von der NS-Propagandamaschine offenbar zielgerichtet orchestriert worden war: Er sollte sich wohlfühlen und zu Hause entsprechend positiv berichten. Neben Zeitungsausschnitten aus der britischen Presse finden sich zahlreiche Fotos, die das ›Dritte Reich‹ und seinen ›Führer‹ genauso ins Bild setzten, wie es den Selbstdarstellungsinteressen des Regimes entsprach: Hitler in Großvaterpose mit blonden Kindern, kräftig zupackende Arbeiter, neu errichtete Bauernhäuser in Reih und Glied, Autobahnen – und immer wieder Lloyd George, so etwa umringt von SS-Männern bei einer Kranzniederlegung zu Ehren der Gefallenen des Ersten Weltkrieges am Kriegerdenkmal des Münchner Hofgartens, aber auch bei Besichtigungen oder im Gespräch mit Hitler. Für Hitler war Lloyd George trotz aller Ehrerbietung, die er ihm zuteilwerden ließ, eine menschliche Trophäe. Dem britischen Gesprächsprotokoll nach zu urteilen, genoss er es außerordentlich, dass der Kriegspremier ihn in seinem Alpenrefugium aufsuchte und ihn als »den größten Deutschen unserer Zeit« pries. Beide überboten sich in Schmeicheleien. Ausdrücklich gestattete Hitler seinem Gast, seinem Porträtfoto neben denen von Foch, Clemenceau und anderen führenden Männern des Ersten Weltkrieges einen Ehrenplatz auf seinem Schreibtisch einzuräumen. Hitler ließ seinen britischen Besucher wissen, dass er keinen Hass auf die Feinde von damals empfinde, sondern nur auf die deutschen »Verräter« von 1918/19, für die er beispielhaft Matthias Erzberger als Leiter der deutschen Waffenstillstandsdelegation und Gustav Bauer als bei der Unterzeichnung des Versailler Vertrags amtierenden Reichskanzler nannte.[624]

Was hat der Besuch von Lloyd George nun mit dem Thema des vorliegenden Buches, dem Lernen aus der Geschichte zu tun? Ähnlich wie Chamberlain – und in seiner glorifizierenden Beurteilung Hitlers vielleicht noch realitätsferner – glaubte Lloyd George, Lehren aus den leidvollen Erfahrungen des Ersten Weltkrieges und der gescheiterten Friedensordnung von 1919 ziehen zu können. Dies zeigt schon die Geste des Besuchs selbst, die von dem – in diesem Fall fehlgeleiteten – Bemühen geprägt war, den alten und potenziell ja auch neuen Kriegsgegner Deutschland in der Person seines »Führers« kennenzulernen, besser zu verstehen und mit Respekt zu behandeln, also genau jenen Stil empathiegeleiteter politischer Kommunikation zu pflegen, an dem es in den Julitagen des Jahres 1914 offenbar gefehlt hatte.

Verständnislosigkeit für die Belange und Befürchtungen anderer Mächte hatte den Weg in den europäischen Großkonflikt und schließlich Weltkrieg geebnet, den in dieser katastrophalen Dimension niemand gewollt hatte. Solche Gedanken hatte Lloyd George in einem ausführlichen Leserbrief in der Londoner *Times* am 2. April 1936 entwickelt, einige Monate vor seinem Besuch bei Hitler. Dieser Beitrag war noch ganz unter dem Eindruck der deutschen Rheinlandbesetzung und der dadurch heraufbeschworenen internationalen Krise entstanden.[625] Lloyd Georges Argumentationsziel lag darin, die angesichts der Krise im Raum stehenden Gespräche zwischen den Generalstäben der Streitkräfte Großbritanniens, Frankreichs und Belgiens über Maßnahmen gegen die Vertragsverletzung zu verhindern. Stattdessen solle man auf Verhandlungen mit Deutschland setzen. In seinem Leserbrief nahm er auf das Jahr 1914 Bezug, um die aus seiner Sicht desaströse Wirkung militärischer Bündnislogiken zu erläutern. Die Konzentration auf die Planungs- und Abstimmungsgespräche zwischen den Militärführungen der verbündeten Staaten, die letztlich der Kriegsvorbereitung dienten, hätte damals wirkungsvolle Diplomatie zwischen den Allianzblöcken – und damit friedenserhaltende Kommunikation – kaum noch zugelassen. Für die bemängelte Übermacht der militärischen Sachzwänge gegenüber diplomatischen Anstrengungen zitierte er als Kronzeugen Zar Nikolaus II.: 1914 hätte »nur die offene Diskussion unter den Mächten« den »Weltfrieden« retten können. Genau diese Diskussion verhinderten aber Lloyd George zufolge die militärischen Bündnismechanismen als »Maschine in Bewegung« (*machine in motion*). Für die Gegenwart des Jahres 1936 zog der frühere Premier konkrete Lehren aus dieser historischen Erfahrung. Man solle auf gegen Deutschland gerichtete Generalstabsvereinbarungen mit Frankreich zunächst verzichten, bis die »wichtigen und versöhnlichen Vorschläge« der deutschen Regierung an die Adresse der Großmächte diskutiert worden seien. Der fatale Fehler, vielleicht auch die Tragik des Verhaltens von Lloyd George lag darin, dass er den fundamentalen Unterschied zwischen der Führung eines wenigstens prinzipiell zur Verständigung bereiten Deutschen Kaiserreichs und einem totalitären Diktator mit Eroberungsplänen nicht sehen konnte oder wollte. Und in dieser Selbsttäuschung war Lloyd George seinerzeit keineswegs allein. Die Zahl der Zeitgenossen, die Hitler gegenüber Verständnis zeigten oder ihn gar bewunderten, ging weit über den Kreis der offen rechtsextremen British Union of Fascists um Oswalt Mosley hinaus.[626]

Was hatte nun aber Verständnis gegenüber einem totalitären Diktator mit dem Versuch des Lernens aus der Vergangenheit zu tun? Im Gespräch zwischen Hitler und Lloyd George wird eine vermeintliche Lektion der Geschichte implizit thematisiert. Sie ist sehr schlicht und wurde von Lloyd George gegenüber dem deutschen Diktator wie folgt auf den Punkt gebracht:

> » Mr. Lloyd George sprach daraufhin darüber, wie vorteilhaft es für Europa wäre, starke Männer in den Regierungen zu haben. 1914 regierten schwache Männer Deutschland und andere Staaten. Ein starker Mann hätte den Nationen Europas nicht erlaubt, in den Krieg hineinzuschlittern. Ein mächtiger Staatsmann ist selbst eine Garantie für den Frieden. Hitler stimmte dem zu.«[627]

Damit brachte Lloyd George nichts anderes zum Ausdruck als die Annahme, dass Diktatoren über eine besondere Friedensfähigkeit verfügten. Denn es kann ihm nicht entgangen sein, dass zumindest zwei der *strong men* des Jahres 1936, Hitler und Mussolini, diktatorische Formen der Herrschaft ausübten. Hinter dieser Auffassung stand bei Lloyd George und anderen Zeitgenossen sehr wahrscheinlich die Erinnerung an den Sommer 1914: War es nicht wesentlich die Schwäche und Uneindeutigkeit der britischen Außenpolitik unter Außenminister Edward Grey gewesen, die den Weg in den Krieg begünstigt hatte? Hatte Grey nicht zu lange damit gewartet, den Deutschen klipp und klar zu erläutern, dass sie es im Kriegsfall nicht nur mit Russland und Frankreich zu tun haben würden, sondern auch mit Großbritannien? Genau für dieses uneindeutige Abwarten hatte Kaiser Wilhelm II. den britischen Außenminister in einer seiner vielen aggressiven Randnotizen zu diplomatischen Schriftstücken als »gemeine[n] Täuscher« bezeichnet, als dieser ihn dann doch noch zur Vermeidung von »Unaufrichtigkeit« (so Grey) vor einem britischen Kriegseintritt warnen ließ.[628] Dass Wilhelm offenbar gar nicht auf die Idee kam, in Greys uneindeutigem Verhalten ein Bemühen um Deeskalation zu sehen, zeigt, wie Empathielosigkeit in einer internationalen Krise als Brandbeschleuniger wirken kann.

**Abb. 13:** In den Weltkrieg hineinfeiern? Es gibt wohl kaum ein Bild, das in Schulbüchern so häufig als ›Beleg‹ für die vermeintlich allgemeine Kriegsbegeisterung von 1914 präsentiert wurde, wie dieses. Dabei ist bekannt, dass Bilder seit der Antike in wohl fast allen Kriegen zu Propagandazwecken bewusst gestaltet und eingesetzt werden.

Die 1936 von Lloyd George formulierte Analogie wird verständlich, wenn man sich den außenpolitischen Kurs Großbritanniens in der Julikrise 1914 ins Gedächtnis ruft: Das Land war mit Frankreich und Russland in der sogenannten »Triple Entente« politisch verbunden; es bestand aber keine militärische Beistandspflicht gegenüber diesen beiden Partnern. Dies war ein bedeutsamer Unterschied zur französisch-russischen Allianz, bei der es sich um ein »hartes« militärisches Bündnis mit der Verpflichtung zur gegenseitigen Waffenhilfe handelte. Die britische Regierung verfügte also für den Kriegsfall über einen Handlungsspielraum und dies ging mit dem Risiko der Unklarheit oder – positiv gewendet – mit der Option einher, für den Gegner aus strategischen Gründen bewusst unberechenbar zu bleiben. Ihr Verzicht auf eine frühe militärische Festlegung dürfte sich aus dem Bemühen erklären, die anderen Staaten der Triple Entente – vor allem das hinter Serbien stehende Russland – nicht zu einem allzu energischen Vorgehen gegen Österreich-Ungarn und Deutschland zu ermutigen. Eine klare Beistandszusage hätte deren Kurs gefährlich verschärft, die britische Uneindeutigkeit sollte offenbar mäßigend wirken.[629] Als jedoch Ende Juli angesichts früher russischer Mobilmachungsmaßnahmen immer klarer wurde, dass es ohnehin zu einer solchen Verschärfung kam, blieb nur noch die Androhung des Kriegseintritts, um insbesondere das deutsche Kaiserreich noch von seinem Kriegskurs abzubringen, der unrealistischerweise auf der Annahme basierte, der Konflikt würde lokal auf Serbien und Österreich-Ungarn begrenzt bleiben.[630]

Hätte die britische Politik ihre traditionelle Angst vor kontinentalen Verwicklungen rechtzeitig überwunden und dem Kaiserreich schon viel früher durch Androhung des Kriegseintritts reinen Wein eingeschenkt, so hätte dies vielleicht die Bündnispartner ermutigt, wahrscheinlich aber auch abschreckend und mäßigend auf Berlin eingewirkt. Vielleicht hätte die Katastrophe so verhindert werden können. Ein entsprechender Vorwurf an Grey wurde 1914 bereits zeitgenössisch formuliert. Selbst der deutsche Staatsekretär im Auswärtigen Amt, Ernst von Weizsäcker, äußerte diesen Gedanken in einer Unterredung mit dem britischen Botschafter Henderson. Wollte er damit diskret zur Härte gegenüber seinem Land mahnen? Die historische Analogie zu den ›Fehlern von 1914‹ prägte jedenfalls große Teile der Parlamentsdebatte, in der sich das britische Unterhaus im März 1938 mit dem von Hitler erzwungenen »Anschluss« Österreichs auseinandersetzte. Ob der vor allem an Grey gerichtete Vorwurf, Großbritannien habe sich zu spät militärisch festgelegt und damit die Chance verpasst, den Ersten Weltkrieg durch Abschreckung zu verhindern, berechtigt ist, wird sich wohl nie sicher feststellen lassen. Entscheidend war, dass diese Spekulation 1938 in Teilen der britischen Öffentlichkeit als plausibel galt.[631]

Es dürfte den allermeisten Zeitgenossen unmöglich gewesen sein, die Sudetenkrise des Sommers 1938 nicht ebenfalls in den Deutungsrahmen der Julikrise von 1914 einzuordnen. Dabei wiesen beide Krisen aus der Distanz betrachtet höchst unterschiedliche Merkmale auf. Allem voran ist die Tatsache zu nennen, dass 1938 ein zum Eroberungskrieg entschlossener Diktator die Dynamik bestimmte, also eine Figur, zu der es 1914 in verantwortlicher Position keinerlei Entsprechung gegeben hatte. Vorangegangen waren dem Federstrich von München Ende September 1938 nicht nur die Annexion Österreichs, sondern auch Monate schwerer Unruhen im Sudetenland. Dort hatte Hitler über die damals weitgehend als nationalsozialistisch-totalitäre Kraft auftretende Sudetendeutsche Partei (SdP) gezielt Konflikte zwischen der deutschen

Minderheit und der tschechoslowakischen Staatsmacht geschürt und teilweise auch einfach inszeniert, um das Nachbarland zu destabilisieren.[632] Den SdP-Vorsitzenden Konrad Henlein betrachtete Hitler als seinen »Statthalter« und ermutigte ihn, seine Forderungen an die Adresse der tschechoslowakischen Regierung so zu formulieren, dass sie nicht erfüllt werden konnten.[633] Hitlers militärische Interventionsdrohungen waren – anders als durch die deutsche Propaganda suggeriert – keine Reaktion auf eine vermeintlich innere Krise der Tschechoslowakei. Vielmehr strebte er von Anfang an den Einsatz von Gewalt gegen das Nachbarland an und benötigte lediglich Vorwände, die er in den nationalsozialistisch gesteuerten Unruhen fand.[634]

Die Quellenlage ist eindeutig: Schon am 5. November 1937 hatte Hitler in einer Besprechung mit Reichskriegsmister von Blomberg, den Oberbefehlshabern von Heer, Marine und Luftwaffe und dem Reichsaußenminister von Neurath klargestellt, dass er eine gewaltsame »Lösung der deutschen Frage« beabsichtige. Da er diese »Frage« als ein »Problem des Raumes« ansah, war dies nichts anderes als die Ankündigung eines Eroberungsprogramms, das Hitler durch militärische Siege über die Tschechoslowakei und Österreich umsetzen wollte. Dabei spekulierte er insbesondere auf eine innere Krise Frankreichs oder dessen Verwicklung in einen Krieg mit Italien. Beides würde aus seiner Sicht die Franzosen davon abhalten, der verbündeten Tschechoslowakei militärisch beizustehen. Er ging davon aus, dass »England, voraussichtlich aber auch Frankreich die Tschechei bereits im Stillen abgeschrieben […] hätten.«[635] Bereits am 30. Mai 1938 lagen Hitlers präzise Weisungen für die Invasion der Tschechoslowakei, den sogenannten »Plan Grün«, fertig ausgearbeitet vor. In nicht zu überbietender Deutlichkeit hält dieses Dokument Hitlers aggressive Absichten gegenüber dem Nachbarland fest: »Es ist mein unabänderlicher Entschluß, die Tschechoslowakei in absehbarer Zeit zu zerschlagen.« Ganz unverblümt ist von einem »beabsichtigten Überfall« die Rede – und als eine wesentliche Voraussetzung hierfür galt ein »geeigneter äußerer Anlaß«.[636]

Ebenfalls bereits im Mai 1938 kam es infolge einer tschechoslowakischen Teilmobilmachung und deutscher Gegenmaßnahmen zu einer drastischen Erhöhung der Kriegsgefahr. Vor diesem Hintergrund entschloss sich die britische Regierung, eine diplomatische Mission unter Lord Runciman in die Tschechoslowakei zu entsenden, um einen Beitrag zum Abbau der Spannungen zu leisten. Einen klaren offiziellen Vermittlungsauftrag erhielt diese Mission nicht. Angesichts der von Hitler gewollten Eskalation konnte sie keinerlei Erfolge erzielen, bereitete aber dem Prinzip der Konfliktlösung durch Gebietsabtretung den Boden, das dann im Rahmen der Münchner Konferenz umgesetzt werden sollte. Dies lag vor allem daran, dass in Runcimans Bericht wahrscheinlich nachträglich auf Druck der britischen Regierung Empfehlungen zu territorialen Zugeständnissen an Deutschland eingearbeitet wurden, die den Intentionen des Verfassers nicht entsprachen.[637]

An der von London angestrebten Verhandlungslösung des von ihm heraufbeschworenen Konflikts war Hitler in keiner Weise interessiert. Mehrfach hatte der deutsche Diktator dem östlichen Nachbarland im Sommer des Jahres 1938 unverhohlen mit Krieg gedroht – zuletzt öffentlich auf dem Nürnberger Reichsparteitag, wo er am 12. September 1938 die Wahrung des angeblich verletzten Selbstbestimmungsrechts der Sudetendeutschen forderte und überdies auch den Verbündeten der Tschechoslowakei den Fehdehandschuh für den Fall vor die Füße warf, dass sie dem tschechoslowakischen Staatspräsidenten Beneš Unterstützung gewähren sollten:

> » Herr Benesch hat diesen Sudetendeutschen keine Geschenke zu geben, sie haben das Recht, ein eigenes Leben zu beanspruchen, genau wie jedes andere Volk. Wenn die Demokratien aber der Überzeugung sein sollten, daß sie in diesem Falle, wenn notwendig mit allen Mitteln, die Unterdrückung der Deutschen beschirmen müßten, dann wird dies schwere Folgen haben!«[638]

Diese Rede fand überall in Europa größte Beachtung. Das britische Massenblatt *Daily Mirror* berichtete wie viele andere Zeitungen am Folgetag ausführlich, nicht nur über Hitlers Drohungen selbst, sondern auch über die Reaktionen der Bevölkerung in Großbritannien: Mit der Bildlegende »In the shadow of the last war« zeigte die Zeitung das großformatige Foto einer »angsterfüllten Menschenmenge« im Londoner Regierungsviertel Whitehall. Ausdrücklich erinnerte das Blatt an die Nähe der Szene zum Kenotaph, dem wichtigsten britischen Ehrenmal für die Gefallenen des Ersten Weltkriegs. Dem Bericht zufolge wurde der Text von Hitlers Rede in Sonderausgaben der Abendzeitungen verteilt. Die Menschen hätten die Rede diskutiert und seien in einen »Jubel der Erleichterung« darüber ausgebrochen, dass Hitler keinen unmittelbaren Angriff auf das Nachbarland angekündigt habe.[639]

Auch in einer Runde ausgewählter Mitglieder des britischen Kabinetts, die unmittelbar nach der Rede am Abend des 12. September tagte, scheint man Hitlers Parteitagsrede mit ähnlichen Gefühlen aufgenommen zu haben.[640]

Dieser Befund ist angesichts der scharfen Worte in Nürnberg für heutige Beobachter überraschend und lässt erahnen, wie groß die Angst vor einem neuen 1914 in der britischen Hauptstadt damals gewesen sein muss. An der Realität der Kriegsgefahr besteht heute in Kenntnis von Hitlers Weisungen für den »Fall Grün« keinerlei Zweifel. Was die Zeitgenossen nicht sehen wollten und vermutlich auch nur sehr schwer hätten erkennen können, war, dass hier kein neues und durch Diplomatie vermeidbares 1914 heraufzog, sondern weitaus Schlimmeres: ein in voller Absicht herbeigeführter Eroberungs- und Vernichtungskrieg. Woher hätten die Menschen der Zwischenkriegszeit allen ideologischen Aussagen Hitlers und allen bereits bekannten Verbrechen des Regimes zum Trotz auch die Vorstellungskraft nehmen sollen, sich die fanatische Konsequenz und Dimension jener Barbarei vor Augen zu stellen, mit der das nationalsozialistische Deutschland ab September 1939 Europa überziehen würde? Auch eine zweite, noch deutlich aggressivere Rede, die Hitler am 26. September im Berliner Sportpalast hielt, genügte offenbar nicht, um die spezifisch totalitären und expansiven Dimensionen des Nationalsozialismus ins Bewusstsein ausländischer Beobachter zu bringen.[641] Neben den seit 1933 bekannten Lippenbekenntnissen zur Friedensliebe sprach der Diktator eine Drohung aus, die hier im Wortlaut des *Völkischen Beobachters* mit eingefügten Propagandakommentaren zu den Reaktionen des Berliner Publikums wiedergegeben wird:

》 Ich habe Herrn Benesch ein Angebot gemacht, das nichts anderes ist, als die Realisierung dessen, was er selbst schon zugesichert hat. Er hat jetzt die Entscheidung in seiner Hand ›Frieden oder Krieg‹. *(Mit einem Schlage bricht wieder der rasende Jubelsturm bedingungsloser Zustimmung zu den Sätzen des Führers in den Massen los.)* Er wird entweder dieses Angebot akzeptieren und den Deutschen jetzt endlich die Freiheit geben oder wir werden die Freiheit uns selbst holen. *(Kaum kann der Führer diesen Satz beenden, die Begeisterung reist die Menge zu immer neuen Stürmen des Beifalls hin, die kaum wieder abebben wollen.)* [...]
Und so bitte ich dich, mein deutsches Volk, tritt nun hinter mich, Mann für Mann, Frau um Frau, *(der Jubel steigert sich zum Orkan, die Massen springen auf, sie rufen minutenlang dem Führer zu)* in dieser Stunde wollen wir alle einen gemeinsamen Willen fassen. Er soll stärker sein als jede Not und jede Gefahr, und wenn dieser Wille stärker ist als Not und Gefahr, dann wird er Not und Gefahr einst brechen. Wir sind entschlossen. Herr Benesch mag jetzt wählen.«[642]

Kriegseinstimmung durch Mittel der Massensuggestion war natürlich auch schon in Sommer 1914 zu beobachten, aber dieser Zungenschlag war in seinem extremen, die Einheit von »Volk und Führer« beschwörenden Fanatismus doch etwas Neues. Was die Zeitgenossen vermutlich dennoch an die Konstellation beim Kriegsausbruch 1914 erinnerte, war die Rolle der Allianzen. Da die Tschechoslowakei militärisch mit Frankreich verbündet war, hätte ein Angriff Hitlers einen großen europäischen Konflikt auslösen können, denn für Großbritannien wäre im Falle eines deutsch-französischen Waffengangs Untätigkeit kaum eine Option gewesen.[643] Genau dies hatte Chamberlain unter dem Eindruck des »Anschlusses« und der sich ankündigenden deutschen Aggression gegen Prag bereits am 24. März 1938 öffentlich ausgesprochen:

> » Wenn es um Krieg und Frieden geht, berührt dies nicht nur rechtliche Verpflichtungen. Wenn ein Krieg ausbrechen sollte, würde er sich wahrscheinlich nicht auf diejenigen beschränken, die solche Verpflichtungen eingegangen sind. Es wäre nahezu unmöglich zu sagen, wo er enden würde und welche Regierungen darin verwickelt würden. Der unerbittliche Druck der Fakten könnte sich als mächtiger erweisen als formale Erklärungen, und in diesem Fall liegt es innerhalb der Grenzen der Wahrscheinlichkeit, dass neben den ursprünglichen Kriegsparteien auch andere fast unmittelbar verwickelt würden. Das gilt vor allem im Fall von zwei Ländern wie Großbritannien und Frankreich, die weit zurückreichende Freundschaftsbande vereinen, die über eng miteinander verflochtene Interessen verfügen und die denselben Idealen demokratischer Freiheit verpflichtet sind und diese mit Entschlossenheit behaupten werden.«[644]

Um die Gefahr eines neuen Großkonflikts mit Hunderttausenden von Toten wussten die Europäer damals also sehr genau – und sie dachten natürlich angsterfüllt an das Trauma von 1914, das noch völlig unbewältigt war.[645] Die für den Sommer 1938 so charakteristische Mischung aus Erinnerung, Angst, Hoffnung und schließlich Erleichterung hat der Dichter Stefan Zweig, der damals im Londoner Exil lebte, rückblickend in eindrucksvollen Worten beschrieben. Die nachfolgend zitierte Passage bezieht sich auf die Situation unmittelbar vor der Münchner Konferenz, nachdem zwei Vermittlungsmissionen Chamberlains in Deutschland bereits gescheitert waren. Ein europäischer Krieg schien unmittelbar bevorzustehen und konnte nur durch die überraschende Einladung Chamberlains zu neuen Gesprächen in München noch einmal abgewandt werden:

> » Die Politik des appeasement und des ›try and try again‹ war jämmerlich gescheitert, die Epoche der Gutgläubigkeit in England über Nacht zu Ende. England, Frankreich, die Tschechoslowakei, Europa hatten nur die Wahl, sich vor Hitlers peremptorischem Machtwillen zu demütigen oder sich ihm mit der Waffe in den Weg zu stellen. England

schien zum Äußersten entschlossen. [...] [S]eit 1914 war kein solches Erwachen über England gekommen. Die Menschen gingen ernster und nachdenklicher. Man sah die Häuser an und die überfüllten Straßen mit dem geheimen Gedanken: werden nicht morgen schon die Bomben auf sie niederschmettern? Und hinter den Türen standen und saßen die Menschen zur Nachrichtenstunde um das Radio. Unsichtbar und doch fühlbar in jedem Menschen und in jeder Sekunde lag eine ungeheure Spannung über dem ganzen Land.

[...] Alle meinten – auch ich selbst, ich leugne es nicht –, Chamberlain ginge nach München, um zu verhandeln und nicht, um zu kapitulieren. Dann kamen noch zwei Tage, drei Tage des brennenden Wartens, drei Tage, in denen die ganze Welt gleichsam den Atem anhielt. In den Parks wurde gegraben, in den Kriegsfabriken gearbeitet, Abwehrgeschütze aufgestellt, Gasmasken ausgeteilt, der Abtransport der Kinder aus London erwogen und geheimnisvolle Vorbereitungen getroffen, die der einzelne nicht verstand, und von denen doch jeder wußte, worauf sie zielten. Wieder verging der Morgen, der Mittag, der Abend, die Nacht mit dem Warten auf die Zeitung, mit dem Horchen am Radio. Wieder erneuerten sich jene Augenblicke des Juli 1914 mit dem fürchterlichen, nervenzerstörenden Warten auf das Ja oder Nein.«[646]

Zweigs zweifache Bezugnahme auf das Jahr 1914 war keine literarische Übertreibung. Tatsächlich zeigt schon ein flüchtiger Blick in die Quellen, seien es Tageszeitungen, Parlamentsreden oder Kabinettsprotokolle, wie überaus präsent die Erinnerung an den Ausbruch des Ersten Weltkrieges damals in Großbritannien war.[647] Heutige Beobachter sind es dagegen gewohnt, die Münchner Konferenz und das aus ihr hervorgegangene Abkommen ganz im Licht der nachfolgenden Entwicklungen zu sehen: Von der Münchner Konferenz führte der Weg des von rassistischen »Lebensraum«-Phantasien getriebenen Hitlers weiter zur Besetzung des übrig gebliebenen tschechischen Landesteils im März 1939 und schließlich zum Angriff auf Polen am 1. September 1939, mit dem er den Zweiten Weltkrieg mit seinen Millionen von Toten auslöste, darunter die etwa sechs Millionen Opfer des Holocaust.

Auch wenn Zeitgenossen wie Stefan Zweig einen Teil der kommenden Schrecken erahnten, hatte ihre Wahrnehmung des Geschehens mit der unsrigen wenig gemein – und es wäre zu einfach, sie für naiv und uns für umsichtig zu halten. Während wir heute die Geschichte von 1938 gleichsam rückwärts, von 1945 her lesen, war der Blick der Zeitgenossen auf ihre Gegenwart natürlich von der Vergangenheit bestimmt. Dieser Blick reichte, dem Zeitpfeil folgend, von 1914 über die prekäre Friedensordnung von 1919 in die späten 1930er Jahre. Von düsteren Vorahnungen abgesehen war für Menschen des Jahres 1938 die Sudetenkrise ebenso wenig Teil der Vorgeschichte des Zweiten Weltkrieges, wie es für einen Zeitzeugen des Geschehens von 1618 erkennbar gewesen wäre, dass damals der Dreißigjährige Krieg begann.[648] Es ist eine schlichte und doch erkenntnisfördernde Tatsache, dass wesentliche Zusammenhänge erst durch die rückblickende Erzählung hergestellt werden können – damit korrespondiert die Feststellung des Historikers Thomas Nipperdey, dass »jede Vergangenheit [...] eine offene Zukunft« hatte, »die wir, die Historiker, ihr zurückgeben müssen«.[649] Deshalb müssen und sollten wir im konkreten Fall Chamberlains Politik kein Kriegsverhinderungspotenzial zuschreiben, das schon allein aus der damals leicht möglichen Kenntnis von Hitlers menschenverachtender Ideologie und Gewaltpraxis heraus unplausibel ist. Wohl aber ist davon auszugehen, dass sich 1938 viele Zeitgenossen eine Zukunft ohne einen zweiten Weltkrieg vorstellen konnten und wollten, und zwar auch solche, die jeglicher Sympathie mit dem Nationalsozialismus unverdächtig waren.

Der Schock und die vielfältigen Verlusterfahrungen des Ersten Weltkrieges wirkten in den 1930er Jahren so stark nach, dass darüber der aggressiv expansionsorientierte Charakter des NS-Regimes bisweilen verdrängt oder verharmlost wurde. Sogar bei konservativen Gegnern der Appeasement-Politik war es verbreitet, die spezifische, totalitäre Gefahr des Nationalsozialismus zu unterschätzen. Man sah im »Prussianism« nur den alten neuen Feind.[650] Auch hier ging es also um »Lehren aus 1914« – nur eben mit anderen Schlussfolgerungen als bei Chamberlain. Entsprechend verglich auch der alles andere als nachgiebige Winston Churchill Hitlers Aggression gegen die Tschechoslowakei mit der Verletzung der belgischen Neutralität im Sommer 1914[651] – ein im Rückblick völlig abweiger Anachronismus, der die rassistisch-biologistische Dimension der deutschen Expansion nach Osten ausklammerte. Noch in seinen nach dem Zweiten Weltkrieg erschienen Memoiren betonte Churchill, dass auch für ihn die Erfahrungen von 1914 bis 1918 der maßgebliche Bezugspol gewesen seien. Im Gegensatz zu Lloyd George und Chamberlain habe er hiervon aber keinen Kurs des Ausgleichs und des Dialogs abgeleitet, sondern das genaue Gegenteil: die konsequente Aufrüstung mit dem Ziel, sich gegen das »schreckliche Deutschland« verteidigen zu können, »das von seiner kriegerischen Macht erneut in Besitz genommen wurde«.[652]

Auch das Denken und Handeln Neville Chamberlains war vom Alptraum des Jahres 1914 geprägt – und wie Lloyd George wollte er diesen Alptraum konstruktiv in eine Quelle politischer Klugheit für die Gegenwart verwandeln. Er war geradezu von dem Gedanken besessen, aus der Geschichte lernen zu können – und zu müssen. Als er sich am 16. September überraschend zu einem Krisengespräch mit Hitler auf dem Obersalzberg traf, betonte er diese Absicht gegenüber dem deutschen Diktator: Man habe der britischen Regierung von 1914 vorgeworfen, den Deutschen die Möglichkeit eines britischen Kriegseintritts nicht klar genug vor Augen geführt und so den Ersten Weltkrieg mitverantwortet zu haben. Diesen Fehler wolle er, Chamberlain, nicht wiederholen. Deshalb habe er bereits Ende März 1938 vor dem Unterhaus die oben zitierte Warnung ausgesprochen: Falls es wegen der Sudetenkrise zu einem deutsch-französischen Krieg kommen sollte, sei ein militärisches Eingreifen Großbritanniens schwer zu vermeiden.[653]

Chamberlain erhielt auf dem Obersalzberg die Zusage, dass Hitler zunächst auf eine militärische Invasion in die Tschechoslowakei verzichten und so weiteren Verhandlungsbemühungen zur Beilegung der Krise Raum geben würde. Tatsächlich gelang es dem britischen Premier daraufhin im Zusammenwirken mit der französischen Regierung, die Tschechoslowakei zu einer Abtretung der Sudetengebiete zu nötigen. Allerdings sollten diese unter der Aufsicht einer internationalen Streitmacht stehen, die vor einer Besetzung des Gebietes durch die Wehrmacht die Kontrolle übernehmen sollte.[654] Die französische Diplomatie war nicht davor zurückgeschreckt, die Prager Regierung durch ultimativen Druck gefügig zu machen: Wenn die Tschechoslowakei eine Lösung des Konflikts durch Gebietsabtretungen nicht akzeptiere, werde sich Frankreich nicht mehr an seine Allianzverpflichtungen gebunden fühlen. In den Worten, die der französische Gesandte in Prag an den tschechoslowakischen Staatspräsidenten Beneš richtete, war diese massive Drohung kaum noch diplomatisch verhüllt:

> » Indem die tschechoslowakische Regierung den britisch-französischen Vorschlag ablehnt, übernimmt sie die Verantwortung dafür, daß sich Deutschland dazu entschließt, zu den Waffen zu greifen. [...] Sie muß einsehen, daß Frankreich berechtigt wäre, daraus seine Schlüsse zu ziehen, falls die tschechoslowakische Regierung den britisch-französischen Vorschlag nicht umgehend annehmen würde.«[655]

Marineminister Alfred Duff Cooper erkannte bereits nach den Gesprächen auf dem Obersalzberg, dass Hitler erpresste Zugeständnisse dieser Art nicht genügen würden. Auf den mündlichen Bericht des Premiers von seinem Besuch bei Hitler reagierte der »Erste Lord der Admiralität« mit der Feststellung, er wäre mit einer Kapitulation (*surrender*) durchaus einverstanden, wenn diese den Frieden retten könnte. Das sei aber gerade nicht der Fall. Es könne seiner Überzeugung nach in Europa keinen Frieden geben, solange der Nazismus in Deutschland an der Herrschaft sei.[656] Tatsächlich war Hitler durch das unter britisch-französischem Druck erreichte Nachgeben der Tschechoslowakei nicht ruhig zu stellen. Als ihn Chamberlain am 22. September 1938, etwa eine Woche nach dem Treffen auf dem Obersalzberg, in Bad Godesberg aufsuchte, um ihm Teile des tschechoslowakischen Staatsgebietes zu offerieren, wies Hitler dieses Angebot schroff zurück: Er bedaure, aber er müsse dies mit Blick auf tägliche antideutsche »Zwischenfälle« in der Tschechoslowakei ablehnen. Das Gebiet müsse Deutschland sofort übertragen werden – nicht erst nach der von Chamberlain angebotenen Zwischenphase einer Besetzung durch internationale Truppen. Lediglich den genauen Grenzverlauf könne man danach noch durch Plebiszite festlegen. Zudem wies er nun darauf hin, dass auch noch die Frage der polnischen und ungarischen Minderheit zu klären sei.[657]

Nach dieser diplomatischen Niederlage stellten sich die Briten zunehmend auf Krieg ein. Außenminister Halifax warnte den noch in Godesberg weilenden Chamberlain vor weiteren Zugeständnissen an Hitler, da ihn dies die Unterstützung der britischen Öffentlichkeit kosten könnte: »die große Masse der öffentlichen Meinung scheint sich zu verhärten – [und zwar] in dem Sinne, dass wir an die Grenze dessen gegangen sind, was man zugestehen kann, und dass es nun am Kanzler [Hitler] ist, etwas beizutragen«, telegrafierte er an den Rhein.[658] Auch im Regierungsapparat gab es zu dieser Zeit Widerstand gegen Chamberlains Politik, so etwa bei dem bereits erwähnten Kabinettsmitglied Duff Cooper oder bei Alexander Cadogan, dem zweiten Mann im Foreign Office. Er gab sich in seinem Tagebuch angesichts von Chamberlains Verhalten in Godesberg schockiert: Hitler habe den britischen Premierminister »hypnotisiert« und er, Cadogan, hoffe nun auf eine »Revolte« in Kabinett und Parlament.[659] Ähnliche Gedanken vertraute Duff Cooper seinem Tagebuch an: Chamberlain sei von Hitler »verhext« worden. Er forderte im Kabinett die sofortige Totalmobilmachung der britischen Streitkräfte. Bisher habe er geglaubt, Großbritannien stünde vor der Wahl zwischen »Frieden mit Unehre« und Krieg; nun stelle er fest, dass es noch etwas Schlimmeres gebe: »Krieg mit Unehre«. Dazu werde es kommen, wenn die Regierung nach einer Niederlage der britischen Bündnispartner »durch den Stiefel der öffentlichen Meinung in den Krieg gekickt« werde.[660]

## 8 München 1938

Nach der Godesberger Konferenz präsentierten die Massenmedien die von Stefan Zweig so eindringlich geschilderten Zivilschutzmaßnahmen in Wort und Bild, was die Kriegsangst in der Bevölkerung sicherlich noch verstärkt haben dürfte – »Britain queues up in millions on gas mask Sunday«, lautete die Schlagzeile einer mit entsprechenden Schreckensbildern illustrierten Doppelseite des Massenblattes *Daily Mirror* am 26. September 1938: »Großbritannien steht am Gasmasken-Sonntag millionenfach Schlange«. Diese Furcht scheint sich damals mit einer zunehmenden Kriegsbereitschaft verbunden zu haben, die es der Regierung eventuell ermöglicht hätte, die Bevölkerung von der Notwendigkeit einer harten Deutschlandpolitik zu überzeugen, die Krieg als Ultima Ratio letztlich akzeptiert hätte.[661]

Allerdings konnten die verbreiteten Ängste vor einem neuen Großkonflikt auch in Forderungen nach internationaler Zurückhaltung und den Verzicht auf Rüstungsmaßnahmen münden, wie dies vor 1938 immer wieder der Fall gewesen war. Berücksichtigt man die schon zeitgenössisch festgestellte Volatilität der Stimmungslagen, dann greift es zu kurz, die Appeasement-Politik einfach auf das Schuldkonto einer kleinen Zahl von *Guilty Men* um Neville Chamberlain zu buchen, wie dies 1940 die Autoren eines kurz nach dem britischen Rückzug bei Dünkirchen erschienenen Pamphlets taten.[662] Diese Politik wurde ganz wesentlich durch Stimmungen in der breiten Bevölkerung gefördert – und zwar keineswegs nur in der Anhängerschaft der Konservativen. Eine wesentliche Grundlage der Milde gegenüber dem aggressiven Japan, dem faschistischen Italien und schließlich vor allem Hitler-Deutschland war der Glaube vieler Menschen an die Macht des Völkerbundes. Ähnlich wie seine Nachfolgeorganisation, die 1945 gegründeten Vereinten Nationen, sollte er durch Dialog, Vermittlung und die Bekräftigung einer regelbasierten Ordnung Sicherheit und Frieden zwischen den Staaten gewährleisten – und zwar aus Sicht vieler seiner pazifistisch orientierten Befürworter ohne Androhung oder Einsatz von sanktionierender Waffengewalt. So lehnte die Labour Party jahrelang eine britische Aufrüstung als Antwort auf die aggressive Politik der Diktaturen ab. Sie witterte ein Programm der Profitmaximierung für Kapitalisten und überdies – wie im Rüstungswettlauf vor 1914 – eine Gefahr für den Frieden. Paradoxerweise begegneten Vertreter der politischen Linken Hitler und Mussolini zugleich mit besonderem Argwohn und forderten konsequente Maßnahmen gegen sie. Der britische Diplomat Robert Bruce Lockhard sprach in diesem Zusammenhang wenig schmeichelhaft von »Labour-Verrückten, die jeden angreifen wollten und gegen Aufrüstung stimmten«.[663]

Dass sich diese Inkonsequenz keineswegs auf das Denken von Politikern beschränkte, führte eindrucksvoll das sogenannte »Peace Ballot« von 1935 vor Augen. Elf Millionen Menschen nahmen damals in Großbritannien an einer Abstimmung teil, in der es um die Rolle des Völkerbundes und die Bedeutung von Sanktionen gegen Aggressoren ging. Die Abstimmung ging auf eine Initiative der britischen League of Nations Union zurück, die sich für den Völkerbund stark machte und daher nicht wirklich an Meinungsforschung interessiert war, sondern ein klar politisch motiviertes Anliegen vertrat. Nichtsdestotrotz sind die Ergebnisse aufschlussreich, weil sie ein Stimmungsbild vermitteln, wie es sonst in der Zeit vor dem Aufkommen systematischer demoskopischer Studien nicht verfügbar war. Eine große Mehrheit von 86,98 Prozent der Befragten befürwortete grundsätzlich, auf aggressives Verhalten mit Sanktionen zu reagieren. Allerdings vertrat nur eine deutlich geringere Mehrheit von 58,7 Prozent die Auffassung, dass diese Sanktionen auch militärischer Natur sein könnten. Wahrscheinlich hat dieses Ergebnis die 1935 amtierende Regierung unter dem Konservativen Stanley Baldwin dazu veranlasst, in der durch Mussolinis Überfall auf Abessinien (heute Äthiopien) ausgelösten Krise keinen allzu starken Druck auf das faschistische Italien auszuüben und jedenfalls die Schwelle zu einer militärischen Auseinandersetzung nicht zu überschreiten. Der Völkerbund verhängte zwar mit britischer Unterstützung Wirtschaftssanktionen gegen Italien, vermied es aber, die für die Kriegführung wichtigen Güter Öl, Eisen, Stahl und Kohle mit einem Embargo zu belegen.[664]

Viele Menschen der Zwischenkriegszeit glaubten aus der Vorgeschichte des Ersten Weltkrieges ableiten zu können, dass militärische Abschreckung und Aufrüstung Krieg nicht verhindern, sondern ihn wahrscheinlicher machen würden. Hatte man nicht 1914 erlebt, wie die Hochrüstung auf allen Seiten die Logik des Militärischen in den Vordergrund rückte, wie gefühlte und reale Bedrohungen jene Kurzschlusshandlungen und Fehlkalkulationen auslösten, die Europa in den Abgrund stürzten? Warum sollte man diesen historischen Fehler wiederholen? Für große Teile der Öffentlichkeit in den Demokratien lag es näher, auf die Mechanismen kollektiver Sicherheit im Rahmen des Völkerbundes zu setzen und dabei die militärische Komponente, die auch diese Mechanismen als Ultima Ratio verlangten, so weit wie möglich zu verdrängen. Wer im Alter von 22 Jahren in die berüchtigte Schlacht an der

Somme (1916) hatte ziehen müssen, war im Jahre 1938 nicht älter als 44 Jahre und stand mitten im aktiven Leben. Die zeitliche Nähe der Kriegstraumata kann kaum überbetont werden, wenn erklärt werden soll, warum große Teile der Öffentlichkeit und der politischen Klasse in Großbritannien den militärischen Konsequenzen so lange auswichen, die aus der Etablierung expansiver Diktaturen in Europa zu ziehen waren.[665]

Mit dem »Peace Ballot« von 1935 war klar geworden, dass die britische Öffentlichkeit beim ›harten‹ Thema der Anwendung von Waffengewalt gegen Diktatoren gespalten war. Diese hingegen hatten keine solche Bedenken. Gegenüber den demokratisch legitimierten Regierungen Frankreichs und Großbritannien, die Rücksicht auf Stimmungen in der Bevölkerung nehmen mussten, verfügten Hitler und Mussolini jederzeit über die sogenannte Eskalationsdominanz. In der Forschung zur Sicherheitspolitik wird darunter die Fähigkeit verstanden, sich auf eine Eskalationsstufe zu begeben, auf der ein Gegner die Auseinandersetzung nur unter sehr nachteiligen Bedingungen führen kann.[666] In jedem Fall war es für die Diktatoren einfacher, zur Durchsetzung ihrer Ziele Gewalt anzudrohen oder einzusetzen, als für die ihrer Bevölkerung gegenüber politisch verantwortliche britische oder französische Regierung. Dies galt auch für die Verwirklichung von Rüstungsvorhaben, bei denen Chamberlains Amtsvorgänger Baldwin von einem zweijährigen Zeitvorsprung der Diktatoren gegenüber den Demokratien ausging.[667] Hierin lag ein Vorteil, um den die aggressiven Regime wussten. Japan spielte diesen Trumpf bei seinem militärischen Griff nach der Mandschurei 1932, Italien 1935 im Abessinienkrieg und NS-Deutschland mehrfach seit der Rheinlandkrise des Jahres 1936 aus. Gegenmaßnahmen des Völkerbundes kamen nicht über eine Verurteilung Japans und über zeitweilige Wirtschaftssanktionen gegen Italien hinaus. Hitler beobachtete dies genau und leitete daraus die Einschätzung ab, dass die westlichen Demokratien seinen aggressiven Schritten militärisch nichts entgegensetzen würden – bis 1939 zu Recht. Bei der Besetzung des Rheinlandes im März 1936 war er in diesem Punkt noch unsicher. Auch in der Wehrmachtsführung gab es damals ausgeprägte Ängste vor französischen Gegenmaßnahmen: Generaloberst Jodl sagte später in Nürnberg aus, dass ein Angriff auf Frankreich damals angesichts der geringen deutschen Truppenstärke völlig undenkbar gewesen wäre, da »allein die französische *armée de couverture*«, das heißt die zur Grenzverteidigung bestimmte Streitmacht, die deutschen Invasoren einfach »weggeblasen« hätte. Das Ausbleiben des

Gegenschlags muss bei Hitler eine derart starke Euphorie ausgelöst haben, dass er sich zu der Annahme verstieg, mit Krieg gegen Frankreich und Großbritannien wäre nun kaum noch zu rechnen – oder ein solcher Krieg wäre jedenfalls ein vertretbares Risiko.[668]

Diese Haltung vertrat er jedenfalls im November 1937 gegen durchaus abweichende Positionen bei der bereits erwähnten Besprechung mit der Wehrmachtsführung und Kabinettsmitgliedern zur »Lösung der deutschen Frage«. Für Hitler hatten spätestens zu diesem Zeitpunkt die Lektionen von 1914 ihre Bedeutung verloren, glaubte er doch, gegen die damals zu beobachtenden Mechanismen der Konfliktausweitung immun zu sein. Auch wenn die Reichsleitung des wilhelminischen Deutschlands ideologisch in keiner Weise in die Nähe Hitlers zu rücken ist, ergibt sich doch in einem Punkt eine bemerkenswerte Parallele: Ähnlich wie Gottlieb von Jagow, 1914 Staatssekretär im Auswärtigen Amt, saß Hitler der Selbsttäuschung auf, in Europa einen zumindest vorläufig lokal begrenzbaren Krieg führen zu können.[669] Dies war eine radikale Absage an den Versuch, aus Geschichte zu lernen. Hitlers Haltung passte zu seiner schon in *Mein Kampf* geäußerten Behauptung, der Nationalsozialismus würde mit der Außenpolitik des Kaiserreiches zugunsten einer konsequenten Machtprojektion nach Osten Schluss machen:

> » Damit ziehen wir Nationalsozialisten bewusst einen Strich unter die außenpolitische Richtung der Vorkriegszeit. Wir setzen dort an, wo man vor sechs Jahrhunderten endete. Wir stoppen den ewigen Germanenzug nach Süden und Westen Europas und weisen den Blick nach dem Land im Osten. Wir schließen endlich ab die Kolonial- und Handelspolitik der Vorkriegszeit und gehen über zur Bodenpolitik der Zukunft.«[670]

Hitlers Denken war von der totalitären Illusion eines Ausstiegs aus der Geschichte geprägt. In der Annahme, Realitäten beliebig der eigenen Ideologie anpassen zu können, sah Hannah Arendt später zu Recht ein zentrales Merkmal des Totalitarismus.[671] Hitlers Gegner, wie der 1938 in der Sudetenkrise zurückgetretene Chef des Generalstabs des Heeres General Ludwig Beck, betrachteten die Welt im Gegensatz zu dem Diktator nicht nur mit ethischen Maßstäben, die über vermeintliche deutsche Interessen hinausgingen, sondern auch um historische Differenzierung bemüht. Dies wird in einer Denkschrift deutlich, in der Beck sehr direkt – und mit erheblichem Mut – seine Kritik an Hitlers Eroberungsplänen zum Ausdruck brachte. Er reagierte damit direkt auf dessen Ausführungen vor den Leitungsebenen von Wehrmacht und

Auswärtigem Amt am 5. November 1937, von der er Kenntnis erhalten hatte. Für Beck stand mit Blick auf die potenziellen Hauptkontrahenten eines neuen Krieges in Europa, das heißt Frankreich, Großbritannien und Deutschland, Folgendes fest:

> » Die Politik ist die Kunst des Möglichen. Alle drei Völker sind zugleich auf der Welt, noch dazu in Europa. Da heißt es doch wohl zunächst, alle Möglichkeiten, sich zu arrangieren erschöpfen, zumal angesichts des gegenseitigen Stärkeverhältnisses. Außerdem ist es auch für den Fall eines späteren Bruches klüger.«[672]

Aus diesen Zeilen spricht kein Pazifismus und auch kein Verzicht auf nationale Großmachtansprüche, aber es kündigt sich deutlich eine prinzipielle Gegnerschaft gegenüber Hitler an, die Beck später im Kontext des 20. Juli 1944 zu einem der führenden Akteure des militärischen Widerstands machen sollte. Diese Gegnerschaft bezog sich auch auf Hitlers Umgang mit Geschichte. So betonte der General in seiner Denkschrift, dass die »gesamten historischen Parallelen« in Hitlers Analyse der internationalen Lage Ende 1937 anfechtbar seien. Dies bezog er etwa auf Hitlers Behauptung, Deutschland müsse dem Beispiel Bismarcks folgen, der in den Kriegen gegen Österreich und Frankreich ebenfalls ein »unerhörtes Risiko« eingegangen sei. Demgegenüber stellte Beck fest, dass diese Kriege »die vom Staatsmann am besten vorbereiteten« gewesen seien, »die es je gegeben hat.«[673] Während sich Becks Situationsanalyse – ohne dass dies von ihm ausgesprochen worden wäre – stark im Erfahrungshorizont des Räderwerks der Allianzen und des Ersten Weltkrieges bewegte, fällt mit Blick auf Hitlers Rhetorik auf, dass er sich heroisierend auf Beispiele von Erfolg durch »Kühnheit« und Risikobereitschaft bezog, wie er sie im Verhalten Friedrichs II. während der Schlesischen Kriege oder eben Bismarcks zu erkennen glaubte. Zudem griff er zum Nachweis der vermeintlichen Schwäche des British Empire auf einen Vergleich mit dem Römischen Reich zurück: Das Imperium Romanum habe es nach den Punischen Kriegen und bis zur Völkerwanderung mit keinem gefährlichen Feind mehr zu tun gehabt, während das britische Weltreich durch vielfältige Herausforderungen geschwächt werde.[674] Dass Hitler seine Analogien nicht in der Konfliktgeschichte des 20. Jahrhunderts suchte, sondern in der Verklärung von Heroismus und Willenskraft ›starker‹ Männer des 18. und 19. Jahrhunderts oder in der weit entfernten Vergangenheit der römischen Antike, ist bezeichnend. Ihm fehlte jenes Bemühen um ein ernsthaftes Lernen aus der Geschichte, das man Ludwig Beck und auch Neville Chamberlain trotz der Fehleinschätzungen des Letzteren durchaus zuschreiben darf. In Beck hätten Lloyd George und Chamberlain vielleicht einen Partner für gemeinsames Lernen aus der leidvollen Geschichte des Imperialismus und des Ersten Weltkrieges finden können. Für den totalitären Ideologen Hitler hingegen war Geschichte nichts weiter als ein »Steinbruch«, aus dem sich in ideologischer Absicht Material zur Bekräftigung seines Glaubens an die »Vorsehung« und die eigene Rolle darin gewinnen ließ.[675]

Wenn man in Chamberlain eine Tragödienfigur sehen will, dann liegt ein Teil seiner Tragik sicher darin, dass er nicht erkannte, wer die Adressaten seiner Friedenspolitik hätten sein müssen.[676] Dies entspricht ziemlich genau der Definition des Tragischen in der *Poetik* des Aristoteles: Tragisches Handeln resultiert dem antiken Philosophen zufolge nicht aus besonders schlechten Charaktereigenschaften, ebenso wenig aus besonders guten, sondern aus einem »Fehler« (▶ Kap. 1).[677] Ein solcher Fehler lag bei Chamberlain natürlich zuallererst in der Einschätzung der Person Hitlers und ihrer Ziele, sodann aber auch (als logische Konsequenz daraus) in der Bewertung von potenziellen Partnern in einem Kampf gegen den deutschen Diktator. Mitte August 1938 reiste der Offizier Ewalt von Kleist-Schmenzin während der Sudetenkrise nach London. Im Auftrag des militärischen Widerstands sollte er die britische Regierung vor den sehr konkreten Angriffsplänen gegen die Tschechoslowakei warnen und zur Härte gegenüber Hitler mahnen. Die bereits im März von Chamberlain ausgesprochene Warnung reiche nicht aus, sondern müsse bekräftigt werden, um dem fatalen Eindruck eines »Bluffs« entgegenzuwirken. Britische Härte könne »zum Ende des Regimes und zur Wiedergeburt eines Deutschlands« führen, »mit dem die Welt zurechtkommen werde«. Solche Gedanken äußerte von Kleist-Schmenzin in einem Gespräch im Foreign Office gegenüber Robert Vansittart, wobei ihm bewusst war, dass er »mit dem Strick um den Hals« nach London gekommen war – aus Sicht der Nationalsozialisten beging er natürlich Landesverrat.[678] Chamberlain wurde unterrichtet, entschied aber, dass diesem Vorstoß keine weitere Beachtung zu schenken sei. Beim deutschen Widerstand handele es sich lediglich um eine Art Palastrevolte, die er mit den Aktivitäten der sogenannten »Jakobiten« verglich, Anhängern der gestürzten Stuart-Dynastie am Hof des Königs von Frankreich. Gegen ein starkes öffentliches Warnsignal an Hitler, wie es die Widerstandskreise in der deutschen Militärführung forderten, wandte er sich deutlich.[679]

## 8 München 1938

Auch dieser Vergleich mit den Jakobiten ist ein Beispiel dafür, wie Chamberlain mit Geschichte argumentierte: Indem er die deutsche Militäropposition auf eine Stufe mit Interessenvertretern einer abgesetzten Königsdynastie stellte, verkannte er ihre ethische Motivation und qualifizierte ihr Anliegen zu einer Art Intrige ab. Allerdings kam dieser *en passant* dahingeworfenen Analogie sicherlich nicht dieselbe Ernsthaftigkeit zu wie seinem Bemühen, aus den unheilvollen Entwicklungen von 1914 für den Umgang mit Hitler-Deutschland die richtigen Schlüsse zu ziehen.

Die britische Öffentlichkeit war im unmittelbaren Vorfeld der Münchner Konferenz auf einen großen Krieg eingestellt. Stefan Zweigs rückblickende Schilderung der Zivilschutzmaßnahmen und der verbreiteten Beklemmung fanden bereits unmittelbar zeitgenössisch eine Entsprechung in der britischen Presse.[680] In dieser Situation allgemeiner Sorge und Anspannung trug Chamberlain am 28. September 1938 eine Regierungserklärung vor, in der er den Ernst der Situation mit 1914 verglich: »Heute sehen stehen wir einer Lage gegenüber, zu der es seit 1914 keinen Vergleichsfall gegeben hat.«[681] Mitten in diese Rede hinein platzte die Einladung Hitlers nach München, über die Chamberlain durch einen ans Rednerpult gereichten Zettel informiert wurde. Die Umstände lassen an eine Inszenierung denken, aber durch das Tagebuch von Alexander Cadogan, des damals zweithöchsten Beamten im britischen Außenamt, der die Nachricht an Chamberlain übermittelte, ist belegt, dass es sich tatsächlich um eine Überraschung handelte.[682] Die *Times* feierte Chamberlain nach dieser spektakulären Einladung wiederum durch einen Vergleich mit der Krise des Jahres 1914: Dem Premier sei nun das gelungen, worum sich Grey damals – mit seiner Initiative zu einer internationalen Konferenz – vergeblich bemüht hätte: Er habe jenen »Aufschub« erreicht, der in Greys Wahrnehmung in den Julitagen des Jahres 1914 so viel Unheil vermieden hätte:

» Wo Sir Edward Grey gescheitert war, hatte Mr. Chamberlain für den Augenblick einen Erfolg erzielt. Es mag nicht mehr sein als eine Atempause [...]. Und doch, war es nicht *die eine* Überzeugung, die Edward Grey während und nach dem Großen Krieg heimsuchte, die in seinen eigenen Aufzeichnungen und in den Erinnerungen seiner Zeitgenossen niedergeschrieben ist? Im Jahr 1914 hätten wenige Tage Aufschub acht Millionen Menschenleben gerettet.«[683]

Dieselbe Analogie wie die elitäre *Times* stellte der Meinungsforschungsorganisation *Mass Observation* zufolge auch eine Stimme aus dem Volk an. Zwei anonym interviewte Sprecher, angeblich im Alter von 40 und 45 Jahren, bezweifelten zugleich aber auch, dass daraus ein angemessener Umgang mit Hitler abzuleiten sei:

> » Er [Chamberlain] [...] dachte, er könnte aus dem Fehler herauskommen, den Grey 1914 gemacht hat, aber das ist verrückt, wenn du es mit Männern wie Hitler zu tun hast. Chamberlain ist nur ein Handelsreisender und Hitler braucht seinen Krempel gerade nicht.«[684]

Chamberlains Abreise nach München und das von dort mitgebrachte Konferenzergebnis wurden in der britischen Öffentlichkeit überwiegend mit Begeisterung aufgenommen, obwohl es sich inhaltlich um eine Kapitulation vor dem Diktator handelte. Auch wenn die Regierungen in London und Paris Vergleiche ausarbeiten ließen, die »Fortschritte« im Kontrast zu seinem Ultimatum aus Godesberg betonen sollten: Substanzielle Zugeständnisse hatte Hitler nicht gemacht. Dass dennoch Erleichterung überwog und Chamberlain als »Friedensretter« (*saviour of peace*) gefeiert wurde, führten schon zeitgenössische Meinungsforscher auf einen starken psychologischen Effekt zurück: Die extreme Anspannung, die sich aus der unmittelbaren Erwartung eines Krieges ergab, löste sich angesichts der Nachricht, dass nun doch noch verhandelt und der Waffengang damit zumindest aufgeschoben werde, sehr schnell. Als dann Chamberlain aus München zurückkehrte und betonte, er habe den »Frieden für unsere Zeit« gesichert (»it is peace for our time«), verstärkte sich diese Wirkung mutmaßlich noch, wobei kritische Meinungsforscher die allgemeine Zustimmung zu seinem Kurs für ein mediales Konstrukt hielten. Die prominenteste Figur, die sich dieser Stimmungsdynamik öffentlich entzog, war der Erste Lord der Admiralität Duff Cooper. Er trat unter dem Eindruck von München von seinem Kabinettsposten zurück und begründete diesen Schritt am 3. Oktober 1938 in einer Parlamentsrede, in deren Zentrum wiederum die Analogie zu 1914 stand: Wie damals habe es die Regierung Chamberlain gegenüber den Deutschen sträflich an Klarheit, das heißt glaubhafter Kampfbereitschaft, fehlen lassen und so den Krieg wahrscheinlicher gemacht – und ebenso wie damals wäre es eigentlich notwendig gewesen, zu den Waffen zu greifen:

> » Nicht für Serbien kämpften wir 1914, auch nicht für Belgien [...]. Wir kämpften damals, so wie wir letzte Woche hätten kämpfen sollen, dafür, dass es einer einzigen

Großmacht nicht erlaubt sein soll den europäischen Kontinent unter Missachtung von Vertragspflichten wie auch des Völkerrechts und der Gesetze der Moralität mit brutaler Gewalt zu beherrschen. Für diesen Grundsatz kämpften wir gegen Napoleon Buonaparte [sic] und gegen Ludwig XIV. von Frankreich und gegen Philipp II. von Spanien. Für diesen Grundsatz müssen wir allzeit zum Kampf bereit sein, denn wenn wir einen Tag nicht dafür zu kämpfen bereit sind, bezahlen wir dafür mit unserem Empire, mit unseren Freiheiten und mit unserer Unabhängigkeit.«[685]

Abb. 14: Appeasement: Nach seiner Rückkehr von der Münchner Konferenz (29./30. September 1938) hält der britische Premierminister Neville Chamberlain noch auf dem Flugfeld ein Papier in die Kameras, das ihm zufolge seine und Hitlers Unterschrift unter dem Wunsch trägt, dass Deutschland und Großbritannien »niemals mehr Krieg gegeneinander führen« sollten. Nur ein knappes Jahr später waren beide Staaten nach Hitlers Überfall auf Polen (1. September 1939) wieder Kriegsgegner.

Robert Jervis hat in seiner Psychologie der internationalen Politik zwei grundlegende Wirkungsweisen militärischer Aufrüstung beschrieben: das »Spiralmodell« und das »Abschreckungsmodell«. Die Entwicklungen im Vorfeld der Münchner Konferenz sind ein Musterbeispiel dafür, wie schwer es Akteuren fällt, einzuschätzen, welchem dieser Modelle die von ihnen zu bewältigende

Situation eher entspricht. Das Spiralmodell kann die Vorgeschichte des Ersten Weltkrieges gut erklären. Die Grundannahme liegt darin, dass der Versuch von Staaten, die eigene Sicherheit durch verstärkte Rüstungsmaßnahmen, die Festigung von Militärallianzen und die Androhung von Waffengewalt zu vergrößern, kontraproduktiv ist. Solche Maßnahmen können beim potenziellen Gegner Bedrohungsgefühle auslösen und Gegenmaßnahmen herbeiführen, die in eine Rüstungsspirale und schlimmstenfalls in einen Präventivkrieg münden. Das Bemühen um Friedenserhaltung durch Abschreckung erzeugt in dieser Perspektive also genau das Gegenteil des beabsichtigten Effekts. Demgegenüber geht das Abschreckungsmodell davon aus, dass eine glaubhaft unter Beweis gestellte Fähigkeit und Bereitschaft zum Einsatz militärischer Machtmittel den Gegner daran hindern wird, einen Angriff zu wagen, weil das Risiko einer vernichtenden Antwort zu groß ist. Dies ist eine Logik, die sich im Kalten Krieg bewährt zu haben scheint, aber sie war grundsätzlich auch schon vor 1914 handlungsleitend, das heißt lange vor dem Aufkommen von Atomwaffen.[686] Tatsächlich lässt sich in den Quellen zur Appeasement-Politik der 1930er Jahre nachweisen, dass die Verantwortlichen immer wieder zwischen Situationsanalysen hin und her schwankten, die sachlich diesen beiden Modellen entsprachen.[687] Dies ist damit zu erklären, dass Hitler ein Sonder- und Extremfall der internationalen Politik war, an dem etablierte Konzepte und Strategien zerschellten. In seiner grenzenlosen Risikobereitschaft agierte er nicht »rational« und ließ sich weder in den Kategorien des »Spiralmodells« noch in denen des »Abschreckungsmodells« greifen: Hitler war weder abzuschrecken noch durch Zugeständnisse zu »saturieren«.[688] Vor allem unter den Bedingungen nuklearer und sonstiger Massenvernichtungswaffen ist der Menschheit nur zu wünschen, dass ihr Erfahrungen mit Figuren dieses Typs für alle Zukunft erspart bleiben mögen.

So wie viele Zeitgenossen die Sudetenkrise durch das Prisma der Erfahrungen von 1914 betrachteten und daraus ihre Schlussfolgerungen zogen, war die Kubakrise des Jahres 1962 auf amerikanischer Seite stark von den Erinnerungen an 1938 geprägt. Doch auch sorgenvollen Analogien zum europäischen Weg in den Ersten Weltkrieg spielten eine wesentliche Rolle. Zwischen beiden Vergleichssituationen ergab sich im Oktober 1962 ein spannungsreicher Kontrast. Doch davon mehr in einem anderen Kapitel (► Kap. 12).

# 9
# Paris 1950

Robert Schuman und die Lektionen der deutsch-französischen »Erbfeindschaft«

Die Geschichte der deutsch-französischen Beziehungen war zwischen dem Waffengang von 1870/71 und den 1950er Jahren über weite Strecken von Nationalismus, Feindbildern und Kriegsgewalt geprägt. In nicht weniger als drei militärischen Großkonflikten (1870/71, 1914–1918 und 1939–1945), deren letzter überdies ein nationalsozialistisches Besatzungs- und Terrorregime über Frankreich brachte, standen sich Deutsche und Franzosen während dieser Jahrzehnte gegenüber.[689] Schon im späten 19. Jahrhundert konnten sich viele Menschen gar nicht mehr vorstellen, es habe jemals zwischen beiden Nationen etwas anderes als Feindschaft gegeben: Vor diesem Hintergrund wird die Vorstellung einer »Erbfeindschaft« erklärbar, die nationale Konzepte und nationalistische Emotionen in Zeiträume zurückspiegelte, in denen es Deutschland und Frankreich als moderne Nationalstaaten noch gar nicht gab.[690] Ein Beispiel hierfür ist das Thema »Elsaß-Lothringen«: Schulbücher beider Länder machten aus der wechselnden Zugehörigkeit dieser Region zum Königreich Frankreich und zum Heiligen Römischen Reich deutscher Nation eine Angelegenheit von allergrößter nationalpolitischer Bedeutung. Dies stand in einem deutlichen Widerspruch zu der Tatsache, dass es bis zur Französischen Revolution vorrangig dynastische und konfessionelle Interessen waren, die das Schicksal dieses Grenzlandes und die Wahrnehmungsmuster der Zeitgenossen bestimmten.[691] Lernen aus der Geschichte hieß in der Perspektive der ›patriotischen‹ Geschichtsunterweisung vor allem eines: Sei auf der Hut vor einem gefährlichen Widersacher, der sein Gesicht in der Geschichte immer wieder gezeigt hat! Solche Schulbuchnarrative sind sicher nicht dazu angetan, dem Geist der Verständigung und Vertrauensbildung zwischen Nationen einen Boden zu bereiten; hier unterrichtet die *magistra vitae* potenziell in einer Schule des Krieges.

Doch auch in einem ganz anderen Sinne lässt sich die Entwicklung der deutsch-französischen Beziehungen als eine Geschichte des Lernens aus der Geschichte verstehen, wenn auch erst in der Zeit zwischen den beiden Weltkriegen und dann nach 1945. Zu denken ist zunächst an das zeitliche Umfeld der Locarno-Verträge von 1925, als die beiden Außenminister Aristide Briand und Gustav Stresemann den Versuch unternahmen, aus jenem Antagonismus zu lernen, der wesentlich zum Ausbruch des Ersten Weltkriegs beigetragen und auch in den ersten Nachkriegsjahren bis hin zur Ruhrbesetzung – jenem »Schatten des Weltkriegs« (Gerd Krumeich) – schwere internationale Spannungen hervorgebracht hatte.[692] Greifbar wird dieses Bemühen etwa in Gustav Stresemanns berühmtem Kronprinzenbrief vom 7. September 1925: Darin erläutert der vom nationalliberalen Monarchisten zum republikanischen Außenpolitiker gewandelte Stresemann gegenüber dem potenziellen Thronfolger Wilhelm aus dem Hause Hohenzollern die Grundgedanken seiner Entspannungspolitik. Er zeigt sich als ein gelehriger Schüler der jüngsten Zeitgeschichte, die mit seiner politischen Erfahrung als Reichskanzler und dann Außenpolitiker weitgehend zusammenfällt: In den Jahren nach der Unterzeichnung des Versailler Vertrags vom 28. Juni 1919 lag ein zentrales Ziel deutscher Außenpolitik darin, die Belastung Deutschlands durch die Reparationen, die 1921 auf einen Gesamtbetrag von 132 Milliarden Goldmark beziffert wurden, so weit wie möglich abzumildern. Unter Reichsaußenminister Walter Rathenau und Reichskanzler Josef Wirth verfolgte die Weimarer Republik die Strategie der sogenannten »Erfüllungspolitik«: Man wollte den Forderungen der Siegermächte so weit wie möglich nachkommen, um so deren Unerfüllbarkeit zu demonstrieren. Das sollte die Siegermächte überzeugen, dass die Deutschland aufgebürdeten Reparationslasten zu hart seien und ermäßigt werden müssten. Dies gelang nicht. Vielmehr kam es 1922 nach dem Abbruch der Erfüllungspolitik und einer deutschen Hinwendung zu Sowjetrussland, das im Rapallo-Vertrag auf Reparationen verzichtete, zu einer Zuspitzung des deutsch-französischen Konflikts: Im Januar 1923 nahm der französische Ministerpräsident Raymond Poincaré einen deutschen Lieferverzug zum Anlass, französische Truppen in das Ruhrgebiet einmarschieren zu lassen, wo sie unterstützt durch belgische Soldaten »produktive Pfänder« in Gestalt von Bergwerken und Industriebetrieben unter die direkte Kontrolle der Besatzer bringen sollten. Die deutsche Seite reagierte mit dem sogenannten Ruhrkampf: Arbeiter und Staatsdiener waren aufgefordert, nicht für die Besatzer tätig zu werden. Es handelte sich also um einen staatlich geförderten Streik, der vorwiegend durch die Notenpresse finanziert wurde und 1923 zum Phänomen der Hyperinflation beitrug.[693]

Aber auch diese scharfe Konfrontation mit Frankreich führte nicht zum Erfolg – eine Einsicht, die der kurzzeitig als Reichskanzler amtierende Stresemann im September 1924 durch den Abbruch des Ruhrkampfes anerkannte –, war ihm doch klar geworden, dass Deutschland im frontalen Konflikt mit Frankreich nichts zu gewinnen und viel zu verlieren hatte.[694] Deshalb warb er gegenüber dem Kronprinzen dafür, das ohnehin verlorene Elsass-Lothringen nun auch freiwillig aufzugeben und die Grenzen mit den westlichen Nachbarn insgesamt anzuerkennen. Die Preisgabe Elsass-Lothringens habe einen »theoretischen Charakter«, da das Reich überhaupt nicht über die Möglichkeit einer militärischen Rückeroberung verfüge. Ganz anders Stresemanns Pläne im Osten: Ganz unverhohlen formulierte er die »Korrektur der Ostgrenzen« als sein politisches Ziel, worunter er im Einzelnen die »Wiedergewinnung von Danzig, vom polnischen Korridor und eine Korrektur der Grenze in Oberschlesien« verstand. Zumindest für die nähere Zukunft sprach er sich allerdings nicht für Krieg gegen Polen aus, sondern präsentierte Deutschlands baldige Mitgliedschaft im Völkerbundrat als einen Hebel. Hier könne das Reich etwa wirksam für die Einhaltung der Rechte deutscher Minderheiten in den ostmitteleuropäischen Nachbarstaaten eintreten, sodass deutsche Interessen auf diesem Weg besser durchsetzbar seien als in offener Konfrontation. Insgesamt sah er in der »Sicherung des Friedens die Voraussetzung für eine Wiedererstarkung Deutschlands«. Die Mitgliedschaft im Völkerbund werde es Deutschland auch erleichtern, die militärische Besetzung von Teilen des Reichsgebiets zu beenden, also etwa des linksrheinischen Deutschlands, wo schon vor Poincarés Ruhrbesetzung alliierte Truppen stationiert waren. Stresemann verwendete in diesem Zusammenhang selbst das Argument des Lernens aus der Geschichte, indem er sich auf Metternichs Strategie nach der Niederlage Österreichs gegen Napoleon im Jahr 1809 bezog: In einer Situation der militärischen Schwäche gelte es, »zu finassieren [das heißt, hart an die Grenze der Täuschung zu taktieren, P. Geiss] und den großen Entscheidungen auszuweichen.«[695]

Tatsächlich hatte Metternich seine taktische Annäherung an Frankreich in Erwartung einer für den Befreiungsschlag günstigeren Situation ähnlich begründet (▶ Kap. 6).[696] Was Stresemann hier aus dem Beispiel Metternichs zu lernen glaubte, waren Prinzipien der Realpolitik, die sich vielleicht so formulieren ließen: Überdehne Deine machtpolitischen Möglichkeiten nicht, damit Du unter günstigeren Voraussetzungen Deine Ziele umso besser erreichen kannst. Es geht also um eine Strategie für eine Zeit der Schwäche, wie sie Wolfgang Siemann am Beispiel von Metternichs Kurs nach dem Sieg Napoleons über Österreich herausgearbeitet hat: geduldiges Abwarten und sogar Anlehnung an den Sieger bis die Veränderung der Kräfteverhältnisse und Konstellationen wieder ein offensives Vorgehen erlaubt.[697] Eine Variante dieser Denkfigur formulierte später in den frühen 1960er Jahren Egon Bahr, zusammen mit Willy Brandt der wesentliche Gestalter der bundesrepublikanischen Neuen Ostpolitik, als er mit Blick auf die Teilung Deutschlands und Europas im Kalten Krieg davon sprach, dass die »Überwindung des Status quo« anzustreben sei, »indem der Status quo zunächst nicht verändert werden soll.« Allerdings lag ein wesentlicher Unterschied darin, dass die Anerkennung der deutschen Ostgrenzen ehrlich gemeint war und nicht in der Absicht geschah, Zeit für eine territoriale Revision mit militärischen Mitteln zu gewinnen.[698]

Doch die Bezugnahme auf Metternich war nicht die einzige historische Analogie zur napoleonischen Zeit, die Stresemann zur Stützung seiner strategischen Überlegungen heranzog. Auch mit der Situation Preußens nach der Niederlage von 1806 und dem russisch-französischen Friedensvertrag von Tilsit 1807 argumentierte er – beziehungsweise ließ den Offizier und Schriftsteller Curt von Priesdorff für sich sprechen, indem er seinem Brief eine kleine Schrift aus dessen Feder beifügte.[699] Der siebenseitige maschinenschriftliche Text trägt den Titel *Die Sendung des Prinzen Wilhelm von Preußen nach Paris und das Angebot eines preußisch-französischen Bündnisses im Jahre 1808*. Gleich zu Beginn legt Priesdorff sein Verständnis vom Lernen aus der Geschichte offen:

> » Die Geschichte wiederholt sich immer in etwas veränderter Gestalt. Wollen wir aus der Geschichte lernen – und das müssen wir doch – dann heißt es klaren Auges nach Ursachen suchen und sich fragen: ›Was taten damals die führenden Männer, die noch heute mit Recht im Volke verehrt werden, um erst einmal nach dem Zusammenbruch den Staat und das Volk zu retten?‹«[700]

Ganz klar wird hier das Lernen mit der Autorität von Vorbildern verknüpft, denen Priesdorff in einem nationalen Sinne eine besondere Leistung zuschrieb und die gerade in konservativ-national orientierten Milieus hohes Ansehen genossen. Es steht zu vermuten, dass Stresemann ganz bewusst diese kleine Schrift zur Untermauerung seiner Position gewählt hat: Er konnte davon ausgehen, dass etwas vom nationalen Nimbus der preußisch-deutschen Freiheitskriege auf seine Argumentation abstrahlte und ihr damit in der Wahrnehmung der nationalen Rechten, die er über den Kronprinzen erreichen wollte, an Gewicht verlieh.[701]

Priesdorff charakterisierte die Lage Preußens wie folgt: Nach der Niederlage von 1806 und dem Frieden von Tilsit habe sich Preußen auf Gedeih und Verderb den Forderungen des imperialen Frankreichs ausgesetzt gesehen, etwa im Bereich der Entrichtung von Kontributionen, das heißt Geldzahlungen an die französischen Sieger, aber auch bezogen auf Gebietsabtretungen und eine direkte französische Kontrolle über Festungen und Staatsdomänen. Dies lief auf die Verfügungsgewalt des Feindes über Erträge aus landwirtschaftlichen Gütern des preußischen Staates hinaus. Um die Belastungen abzumildern und eine schwere Schädigung des preußischen Staates zu vermeiden, sei der Kronprinz Wilhelm 1808 mit einem weitgehenden Angebot nach Paris entsandt worden: Preußen sei bereit, in ein Bündnis mit Frankreich einzutreten und alle europäischen Kriege Napoleons durch Stellung von bis zu 40 000 Soldaten zu unterstützen. Für den Fall, dass dies dem Kaiser nicht genügen sollte, war der Kronprinz sogar autorisiert, einen preußischen Beitritt zum französisch dominierten Rheinbund anzubieten. Ganz offensichtlich wollte Priesdorff eine Parallele zwischen 1808 und der Mitte der 1920er Jahre aufzeigen: Die preußische beziehungsweise deutsche Politik sei zu schwach (gewesen), die Unterdrückung durch Frankreich im frontalen Kampf zu überwinden – und dies habe damals zu einer taktisch motivierten Anlehnung an den Feind geführt, wie sie Priesdorff auch für die Gegenwart als naheliegend empfahl. Damals wie heute sei das spätere Wiedererstarken Preußens beziehungsweise Deutschlands nicht vorhersehbar gewesen – und doch habe sich keine andere verantwortbare Option angeboten. Ganz explizit rückte er die preußische Offerte von 1808 in die Nähe des Sicherheitspaktes, den Stresemann im Februar 1924 dem britischen Botschafter Lord d'Abernon vorgeschlagen hatte. Ein Jahr später, am 9. Februar 1925, richtete Stresemann dieses Angebot dann offiziell an Frankreich und schuf damit eine wesentliche Arbeitsgrundlage für die im Oktober desselben Jahres tagende Konferenz von Locarno. Dort kam es dann tatsächlich zu einer durch Garantiemächte gesicherten Anerkennung der deutsch-französischen und der belgisch-französischen Grenze sowie zu einem Schiedsabkommen zur Beilegung möglicher Streitfragen.[702] Der Anspruch, aus der Geschichte zu lernen, kommt am Ende der kleinen Schrift in einer besonderer Deutlichkeit zum Ausdruck. Zugleich wird erkennbar, dass der Verfasser nicht nur eine Strategieempfehlung aus der Vergangenheit ableiten möchte, sondern darüber hinaus auch das Ziel verfolgt, den realpolitischen Kurs Stresemanns gegen nationalistische Empörung und den in rechtsnationalen Kreisen naheliegenden Vorwurf des Verrats abzusichern:

> » Wie anfangs gesagt, wollen wir aus der Geschichte lernen. Wir wollen lernen, aus dem Verhalten jener Männer, denen wir doch wirklich Vaterlandsliebe und nationales Denken nicht absprechen können. Gewiss erhoben sich in jener Zeit auch gegen sie viele Stimmen. [… U]nd doch sind jene Männer den einzig richtigen Weg gegangen. Deshalb wollen wir von ihnen lernen und nicht voreilig im Urteil sein, wenn unsere heutigen leitenden Männer ähnliche Wege einschlagen wie der Freiherr von Stein [als leitender Minister Preußens wesentlich für den Kurs der taktischen Anpassung verantwortlich, P. Geiss]. Mit dem Kopf durch die Wand kann keiner. Leben muss unser Volk und leben muss unser Vaterland. Diesem Gedanken ist kühlen Herzens und klaren Verstandes alles andere unterzuordnen.«[703]

Über Stresemanns Motive hat die Forschung kontrovers diskutiert: Ging es ihm wirklich um deutsch-französische Verständigung, gar Versöhnung im Rahmen einer europäischen Friedensordnung? Oder strebte der zum »Vernunftrepublikaner« konvertierte Monarchist doch nur eine neue, den Umständen angepasste Form deutscher Interessenpolitik an, wie der Tenor des Briefes an den Kronprinzen vermuten lässt? Auch wenn sich seine Motive rückblickend nicht mit Sicherheit rekonstruieren lassen, brachte die Stresemann'sche Außenpolitik im Ergebnis eine deutsch-französische Verständigung und eine Beruhigung der europäischen Sicherheitslage mit sich. Dies gelang in zwei Hauptschritten: Zunächst entschärfte der unter britisch-amerikanischer Vermittlung und unter massivem Einsatz von amerikanischem Kreditkapital realisierte Dawes-Plan von 1924 das Reparationsproblem: Vereinfacht gesagt floss amerikanisches Kapital nach Deutschland und sicherte die Fähigkeit der Weimarer Republik, überhaupt Reparationen zu leisten. Zudem gewährleistete ein Schutzmechanismus für eine Übergangszeit, dass bei der Höhe der jährlich zu erbringenden Reparationsleistungen die deutsche Wirtschaftskraft berücksichtigt werden musste. Die so ermöglichte Beilegung des Reparationskonflikts ebnete der sicherheitspolitischen Entspannung den Weg, wie sie dann durch die bereits erwähnten Locarno-Verträge von 1925 mit der Garantie der deutschen Westgrenzen und der Bestätigung der Entmilitarisierung des Rheinlands zustande kam. Hauptziel dieses Vertragsensembles war zwar die deutsch-französische Entspannung, aber es wirkte auch nach Osten hin stabilisierend: Dabei ist allerdings zu beachten, dass das Deutsche Reich seine Grenze zu Polen anders als seine Westgrenzen zu Frankreich und Belgien nicht anerkannte, sondern lediglich Schiedsabkommen unterzeichnete. Hier blieb die Tür zur Revision also offen, wie Stresemann im Kronprinzenbrief ausdrücklich betont hatte.[704]

Der Historiker Patrick O. Cohrs hat diese Verträge im Kontrast zum Versailler Friedensvertrag von 1919 treffend als »den echten Frieden« bezeichnet, da sie nicht mehr einem Unterlegenen diktiert, sondern auf Augenhöhe nach respektvollen Verhandlungen abgeschlossen worden seien.[705] Ein weiterer wichtiger Schritt, der dieses Entspannungswerk ergänzte, war die Aufnahme Deutschlands in den Völkerbund, die am 10. September 1926 feierlich in der Vollversammlung vollzogen wurde. Das Deutsche Reich erhielt sogar einen ständigen Sitz im Völkerbundsrat (ähnlich dem heutigen UN-Sicherheitsrat ein von den Großmächten dominiertes Gremium) – statt Polen, das sich ebenfalls darum beworben hatte –, was einer Wiederherstellung seiner Großmachtrolle gleichkam.[706] In seiner Rede vor der Vollversammlung wertete der französische Außenminister Aristide Briand dieses Ereignis als einen Lernerfolg aus der blutigen Geschichte der europäischen Kriege:

> » Es ist zu Ende mit der Reihe von blutigen Zusammentreffen, von denen die Geschichte unserer Vergangenheit voll ist. Es ist zu Ende mit den Kriegen zwischen uns. Es ist zu Ende mit der langen Trauer über nie gekühlte Leiden. Kein Krieg mehr! Keine brutale gewaltsame und blutige Lösung mehr für die Streitfälle, die zwischen uns gewiss nicht verschwunden sind. In Zukunft soll es der Richter sein, der sein Recht sprechen wird.«[707]

Die Tragik dieser Form des friedfertigen Lernens aus der Geschichte lag darin, dass sie im Frankreich der 1930er Jahre auch dann noch weiterwirkte, als es auf deutscher Seite gar keine Grundlage mehr dafür gab, weil sich das Deutsche Reich seit 1933 unter Führung Hitlers auf den Weg einer hoch aggressiven Expansionspolitik begeben hatte (▶ Kap. 8). In einem nach dem Zweiten Weltkrieg geführten Gespräch mit dem französischen Hochkommissar in der Bundesrepublik, André François-Poncet, wertete Staatspräsident Vincent Auriol die aus seiner Sicht zu lange fehlende Konzessionsbereitschaft Frankreichs gegenüber der Weimarer Republik als einen historischen Fehler: »Mein lieber Freund, ich ziehe die Lehren aus der Erfahrung von 1920 bis 1924. Da wir nicht zur rechten Zeit der deutschen Demokratie Angebote gemacht haben, haben wir sie Hitler gemacht.«[708] Doch auch die französische Kooperationsbereitschaft der Locarno-Jahre wirkte nicht nachhaltig: Schon in der Endphase der Weimarer Republik hatten sich die Rahmenbedingungen für eine europäische Verständigung deutlich verschlechtert. Im Zuge der Weltwirtschaftskrise kam es zu einer »Re-Nationalisierung«.[709] Als Aristide Briand 1930 eine Europäische Union vorschlug, die für alle europäischen Staaten – also auch Polen – Sicherheitsgarantien nach dem Muster von Locarno bringen sollte, wies die deutsche Regierung unter Heinrich Brüning dies zurück – kabinettsintern verwies der Reichskanzler sogar auf »ausreichenden natürlichen Lebensraum«, den sich Deutschland sichern müsse.[710]

Der Zweite Weltkrieg und das verbrecherische Besatzungsregime in Frankreich hatten zum Zeitpunkt der deutschen Kapitulation am 8. Mai 1945 eine Situation geschaffen, in der eine deutsch-französische Verständigung oder gar Versöhnung weiter entfernt zu sein schien als jemals zuvor: Deutsche Kriegsverbrechen, der menschenverachtende Charakter des von Millionen Deutschen getragenen NS-Regimes und die massive wirtschaftliche Ausplünderung Frankreichs durch die Besatzer machten es für viele Franzosen unmöglich, den Deutschen anders zu begegnen als mit tiefer Abneigung. Charles de Gaulles sprach in seinen Memoiren von »Bergen des Misstrauens und des Hasses«, die »Hitlers wahnsinnige Ambitionen hinterlassen« hätten, denen »die Massen und die deutschen Eliten leidenschaftlich gefolgt« seien.[711]

Es ist vor diesem Hintergrund nicht verwunderlich, dass die französische Deutschlandpolitik nach dem Zweiten Weltkrieg vielfach wieder an die Konzepte von 1919 anknüpfte. Frankreichs Sicherheit hänge davon ab, dem deutschen Feind nie mehr eine Erholung zu erlauben, ihn nie mehr in die Lage zu versetzen, eine neue Aggression in Richtung Westen zu verüben.[712] Das Gebot der Stunde lautete daher, eine Wiederherstellung der politischen Einheit Deutschlands und sein wirtschaftliches Wiedererstarken zu verhindern. Es galt, Deutschlands Ressourcen soweit wie möglich für den französischen Wiederaufbau zu nutzen und Teile des ehemaligen Reichsgebietes – das Saarland und eventuell auch das Rheinland – möglichst nah an den französischen Staatsverband heranzuführen oder sogar in diesen zu integrieren.[713] In diesem Sinne äußerte sich Charles de Gaulle im Sommer 1945 als Chef der

Provisorischen Regierung vor französischen Besatzungsfunktionären in Baden-Baden: »Frankreich hier etablieren, das bedeutet zuerst, Frankreich die Verfügung über das Territorium zu verschaffen, dass der Natur nach mit ihm verbunden ist.«[714]

Waren Frankreich und Deutschland 1945 unter diesen Umständen dazu verdammt, ihre blutige Konfliktgeschichte fortzusetzen? Erstaunlicherweise kam ein früher Vorschlag, aus der Spirale von Hass und Vergeltung auszusteigen, von einem Mann, der allen Grund gehabt hätte, in Deutschland nichts anderes zu sehen als einen Feind: Joseph Rovan. Rovan hatte deutsch-jüdische Wurzeln und war 1934 mit seiner Familie nach Frankreich ausgewandert, wo er sich nach Kriegsbeginn einer christlichen Widerstandsgruppe anschloss. 1945 wurde er von der Gestapo verhaftet und anschließend im Konzentrationslager Dachau inhaftiert. Kurz nach der Befreiung aus der Lagerhaft veröffentlichte Rovan in der Zeitschrift *Esprit* einen Artikel, in dem er einen Neuansatz für die französische Deutschlandpolitik forderte. Dieser Text kann als Ausdruck des Lernens aus einer Geschichte verstanden werden, die überaus schmerzhaft in das Leben seines Verfassers hineingewirkt hat. Ausgangspunkt von Rovans Überlegungen waren die völlige und aus seiner Sicht verdiente Zerstörung der deutschen Staatlichkeit und das Bedürfnis vieler Franzosen, mit diesem besiegten Deutschland, unter dem sie so lange gelitten hatten, ein für alle Mal fertig zu sein. Rovan zufolge wollten sie sich rächen und ihm Reparationen auferlegen, um es dann möglichst bald aus ihrer Erinnerung zu verbannen.[715] Auch wenn Begriffe wie »Versailler Vertrag« und Jahreszahlen wie 1918/19 in Rovans Text fehlen, liest er sich doch wie ein Manifest, das sich gegen eine auf Niederwerfung und Kontrolle setzende Sicherheitsstrategie ausspricht: Rovan warnte davor, gegenüber den Deutschen, die sich ja bekanntlich die Rolle einer »Herrenrasse« angemaßt hatten, nun in einen »umgekehrten Rassismus« zu verfallen, da jede Missachtung der Menschenrechte – auch bei Feinden – auf denjenigen zurückschlage, die sich dieser Missachtung schuldig gemacht hätten. Rovan tritt für einen ethischen Universalismus ein, den er als französische Verpflichtung gegenüber der Welt und das Erbe der Französischen Revolution versteht. Dieses Anknüpfen an die revolutionäre Tradition bringt er durch einen historischen Rückblick zum Ausdruck: Die französische Besatzungspolitik solle in Deutschland eine »ebenso tiefe moralische und spirituelle Spur hinterlassen [...], wie sie die Armeen der ersten

Republik«, das heißt der Republik von 1792, »den Gesichtszügen Europas von Illyrien bis Dänemark eingeschrieben haben«.[716]

Im Vergessen und Verdrängen solcher universaler Orientierungen sah Rovan eine Folge der Faschismuserfahrung und eine »Verleugnung der spirituellen Grundlagen des französischen Lebens«, wie sie das Kollaborationsregime von Vichy zu verantworten habe. Das Geschehen in den deutschen Konzentrations- und Vernichtungslagern müsse als Warnung vor einer »Abdankung des Geistes« verstanden werden. Aus dem von ihm idealisierten Erbe der Französischen Revolution leitete Rovan eine Mitverantwortung Frankreichs für die künftige Entwicklung Deutschlands ab. Diese Mitverantwortung habe einen pädagogischen Charakter, wobei ihm bewusst war, dass die Erziehung einer historisch gewachsenen Nation etwas anderes war als die von Kindern.[717] Frankreich dürfe seine universalistische Ideale nicht nur proklamieren, sondern müsse sie den Deutschen vorleben. Nur auf diese Weise lasse sich bei den Besiegten der naheliegende Reflex vermeiden, die französische Betonung der Menschenrechte als eine Form der Propaganda abzutun, die nur dem Zweck diene, das Recht des Stärkeren als tatsächliche Grundlage der Besatzungsherrschaft zu verschleiern. Sowohl die Tradition der Revolutionsarmeen als auch die der Résistance würden entwertet, wenn Frankreich dieses universale Erbe zugunsten einer interessengeleiteten und rachsüchtigen Besatzungspolitik aufgebe. Im letzten Satz drückt sich die von Rovan beschworene Mitverantwortung seines Landes dann noch einmal verdichtet aus: »Das Deutschland von morgen wird das Maß unserer Verdienste sein.«[718]

Rovans Neuansatz wirkte sich 1945 noch nicht auf Frankreichs offizielle Deutschlandpolitik aus: Zunächst blieb das Nachbarland der Hauptfeind, den es zu schwächen und von einem neuen Anschlag auf Frankreichs Sicherheit abzuhalten galt. Sogar die Wiedergeburt deutscher Staatlichkeit auf nationaler oder westdeutscher Ebene galt es deshalb zu verhindern.[719] Dies änderte sich erst unter dem Eindruck des Kalten Krieges, der seit 1947/48 auch in Paris zunehmend die sowjetische Gefahr als die größere erscheinen ließ. Vor diesem Hintergrund und auch auf Druck der angelsächsischen Siegermächte hin erklärte sich die französische Regierung schließlich bereit, die Gründung eines deutschen Teilstaates im Westen zu akzeptieren.[720]

Einen noch tieferen Bruch mit den Reflexen alter Feindschaft bedeutete es dann, als der französische Außenminister Robert Schuman am 9. Mai 1950 einen Plan zur Vergemeinschaftung der deutschen und französischen Produktion von Kohle und Stahl vorstellte. Dieses Konzept markierte den Übergang von einer französischen Politik der Sicherheit durch Abwehr und Schwächung der Feinde hin zu einer Politik der Sicherheit durch Kooperation und Integration.[721] Wie Rovan hatte auch Robert Schuman – aufgrund seiner lothringischen Heimat – einen starken Bezug zu Deutschland. Lothringen hatte bis 1918 zum Kaiserreich gehört, im Ersten Weltkrieg war Schuman sogar Soldat auf deutscher Seite gewesen. Diese Prägungen, zu denen noch eine tiefe katholische Religiosität kam, stellten Schumans Selbstverständnis als Franzose nicht infrage. Sie erleichterten es ihm aber wahrscheinlich, nationalstaatliche Souveränität nicht zu verabsolutieren und unterschiedliche Identitätsanteile miteinander zu verbinden.[722] Jedenfalls sah der von Schuman vorgestellte Plan einer Europäischen Gemeinschaft für Kohle und Stahl (EGKS) eine supranationale Behörde vor, der die Kontrolle über die in französischer Wahrnehmung immer noch militärisch hochrelevante Montanindustrie übertragen werden sollte. Dass dieses Konzept Ausdruck eines Lernens aus der Geschichte war, wird besonders deutlich, wenn man eine frühere Fassung des Plans aus der Feder des Wirtschaftsfachmanns Jean Monnet betrachtet. Monnet muss – unterstützt durch zwei Weggefährten – als eigentlicher Urheber dieses ersten europäischen Integrationsprojekts gelten. In seiner Version vom 17. April heißt es:

> » Geschichte und Geographie ergeben einen sicheren Hinweis; der Friede muss aus den Produktionen geboren werden, die in jenen Gebieten konzentriert sind, deren hauptsächliche Bestimmung das Schmieden von Waffen für genau die Kriege waren, deren andauernde Opfer sie [diese Gebiete] wurden. Die französische Regierung schlägt vor, die Gesamtheit der französischen-deutschen Stahl- und Kohleproduktion unter eine [handschriftlich ergänzt: Hohe] gemeinsame Behörde zu stellen, die den anderen Ländern Europas offensteht.«[723]

Die strategische Schlüsselrolle von Kohle und Eisenerz war in der Geschichte der deutsch-französischen Konflikte unübersehbar: 1871 war es das neugegründete deutsche Kaiserreich, das sich durch die Annexion eines Teils von Lothringen die dort befindlichen Erzlagerstätten sicherte. In Kombination mit der Ruhrkohle entstand so ein gewaltiges Rohstoffreservoir für die Stahlproduktion und damit nicht zuletzt die eigene Rüstungsindustrie. Nach dem Ersten Weltkrieg ging die französische Regierung Poincaré dann im Krisenjahr 1923 einen ähnlichen Weg in umgekehrter Richtung: In Kooperation mit Belgien besetzte Frankreich das Ruhrgebiet, um die Kontrolle über die dortige Industrie und eben auch die Kohlelagerstätten zu erlangen und das Deutsche Reich zur Erfüllung seiner Reparationspflichten zu zwingen. Unverblümt erklärte der französische Regierungschef im Januar 1923: »Wir gehen nur auf die Suche nach Kohle, das ist alles«.[724]

**Abb. 15:** Stahl: der Stoff, aus dem die Kriege sind. Rüstungsproduktion im Altmärkischen Kettenwerk GmbH (Alkett) Berlin, 1943.

Von dieser aggressiven Politik setzte sich die von Jean Monnet und Robert Schuman befürwortete Vorgehensweise entschieden ab, ohne das französische Sicherheitsproblem zu verdrängen. Als Schuman das Konzept am 9. Mai 1950, fünf Jahre nach der deutschen Kapitulation, im Uhrensaal des Pariser Außenministeriums vorstellte, ging er bereits im ersten Satz auf die Herausforderung ein, den Frieden in Europa zu sichern: »Der Weltfriede kann nicht ohne kreative Anstrengungen gewahrt werden, die dem Ausmaß der Gefahren entsprechen, die ihn bedrohen.«[725] Bemerkenswert an dieser Aussage ist, dass Schuman den Frieden nicht als einen ›Normalzustand‹ verstand, sondern als etwas, das von Menschen unter Einsatz geistiger Energien errungen werden muss. Monnet stellte die Situation im Rückblick so dar, dass die Weichen im frühen Ost-West-Konflikt eigentlich ganz auf Krieg gestellt waren. Das »Suchen nach Problemlösungen« sei einer »Härte« des Denkens gewichen und der »Krieg, der in den Geistern war«, müsse durch die »Waffen der Vorstellungskraft« verhindert werden.[726] Dies ist natürlich vor dem Hintergrund der nahen Erfahrung des Zweiten Weltkrieges und der ihm vorangehenden Spannungen und Waffengänge zu sehen, aber auch im Horizont des Kalten Krieges, der in der Wahrnehmung vieler Zeitgenossen zu einer neuen Gewaltentladung ungekannter Dimensionen zu eskalieren drohte.[727] In seinen Memoiren sprach Jean Monnet rückblickend von einer später schwer zu verstehenden Psychose, den Krieg für »unvermeidlich« zu halten.[728] Der Politikwissenschaftler Hartmut Marhold weist zu Recht darauf hin, wie wichtig es für das Verständnis der damaligen Handlungssituation ist, den Schuman-Plan nicht nur im Licht des Wissens über die spätere Erfolgsgeschichte der europäischen Integration und die sie begleitenden Friedensjahrzehnte zu betrachten, sondern als eine Entscheidung unter Bedingungen massiver Unsicherheit. Schuman und Monnet konnten Marhold zufolge nicht ahnen, dass sie im Begriff standen, eine Geschichte des friedfertigen Miteinanders zu eröffnen – zunächst unter den Staaten Westeuropas und des westlichen Mitteleuropas, seit 1989/90 auch darüber hinaus.[729] Dennoch ist die *rückblickende* Einordnung ihres Handelns in diese Erfolgsgeschichte nicht falsch. Denn der französische Außenminister ließ keinen Zweifel daran, dass die von Frankreich seit 20 Jahren angestrebte Einigung Europas für die Erhaltung des Friedens unerlässlich sei: »Europa wurde nicht geschaffen – wir haben den Krieg bekommen.«[730] Damit bezog er sich auf jenen Europaplan Aristide Briands, den Reichskanzler Brüning 1930 wie unter Verweis auf »ausreichenden natürlichen Lebensraum« für Deutschland zurückgewiesen hatte.

Eine Besonderheit des Schuman-Plans lag darin, dass er nicht auf das Edle im Menschen setzte. Vielmehr ging er realpolitisch davon aus, dass es harter materieller Vorkehrungen bedurfte, um die Europäer – allen voran Deutsche und Franzosen – daran zu hindern, sich wieder gegenseitig nach dem Leben zu trachten: Den Nationen sollten durch die Europäische Gemeinschaft für Kohle und Stahl gleichsam die Waffen aus der Hand geschlagen werden, die sie bei unkontrollierter Verfügungsgewalt über die dafür notwendigen Rohstoffe und Produktionsmittel früher oder später wieder für den Kampf gegeneinander schmieden würden: »Die so geknüpfte Produktionssolidarität wird zeigen, dass jeder Krieg zwischen Frankreich und Deutschland nicht nur undenkbar, sondern materiell unmöglich wird.«[731]

**Abb. 16:** Sicherheit durch Vergemeinschaftung: Unterzeichnung des Vertrages über die Europäische Gemeinschaft für Kohle und Stahl (EGKS) am 18. April 1951. In der Mitte hält der französische Außenminister Schuman das Vertragswerk in den Händen, rechts neben ihm steht der deutsche Bundeskanzler Konrad Adenauer.

Eine wichtige Voraussetzung für den Erfolg des europäischen Integrationsschrittes im Montanbereich war die Zustimmung der Regierung Adenauer. Der erste Bundeskanzler hatte bereits als Kölner Oberbürgermeister im Krisenjahr 1923 Ansätze entwickelt, die denen Monnets nahekamen. 1949 äußerte er dann in einem Interview mit der Wochenzeitung *Die Zeit* Verständnis für die ausgeprägten Sicherheitsbedürfnisse Frankreichs – und er tat dies erkennbar in dem Bemühen, eine Vertrauensbasis für künftige Zusammenarbeit, aber auch für die Ausweitung der Handlungsspielräume der Bundesrepublik zu schaffen:

» Die Sicherheitsfrage ist tatsächlich die Kernfrage des deutsch-französischen Verhältnisses. In ihr sind auch die wirklichen, die konkreten Hindernisse für eine Verständigung enthalten. Und das ist im wesentlichen eine Sache des Maßes, mit der Gefahr der Maßlosigkeit auf beiden Seiten. Wenn Frankreich zu viel Sicherheit fordert, ohne dabei auf die dringendsten deutschen Erfordernisse zu achten, so wird sich unsere Haltung verhärten. Wenn umgekehrt wir zu wenig Sicherheit zu bieten haben, so wird Frankreich zu keiner Verständigung mit uns gelangen.«[732]

Bemerkenswert ist das Denken in gegenseitigen Abhängigkeiten, das an Stresemanns Herangehensweise erinnert: Die Härte der Gegenseite soll durch Zugeständnisse aufgeweicht und so eine neue Grundlage für Kooperation geschaffen werden. Adenauer hielt die Angst Frankreichs vor einer neuen deutschen Aggression zwar für unbegründet, er stellte aber klar, dass »sein Verlangen nach Sicherheit doch psychologisch vorhanden und also eine politische Tatsache« sei, »mit der wir zu rechnen haben.«[733] Auch Monnet stand diese Interdependenz deutlich vor Augen: Die Montanunion biete einen Ausweg aus der unheilvollen Alternative, entweder die Deutschen durch »endlose Kontrolle« zu demütigen oder aber die Franzosen der Angst vor einem »am Ende unkontrollierten Deutschland« zu unterwerfen.[734]

Das Lernen aus der Geschichte der deutsch-französischen Konflikte äußerte sich allerdings auch 1950 nicht nur im Sinne einer zunehmenden Einbindung Westdeutschlands in europäische Strukturen. Es konnte im Prozess der Integration auch zu Rückschlägen führen. Dies zeigte sich, als der französische Regierungschef René Pleven am 24. Oktober 1950 das Projekt einer Europäischen Verteidigungsgemeinschaft (EVG) vorstellte, zu der auch ein westdeutscher Militärbeitrag gehören sollte. Hintergrund war der Koreakrieg, der ersten Stellvertreterkonflikt des Kalten Krieges, und die Sorge, die Sowjetunion werde auch in Europa zu einem Kurs aggressiver Expansion übergehen. Ziel des Plans war es nach Plevens Worten, »die atlantische Gemeinschaft gegen jeden denkbaren Angriff auf einer möglichst weit im Osten gelegenen Linie zu verteidigen«, das hieß: bereits auf bundesdeutschem Territorium. Als Vorbild stellte der französische Ministerpräsident das erst wenige Monate zuvor lancierte Projekt der Europäischen Gemeinschaft für Kohle und Stahl vor: Wie diese solle auch die Verteidigungsgemeinschaft supranational geführt werden, also durch Entscheidungskompetenz nicht zwischen, sondern auf einer Ebene oberhalb der Mitgliedstaaten. Pleven erkannte an, dass ein westdeutscher Verteidigungsbeitrag Befürchtungen auslöse, und befürwortete daher

»eine Lösung, die den grausamen Lektionen der Vergangenheit Rechnung trägt«: Die Streitmacht sollte einem europäischen Verteidigungsminister unterstellt, dem militärischen Oberkommando der NATO verfügbar gemacht und überdies aus nationalen Kontingenten »auf der Ebene der kleinsten möglichen Einheit« zusammengesetzt werden. Eine ›Atomisierung‹, ›Verdünnung‹ und Einbindung des deutschen Elements sollte die Gemüter beruhigen und verhindern, eine starke und autonom einsetzbare deutsche Streitmacht wiederherzustellen, die man ja eben erst zum Wohle Europas und der Welt besiegt hatte.[735]

Gegen dieses Vorhaben sprach sich in der französischen Nationalversammlung unter anderem Pierre Cot aus, ein Abgeordneter der Linken und früherer Gegner des Münchner Abkommens von 1938 wie auch der Kollaborationsregierung des Marschalls Pétain. Aus den leidvollen Erfahrungen seines Landes mit dem deutschen Militarismus leitete er die Notwendigkeit ab, sich einer westdeutschen Wiederbewaffnung entgegenzustellen. Am 25. Oktober 1950 sagte er in der Pariser Nationalversammlung:

》 Wenn Sie das, was ich eben die zweite Gefahr genannt habe [d. h. die sowjetische Gefahr], vor der ersten [die deutsche] platzieren, wenn Sie den weiten Blickwinkel vernachlässigen, nur an das Unmittelbare denken, statt an die Entwicklung einer auf viele Jahre hin abgestuften Politik, wenn Sie die Entwicklung Deutschlands bevorzugen, dann ist es nicht sicher, ob Sie nicht den Spatz in der Hand für die Taube auf dem Dach losgelassen haben.
 Die Wiederbewaffnung Deutschlands, das ist die Gefahr, die wir gut kennen. Die Geschichte zeigt sie uns, der Nationalinstinkt macht sie uns bewusst. Aber die Vorteile, die nach Ihrer These die Wiederbewaffnung Deutschlands für die Verteidigung eines weder organisierten noch konstituierten Europas bringen könnte – die Nationen und Verbände von Nationen werden ja nicht durch Dekrete geformt, sondern durch die Geschichte – belaufen sich auf eine ungewisse und illusorische Erhöhung von Sicherheit. Sie werden eine sichere Gefahr schaffen – für eine in höchstem Maße illusorische Garantie.«[736]

Cot fürchtete eine Wiederbelebung des deutschen Militarismus ebenso wie die Schaffung einer Truppenstärke, die der französischen weit überlegen wäre – denn er rechnete zu den 10 geplanten westdeutschen Divisionen dieselbe Anzahl an ostdeutschen hinzu, da die Gegenseite unvermeidlich auf die Wiederbewaffnung reagieren werde.[737]

Bereits am Vortag hatte der Abgeordnete Charles Serre vor einem militärischen Wiedererstarken Deutschlands gewarnt. Er gehörte der katholischen und in der Tradition der Résistance verwurzelten Partei MRP an. Deutschland werde ein ihm wieder in die Hand gegebenes Militärpotenzial einzig und allein für seine Ziele einsetzen – nicht zugunsten Frankreichs oder Europas. Daher solle die französische Politik »das alte Gesetz der Geschichte« beachten und sich bewusst machen, dass sie Frankreich mit seinen 40 Millionen Menschen gegen die benachbarten 70 Millionen Deutschen und ihre Wirtschaftsmacht nur dann absichern könne, wenn es ein »Gegengewicht« in Gestalt von Bündnissen mit osteuropäischen Staaten in die Waagschale werfe.[738] In dieser Perspektive lag die Lehre der Geschichte darin, an französische Sicherheitskonzepte der Zwischenkriegszeit anzuknüpfen, mit ihren Bündnisverträgen mit Polen und der Tschechoslowakei, und sogar an die Jahre vor 1914, die von einer französisch-russischen Allianz geprägt gewesen waren – als ob es die Teilung Europas durch die Blockbildung des Kalten Krieges gar nicht gegeben hätte. Tatsächlich bestand seit Dezember 1944 ein gegen Deutschland gerichtetes Bündnis zwischen dem befreiten Frankreich und der Sowjetunion. Die osteuropäische Option war damals also nicht ganz so abstrakt und unwirklich, wie sie heute in Kenntnis des weiteren Verlaufs des Ost-West-Konflikts erscheint.[739] Dass Serre auch 1950 noch an die Möglichkeit einer Kooperation mit Moskau glaubte, äußerte sich in seiner Forderung, die »Solidarität unter den Siegern von 1945 wiederherzustellen«. Statt eine Remilitarisierung des gefährlichen deutschen Nachbarn zu fördern, solle man die Gunst der Stunde nutzen, in der sich die deutsche Bevölkerung zumindest kurzfristig vom Militarismus abgewendet hatte, ja »Ekel gegenüber der militärischen Sache« verspüre. Diese Stimmung zeige sich im Rücktritt des gegen die Wiederbewaffnung protestierenden deutschen Innenministers Gustav Heinemann oder in den für weite protestantische Kreise repräsentativen Äußerungen des Pastors Martin Niemöller. Als Alternativszenario beschwor Serre das Schreckbild einer baldigen Rekrutierung Hunderttausender »ehemaliger Hitlerjungen«, die »im Kult aller rassistischen Gefühle, eines wilden Willens zur Herrschaft und eines in höchstem Maße unverschämten Militarismus« erzogen worden seien.[740]

Auch die französische Kommunistische Partei warnte vor einer deutschen Wiederbewaffnung: Auf einem suggestiven Plakat erhob sich vor blutrotem Himmel über der Silhouette von Straßburg drohend ein Soldat mit dem damals in Frankreich noch bestens bekannten Stahlhelm der Wehrmacht und den berüchtigten, zu Blitzen stilisierten Buchstaben »SS« am Kragenspiegel. Als Text dazu die Warnung: »Der Vertrag über eine europäische Armee lässt die Wehrmacht wiederauferstehen«.[741] Diese Ängste wirkten auch jenseits des kommunistischen Lagers so stark, dass die französische Nationalversammlung 1954 die Europäische Verteidigungsgemeinschaft mit großer Mehrheit ablehnte. Eine starke westdeutsche Armee konnte so allerdings nicht verhindert werden: 1955 trat die Bundesrepublik direkt der NATO bei und begann offiziell mit dem Aufbau von Streitkräften in Gestalt der Bundeswehr (▸ Kap. 10).

Als entscheidende Protagonisten der deutsch-französischen Verständigung nach 1945 haben sich vor allem Bundeskanzler Konrad Adenauer und Staatspräsident Charles de Gaulle ins kollektive Gedächtnis eingeprägt, die am 22. Januar 1963 in Paris den zum Symbol deutsch-französischer Aussöhnung gewordenen Élysée-Vertrag unterzeichneten. Der Faktor Geschichte spielte für beide eine zentrale Rolle, wenn auch weniger im Sinne des Lernens aus vergangener Erfahrung – wie bei Briand, Stresemann, Monnet und Schuman: Sie praktizierten vielmehr eine deutsch-französische »Geschichtspolitik«, die darauf abzielte, der Verständigung zeitliche Tiefe und Tradition zu verleihen.[742] Charles de Gaulles ging in seinen Erinnerungen so weit, den frühmittelalterlichen Frankenkönig und Kaiser Karl den Großen zu einem Ahnherrn der deutsch-französischen Verständigung zu machen: Die Größe des Frankenherrschers gründe auf einander ergänzende Eigenschaften von Galliern und Germanen, für die auch Konrad Adenauer als Rheinländer das richtige Gefühl habe. Diesen Gedanken stellte er seiner Schilderung des ersten Zusammentreffens mit dem deutschen Bundeskanzler in seinem Privathaus in Colombey-les-deux-Églises voran.[743]

Handelte es sich hierbei eher um Traditionsbildung durch anachronistische Rückprojektion, so lässt sich eine andere Überlegung in den Memoiren de Gaulles durchaus mit einem Anspruch auf ein Lernen aus der Geschichte in Verbindung bringen: Er lehnte supranationale Formen der europäischen Integration wie die Europäische Gemeinschaft für Kohle und Stahl unter Verweis auf historische Erfahrungen ab: Die auf Zwang und Gewalt gestützten Versuche, Europa zu einigen, seien immer gescheitert. Weder das Römische Reich noch Karl der Große, Napoleon oder Hitler hätten es vermocht, die Länder Europas zur »Selbstaufgabe« zu bringen; vielmehr habe gerade die »willkürliche Zentralisierung« heftige Gegenbewegungen der »Nationalitäten« hervorgerufen.[744] Auch wenn diese Rückprojektion des Nationalen in die Karolingerzeit und selbst in die römische Antike keiner geschichtswissenschaftlichen Überprüfung standhält, erkennt man doch den Versuch, die Ablehnung einer Einigung »von oben« auf Kosten nationaler Souveränität, wie sie für de Gaulles Blick auf die europäische Einigung grundlegend war, aus der Geschichte abzuleiten. Für diesen Ansatz hat sich später der Slogan »Europa der Vaterländer« (*l'Europe des patries*) eingebürgert, der allerdings de Gaulle zufolge gar nicht von ihm selbst geprägt wurde.[745] Sein politischer Gefolgsmann, der Premierminister Michel Debré, erläuterte dieses Konzept 1959 in der Nationalversammlung wie folgt:

> » Zweifeln wir nicht daran. In den Augen der jungen Deutschen müssen die jungen Franzosen ihre Zukunft erblicken – und umgekehrt: In den Augen der Kinder Frankreichs müssen sich die Kinder Deutschlands die ihrige vorstellen. Was für Deutsche und Franzosen zutrifft, gilt auch für die gesamte andere Jugend des Kontinents. Diese Solidarität, die aus der Gewissheit einer Schicksalsgemeinschaft hervorgeht, kann sich nicht auf die Zurückweisung der nationalen Idee stützen, denn Europa besteht aus Nationen und unsere Freiheiten – wir wissen es nur zu gut, wenn wir auf die gefangenen Nationen blicken – bestehen aus nationalem Respekt.«

**Mit Blick auf die wirtschaftliche Einigung Europas ergänzte er:**

> » Was auch immer die erhofften Folgen dieser wirtschaftlichen Anstrengungen sein werden, es wird nicht reichen, um die europäischen Nationen in der Tiefe ihres Herzens auf das Vergemeinschaftungswerk zu verpflichten, das unsere Zeit verlangt. Die Grenzen verwischen nur vor einem gemeinsam akzeptierten Verständnis politischer Solidarität. Die Sache eines jeden Einzelnen ist die Sache aller; die Sache des Ganzen ist die Sache jedes Einzelnen: Darin muss sich das Europa von morgen zeigen, das Europa der Vaterländer und der Freiheit.«[746]

In der Folgezeit entwickelte sich die oft erzählte Geschichte der deutsch-französischen Verständigung zunehmend selbst zu einem historischen Beispiel, dessen Vorbildwirkung für andere Teile der Welt diskutiert wurde und wird.[747] 1983 hielt der sozialistische Staatspräsident François Mitterrand bei seinem Staatsbesuch in der Bundesrepublik eine Rede, in der er beiden Ländern eine besondere Form des Lernens aus der Geschichte ihrer Kriege zubilligte und davon eine spezifische Verantwortung für den Frieden in Europa ableitete: Zunächst ließ er die Szenen der Gewalt und des Hasses zwischen den beiden Nationen vor seinen deutschen Zuhörern Revue passieren – nicht ohne zu erwähnen, dass es auch in Zeiten der Feindschaft fruchtbare Formen wechselseitiger Beeinflussung gegeben habe. Mitterrands Ausführungen standen

Briands Betonung der Verantwortlichkeit führender Politiker für den Frieden – und damit für dessen Machbarkeit – sehr nah: Es gebe »kein unausweichliches Schicksal«. Vielmehr habe die blutige Geschichte Deutsche und Franzosen gelehrt, im Frieden das »höchste Gut« zu sehen – und vor genau diesem Hintergrund seien Verfahrensweisen und Institutionen der Friedenssicherung wie der Völkerbund oder die Vereinten Nationen entstanden. Mitterrand zögerte nicht, die deutsch-französische Verständigung in Zeiten des gefährdeten Friedens zum Modell zu erheben:

> » Nachdem wir allzu lange das traurige Beispiel sich zerfleischender Nachbarvölker gegeben haben, können wir an diesem Morgen eine Harmonie feiern, die seit nunmehr über 30 Jahren anhält, einen Vertrag, der heute 20 Jahre alt wird und überall in unserer unruhigen und bedrohten Welt Beispiel sein kann.«[748]

Für Mitterrand bestand die Lektion der gewaltbeladenen Geschichte des 20. Jahrhunderts nicht nur darin, den Wert des Friedens zu proklamieren oder eine Gesinnung der Friedfertigkeit zu feiern. Vielmehr sah er eine konkrete Lehre der Geschichte darin, die Unmöglichkeit des Krieges sicherzustellen. Auch diese Denkfigur knüpfte wahrscheinlich an die Tradition der deutsch-französischen Beziehungen an, konkret an Schumans berühmte Erklärung vom 9. Mai 1950: Darin hatte es ja geheißen, dass der Krieg nicht nur »undenkbar, sondern materiell unmöglich« gemacht werden sollte. Allerdings hatte sich bei Mitterrand die Stoßrichtung verlagert: War es 1950 noch um Friedenssicherung durch die Kontrolle und gemeinsame Bewirtschaftung eines militärisch sensiblen Potenzials gegangen, so lag der Fokus von Mitterrands Rede auf der nuklearen Abschreckung. Sie stand ganz im Zeichen des NATO-Doppelbeschlusses von 1979, der die Sowjetunion vor die Alternative stellte, entweder mit dem Westen über den Abzug ihrer in Osteuropa stationierten nuklear bewaffneten Mittelstreckenraketen zu verhandeln oder sich dem Risiko einer Gegenstationierung amerikanischer Systeme in Westeuropa auszusetzen, zu der es dann im November 1983 tatsächlich kam. In einer Situation extremer innenpolitischer Spannungen in der Bundesrepublik bekannte sich Mitterand zum Prinzip der Friedenssicherung durch nukleare Abschreckung. Das sei zwar nicht die ideale, aber dennoch unausweichliche Konsequenz aus den kriegerischen Erfahrungen des 20. Jahrhunderts. Mit Nachdruck warb er bei seinen deutschen Zuhörern dafür, gegenüber dem französischen Atomwaffenpotenzial, der *force de frappe*, eine verständnisvolle Haltung einzunehmen. Gerade die Unabhängigkeit dieser Waffen von der NATO – und das hieß natürlich vor allem von den USA – trage erheblich zur Sicherheit Europas bei, da ihr Einsatz für einen potenziellen Angreifer weniger berechenbar sei als bei einer einheitlichen Befehlsgewalt. Deswegen sprach sich Mitterrand energisch dagegen aus, das französische Kernwaffenarsenal in die Abrüstungsverhandlungen zwischen den Supermächten einzubeziehen, zumal es begrenzt sei: Es könne den Gegner nicht vernichten, sondern ihm nur die Aussicht auf einen gewinnbringenden Angriff nehmen – eine gerade ausreichende Abschreckungswirkung, die er bei einer Reduzierung der französischen Atomwaffen für gefährdet hielt. Mitterrands Betonung einer unabhängigen und zugleich auf das Notwendige beschränkten Abschreckungsfähigkeit Frankreichs stand in den langen Traditionslinien französischer Nuklearstrategie: Schon de Gaulle hatte Ähnliches formuliert, als er 1958 das französische Nuklearprogramm öffentlich machte – und an diesen Grundprinzipien hat sich bis in die Gegenwart nichts geändert.[749]

Als Zeugen dafür, dass aus der Geschichte auch anderes gelernt werden kann als deutsch-französische Feindschaft, rief Mitterrand den Schriftsteller Victor Hugo auf:

> » Doch selbst in den schlimmsten Augenblicken gab es einen herrlichen Kontrapunkt zu diesen langen Katastrophen: Die besten unserer Schaffenden und Künstler haben niemals aufgehört, aufeinander zu wirken, die Kapitel eines fast einmaligen Dialogs zu schreiben [...]. Lassen Sie mich hier nur kurz Victor Hugo zitieren, der 1842 für Deutschland und Frankreich den Ausdruck ›innige Verbindungen‹, ja sogar ›Blutsgemeinschaft‹ benutzte und hinzufügte: ›Schlössen sich Frankreich und Deutschland zusammen, es bedeutete den Frieden der Welt.‹«[750]

Was Mitterrand hier verschweigt, ist die zugleich antibritische und antirussische Stoßrichtung dieses Zusammenschlusses, die Hugo noch ganz offen formuliert hatte: »Die Einheit Deutschlands und Frankreichs, das wäre die Bremse für England und Russland, das Wohl Europas, der Frieden der Welt.«[751]

In der in Briefform veröffentlichten Schilderung seiner Rheinreise schrieb Hugo gegen die nationalistischen Aufwallungen der Rheinkrise von 1840/41 an. Damals war Frankreich am Widerstand der Großmächte in seinen Bemühungen gescheitert, den ägyptischen Herrscher Mehmet Ali bei seinem gegen das Osmanische Reich gerichteten Unabhängigkeits- und Expansionsstreben zu unterstützen und so den eigenen Einfluss im Orient auszuweiten.

Auf diesen Misserfolg reagierten die französische Regierung und Teile der Öffentlichkeit mit Kompensationsforderungen: Der Rhein solle die Ostgrenze Frankreichs werden. Das wiederum führte in Deutschland zu einem Sturm nationalistischer Entrüstung. Victor Hugo wies im Vorwort seines Werkes den Anspruch Frankreichs auf den Rhein zwar nicht zurück, zeigte sich aber doch deutlich um Ausgleich und Verständigung bemüht. Er forderte, das »Recht Frankreichs aufrecht zu erhalten, ohne die deutsche Nationalität zu verletzen.«[752] Explizit wies er seinen Briefen die Funktion zu, Versöhnung zwischen beiden Nationen zu fördern. Er habe fast das Gefühl, ein Kind Deutschlands, dieses »edlen und heiligen Vaterlandes aller Denker zu sein«, was ihn aber auch nicht davon abhielt, selbst noch in der Versöhnungsabsicht eine Hierarchie zwischen beiden Nationen festzustellen: Deutschland – im Französischen ist l'Allemagne weiblich – sei die »natürliche Mitarbeiterin Frankreichs.«[753]

Auch bei Hugo spielte die Geschichte samt der aus ihr abzuleitenden Lehren eine prominente Rolle: Anlässlich der Beschreibung seines Besuches im Speyerer Dom erinnerte er an die Grabschändung, die französische Truppen im Pfälzischen Erbfolgekrieg in der als Kaisergruft dienenden Krypta begangen hatten. Dies sei Ausdruck einer »Barbarei« gewesen, die eine dünne Schicht sich ausbreitender »Zivilisation« im Zeitalter Ludwigs XIV. nur oberflächlich verdeckt habe.[754] Die Soldateska hätte den verbliebenen Zierrat kaiserlicher und königlicher Macht aus den geschändeten Gräbern geraubt und die »Schädel der neun Caesaren« mit den Füßen in eine neu ausgehobene Grube gestoßen.[755] Dieser Frevel, begangen von der Armee Ludwigs XIV., habe sich genau 100 Jahre später gerächt: Als die Revolutionäre 1793 im Hass auf alles Monarchische die französischen Königsgräber der Basilika von Saint-Denis aufbrachen, hätten sie sich zuerst die Gebeine des Sonnenkönigs vorgenommen, der ja für den Pfälzischen Erbfolgekrieg und damit auch für die Schändung der salischen Grablege verantwortlich gewesen sei. Wie beim Lernen aus der Geschichte immer wieder zu beobachten, wird auch bei Hugo – bewusst oder unbewusst – passend gemacht, was eigentlich nicht passt: Denn die Behauptung, dass genau ein Jahrhundert zwischen den Grabschändungen von Speyer und Saint Denis lag, ist sachlich falsch. Zur Zerstörung des Doms und zum Aufbrechen eines Teils der kaiserlichen Gräber – nicht aller – war es nicht 1693, sondern bereits 1689 im Zuge der Brandschatzung von Speyer durch französische Truppen gekommen.[756] Im Vorwort des ersten Bandes von Le Rhin hatte Hugo zugegeben, vieles aus dem Gedächtnis zitiert und dabei Fehler gemacht zu haben.⁷⁵⁷ Am schwersten wog für ihn nicht die Missachtung der monarchischen Würde, sondern die Gewalt, welche die Soldaten der »ganzen Geschichte eines großen Volkes« angetan hätten. Was Geschichte aus Sicht Hugos hier lehrte, war die Notwendigkeit des Respekts vor dem historischen Erbe einer anderen Nation, ohne die es keinen Frieden geben könne. Wie nah das Licht der Völkerverständigung und der Schatten des menschenfeindlichen Vorurteils beieinander liegen konnten, zeigt sich darin, dass ihn dieser Gedanke nicht davon abhielt, im selben Argumentationszusammenhang auf ein antisemitisches Klischee zurückzugreifen: die Grabräuber hätten »an Juden verkauft, was die Päpste gesegnet hatten«.⁷⁵⁸

In Mitterrands Rede waren die Übergänge zwischen einem lernenden und einem traditionsbildenden Umgang mit Geschichte – »traditionales Erzählen«, wie es der Geschichtstheoretiker Jörn Rüsen nennt – fließend: Die Geschichte der Annäherung zwischen Deutschland und Frankreich ließ sich plausibel als das Resultat eines Lernprozesses verstehen, in dem beide Seiten schließlich den Wert des Friedens vor dem Hintergrund einer leidvollen Vergangenheit erkannt und kulturelle wie auch politische und institutionelle Sicherungen für seine Bewahrung getroffen hätten – darunter die Montanunion und der 1983 gewürdigte Elysée-Vertrag.⁷⁵⁹ Mit dem Bekenntnis zur atomaren Abschreckung, so plausibel sie sich aus anderen Erwägungen heraus begründen ließ, hatte diese deutsch-französische Geschichte aber nur wenig gemein – oder allenfalls in einem Sinne, der sich für eine Feierstunde deutsch-französischer Harmonie nicht geeignet hätte: Die *force de frappe* war teilweise das Resultat eines sehr französischen Lernprozesses im Umgang mit dem dreimaligen Aggressor Deutschland – und es war sicher kein Zufall, dass ihre Entwicklung aus den Kreisen ehemaliger Résistance-Mitglieder unterstützt wurde.⁷⁶⁰ Mit der Bezugnahme auf Hugo ließ Mitterrand das analytische Bemühen um gegenwartsbezogene Einsichten aus der Geschichte dann endgültig zu Gunsten des Mythos als einer »fundierenden Geschichte« (Jan Assmann) zurück: Hier ging es um Identitätsstiftung – darum, zu begründen, warum Deutsche und Franzosen berufen waren, zum Vorteil Europas eine Einheit zu bilden.⁷⁶¹

Ein weiteres Beispiel für die fließenden Übergänge zwischen Mythos und historischem Lernen war die Rede, die Staatspräsident Emmanuel Macron am 22. Januar 2019 anlässlich der Unterzeichnung des Aachener Vertrags hielt. Er leitete aus den spezifischen Feindschafts- und Gewalterfahrungen Deutschlands und Frankreichs eine besondere Verpflichtung für beide Länder ab,

Europa zu in bewegten Zeiten zu einem sicheren Ort zu machen. Dies hatte bei ihm einen durchaus missionarischen Zungenschlag: »Deutschland und Frankreich müssen ihre Verantwortung annehmen und den Weg weisen«.[762] Ähnlich wie Charles de Gaulles im Rückblick auf seine erste Begegnung mit Adenauer beschwor auch Macron die karolingische Tradition: Aachen sei der »Ort, der die Wurzeln Europas symbolisiere«. Diesem karolingischen Mythos und der damit aufgerufenen Tradition der imperialen Einigungsprojekte seit der römischen Antike stellte er aber sogleich die Neuartigkeit des vor allem von Deutschland und Frankreich getragenen Europaprojekts entgegen: »Unser Europa ist kein neuer Traum von einem Reich. Es ist ein demokratisches Projekt mit einem neuen Atem«. Dieser Teil der Rede scheint sehr stark auf die oben zitierte Passage aus de Gaulles Memoiren zurückzugreifen, der ja ebenfalls imperiale Formen der europäischen Einigung als Angriff auf die Unabhängigkeit der Nationalstaaten abgelehnt hatte, allerdings formulierte Macron mit seinem Konzept der europäischen Souveränität ein Programm, das der erste Präsident der Fünften Republik in seiner Abneigung gegenüber supranationalen Einrichtungen niemals unterschrieben hätte:

> » Europa wird eine Uneinigkeit nicht überleben, es würde daran sterben. Die neue französisch-deutsche Verantwortung liegt hier: ihm [Europa] neue Instrumente der Souveränität in den Bereichen Verteidigung, Sicherheit, Zugang zum Weltall, im Bereich der Migration und angesichts des ökologischen und digitalen Wandels zu geben.«[763]

Die deutsch-französischen Beziehungen sind im 20. und 21. Jahrhundert ein Beispiel dafür, wie schwer es ist, das handlungsorientierte Lernen aus der Geschichte von einer vorwiegend gegenwarts- und zukunftsbezogenen Situationsanalyse auf der einen und von emotionalisierend-romantischen Traditionsbildungen auf der anderen Seite abzugrenzen. Über weite Strecken ist der Gebrauch, den deutsch-französische Verständigungsbemühungen – aber auch die Stiftung von Hass seit dem 19. Jahrhundert – von der Vergangenheit machte, mit Jörn Rüsens Verständnis von historischer Erzählung als »Sinnbildung über Zeiterfahrung« zu beschreiben. Corine Defrance hat dies für die Erfolgsgeschichte der deutsch-französischen Aussöhnung nach 1945 gezeigt, die sie (nicht nur, aber auch) als eine mythische Gegenerzählung zum destruktiven Narrativ der ›Erbfeindschaft‹ charakterisiert.[764] Aber es ging nicht nur um Erzählung: So war Stresemanns Rückbezug auf Preußen und Österreich in der napoleonischen Zeit vermutlich nicht nur »sinnbildend« gemeint.

Seine Reflexionen im Kronprinzenbrief dürften auch von dem analytischen Bemühen geprägt gewesen sein, herauszufinden, wie sich geschwächte Großmächte strategisch klug verhalten können, wenn sie mit einem Hegemon konfrontiert sind, der sie vernichten kann. Dies verweist auf die schonungslos analytische Vorstellungswelt eines Thukydides viel eher als auf die Sphäre romantischer Einheitserzählungen im Stil Hugos und der politischen Festtagsredner, die später auf seinen Pfaden wandelten. Dieses unromantische Element des analytischen Realismus fand sich auch bei Monnet und Schuman, als sie sich 1950 das Ziel setzten, den Krieg »materiell unmöglich« zu machen.[765]

# 10
# Andernach 1956

Der »Staatsbürger in Uniform« als Antwort auf eine Geschichte deutscher Aggression

Am 20. Januar 1956 besuchte der deutsche Bundeskanzler Konrad Adenauer Soldaten der erst im Vorjahr offiziell gegründeten Bundeswehr in Andernach am Rhein. In seiner Ansprache an die Truppe betonte er einen Neuansatz innerhalb der deutschen Militärgeschichte, die im nationalsozialistischen Angriffskrieg und den in seinem Zusammenhang begangenen Verbrechen ihren moralischen Tiefpunkt erreicht hatte. Die zentrale Aufgabe der neuen Armee sah er darin, »an der Verteidigung der Gemeinschaft freier Völker« mitzuwirken. Durch das Verhalten der Offiziere solle das »nach Einflüssen der Vergangenheit verständliche Misstrauen« abgebaut werden – ein Gedanke, den er am Ende der Ansprache durch den Hinweis auf »manche Schatten der Vergangenheit«, die den militärischen Neuanfang belasteten, noch einmal aufgriff.[766]

Das verklausulierte Sprechen des Kanzlers war kein Zufall: Vor ihm und an seiner Seite standen Männer, die in Hitlers Wehrmacht gedient hatten – in Gestalt von Generalleutnant a. D. Adolf Heusinger sogar Personen, die direkt im Umfeld des Diktators aktiv gewesen waren. Heusinger hatte zum Beispiel im März 1941 an einer Besprechung teilgenommen, in der Hitler die »Anwendung brutalster Gewalt« im bevorstehenden Krieg gegen die Sowjetunion gefordert hatte.[767] Er hatte es gegenüber Vertretern des militärischen Widerstandes abgelehnt, an der Vorbereitung eines Attentats auf Hitler mitzuwirken. Bei der berühmten Lagebesprechung am 20. Juli 1944 im »Führer-Hauptquartier Wolfsschanze« war er direkt neben dem Diktator durch die von Stauffenberg deponierte Bombe verletzt worden.[768] 1959 beschuldigte ein Artikel der Wochenzeitschrift *Der Spiegel* – gestützt auf Vorwürfe aus der DDR – Heusinger, inzwischen Generalinspekteur der Bundeswehr, er habe Widerstandskämpfer an die Gestapo verraten, um einer Hinrichtung wegen nicht weitergemeldeter Mitwisserschaft zu entgehen.[769] Dieser Vorwurf zeigt ganz unabhängig von einer möglichen Falschbeschuldigung gegen Heusinger in diesem Punkt, wie angreifbar Mitglieder der militärischen Elite der frühen Bundesrepublik aufgrund ihrer früheren Funktionen in der Kriegsmaschinerie des nationalsozialistischen Regimes sein konnten.[770] Eine Wehrmachtsvergangenheit war in den 1950er Jahren keine Ausnahme, sondern die Regel: Von den 152 000 Freiwilligen, die sich bis August 1955 für die Bundeswehr gemeldet hatten, waren mehr als 127 000 Veteranen aus Hitlers Armeen.[771]

Die unmittelbare Gründungsgeschichte der Bundeswehr begann unter dem Eindruck des Koreakrieges: Streitkräfte des kommunistischen Nordkoreas überfielen im Juni 1950 den Süden des Landes und ließen in Westeuropa und den USA die bange Frage aufkommen, ob etwas Ähnliches nicht auch in Deutschland möglich wäre. Eine Invasion sowjetischer Truppen wäre durch westalliierte Verbände kaum abzuwehren gewesen.[772] In dieser Situation berief die Bundesregierung eine Expertentagung hochrangiger Offiziere der früheren Wehrmacht in das Kloster Himmerod (Eifel) ein, was nach westalliierten Vorgaben eigentlich illegal war und mit lebenslanger Haft bestraft werden konnte. Daraus entstand die *Denkschrift des militärischen Expertenausschusses über die Aufstellung eines Deutschen Kontingents im Rahmen einer übernationalen Streitmacht zur Verteidigung Westeuropas* (9. Oktober 1950).[773] In alarmierender Tonlage betonte dieses Dokument die Gefahr eines kurzfristigen sowjetischen Angriffs mit anschließendem Durchmarsch bis zu den Pyrenäen, die unter anderem durch die 22 einsatzbereiten Divisionen mit etwa 6000 Panzern allein auf dem Territorium der DDR gegeben sei: »Die Sowjets können demnach, rein militärisch gesehen, jederzeit ohne langwierige Vorbereitungen einen Angriff gegen Westeuropa beginnen.«[774] Im Kriegsfall wäre Westdeutschland sofort und umfassend zum Schlachtfeld geworden. Daraus leiteten die Verfasser der Himmeroder Denkschrift das Prinzip der »Vorneverteidigung« ab, das nicht nur starke und zugleich flexible Streitkräfte an der innerdeutschen Grenze erforderte, sondern auch offensive Vorstöße in sowjetisch kontrolliertes Gebiet vom Süden und Norden der Bundesrepublik aus. Allein für das Heer sahen die Verfasser der Denkschrift 12 Panzerdivisionen mit insgesamt 250 000 Soldaten vor.[775]

Die Schaffung der westdeutschen Streitkräfte war in mehrfacher Hinsicht ein steiniger Weg: 1954 lehnte die französische Nationalversammlung die Europäische Verteidigungsgemeinschaft (EVG) ab (▶ Kap. 9), in welche die Bundeswehr ursprünglich hätte integriert werden sollen. Aber auch nach dem ersatzweise erfolgten Beitritt der Bundesrepublik zur NATO 1955 und der Einführung der allgemeinen Wehrpflicht hörten die Probleme angesichts fehlender Kasernen und mangelnder Ausrüstung nicht auf und ließen das Ziel einer Armee von einer halben Million Mann bis 1956, das Verteidigungsminister Theodor Blank der NATO zugesagt hatte, als unrealistisch erschienen. Im Zeichen der Ausstattung der Bundeswehr mit amerikanischen Atomwaffen verringerte Franz Josef Strauß als Blanks Nachfolger diese Zahl auf 350 000 Mann.[776]

Das Lernen aus der Geschichte spielte im Rahmen der Himmeroder Tagung eine zentrale Rolle. Die Teilnehmer betonten, es gelte »ohne Anlehnung an die Formen der alten Wehrmacht heute grundlegend Neues zu schaffen«, da sich die Rahmenbedingungen stark von früheren Konstellationen unterschieden und die Bereitschaft zum Dienst in den Streitkräften geringer ausgeprägt sei. Anders als die Reichswehr der Weimarer Republik sollte sich die neue Truppe nicht mehr als »Staat im Staate« verstehen, sondern »aus innerer Überzeugung die demokratische Staats- und Lebensform [...] bejahen«.[777] Hier trat bereits der für die Bundeswehr bis heute als Leitbild zentrale »Staatsbürger in Uniform« in Erscheinung. Unausgesprochen im Hintergrund stand die Erfahrung mit der Rolle der Streitkräfte beim Kapp-Putsch des Jahres 1920, als sich die Reichswehrführung unter General von Seeckt weigerte, Truppen zum Schutz der demokratischen legitimierten Regierung der Republik gegen die Aufständischen aus ihren eigenen Reihen einzusetzen. Generell waren antidemokratische und reaktionäre Tendenzen in den Freikorps-Milieus und den regulären Streitkräften ein strukturelles Dauerproblem für die Stabilität der Weimarer Republik: Hier sind politische Morde an Rosa Luxemburg und Karl Liebknecht im Januar 1919 und an Walther Rathenau im Juni 1922 zu nennen, der von rechtsextremen Militärs in Bayern mitverursachte Hitler-Ludendorff-Putsch des 9. November 1923, aber auch die Bereitschaft der Reichswehr, sich nach dem »Röhm-Putsch« 1934 in Hitlers Herrschaftssystem einbauen zu lassen und ihm im Vernichtungskrieg ab 1939 gegen osteuropäische Gesellschaften als Erfüllungsgehilfin zur Verfügung zu stehen.[778] Wolf Graf von Baudissin (1907–1993), selbst ehemaliger Wehrmachtsoffizier, Leiter der Abteilung »Inneres Gefüge« im Amt Blank und maßgeblicher Gestalter des Konzepts der »Inneren Führung« in der Bundeswehr, hat dies 1968/69 in aller Schärfe und Schonungslosigkeit offengelegt: Die Wehrmacht sei »ein gefügiges Instrument für totalitäre Eroberungspolitik« gewesen, deren »verantwortliches Offizierskorps der Pervertierung aller soldatischen, d. h. menschlichen Werte nichts Entscheidendes entgegensetzen konnte.«[779] Schon 1953 hatte Baudissin der Wehrmachtselite vorgeworfen, nicht »kritisch aus der Vergangenheit zu lernen« und sich der Einsicht in das zu verweigern, »was bis 1945 mit uns, durch uns und auch in unserem Namen geschah.«[780]

Abb. 17: Armee als Instrument der Diktatur: Vereidigung von Soldaten des Luftwaffenregiments »General Göring« (1935).

Kein Zweifel: Wer in den 1950er Jahren in Deutschland Streitkräfte für die Demokratie aufbauen wollte, der musste darum bemüht sein, mit dieser dunklen Vergangenheit zu brechen. Dies galt auch dann, wenn – wie der Militärhistoriker Sönke Neitzel betont – die Rede vom »Staat im Staate« für die Reichswehr der Weimarer Zeit als Gesamtinstitution eine Übertreibung war und auch in der NS-Zeit nicht die Armee, sondern die totalitäre politische Führung die entscheidenden Weichen in Richtung Angriffskrieg und Genozid stellte.[781] Aber es war eben doch die Wehrmacht in Spitze und personeller Tiefe, die den militärischen Teil dieser Verbrechensprojekte im Wesentlichen ausführte, teilweise selbst Massenmorde verübte oder durch Eroberung die Voraussetzung dafür schuf, sei es aus opportunistischer Anpassung, Befangenheit in blindem Befehlsdenken, eigenem ideologischem Antrieb oder aus einer Mischung all dieser Motivlagen heraus (▶ Kap. 7).[782] Das Lernen aus der Geschichte verlangte unter demokratischen Verhältnissen unausweichlich, sich von einer solchen Armee zu distanzieren. Das war in den 1950er Jahren allerdings nicht mit einer offenen Diskussion über die Verbrechen von Hitlers Wehrmacht verbunden. Ganz im Gegenteil: Die Verfasser der Denkschrift forderten von den Westalliierten recht pauschal eine »Rehabilitierung des deutschen Soldaten« sowie die »Freilassung der als ›Kriegsverbrecher‹ verurteilten Deutschen«. Zwar seien nur Personen gemeint, die sich nicht strafbar gemacht, sondern nur nach dem im Krieg geltenden Recht Befehle ausgeführt hätten. Aber bereits die Anführungszeichen, in die das Wort »Kriegsverbrecher« gesetzt wurde, lassen deutlich erkennen, dass eine Aufklärung der Verbrechen der jüngsten deutschen Militärgeschichte nicht auf der Agenda der Himmeroder Denkschrift stand. Vielmehr erweckt auch die Forderung nach einem Ende der »Diffamierung des deutschen Soldaten (einschließlich der im Rahmen der Wehrmacht seinerzeit eingesetzten Waffen-SS)«[783] den Eindruck, dass die Verfasser die Wehrmacht im Großen und Ganzen für eine ehrenwerte Armee hielten. Angesichts ihrer persönlichen militärischen Vergangenheit überrascht dies kaum, denn sonst hätten sie sich selbst die Tätigkeit für eine verbrecherische Organisation attestieren müssen.[784]

Ein solcher Bruch mit Hitlers Streitmacht war 1950 für die Masse des alten und neuen militärischen Personals noch undenkbar und sollte selbst vier Jahrzehnte später – in den Auseinandersetzungen um die Ausstellung »Verbrechen der Wehrmacht« – eine große Herausforderung für Teile der deutschen Gesellschaft bedeuten.[785] Näher als das Bemühen um Aufklärung lag den hochrangigen Offizieren das Bemühen, die eigene militärische Erfahrung und Kompetenz gleichsam ideologisch zu ›desinfizieren‹, sie also vom Nationalsozialismus und seiner Verbrechensgeschichte abzuspalten. Die so entpolitisierte Kompetenz sollte für neue Zwecke der Westalliierten und dann der Bundesrepublik nutzbar erscheinen. Diese Entwicklung lief in den treffenden Worten des Militärhistorikers Martin Rink auf eine »Entkontextualisierung der Wehrmacht von ihrem politischen Zweck« hinaus.[786] Auch die Verklärung der Wehrmacht als einer heroischen und militärisch vorbildlichen Armee dürfte eine Rolle gespielt haben, die in der populären Literatur und in den

Medien der 1950er Jahre verbreitet war und ehemaligen Kriegsteilnehmern die Möglichkeit bot, persönliche Kriegserfahrungen so umzudeuten, dass sich eine mit den Erfordernissen der post-totalitären Gegenwartslage vereinbare Erzählung ergab.[787] Mitunter wirkten totalitäre Denkmuster aus der NS-Zeit aber auch ungebrochen weiter: Bei den Protesten gegen die Todesurteile, die gegen Kriegsverbrecher im alliierten Gefängnis Landsberg vollstreckt werden sollten, kam es 1951 zu rechtsextremistischer Agitation und zu einem offen antisemitischen Ausbruch gegen Gegendemonstranten aus einem Camp für Displaced Persons (DP), die nach einem zeitgenössischen Pressebericht sogar körperlich attackiert wurden. Auch die nationalsozialistische Hetzparole »Juden raus!« wurde skandiert.[788]

Der Grundtenor der Verdrängung ist auch am Schluss der Himmeroder Denkschrift sichtbar, wo eine »Ehrenerklärung« der Bundesregierung gefordert wird, auch wenn diese Forderung nicht bis zu einer Täter-Opfer-Umkehr ging, wie sie bei der Landsberger Demonstration teilweise zu beobachten war.[789] Diese Erklärung gab Bundeskanzler Konrad Adenauer am 3. Dezember 1952 ab – nicht frei von Widersprüchen, die erkennbar machen, dass die Reinwaschung der Wehrmacht sieben Jahre nach dem Ende des Krieges dann doch nicht so selbstverständlich war, wie sich die Verfasser der Denkschrift sich dies vorgestellt hatten:

> » Ich möchte heute vor diesem Hohen Hause im Namen der Bundesregierung erklären, daß wir alle Waffenträger unseres Volkes, *(Hört! Hört! links)* die im Namen der hohen soldatischen Überlieferung ehrenhaft zu Lande, auf dem Wasser und in der Luft gekämpft haben, anerkennen. *(Beifall bei den Regierungsparteien.)* Wir sind überzeugt, daß der gute Ruf und die große Leistung des deutschen Soldaten trotz aller Schmähungen während der vergangenen Jahre in unserem Volke noch lebendig sind und auch bleiben werden. *(Beifall bei den Regierungsparteien. – Zurufe von der KPD.)* Es muß unsere gemeinsame Aufgabe sein – und ich bin sicher, wir werden sie lösen –, die sittlichen Werte des deutschen Soldatentums mit der Demokratie zu verschmelzen. *(Abg. Reimann: Jetzt kommt noch das Horst-Wessel-Lied, dann ist der Schluß da!)*«[790]

Der Zwischenruf des Abgeordneten Max Reimann von der damals noch nicht verbotenen KPD wirft ein bezeichnendes Schlaglicht auf die hochgradig polarisierte Debatte über die westdeutsche »Wiederbewaffnung«. In dieser Debatte war es 1951 zu einem Kuriosum gekommen, über das die Zeitschrift *Archiv der Gegenwart* berichtete: Unter den Unterzeichnern eines Aufrufs gegen die Wiederbewaffnung sei auch der Rechtsextremist Generalmajor

a. D. Otto Ernst Remer gewesen, der durch die Verleumdung der von ihm selbst im Namen des Regimes bekämpften Widerständler des 20. Juli 1944 üble Berühmtheit erlangt hatte. Dem *Archiv der Gegenwart* zufolge widerrief daraufhin der Pazifist und spätere Bundespräsident Gustav Heinemann, der den Aufruf zusammen mit dem Kirchenpräsidenten Martin Niemöller verfasst hatte, seine Unterschrift.[791] Für Heinemann, Niemöller, aber auch den SPD-Vorsitzenden Erich Ollenhauer bestand ein Zielkonflikt zwischen der »Remilitarisierung« der Bundesrepublik als Teil der von Adenauer vorangetriebenen Westintegration und dem aus ihrer Sicht höherrangigen Anliegen einer deutschen Wiedervereinigung, das dadurch verunmöglicht werde.[792] Aus dieser Denkrichtung heraus kam es Ende November 1952 unter Leitung unter anderem von Heinemann und Helene Wessel (ehemals Zentrumspartei und früher Mitglied des Parlamentarischen Rates) zur Gründung der Gesamtdeutschen Volkspartei (GVP), deren Anliegen es war, »ein vereinigtes Gesamtdeutschland neutral aus dem Machtkampf zwischen den USA und der Sowjetunion herauszuhalten.« Diese neue Partei erreichte bei der Bundestagswahl von 1953 allerdings lediglich 1,2 Prozent der Stimmen und war damit nicht im Parlament vertreten.[793] Die Kritik aus der Reihen der GVP war nicht die schärfste: Aus Sicht des kommunistischen Bundestagsabgeordneten Max Reimann, eines besonders radikalen Gegners der »Wiederbewaffnung« mit großer Nähe zur SED, war die Schaffung einer westdeutschen Wehrpflichtarmee zur Verteidigung mit der Tarnung von Hitlers Aggressions- und Eroberungsvorbereitungen als »defensiv« vergleichbar.[794]

Wie es für polarisierte Meinungskonflikte charakteristisch ist, stand dieser Sichtweise bereits in der Himmeroder Denkschrift die weitgehende Ausblendung von Kriegs- und Genozidverbrechen deutscher Soldaten gegenüber. Große Teile der deutschen Gesellschaft, auch die Veteranen, sahen sich in der frühen Nachkriegszeit vorwiegend in einer Opferrolle.[795] Allerdings erkannte die Himmeroder Denkschrift bereits an, dass es Situationen geben kann, in denen der Soldat einen Befehl nicht befolgen muss und darf, weil dieser auf »ein Verbrechen gegen die Menschlichkeit, das Völkerrecht oder sonstige militärische und bürgerliche Rechtssätze« hinauslaufe.[796] Diesen Gedanken griff das Soldatengesetz des Jahres 1956 auf und legte fest, dass Befehle nicht befolgt werden müssen, wenn sie die »Menschenwürde« verletzen, und nicht befolgt werden dürfen, »wenn dadurch ein Verbrechen oder Vergehen begangen würde«.[797] Der hessische Generalstaatsanwalt Fritz Bauer, selbst als Sozialdemokrat und Jude Verfolgter des NS-Regimes und maßgeblicher Wegbereiter des Frankfurter Auschwitz-Prozesses von 1963, betrachtete diese Einschränkung der Gehorsamspflicht 1964 in einer Fernsehdiskussion mit jungen Erwachsenen als eine der maßgeblichen Schlussfolgerungen, welche die Bundesrepublik aus den Verbrechen des Nationalsozialismus gezogen hat.[798]

Der durch die deutsche Totalitarismuserfahrung geprägte Bruch mit dem Prinzip des unbedingten Gehorsams war ein Ergebnis des Lernens aus der Geschichte: Der Soldat sollte sich angesichts verbrecherischer Anordnungen – so etwa des berüchtigten »Kommissarbefehls«, der vorsah, alle kommunistischen Parteikommissare der Roten Armee unmittelbar nach ihrer Gefangennahme zu ermorden, oder Befehlen zu schweren Verbrechen an der Zivilbevölkerung besetzter Gebiete bis hin zum Genozid – nicht mehr auf das Argument zurückziehen können, er habe doch nur seine Pflicht erfüllt.[799]

Die sprechenden Leerstellen der Himmeroder Denkschrift, die kein einziges Wehrmachtsverbrechen explizit benennt, verweisen auf die geringe Bereitschaft in den 1950er Jahren, sich mit nationaler Schuld auseinanderzusetzen, ohne diese zumindest unter Verweis auf die eigene Opferrolle zu relativieren. Dies verdeutlicht ein mit »Protest« überschriebener Kommentar in der *Frankfurter Allgemeinen Zeitung* vom 12. September 1955: Anlass war ein Staatsbesuch von Bundeskanzler Adenauer in Moskau, bei dem er zwar einräumte, dass Hitler für das »Unglück« verantwortlich sei, das er »über beide Völker gebracht« habe. Zugleich habe aber auch die Rote Armee an Deutschen furchtbare Verbrechen begangen. Diesen Versuch, deutsche und sowjetische Verbrechen zu parallelisieren, habe Nikita Chruschtschow – als Erster Parteisekretär damals mächtigster Mann der Sowjetunion – unter Betonung der Verteidigungsrolle der sowjetischen Armee entschieden zurückgewiesen. Der FAZ-Kommentar erkannte nun zwar interessanterweise einen »Schandfleck« der Wehrmacht in Gestalt des Kommissarbefehls und des Hungertodes von »Tausenden Kriegsgefangenen« an, rechnete aber die Kriegsverbrechen an der deutschen Zivilbevölkerung dagegen auf.[800]

Neben den sehr verhaltenen und indirekten Formen der Auseinandersetzung mit Wehrmachtsverbrechen gab es in der Gründungsphase der Bundeswehr Bemühungen, deutsche Militärgeschichte vor der NS-Zeit für ein identitätsstiftendes Lernens aus der Geschichte zu nutzen. Gegenüber dem verbreiteten Festhalten an einem vermeintlich rein »professionellen« Soldatenverständnis über den Bruch von 1945 hinweg blieben solche Ansätze jedoch eine Minderheitsposition.[801] Ein wesentlicher Bezugspunkt waren die Preußischen Reformen, die in der Abteilung »Inneres Gefüge« im Amt Blank als modellhaft herangezogen wurden. Wolf Graf von Baudissin griff auf Ideen der preußischen Militärreformer Gerhard von Scharnhorst und August Neidhardt von Gneisenau wie auch auf Ideen des führenden zivilen Kopfes der Reformen und zeitweiligen leitenden Minister Preußens, Karl Freiherr vom Stein, zurück, um das Konzept der »Inneren Führung« zu entwickeln.[802] 1965 erhielt Baudissin gemeinsam mit den Generälen Johann Adolf Graf von Kielmansegg und Ulrich de Maizière den Freiherr-vom-Stein-Preis für dieses Konzept. In seiner Dankesrede leitete er die Grundgedanken der Inneren Führung sogar unmittelbar aus einer Formulierung in Steins *Nassauer Denkschrift* von 1807 ab:

» ›Belebung des Gemeingeistes und Bürgersinnes, die Benutzung der schlafenden oder fehlgeleiteten Kräfte und der zerstreut liegenden Kenntnisse ... Freie Tätigkeit der Nation in Richtung auf das Gemeinnützige ...‹ Das war, mit Steins eigenen Worten, der Sinn der Reform. Anders ausgedrückt die zur Eingliederung in den Staat notwendige Umwandlung des passiven Untertanenverhältnisses in tätige Mitverantwortung innerhalb der überschaubaren Gemeinde. Genau dies: den Willen zur Mitarbeit, zu Mitverantwortung und zum tätigen Gehorsam innerhalb der Bundeswehr zu wecken und zu fördern, ist – auf die kürzeste Formel gebracht – die eigentliche Aufgabe der inneren Führung.«[803]

Wie der Historiker Manfred Görtemaker hervorhebt, war der Rückverweis auf die preußische Reformtradition für mehrere politische Richtungen in der Bundesrepublik anschlussfähig und hat insofern geholfen einen parteiübergreifenden Wehrkonsens herzustellen: Die Chiffre ›Preußen‹ sei sowohl für den aufgeklärten »Staatsbürger in Uniform« als auch für militärische Disziplin und Leistungsbereitschaft eine geeignete Referenz gewesen. Damit habe sich diese Tradition sowohl gegenüber linksliberalen als auch gegenüber konservativen Milieus als vermittelbar erwiesen.[804] Doch nicht nur die Verfechter einer bestimmten Konzeption des neuen deutschen Soldaten, sondern auch die Befürworter der allgemeinen Wehrpflicht konnten sich auf die preußischen Reformer berufen. Entsprechend äußerte sich der erste Verteidigungsminister der Bundesrepublik, Theodor Blank, am 4. Mai 1956 im Bundestag:

» Die Verteidigung und ihre Vorbereitung im Frieden ist Aufgabe des ganzen Volkes, wie es die großen Reformer Scharnhorst und Gneisenau einst in anderer Lage ebenso gefordert haben wie Carnot, Jaurès und August Bebel. Der deutsche Bürger wird immer für sein demokratisches Recht eintreten und damit auch seine demokratischen Pflichten bei allen Notständen bejahen. Auf ihnen beruht die Lebensfähigkeit der Demokratie, deren ›legitimes Kind‹ die Wehrpflicht ist.«

Wenn man hingegen bei einer reinen Berufsarmee bleibe, riskiere man, dass diese ein »Staat im Staate« werde.[805] Das war natürlich ein Verweis auf die oben erwähnte Rolle der Reichswehr in der Weimarer Republik.

Mit den preußischen Militärreformern rief Blank ein historisches Beispiel auf, das ebenfalls in einer Situation der existenziellen Bedrohung und militärischen Schwäche zu sehen ist: Nach der Niederlage von Jena-Auerstedt im Jahr 1806 und dem russisch-französischen Ausgleich von 1807 hatte Preußen alle Kraft verloren, sich weiter gegen die Ausdehnung des napoleonischen Herrschaftssystems zu wehren – und schied vorübergehend sogar aus dem Kreis der Großmächte aus (dazu bereits ▶ Kap. 9). Dieser tiefe Einschnitt löste die berühmten preußischen Reformen aus, zu denen auch eine Neugestaltung des Militärwesens gehörte. Eine Kernidee dieser von Offizieren um Gerhard von Scharnhorst und August Neidhardt von Gneisenau – beide trotz des »vons« vor dem Namen tatsächlich bürgerlicher Herkunft – vorangetriebenen Reformen lag darin, Armee und Gesellschaft eng miteinander zu verbinden. Dies fand seinen Ausdruck in einer Formulierung, die bald zu einer klassischen Devise werden sollte: »Alle Bewohner des Staats sind geborne Verteidiger desselben.«[806] Diesen Gedanken griff auch der sozialdemokratische Parteivorsitzende August Bebel auf, den Blank in seiner Rede erwähnt: Volksheere eigneten sich weniger zu Angriffskriegen und seien daher in höherem Maße mit den Interessen der arbeitenden und als Soldaten dienenden Massen vereinbar als stehende Heere. Letztere seien durch die späteren preußischen Militärreformen in den 1860er Jahren wieder gestärkt worden. Bebel präsentierte die vom König und von konservativen Kräften gewollte Professionalisierung der Streitkräfte, die den Hintergrund des Verfassungskonflikts bildete, den Otto von Bismarck als Ministerpräsident seit 1862 ausfocht, geradezu als eine Rückabwicklung der unter Gneisenau und Scharnhorst verwirklichten Transformation.[807]

10 Andernach 1956

Abb. 18: Soldaten als »Staatsbürger in Uniform«: Erster Besuch Konrad Adenauers bei der neu gegründeten Bundeswehr in Andernach, 20. Januar 1956, links neben ihm Verteidigungsminister Theodor Blank.

Doch nicht nur der Gedanke einer allgemeinen bürgerlichen Verantwortung für die Verteidigung des Staates bewegte die Militärreformer des frühen 19. Jahrhunderts, sondern auch die Erschließung der in der Bevölkerung schlummernden Begabungen – ein Anliegen, das Gneisenau 1808 veranlasste, eine Öffnung der Offizierslaufbahn für alle Männer unabhängig von ihrer Standeszugehörigkeit zu befürworten:

> ❯❯ Während dem ein Reich in seiner Schwäche und Schmach vergeht, folgt vielleicht in seinem elendesten Dorfe ein Cäsar dem Pfluge, und ein Epaminondas nährt sich karg von dem Ertrage seiner Hände. Man greife daher zu dem einfachen und sicheren Mittel, dem Genie, wo immer es sich auch befindet, eine Laufbahn zu öffnen und die Talente und die Tugenden aufzumuntern, von welchem Range und Stande sie auch seyn mögen. Man schließe ebenfalls dem Bürgerlichen die Triumphpforte auf, durch die das Vorurtheil nur den Adlichen einziehen lassen will. Die neue Zeit braucht mehr als alte Titel und Pergamente, sie braucht frische That und Kraft, dies hat der Monarch erwogen, indem er die Talente aller Stände zu gleichen Ansprüchen an Militairbeförde-

rungen berechtigte und ein Verfahren aufhob, dem nur das Herkommen und Nepotismus, keineswegs aber irgendein Gesetz, das Wort redeten.«[808]

Caesar repräsentiert hier natürlich als Feldherr des Gallischen Krieges und Sieger im Bürgerkrieg gegen Pompeius einen Höhepunkt der römischen Feldherrenkunst. Der weniger bekannte Epaminondas (oder Epameinondas) erreichte für die griechische Stadt Theben im 4. Jahrhunderts v. Chr. einen Triumph über das als Militärmacht gefürchtete Sparta, indem er einen Flügel seines Heeres tiefer aufstellte als üblich.[809] Er stand hier also für den Geist der erfolgreichen militärischen Innovation, dem die preußischen Reformer huldigten.[810]

Die Bezugnahme auf die preußischen Reformen eröffnete den Gründern der Bundeswehr eine doppelte Chance. Zum einen ließen oberflächliche Parallelen der Lage von 1806/07 mit den frühen 1950er Jahren ein Lernen aus der Geschichte als möglich erscheinen: In beiden Konstellationen hatte ein Land – Preußen in den napoleonischen Kriegen, dann Deutschland im Zweiten Weltkrieg – eine katastrophale Niederlage erlitten und sah sich mit existenziellen Bedrohungen konfrontiert, auf die militärische Antworten gefunden werden mussten.[811] Die Lage der jungen Bundesrepublik unterschied sich natürlich insofern wesentlich von der Preußens, als das Ende des von NS-Deutschland verschuldeten Kriegs auch einen tiefen moralischen Einschnitt bedeutete. Auch die Verwüstungen und Opferzahlen des Zweiten Weltkriegs erreichten ganz andere Dimensionen als 1806/07. Außerdem stellte die Bundesrepublik ab 1949 lediglich einen westlichen Teilstaat dar. Aber dennoch: Das Narrativ eines Neuanfangs nach katastrophaler Niederlage konnte verfangen und individuell wie gesellschaftlich eine Funktion erfüllen, die der Geschichtstheoretiker Jörn Rüsen als »Entstörung von Sinn« bezeichnet hat.[812] Denn als »gestört« konnte der Lebenssinn von Menschen wohl schon wirken, die sich einer totalitären Diktatur zur Verfügung gestellt hatten und sich nun ohne eigene Leistung in einem demokratischen Werterahmen wiederfanden, der ihr früheres Verhalten als nicht mehr ehrenwert, vielleicht sogar als verbrecherisch markierte. Eine zweite Chance lag sicherlich darin, dass die preußischen Reformen einen politisch unbelasteten Bezugspunkt für Traditionsbildung boten – zumindest im Vergleich zur Wehrmacht. Der Traditionserlass des Verteidigungsministers Kai-Uwe von Hassel griff dies 1965 auf und betonte »politisches Mitdenken und Mitverantwortung« als überlieferungswürdiges Erbe der preußischen Reformära. Von Hassel erachtete es noch Mitte der

1960er Jahre als notwendig, in diesem Erlass eigens darauf hinzuweisen, dass das Hakenkreuz als Bestandteil militärischer Symbole der Wehrmacht nicht mehr gezeigt werden dürfe, wohl aber Fahnen früherer Truppenteile, etwa bei der Ehrung von Gefallenen. Erst der Traditionserlass von 2018 stellte klar, dass die Wehrmacht als Ganzes ebenso wie ihre Teilverbände und Organisationen für die Bundeswehr »nicht traditionswürdig« seien, bei einzelnen Wehrmachtsangehörigen komme es auf fallbezogene Prüfungen an.[813]

Wolf Graf von Baudissin hat sich 1956 in einem Aufsatz mit der Bedeutung der preußischen Reformen für die Bundeswehr auseinandergesetzt. Ein wichtiges Erbe der Reformära sei, dass Angehörige der Streitkräfte in der Lage sein sollten, ihre militärischen Überlegungen in einen politischen Horizont einzuordnen, ohne darüber allerdings zu »politisierenden« Soldaten zu werden. Baudissin hebt hervor, dass damit eine Form der Wahrheitsliebe verbunden sei, die in der Auseinandersetzung mit den Fehleinschätzungen von Kameraden ehrlich, aber nicht intolerant sein solle: »Andersdenkende wurden nicht moralisch diffamiert, wenn auch in ihrer Gefährlichkeit erkannt.« Baudissin vertrat ein dezidiert ethisches Verständnis von Loyalität, die sich nicht in der Treue zur eigenen Nation erschöpfe. Er zitiert den preußischen Reformer vom Stein mit folgenden Worten:

> »Die Welt scheidet sich in solche, die gezwungen oder freiwillig für Bonapartes Ehrsucht oder dagegen stehen. Auf das Gebiet der Länder scheint es hierbei weniger anzukommen als auf das der Grundsätze.«[814]

Neben den preußischen Reformen und noch mit mehr Gewicht als diese würdigte Baudissin den militärischen Widerstand des 20. Juli 1944. In einer Rede anlässlich des Jahrestages des gescheiterten Attentats auf Hitler betonte er 1964 sogar, dass er nur deshalb wieder Soldat habe werden können, weil Henning von Tresckow und seine Mitstreiter durch ihr Opfer gezeigt hätten, dass sich Armeezugehörigkeit und hohe ethische Standards miteinander verbinden ließen:

> »Die Entscheidung dieser Menschen, für Freiheit, Menschenwürde und Recht alles, selbst den Vorwurf ehrlosen Verrates auf sich zu nehmen und das Risiko der Niederlage des eigenen Volkes der Fortdauer oder gar dem Sieg der Unmenschlichkeit vorzuziehen, begründete meine Hoffnung auf freiheitlich gesonnene Streitkräfte, in einem neuen Staate.«[815]

In dieser Rede befasste er sich auch mit dem Problem, das für Bundeswehrsoldaten in der Bezugnahme auf die Widerstandstradition vor dem Hintergrund des Ideals militärischer Loyalität liegen könne. Er ordnete dieses Denken dem Bereich der »konservativen Überlieferungen« in der deutschen Militärgeschichte zu, wobei er den Konservativismus keineswegs abwerten wollte – vielmehr verteidigte von Baudissin das Vorbild der Akteure des 20. Juli 1944 dadurch, dass er Hitlers Verabsolutierung des von ihm geschaffenen Herrschaftssystems als »unkonservativ« – da jeglicher Wertebindung enthoben – charakterisierte. Eine rein professionelle Selbstbeschränkung auf Prinzipien von Befehl und Gehorsam hielt er nicht für akzeptabel. Vielmehr bedürften auch Soldaten einer Orientierung an außermilitärischen Grundsätzen, die eine Konstellation verhindern könne, in der »Treue zum Volk Untreue gegenüber dem Staat« verlange und in der »Gewissen Widerstand« notwendig mache. Dies war nichts anderes als eine Ableitung des Ideals des »Staatsbürgers in Uniform« und des mit ihm eng verwandten Konzepts der Inneren Führung aus der Tradition des 20. Juli 1940.[816]

Baudissin stand einer Denkfigur nahe, die der Braunschweiger Oberstaatsanwalt Fritz Bauer 1952 im Prozess gegen Otto Ernst Remer, einen an der Niederschlagung des Staatsstreichs am 20. Juli persönlich beteiligten Offizier und bekannten Rechtsextremisten der Nachkriegszeit, entwickelt hatte: Aus Bauers Sicht konnten die Widerstandskämpfer überhaupt nicht gegen eine Gehorsamspflicht verstoßen, weil der NS-Staat aufgrund seines durch und durch verbrecherischen Charakters keinen Anspruch auf Loyalität erheben konnte.[817] Bauer formulierte dies so:

> » Ein Unrechtsstaat – im Gegensatz zum heutigen Rechtsstaat – ein Unrechtsstaat wie das Dritte Reich ist überhaupt nicht *hochverratsfähig*. Ein Unrechtsstaat, der täglich zehntausende Morde begeht, berechtigt jedermann zur Notwehr gemäß § 53 StGB. Jedermann war berechtigt, den bedrohten Juden oder den bedrohten Intelligenzschichten des Auslandes Nothilfe zu gewähren. Insoweit sind alle Widerstandshandlungen durch § 53 StGB gedeckt.«[818]

Hintergrund des Prozesses waren hochgradig diffamierende Aussagen Remers über den militärischen Widerstand. Vor Anhängern hatte er im Mai 1951 erklärt, dass sich die überlebenden Akteure des 20. Juli 1944 wegen »Hoch-« und »Landesverrat[s]« noch vor einem deutschen Gericht verantworten müssten.[819] Diese Anschuldigungen enttarnte Fritz Bauer als politisch motivierte

Verleumdung, indem er dem verbrecherischen Regime des NS-Staates jegliche Berechtigung absprach, von deutschen Bürgern und Amtsträgern für seine Politik des Massenmordes und der Menschenrechtsverletzungen Gehorsam oder Loyalität einzufordern.[820] Umgekehrt sei es Pflicht, sich diesem Regime zu verweigern. Diesen Gedanken vertrat er auch 1964 in einer Fernsehdiskussion mit jungen Erwachsenen vor dem Hintergrund des Frankfurter Auschwitz-Prozesses, den er wesentlich vorbereitet hatte. Bauer betonte die universale ethische und religiöse Notwendigkeit des klaren »Nein«, mit dem Aufforderungen zu unmenschlichem, mörderischen und gegen die Menschenwürde gerichtetem Handeln zu begegnen sei.[821]

Baudissins Auseinandersetzung mit der deutschen Militärtradition kann geradezu als eine militärische Variante der von Bauer entwickelten Überlegungen zur Gehorsamsverweigerung und zum Widerstand unter totalitären Bedingungen gelesen werden. Auch die Gefahr einer missbräuchlichen Verwendung des Widerstandsbegriffs gegen den demokratischen Rechtsstaat blendete er nicht aus.[822] In einem an junge Menschen gerichteten Radiovortrag erläuterte der Offizier, wie die Erfahrung der NS-Diktatur eine mechanische Orientierung an klassischen militärischen Pflicht- und Tugendkatalogen unmöglich gemacht habe. Diese Unmöglichkeit bestehe dann, wenn die Verabsolutierung des Traditionswertes Gehorsam auf das Begehen schwerster Verbrechen und Menschenrechtsverletzungen hinauslaufe. Deshalb sprach Baudissin sich nicht nur dagegen aus, die Wehrpflichtigen in der Bundeswehr dem Einfluss »obrigkeitsstaatlicher oder gar totalitärer Überlieferungen« zu unterwerfen, sondern wies »ethisch wertfreie Traditionen« insgesamt als nicht mit dem Grundgesetz vereinbar zurück.[823] Vor dem Hintergrund deutscher Kriegs- und Genozidverbrechen ist dies unmittelbar verständlich. Gerade das vermeintlich durch Tradition beglaubigte Prinzip von Befehl und Gehorsam war es, mit dem auch den schrecklichsten Mordtaten noch ein falscher Anschein von Rechtmäßigkeit und Unausweichlichkeit verliehen wurde. In die Vokabel »Befehlsnotstand« übersetzt, wurde es selbst noch bei ideologisch hochmotivierten Massenmördern aus den Reihen der SS zur Verteidigung herangezogen.[824] Für problematisch hielt Baudissin jedoch im Bereich der tradierten militärischen Wertvorstellungen nicht nur missbräuchliche Verwendungen des Befehlsdenkens zur moralischen Selbstentlastung, sondern auch ein zu eng gefasstes Verständnis von Tapferkeit. Als tapfer gelten sollte aus seiner Sicht nicht allein der Soldat, der sich dem bewaffneten Kampf stellte;

vielmehr sollte sich der Begriff auch auf das Verhalten gegenüber hierarchisch Höhergestellten, aber auch Gleichrangigen und Untergeordneten beziehen, das heißt den Bereich der »Zivilcourage« einbeziehen.[825] Seine Überlegungen erinnern in diesem Punkt an die Argumentation in Platons Dialog *Laches*. Darin lässt Platon Sokrates feststellen, dass Tapferkeit sinnvollerweise immer nur als eine Teilkomponente von Tugend zu verstehen sei, zu der auch noch andere Eigenschaften wie Besonnenheit und Gerechtigkeit zählten.[826] Die Schnittmenge zwischen Baudissin und Platon liegt in der Zurückweisung eines formalistischen, von weiteren ethischen Normen abgetrennten Verständnisses von Tapferkeit.

Für die Frage nach dem Lernen aus der Geschichte ist bei Baudissin auch die Überlegung wichtig, dass Tradition nicht einfach über eine Armee kommt wie ein unabänderliches, nicht auszuschlagendes Erbe. Vielmehr spielen bei ihrer Herausbildung Prozesse der aktiven Positionierung und Auswahl eine wesentliche Rolle. Er verdeutlicht dies am Beispiel des sogenannten Langemarck-Mythos: Ein absehbar zum Scheitern verurteilter Angriff deutscher Reserve-Einheiten auf britische Schützengräben bei dem belgischen Ort Langemarck hatte 1914 auf deutscher Seite etwa 10 000 Opfer gefordert, darunter zahlreiche Schüler und Studenten. Schon die zeitgenössische Kriegspropaganda deutete dies sinnstiftend zu einem »moralischen Sieg« um. In der Zwischenkriegszeit ließ dieses Ereignis Baudissin zufolge zwei einander entgegengesetzte Formen der Traditionsstiftung zu: Man könne sich einerseits am Vorbild des ursprünglichen Befehlshabers orientieren. Dessen Tapferkeit habe darin bestanden, das militärisch absurde ›Verheizen‹ junger Rekruten zu verweigern. Anderseits böte sich aber auch der General an, der an dessen Stelle getreten sei und so den jungen Soldaten durch den Angriffsbefehl die Gelegenheit zur Selbstaufopferung gegeben hatte.[827] Baudissins Überlegungen zur Verantwortung militärischer Vorgesetzter gingen über das Fallbeispiel Langemarck deutlich hinaus: Tatsächlich hatte es auf dem Kriegsschauplatz Flandern im Herbst 1914 Versuche nachgeordneter Befehlshaber gegeben, die in Illusionen gefangenen Offiziere der militärischen Führung mit Appellen an ihr persönliches Verantwortungsgefühl für die Untergebenen davon abzubringen, mörderische Sturmbefehle umzusetzen. Gegen die offensive Linie des Generalstabschefs Erich von Falkenhayn kamen solche Versuche aber nicht an. Falkenhayn wurde nach dem Krieg und insbesondere nach der von ihm verantworteten Katastrophe von Verdun 1916 vom letzten OHL-Chef

Wilhelm Groener als hochgradig inkompetenter und zugleich in fragwürdiger Weise an der Wahrung seiner Ehre orientierter Feldherr charakterisiert.[828] Auch wenn ihn Baudissin nicht explizit nennt, wäre er ein ideales Beispiel für ein verantwortungslos mechanistisches Verständnis von Tapferkeit gewesen.

Von Baudissin zitiert keine Beispiele für den ideologischen Missbrauch der Prinzipien Gehorsam und Opferbereitschaft, aber aufgrund seiner militärischen Sozialisation in der Zeit des Nationalsozialismus dürften ihm zahlreiche Fälle vor Augen gestanden haben. Man könnte etwa an die Rede Baldur von Schirachs aus dem Jahr 1935 denken, der die militärische Absurdität der Opferung junger Menschen wahrnahm und dennoch einer mythischen, ja eindeutig religiösen Verklärung das Wort redete:

> »Ein ewiger Bestandteil des Geschwätzes der Besserwisser ist die Legende von der Sinnlosigkeit des Opfers von Langemarck. Der Sinn jener sakralen Haltung, die das Sterben der Blüte der Jugend im Sturm auf die Langemarck-Höhen bedeutet, ist nicht dem faßbar, der mit dem Rechenstift den Wert einer militärischen Operation nach Erfolg und Einsatz verbucht und darauf dem Feldherrn, nach Art eines Schulmeisters, Zensuren ausstellt. Schaut auf die Millionen der Jugend. Dies ist die Sinngebung von Langemarck! Daß wir uns selbst vergessen, dass wir uns opfern, dass wir treu sind, das ist die Botschaft der Gefallenen an die Lebenden, das ist der Ruf des Jenseits an die Zeit. Die allgemeine Wehrpflicht, die der Führer zu Beginn dieses Jahres verkündete, ist ebenfalls eine Sinngebung des Opfertodes der Langemarck-Kämpfer. Wenn alle Jugend in der Schule erzogen wird, in der ihre unvergleichlichen Vorbilder dienten und starben, wird die junge Generation niemals dem Vermächtnis dieser ewigen Toten untreu werden können.«[829]

Die Schlusspassage der Rede räumt auch den letzten Zweifel daran aus, dass Baldur von Schirach mit der heroisierenden Verklärung des Massensterbens von Langemarck ein quasi-religiöses Bekenntnis mit unübersehbaren Anleihen in der christlichen Auferstehungstheologie abgab, die er angesichts der programmatischen Gewaltlosigkeit Jesu Christi pervertierte: »Denn die deutschen Toten sind auferstanden. Mit ihnen gemeinsam marschieren wir unter flatternden Fahnen in die Ewigkeit.«[830] Diese ›Theologie‹ des militärisch sinnlosen Heldentodes, der hier ganz offensichtlich in die Tradition des Erlösungstotes Jesu Christi am Kreuz gestellt wird, führte bekanntlich nach Stalingrad – und am Ende zur bedingungslosen Kapitulation Deutschlands auf Millionen von Gräbern.

Verwandt mit dem Konzept des »Opfers« ist das der »Härte« – denn nur wer hart gegen sich ist, wird die Bereitschaft aufbringen, das eigene Leben in einer Gefechtssituation zu opfern, in der es auch andere Optionen wie das vorsichtige Abwarten, den Rückzug oder im Extremfall die Desertion gegeben hätte. In seiner bereits zitierten Dankesrede für den Freiherr-vom-Stein-Preis setzte Baudissin sich 1965 mit Stimmen auseinander, die dem Konzept der Inneren Führung kritisch gegenüberstanden und auf die vermeintlich überlegene »Härte« hinwiesen, die in totalitären Systemen ausgebildeten Soldaten anerzogen sei. Den Gedanken, Diktaturen imitieren zu müssen, hielt er wegen der Missbrauchsgefahren des Ideals der »Härte« für verfehlt. Außerdem bedeute es im Grunde einen viel »härteren« Anspruch an den einzelnen Soldaten, unter freiheitlich-demokratischen Bedingungen verantwortlich zu handeln, als sich unter totalitären Verhältnissen »am Gängelband führen« zu lassen.[831] Damit stellte er sich gegen jene in den Offiziersrängen starken Kräfte, die an der Inneren Führung zweifelten, weil sie das Konzept für zu »weich« und mit dem Ideal einer allzeit zum Zweck wirksamer Abschreckung kampfbereiten und schlagkräftigen Bundeswehr für unvereinbar hielten. Besonders deutlich kam diese Haltung in einem an Baudissin gerichteten Brief zum Ausdruck, dessen Verfasser die alte Disziplin der Wehrmacht für unverzichtbar hielt: »Hitler glaubte verhängnisvollerweise, der Krieg sei […] eine nationalsozialistische Angelegenheit. Machen Sie heute keine demokratische daraus.«[832]

Für Wolf Graf von Baudissin bedeutete das Lernen aus der Geschichte für die Gegenwart nicht nur die Übertragung von Mustern und Konzepten wie der preußischen Reformidee, sondern auch die Wahrnehmung veränderter Rahmenbedingungen, die einem solchen Transfer immer Grenzen setzen – eine Grundvoraussetzung dafür, dass Gegenwartsbezüge nicht in das abdriften, was der Geschichtsdidaktiker Klaus Bergmann »Geschichte als Steinbruch« genannt hat.[833] So erkannte Baudissin in einem 1969 publizierten Aufsatz etwa, dass die Verfügbarkeit von Atomwaffen die Idee eines finalen militärischen Sieges *ad absurdum* führe. Dagegen sei »seit der Französischen Revolution der Maximalgebrauch der verfügbaren Kräfte taktische Regel« gewesen. Aus der atomaren Herausforderung ergebe sich zwingend eine »Revolutionierung des militärischen Denkens«. Die Konsequenz für die Abschreckung sei folgende:

>> Es kann keine Rede davon sein, daß der Abschreckungsauftrag mit dem ersten Schuß seine Gültigkeit verliert. Bricht ein Krieg aus, so gilt es, weiter abzuschrecken: gegen

Fortsetzung, Ausdehnung und Intensivierung der militärischen Aggression. Vernichtung des Angreifers zieht heute in der Regel die Vernichtung des Verteidigers nach sich. Ein ›ordinärer‹ Sieg des Verteidigers zwingt den Angreifer zur Eskalation, und diese wird den Weg zum Frieden eher versperren als öffnen. Nachdem der Krieg keine positive politische Lösung mehr verspricht, wäre jede unnötige Verlängerung sinnlos und gefährlich.

Nach wie vor gilt das Wort von Clausewitz, daß es das Ziel des Krieges ist, dem Gegner den eigenen politischen Willen aufzuzwingen. Nur, daß der Wille nicht mehr darauf abzielt, dem anderen etwas aufzuzwingen, was seine politische Existenz bedroht. Es geht darum, sich dem Willen des Angreifers nicht zu unterwerfen, um ›Nichtbesiegt-Werden‹. Dieses politische Ziel hat den militärischen Einsatz bis in die Taktik hinein zu bestimmen.«[834]

Diese Überlegungen sind sicherlich auch auf den von Heinrich Karst betonten Geist militärischer Schlagkraft als Grundlage des Soldatentums zu beziehen. Karst war ein Wehrmachtsveteran mit intensiver Kriegserfahrung. Anfänglich hatte er im Amt Blank mit Baudissin zusammengearbeitet, sich dann aber vor allem darin von ihm abgewandt, dass er – wie Sönke Neitzel es ausdrückt – Verteidigung stärker »vom Krieg her« verstanden, während Baudissin eher »vom Frieden her« gedacht habe.[835] In seinem Buch *Das Bild des Soldaten* von 1964 hatte Karst festgestellt: »Wo auch immer im Krieg [...] Soldaten auf Soldaten stießen, muss der entschlossene Wille sie beseelen, den Feind zu besiegen.«[836] Diese Bemerkung folgt unmittelbar auf Seiten, die sich mit den extremen Bedingungen der Kriegführung im Zeitalter nuklearer Massenvernichtungswaffen befassen, woraus hervorgeht, dass die Zerstörungskraft der Nuklearwaffen aus Karsts Sicht nichts an der grundsätzlichen Funktion des Soldaten ändert. Es sei gerade die realitätsnahe Bereitschaft und Fähigkeit der Kämpfenden, einen »Krieg zu gewinnen«, die dann zu seinem Ausbleiben, also zu einer wirksamen Abschreckung führten.[837] Dabei war aber nicht Baudissins »Soldat für den Frieden« sein Ideal, sondern die berühmten »Dreihundert«, die unter dem Spartanerkönig Leonidas bei den Thermopylen ihr Leben für die »Idee des Vaterlandes« hingaben.[838] Diese Idee hielt Karst auch nach 1945 noch für handlungsleitend und bedauerte, dass sie durch Hitler in eine »unselige ideologische Hybris« übersteigert worden sei, die zu einer anhaltenden »Verwirrung des Vaterlandsbegriffs« geführt habe,[839] womit er sicherlich die Problematik zum Ausdruck bringen wollte, sich in der Bundesrepublik im Allgemeinen und in der Bundeswehr im Besonderen identitätsstiftend auf diesen Begriff zu beziehen. Militärisch könne man Karst zufolge aus der Geschichte lernen, dass es sich lohne, der Angst vor dem Tod zu trotzen und ihn zu erleiden, wenn es um die »Rettung des Vaterlandes« gehe.[840] Es überrascht vor diesem Hintergrund nicht, dass auch die Demokratie des Grundgesetzes in seiner Wertehierarchie nicht an oberster Stelle steht: »Freiheit ist nur so viel wert, wie wir in Freiheit lebenswerte Inhalte verwirklichen können. Die Artikel des Grundgesetzes sind funktional, nicht substanziell.«[841] Aus der Geschichte hat der Soldat Karst zufolge zu lernen, dass er »durchhalten« und notfalls sterben muss, solange ihm die politisch verantwortliche Regierung dies befiehlt. Als Positivbeispiel führt er die Fortsetzung des französischen Widerstands durch Léon Gambetta im deutsch-französischen Krieg an, als Negativbeispiel Marschall Bazaine, der mit intakten Truppen in Metz kapituliert hatte.[842]

Die Gefahr einer nuklearen Vernichtung von Millionen Menschenleben prägte nicht nur Baudissins strategisches Denken über die Funktion von Abschreckung und die Grenzen des Sieges, sie trieb auch politische Kräfte an, die einer militärischen Verteidigung generell skeptisch oder sogar ablehnend gegenüberstanden. In den frühen 1950er Jahren opponierten die Gegner der Wiederbewaffnung – sei es in der »Ohne-Mich-Bewegung« oder parteipolitisch organisiert in der Gesamtdeutschen Volkspartei (GVP) – gegen jegliche Remilitarisierung Westdeutschlands. In der Wiederbewaffnung sahen sie nicht nur üble Dämonen der jüngsten deutschen Vergangenheit wiederauferstehen, sondern auch ein destruktives Programm zur Verhinderung der deutschen Einheit und zur Herbeiführung eines möglichen deutsch-deutschen Bruderkrieges: zwischen »Geschwister[n] einer Familie«, wie es im Paulskirchen-Manifest vom 29. Januar 1955 hieß.[843] In der zweiten Hälfte der 1950er Jahre, nach der Gründung der Bundeswehr, verschob sich die Stoßrichtung des Protests dann in den Bereich der atomaren Bewaffnung deutscher Streitkräfte. Den Hintergrund dieser Auseinandersetzung bildete die militärische Lage in Mitteleuropa: Aus Sicht der NATO und der Bundeswehrführung gab es keine Möglichkeit, die weit überlegenen konventionellen Streitkräfte der Sowjetunion und ihrer Verbündeten wirksam abzuwehren – dies bündelte sich 1960 in einer lapidaren Feststellung des Führungsstabes der Bundeswehr: »Bei einem einseitigen Verzicht auf atomare Bewaffnung der Schildstreitkräfte kann die Bundesrepublik nicht verteidigt werden.« Mit diesen »Schildstreitkräften« waren die in der Mitte Europas stationierten Bundeswehr- und anderen NATO-Truppen gemeint, während das »Schwert« die strategischen Kernwaffen der USA bezeichnete, deren Einsatz man im Interesse eines Überlebens der Menschheit vermeiden wollte. Die Auseinandersetzung sollte auf eine ›nur‹ taktisch-nukleare Kriegführung gegen »Massierungen« von Truppen des Warschauer Pakts begrenzt werden – das größere Übel des interkontinentalen Atomkrieges also gerade durch die als ›begrenzbar‹ gedachte Option des taktischen Atomschlags in Europa abgewandt werden.[844] Im Hintergrund dieser Überlegungen stand die Unglaubwürdigkeit der amerikanischen Nukleardoktrin: Diese sah zwar bis zum Strategiewechsel hin zur *flexible response* (1967) offiziell vor, im Fall eines Angriffs der Sowjetunion und ihrer Verbündeten mit vernichtenden Atomschlägen (*massive retaliation*) zu reagieren. Tatsächlich galt dies aber nur bei einer Attacke auf US-Territorium als glaubwürdig. Für die europäischen Bündnispartner ergab sich eine Abschreckungsschwäche, die durch die Ausstattung ihrer Streitkräfte mit taktischen Atomwaffen wettgemacht werden sollte.[845]

Der politische Diskurs über Atomwaffen war in den 1950er Jahre teilweise von illusionärem Denken geprägt. So wies Verteidigungsminister Theodor Blank 1955 in einer Rede über das NATO-Manöver »Carte Blanche« darauf hin, dass amerikanische Panzertruppen bereits nach zehn Minuten das von einem Kernwaffentest betroffene Gebiet in der Wüste von Nevada durchquert hätten.[846] Konrad Adenauer und mehr noch Blanks Nachfolger im Verteidigungsministerium, Franz Josef Strauß, setzten sich für eine Ausstattung der Bundeswehr mit Trägersystemen für amerikanische taktischen Atomwaffen ein, zu der es dann 1958 auch tatsächlich kam – mit einem Aufwuchs bis zu 472 Trägersystemen im Jahr 1967 (im Rahmen der »nuklearen Teilhabe«).[847] Der Bundeskanzler verstieg sich in einer Pressekonferenz am 5. April 1957 sogar zu der Bemerkung, taktische Atomwaffen seien nichts anderes als »die Weiterentwicklung der Artillerie«.[848] Zwar standen (und stehen) diese Waffen unter der Kontrolle der USA, brachten der Bundesrepublik also nicht den Status einer eigenständigen Nuklearmacht ein, aber Adenauer – und mehr noch Strauß – wären gern einen Schritt weiter gegangen: Zeitweilig griffen sie tatsächlich nach der bundesdeutschen Atombombe, da sie nur so die Verteidigungssouveränität Westdeutschlands gewährleistet sahen.[849] Adenauer bemerkte hierzu in der Kabinettssitzung vom 19. Dezember 1956 unmissverständlich, dass er es wegen seiner Zweifel an der Bereitschaft des amerikanischen Kongresses, den Einsatz von Kernwaffen in Europa zu beschließen, für unumgänglich halte, »daß die Bundesrepublik selbst taktische Atomwaffen besitze.«[850]

Gegen diese Pläne machten 1957 namhafte Physiker im *Göttinger Manifest* mobil – darunter so berühmte Namen wie Werner Heisenberg, Otto Hahn und Carl Friedrich von Weizsäcker. Anlass war die bereits erwähnte Pressekonferenz Adenauers vom 5. April, die massive Ängste ausgelöst hatte.[851] Das Manifest fand breite Resonanz und wurde im Bundestag unter anderem von dem damals von der gescheiterten GVP zur SPD übergewechselten Gustav Heinemann gegen den Vorwurf der »Panikmache« verteidigt. Heinemann ergänzte die Argumentation der Physiker zudem um christliche Gründe für die Ablehnung von Atomwaffen.[852] In ihrem Manifest wiesen die Wissenschaftler unter anderem den verbreiteten Irrtum zurück, taktische Atomwaffen wären als »klein« einzuschätzen. Tatsächlich sei ihr Einsatz mit den Folgen der Hiroshima-Bombe vergleichbar, ja deren Vernichtungskraft werde bei massenhaftem Einsatz noch weit übertroffen. Die Physiker nahmen für sich in Anspruch, für die »reine Wissenschaft« zu sprechen, verbanden dies aber mit einer besonderen »Verantwortung für die möglichen Folgen dieser Tätigkeit«, woraus sie folgenden Rat ableiteten:

> » Für ein kleines Land wie die Bundesrepublik glauben wir, daß es sich heute noch am besten schützt und den Weltfrieden noch am ehesten fördert, wenn es ausdrücklich und freiwillig auf den Besitz von Atomwaffen jeder Art verzichtet. Jedenfalls wäre keiner der Unterzeichnenden bereit, sich an der Herstellung, der Erprobung oder dem Einsatz von Atomwaffen in irgendeiner Weise zu beteiligen.«[853]

In einer späteren Verteidigung ihrer Position formulierten die Physiker einem Bericht der *Frankfurter Allgemeinen Zeitung* zufolge dann sogar die Forderung nach einem generellen Gewaltverzicht zwischen Staaten. Diese Forderung sei die notwendige Konsequenz aus der Verfügbarkeit von Atomwaffen.[854] Ähnlich argumentierte 1970 auch die sogenannte »Weizsäcker-Studie« unter dem Titel *Kriegsfolgen und Kriegsverhütung*. Sie ging davon aus, dass die Sicherheit der Menschheit auf Dauer nicht mehr durch Abschreckung, sondern nur noch durch grenzüberschreitende Kooperation zu gewährleisten sein würde. Carl Friedrich von Weizsäcker gebrauchte dafür eine Metapher, die er Jonathan Swifts Roman *Gullivers Reisen* entlehnte: So wie die Liliputaner den schlafenden Gulliver mit einem Netz aus für sich genommen schwachen, in der Summe aber ausreichend starken Fäden an den Boden gefesselt hätten, müsse durch »Schaffung einer transnationalen Gesellschaft« auch der Kriegsgott Mars gefesselt werden – durch »möglichst viele Bindungen, die der Entschluss zum Krieg zerreißen muss.«[855] Auch sprach er davon, dass es nicht schicksalhaft vorgegeben sei, sondern am politischen Handeln liege, ob der »Faden«, an dem das »Damoklesschwert des großen Krieges« hänge, »zu einem Strick verstärkt oder hauchdünn gescheuert wird.«[856] Diese dezidiert zivilen Überlegungen zur Vermeidung eines Atomkriegs gingen über Baudissins Schlussfolgerungen aus der nuklearen Bedrohungslage hinaus, von denen bereits die Rede war: Baudissin hinterfragte lediglich den Willen zum völligen Besiegen des Gegners, konnte als Soldat die Anwendung militärischer Gewalt aber natürlich nicht grundsätzlich ausschließen.

Das erste nuklearfähige Trägersystem der Bundeswehr war die Kurzstreckenrakete des Typs »Matador C«, deren Sprengköpfe allerdings unter US-Kommandogewalt blieben. Ihrer Anschaffung war im Bundestag eine sehr kontroverse Diskussion vorangegangen, an deren Ende das Parlament am 25. März 1958 dieser Form der nuklearen Teilhabe zustimmte – nicht einmal zwei Jahre, nachdem Adenauer in Andernach die ersten Freiwilligen der Bundeswehr begrüßt hatte.[857] Die Bundestagsdebatte über eine amerikanisch kontrollierte Nuklearbewaffnung der Bundeswehr war nicht nur hochemotional, sie war auch von mehreren Geschichtsvergleichen geprägt, die ein Lernen aus der Vergangenheit anmahnten, dabei aber in ganz unterschiedliche Richtungen zielten. Anlass zu der Diskussion bildete eine von der FDP angeregte Fragestunde zur Einrichtung einer atomwaffenfreien Zone in Europa, die der Außenminister Polens, Adam Rapacki, ins Gespräch gebracht hatte (Rapacki-Plan).[858] Am 20. März 1958 verglich der SPD-Abgeordnete Karl Otto Adolf Arndt die sicherheitspolitische Entscheidungslage der Bundesrepublik mit der des Jahres 1914: Es bestehe die Gefahr, dass man durch die von der Bundesregierung unter Verteidigungsminister Franz Josef Strauß vorangetriebene Nuklearbewaffnung der Bundeswehr in einen Krieg hineingerate. Davor schütze keine demokratische Verfassung, wie man am Verhalten der Demokratien auf dem Weg in den Ersten Weltkrieg habe sehen könne.[859] Er widersprach damit der Position von Bundeskanzler Adenauer, der behauptet hatte, dass »demokratisch regierte Länder, [...] überhaupt keinen Aggressionskrieg führen« könnten.[860] In offenkundiger Anlehnung an Lloyd Georges berühmtes Diktum, die europäischen Staaten seien 1914 in den Ersten Weltkrieg »hineingeschlittert«, bezichtigte er die Regierung einer »Taktik des allmählichen

Hineingleitens«. Diesen Vorwurf stützte er auf begriffliche Vernebelungen harter militärischer Sachverhalte, etwa indem Raketen verschleiernd als »unbemannte Flugkörper« bezeichnet oder die Möglichkeit einer Bestückung bestimmter Systeme mit Atomsprengköpfen ausgeblendet würde.[861] Zudem bemängelte er die »glaubenlose Vorstellung des Unvermeidlichen«, die von der Regierung mit Blick auf Atomrüstung genährt werde.[862] Neben 1914 mahnte aus Sicht Arndts auch die Erinnerung an das Grauen des amerikanischen Atombombenabwurfs auf Hiroshima die Bundesrepublik, nicht selbst nach diesem Waffentyp zu streben: Nach diesem furchtbaren Ereignis könne keinerlei Illusion mehr über dessen Gefährlichkeit bestehen. Er forderte daher eine Erklärung des Bundestages in folgendem Wortlaut, die den potenziell genozidalen Charakter von Atomwaffen hervorheben sollte:

» [D]er Bundestag stellt fest, daß atomare Sprengkörper jeder Art Werkzeuge der blinden Massenvernichtung sind und ihre Anwendung keine Verteidigung, sondern unberechenbare Zerstörung alles menschlichen Lebens bedeutet. Atomare Sprengkörper rotten unterschiedslos und unbegrenzbar Frauen und Kinder, Männer und Greise, jung und alt aus und verwandeln das Land in eine strahlenverseuchte, unbewohnbare Wüste.«[863]

Arndt zufolge standen diese Waffen in einem klaren Gegensatz zu Artikel 22 der Haager Landkriegsordnung von 1907 und waren somit auch im Verteidigungsfall nicht mit dem Kriegsvölkerrecht vereinbar. Der Landkriegsordnung zufolge haben »die Kriegführenden [...] kein unbeschränktes Recht in der Wahl der Mittel zur Schädigung des Feindes«.[864]

Auch die mit Heinemann zunächst in der GVP und nun in der SPD verbundene Helene Wessel rief in ihrer Rede die Geschichte in den Zeugenstand: Der Zufall wollte es, dass die Debatte fast auf den Tag genau am 25. Jahrestag der Annahme des berüchtigten »Ermächtigungsgesetzes« in der Reichstagssitzung des 23. März 1933 stattfand. Wessel verglich die aktuelle Entscheidungssituation des Jahres 1958 mit der Konstellation im Reichstag von 1933: Damals wie heute sei es die SPD gewesen, die sich einer fatalen Weichenstellung widersetzt habe. Die Bürgerlichen dagegen hätten sich schon 25 Jahre zuvor mit ganz ähnlichen Argumenten für eine Zustimmung zu der nationalsozialistischen Diktaturvorlage gewinnen lassen. Eine weitere Parallele sah sie in den Begründungen, indem sie an die offizielle Bezeichnung des »Ermächtigungsgesetzes« erinnerte: »Gesetz zur Behebung der Not von Volk und Reich«. Wie schon unter den Nationalsozialisten werde nun wieder das Argument einer angeblichen Notwendigkeit missbraucht, um eine Maßnahme als allgemein zustimmungsfähig zu präsentieren – und wie 1933 Hitler, so behaupteten nun auch die Befürworter der Atomrüstung, dass es ihnen um ›Frieden‹ gehe. Die von Wessel unausgesprochene, aber doch offen im Raum stehende Schlussfolgerung aus diesem Kapitel deutscher Geschichte musste es sein, sich einer nuklearen Bewaffnung der Bundeswehr ebenso zu widersetzen, wie es 1933 der von ihr zitierte sozialdemokratische Vorsitzende Otto Wels gegen das »Ermächtigungsgesetz« vorgelebt hatte, gegen ein Gesetz, das – wie ebenfalls in Wessels Argumentation mitzulesen ist – nichts anderes war als eine Ouvertüre zu schwerstem Unrecht, Krieg und millionenfachem Tod. Auch wenn sich Wessel dagegen verwahrte, Adenauer in die Nähe Hitlers zu rücken, fuhr sie in ihrer Rede doch schweres moralisches Geschütz gegen die Bundesregierung auf und erntete laut Protokoll »Pfui-Rufe von der Mitte«. In der Schlusspassage ihrer Rede ordnete Wessel ihre Ausführung ganz bewusst in den ideengeschichtlichen Horizont des Lernens aus der Geschichte ein. Sie zitierte das berühmte und überaus pessimistische Diktum Hegels dazu (▶ Kap. 1) und erhob für die Sozialdemokratie den Anspruch, man habe als einzige politische Kraft im Parlament die notwendigen historischen Lektionen gelernt:

> » Für das deutsche Volk darf nie der Satz eines Hegel Wirklichkeit werden: die Geschichte beweise, daß die Völker aus der Geschichte nichts lernten. Wie die Sozialdemokratische Partei am 23. März 1933 ihr Nein zum Ermächtigungsgesetz Hitlers ausgesprochen hat, [...] sagt sie auch dieser Bundesregierung 25 Jahre später, ebenfalls an einem Kreuzpunkt der deutschen Geschichte und der deutschen Nation, ihr Nein zur Atomaufrüstung der Bundesrepublik.«[865]

Die Verknüpfung von Atomwaffendebatte und Erinnerung an NS-Verbrechen sollte Anfang der 1960er Jahre auch in der politischen Publizistik der jungen westdeutschen Journalistin Ulrike Meinhof eine Rolle spielen – und dabei würden auch die 1958 schon zentralen Figuren Strauß und Heinemann wieder auftreten – der eine als Kläger in einem Beleidigungsprozess gegen Meinhof, der andere als ihr Strafverteidiger (▶ Kap. 13).

Historisch argumentierte auch Verteidigungsminister Franz Josef Strauß, der zwischen Arndt und Wessel sprach. Er kam aber zu ganz anderen Schlussfolgerungen als die beiden Sozialdemokraten: Deutschland habe in der Lebenszeit der damaligen Bundestagsabgeordneten zwei außenpolitische

Fehler begangen. Der erste – 1914 – habe das Land in eine »Katastrophe« gestürzt, der zweite – 1939 – die Deutschen »an den Rand ihrer physischen Vernichtung« geführt. Nach 1945 habe die Sowjetunion gewissermaßen die Rolle NS-Deutschlands übernommen – ein Gedanke, den Strauß in einer rhetorischen Frage unüberhörbar zum Ausdruck brachte: Wer sei denn »potentiell seit dem Ende des Zweiten Weltkrieges und noch bis zur Gegenwart der Aggressor in dieser Welt, der allein fremde Völkerschaften in Unterdrückung hält und dem deutschen Volk das Recht der Selbstbestimmung« verweigere? Aus der unausgesprochenen und doch für die Zuhörer unzweifelhaften Antwort auf diese Frage leitete er – ebenfalls implizit – ab, dass ein Verzicht auf die Nuklearbewaffnung der Bundeswehr dem Appeasement gegenüber NS-Deutschland ähnlich wäre (▶ Kap. 8). Denn die Sowjetunion habe ihren Verteidigungskrieg, in den sie »äußerlich gesehen« durch Hitlers Aggression hineingezwungen worden sei, in ein »Mittel der Politik« verwandelt, dessen Ziel nicht die Beendigung des Krieges und die Rückkehr zur Normalität gewesen sei. In dieser scheinbar beiläufigen Anspielung steckt die Unterstellung, dass hinter der sowjetischen Abwehr des deutschen Angriffskrieges letztlich von Anfang an expansionistische Ziele gestanden hätten, die dann nach 1945 durch die Errichtung eines Systems der Fremdherrschaft über das östliche und mittlere Europa umgesetzt worden seien. Die Parallelisierung von NS-Deutschland und Sowjetunion scheint auch sehr deutlich in dem Beispiel durch, das Strauß wählte, um für die kriegsverhindernde Rolle von Atomwaffen zu argumentieren: »[H]ätte Hitler im Jahre 1939 gewußt, daß der Überfall auf Polen den Krieg und die Vernichtung Deutschlands bedeuten würde, er hätte ihn nicht angefangen, obwohl er ein Verbrecher war.«[866]

Mit dieser Rede lieferte Strauß der SED-Propaganda erwartbar eine Steilvorlage: Das Parteiorgan *Neues Deutschland* sprach auf seiner Titelseite am Folgetag von einer »Antisowjethetze im Goebbels-Stil zur ›Rechtfertigung‹ der Atomrüstung« und bezeichnete Strauß im Rückgriff auf eine Formulierung des FDP-Bundestagsabgeordneten Reinhold Maier als »Kriegsminister«.[867] Auf der Titelseite der nächsten Ausgabe erschien dann eine Karikatur, die leicht erkennbar das bullige Gesicht von Verteidigungsminister Strauß zeigte, aus dessen Mund ein kleiner Goebbels »Wollt ihr den totalen Krieg?« brüllte. Hinter dem wenig schmeichelhaften Porträt des CSU-Politikers befand sich eine Atomrakete, auf der sich ein aggressiver Adler erhob, der wahlweise als Reichs- oder Bundesadler interpretiert werden konnte.[868]

## 10 Andernach 1956

Die Gründungs- und Aufbauphase der Bundeswehr, zu der wahrscheinlich auch noch die Atomrüstungsdebatte des Jahres 1958 zu rechnen ist, war Teil einer größeren deutschen Geschichte des Versuchs, aus der NS-Vergangenheit zu lernen. Dabei fällt im Rückblick die große Leerstelle einer breiten Auseinandersetzung mit Kriegsverbrechen der Wehrmacht und ihrer Beteiligung an der Genozidpolitik des Regimes auf (▶ Kap. 7). Angesichts der zeitlichen und vielfach auch persönlichen Nähe vieler Deutscher zu Verbrechen von kaum vorstellbarem Ausmaß bis hin zu eigener Täterschaft kann dies nicht überraschen. Eine offene Auseinandersetzung mit Vernichtungskrieg und Holocaust hätte in vielen Fällen unangenehme Fragen zum eigenen Verhalten und Fehlverhalten vor dem 8. Mai 1945 nach sich gezogen – wie auch negative Folgen für soziale Reputation und Selbstbild, um von strafrechtlichen Konsequenzen gar nicht erst zu reden. Bei Soldaten verschärfte sich diese Problematik noch dadurch, dass sie das Faktum des Massenmordes gerade in Osteuropa eher als die deutsche Zivilbevölkerung aus eigener Anschauung kannten, teilweise Beihilfe dazu leisteten oder sogar selbst mordeten.[869] Eine wichtige und späte Etappe im schmerzlichen Prozess des Lernens aus der Geschichte der NS-Zeit wurde Mitte der 1990er Jahre durch die bereits erwähnte, seinerzeit hochkontroverse Ausstellung »Vernichtungskrieg – Verbrechen der Wehrmacht« eingeleitet. Selbst damals gab es noch Stimmen, die den Blick auf verbrecherische Funktionen der Wehrmacht im Zweiten Weltkrieg abwehrten. So warf der CDU-Abgeordnete Alfred Dregger den Ausstellungsmachern noch im März 1997 vor, »eine ganze Generation pauschal als Angehörige und Helfershelfer einer Verbrecherbande abzustempeln« und so deutschen »Selbsthass« zu schüren.[870]

In den 1950er und 1960er Jahren stand die Bundeswehr der Roten Armee und Truppen anderer Staaten des Warschauer Paktes unmittelbar und hoch gerüstet gegenüber, das heißt Soldaten, die persönlich oder durch ihre Familiengeschichte vom deutschen Angriffs- und Vernichtungskrieg gegen Ostmittel- und Osteuropa betroffen waren. Eine militärische Auseinandersetzung blieb Europa erspart, da das Wissen um das apokalyptische Vernichtungspotenzial der Nuklearwaffen trotz aller Spannungen dafür sorgte, dass rote Linien und Einflusszonen beiderseits im Großen und Ganzen respektiert wurden. Europa und die Welt überlebten diese Konfrontation, die sich immer wieder bis hart an die Grenze zum offenen Krieg zuspitzte. Dieses Überleben gelang jedoch auf Kosten der Freiheit und Selbstbestimmung jenes großen

Teils der europäischen Bevölkerung, der bis Ende der 1980er Jahre der Repressionsgewalt kommunistischer Diktaturen ausgesetzt blieb.[871]

# 11
# Dakar 1960

Léopold Sédar Senghor und die Geschichte als Wegweiserin zur universalen Menschenwürde

Spätestens seit dem Beginn der Neuzeit betrachteten Europäer es als ihr Recht, außereuropäische Weltregionen mitsamt deren Bevölkerung ihrer Herrschaft zu unterwerfen, wirtschaftlich auszubeuten, nach ihren religiösen und dann zunehmend ›zivilisatorischen‹ Modellvorstellungen umzuformen und die dort lebenden Menschen jeglicher erdenklichen Art von Herabwürdigung, Entrechtung und Gewalt bis hin zur Versklavung, Misshandlung und Ermordung auszusetzen. Der Begriff, unter dem all diese Haltungen und Praktiken zusammengefasst werden, ist der des Kolonialismus. Seinen Höhepunkt erlebte der Kolonialismus in den 1880er Jahren, als die europäischen Großmächte die Welt – zuletzt den afrikanischen Kontinent – nahezu vollständig untereinander aufteilten. Zwar gab es seit der Frühen Neuzeit europäische Stimmen, die sich kritisch mit den ethischen Rechtfertigungen der kolonialen Expansion und ihren Folgen auseinandersetzen, aber wirklich unter Druck geriet der Kolonialismus erst im Zeitalter der Weltkriege, als Europa seine beherrschende Stellung in der Welt verlor, und dann vor allem nach 1945, als mit den USA und der Sowjetunion zwei Mächte globale Führungsrollen beanspruchten, die sich aus ideologischen Gründen nicht offen zu kolonialen Herrschaftsformen bekennen konnten. Für die Vereinigten Staaten war das ohne Glaubwürdigkeitsverlust nicht möglich, weil sie ihre Existenz einem antikolonialen Unabhängigkeitskrieg gegen Großbritannien verdankten. Daran änderte auch der Umstand nichts, dass die USA seit der zweiten Hälfte des 19. Jahrhunderts selbst ein imperialistischer Akteur waren und nach 1945 aus Furcht vor der weltweiten sowjetischen Expansion die eigene antikoloniale Tradition zunächst beiseiteschoben, um die europäischen Kolonialmächte im Kampf gegen den Kommunismus zu stützen. Auch für die Sowjetunion kam eine Befürwortung kolonialer Herrschaft nicht infrage. Denn wer sich wie die sowjetische Führung dem marxistisch-leninistischen Ideal einer revolutionären Befreiung der Menschheit von kapitalistischer Ausbeutung verpflichtet sah, der musste kolonialen Ansprüchen weltweit entgegentreten.[872]

In einen heftigeren Widerspruch als die zumindest deklarativ – wenn auch nicht in ihren Herrschaftspraktiken – antikolonialen Mächte USA und Sowjetunion führte der Kolonialismus das republikanische Frankreich. Das französische Kolonialreich entwickelte sich im 19. Jahrhundert zum zweitgrößten überseeischen Imperium der Welt, nach dem britischen. Zugleich setzten die universalen Befreiungs- und Gleichheitsversprechen, wie sie die französische Erklärung der Menschen- und Bürgerrechte 1789 bekräftigt hatte, ein wichtiges Signal, auf das sich künftig all jene berufen konnten, die sich gegen Fremdherrschaft und rassistisch oder religiös motivierte Entrechtung und Ausbeutung stellten. Die Französische Revolution als »Gründungsereignis der politischen Kultur der Moderne« (Hans Ulrich Thamer) war ein zentraler Bezugspunkt des historischen Lernens und Argumentierens für antikoloniale Akteure und Strömungen, die ihre Handlungsoptionen nach dem Zweiten Weltkrieg bedeutend erweitern konnten.[873]

Doch blicken wir zunächst zurück in die Revolutionszeit selbst: Im Kampf um Befreiung und bürgerliche Gleichstellung nahmen Menschen mit schwarzer Hautfarbe schon damals eine führende Rolle ein, so etwa Toussaint Louverture. Er war wahrscheinlich 1776 im französischen Teil Hispaniolas, der französischen Kolonie Saint-Domingue (heute Haiti), aus der Sklaverei entlassen worden, hatte dann selbst wohl mindestens einen Sklaven ›erworben‹ und eine Kaffeeplantage gepachtet, auf der 13 Sklaven arbeiteten. Zwar erklärte die revolutionäre Kolonialmacht Frankreich auch für Saint-Domingue die bürgerliche Gleichstellung aller Menschen unabhängig von ihrer Hautfarbe, hob die Sklaverei zunächst aber noch nicht auf. So kam es im Sommer 1791 zu einem Sklavenaufstand, an dem sich Toussaint Louverture mit einer nicht abschließend geklärten Rolle beteiligte. Zunächst verfolgte er seine Ziele in Kooperation mit Spanien, das über den anderen Teil Hispaniolas herrschte (die heutige Dominikanische Republik). Nachdem aber Léger-Félicité Santhonax als Zivilkommissar der Französischen Republik im August 1793 die Abschaffung der Sklaverei in Teilen von Saint-Domingue angeordnet hatte, wechselte er ins französische Lager – auch wenn Ausbeutungsverhältnisse und Abhängigkeiten im Rahmen der Plantagenwirtschaft erhalten blieben.[874] In der kreolisch verfassten Proklamation der Sklavenbefreiung wird diese mit dem Wechsel von der Monarchie zur Republik begründet: »C'est roi qui fait

Zesclaves, c'est République Français qui ba zautes libes.« In der französischen Version war dies interessanterweise anders und wesentlich länger formuliert: »Die Französische Republik will die Freiheit und Gleichheit aller Menschen ohne Ansehen der Hautfarbe. Die Könige fühlen sich nur unter Sklaven wohl, sie sind es, die euch an den Küsten Afrikas an die Weißen verkauft haben. Es sind die Tyrannen Europas, die diesen infamen Handel verewigen wollen. Die Republik adoptiert euch in den Kreis ihrer Kinder.«[875] In der jüngeren Forschung wurden allerdings Zweifel daran geäußert, dass dieser Schritt Toussaint Louvertures Seitenwechsel verursachte, da er die französische Politik der Sklavenbefreiung für unaufrichtig gehalten habe.[876]

Abb. 19: Kämpfer gegen Sklaverei und Rassismus: Toussaint Louverture (1743–1803) starb in Napoleons Festungshaft, aber sein Wirken inspiriert das weltweite Engagement für die Durchsetzung der Menschenrechte bis heute.

Frankreich gegenüber blieb Toussaint Louverture als Gouverneur und Oberbefehlshaber von Saint-Domingue im Kampf gegen England zunächst loyal, was ihn allerdings nicht daran hinderte, mit dem Gegner Friedensgespräche zu führen und eigenmächtig eine Verfassung in Kraft zu setzen, die seine Position auf Lebenszeit festschrieb. Zum offenen militärischen Widerstand gegen die Kolonialmacht ging er über, als Napoleon ein französisches Invasionsheer nach Saint-Domingue entsandte, das die Insel Anfang Februar 1802 erreichte. Durch einen öffentlichen Aufruf hatte Louverture bereits im Dezember 1801 seine Mitbürger vor einer Wiedereinführung der Sklaverei durch Frankreich gewarnt. Dabei hatte er sehr darauf geachtet, den Eindruck offener Illoyalität zu vermeiden: Er unterstellte der Kolonialmacht nicht offen diese Absicht, sondern gab sie als Gerücht aus, das von interessierten Kreise gestreut worden sei. Der Kampf gegen die napoleonische Großmachtpolitik endete für Toussaint Louverture im Juli 1802 mit der Gefangennahme und Verschleppung nach Frankreich, wo er ein knappes Jahr später in Festungshaft verstarb.[877]

Unter dem Eindruck der von Napoleon 1802 angeordneten Wiedereinführung der Sklaverei weitete sich der Aufstand gegen Frankreich aus und führte dazu, dass der schwarze General Jacques Dessalines Anfang 1804 erfolgreich die Unabhängigkeit Saint-Domingues unter dem Namen Haiti proklamierte – ein Akt von kaum zu überschätzender Symbolkraft für den Kampf gegen die Sklaverei im 19. Jahrhundert und für die antikolonialen Befreiungsbewegungen im 20. Jahrhundert.[878] Die haitianische Verfassung von 1805 bestätigte Dessalines als Wahlkaiser von Haiti (Art. 23) mit weitreichenden Befugnissen, wie etwa dem Gesetzgebungsrecht (Art. 13) und dem Recht, seinen Nachfolger zu bestimmen. Der kurze Text erinnert in einigen Abschnitten an die in den vorangehenden Jahren erreichte Emanzipation vom französischen Kolonialismus. So bekräftigt Artikel 2 noch einmal die Abschaffung der Sklaverei, Artikel 12 verbietet Weißen, von wenigen Ausnahmen (genannt in Art. 13) abgesehen, Haiti mit dem Anspruch eines »Eigentümers und Besitzers«[879] zu betreten und schließt sie vom Erwerb von Eigentum aus. Artikel 14 hebt die Relevanz aller Abstufungen von Hautfarben auf und erklärt alle Haitianer zu Schwarzen in einem politisch-rechtlichen Sinne, der auch Menschen europäischer Herkunft (genannt werden Polen und Deutsche) einschließt, wenn sie die haitianische Staatsangehörigkeit haben.[880] Die Verfassung schließt mit einem feierlichen Verweis auf die universalen Menschenrechte, von denen die Befreiung der schwarzen Bevölkerung Haitis abgeleitet wird:

> » Wir, die unterzeichneten Bevollmächtigten, vertrauen dem Schutz der Magistrate, der Familienväter und -mütter, der Bürger und der Armee den ausdrücklichen und feierlichen Pakt der heiligen Rechte des Menschen und der Pflichten des Bürgers an. Wir empfehlen ihn unseren Neffen und erweisen um seinetwillen den Freunden der Freiheit und den Philanthropen aller Länder die Ehre, als ein Zeichen der göttlichen Güte, die uns nach ihren unsterblichen Beschlüssen die Gelegenheit verschafft hat, unsere Ketten zu sprengen und uns als freies, zivilisiertes und unabhängiges Volk zu konstituieren.«[881]

Dieser Text zeigt bereits ein Argumentationsmuster auf, von dem in diesem Kapitel mit Blick auf antikoloniale Befreiungsbewegungen des 20. Jahrhunderts noch ausführlicher die Rede sein wird: Die universalen Werte des aus der Revolution hervorgegangenen modernen Frankreichs ließen sich auch gegen dieses selbst wenden, wenn es als unterdrückende Kolonialmacht auftrat. Auch wenn diese Logik bereits vor über 200 Jahren erkennbar war, sollte sie doch erst infolge des Zweiten Weltkrieges eine Dynamik erhalten, die schließlich weltweit zur Auflösung des französischen Kolonialreiches beitrug.

Hintergrund dieser Auflösung des Kolonialreiches war die Niederlage Frankreichs im Krieg gegen das nationalsozialistische Deutschland. Nach Beginn der Offensive am Mai 1940 hatten deutsche Armeen Frankreich innerhalb kürzester Zeit überrannt. Das zu großen Teilen besetzte Land ordnete sich unter einem neuen Staatschef, dem im Ersten Weltkrieg als »Retter der Nation« berühmt gewordenen Marschall Philippe Pétain, der nationalsozialistischen Herrschaft unter und fand sich zur Kollaboration mit dem Aggressor bereit.[882] War damit der Krieg für Frankreich verloren? Mit Blick auf Europa sah es danach aus, aber in den Kolonien war die Lage komplizierter, zumal die militärischen Erfolge der Alliierten Nordafrika dem deutschen und italienischen Zugriff entzogen: Hier gelang es schließlich 1944 General Charles de Gaulle, sich im Französischen Komitee zur Nationalen Befreiung (*Comité français de libération nationale*, CFLN, mit Sitz in Algier) mit einem klar antinazistischen und zugleich auf die Souveränität Frankreichs gegenüber den künftigen Siegermächten bedachten Anspruch durchzusetzen. Schon in seinem berühmten »Londoner Aufruf«, der von der BBC am 18. Juni 1940 nach der Niederlage übertragen worden war, hatte de Gaulle selbstbewusst betont, dass Frankreich nicht »allein sei«: Das Land verfüge über ein »riesiges

Reich«, womit er das Kolonialreich meinte, und über Verbündete in einem Weltkrieg. In diesem globalen Konflikt war das Land nicht nur auf die Hilfe der Alliierten angewiesen, sondern auch auf die Unterstützung der Bevölkerung in den französischen Kolonien. Schon im Ersten Weltkrieg hatten die Kolonien Truppen für die französische Sache gestellt und müssten dies nun auch wieder tun. Doch wie konnte man von Menschen erwarten, sich für Frankreich einzusetzen, die in diesem Land vor allem eine ausbeuterische, arrogante und rassistische Kolonialmacht sahen – und dies nicht aus ideologischen Reflexen, sondern aus eigener leidvoller Erfahrung heraus? Hier stellte sich nicht nur das Problem eines Interessenausgleichs, sondern auch einer Anerkennung von Millionen Menschen in den Kolonien als gleichberechtigte Bürgerinnen und Bürger eines weit über die geografischen Grenzen Europas hinausgehenden französischen Gemeinwesens. Ein Frankreich, das im Kampf gegen NS-Deutschland die Unterstützung seines Kolonialreiches benötigte, musste den Kolonisierten dafür etwas anbieten. Genau dies war das Thema einer Konferenz, die vom 30. Januar bis zum 8. Februar 1944 in Brazzaville Gouverneure der französischen Kolonialverwaltungen und Mitglieder einer »konsultativen Versammlung« zusammenführte.[883]

Im Rahmen dieser Konferenz hielt Charles de Gaulle als Chef des CFLN eine weithin beachtete Rede. Wer sich eine Kommunikation auf Augenhöhe mit der Bevölkerung in den Kolonien erhofft hatte, wurde herb enttäuscht. Zwar hob der General hervor, dass es im Krieg um das universale, alle angehende Anliegen der »Lage der Menschheit« gehe, machte jedoch auch unmissverständlich klar, dass Frankreich auf dem Weg in die Zukunft weiterhin eine Führungsrolle beanspruchen müsse. Dies begründete er mir Argumenten, die einige seiner Zuhörer als Ausdruck einer geradezu unerträglichen Arroganz werten mussten:

> » Wenn es eine imperiale Macht gibt, die sich durch die Ereignisse [des Krieges, P. Geiss] zum Lernen anregen lässt und dazu, edel und liberal, den Weg in die neue Zeit zu gehen, in die sie 60 Millionen Menschen führen will, die mit dem Schicksal ihrer 42 Millionen Kinder verbunden sind, dann ist das Frankreich. Zunächst und ganz einfach deshalb, weil es Frankreich ist, das heißt die Nation, deren unsterbliches Genie für diejenigen Unternehmungen bestimmt ist, die schrittweise die Menschen zu den Gipfeln der Würde und Brüderlichkeit führen, wo sich eines Tages alle vereinen können.«[884]

Für all jene, die auf eine Unabhängigkeit oder auch nur Autonomie der französischen Kolonien hofften, war die Konferenz kein Hoffnungszeichen. Einer von ihnen war Léopold Sédar Senghor, ein französischer Staatsbürger, der die afrikanisch-französischen Beziehungen im Zeitalter der Unabhängigkeitsbestrebungen nach 1945 maßgeblich prägen und 15 Jahre nach Kriegsende das Amt des ersten Staatspräsidenten der Republik Senegal erlangen sollte. Er hatte als Kind einer bildungsbürgerlichen senegalesischen Familie zunächst französische Schulen im Senegal besucht und war dann zu einem philologischen Studium nach Paris gezogen. Dies bedingte eine tiefe Verwurzelung in der Kultur und Sprache Frankreichs, in der er seine Lyrik und seine Prosatexte verfasste. Als Soldat der französischen Kolonialtruppen war Senghor 1940 in deutsche Kriegsgefangenschaft geraten. Nach der Befreiung Frankreichs setzte er sich für eine Neubestimmung des Verhältnisses zwischen der Kolonialmacht und den kolonisierten Gebieten ein. Dabei arbeitete er zunächst nicht auf die volle Eigenstaatlichkeit dieser Gebiete hin, sondern auf einen Emanzipationsprozess im Verband eines französischen Gemeinwesens, in dem sich das europäische Frankreich mit seinen überseeischen Territorien im Zeichen demokratischer Gleichberechtigung und kultureller Vielfalt verbinden würde. Diese Position brachte ihm den Vorwurf ein, »neokoloniale« Interessen zu vertreten. So stellt ihn die Internetpräsenz der senegalesischen Staatspräsidentschaft 2022 mit der Feststellung vor, »für seine Parteigänger« sei er »das Symbol der Zusammenarbeit Frankreichs mit seinen Kolonien«, »für die Kritiker« aber Symbol »des Neokolonialismus«.[885]

Senghors Eintreten für eine Emanzipation seiner Heimat und anderer afrikanischer Kolonien innerhalb eines französischen Organisationsverbundes hatte zwei wesentliche Wurzeln: Zum einen stand dahinter sein zusammen mit Aimé Césaire schon während der gemeinsamen Studienzeit im Paris der 1930er Jahre entwickeltes Konzept der *Négritude*, auf das noch näher einzugehen sein wird,[886] zum anderen aber auch das Bemühen um ein Lernen aus der Geschichte. Dies zeigte sich etwa in einer Rede, die er am 18. September 1946 als Abgeordneter der französischen Nationalversammlung hielt. Als Vertreter der Sozialisten äußerte er sich zu einem Gesetzesentwurf für eine Französische Union (*Union française*), in der das europäische Frankreich mit den Überseegebieten auf einer neuen rechtlichen Grundlage verbunden werden sollte. Senghor plädierte für die weitere Zugehörigkeit der Kolonien zu einem französischen Verbund, der aber anders als in der Vergangenheit die volle staatsbürgerliche Gleichheit aller seiner Einwohner herstellen sollte. Als völlig unhaltbar wies er mit Blick auf die Verhältnisse in seiner eigenen Familie das Ansinnen zurück, nur bestimmten Teilen der Bevölkerung Staatsbürgerschaft und Wahlrecht zu verleihen und etwa Muslime davon auszuschließen oder sie lediglich mit »lokalen Bürgerrechten« auszustatten. Senghor verwies auf das historische Beispiel der Französischen Revolution, genauer gesagt auf den Abgeordneten Jean-François Merlet, der am 18. August 1792 im Namen der demokratischen Souveränität eine parlamentarische Vertretung der Kolonien gefordert hatte. Senghor zitierte den Parlamentarier mit folgenden Worten:

> ›Eine so offensichtliche und heilige Arbeit wie die Mitwirkung an der Delegation nationaler Gewalten in einem repräsentativen Regierungssystem, wo alle Bürger Mitglieder des Souveräns sind, konnte für die Kolonien nicht lange vergessen werden. So haben sie sich ja auch beeilt, dies in ihrem denkwürdigen Dekret des 26. März [tatsächlich 28. März 1792, P. Geiss] anzuerkennen.‹
> Es ist nicht das erste Mal, meine Damen und Herren, dass uns die großen Vorfahren – und sie sind auch für mich meine spirituellen Vorfahren – stolze Lektionen der Demokratie erteilen.«[887]

Aber eignete sich dieses Beispiel überhaupt für Senghors Argumentationsziel? Das Kolonialkomitee der französischen Nationalversammlung, für das Merlet hier sprach, war vor allem den Interessen der weißen Eliten in den Kolonien verpflichtet – es ging um die Repräsentation europäisch dominierter Territorien, nicht um eine Vertretung für die Gesamtheit ihrer Einwohner.[888] Worte wie »Sklave« oder »Sklaverei« erscheinen in Merlets Rede, die Senghor zitiert, kein einziges Mal, obwohl das Pariser Publikum doch wissen musste, dass damals den Prinzipien von 1789 zum Trotz ein großer Teil der karibischen Inselbevölkerung genau in diesem Status der Unfreiheit und Unterdrückung verblieben war. Das Parlament entschied schließlich am 23. August 1792, dass die Kolonien über 32 Abgeordnete in der Nationalversammlung verfügen sollten. Das von Merlet in seiner Rede gelobte Dekret vom 28. März desselben Jahres hatte zuvor bereits allen freien Bürgern im Kolonialreich unabhängig von ihrer Hautfarbe das Wahlrecht zugesprochen, die Sklaven aber ausgeschlossen. In den Jahren 1793 und 1794 übernahmen dann erstmalig auch schwarze Politiker aus den Kolonien Mandate in der nun als Nationalkonvent bezeichneten Legislative. Am 4. Februar 1794, das heißt fast fünf Jahre nach der Proklamation der Menschen- und Bürgerrechte von 1789 und ein halbes Jahr nach der Sklavenbefreiung auf Saint-Domingue durch den Kommissar

Santhonax, stimmte die Parlamentsmehrheit schließlich für die allgemeine Abschaffung der Sklaverei, die wie gesagt unter Napoleon allerdings schon 1802 wieder eingeführt wurde.[889]

Mit Merlet zitierte Senghor einen Akteur, der als Anwalt der freien kolonialen Oberschicht jedenfalls in der genannten Rede nicht für das Ideal einer für Menschen aller Hautfarben geltenden Gleichheit und Freiheit eintrat, auf das Senghor hinarbeitete. Insofern kann man davon sprechen, dass es sich um einen Fall dessen handelt, was in der Geschichtswissenschaft als »invented tradition« (Eric Hobsbawm)[890] eingestuft wird: Senghor leitete aus der Geschichte seine eigene Position ab, die aber damals von dem zitierten Redner – einem Interessenvertreter weißer Kolonialeliten und Sklavenhalter – gar nicht vertreten wurde. Das *Comité colonial*, für das Merlet sprach, hatte wegen seines Festhaltens an rassistischer Diskriminierung und Sklaverei sogar die Gegnerschaft der »Gesellschaft der Freunde der Schwarzen« (*Société des Amis des Noirs*) auf sich gezogen.[891] Allerdings war die Französische Revolution als Bezugspunkt für Senghors Argumentation insofern doch plausibel, als es in ihrem Kontext erstmalig in einem europäischen Kolonialreich zu einer staatsbürgerlichen und politischen Emanzipation von Menschen schwarzer Hautfarbe kam.[892]

Die historisch begründete Forderung nach voller Gleichstellung aller Bewohner einer künftigen *Union française* verband Senghor mit einer scharfen Kritik am zivilisatorischen Selbstverständnis der Europäer. Dieses sei eine wesentliche ideologische Quelle der Diskriminierung von Nichteuropäern im Zeichen des Kolonialismus gewesen. So ging er mit der Geringschätzung der afrikanischen Zivilisation ins Gericht und prangerte die europäische »Idee des barbarischen Negers« an.[893] Da die Auseinandersetzung mit historischen Denkmustern auch in ihrer sprachlichen Gestalt wichtig ist, können solche rassistischen Quellenbegriffe hier und auch im Folgenden nicht ausgeklammert werden, obwohl ihre Zitation auch in analytischer Perspektive schmerzlich bleibt.[894] Senghor selbst zitierte in seinen Schriften häufig Vokabular, das von Europäern rassistisch und in abwertender Absicht gebraucht wurde, wertete es dann aber zum Teil positiv um. Ähnlich hatte bereits 1927 der mit Léopold Sédar Senghor nicht verwandte Aktivist Lamine Senghor das Wort »Nègre« groß geschrieben und dies damit erläutert, dass die Bezeichnung, welche die Kolonisatoren »im Schlamm gewälzt« hätten, erhöht und in die Verfügungsgewalt der Unterdrückten gebracht werden müsse, um als »Fanal« des Zusammenschlusses zu dienen.[895] – Schon der französische Renaissance-Humanist Montaigne, so Léopold Sédar Senghor weiter in seiner Kritik am eurozentristischen Kolonialrassismus, habe sich über die »dumme Laune« von Zeitgenossen geschämt, »sich über alles zu erregen, was von ihren Umgangsformen abweiche.« Senghor rief vor diesem Hintergrund 1946 dazu auf, Zivilisationen immer im Plural zu denken und davon auszugehen, dass jede dieser Zivilisationen »einen einzigartigen Aspekt des Menschseins besonders hervorhebt.« Die Vorstellung einer gegenüber vermeintlicher »Barbarei« überlegenen europäischen Zivilisation sei spätestens durch die Gaskammern und Krematorien des nationalsozialistischen Deutschlands widerlegt.[896]

Die Idee eines kulturellen Austauschs zum Vorteil aller Beteiligten, also nicht nur der Franzosen mit europäischen Wurzeln, begründete Senghor auch aus der Geschichte Frankreichs heraus. Seit der Vorrenaissance sei Frankreich maßgeblich durch Einflüsse von außen geprägt worden, zu denen er nach »griechisch-lateinischen, italienischen, spanischen und angelsächsischen« seit dem 19. Jahrhundert auch »barbarische« rechnete. Gemeint waren afrikanische, wobei Senghor den abwertenden Barbarenbegriff in einem positiven Sinne umdeutete: Er verwende die Bezeichnung mit »demütigem Stolz«.[897] Der Gedanke einer wechselseitigen Bereicherung von Kolonisatoren und Kolonisierten, durch die letztlich der Kolonialismus überwunden werden sollte, war bei Senghor mit einer dem Gedanken der Gleichrangigkeit verpflichteten Zuschreibung von durchaus spezifischen kulturellen Eigenschaften und Kompetenzen verbunden:

> » Es geht für das Mutterland darum, seine Böden durch Ablagerungen von Menschheit zu befruchten, die wir ihm bringen, und für uns darum, uns diesen technischen Geist zunutze zu machen, der die Größe Europas, und Frankreichs im Besonderen, ausmacht, um unsere Reichtümer zu erschließen. Es geht um aktive Assimilation auf der einen und auf der anderen Seite.«[898]

Diese Vision hob klar die Gleichwertigkeit verschiedener Lebensweisen und Traditionen hervor und zugleich auch ihr Potenzial, sich gegenseitig zu befruchten. Sie wandte sich gegen rassistische Vorurteile und bedachte dabei auch die Möglichkeit, dass verschiedene Rassismen sich gegenseitig »zeugen« könnten.[899] Senghors Konzept beiderseitiger »Assimilation« war symmetrisch gedacht und stand damit in einem scharfen Gegensatz zu hierarchischen Assimilationskonzepten, die für den französischen Kolonialismus seit dem 19. Jahrhundert prägend waren. Ein Beispiel für solche herablassenden Konzepte, in denen sich missionarischer Eifer und Brutalität mischten, waren die Ausführungen des französischen Kolonialjuristen Arthur Girault, der Anfang des 20. Jahrhunderts die Anpassung der Kolonisierten an das französische Modell als einen Emanzipationsprozess im Sinne der Prinzipien von 1789 interpretierte:

> » Unter dem Ancien Régime bedeute Assimilation die Privilegien des Adels und des Klerus, die feudalen Rechte [...] und diese ganze Gesamtheit ungerechter und veralteter Institutionen, die den Franzosen des 18. Jahrhunderts so verhasst geworden waren. Heute bedeutet Assimilation ganz im Gegenteil die Prinzipien von 1789, den gleichen Zugang aller Bürger zu den öffentlichen Ämtern, das Geschworenengericht, die Pressefreiheit, das allgemeine Wahlrecht, das Recht zur Wahl der Stadträte, der Departementräte und der Abgeordneten [...].
> 
> Was die Indigenen betrifft, so kann ihnen unser Assimilationsprinzip entweder von Vorteil oder von Nachteil sein; in jedem Fall tendiert es dazu, die vorher für sie bestehende Situation beträchtlich zu verändern. Wenn man hofft, ihnen ein paar unserer Ideen und Sitten einzutrichtern, dann arbeitet man mit Eifer daran, aus ihnen Franzosen wie die anderen zu machen: Man bildet sie, man verleiht ihnen das Wahlrecht, man kleidet sie europäisch, man stellt unsere Gesetze an die Stelle ihres Brauchtums, man verfolgt in einem Wort die Assimilation der Eingeborenen. Wenn man aber daran zweifelt, dieses Ergebnis zu erreichen, wenn sie sich unserer Zivilisation gegenüber abtrünnig zeigen, dann vernichtet man sie, drängt sie zurück, damit sie keinen Akzent der Disharmonie inmitten der allgemeinen Uniformität setzen.«[900]

Hier zeigt sich die tiefe Ambivalenz des französischen Assimilationsgedankens, der einerseits mit der Anmaßung verbunden war, die Interessen der Kolonisierten zu fördern, ohne diese nach ihren Wünschen zu fragen, anderseits aber mit Sanktionen bis hin zum Mord drohte, wenn sie sich diesen ›Wohltaten‹ verweigern sollten. Vielleicht stand diese Denkweise in der Tradition des Dichters Vergil, der dem Vater des Helden Aeneas harte Worte in den Mund gelegt hatte: Die Mission der Römer sei es, »Unterworfene zu schonen und niederzuringen die Stolzen.«[901] An anderer Stelle seines kolonialjuristischen Werks verwies Girault jedenfalls auf den prägenden Einfluss Roms, der die Franzosen als »Lateiner« (im Gegensatz zu den angeblich eher zur Gewährung von Autonomie bereiten Briten) veranlasse, in ihren Kolonien einen Assimilationskurs zu verfolgen.[902] Diesen Kurs lobt der Jurist auch deshalb, weil darin ein Schutz der kolonisierten Bevölkerung gegenüber der Willkürherrschaft europäischer Siedler liege, die im Zeichen der Autonomie in den nordamerikanischen Kolonien Großbritanniens und in Australien zu beobachten sei. Er ging so weit, die Angelsachsen deswegen als »vernichtende Rasse« zu bezeichnen,[903] offenbar im Widerspruch zu der zynischen Alternative ›Assimilation oder Vernichtung‹, die Girault auch für die französische Kolonisation befürwortete. Die Grenze zur Rechtfertigung von Völkermord überschritt er überdies mit der Behauptung, dass »die voranschreitende Auslöschung der niederen Rassen von den zivilisierten Rassen oder, wenn man diese Worte nicht will, die Zermalmung der Schwachen durch die Starken [...] die ureigene Bedingung des Fortschritts« sei.[904] Im Jahr 1904, als die zweite und hier zitierte Auflage von Giraults *Prinzipien der Kolonisation und Kolonialgesetzgebung* erschien, begannen deutsche Truppen in Deutsch-Südwestafrika – heute Namibia – tatsächlich einen Völkermord an Herero, Nama und anderen, dem bis 1908 zwischen 60 000 und 100 000 Menschen zum Opfer fielen.[905] Auch wenn dieses schreckliche Beispiel nicht Teil der französischen Kolonialgeschichte ist, zeigt es doch, wohin zeitgenössischer Kolonialrassismus führen konnte.

Dem streng hierarchischen, rassistischen und bei Girault auch mit genozidalen Denkmustern verknüpften Assimilationskonzept des französischen Kolonialismus suchte Senghor also die Idee einer Annäherung und Verbindung auf Augenhöhe entgegenzusetzen. Zugleich blieben seine Zielvorstellungen aber auf das europäische Frankreich hin orientiert und hier wiederum auf Paris, das das »Zentrum« der neuen Union bleiben solle.[906] Schon zeitgenössisch äußerte der senegalesische Historiker Cheikh Anta Diop in seinem 1954 erschienen Buch *Nations nègres et culture* Kritik an der von Senghor vertretenen Zuweisung kultureller Rollen: Er warf ihm vor, letztlich Klischees zu übernehmen, die aus einer Tradition rassistischer Dominanz stammten, wie sie Arthur de Gobineau in seiner berüchtigtem Theorie von der »Ungleichheit der Rassen« formuliert habe. Als Beispiel zitierte Diop ein Gedicht Senghors, in dem es heiße: »Die Emotion ist schwarz [*nègre*] und die Vernunft hellenisch.«[907]

Die Behauptung einer spezifisch afrikanischen Emotionalität hat ein halbes Jahrhundert später auch den Literaturwissenschaftler Kahiudi Caver Mabana dazu bewogen, eine – strukturelle, nicht intentionale – Parallele zwischen Arthur de Gobineaus Rassentheorie und Senghors Denken zu sehen. Mabana betont allerdings, dass Senghors Intentionen hinter den problematischen Zuschreibungen vermeintlich feststehender Eigenschaften völlig andere waren als bei dem rassistischen Ideologen des 19. Jahrhunderts, nämlich emanzipatorische.[908] In der Orientierung an einer alle Erdenbewohner gleichrangig umfassenden »Zivilisation des Universellen«, so Mabana, sei

Senghors Welt- und Menschenbild eben nicht rassistisch gewesen.[909] Die von Senghor, Césaire und ihren Mitstreitern entwickelte Idee der *Négritude* war auf Befreiung hin ausgerichtet: Es ging darum, durch die Besinnung auf die eigenen kulturellen Wurzeln und deren Wertschätzung eine koloniale Logik zu durchbrechen, welche die Würde afrikanischer Menschen von ihrer Anpassung an europäische Kultur- und Lebensformen abhängig machte.[910] Von der abwertenden Stoßrichtung des europäischen Kolonialrassismus unterschied sich dieser Ansatz fundamental. Eher trifft wohl eine Charakterisierung seiner Theorien als »kulturalistisch« zu: Senghor attestierte bestimmten Teilen der Weltbevölkerung jeweils spezifische kulturelle Prägungen, errichtete zwischen diesen aber keine wertende Hierarchie, was ihn doch sehr klar von kolonialistischen Ideologen Europas trennte.[911] Trotz dieser Differenz erkannte Senghor selbst im Rückblick auf die Anfänge des Konzepts der *Négritude* immerhin eine Gefahr des Abgleitens in rassistische Denkmuster und distanzierte sich von der Option, den Überlegenheitsanspruch der Europäer durch eine strukturell ähnliche afrikanische Variante zu beantworten. So schrieb er in den frühen 1960er Jahren:

» Unser Misstrauen gegenüber den europäischen Werten wurde Verachtung und – warum sollte man das verbergen – Rassismus. Wir dachten und wir sagten, dass die Neger das Salz der Erde wären […]. Unbewusst, zugleich durch Osmose und Reaktion, sprachen wir wie Hitler und die Kolonialisten, wir rühmten die Werte des Blutes.«[912]

Vergleicht man jedoch Senghors Aussagen zum Konzept der *Négritude* mit Arthur de Gobineaus rassistischen Thesen, so wird sofort deutlich, dass die jeweils intendierten Botschaften einander diametral entgegengesetzt waren: Ging es bei Senghor um eine Betonung des Wertes und der Würde aller Menschen unter Hervorhebung einer Vielfalt, die er als Bereicherung beschrieb, so zielte Gobineaus Diskurs auf die Hierarchisierung von Menschen nach äußeren Merkmalen, denen er bestimmte kulturelle oder moralische Eigenschaften zuordnete. Es genügt, Gobineaus extrem abwertende Äußerungen über die »melanische Rasse« (pseudowissenschaftlicher Begriff, vom griechischen *melas*, »schwarz« abgeleitet), die er »ganz unten auf der Skala« einstuft, zur Kenntnis zu nehmen, um sich bewusst zu machen, dass Senghors Stereotypen von menschenverachtenden Klassifikationen solcher Art denkbar weit entfernt war.[913]

Dass koloniale Expansion genau das Gegenteil von wechselseitiger kultureller Befruchtung im Sinne der *Négritude* bedeutete, hatte wesentlich schärfer als Senghor dessen aus Martinique stammender Weggefährte Aimé Césaire betont. In seinem 1955 erschienen *Discours sur le colonialisme* stellte er fest, dass Kolonialismus mit der »Herstellung von Kontakt« nichts zu tun und keinen einzigen »menschlichen Wert« hervorgebracht habe. Die im Zeichen des Kolonialismus stehende Weigerung Europas, als Raum der Begegnung zu dienen, hielt er für umso bedauerlicher, als aus seiner Sicht galt, »dass eine Zivilisation, die sich auf sich selbst zurückzieht, was auch immer ihr innerster Genius sein mag, verkümmert, dass der Austausch hier der Sauerstoff ist.«[914]

Aber war es überhaupt möglich, die Asymmetrie und die Unmenschlichkeit des Kolonialismus innerhalb einer immer noch von Frankreich geprägten Neuorganisation des alten französischen Imperiums zu überwinden? Die Entwicklung ging jedenfalls über die *Union française*, die Senghor 1946 als Raum der Gleichheit und des wechselseitigen Respekts zwischen ehemals Kolonisierten und Kolonisatoren propagiert hatte, bald hinweg. In verschiedenen Teilen des französischen Kolonialreiches gaben Unabhängigkeitsbewegungen deutlich zu erkennen, dass sie sich mit einer Besserstellung der kolonisierten Bevölkerung im Rahmen eines französischen Organisationsverbundes – er mochte genannt werden, wie er wolle – nicht zufriedengeben würden. Zunehmend rückte die nationale Unabhängigkeit der Kolonien in den Fokus. Diese wurde auch mit militärischen Mitteln angestrebt, so etwa in Indochina. Dort kam es zu einem antikolonialen Freiheitskampf gegen Frankreich, der später in den Vietnamkrieg überging. Überaus gewaltsam verliefen die Kämpfe um die Dekolonisierung auch in dem zum »Mutterland« gerechneten, tatsächlich aber durchaus kolonial geprägten Algerien.[915] Im Gegensatz zu diesen blutigen Entwicklungen gestaltete sich der Weg des Senegal in die Unabhängigkeit vergleichsweise friedlich: Nachdem die stimmberechtigte Bevölkerung noch im September 1958 de Gaulles Vorschlag für eine »Französisch-Afrikanische Gemeinschaft« (*Communauté franco-africaine*) akzeptiert hatte, wurde das Land im Juni 1960 zunächst Teil einer von Frankreich unabhängigen Malischen Föderation und dann im August desselben Jahres ein unabhängiger Staat unter der Präsidentschaft Senghors.[916]

11 Dakar 1960

Abb. 20: Geschichte lehrt universale Würde: Der Dichter, Intellektuelle und Politiker Léopold Sédar Senghor wird 1960 zum ersten Staatspräsidenten der Republik Senegal gewählt.

Für die Emanzipation der afrikanischen Gesellschaften von der kolonialen Bevormundung durch Europa spielte in Senghors Wahrnehmung das Lernen aus der Geschichte eine wesentliche Rolle. Dass sich Europäer und Afrikaner auf Augenhöhe begegnen mussten, lasse sich aus weit zurückliegenden Entwicklungen ableiten: Senghor verwies auf die afrikanischen Ursprünge der gesamten Menschheit, angesichts derer die europäische Verachtung für Afrika gleichsam einer Verachtung der eigenen Wurzeln gleichkomme.[917] Darüber hinaus folgte er der Schule von Dakar um den Historiker Cheikh Anta Diop darin, die auch in Europa bewunderten Hochkultur Ägyptens als afrikanisch und schwarz anzusehen.[918] Schon 1853 hatte der schwarze Anwalt Saint-Rémy aus Haiti in seiner Edition der Memoiren Toussaint Louvertures genau diese These formuliert.[919] Angesichts der Strahlkraft Ägyptens führte die Wahrnehmung der Ägypter als schwarz zu einer Umkehrung der in Europa etablierten kolonialistischen Blickrichtung: Denn so waren es nicht mehr die Europäer, die Afrika die »Zivilisation« brachten. Vielmehr gingen vom afrikanischen Kontinent wesentliche Impulse nach Norden aus. Diop hob besonders den ägyptischen und damit schwarzen Einfluss auf den Mittelmeerraum hervor.[920]

Senghor knüpfte im Rahmen der Weiterentwicklung seiner Theorie der *Négritude* an Diops Forschungen zu sprachlichen Gemeinsamkeiten zwischen Ägypten und dem westlichen Afrika an,[921] aber wichtiger waren für ihn die Bezüge zur neueren Geschichte Frankreichs, insbesondere zur Französischen Revolution. So wies er 1956 darauf hin, dass die Emanzipationsbestrebungen der kolonisierten Völker von der revolutionären Selbstbefreiung der Franzosen inspiriert seien:

> » In eurer Schule ausgebildet, in der Schule derjenigen, die auf dem Schlachtfeld von Valmy mit dem Ruf ›Es lebe die Nation‹ angriffen, wollen die einen sich als Nation konstituieren, während die anderen, etwas vorsichtiger, einfach ihre Kollektivpersönlichkeit in und durch die Autonomie verwirklichen möchten«.[922]

In der zum Mythos der »Nation in Waffen« verklärten Kanonade von Valmy war es der französischen Revolutionsarmee am 22. September 1792 gelungen, gegen die militärisch überlegenen Preußen nicht zu unterliegen, was bereits als ein großer Erfolg wahrgenommen wurde.[923] Mit dem emanzipatorischen Rekurs auf die Französische Revolution stand Senghor in der Nachkriegszeit nicht allein. Auch Ho Chi Minh bezog sich als Führer der vietnamesischen Befreiungsbewegung auf die revolutionäre Tradition Frankreichs und richtete sie in der Unabhängigkeitserklärung seines Landes gegen die einstige Kolonialmacht: Er verwies auf die Gleichberechtigung aller Menschen, die in der Erklärung der Menschen- und Bürgerrechte von 1789 proklamiert, den Kolonisierten aber verweigert worden war.[924]

Diese Idee der – wenn die etwas widersprüchliche Formulierung erlaubt ist – ›Gleichheit in einander ergänzender Unterschiedlichkeit‹ war auch eine wesentliche Grundlage von Senghors Verständnis der *Francophonie*, also der Zusammengehörigkeit französischsprachiger Länder und Menschen.[925] In seinem Bemühen, diese Gleichheit aus der Geschichte abzuleiten, begnügte sich der Staatspräsident des Senegal nicht damit, allgemein auf die Geschichte der Revolution und ihre Werte zu verweisen, er zog vielmehr eine konkrete historische Quelle heran: das sogenannte »Beschwerdeheft« (*cahier de doléances*) der Einwohner von Saint-Louis im Senegal, das 1789 unter dem Titel »Sehr demütige Beschwerden und Eingaben der Einwohner des Senegal an die Französischen Staatsbürger, welche die Generalstände abhalten« (*Très-humbles Doléances et Remontrances des Habitants du Sénégal, aux Citoyens Français tenants les États-Généraux*) erschien. In diesem Dokument sah Senghor eine Art Gründungsurkunde der *Francophonie*.[926] Er zitierte diesen Text in einem Aufsatz, den er 1975 als amtierender Staatspräsident des Senegal in der Zeitschrift *Revue des deux mondes* veröffentlichte:

> » Es bleibt natürlich zu sagen, dass diese *Francophonie* nicht real wäre, wenn sie nicht subjektiv als solche empfunden würde. Und sie wird so empfunden, und zwar heftiger als man glaubt. Schon am 15. April 1789 erklärten sich schwarze Afrikaner selbstsicher in den ›Sehr demütigen Beschwerden und Eingaben der Einwohner des Senegal an die französischen Staatsbürger, welche die Generalstände abhalten‹ zu ›Negern‹ und ›Franzosen‹, Heute sagen wir: Frankophone. Die Idee ist dieselbe: Über die biologische Vermischung hinausgehend, die in Gorée und Saint-Louis du Sénégal real war (aber das ist nicht wichtig), geht es um kulturelle Vermischung. Es ist dieses Gemeinschaftsgefühl, das bei allen frankophonen Treffen vorherrscht, bei Kongressen, Konferenzen, Kolloquien, Seminaren, Biennalen«.[927]

Die Beschwerdehefte waren in Frankreich 1789 vor dem Zusammentreten der Generalstände verfasst worden. Sie sollten der Versammlung einen Überblick über die soziale und wirtschaftliche Situation des Königreiches vermitteln und als Grundlage für die erhoffte Überwindung der Krise des Ancien Régime dienen. Das von Senghor zitierte Beschwerdeheft traf allerdings erst in Frankreich ein, nachdem sich zunächst der Dritte Stand und dann unter seinem revolutionären Druck die gesamten Generalstände in die konstituierende Nationalversammlung verwandelt hatten. Dies war ein Organ, das nun nicht mehr ständisch definierte Teilgruppen der Gesellschaft, sondern die Nation als Ganzes repräsentierte. Das Beschwerdeheft ist nicht im Original erhalten, aber durch eine Publikation des Straßburger Kaufmanns Dominique Lamiral – wahrscheinlich im Wortlaut – dokumentiert. Tatsächlich findet sich darin die von Senghor zitiere Formulierung, wenn auch in einer etwas abweichenden Form: »Als Neger oder Mulatten sind wir alle Franzosen, da das Blut der Franzosen in unseren Adern fließt oder in denen unserer Neffen. Dieser Ursprung macht uns stolz und hebt unsere Seelen.«[928]

Anders als bei Senghor, dem es im Wesentlichen um Kultur ging, argumentierten die Verfasser oder Auftraggeber des Beschwerdehefts ausschließlich mit biologischer Abstammung. So identifizierte sich eine Teilgruppe von ihnen als sowohl afrikanischer als auch europäischer Herkunft (»Mulatten«). Ähnlich wie dies auch bei Senghor und Césaire im Rahmen des Konzepts der *Négritude* zu beobachten war, wurden hier Begrifflichkeiten des europäischen Kolonialrassismus von der betroffenen Gruppe selbst übernommen. Ein wesentlicher Unterschied liegt allerdings darin, dass die eigene Würde unter Verweis auf die teilweise europäische Abstammung betont wurde, was dem Konzept der *Négritude* fremd ist. Denn diese ist Senghor zufolge »die Gesamtheit der Zivilisationswerte der schwarzen Welt, wie sie sich im Leben und in den Werken der Schwarzen ausdrücken«.[929] Anders als man dem Konzept vorgeworfen habe, bezeichne es – trotz der von Senghor selbst durchaus erkannten und wahrscheinlich dadurch gebannten Gefahr einer rassistischen Verhärtung – weder einen »Minderwertigkeitskomplex« noch eine Erscheinungsform des Rassismus, sondern »nichts anderes als einen Willen, man selbst zu sein und sich zu entfalten«. Diese Entfaltung stellte sich Senghor nicht als aggressive Abgrenzung gegen andere Gruppen vor, sondern als einen umfassenden Humanismus, der insofern »total menschlich« sei, als er »aus den Beiträgen aller Völker des gesamten Planeten gebildet« werde.[930]

Das von Senghor als früher Beleg für den Gleichheitsanspruch der Einwohner Senegals herangezogene Beschwerdeheft ist ein hochgradig ambivalentes Dokument: Auf der einen Seite steht ein Befreiungspathos, das sich nahtlos in die Tradition der Aufklärung einschreibt und eine wirtschaftspolitische Position bezieht, die heute als ›wirtschaftsliberal‹ bezeichnet werden würde. Die Bürger von Saint-Louis wandten sich gegen ein Monopol der Compagnie du Sénégal, der die französische Monarchie das »exklusive Privileg« zugesprochen hatte, mit Gummi zu handeln.[931] Die hinter dem Beschwerdeheft stehende Gruppe sah dadurch ihre eigenen Handelsinteressen erheblich beeinträchtigt und ging so weit, zu behaupten, dass sie »unter das unerträgliche Joch des Despotismus einer privilegierten Gesellschaft gebeugt« werde.[932] Die Einwohner von Saint-Louis argumentierten aber nicht nur mit ihren Eigeninteressen, sondern auch mit übergeordneten ökonomischen Gesichtspunkten: Wenn das Geschäft mit dem Gummi frei wäre, würden davon nicht nur sie, sondern auch die Manufakturen im Königreich Frankreich profitieren, da der Rohstoff dann leichter erhältlich wäre.[933] Partikulare Interessen durch ein vermeintliches Gesamtinteresse der Nation zu legitimieren, war ein typisches und für die Zukunft prägendes Argumentationsmuster der Französischen Revolution. An anderer Stelle ist davon die Rede, dass es sich bei dem Monopol der Handelsgesellschaft um eine »Unmenschlichkeit« handle.[934]

Bis hierher könnte man den Eindruck haben, dass der Text einer emanzipatorischen Tradition verpflichtet wäre und sich insofern nahtlos in Senghors Argumentation einfügt. Eine vollständige Lektüre ergibt jedoch ein anderes Bild. Die Einwohner von Saint-Louis handelten nach eigener Aussage nämlich nicht nur mit Gummi, sondern auch mit Sklaven – und sie ergänzten, dass sie und ihre Familien existenziell auf diese Einnahmequelle angewiesen seien.[935] Bei diesen versklavten Menschen handelte es sich ihren Angaben zufolge um Schwarze, die sie auf ihren Flussschiffen aus Galam, im Landesinneren am Senegalfluss gelegen, verschleppten und die sie dann an Europäer verkauften, wobei sie einen »leichten Gewinn« erzielten.[936] Darüber hinaus gaben sie freimütig zu, dass sie auch auf ihren Schiffen Sklaven als Matrosen einsetzten. An anderer Stelle betonten die Einwohner von Saint-Louis, dass ihr Vermögen insbesondere aus Sklaven bestehe, wobei sie behaupteten, dass »viele dieser Sklaven« diese Stellung »nur dem Namen nach« innehätten – »und von uns wie unsere Brüder und unsere Kinder behandelt« würden.[937] Eher würden sie sich das Leben nehmen lassen, als ihre Sklaven – wie von der Handelsgesellschaft gefordert – an die Compagnie zu verkaufen. Wenn die Einwohner vor diesem Hintergrund die rhetorische Frage stellten, ob es denn wohl ein »sanfteres und menschlicheres Volk« gebe als sie selbst, darf man doch an dieser Form der moralischen Selbstentlastung zweifeln: Immerhin gab derselbe Personenkreis unverblümt zu, am transatlantischen Sklavenhandel zu partizipieren, der schon im aufklärerischen Diskurs des 18. Jahrhundert als moralisch abgründig erkannt und verurteilt wurde – auch wenn die Aufklärung keinesfalls insgesamt als sklavereikritisch eingestuft werden kann und sich auch unter ihren Sympathisanten aktive Profiteure des Sklavenhandels befanden.[938] An der europäischen Verantwortung für die zutiefst inhumanen Phänomene Sklavenhandel und Sklaverei ändern weder kritische Stimmen im Kontext der Aufklärung noch die Mitwirkung nichteuropäischer Akteure etwas, da es dessen transatlantische Dimension ohne die Europäer und ihr menschenverachtendes Profitstreben nicht gegeben hätte.[939]

Wie ist es zu erklären, dass Senghor ausgerechnet aus diesem Beschwerdeheft von 1789 die historische Lektion abzuleiten versuchte, es sei prinzipiell möglich und nötig, Afrikaner im Verband eines französischen Gemeinwesens bürgerlich gleichzustellen? Auf eine Verharmlosung der Sklaverei kann dies in seinem Denken nicht zurückzuführen sein. In einem Text von 1956 bezifferte er die Zahl der Todesopfer des Sklavenhandels auf 200 Millionen und betonte dessen fatale Auswirkungen auf die afrikanischen Zivilisationen.[940] Dass Senghor als philologisch ausgebildeter Intellektueller die Lektüre des Beschwerdeheftes schon auf der zweiten Seite beendet und die auf die Sklaverei bezogenen Aussagen nicht zur Kenntnis genommen hat, dürfte ebenfalls nicht plausibel sein. Wahrscheinlicher ist, dass er versuchte, etwas mit einer weiter in die Vergangenheit zurückreichenden Tradition zu versehen, was er aus seiner eigenen Lebensgeschichte gelernt und in seinem Konzept der *Négritude* theoretisch verdichtet hatte: die Möglichkeit, sich nicht auf eine Seite schlagen zu müssen, keinen inneren Krieg verschiedener Identitätsanteile aushalten zu müssen, sondern unterschiedliche Wurzeln und Prägungen in gewinnbringender Weise zusammenzuführen. Die Formulierung der sich selbst als »Neger und Mulatten« bezeichnenden Einwohner von Saint-Louis, die sich stolz zu ihrer französischen Identität bekannten, scheint so gut zu diesem Konzept gepasst zu haben, dass er ihre damit völlig unvereinbare und offen zugegebene ›Existenzgrundlage‹, Sklaverei und Sklavenhandel, bewusst überging. Damit wurde das Beispiel von Saint-Louis aus seinem Zusammenhang gerissen und eigentlich sogar seiner Geschichtlichkeit entkleidet. Auch wenn das Beschwerdeheft selbst existiert hat und indirekt durch Lamiral überliefert ist, handelte es sich bei der Verwendung durch Senghor einmal mehr um eine »erfundene Tradition« im Sinne Hobsbawms. Erfunden ist die universale Tragweite der Emanzipation: Senghors Zuhörer oder Leser konnten den Eindruck gewinnen, dass es die Gesamtheit der Einwohner von Saint-Louis war, die im Beschwerdeheft ihre Rechte eingefordert hätte, also auf derselben Ebene argumentiert hätte wie Senghor selbst. Tatsächlich war es aber nur eine lokale Elite, die selbst in ihrem Geschäftsleben härteste Formen der Unmenschlichkeit praktizierte und anderen jene Form der Gleichstellung radikal verweigerte, die sie für sich in Anspruch nahm. In dieser Hinsicht dürfte der Historiker Ibrahima Thioub mit seiner Interpretation richtig liegen, der zufolge das Beschwerdeheft für Senghor für eine »symbolische Vergangenheit der mit französischen Bürgern gleichberechtigten Teilhabe an einem Ereignis von universaler Bedeutung durch einen eminent demokratischen Akt« stand, nämlich Teilhabe an der Revolution von 1789, die durch Senghors Bezugnahme auf das Heft mit der (aus Thioubs Sicht unter Senghor defizitären) Demokratiegeschichte des unabhängigen Senegal auf das engste verknüpft worden sei.[941]

Die Form des Lernens aus der Geschichte, die Senghor hier praktizierte, war ganz offensichtlich nicht die des Historikers, sondern die des Dichters.[942] Denn was er unterstreichen wollte, lässt sich nicht aus Geschichte ableiten, sondern ist ein universaler, überzeitlicher und zugleich in der Weltgeschichte immer wieder auf das Schwerste verletzter Anspruch: das Bekenntnis dazu, dass alle Menschen in ihrer Unterschiedlichkeit gleich viel wert sind und die gleichen Rechte haben. Genau in diesem Sinne war es entscheidend, dass die Erklärung der Menschen- und Bürgerrechte von 1789 nicht ›dekretierte‹, sondern lediglich eine aus Sicht der Verfasser unabhängig von jeder politischen Entscheidung bestehende Wahrheit feststellte: »[D]ie Menschen werden gleich und frei an Rechten geboren; soziale Unterscheidungen können nur mit dem öffentlichen Nutzen begründet werden.«[943] Zu den dunkelsten und unehrlichsten Kapiteln der französischen Geschichte gehörte es, dass auch die unmittelbar an die Traditionen der Französischen Revolution anknüpfende Dritte Republik in ihrer Kolonialpolitik nicht nur die praktischen Konsequenzen aus der Erklärung von 1789 verweigerte, sondern auch deren Geist in rassistischer Arroganz verriet. Diese Haltung drückte neben dem bereits zitierten Kolonialjuristen Arthur Girault etwa auch Jules Ferry als ehemaliger Ministerpräsident am 28. Juli 1885 in folgenden Worten aus:

> » Meine Herren, man muss lauter und deutlicher sprechen. Man muss offen sagen, dass in der Tat die höheren Rassen ein Recht gegenüber den niedrigeren Rassen haben. *(Unruhe auf mehreren Bänken der äußersten Linken.)*«[944]

Daraufhin rief der Abgeordnete Jules Maigne dazwischen: »Monsieur, sie wagen es, dies in dem Land zu sagen, in dem die Menschenrechte formuliert wurden.«[945] Unbeeindruckt davon fuhr Ferry in seiner Rede fort:

> » Wenn der ehrenwerte Monsieur Maigne Recht hat, wenn die Erklärung der Menschen- und Bürgerrechte für die Schwarzen Äquatorialafrikas formuliert wurde, mit welchem Recht erlegen sie ihnen dann Handelsbeziehungen und Geschäfte auf? Sie rufen nicht nach Ihnen … […] Ich wiederhole, dass es für die höheren Rassen ein Recht gibt, weil es eine Pflicht gibt. Sie haben die Pflicht die niedrigeren Rassen zu zivilisieren.«[946]

Auch wenn diese rassistischen Denkmuster bereits zeitgenössisch kritisiert wurden, so etwa von Georges Clemenceau, prägten sie doch den Stil der französischen Kolonialpolitik und fanden ihren Niederschlag unter anderem im diskriminierenden Rechtsstatus der »Untertanen« (*sujets*), einer Gruppe, der das französische Bürgerrecht vorenthalten wurde und der bis zu seiner Einbürgerung im Jahr 1933 auch Senghor selbst angehört hatte.[947] Das Bild Frankreichs, von dem er sich auch nach der Unabhängigkeit des Senegal kulturell niemals lossagte, blieb für ihn ambivalent. Dies kommt in dem Gedicht *Prière de paix* (»Friedensgebet«) zum Ausdruck, das Senghor 1945 seinem Freund, dem späteren Staatspräsidenten Georges Pompidou, widmete:

> » Ja Herr, vergib Frankreich, das den geraden Weg richtig verkündet und doch auf schiefen Pfaden wandelt. [...]
> Ach! Herr, entferne von meinem Gedächtnis das Frankreich, das nicht Frankreich ist, diese Maske des Kleinlichen und des Hasses auf dem Gesicht Frankreichs.«[948]

In der Wahrnehmung Senghors existierte so etwas wie ein ideales Frankreich, dessen Bestand durch den Schmutz und das Unrecht der französischen Geschichte nicht infrage gestellt wurde. Mit diesem Ideal verknüpfte er die »Schwarzen und Mulatten« der Stadt Saint-Louis, indem er aus dem zitierten Beschwerdeheft alles ausklammerte, was in offensichtlichem Widerspruch zu den Werten von 1789 stand.

In dem Bemühen, die Würde und Emanzipation kolonisierter Gesellschaften gegenüber ihren europäischen Beherrschern und Ausbeutern als Konsequenz eines Lernens aus der Geschichte zu denken, stand Léopold Sédar Senghor nicht allein. Von Cheikh Anta Diops These eines schwarzen Ursprungs der ägyptischen Hochkultur und der von ihr beeinflussten mediterranen Zivilisationen war bereits die Rede. Ein anderes Beispiel war Senghors Studienfreund Aimé Césaire, der in Martinique geboren war. Sein Lernen aus der Geschichte des Kolonialismus trug einen anderen Akzent: In seinem 1955 erschienenen *Discours sur le colonialisme* (»Rede über den Kolonialismus«) klagte er die Verbrechen der europäischen Kolonisatoren vehement an und galt den Kritikern Senghors deshalb als Protagonist einer weniger angepassten und dadurch klareren Kolonialismuskritik.[949] Den Ausgangspunkt dieser Kritik bildete bei Césaire die Feststellung einer tiefen Unglaubwürdigkeit der europäischen Zivilisation. Europa sei nicht »zu verteidigen«, es gehe nicht ehrlich mit seinen eigenen Prinzipien um. Dabei sei die »Heuchelei« des kolonialen Europas nicht besonders alt: Noch die spanischen Konquistadoren Cortez und Pizarro hätten in Mittel- und Südamerika nicht den Anspruch erhoben, eine »höhere Ordnung« zu vertreten; sie hätten nackte Gewaltverbrechen ohne irgendeine Bemäntelung begangen, die dann erst später im Zeichen der christlichen Verknüpfung von »Christentum« und »Zivilisation« einerseits sowie »Heidentum« und »Barbarei« andererseits hinzugefügt worden sei. Was Césaire aus der Geschichte des jüngeren europäischen Kolonialismus ableitete, war vor allem die Falschheit der kolonialistischen Ideologie. So warf er der humanistischen europäischen Tradition, die er als »Pseudo-Humanismus« geißelte, vor, eine »enge, parzellenartige, partielle und parteiische und, letzten Endes, schmutzig rassistische« Auffassung von den Menschenrechten zu vertreten. Als Beispiel zitierte er den berühmten französischen Religionswissenschaftler Ernest Renan mit einer Aussage, die ganz offen eine rassistische Überlegenheitsposition für Europäer in Anspruch nahm, ihnen das Recht zur kolonialen Herrschaft über Nichteuropäer zusprach und sich dabei auf den römischen Dichter Vergil und den von ihm formulierten Herrschaftsauftrag an das römische Volk berief. In Denken und Wortwahl ähnele Renan Hitler. Dies ist für Césaires Verständnis des europäischen Kolonialismus sehr wichtig, da er diesem eine Verwandtschaft mit dem Nationalsozialismus attestierte. Eine kolonisierende »Zivilisation« laufe letztlich immer auf Hitler hinaus und damit auch auf ihre eigene »Bestrafung«. In dieser Perspektive erscheint der Kolonialismus nicht nur als eine massive Schädigung der kolonisierten Bevölkerung, sondern auch als Selbstschädigung. Césaire sprach sogar von einer »Enthumanisierung« der Kolonisatoren. Je mehr sich diese zur Gewissensberuhigung darauf verlegten, in den Kolonisierten nur noch »Tiere« zu sehen, desto stärker verwandelten sie sich selbst in »Tiere«.

Wie in Senghors *Friedensgebet* – aber ohne dessen versöhnliche Tonlage – war es aus Sicht Césaires die Untreue der Europäer gegenüber ihren eigenen humanistischen und universalistischen Traditionen, in der ihre Verlogenheit lag und die in den Niedergang führte: »Eine Zivilisation, die mit ihren Prinzipien schummelt, ist eine sterbende Zivilisation«. Eine damit verbundene Ursache des Niedergangs sah er in der kulturellen Selbstisolation der Europäer: Kolonialismus bringe eben keinen echten Kulturaustausch, der als »Sauerstoff« für die Zivilisationsentwicklung unabdingbar sei. In diesem Zusammenhang wagte Césaire eine historische Analogie: Indem das antike Rom einen Weg zur »Einheitszivilisation« beschritten und dabei andere Zivilisationen wie die der Karthager, Ägypter, Juden, Perser, Daker und Gallier zugrunde gerichtet habe, sei um dieses Rom herum ein »Vakuum« entstanden. Darin hätten dann zwar keine »Barbaren« mehr gelebt, aber die »Barbarei« sei zurückgekehrt, etwa in Gestalt der Bagauden-Aufstände in Gallien. In ähnlicher Weise werde sich auch Europa in seiner Bürgerlichkeit durch »Ausreißen der Wurzel der Diversität« selbst vernichten.[950]

Mit Blick auf das antike Imperium Romanum passt diese Analoge eigentlich nicht. Denn im Gegensatz zu modernen Kolonialmächten war dieses riesige Weltreich gerade dadurch gekennzeichnet, keine »Einheitszivilisation« zu sein. Jedenfalls in der Breite kannte es keine rassistische Ideologie und ließ in seinem Inneren ein hohes Maß an kultureller und religiöser Diversität zu, solange der römische Herrschaftsanspruch respektiert wurde. Die neuere Forschung versteht das Phänomen der Romanisierung anders, als es in Césaires Zeit üblich war: Sie sieht darin weniger einen einseitigen Assimilationsprozess, in dem sich Unterworfene der römischen Kultur annäherten und anglichen, sondern eher einen Prozess der kulturellen Vernetzung weit voneinander entfernter Räume und Gesellschaften wie auch der Integration von Menschen unterschiedlichster Herkunft.[951] Akzeptiert man diese Sichtweise, so erscheint das Imperium Romanum nicht als Parallele, sondern geradezu als Gegenmodell zu den Kolonialreichen der Moderne. Letztere waren aufgrund des rassistischen und kulturalistischen Überlegenheitsdenkens wahrscheinlich weit weniger zu einem in das Herrschaftszentrum hineinführenden Kulturtransfer oder zu einer gleichstellenden Integration der Kolonisierten bereit und fähig als das antike Rom. Dieser Kontrast entkräftet Césaires Kritik an der kulturellen Selbstgefälligkeit und Selbstabschließung der europäischen Kolonialmächte gegenüber den von ihnen kolonisierten Bevölkerungen keineswegs, sondern macht sie im Grunde noch stärker. Wie Senghor gab auch Césaire den Glauben an die von Frankreich und Europa durch den Kolonialismus verratene Universalität der Menschenrechte nicht auf. Im *Discours sur le colonialisme* bezeichnet er mit marxistischem Impetus das »Proletariat« als die »einzige Klasse, die noch eine universale Mission habe«, da sie »in ihrem Fleisch alle Leiden der Erde« spüre.[952]

Die auch für Senghor so wichtige Frage nach dem Verhältnis zwischen kultureller Besonderheit und Universalität hat Césaire gut drei Jahrzehnte später noch einmal in einem Vortrag aufgegriffen, den er 1987 im amerikanischen Miami hielt:

》 [...] das Universale, ja bitte, aber nicht als Negation, sondern als Vertiefung unserer eigenen Einzigartigkeit. Kurs auf die Identität zu halten – ich versichere es Ihnen –, bedeutet nicht, der Welt den Rücken zuzuwenden oder sich von der Welt abzuspalten, sich beleidigt gegen die Zukunft zu sperren, sich in einem kommunitaristischen Solipsismus einzusperren oder im Ressentiment. Unser Engagement hat nur dann einen Sinn, wenn es sich – gewiss – um eine Wiedereinwurzelung handelt, aber auch um eine Entfaltung, um ein Überschreiten und um die Eroberung einer neuen und weiteren Brüderlichkeit.«[953]

Die Frage danach, inwieweit aus der Geschichte Rückschlüsse auf das Verhältnis zwischen menschlicher Universalität und partikularen Erfahrungen möglich sind, bleibt auch im 21. Jahrhundert überaus aktuell. Im Anschluss an den Soziologen Armin Nassehi ließe sich vertreten, dass das Sprechen über solche Erfahrungen – zum Beispiel von individuellem oder auf Gruppen bezogenem Leid und Unterdrückung – notwendig ist, wenn der Anspruch auf die universale Gleichberechtigung aller Menschen wirksam vertreten werden soll. An der Zuwendung zu partikularen Gruppen führt in der Perspektive Nassehis kein Weg vorbei, wenn das Diskriminierende und Trennende überwunden und neue Gemeinsamkeit gefunden werden soll.[954] Die Texte Césaires und Senghors lassen sich auch heute noch – und durchaus abgelöst von ihrem historischen Entstehungskontext – als Beiträge zu einer unabgeschlossenen Diskussion lesen, die auch dann erhellend sein können, wenn man sich ihren Schlussfolgerungen nicht oder nur teilweise anschließen möchte.

Kritik an Senghor wurde im vorliegenden Kapitel mehrfach angesprochen und soll abschließend noch einmal genauer in den Blick genommen werden. Gerade die Bezugnahme auf hohe Ideale eines universalen Humanismus, den er sowohl mit der *Négritude* als auch mit der *Francophonie* eng verbunden sah, machte ihn als praktischen Politiker leicht angreifbar. Wie gesehen, berief sich Senghor auf die Französische Revolution als Geburtsstunde der Demokratie, nicht nur in Frankreich. Als Staatspräsident der Republik Senegal blieb er dieser Tradition prinzipiell treu, seine politische Praxis stand zu demokratischen Grundsätzen aber mitunter in einem deutlichen Spannungsverhältnis, wenn nicht gar Widerspruch. So sprach er 1960 davon, dass »die Rechte der Opposition geachtet werden sollten«, wies aber sogleich mit einem durchaus autoritär anmutenden Ton darauf hin, dass dies »unter der Bedingung« geschehe, dass »diese eine konstruktive Opposition sei«. Überdies hätten diese Rechte »eine Grenze: die des nationalen Interesses«.[955] So war im Senegal lange Zeit nur eine einzige Partei, die UPS, zugelassen. Auch nach Legalisierung weiterer Parteien erhob Senghor einen Anspruch auf deren Kontrolle, indem der die programmatischen Grundrichtungen vorgab. Nachdem sein langjähriger politischer Weggefährte und Ministerpräsident Senegals, Mamadou Dia, nach Putschvorwürfen zu einer lebenslangen Haftstrafe verurteilt worden war, machte er jahrelang nicht von seiner präsidialen Begnadigungsmöglichkeit Gebrauch. In anderen Fällen ließ er zu, dass Todesurteile vollstreckt wurden, die er durch Gnadenerweis hätte abwenden können.[956] Senghors Herrschaftsstil wie auch seine vielfältigen Verbindungen zur ehemaligen Kolonialmacht Frankreich brachten ihm bereits zeitgenössisch sowohl im eigenen Land als auch in Europa Kritik ein. Als ihm 1968 in der Frankfurter Paulskirche der Friedenspreis des deutschen Buchhandels verliehen wurde, führte dies zu studentischen Protesten, bei denen auch der Aktivist Daniel Cohn-Bendit in das Gebäude zu gelangen versuchte und verhaftet wurde.[957] Ein Flugblatt des Sozialistischen Deutschen Studentenbundes (SDS) zugunsten des damals schon sehr prominenten deutsch-französischen Rebellen fasste die Kritik an Senghor in einer für die studentische Linke charakteristischen Begrifflichkeit zusammen. Es stand unter dem wegen des natürlich unübersehbaren Holocaust-Vergleichs an Maßlosigkeit kaum zu überbietenden Titel: »Endlösung der APO-Frage. Schnellverfahren gegen Cohn-Bendit«:

> » Vor der Paulskirche – 1848 Tagungsort des ersten Parlamentes und Symbol der Anfänge der Demokratie in Deutschland – demonstrierten am Sonntag demokratische Arbeiter, Schüler und Studenten gegen die zynische Verhöhnung, die in der Verleihung des Friedenspreises an die imperial-kolonialistische Marionette Westeuropas, Senghor, ihren Ausdruck fand. Dem Versuch, den versammelten Charaktermasken eine kritische Öffentlichkeit gegenüberzustellen und die ›friedlichen‹ Herrschaftsmethoden des Herrn Senghor in Senegal innerhalb der Paulskirche zu diskutieren, wurde mit Knüppeln, Tränengas und Wasserwerfern brutal begegnet. Dabei wurden Arbeiter, Schüler und Studenten – an ihrer Spitze Daniel Cohn-Bendit – festgenommen.«[958]

Zu den anwesenden »Charaktermasken« wurden offenbar auch der an der Veranstaltung teilnehmende Bundespräsident Heinrich Lübke und Außenminister Willy Brandt gerechnet, der sich bei Senghor für das Verhalten seiner jungen »Landsleute« entschuldigte.[959]

Dass hier ausgerechnet ein intellektueller und politischer Vorkämpfer afrikanischer Emanzipation zur Zielscheibe von Imperialismusvorwürfen wurde, war sicherlich zum einen auf seine präsidiale Herrschaftspraxis, zum anderen aber auch auf Senghors Zwischenstellung zwischen Frankreich und Afrika zurückzuführen, die ihn aus Sicht der studentischen Kritiker zu einem Sachwalter des Imperialismus machten. Die Sympathien der Studentenbewegung gehörten hingegen Frantz Fanon, einem Psychiater und Unterstützer der algerischen Unabhängigkeitsbewegung, der mit seinem auf dem Sterbebett verfassten Werk *Die Verdammten der Erde* einen der wohl einflussreichsten Klassiker des linken Engagements für die damals sogenannte »Dritte Welt« verfasst hat. In der Schlussbetrachtung dieses 1961 erschienen Buches ruft er den Lesern kämpferische Worte zu, die sich wie ein Gegenprogramm zu Senghors Konzept einer Emanzipation in kultureller Symbiose mit den ehemaligen Kolonisatoren lesen:

》 Verlassen wir dieses Europa, das unablässig vom Menschen spricht, um ihn überall zu massakrieren, wo es ihn antrifft, an allen Ecken seiner eigenen Straßen, an allen Ecken der Welt. Seit Jahrhunderten hat dieses Europa das Vorankommen der anderen Völker aufgehalten und sie für seine Pläne und seinen Ruhm versklavt; Jahrhunderte, in denen es im Namen eines angeblichen ›geistigen Abenteuers‹ fast die Gesamtheit der Menschheit erstickt hat. [...]
Kommt, Kameraden, das europäische Spiel ist endgültig aus, man muss etwas anderes finden. Wir können heute alles tun, unter der Voraussetzung, dass wir Europa nicht nachäffen, unter der Voraussetzung, dass wir nicht von dem Verlangen besessen werden, Europa einzuholen.«[960]

# 12
# Washington 1962

John F. Kennedy und die Appeasement-Analogie am nuklearen Abgrund

Am 22. Oktober 1962 machte der amerikanische Präsident John F. Kennedy durch eine Rundfunk- und Fernsehansprache die Tatsache öffentlich, dass die Sowjetunion Abschussvorrichtungen für Mittelstreckenraketen auf der Karibikinsel Kuba stationiert hatte.[961] Es handle sich dabei um mit nuklearen Sprengköpfen bestückbare Waffensysteme, deren Reichweiten von mehr als 1000 Seemeilen (*Medium-Range Ballistic Missiles*, kurz MRBM) große Teile der USA abdeckten und das bis dahin noch begrenzte Angriffspotenzial der sowjetischen Interkontinentalraketen bedeutsam ergänzen konnten. Weitere Systeme (*Intermediate-Range Ballistic Missiles*, kurz IRBM) mit doppelter Reichweite bedrohten Kennedy zufolge darüber hinaus die gesamte westliche Hemisphäre.[962] Der Präsident schilderte die Gefahrenlage in drastischer Weise und kündigte an, dieser Veränderung des Status quo mit energischen Maßnahmen zu begegnen. Insbesondere sollte eine »Quarantäne« um die Insel die Stationierung weiterer Raketen auf dem Seeweg verhindern. Außerdem kündigte Kennedy massive militärische Gegenwehr im Falle eines sowjetischen Angriffs an. Bei der Begründung dieser Position der Härte und Entschlossenheit spielte die Denkfigur des Lernens aus der Geschichte eine prominente Rolle. So beschwor Kennedy die ›Lektionen der 1930er Jahre‹:

> » Die 1930er Jahre haben uns eine klare Lektion gelehrt: Aggressives Verhalten führt am Ende zum Krieg, wenn es nicht in Schach gehalten wird und ohne Gegenwehr voranschreiten kann. Diese Nation ist gegen Krieg. Wir stehen auch zu unserem Wort. Unser unabänderliches Ziel muss es daher sein, den Einsatz dieser Raketen gegen dieses oder irgendein anderes Land zu verhindern und ihren Abzug oder ihre Entfernung aus der westlichen Hemisphäre sicherzustellen.«[963]

Diese historische Analogie zielte auf die Appeasement-Politik der 1930er Jahre, die ihren Höhepunkt bei der Münchner Konferenz Ende September 1938 gefunden hatte, als die westlichen Demokratien Großbritannien und Frankreich die territoriale Integrität der Tschechoslowakei opferten, um Hitler von der Entfesselung eines europäischen Krieges abzuhalten. Wie oben gezeigt, war auch dieser gescheiterte Versuch bereits dem Bemühen geschuldet, aus der Geschichte zu lernen – im Fall des Jahres 1938 aus der Geschichte des Weges in den Ersten Weltkrieg (▶ Kap. 8). Nun, 1962, sah es so aus, als habe Kennedy angesichts der sowjetischen Bedrohung vor der eigenen Haustür die ›Lehren von München‹ so weit gelernt, dass ihm der Fehler der Appeaser nicht unterlaufen würde: Dieses Mal sollte es nicht zu einem schwächlichen Nachgeben kommen, das den Gegner, so Kennedy, ja nur ermutigen und den Krieg erst recht unausweichlich machen würde.

Wenn Kennedy an die 1930er Jahre erinnerte, dann wusste er, wovon er sprach. Sein Vater, Paul Kennedy, war als amerikanischer Botschafter in London der Appeasement-Politik zugeneigt gewesen. Als ihn der britische Außensekretär Halifax 1938 fragte, warum Großbritannien eher als die USA demokratische Werte verteidigen sollte, antwortete er mit unverhohlener Kritik – selbst noch an dem minimalen Widerstand des Kabinetts Chamberlain gegen Hitlers Expansionskurs: Die Briten hätten eben den tschechoslowakischen »Zwischenfall« zu ihrer Angelegenheit gemacht und es gebe für die Amerikaner keinen Grund, dies ebenfalls zu tun.[964]

John F. Kennedy hatte sich als Student in Harvard in seiner Abschlussarbeit *Why England Slept* (1940 erschienen, mehrere Nachdrucke im selben Jahr) kritisch und engagiert mit den strukturellen Grundlagen dieser Politik beschäftigt – insbesondere mit der zu langsamen Aufrüstung Großbritanniens angesichts der nazistischen Bedrohung. Er sah die Demokratien auf dem Feld der Rüstung und auch bei der Bereitschaft zur militärischen Gewaltanwendung den Diktatoren unterlegen – eine Unterlegenheit, die ins Bewusstsein der Öffentlichkeit gebracht werden müsse. Seine persönliche Lehre von ›München‹ lief auf eine Politik der Stärke und unbedingten Verteidigungsbereitschaft hinaus. Er formulierte dies 22 Jahre vor der Kubakrise in folgenden Worten:

》 Wir müssen unser Rüstungsniveau immer auf der Höhe unserer Verpflichtungen halten. München lehrt uns, dass jeder Bluff durchschaut wird. Wir können niemandem sagen, dass er sich aus unserer Hemisphäre heraushalten soll, wenn unsere Waffen *und die Leute hinter diesen Waffen* nicht bereit sind, dem Befehl sogar bis zum äußersten Punkt des Kriegseintritts Rückhalt zu verleihen. Es darf keinen Zweifel bei irgendwem geben, die Antwort muss automatisch sein: Wenn wir debattieren, wenn wir zögern, wenn wir Dinge in Frage stellen, wird es zu spät sein.«[965]

War Kennedy also ein Anti-Appeaser, der die Kubakrise letztlich deshalb meistern konnte, weil er im Umgang mit seinem sowjetischen Kontrahenten Nikita Chruschtschow genau das Gegenteil der Strategie anwendete, mit der Neville Chamberlain als britischer Premierminister 1938 Hitlers Aggressionspolitik hatte eindämmen wollen? – Was ein eindeutiges Bild zu sein scheint, wird wesentlich unklarer, wenn die vertraulichen Diskussionen Kennedys mit seinen Beratern einbezogen werden: Tonbandaufnahmen, die der Präsident selbst per Knopfdruck aktivierte, machen die Kubakrise auf amerikanischer Seite zu einem der am besten dokumentierten Diskussionskomplexe in der Geschichte der internationalen Beziehungen.[966] In diesem handverlesenen Kreis, der sich im inoffiziellen Krisenstab »ExComm« zusammenfand,[967] war es vielmehr Kennedy selbst, der sich mit Appeasement-Vorwürfen konfrontiert sah. Ranghohe Militärs hielten ihm vor, durch Verzicht auf einen Militärschlag gegen die sowjetischen Raketen und Truppen auf Kuba die Fehler der 1930er Jahre zu wiederholen. Auf Kennedys Frage, wie wohl die Sowjets auf einen Angriff der USA auf Kuba reagieren würden, stellte der Chef des Stabes der Luftwaffe, Curtis E. LeMay, eine direkte Analogie zur Münchner Konferenz des Jahres 1938 her:

> » Ich denke nicht, dass sie [die sowjetische Führung, P Geiss] zu irgendwelchen Repressalien übergehen, wenn wir ihnen sagen, dass die Situation in Berlin so bleibt, wie sie immer war. Wenn sie etwas unternehmen, kämpfen wir. Aber ich denke, dass dies an der Situation in Berlin überhaupt nichts ändert, Sie [der Präsident, P. Geiss] müssen nur eine zusätzliche Erklärung dazu abgeben.
>
> Ich sehe keine andere Lösung. Diese Blockade und die politische Aktion führen aus meiner Sicht in den Krieg. Ich sehe keine andere Lösung dafür. Das ist fast so übel wie Appeasement in München.«[968]

LeMay fügte später noch provokativ hinzu, dass »Blockade und politische Gespräche« nach der öffentlichen Erklärung des Präsidenten, er werde gegen Offensivwaffen auf Kuba vorgehen, als eine »ziemlich schwache Antwort« verstanden würden – mehr noch: Der Präsident sei »ziemlich in der Patsche« (*in a pretty bad fix*). Kennedy entgegnete schlagfertig, dass LeMay gemeinsam mit ihm in dieser Lage sei.[969] Nachdem der Präsident die Runde verlassen hatten, machte LeMays Kollege, der Stabschef des Marine Corps, General David M. Shoup, in derben Worten seiner Unzufriedenheit Luft: Der Präsident habe das Wort »Eskalation« in den Mund genommen – das sei das »gottverdammte Ding« (*goddamn thing*), das ihn nun daran hindere, konsequente Entscheidungen zur Beseitigung der Gefahr zu treffen und alle sowjetischen Kräfte auf Kuba – Nuklearwaffen und konventionelle Potenziale – mit einem umfassenden Schlag auszuschalten. Stattdessen verlege er sich auf eine gefährliche Salamitaktik und »eiere« mit den Raketen herum.[970]

Tatsächlich fürchtete Kennedy zwei Eskalationsszenarien: einen sowjetischen Gegenschlag in Berlin und – schlimmer noch – einen nuklearen Angriff der Sowjetunion auf die USA selbst mit 80 bis 100 Millionen toten Amerikanern, für den unabhängig von der Einsatzbereitschaft der neuen Waffen auf Kuba schon die bislang verfügbaren Interkontinentalraketen ausreichten. Er war im Angesicht dieser Gefahr ambivalent, teilweise auch argumentativ unklar: Einerseits könne man ohne Invasion im Grunde einfach mit den neuen Raketen »leben«, wie man schon mit den bisher vorhandenen Vernichtungspotenzialen des Gegners irgendwie zurechtgekommen sei. Aber anderseits würde amerikanisches Zuwarten bis zur Einsatzbereitschaft der Waffen auf Kuba es der Sowjetunion erlauben, Druck auf Berlin auszuüben, ohne dass die USA dann gegen die IRBMs und MRBMs ›vor ihrer Haustür‹ noch etwas unternehmen könnten. Das Denken des Präsidenten bewegte sich hier auf einer Kreisbahn ohne klare strategische Richtung. Curtis LeMay vertrat demgegenüber eine optimistischere Position: Ein energisch vorgetragener Angriff auf die sowjetischen Kräfte in der Karibik werde verhindern, dass man in eine Eskalationsspirale gerate. In Berlin werde, wie LeMay meinte, dann überhaupt nichts passieren.[971] Obwohl die Stabschefs den auf eine politische Lösung zielenden Kurs des Präsidenten als unrealistisch und gefährlich betrachteten, verhielten sie sich gegenüber ihrem Oberbefehlshaber am Ende doch loyal.[972] Nach dem Endes des Kalten Krieges sollte auf Basis sowjetischer Informationen erkennbar werden, dass die Gefahr einer nuklearen Eskalation bei einem amerikanischen Angriff auf Kuba sehr konkret gewesen wäre: Der örtliche sowjetische Befehlshaber verfügte über taktische Atomwaffen für den Einsatz auf kurzen Strecken, die den Amerikanern im Gegensatz zu den entdeckten Mittelstreckensystemen völlig unbekannt waren und zu deren selbstständiger Verwendung er im Falle eines Abreißens der Kommunikationsverbindungen nach Moskau autorisiert gewesen wäre.[973]

Die Option eines militärischen Vorgehens behielt sich Kennedy auch nach der Entscheidung für die Quarantäne vor. Der furchterregendste Teil des amerikanischen Waffenarsenals waren ohne Zweifel die Nuklearstreitkräfte des Strategic Air Command, die sich in der höchsten Bereitschaftsstufe (DEFCON 2) unterhalb eines tatsächlichen Kriegseinsatzes befanden: Neben abschussbereiten Interkontinentalraketen mit Atomsprengköpfen umfasste dieses Potenzial unter anderem nuklear bewaffnete B-52-Bomber, von denen 57 durch Tankflugzeuge versorgt permanent in der Luft waren und ihre tödliche Fracht auf die Sowjetunion und die mit ihr verbündeten Staaten abwerfen konnten.[974] Die Aktivierung dieser apokalyptischen Streitmacht sollte offenbar Kennedys öffentlicher Drohung vom 22. Oktober Nachdruck verleihen, im Falle eines sowjetischen Nuklearangriffs mit tödlicher Vergeltung zu antworten.[975]

Doch bestand für eine derart massive Drohkulisse, die ja auch für die USA selbst nicht ungefährlich war, eine Berechtigung? Bedeuteten die sowjetischen Raketen auf Kuba eine wirklich neue und existenzielle Herausforderung? Aus Sicht der CIA konnten sie das strategische Gleichgewicht nicht infrage stellen: Zwar ergänzten sie die bislang begrenzte Schlagkraft der sowjetischen Interkontinentalraketen, die von der UdSSR aus gestartet werden konnten, aber die amerikanische »Zweitschlagsfähigkeit« bleibe immer noch voll gewährleistet. Moskau hätte einen nuklearen Angriff nur um den Preis der Selbstzerstörung wagen können. Die CIA hielt es allerdings für denkbar, dass die Sowjetunion durch weitere Stationierungen dem Ziel näher kommen könne, einen solchen Gegenschlag einzuschränken.[976] Präsident Kennedy selbst stellte in der Abendbesprechung des ExComm am 16. Oktober zwar fest, dass es unerheblich sei, ob man nun von einer Interkontinentalrakete aus der Sowjetunion oder einer Mittelstreckenrakete aus Kuba »in die Luft gejagt« werde. Er betonte aber zugleich, dass es hier um einen »politischen Kampf« gehe: Wenn die Sowjetunion auf Kuba ungestraft mir der Raketenstationierung davonkäme, könne sie zum Beispiel auch in Berlin Druck auf die Amerikaner ausüben.[977] Dies galt vor allem vor dem Hintergrund, dass Kennedy und seine Regierung die Sowjetunion bereits Mitte September sowohl öffentlich als auch auf diplomatischem Wege vor der Einführung von »Offensivwaffen« nach Kuba gewarnt hatten.[978] Tatsächlich ging es in der Kubakrise zentral um die eminent politische Frage der Glaubwürdigkeit amerikanischer Weltmacht – und diese Glaubwürdigkeit war im Kalten Krieg vermutlich nicht nur eine »symbolische Währung« (Bernd Greiner), sondern reale Macht. Erst sie ließ Abschreckung und Bündnisverhältnisse wirksam werden und eröffnete so Handlungsräume: Wer Grund hat, den Gegner als konsequent zu fürchten, widersetzt sich seinem Willen weniger leicht, als wenn mit Nachgiebigkeit und Unentschlossenheit zu rechnen ist.[979]

Genau wie 1938 spielte auch während der Kubakrise das Denken in historischen Analogien eine zentrale Rolle, um die Komplexität der Lage zu reduzieren oder einen argumentativen *shortcut* zu bieten: Eine völlig neue, unübersichtliche Situation ließ sich durch ein Schema wie ›München 1938‹ scheinbar in den Bereich des Vertrauten überführen und damit beherrschbar machen (▶ Kap. 1).[980] Dies war die Argumentationsstrategie von Curtis LeMay: Seine Erinnerung an den Höhepunkt des Appeasement sollte nichts anders sagen, als dass es 1938 geboten gewesen wäre, dem Aggressor militärisch die Stirn zu bieten – und dass genau dies eben 1962 erneut der Fall sei. Wie Jean Yves Haine herausgearbeitet hat, erlaubt es diese Form der Analogie nicht nur, mit einer unklaren Informationslage psychologisch fertig zu werden, sondern bietet darüber hinaus eine praktische Lösung an: den 1938 versäumten Militärschlag.[981] Ob LeMay damit gezielt und in verletzender Absicht auf die Haltung von Kennedys Vater Bezug nehmen wollte, ist schwer zu sagen.[982] Denn Appeasement-Vergleiche waren im Kalten Krieg schon vorher angestellt worden: Präsident Harry Truman hatte sich zum Beispiel bereits 1950 in solchen Worten über den Koreakrieg geäußert, die Kennedys Ansprache vom 22. Oktober 1962 vorwegzunehmen schienen – und seine Rede vielleicht sogar inspiriert haben: »Die freien Nationen haben die schicksalhaften Lektion der 1930er Jahre gelernt. Diese Lektion besagt, dass man Aggression entschieden begegnen muss. Appeasement führt nur zu noch mehr Aggression und schließlich zum Krieg.«[983]

Einmal mehr warf nun also Curtis LeMay ›München‹ als historisches Schwergewicht in die Waagschale, um das argumentative Gewicht der Gegenseite als leicht erscheinen zu lassen: Was wog schon das Risiko eines sowjetischen Gegenschlages in Berlin – das für LeMay ohnehin gering war – oder das einer nicht minder unwahrscheinlichen nuklearen Antwort gegenüber einer Wiederholung des epochalen Fehlers von 1938? Dass die Welt damals noch nicht von nuklearer Vernichtung bedroht war, blieb bei seiner Analogiebildung unberücksichtigt. Kennedy dagegen war sich dieser Tatsache voll bewusst: »Sogar die Früchte des Sieges wären Asche in unserem Mund« (*even the fruits of victory would be ashes in our mouth*), hatte er in seiner Radio- und Fernsehansprache gesagt, gleichwohl aber die Entschlossenheit der USA hervorgehoben, notfalls bis zur nuklearen Eskalation zu gehen.[984] Ähnlich hob auch sein zusammen mit dem Redetext an Chruschtschow verschicktes Schreiben hervor, es sei »kristallklar«, dass ein Atomkrieg »von keine Land gewonnen werden kann und zu katastrophalen Folgen für die ganze Welt unter Einschluss des Aggressors führen könnte.«[985]

Abb. 21: Oft wiederholte Mahnung: das Scheitern der Appeasement-Politik 1938/39. Der deutsche Diktator Hitler trifft am 15. März 1939 auf der Prager Burg ein. Entgegen den Hoffnungen des britischen Premierministers Neville Chamberlain hatte er sich mit der Abtretung des Sudentenlandes nicht zufriedengegeben.

Man sollte es sich aber nicht zu einfach machen und den Präsidenten als verantwortungsvollen ›Realisten‹, die führenden Militärs hingegen als Scharfmacher oder gar Kriegstreiber hinstellen: Denn auch die am 16. Oktober von Verteidigungsminister Robert McNamara als »political approach« skizzierte Option einer Blockade Kubas[986] barg Risiken, die in den Beratungen des ExComm deutlich gesehen wurden: Die sowjetische Seite würde Zeit gewinnen, ihre Raketen einsatzfähig zu machen, was die Gefahr eines Atomkriegs gegenüber sofortigen Angriffen ohne Vorwarnung eher noch erhöht hätte, falls nach misslungener Blockade doch noch eine Bombardierung notwendig geworden wäre.[987] Verteidigungsminister Robert McNamara brachte diese Gefahr in der Vormittagsbesprechung des ExComm am 16. Oktober auf den Punkt: Luftangriffe kämen nur infrage, bevor die Raketen abschussbereit seien.[988] Hinzu kam die Befürchtung, dass eine Warnung und Einschaltung der Öffentlichkeit sowie der NATO und der Organisation Amerikanischer Staaten (OAS) die Sowjetunion zwingen könnten, sich auf eine Vergeltung für den Fall amerikanischer Angriffe festzulegen. Bei einem Überraschungsangriff dagegen sei eher möglich, dass es gar nicht zu einem sowjetischen Gegenschlag kommen werde.[989] In der Forschung wurde daher die These aufgestellt, das ExComm habe die »Blockadeerzählung« ohne neue Erkenntnis so umformuliert, dass dieses Risiko nicht mehr darin vorgekommen sei.[990] Im Nachwort zu Robert Kennedys posthum erschienenen Erinnerungen an die Kubakrise, *Thirteen Days* – der jüngere Bruder des Präsidenten war als Justizminister selbst an der Krisenpolitik beteiligt –, entwickeln Richard E. Neustadt und Graham T. Allison ein Szenario, in dem es zu einem weltweiten Nuklearkrieg gekommen wäre. Sie orientieren sich bis zum 27. Oktober am tatsächlichen Gang der Ereignisse und weichen dann durch folgende kontrafaktische Schritte (kursiv gesetzt) vom realen Verlauf ab:

27. Oktober   Zunächst scheint die Blockade zum Erfolg zu führen: Chruschtschow bietet an, die Raketen abzuziehen. Die Amerikaner reagieren positiv, kündigen aber an, dass dies zur Vermeidung einer Invasion oder von Luftangriffen bis zum nächsten Tag zu geschehen habe.

*28. Oktober   Die Raketen wurden noch nicht abgezogen. Chruschtschow droht für den Fall eines Angriffs auf sowjetische Kräfte in Kuba mit massiver Vergeltung.*

*30. Oktober   Die USA zerstören die Mittelstreckenraketen auf Kuba durch einen »chirurgischen Angriff« und töten eine begrenzte Anzahl sowjetischer Bürger.*

*31. Oktober*  *Die Sowjetunion antwortet, indem sie mit Mittelstreckenraketen die amerikanischen Raketenbasen in der Türkei vernichtet und dabei Amerikaner tötet.*
*Die USA kommen am selben Tag ihrer Verpflichtung aus dem NATO-Vertrag nach, indem sie den sowjetischen Angriff auf Bündnisgebiet mit einem Schlag gegen jene sowjetischen Basen beantworten, von denen dieser Angriff ausgegangen war. Am selben Tag startet die sowjetische Führung ihre Interkontinentalraketen (ICBM), da sie um die Vernichtung ihres vergleichsweise kleinen Arsenals in dieser Kategorie durch weitere US-Angriffe fürchtet.*
*Die Antwort hierauf ist ein amerikanischer Gegenschlag mit Interkontinentalraketen. Dies ist dann der globale Nuklearkrieg.*[991]

Wie von den Neustadt und Allison betont, ist dies nur eine von vielen denkbare Alternativentwicklungen, die in einen dritten Weltkrieg hineingeführt hätten. Auch eine Reihe von völlig unbeabsichtigten Zwischenfällen in der Krise hätte diese Katastrophe auslösen können. Die hohe Alarmbereitschaft, bei der gleichsam immer der Finger am Abzug lag, erhöhte den Einsatz und das Risiko einer ungewollten Eskalation, etwa durch Kampfhandlungen mit sowjetischen U-Booten.[992] Kennedy scheint sich der Gefahr eines Kontrollverlusts durch eigenmächtiges oder uninformiertes Handeln untergeordneter Akteure voll bewusst gewesen zu sein. Auf die Nachricht vom Geisterflug eines amerikanischen Aufklärungsflugzeugs (U-2), das aus unbekanntem Grund in den sowjetischen Luftraum geraten war, soll er mit folgendem Ausspruch reagiert haben: »Immer gibt es irgendsoeinen Hurensohn (*son of a bitch*), der nicht kapiert, was Sache ist.«[993]

Wie sein Kontrahent, General Curtis LeMay, arbeitete auch John F. Kennedy mit historischen Analogien – und auch er setzte diese zur Komplexitätsreduktion ein. Dies galt öffentlich für den ja auch von ihm bemühten Hinweis auf die 1930er-Jahre, aus denen er allerdings andere Lektionen ableitete als LeMay. Es galt aber auch intern, als er sich der von Unterstaatssekretär Ball und seinem Bruder, Robert Kennedy, vorgetragenen Auffassung anschloss, ein Angriff auf die sowjetischen Kräfte in Kuba ohne Vorwarnung sei letztlich nicht besser als der japanische Angriff auf Pearl Harbor am 7. Dezember

1941.[994] Damals hatte die japanische Luftwaffe bekanntlich in einem Überraschungsangriff den amerikanischen Marinestützpunkt auf einer zu Hawaii gehörenden Insel zerstört und dabei über 2400 US-Bürger getötet – ein traumatisches Ereignis, das die Vereinigten Staaten in den Zweiten Weltkrieg gegen Japan und Deutschland führte. Die argumentative Kraft dieser Analogie lag 1962 darin, dass sie eine starke moralische Botschaft – die USA sollten sich niemals moralisch auf dieselbe Stufe stellen wie Japan 1941 – mit strategischen Schlussfolgerungen verband: Der Verzicht auf das Überraschungsmoment ließ Luftangriffe auf die sowjetischen Stellungen in Kuba als weniger aussichtsreich erscheinen, was ihre Plausibilität auch auf rein militärischer Ebene reduzierte.[995]

Nicht minder wichtig als die Erinnerung an Pearl Harbour scheint ein weiterer historischer Vergleich gewesen zu sein, auf den Robert Kennedy in seinen Erinnerungen an die Kubakrise hingewiesen hat: Der Präsident habe im Krisenjahr 1962 Barbara Tuchmans Buch *The Guns of August* über den Weg in den Ersten Weltkrieg gelesen – und er sei von dem Wunsch bewegt gewesen, dass man über sein Regierungshandeln später einmal nicht den Titel »The Missiles of October« setzen könne. Das habe John F. Kennedy veranlasst, seinem Gegenspieler Chruschtschow »Bewegungsspielraum« (*room to move*) zu geben, um einen gewaltfreien Weg aus der Krise zu ermöglichen. Robert Kennedy zufolge habe sein Bruder am Beispiel von 1914 die Gefahr erkannt, dass man unabsichtlich in einen Krieg »hineinstolpern« (*tumble*) könne. Dieses Risiko bestand wohl auch 1962 tatsächlich – nicht zuletzt wegen des nuklearen Eskalationsrisikos kann weder auf sowjetischer noch auf amerikanischer Seite eine Kriegsabsicht angenommen werden.[996] Der Prozess, der 1914 in den Ersten Weltkrieg mündete, lässt sich mit dem »Spiralmodell« des Psychologen Robert Jervis beschreiben, das erklärt, wie abschreckend gemeinte Maßnahmen tatsächlich eskalierend wirken und einen Krieg herbeiführen können (▶ Kap. 8).[997]

Auch wenn Robert Kennedy das Handeln seines Bruders im Rückblick vielleicht »überrationalisiert« hat, könnte hinter der präsidialen Entscheidung für die Quarantäne und gegen unmittelbare Luftangriffe tatsächlich die Erinnerung an die schnelle Eskalation gestanden haben, die das fatale Zusammenwirken von Aktionen und Gegenaktionen im Juli 1914 bestimmt und so einen Krieg heraufgeführt hatte, an dem eigentlich keiner der Beteiligten interessiert gewesen war.[998] Beweisen lässt sich dies auf der dünnen Grundlage von

Robert Kennedys Erinnerungen natürlich nicht. Für das Gewicht der Analogie zu 1914 spricht immerhin die Tatsache, dass der amerikanische Präsident sowohl beim Gipfeltreffen mit Chruschtschow 1961 in Wien als auch in seinem zusammen mit dem Text seiner Rede am 22. Oktober übersandten Brief vor einer »Fehlkalkulation« beziehungsweise »Fehleinschätzung« warnte.[999] Allerdings scheint selbst dieser an 1914 geschulte Ansatz die Appeasement-Analogie in seinem Denken nicht einfach außer Kraft gesetzt, sondern eher ergänzt zu haben. In dem genannten Gespräch mit seinem Bruder Robert erinnerte Kennedy auch an die »Rechenfehler der Deutschen im Jahr 1939 und die immer noch nicht erfüllte Garantie der Briten für Polen«, das heißt an eine Situation, in der ein Mangel an Härte und Konsequenz in den Krieg geführt hatte.[1000] Dies hat Ernest R. May in seiner Studie über »Gebrauch und Missbrauch von Geschichte in der amerikanischen Außenpolitik« veranlasst, John F. Kennedy als einen Akteur zu würdigen, der sich nicht nur einer einzigen, vermeintlich alternativlosen Analogie wie ›August 1914‹ oder ›München 1938‹ anvertraut, sondern souverän mit mehreren Vergleichsoptionen zu spielen vermocht habe.[1001]

Lässt sich Kennedys Handeln in der Kubakrise als das eines »Historikers im Herzen« (*historian at heart*) verstehen, wie einer der wissenschaftlichen Herausgeber seiner Tonbandmitschnitte meinte,[1002] das eines politisch praktizierenden Historikers gewissermaßen? Pearl Harbor 1941, die Sudetenkrise 1938 und der Kriegsbeginn 1914 scheinen nicht einmal die einzigen historischen Bezugspunkte seiner politischen Kommunikation im weiteren Kontext der Kubakrise gewesen zu sein. Schon am 3. Juni 1961, als er seinen Kontrahenten Nikita Chruschtschow bei dem erwähnten Gipfel in Wien traf, argumentierte der amerikanische Präsident historisch: Chruschtschow habe im Gespräch den »Tod des Feudalismus«, den die Französische Revolution im marxistischen Weltbild ›geschichtsnotwendig‹ durch eine bürgerlich-kapitalistische Gesellschaftsordnung ersetzt hat, als Beleg dafür vorgebracht, dass es mit der selben historischen Notwendigkeit bald auch zu einer Ablösung des Kapitalismus durch den Kommunismus kommen werde. So jedenfalls deutete Kennedy die Äußerung seines sowjetischen Gesprächspartners und verknüpfte damit eine große Sorge: Man wisse ja aus der Geschichte der Französischen Revolution und der vor ihr liegenden Religionskriege, dass systemische Umwälzungen zu großen Erschütterungen führen könnten. Deshalb sei besondere Vorsicht geboten, und zwar ganz besonders, wenn – wie in der Gegenwart – »moderne

Waffen« verfügbar seien, womit er natürlich auf Atomwaffen anspielte. An diesen Ausführungen ist merkwürdig, dass Kennedy hier die Perspektive der sowjetischen Ideologie übernahm, als beschreibe sie eine objektive Wirklichkeit, als stünde der Welt unausweichlich eine proletarische Revolution globalen Ausmaßes bevor, wie sie Karl Marx und Friedrich Engels 1847/48 im *Manifest der Kommunistischen Partei* vorhergesagt hatten.[1003] Vielleicht wird hier das von Robert Kennedy in seinen Erinnerungen an die Kubakrise erwähnte Bemühen des Präsidenten erkennbar, sich in sein Gegenüber hineinzuversetzen – und zwar bis in die ideologische Gedankenführung hinein.[1004] Oder war es ironischer Spott, der Kennedy hier sprechen ließ wie ein in der Wolle gefärbter Marxist?

Auch Chruschtschow wartete beim Wiener Gespräch mit Lektionen der Geschichte auf: Aus seiner Sicht zeige die Russische Revolution beispielhaft, dass sich der Wille eines Volkes zur revolutionären Umwälzung nicht durch Interventionen fremder Mächte brechen lasse – im Falle des Russischen Bürgerkriegs das Eingreifen Großbritanniens und der USA. Dies war natürlich auf amerikanische Versuche gemünzt, die Kubanische Revolution unter Fidel Castro zu bekämpfen, wie sie sich im Invasionsversuch in der Schweinebucht gezeigt hatten. Aus Chruschtschows Sicht war es der massive Druck der USA auf Castro, der diesen überhaupt erst zu einem Kommunisten machen könne, obwohl dies gegenwärtig noch nicht sicher sei.[1005] Die gescheiterte Aktion, bei der exilkubanische Gegner Castros im April 1961 einen *regime change* auf Kuba herbeiführen sollten, war kein propagandistisches Hirngespinst des sowjetischen Ministerpräsidenten, sondern ein sehr reales machtpolitisches Projekt der USA: Es war von der CIA orchestriert und vom amerikanischen Militär durch Bewaffnung und Aufklärung unterstützt worden, hatte aber die Schwelle zu einer direkten militärischen Intervention der Amerikaner nicht überschritten, da Kennedy den Einsatz von amerikanischen Seestreitkräften und Luftwaffe verweigert hatte.[1006]

Als Kennedy am 22. Oktober 1962 in seiner Ansprache die Appeasement-Analogie bemühte, war diese wie gesehen längst ein Topos außenpolitischer Rhetorik im Kalten Krieg geworden: US-Politiker – zumal jene der Demokratischen Partei – mussten öffentlich zeigen, dass die die ›Lektionen von München‹ beherzigten, um sich nicht dem innenpolitisch gefährlichen Vorwurf der Schwäche auszusetzen, den die Republikaner gern erhoben.[1007] Kennedys Verweis auf die leidvollen Erfahrungen der 1930er Jahre war dabei sicher mehr als ein Lippenbekenntnis zum Anti-Appeasement, denn die in seiner Abschlussarbeit von 1940 aus dem Scheitern des Appeasement abgeleitete Notwendigkeit der Kriegsbereitschaft bildet auch in der Kubakrise eine wesentliche Grundannahme seiner Politik. Die militärische Karte – notfalls bis hin zur nuklearen Eskalation – blieb immer im Spiel. Dies belegt die erwähnte Anordnung von DEFCON 2 ebenso wie die Verlegungen von Truppen und Material zur Vorbereitung einer Invasion auf Kuba.[1008] Zugleich muss die von Kennedy öffentlich formulierte Analogie nicht bedeuten, dass der Vergleich mit 1938 für den Präsidenten in der Kubakrise tatsächlich ebenso handlungsleitend gewesen wäre wie die Erinnerung an die Eskalation von 1914 oder an den japanischen Überraschungsangriff auf Pearl Harbour. Kennedys Erinnerung an das Versagen der Demokratien vor Hitler-Deutschland könnte auch die Funktion gehabt haben, einen Schutzschild gegenüber dem naheliegenden und intern von LeMay ja auch erhobenen Appeasement-Vorwurf zu errichten, unter dessen Deckung er dann seine im Vergleich zu sofortigen Luftangriffen flexible Politik der Quarantäne verfolgen konnte. Mit diesem Verweis könnte Kennedy auch für sich selbst jenen »Bewegungsspielraum« geschaffen haben, den er Chruschtschow zugestehen wollte. Neustadt und May sprechen sogar von einem Ausklammern des Vergleichs mit den 1930er Jahren in den ExComm-Diskussionen, was vor dem Hintergrund der Äußerung LeMays allerdings nicht zutrifft.[1009]

Wie schädlich für einen Politiker der Vorwurf sein konnte, ein Appeaser zu sein, musste der amerikanische UN-Botschafter Adlai Stevenson einige Wochen später erfahren: Anfang Dezember 1962 veröffentlichte die *Saturday Evening Post* einen Artikel über die Kubakrise, in dem er durch einen anonymen Zeugen als Befürworter eines neuen ›München‹ gebrandmarkt wurde: Er habe sich für den Tausch amerikanischer Raketenbasen in der Türkei, Großbritannien und Italien gegen die sowjetischen auf Kuba ausgesprochen – »Adlai wanted a Munich«.[1010] Tatsächlich hatte Stevenson am 20. Oktober 1962 im ExComm einen entsprechenden Vorschlag verteidigt.[1011] Dieser war nach heftigen Reaktionen aus der Runde vom Präsidenten mit dem Argument zurückgewiesen worden, dass man solche Zugeständnisse nicht machen könne, wenn man unter dem Druck einer sowjetischen Drohung stehe.[1012] Da Kennedy bei dieser Gelegenheit offenbar einräumte, er selbst hege schon länger Zweifel an der Sinnhaftigkeit der in der Türkei stationierten Jupiter-Raketen, wird hier noch einmal deutlich, wie wichtig politische Prestigefragen in der

Kubakrise waren: Selbst strategisch möglicherweise unsinnige Raketen konnten nicht preisgegeben werden, wenn dadurch der Eindruck entstünde, die USA beugten sich einer Erpressung durch Moskau.[1013]

Die prestigeorientierte Argumentation bewegt sich hier in nahezu denselben Bahnen, die schon in der Julikrise 1914 handlungsleitend waren, als zum Beispiel die Staaten auf allen Seiten fürchteten, durch Zugeständnisse – oder das, was sie dafür hielten – als Großmächte »abzudanken«.[1014] Wie fließend solche Prestigefragen in harte Machtfragen übergehen konnten, führen Überlegungen des stellvertretenden Verteidigungsministers Paul Nitzes im ExComm am 27. Oktober vor Augen, der mit einem Abzug der Jupiter-Raketen aus der Türkei nicht nur einen Prestigeverlust für die USA verband, sondern auch die beunruhigende Perspektive einer »Denuklearisierung der NATO«. Für die Stabilität in Europa hätte ein solcher Abzug vielleicht wirklich Risiken heraufbeschworen, wie sie Ende der 1970er Jahre Bundeskanzler Helmut Schmidt durch den Begriff der »Abkoppelung« europäischer von amerikanischer Sicherheit betonen sollte: Es ging um die Sorge, dass ein auf Europa begrenzter Nuklearkrieg für die Sowjetunion zur Option werden könnte, wenn sie nicht hinreichend durch dort stationierte Nuklearwaffen mit hoher Einsatzwahrscheinlichkeit abgeschreckt würde. Denn es bestand natürlich immer ein Zweifel daran, ob die USA im Ernstfall tatsächlich ihre Interkontinentalraketen für die ›Verteidigung‹ Europas (was auch immer dies in einem globalen Atomkrieg noch bedeuten würde) einsetzen würden, was dem Unterschreiben des eigenen Todesurteils gleichgekommen wäre.[1015] Tatsächlich wurden die Raketen in der Türkei und in Italien als Teil der mit Chruschtschows getroffenen Vereinbarung zur Lösung der Krise im Folgejahr abgezogen. Grundlage war ein Gespräch zwischen dem sowjetischen Botschafter Dobrynin und Robert Kennedy am 27. Oktober, in dem der Justizminister in gewollt ambivalenter Weise den Abzug zwar nicht als harte Zusage formulierte, aber doch für etwa in fünf Monaten in Aussicht stellte: Es handle sich um eine Entscheidung nicht nur der USA, sondern auch der NATO – und man werde sie nicht unter Druck treffen, aber »in vier oder fünf Monaten« würden sich »diese Angelegenheiten zufriedenstellend lösen lassen.«[1016] Dobrynins Bericht zufolge schien Robert Kennedy geradezu panische Angst davor zu haben, dass dieses Zugeständnis öffentlich werden könnte.[1017] Tatsächlich blieb die Vereinbarung geheim. In der Forschung wurde sogar die Vermutung geäußert, die in der *Saturday Evening Post* veröffentlichte Schmähung des UN-Botschafters Stevenson als Appeaser habe Kennedy in zynischer Weise dabei geholfen, seine eigene Zustimmung zu dem Raketendeal zu verbergen und gegenüber der Öffentlichkeit weiterhin die Pose des energischen Staatsmannes einnehmen zu können, der die Sowjets allein durch Härte in die Knie gezwungen hatte – ganz im Sinne der von ihm am 22. Oktober 1962 proklamierten ›Lektionen der 1930er Jahre‹.[1018]

Doch zurück zur Chronologie, das heißt an den Beginn des öffentlichen Teils der Krise am 22. Oktober 1962. Der weitere Gang der Ereignisse sollte zeigen, dass die Entscheidung für die Offenlegung der bis 22. Oktober geheim gehaltenen Bedrohungslage und die Verhängung der Quarantäne die Situation nicht beherrschbar machten – eher im Gegenteil: Mit der Seeblockade ging die Gefahr einer Konfrontation zwischen sowjetischen und amerikanischen Schiffen einher. In seiner Antwort auf die von einem Brief begleitete Übersendung der Rede Kennedys warf der sowjetische Staats- und Parteichef den Amerikanern am 24. Oktober 1962 rundweg »Banditentum« und den »Wahnsinn eines degenerierten Imperialismus« vor und kündigte an, sich nicht an die völlig unrechtmäßige Quarantäne zu halten. Mehr noch: Er klagte den Präsidenten an, die »Menschheit dem Abgrund eines Weltkriegs unter Einsatz von Atomraketen« näher gebracht zu haben, und schloss mit der Drohung, man habe auf sowjetischer Seite alles, was man zur eigenen Verteidigung brauche.[1019]

Die Ereignisse der berühmten »Dreizehn Tage« – so der Titel von Robert Kennedys Krisenerinnerungen – sind oft erzählt worden. An dieser Stelle muss ein knapper Überblick genügen, damit erkennbar wird, inwieweit und in welcher Weise das konkrete politische Handeln in der Kubakrise auf amerikanischer Seite als Ausdruck eines Lernens aus der Geschichte gelten kann, dessen zentrale Bezugspunkte bereits genannt wurden: ›München 1938‹, ›Juli/August 1914‹ und ›Pearl Harbour 1941‹. Das Prinzip, dem Gegner »Bewegungsspielraum« zu geben, wurde durch die praktische Umsetzung der Blockade tatsächlich beherzigt – zumindest soweit dies im Einflussbereich des ExComm und des Präsidenten lag. Statt kompromisslos alle sowjetischen oder von der Sowjetunion gecharterten Schiffe mit Kurs auf Kuba beim Passieren des 500-Seemeilen-Kreises um die Insel abzufangen und zu durchsuchen, wurde zum Beispiel dem offensichtlich nicht mit Kriegsmaterial beladenen Tanker »Bukarest« die Durchfahrt erlaubt. Zuvor schon war der Radius der Blockade reduziert worden, um der sowjetischen Seite mehr Zeit zu geben, die eigenen Schiffe umkehren zu lassen. Das Gesamtkonzept der Blockade zielte gerade darauf ab, es nicht zu einem »Showdown« auf dem Meer kommen zu lassen, sondern den Gegner mit massivem, aber zugleich flexiblem Druck unterhalb der Schwelle von Kampfhandlungen zum Einlenken zu bewegen. Auch wenn die Forschung teilweise das Krisenmanagement des ExComm als widersprüchlich, chaotisch und von Kontrollverlusten geprägt kritisiert hat, darf diese Strategie durchaus als durchdacht gelten, als ein Vorgehen, das schließlich dazu beitrug, einen bewaffneten Großmachtkonflikt mit nuklearem Eskalationspotenzial zu vermeiden. Dieser Ausgang war allerdings in der hochkomplexen Krisensituation für keinen der Beteiligten vorhersehbar. Wer heute das Transkript der Tonbandaufnahmen vom 19. Oktober liest, muss bei aller Abneigung gegenüber der militärisch harten Lösung sofortiger Luftangriffe ohne Vorwarnung zu dem Ergebnis kommen, dass die Militärs mit ihrer Angst vor den Eskalationspotenzialen der Blockade durchaus hätten richtig liegen können: Zwar zeichnete sich am 24. Oktober ab, dass die meisten Schiffe ihren ursprünglichen Kurs Richtung Kuba aufgaben. Dafür ereigneten sich aber mehrere militärische Zwischenfälle, die leicht in weitreichende Kampfhandlungen hätten übergehen können. Hierzu nur wenige Beispiele: Es kam zu einer Konfrontation zwischen amerikanischen Kriegsschiffen und sowjetischen U-Booten. Dabei wurden schwache Wasserbomben eingesetzt, um diese zum Auftauchen zu zwingen. Am 27. Oktober flog, wie bereits erwähnt, ein amerikanisches Aufklärungsflugzeug des Typs U-2 wohl versehentlich in den sowjetischen Luftraum über der Halbinsel Kamtschatka hinein, was als Vorbereitung eines amerikanischen Angriffs mit Atomwaffen missverstanden werden konnte, am selben Tag holte eine sowjetische Luftabwehrrakete eine weitere U-2 aus dem Himmel über Kuba und tötete den Piloten.[1020]

Diese sehr realen Gefahren wurden bereits in der zeitgenössischen Wahrnehmung noch zusätzlich durch Legendenbildung dramatisiert: Als das ExComm am 24. Oktober erfuhr, dass ein Teil der sowjetischen Schiffe ihre Fahrt Richtung Kuba unterbrochen hatten, sagte Außenminister Dean Rusk: »We are eyeball-to-eyeball and the other fellow just blinked.« – »Wir stehen einander Auge in Auge gegenüber und der andere Kamerad hat eben geblinzelt.« Rusk meinte mit dieser Auge-in-Auge-Situation eine direkte Begegnung zwischen dem amerikanischen Flugzeugträger »Essex« und dem sowjetischen Schiff »Kimovsk«, bei der letzteres kehrt gemacht habe. Wie sich bald herausstellte, hat es diese Situation wohl nie gegeben, da beide Schiffe offenbar knapp 800 Meilen voneinander entfernt waren. Dies hinderte das Weiße Haus allerdings nicht daran, die auch in der Öffentlichkeit verbreitete Legende wider besseres Wissen unkommentiert weiterwirken zu lassen, da sie den gewünschten Eindruck einer energischen und starken Krisenpolitik unterstrich.[1021]

Abb. 22: Vorsicht bei Appeasement-Analogien: US-Präsident John F. Kennedy unterschreibt am 23. Oktober 1962 die Anordnung der Quarantäne, mit der er unterhalb der Schwelle zum Krieg den Abzug der sowjetischen Atomraketen aus Kuba erzwingen will. Öffentlich verwendet er die Appeasement-Analogie, widersetzt sich intern aber der davon ableitbaren Aufforderung zum direkten Angriff auf sowjetische Raketenstellungen und Truppen auf Kuba.

Doch nicht nur auf der Ebene der Streitkräfte, die sich allenfalls bis zu einem gewissen Grad politisch kontrollieren ließen, ergaben sich Risiken. Auch Chruschtschow selbst verstärkte durch sein erratisches Handeln den bereits durch die Raketenstationierung hervorgerufenen Eindruck der Unberechenbarkeit: Am 26. Oktober hatte er Präsident Kennedy einen von dessen Bruder Robert als »emotional« charakterisierten Brief zukommen lassen. Darin beschrieb er die Vermeidung eines Krieges als das gemeinsame Interesse aller Nationen und beschwor das mit Kennedy geteilte Verantwortungsgefühl. Tatsächlich machte die Möglichkeit totaler nuklearer Vernichtung die Kontrahenten ja durchaus zu »Partnern in der Verhinderung eines beiderseitigen Desasters«, wie es Richard E. Neustadt und Graham T. Allison auf den Punkt gebracht haben. Dabei erinnerte Chruschtschow auch an seine eigenen Erfahrungen in beiden Weltkriegen, an denen er als Soldat teilgenommen habe: Wenn der Krieg erst einmal ausgebrochen sei, würde er erst enden, »wenn er durch Städte und Dörfer gerollt sei und überall Tod und Zerstörung gesät« habe. Wie Kennedy formulierte auch Chruschtschow eine Lehre der Geschichte, die angesichts der besonderen Natur des vom nationalsozialistischen Deutschland gegen die Sowjetunion geführten Vernichtungskrieges nachvollziehbar und authentisch wirkt. Atomwaffen – und hier schloss Chruschtschow offenbar die auf Kuba stationierten ein – seien letztlich defensiv, da man auch mit 100 Megatonnen Sprengkraft keinen Staat erobern könne, sondern nur mit Truppen. Er sprach sich für einen friedlichen Systemwettbewerb aus und erinnerte daran, dass es der von den USA unterstützte Invasionsversuch in der Schweinebucht gewesen sei, der den Hintergrund der Raketenstationierung auf Kuba bildete, das heißt der Wunsch, die Insel vor einem neuen amerikanischen Angriff zu schützen.[1022]

An dieser Stelle argumentierte Chruschtschow wieder ähnlich mit der Geschichte, wie er dies bereits beim Wiener Gipfel getan hatte: Die Erinnerung an ausländische Interventionen gegen die Ergebnisse der Oktoberrevolution von 1917 begründe für ihn eine besondere Sympathie für das kubanische Volk und seine Aufbauleistung – und dies sei der Grund für die sowjetische Entscheidung, Kuba durch militärische und ökonomische Unterstützung vor den Zugriff Washingtons zu schützen. Er ermahnte Kennedy: Sie beide sollten nicht weiter in entgegengesetzten Richtungen an dem »Seil ziehen«, in das der US-Präsident einen »Knoten des Krieges« geknüpft habe. Durch weiteres Ziehen werde der Konten so hart werden, dass man ihn schließlich nur noch »durchschneiden« könne – und was dies bedeute, sei angesichts der »schrecklichen Kräfte« beider Staaten offensichtlich. So lang und pathetisch dieser Brief war, so knapp fiel die darin verpackte Verhandlungsbotschaft aus: Wenn die USA bereit wären, die territoriale Unverletzlichkeit Kubas zu garantieren und ihre Flotte abzuziehen, würde auch »die Notwendigkeit der Anwesenheit unserer militärischen Spezialisten in Kuba« entfallen und die Zerstörung der von Kennedy als »offensiv« bezeichneten Waffen ins Auge gefasst werden.[1023]

Damit schien Chruschtschow ein zweites Mal »geblinzelt« zu haben, also zu einem Nachgeben bereit zu sein. Allerdings legte er am nächsten Tag mit einem neuen Schreiben nach, das die Bedingungen für einen sowjetischen Raketenabzug veränderte: Nun, am 27. Oktober, verlangte er, dass die Amerikaner ihrerseits die in der Türkei stationierten Raketen abzögen – und zwar zusätzlich zu einem beiderseitigen Invasionsverzicht beziehungsweise zur Anerkennung der territorialen Unverletzlichkeit Kubas und der Türkei. Er betonte in diesem Zusammenhang die Vergleichbarkeit der Bedrohungslagen, da die Sowjetunion wie die USA durch Systeme in Grenznähe gefährdet sei. Erkennbar zeigte er sich bemüht, eine Symmetrie zwischen beiden Supermächten herzustellen, die aus seiner Sicht ihren friedlichen Ausdruck in einem wirtschaftlicher Wettbewerb auf Augenhöhe und zum beiderseitigen Vorteil finden sollte.[1024] Sogar inmitten in der härtesten Konfrontation kam Chruschtschow also auf seine Idee der »friedlichen Koexistenz« der Systeme zurück, für die er 1956 anlässlich des 20. Parteitags der KPdSU geworben hatte und die er für die Phase nach einer Überwindung der Krise zu seinen Bedingungen in Aussicht stellte.[1025]

Die Erhöhung von Chruschtschows Forderungen kam Kennedy aus den bereits erwähnten Prestigegründen ungelegen. Er war zwar bereit, sich notfalls auf einen solchen Deal einzulassen, wollte zunächst aber versuchen, die »Russen auf die ursprüngliche Spur« zurückzubringen.[1026] Entsprechend überging er Chruschtschows Nachforderung in seinem Antwortschreiben vom 27. Oktober und fasste die Vereinbarung wesentlich in folgenden Punkten zusammen: Abzug der sowjetischen Raketen unter Aufsicht der Vereinten Nationen sowie Verhinderung ihrer Wiedereinführung nach Kuba – im Gegenzug Aufhebung der Quarantäne und Zusicherung eines Verzichts auf eine amerikanische Invasion auf der Insel. Erst am Ende des Briefes warnte er Chruschtschow, mit dem Abbau der Raketen zu warten, um Fragen der Sicherheit Europas und der Welt in die Verhandlungen einzubeziehen. Dies würde den Frieden gefährden.[1027] Dies war eine klare Zurückweisung von Chruschtschows Versuch, die Raketen in der Türkei zum Teil des Deals zu machen. Für die Augen der Öffentlichkeit lehnte der amerikanische Präsident hier also eine Bedingung ab, die durch die bereits erwähnten geheimen Verhandlungen zwischen dem sowjetischen Botschafter Dobrynin und Robert Kennedy am selben Tag

Teil der Abmachung zur Beilegung der Krise geworden war. Die tatsächliche Einbeziehung der offiziell ausgeklammerten Raketen in der Türkei hatte sich bereits bei einem Treffen der beiden am Vortag angekündigt.[1028] Robert Kennedy hatte Dobrynin am 27. Oktober gewarnt, dass Chruschtschows Zusage zum Abzug der Raketen bis zum nächsten Tag vorliegen müsse und dass es andernfalls zu »drastischen Konsequenzen« mit Toten auf beiden Seiten kommen werde.[1029] Dies war alles andere als eine leere Drohung: Die militärischen Vorbereitungen für Luftangriffe und eine nachfolgende Invasion liefen auf Hochtouren.[1030] Wie ausgeprägt die Kriegsbereitschaft im ExComm nun war, führt folgende auf den Tonbändern erhaltene Aussage des Verteidigungsministers vor Augen. McNamara trat zu diesem Zeitpunkt für Luftangriffe gefolgt von einer Invasion ein und schien zu glauben, man könne die Kampfhandlungen um Kuba durch folgende Vorkehrungen bis zu einem gewissen Grad »lokalisieren«:

> » Ich würde vorschlagen, dass wir zur Begrenzung einer sowjetischen Reaktion gegen die NATO bei einen Angriff auf Kuba diese Jupiter-Raketen vor dem Angriff auf Kuba aus der Türkei abziehen. Ich sage aus der Türkei; ich meine, dass sie nicht mehr einsatzfähig sein sollen. Und das lassen wir die Sowjets vor dem Angriff auf Kuba wissen.
> 
> Nun denke ich nicht, dass die Sowjets auf dieser Grundlage einen Schlag gegen die Türkei führen würden. Sie würden vielleicht andere Schritte unternehmen, aber ich glaube nicht, dass sie diesen Schritt unternehmen würden.«[1031]

Der Glaube an die Möglichkeit der »Lokalisierung« eines Waffengangs zwischen Großmächten war schon einmal formuliert worden: Im Juli 1914 hatte der Staatssekretär im Auswärtigen Amt, von Jagow, die Illusion genährt, ein Krieg zwischen Österreich-Ungarn und Serbien könne auf den Balkan beschränkt bleiben (▶ Kap. 8). Eine andere Ausweitung hielt McNamara allerdings doch für denkbar: einen sowjetischen Gegenschlag in Berlin.[1032]

Da Chruschtschow die von Robert Kennedy umrissenen Bedingungen – Rückzug der eigenen Raketen auf Kuba gegen die diskret in Aussicht gestellte Entfernung der Jupiter-Raketen in der Türkei – am 28. Oktober 1962 annahm, konnte die Krise tatsächlich politisch beigelegt werden.[1033] Ein gewisser Spannungszustand blieb zwar im November noch bestehen, weil es keine offiziellen Kontrollen des Raketenabzugs gab – gegen die sich Castro sträubte – und auch weil sowjetische Iljuschin-Bomber, die Atomwaffen tragen konnten, zunächst auf Kuba verblieben. Aber die amerikanischen Nachrichtendienste konnten die Hauptsache, den Abzug der Mittelstreckenraketen, doch so sicher verifizieren, dass es zu keiner neuen Eskalation mehr kam.[1034] Nach der Zusage Chruschtschows, auch die Flugzeuge nachprüfbar abzuziehen – sie wurden schließlich demontiert und auf Schiffen in offenen Behältern abtransportiert, damit amerikanische Flugzeuge Beweisfotos machen konnten –, ordnete Kennedy am 20. November das Ende der Quarantäne an. Am selben Tag stuften die Stabschefs die Alarmstufe für die strategischen Nuklearstreitkräfte von DEFCON 2 um eine Stufe herab.[1035]

Obwohl der Ausgang Kubakrise gemessen am apokalyptischen Szenario eines atomaren dritten Weltkrieges nur Gewinner kannte, waren keineswegs alle Akteure mit dem Ergebnis zufrieden. Höchst verärgert zeigte sich der kubanische Revolutionsführer Fidel Castro, der Chruschtschow auf dem Höhepunkt der Krise im Konsens mit seinem revolutionären Weggefährten Che Guevara zu einen nuklearen Erstschlag geraten und sich bereit gezeigt hatte, das kubanische Volk dem Sieg der Revolution zu opfern.[1036] In einem Brief an Chruschtschow legte er am 30. Oktober rückblickend das energische Vorgehen dar, dass aus seiner Sicht richtig gewesen wäre. Die anklagenden Worte »München« und »Appeasement« kommen darin nicht vor, aber der Vorwurf, sich gegenüber den »Imperialisten« zu weich verhalten zu haben, ist doch deutlich vernehmbar. An die Stelle der eher für die westlichen Demokratien relevanten Analogie zu 1938 trat eine andere: Er schreibe aus der »Sorge« heraus, dass die für die Sache der Revolution so bedeutsame »Sowjetunion nicht noch einmal das Opfer der Hinterhältigkeit und des Verrats von Aggressoren werden solle, wie sie es 1941 war, und was sie so viele Menschenleben und so viel Zerstörung gekostet hat.«[1037] Auch Castro argumentierte hier also mit einem auf bestimmte Lehren abzielenden historischen Vergleich, bei dem er allerdings die Rollen anders verteilte als Kennedy in seiner Ansprache vom 22. Oktober. Hier waren die amerikanischen »Imperialisten« die Wiedergänger Hitlers, gegen die loszuschlagen es zur Verteidigung Kubas, der Sowjetunion und des Sozialismus weltweit gegolten hätte.

Juli 1914, München 1938, Pearl Harbour 1941 und zuletzt auch noch der deutsche Überfall auf die Sowjetunion – mit historischen Analogien wurde in der Kubakrise wahrlich nicht gespart. Aber waren es tatsächlich die Lektionen der Geschichte, die den Gang der Dinge bestimmten und schließlich zum friedlichen Ausgang beitrugen? Der amerikanische Kennedy-Biograf Chris Matthews hat jüngst die Interpretation vertreten, Kennedy habe die Krise gemeistert, weil er dem »Churchill'schen Mut« einen »Schuss Neville Chamberlain« beigemengt habe, denn ohne Konzessionen – und damit eben auch eine Form des Appeasement – wäre man eben nicht aus der Krise mit Chruschtschow herausgekommen. So betrachtet hätte Kennedy die von ihm öffentlich proklamierten ›Lektionen von München‹ eben doch nicht beherzigt, zumindest nicht der reinen Lehre entsprechend. Daran, so Matthews, solle man sich in künftigen Krisen erinnern und der Gegenseite immer einen »Weg nach draußen« lassen, was auf den *room to move* anspielt, den Kennedy Chruschtschow gelassen habe. Aus Matthews Sicht liegt die »wahre Lektion der Kubakrise« nicht darin, dass eine Seite in einer »Auge-in-Auge«-Konfrontation nachgegeben habe, sondern darin, dass beide Seiten das Ausmaß der Gefahr erkannt hätten.[1038]

Die hier anklingende Frage nach dem Sinn der Appeasement-Analogie unter den besonderen Bedingungen nuklearer Massenvernichtungswaffen hatte schon bald nach der Krise ein amerikanischer Politikwissenschaftler mit deutsch-jüdischen Wurzeln diskutiert: John H. Herz. Er versuchte einen Brückenschlag zwischen den außenpolitischen Denkrichtungen des Realismus, der internationale Politik vorwiegend unter dem Gesichtspunkt harter Machtfragen sieht, und des Idealismus, der sich stärker an ethischen Werten orientiert – also zwischen den beiden Polen, zwischen denen Henry Kissinger zufolge die amerikanische Außenpolitik mehr oder minder hin- und herpendelte: interessengeleitete Gleichgewichts- und Großmachtpolitik einerseits und demokratisch-liberale Wertepolitik andererseits, wie sie am Ende des Ersten Weltkrieges klassisch Präsident Woodrow Wilson mit Amerika in der Rolle des »Weltgewissens« (Henry Kissinger) vertreten habe.[1039] Die doppelte Orientierung sowohl an realistischen als auch an idealistischen Positionen wird bei Herz in einer eindrucksvollen Analyse deutlich, die er 1964 vor dem Hintergrund der noch frischen Eindrücke der Kubakrise verfasst hat. Er geht der Frage nach, ob die Appeasement-Analogie im Nuklearzeitalter überhaupt noch einen Wert hätte und wie dieser unter den Bedingungen moderner Massenvernichtungswaffen bestimmt werden könnte. Besonders pointiert bringt Herz den Kerngedanken seiner Analyse in einem Bild zum Ausdruck, das er von Robert Oppenheimer, dem ›Vater der Atombombe‹, übernimmt: Könne man sagen, so die rhetorische Frage, dass »zwei Skorpione in einer Flasche« eine Politik des Appeasement betrieben, wenn sie darauf verzichten, sich gegenseitig »tödliche Stiche« zu versetzen? Der politisch hoch sensible Physiker Oppenheimer wusste als maßgeblicher und mit schweren Schuldgefühlen beladener Vater des amerikanischen Atomwaffenarsenals, wovon er sprach.[1040]

Der Sinn des von Herz übernommenen Skorpion-Gleichnisses ist vor dem Erfahrungshintergrund der Kubakrise leicht verständlich. Die Skorpione sind die beiden nuklear bewaffneten Supermächte, deren gemeinsames Existenzinteresse es verlangte, einen Atomkrieg zu vermeiden, denn beide hätten einander im Fall einer ungebremsten Eskalation vernichtet. Die Vermeidung eines solchen Schreckensszenarios konnte Herz zufolge in keiner Weise mit dem Nachgeben der Demokratien gegenüber Hitlers Aggression verwechselt werden. ›München‹ sei seit dem Beginn des Zweiten Weltkriegs ein »Kampfbegriff« geworden, mit dessen argumentativer Verwendung die Gefahr »falscher Parallelen« verbunden sei. Genau wie Militärs aus seiner Sicht oft den »letzten Krieg« führten, versuchten Politiker die »letzte Krise« zu meistern. Herz fürchtete also, dass die Appeasement-Analogie eine gegebene Konstellation nicht nur – wie bereits festgestellt – vereinfacht, sondern den schonungslosen Blick auf die Realität verhindert: Auch wenn er keine Namen nennt und ja auch keinen Zugriff auf die erst viel später bekannt gewordenen Tonbandaufnahmen aus dem ExComm hatte, dürfte sich seine Warnung vor unreflektierten »Appeasement-Vorwürfen« (*cry of appeasement*) gegen jene Hardliner wenden, die im Oktober 1962 am liebsten sofort die Bombardierung der sowjetischen Stellungen in Kuba eingeleitet hätten.[1041]

Aus Herz' Sicht unterschied sich die weltpolitische Situation der 1960er Jahre derart drastisch von derjenigen der 1930er Jahre, dass aus den Erfahrungen der Appeasement-Politik kaum Handlungskonzepte für die Gegenwart abgeleitet werden konnten. So habe sich das Wesen der Kriegführung verändert, aber auch das Mächtegleichgewicht und die »Natur des totalitären Gegners des Westens«. Während gegenüber Hitler ein Präventivkrieg – oder wenigstens dessen Androhung – noch richtig gewesen wäre, sei unter den Bedingungen der Gegenwart diese Option nicht mehr möglich: Einen Atomkrieg könne man nicht führen und auch ein konventioneller Krieg könne zu leicht in einen solchen münden. Deshalb sei 1964 der volle Einsatz des Militärpotenzials eines Landes nicht mehr rational und damit auch als »Mittel der Politik« nicht mehr glaubwürdig. Entsprechend verbiete es sich, die Vermeidung eines derart zerstörerischen Szenarios als »Appeasement« zu bezeichnen. Dabei übersah Herz keineswegs das Problem, das Neustadt und Allison als »nukleares Paradox« beschrieben haben: Einen Atomkrieg würde man – die Verfügbarkeit ähnlicher Vernichtungspotenziale auf beiden Seiten vorausgesetzt – nur verlieren, und dennoch müssten alle Atommächte bereit sein, das Risiko des Verlierens einzugehen. Denn wenn sich eine Seite diesem Risiko nicht aussetze, könne die andere mit einer nuklearen Kriegsdrohung alles erreichen, was sie wolle. Im bedingungslosen Zurückweichen vor einem nuklear drohenden Gegner sah auch Herz eine kritikwürdige Form des Appeasement, so sehr er diesen Begriff für eine vorsichtige Politik der Gleichgewichtswahrung unter Nuklearmächten ablehnte. Eine Politik des Gleichgewichts und der Abschreckung unter nuklearen Rahmenbedingungen durch das Prisma der 1930er Jahre zu betrachten, hielt er für gefährlich und warnte sogar davor, dass der Vorwurf des Appeasement in seiner Zeit gefährlicher sei als Appeasement selbst: Dieser Vorwurf könne eine oder beide Seiten dazu bringen, »einen nuklearen Holocaust zu riskieren«. Anders als mit Hitler könne man mit Chruschtschow durchaus in Verhandlungen treten und »Einflusssphären« abgrenzen.[1042]

Zudem sprach sich Herz dafür aus, neue internationale Krisenherde durch eine langfristig auf die Attraktivität der liberalen Demokratien hinwirkende Politik zu verhindern. So gelte es, rassistische Strukturen zu überwinden, die von Kommunisten propagandistisch gegen die USA verwendet werden könnten: »Eher, als einen imaginären kommunistischen Gegner im Inneren zu bekämpfen, müssen wir versuchen, der Außenwelt ein Bild der liberalen Demokratie zu zeigen, das es der kommunistischen Propaganda weniger einfach macht, uns als Rassisten zu zeichnen.« Auch in Wirtschaftshilfen und einem kritischen Überdenken der Kooperation mit zwar antikommunistischen, dabei aber rassistischen, repressiven und rechten beziehungsweise rechtsextremen Regimen sah er eine nachhaltige Krisenvermeidungsstrategie. Es ging Herz also um die sicherheitspolitische Dimension moralischer Glaubwürdigkeit: eine Komponente, deren Relevanz der von Fidel Castro und Chruschtschow in dem oben zitierten Brief vom 24. Oktober 1962 erhobene Imperialismus-Vorwurf deutlich vor Augen geführt hatte. Herz' Ausführungen waren in ihrer Zeit alles andere als abstrakt. Sie bezogen sich ganz konkret auf die harte Realität des Rassismus innerhalb der amerikanischen Gesellschaft, aber auch auf eine amerikanischen Außenpolitik, die sich in Lateinamerika mit brutalen Diktaturen verbündete, solange sich diese nur als Bundesgenossen im globalen Kampf gegen den Kommunismus positionierten. Indem er ethische Dimensionen des politischen Handelns als ›harte‹ Sicherheits- und damit auch

Interessenfragen definierte, wies sich John H. Herz tatsächlich als »idealistischer Realist« (Jens Hacke) aus.[1043]

Doch wie weit durften im Rahmen einer solchen Konzeption des Kalten Krieges Zugeständnisse gehen, die auf die Erhaltung des Gleichgewichts zielten? Eine Grenze zu unannehmbarem Appeasement sah Herz erreicht, wenn man darauf verfalle, »Völker und Nationen der ideologischen Eroberung totalitärer Regime zu überlassen.« Daran wird deutlich, dass auch seine Konzeption die Strukturzwänge des »nuklearen Paradoxes« nicht überwinden konnte: Denn der Anspruch von Diktaturen auf Gebiete, in denen Menschen unter Bedingungen demokratischer Freiheiten lebten, war nicht nur ein fernes Problem des Jahres 1938, sondern begegnete den Amerikanern in den 60er Jahren ganz konkret, etwa in Berlin oder Taiwan.[1044]

Solange es Atomwaffen in den Händen autoritärer oder gar totalitärer Mächte gibt, bleibt folgende Frage relevant: Bis zu welchem Grad müssen Demokratien bereit sein, existenzielle Sicherheitsrisiken einzugehen, um sich selbst oder andere demokratische Gesellschaften nicht zur Verfügungsmasse nuklearer Erpresser zu machen? Es ist der Menschheit zu wünschen, dass sich Entscheidungsträger bei der Beantwortung dieser schwierigen Frage nicht mit dem schablonenhaften Wiederholen von Appeasement-Analogien begnügen. Doch was wäre die Alternative zu einem solchen Reflex? Taugt der Bezugspunkt 1962 in schweren internationalen Krisen vor nuklearem Hintergrund als Ersatz für die Referenz 1938? Auch aus den Erfahrungen der Kubakrise wird sich ein angemessener Umgang mit nuklearen Bedrohungen nicht ohne Weiteres ableiten lassen, zumal dann nicht, wenn – anders als im Kalten Krieg – durch ›heiße‹ militärische Konflikte zusätzliche Eskalationsdynamiken ins Spiel kommen. Immerhin sensibilisiert aber eine von John H. Herz inspirierte Auseinandersetzung mit den berühmt-berüchtigten *Thirteen Days* dafür, wie wichtig es ist, das in suggestiven Analogien wie ›München 1938‹ liegende Risiko des Tunnelblicks zu vermeiden, eine Sichtweise, die jedes Bemühen um Eskalationsbegrenzung an der Schwelle zum Atomkrieg nur noch unter dem Vorzeichen eines schändlichen Appeasement wahrnehmen oder sogar als Gesinnungsverwandtschaft mit dem Gegner interpretieren kann. Zugleich deutet sich im Argumentieren und Handeln Kennedys vielleicht auch an, dass es möglich ist, die ›Lektionen der 1930er Jahre‹ nicht zu vergessen, sie aber mit weiteren historischen Beispielen so flexibel an die Gegebenheiten des Nuklearzeitalters anzupassen, dass wirksame Gegenwehr nicht in eine apokalyptische Eskalationsspirale führt.[1045]

# 13
## Stuttgart-Stammheim 1975

Ulrike Meinhof, die RAF und die Lektionen des Faschismus

Was hatte die terroristische Gruppierung »Rote Armee Fraktion« (RAF) mit dem Lernen aus der Geschichte zu tun? Die Verbindung zum Thema dieses Buches ergibt sich aus der Tatsache, dass die RAF ein gewaltorientiertes »Spaltprodukt« der Studentenbewegung der 1960er Jahre war. Mit dieser Bewegung teilte sie wesentliche Positionen, insbesondere die Diagnose, dass die bundesrepublikanische Nachkriegsgesellschaft noch nicht die richtigen Schlüsse aus der Barbarei des NS-Regimes gezogen habe. Zwar trennte die RAF ihre menschenverachtende Bereitschaft zum gewaltsamen Vorgehen gegen »den Feind« beziehungsweise »die Schweine«, wie es im linksterroristischen Jargon hieß, von der Mehrheit der 1967/68 demonstrierenden Studenten. Aber es gab Schnittmengen, sei es in der Kritik an der kapitalistischen Ausbeutung großer Teile der Menschheit, vor allem in der damals sogenannten »Dritten Welt«, am Vietnamkrieg der USA oder am Weiterleben nationalsozialistischer Denk- und Handlungsweisen wie auch an personellen Kontinuitäten zwischen NS-Regime und Bundesrepublik Deutschland. Die Empörung darüber wurde weit über das linksextremistische Lager hinaus geteilt, weil sie sich auf reale Probleme bezog.[1046]

Die 1970 gegründete RAF war in zentralen Punkten von der Vorstellung geleitet, aus der Geschichte des Nationalsozialismus die notwendigen Lehren zu ziehen. Aus Sicht ihrer Mitglieder mündete dies deshalb in die Bekämpfung der ›kapitalistisch-imperialistischen Gesellschafts- und Weltordnung‹, weil sie diese Ordnung selbst als ›faschistisch‹ oder dem ›Faschismus‹ zumindest nahestehend verstanden.[1047] Die Politikerin und Publizistin Jutta Ditfurth hat diesen Zusammenhang am Beispiel der RAF-Terroristin Ulrike Meinhof besonders deutlich aufgezeigt: Schon ihr Jahre vor dem Weg in den Terrorismus liegendes Engagement in der Bewegung gegen die nukleare Aufrüstung der Bundeswehr habe sich aus dem Bemühen gespeist, »aus der Geschichte [zu] lernen«.[1048] Auch der auf dem Feld der vergleichenden Ideengeschichte forschende Philosoph Matthias Bormuth betonte die Bedeutung der Vergangenheit für Meinhofs Denken und Handeln: Wie andere ihrer Generation sei sie in dem Bemühen gescheitert, »neues Heil in einer vom Nationalsozialismus gereinigten Form des Sozialismus zu stiften«.[1049] Eine solche Diagnose lässt sich mit der Analyse des französische Mediävisten Philippe Buc plausibilisieren, der die RAF in die alte Tradition eines gewaltorientierten »eschatologischen«, also auf die Endzeit bezogenen Denkens einordnet, dessen buchstäblich roten, blutroten Faden er von den Kreuzzügen über radikale reformatorische Strömungen und den Jakobinismus bis hin zum Linksterrorismus und zum Irakkrieg George W. Bushs verfolgt.[1050] Es mag auf den ersten Blick erstaunen, dass Buc ausgerechnet eine dem bekanntermaßen atheistischen Marxismus verpflichtete Terrorgruppe so einordnet. Die These ist gewagt, fällt aber nicht einfach vom Himmel. Schon in den 1950er Jahren hat der Philosoph Karl Löwith aufgezeigt, wie tief auch vermeintlich säkulare oder gar atheistische Ideologien der Moderne in einem jüdisch-christlichen Traditionsboden religiöser Heilsgeschichte verwurzelt sind.[1051]

Für das Verständnis der politischen Sprache der RAF ist es wichtig, sich bewusst zu machen, dass ›Faschismus‹ in der Diktion ihrer Mitglieder als Synonym für ›Nationalsozialismus‹ verwendet wurde. Dies war keine Besonderheit des deutschen Terrorismus, sondern entsprach weithin dem Sprachgebrauch auch gewaltferner linker Aktivisten. Überdies nahm die damalige Linke einen engen Zusammenhang zwischen ›faschistischen‹ und ›kapitalistischen‹ beziehungsweise ›imperialistischen‹ Gesellschaftsphänomenen an: Der ›Faschismus‹ sei letztlich die radikale Konsequenz der kapitalistischen Wirtschafts- und Sozialordnung.[1052] Diese Tendenz zur Gleichsetzung von Nationalsozialismus und Faschismus wie auch deren enge Verknüpfung mit Kapitalismus und Imperialismus war auch für die Ideologien der sozialistischen Diktaturen charakteristisch. Das wohl bekannteste Beispiel hierfür ist die vom SED-Regime der DDR gebrauchte Bezeichnung »Antifaschistischer Schutzwall« für die Berliner Mauer – ein Begriff, der nur dann einen Sinn ergeben konnte, wenn die kapitalistische Bundesrepublik beziehungsweise Westberlin als ›faschistisch‹ galten.[1053] Auch wenn die RAF durch die Staatssicherheit der DDR unterstützt wurde, war sie auf ideologischer Ebene keineswegs deckungsgleich mit der ostdeutschen Diktatur. Was sie mit dieser aber teilte, war die Einstufung der Bundesrepublik als ein dem Faschismus mindestens nahestehendes System: Ulrike Meinhof sprach 1971 in der RAF-Kampfschrift *Das Konzept Stadtgueril-*

*la* von »post- und präfaschistischen Bedingungen, wie sie in der Bundesrepublik und Westberlin bestehen.«[1054]

Wer war Ulrike Meinhof, diese »Stimme der RAF«, der in diesem Kapitel eine zwar nicht ausschließliche, aber doch besondere Aufmerksamkeit gelten soll? Ihr Leben sei hier nur in wenigen Stichpunkten referiert.[1055] Ulrike Meinhof wurde 1934 in eine protestantische Familie hineingeboren und verlor bereits 1940 durch eine Krankheit ihren Vater, der als Kunsthistoriker an Museen in Oldenburg und Jena tätig gewesen war. Obgleich Mitglied der NSDAP stand er in religionspolitischen Fragen der Bekennenden Kirche nahe. Nachdem sie 1949 mit dem ebenfalls krankheitsbedingten Tod ihrer Mutter Vollwaise geworden war, wuchs Ulrike Meinhof bei der Pädagogikprofessorin und Friedensaktivistin Renate Riemeck auf, die wegen ihres Eintretens gegen nukleare Aufrüstung politisch unter Druck geriet und schließlich als Beamtin zurücktrat. In diesem friedenspolitischen Engagement war ihr Ulrike Meinhof eng verbunden, was sich in ihrer journalistischen Arbeit der 1960er Jahre deutlich zeigt.[1056] In Marburg, Wuppertal und Münster studierte sie Pädagogik, belegte daneben aber auch Lehrveranstaltungen in Psychologie, Philosophie und Kunstgeschichte. Zudem wurde sie Mitglied des Sozialistischen Studentenbundes (SDS) und erhielt ein Stipendium der Studienstiftung des deutschen Volkes – wie übrigens auch die beiden anderen prominenten RAF-Mitglieder, Gudrun Ensslin und Horst Mahler. Nach dem Studium wurde Ulrike Meinhof in den späten 1950er Jahren Kolumnistin und schließlich Chefredakteurin der Zeitschrift *konkret*, die sich mit Finanzierung aus Ostberlin zur führenden Zeitschrift der westdeutschen Linken entwickelte. Mit dem Herausgeber der Zeitschrift, Klaus-Rainer Röhl, war sie seit 1961 verheiratet. Das Paar hatte bald zwei Töchter. Neben ihrer Tätigkeit für *konkret* war Ulrike Meinhof auch im Rundfunk und im Fernsehen präsent. So konzipierte sie unter anderem einen kritischen Dokumentarfilm (*Bambule*) über Missstände in Kinder- und Jugendheimen. Bleibenden Eindruck hinterließen bei Meinhof der von polizeilicher Repression gegen Studenten begleitete Schah-Besuch des Jahres 1967 sowie der Vietnamkrieg und die studentischen Proteste des Jahres 1968 (dazu unten mehr). Wie bei vielen Zeitgenossen der Linken verstärkte sich bei ihr damals das Gefühl eines akuten politischen Handlungsbedarfs. Die bundesrepublikanische Staats- und Gesellschaftsordnung wurde mehr und mehr als kapitalistisch-ausbeuterisch, repressiv und tendenziell ›faschistisch‹ wahrgenommen.

Abb. 23: Historisches Lernen als Quelle für demokratisches Engagement: Ulrike Meinhof im Jahre 1962 als Chefredakteurin der Zeitschrift *konkret*. Die Zeitschriften-Cover im Hintergrund – rechts mit einem Foto von Adolf Eichmann – verweisen zum Teil auf die deutsche NS-Vergangenheit.

Den Schritt in die illegale politische und terroristische Aktivität vollzog Ulrike Meinhof dann am 14. Mai 1970, als sie sich an der Befreiung des Linksextremisten Andreas Baader beteiligte, der wegen einer gemeinsam mit Gudrun Ensslin in Frankfurt begangenen Kaufhaus-Brandstiftung inhaftiert war. Unter dem Vorwand eines Treffens für ein Buchprojekt, an dem Baader angeblich arbeitete, gelang es, ihm einen Haftausgang in die Bibliothek des Westberliner Instituts für soziale Fragen zu ermöglichen. Anders als geplant, entschloss Meinhof sich spontan, mit Baader und dem an der Aktion beteiligten Horst Mahler zu fliehen. Damit war der Übergang in die Illegalität vollzogen. Bei der Baader-Befreiung wurde ein Bibliotheksmitarbeiter angeschossen und schwer verletzt. Noch im selben Jahr brach der Kern dessen, was bald als »Rote Armee Fraktion« (RAF) in die Geschichte eingehen sollte, zu einer militärischen Ausbildung in einem jordanischen Trainingscamp der palästinensischen Fatah-Bewegung auf. 1971 verfasste Ulrike Meinhof das für Strategie und Selbstverständnis der RAF wichtige *Konzept Stadtguerilla*. Im Folgejahr beteiligte sie sich an einer als »Mai-Offensive« bezeichneten Anschlagsserie mit mehreren Todesopfern. Am 15. Juni 1972 wurde sie verhaften und bald darauf in der JVA Köln-Ossendorf unter Isolationsbedingungen inhaftiert. Ende April 1974 verlegte die Justiz Ulrike Meinhof nach Stuttgart-Stammheim, wo sie mit Andreas Baader, Gudrun Ensslin und Jan-Carl Raspe vor Gericht stand. Den Urteilsspruch am 28. April 1977 erlebte sie nicht mehr. Sie wurde bereits am 9. Mai 1976 tot – an ihrem Zellenfenster erhängt – aufgefunden.

Ulrike Meinhofs Leben endete sehr wahrscheinlich durch Suizid, möglicherweise die Folge eines internen Abrückens der Gruppe von ihr und einer von Gudrun Ensslin auch vor Gericht ausgesprochenen Kritik an dem von Meinhof initiierten Anschlag auf die Zentrale des Springer-Verlags (▶ Abb. 24), auch wenn hieran bis in jüngere Zeit hinein immer wieder Zweifel geäußert wurden.[1057] Suizid begingen sehr wahrscheinlich auch Baader, Ensslin und Raspe in der sogenannten »Stammheimer Todesnacht« am 18. Oktober 1977. Zuvor waren die Versuche der RAF und eines palästinensischen Terrorkommandos gescheitert, sie durch die Entführung des Arbeitgeberpräsidenten Hanns Martin Schleyer und der Lufthansa-Maschine »Landshut« freizupressen. Spekulationen über eine Ermordung der Gefangenen fanden Nahrung in tatsächlichen Pannen und Einseitigkeiten, zu denen es bei der kriminaltechnischen und gerichtsmedizinischen Ermittlung der Todesursachen gekommen war. Erschwerend kamen später nachgewiesene Abhöraktionen im Gefängnis und die Ermöglichung des Einschmuggelns gefährlicher Gegenstände bis hin zu Waffen durch laxe Kontrollen hinzu. Das gab Raum für die Spekulation, die Behörden hätten in Stammheim »Selbstmord unter staatlicher Aufsicht« (Stefan Aust) zugelassen.[1058]

13 Stuttgart-Stammheim 1975

**Abb. 24:** Historisches Lernen als Quelle des Terrors: Zerstörte Redaktionsräume nach dem von Ulrike Meinhof wesentlich vorbereiteten Anschlag auf das Springer-Hochhaus in Hamburg (1972).

Das Feindbild einer zumindest faschistoiden, wenn nicht regelrecht faschistischen Bundesrepublik, das Ulrike Meinhof spätestens seit der RAF-Gründung vertrat, war innerhalb der westdeutschen Linken auch deshalb jenseits der gewaltbereiten Kreise hochgradig anschlussfähig, weil sich im Spektrum der Studentenproteste der 1960er Jahre eine ausufernde Verwendung des Faschismusbegriffs zur Bezeichnung politischer Gegner unterschiedlichster Couleur etabliert hatte.[1059] Begünstigt wurde die linke Erzählung von der Bundesrepublik als einem tendenziell rechtsextremistisch-repressiven System durch die in der deutschen Gesellschaft tatsächlich nachwirkenden Denkmuster des Nationalsozialismus, die gerade in der Auseinandersetzung mit dem terroristischen Linksextremismus wieder offen zu Tage traten.[1060] Der hessische Generalstaatsanwalt Fritz Bauer, der maßgeblicher Initiator des Frankfurter Auschwitz-Prozesses, hatte schon 1964 in einer Fernsehdiskussion von dem Bedrohungsgefühl gesprochen, das noch immer von NS-Tätern ausging und potenzielle Zeugen einschüchterte.[1061] Auch die an den RAF-Anwalt (und späteren Bundesinnenminister) Otto Schily gerichtete Hasspropaganda eines – wie Schily ironisch formuliert – »guten Christen aus Braunschweig« dürfte keine Erfindung sein: »Oh Herr, gib uns den Hitler wieder, der weiß, wohin mit euch, dem Abschaum der Menschheit, in den Ofen.«[1062]

Aber waren dies Einzelstimmen aus dem braunen Sumpf der Gesellschaft oder stand zu befürchten, dass die von den sozialdemokratischen Kanzlern Brandt und Schmidt regierte Bundesrepublik in der Auseinandersetzung mit den Herausforderungen von Linksaußen selbst wieder Züge dessen annahm, was Fritz Bauer 1952 als »Unrechtsstaat« bezeichnet hatte?[1063] An prominenten Mahnern, die ein Wiedererstarken rechtsextremer Einstellungen heraufziehen sahen, fehlte es nicht. Im August 1973 erschien eine Ausgabe der linken Zeitschrift *Kursbuch*, die dem Thema »Folter in der BRD. Zur Situation politischer Gefangener« gewidmet war – herausgegeben nicht etwa von ultralinken Sektierern, sondern zum Beispiel von Hans Magnus Enzensberger. In dem Heft wird unter anderem behauptet, dass der bürgerliche Staat mit rechten und linken Gegnern grundsätzlich unterschiedlich umgehe. Nur der Gegner von links sei der »totale Feind«, der bei Bedarf auch niedergemetzelt werden dürfe. Dies zeige sich darin, dass man dem Putschisten Hitler in der Weimarer Zeit komfortable Haftbedingungen eingeräumt habe, während die Kommunarden von 1871 einfach massakriert worden seien – und genau in dieser Linie der Ungleichbehandlung präsentiert das Heft auch den Umgang mit den Häftlingen der RAF. Sie seien nicht als »politische Gegner« akzeptiert, sondern »kriminalisiert« worden. In der Bundesrepublik Deutschland sei zwar durch Artikel 1 des Grundgesetzes eine durch nichts einzuschränkende und somit auch für den Kriminellen und Systemgegner geltende Würde des Menschen betont worden. Dieser Grundsatz werde aber sowohl durch den entmenschlichenden Umgang der RAF mit ihren Gegnern (zum Beispiel Polizisten, die als »Schweine«/*pigs* abgewertet würden) als auch durch die Reaktionen von Staat, Medien und Gesellschaft auf die Linksterroristen unterminiert. Diese faktische Aberkennung von Würde zeige sich etwa, wenn RAF-Mitglieder in der Haft nicht mehr als Gegner, sondern als Feinde behandelt würden.[1064]

Während ein Autor des Heftes auch auf Seiten der RAF eine Mitverantwortung für diese Tendenz zur Enthumanisierung sah, richtete der französische Philosoph Jean-Paul Sartre seine Anklage ausschließlich gegen den westdeutschen Staat; 1974 trug er nach einem Besuch bei dem RAF-Häftling Andreas

Baader international zur Verbreitung von Foltervorwürfen gegen die deutsche Justiz bei.[1065] Die französische Tageszeitung Le Monde zitierte Sartre mir einer Aussage, die so gelesen werden könnte, als habe er der Bundesrepublik effizientere Folterpraktiken als dem NS-Regime vorwerfen wollen:

> » Es ist nicht die Folter nach der Art der Nazis, mit einem anwesenden Henker und einem Opfer, aber es sind Methoden, die psychische Probleme hervorrufen, indem sie alles beseitigen, was den Eindruck von Leben vermitteln kann. Diese unerträglichen Bedingungen, die zu einer langsamen Verblödung der Gefangenen führen und nur auf die Häftlinge der Baader-Meinhof-Gruppe angewandt werden, können drei Folgen haben: die Gefangenen unfähig machen, vor Gericht zu antworten, sie in den Wahnsinn treiben oder sie sterben lassen.«[1066]

Sartres Bericht bezog sich auf die Verhältnisse in der neu errichteten Justizvollzugsanstalt Stuttgart-Stammheim. Dort befanden sich die Gefangenen, anders als zuvor und an anderen Standorten, nicht etwa in Isolationshaft, sondern wurden sogar gegenüber ›normalen‹ Häftlingen begünstigt, etwa durch eine üppige Versorgung mit Büchern und Zeitschriften wie auch durch längere Zeiten für die Kommunikation in der Gruppe. Dies berichtete bereits zeitgenössisch das Magazin Der Spiegel in einem Bericht, den der Historiker Wolfgang Kraushaar aus dem distanzierten Rückblick heraus als zutreffend einstuft.[1067] Auch eine von Sabine Bergstermann zur Geschichte des »Reformgefängnisses« in Stammheim vorgelegte Studie kommt zu dem Ergebnis, dass der in der RAF und ihrem Umfeld übliche Kampfbegriff der »Isolationsfolter« zwar für die inhumanen Haftbedingungen von Ulrike Meinhof und Astrid Proll im »Toten Trakt« der JVA Köln-Ossendorf noch nachvollziehbar gewesen sei, für Stammheim dann aber nicht mehr. Der Foltervorwurf sei vor allem durch die Anwälte der RAF verzerrend als »effektives Instrument der Mobilisierung« eingesetzt worden.[1068] Die starke Polarisierung in der Bewertung der Haftbedingungen wird auch Jahrzehnte nach der Hauptverhandlung gegen Bader, Ensslin, Meinhof und Raspe noch darin sichtbar, dass die Meinhof-Biografin Jutta Ditfurth im Gegensatz zu Kraushaar und Bergstermann am Vorwurf besonders unmenschlicher Haftbedingungen auch in Stuttgart-Stammheim festhält.[1069] Vielleicht kommt es der historischen Wahrheit am nächsten, im Anschluss an Kraushaar die Einstufung der Stammheimer Verhältnisse als »Isolationsfolter« aus sachlichen Gründen abzulehnen und dennoch anzuerkennen, welch massive Schädigungen eine längere Haft verbunden mit den schweren Belastungen eines sich hinziehenden Strafprozesses für Gefangene und Angeklagte bedeutet.[1070]

In diesem Sinne äußerte sich bereits im August 1977 der im Stammheim-Prozess als Gutachter tätige Experte Wilfried Rasch, der das Berliner Institut für Forensische Psychiatrie leitete.[1071] Die Isolation der RAF-Gefangenen im Sinne einer Trennung von den ›unpolitischen‹ Häftlingen stelle ein Problem dar, da sie mit psychosomatischen Folgen und einer Reduzierung des Konzentrationsvermögens verbunden sei. Dies habe alle Gutachter in Stammheim dazu veranlasst, eine Beeinträchtigung der Verhandlungsfähigkeit festzustellen. Zugleich wies Rasch aber auch auf die im ›revolutionären‹ Selbstverständnis der Angeklagten liegenden Sicherheitsprobleme hin. Dieses Selbstverständnis verhindere eine »Integration in den normalen Strafvollzug«, da dann das gesamte Gefängnis, also auch die »nicht politisch motivierten« Gefangenen, einem verschärften Sicherheitsregime unterworfen werden müssten. Hinzu komme, dass die Einrichtung von gemischten Haftgruppen mit RAF-Tätern und ›normalen‹ Gefangenen »von beiden Seiten abgelehnt« werde. Ein »spezielles Gefängnis« mit besseren Interaktionsmöglichkeiten für die dann in größerer Zahl zusammenzulegenden Mitglieder der RAF einzurichten, lehnte Rasch mit dem Hinweis ab, dass hierdurch ein »KZ« eingerichtet würde. Selbst in der Wahrnehmung des vom Gericht selbst bestellten Gutachters, der dezidiert nicht von »Isolationsfolter« sprach, scheint also ein Abgleiten des Rechtsstaats in Praktiken des NS-Regimes eine nicht ganz von der Hand zu weisende Gefahr gewesen zu sein.[1072]

Nun genauer zu Stuttgart-Stammheim: In den Jahren 1975 bis 1977 stand die Führungsriege der RAF in Stuttgart-Stammheim vor Gericht. In einer auf dem Gelände der dortigen Justizvollzugsanstalt eigens errichteten Halle fand unter Hochsicherheitsbedingungen vor dem Zweiten Strafsenat des Oberlandesgerichts Stuttgart die Hauptverhandlung gegen Andreas Baader, Gudrun Ensslin, Ulrike Meinhof und Jan-Carl Raspe statt. Ulrike Meinhof erlebte, wie gesagt, das Ende des Verfahrens nicht, der ebenfalls zum innersten Zirkel der Gruppe gehörende Holger Meins war bereits vor Beginn des Strafprozesses im Hungerstreik verstorben. Der Prozess endete im April 1977 mit lebenslangen Freiheitsstrafen für alle noch lebenden Angeklagten: Baader, Ensslin und Raspe wurden unter anderem mehrerer Morde, versuchter Morde, Sprengstoffanschläge sowie der Bildung einer terroristischen Vereinigung schuldig gesprochen.[1073]

Was verrät der Stammheim-Prozess über das Verhältnis der führenden RAF-Terroristen der ersten Generation zum Lernen aus der Geschichte? Für Strafverteidiger Axel Azzola galt es im Januar 1976 als offensichtlich, dass die Angeklagten als Kämpfer in einem weltweiten Krieg gegen den ausbeuterischen und mörderischen Imperialismus anzusehen seien und daher Anspruch auf den Status von Kriegsgefangenen hätten.[1074] Der Anwalt verwendete unmittelbar im Anschluss an Ausführungen Gudrun Ensslins zum »antiimperialistischen Kampf« der RAF den Begriff des »Widerstandes«:

>> Die Gefangenen haben in ihrer Erklärung zur Sache dargelegt, daß Widerstandsrecht solange eine leere Hülse bleibt, solange Widerstandsrecht nicht sozial bestimmt wird. Daß Artikel 20 Abs. 4 [GG] als ein Widerstandsrecht zugunsten einer bestehenden Herrschaft nichts als eine Rechtfertigungsideologie sein kann, mit legitimatorischem Charakter gegenüber der faktischen Ausübung von Herrschaft. Und noch eins, daß, wer als sozial unterdrückte Klasse Widerstandsrecht reklamiert, dies immer gegen herrschendes Recht tun kann, ebenso wie, wer auf solcher Ebene Notwehr reklamiert, dies auf der Grundlage herrschenden Rechts als des Rechtes der Herrschenden nicht positivistisch für sich in Anspruch nehmen kann, obwohl inhaltlich das, was vorgeht, Notwehr ist.«[1075]

Azzola tat damit das Widerstandsrecht des Grundgesetzes als unzureichend und sogar schädlich ab. Aus seiner zwar nicht offen ausgesprochenen, aber doch aus dem Gesagten ableitbaren Sicht lasse es sich nicht gegen den repressiven Ausbeuterstaat richten, den er und seine Mandanten in der Bundesrepublik erkennen wollten. Widerstand gegen soziale Ausbeutung sah und sieht das Grundgesetz in der Tat nicht vor. Denn der 1968 im Zuge der Notstandsgesetzgebung in Artikel 20 des Grundgesetzes eingefügte Absatz 4 gibt den Deutschen lediglich das Recht, Widerstand gegen Personen oder Kräfte zu leisten, welche die freiheitlich-demokratische Grundordnung beseitigen wollten – und auch dies tatsächlich nur dann, wenn keine andere »Abhilfe« möglich wäre. Wer wie die RAF in der Bundesrepublik nur die einem neuen, grenzüberschreitenden »Faschismus« verpflichtete Handlangerin des US-Imperialismus zu sehen bereit war, musste ein solches Widerstandsrecht zur Erhaltung des demokratischen Verfassungsstaates als kontraproduktiv wahrnehmen.[1076]

Bundesanwalt Heinrich Wunder wies die Inanspruchnahme eines nicht im Grundgesetz verankerten Widerstandsrechts durch die RAF als unangemessen zurück und bezog sich dabei auf das Beispiel des Widerstandes gegen das NS-Regime:

> » In unserem Lande werden Morde als das verfolgt, was sie sind. Wir leben in Frieden und nicht in einem den Angeklagten vorschwebenden Kriegszustand. Diesen Frieden zu erhalten ist auch unsere Aufgabe als Angehörige der Justiz, im übrigen aber insbesondere auch all derjenigen, die einen Eid auf diese Verfassung geleistet haben. [...]
> Es gibt keinen straffreien Raum in dem ein durch quasi Kriegszustand gerechtfertigtes Töten erlaubt wäre. Es kann und wird dies in unserem Rechtszustand nicht geben. Das Widerstandsrecht in diesem Zusammenhang anzuführen, ist meiner Auffassung nach fast beleidigend für all diejenigen, die im Dritten Reich zulässigen Widerstand geleistet haben, leisten mußten und dankenswerter Weise geleistet haben.«[1077]

Das Protokoll vermerkt, dass die Angeklagte Ulrike Meinhof mitten in dieser Äußerung Wunders den Sitzungssaal verlassen habe.[1078] Wunders Worte über Widerstand im »Dritten Reich« konnte sie möglicherweise schon nicht mehr hören. Dabei griff er ein Thema auf, dass sie selbst vor Beginn ihrer terroristischen Karriere als Journalistin mit ganz anderen Schlussfolgerungen behandelt hatte: Gut ein Jahrzehnt früher war ihr Artikel »Zum 20. Juli« in der linken Zeitschrift *konkret* erschienen. Darin sprach sie sich dafür aus, das Anliegen des Widerstands gegen das NS-Regime als unabgeschlossen zu betrachten und in der Gegenwart daran weiterzuarbeiten. Dabei bezog sie sich unter anderem auf die von Franz Josef Strauß betriebene Aufrüstung der Bundeswehr mit amerikanischen Nuklearwaffen und ging so weit, eine Verbindung zu Auschwitz herzustellen:

> » Es ist an der Zeit, zu begreifen, daß die Vergasungsanlagen von Auschwitz in der Atombombe ihre technische Perfektion gefunden haben und daß das Spiel mit Atombomben im Blick auf die Deutschen in der DDR, die Polen jenseits von Oder und Neiße, die Tschechen im Sudetenland, die Russen im Baltikum das Spiel mit einem Verbrechen hitleristischen Ausmaßes ist.«[1079]

Dieser Gedanke hatte Meinhof offenbar schon länger begleitet. Bereits 1958 hatte sie als aktive Gegnerin der atomaren Aufrüstung in der Bundesrepublik ein Flugblatt verfasst, das die Verknüpfung von Nuklearwaffen und potenziellen Verbrechen gegen die Menschlichkeit herstellte – damals noch christlich gerahmt: »Wir wollen uns nicht noch einmal wegen ›Verbrechen gegen die Menschlichkeit‹ vor Gott und den Menschen schuldig bekennen müssen.«[1080] Auschwitz-Vergleiche spielten in der RAF und ihrem Sympathisantenumfeld immer wieder eine Rolle: So wurde ein Foto des ausgemergelten, am 9. November 1974 im selbstgewählten Hungerstreit verstorbenen Holger Meins auf Demonstrationen gezeigt, um eine Nähe zu verhungernden Häftlingen in Auschwitz zu suggerieren – und damit zugleich den bundesrepublikanischen Staat mit dem Vorwurf der »Vernichtungshaft« in die Nähe des genozidalen NS-Regimes zu rücken.[1081] Die RAF hatte solche Wahrnehmungsmuster in ihrer Hungerstreikerklärung vom 8. Mai 1973 gezielt aufgebaut:

> » Der springende Punkt im modernen Vollzug heißt: Politisierung oder Psychologisierung der Knäste – Unsere Isolation jetzt und das Konzentrationslager demnächst – ob nun unter der Regie von grünen oder weißen Terrortrupps – kommt raus auf: Vernichtungslager, Reformtreblinka – Reformbuchenwald – die ›Endlösung‹. So sieht's aus.«[1082]

Ein ähnliches Framing prägte auch die auf den 13. September 1974 datierte Erklärung zum nächsten Hungerstreik, in dessen Verlauf dann Holger Meins zu Tode kommen würde:

> » Wer seine Lage erkannt hat – wie soll der aufzuhalten sein? / Das ist unser dritter Hungerstreik gegen Sonderbehandlung, gegen die Vernichtungshaft an Politischen Gefangenen der Bundesrepublik und Westberlins«.[1083]

Mit »Sonderbehandlung« und »Vernichtung« wurden hier sehr bewusst zwei für den nationalsozialistischen Mordapparat zentrale Begriffe aufgerufen.[1084] Damit nahmen die inhaftierten Linksterroristen, die selbst für Mordtaten verantwortlich waren, eine Nähe zu Opfern des NS-Regimes für sich in Anspruch. Dass diese Deutung nicht nur Teil einer propagandistischen Außendarstellung der RAF war, sondern tatsächlich ihrem Selbstbild entsprach, legen oft zitierte Worte Ulrike Meinhofs über ihre Erfahrungen in der Isolationshaft der JVA Köln-Ossendorf nahe, die durch das mithilfe der Anwälte betriebene Kommunikationssystem »info« innerhalb der Gruppe verbreitet wurden:

> » der politische Begriff für toten trakt, köln, sage ich ganz klar ist das gas. meine auschwitzphantasien da drin waren, kann ich nur sagen, realistisch. meine orientierung darin auch, nämlich die identifikation mit dem aufstand, den ich ja schließlich dadrin auch gemacht habe.«[1085]

Die Unmenschlichkeit langer Isolationshaft wird kein zur Empathie fähiger Mensch infrage stellen. Aber was wollte Ulrike Meinhof mit den von ihr als »realistisch« eingestuften »Auschwitzphantasien« zum Ausdruck bringen?

Beansprucht sie für sich, tatsächlich »realistisch« beurteilen zu können, was Menschen unmittelbar vor ihrer Ermordung in Auschwitz gefühlt haben, weil sie eine aus ihrer Sicht ›ähnliche‹ Erfahrung gemacht zu haben glaubte? Sah sie, die wegen terroristischer Gewalt inhaftierte Täterin, sich wirklich auf einer Ebene mit Ermordeten, die ohne jedes Verschulden Opfer eines menschenverachtenden Regimes geworden waren? Die Antwort auf diese Frage hat Ulrike Meinhof mit ins Grab genommen.

Mit dem nationalsozialistischen Massenmord an sechs Millionen Juden hatten weder die inhumane Isolationshaft von Ulrike Meinhof noch der Tod von Holger Meins durch Verhungern etwas zu tun. Gerade der Hungerstreik war ein Instrument des politischen »Kampfes«, dessen Funktion Holger Meins in internen Diskussionen sehr bewusst reflektierte und legitimierte – kein unentrinnbares Schicksal, das eine verbrecherische Staatsmacht mit Vernichtungsabsicht von außen über die gefangenen Terroristen gebracht hätte. Dies soll nicht in Abrede stellen, dass der Umgang von Justiz und Anstaltsmedizin mit dem sterbenden Häftling Anlass zu Entsetzen und berechtigter Kritik bot.[1086] Menschen aber, die in Ghettos, Konzentrations- und Vernichtungslagern gezielt dem Hungertod oder anderen Formen der Vernichtung ausgesetzt wurden, verfügten über keinerlei Möglichkeit, ihrem Schicksal durch eine Willensentscheidung zu entgehen. Die Situation der im Hungerstreik lebenden und sterbenden RAF-Mitglieder war eine fundamental andere: Sie setzten das Hungern als Strategie ein, um die Beendigung von Isolationshaft zu erzwingen. Dass dabei – wie das Nachrichtenmagazin *Der Spiegel* Andreas Baader zitierte – »Typen kaputt gehen« würden, strebte die Gruppe vielleicht nicht an, ging aber zumindest das Risiko einer schweren, wenn nicht tödlichen Schädigung von Häftlingen bewusst ein.[1087] Holger Meins sprach im Juni 1973 im internen Kommunikationssystem der RAF von der »WAFFE MENSCH« und von der »VERACHTUNG DES TODES, die den folterer vernichtet«. Diese »folterer«, das heißt Vollzugsbeamte und für die Zwangsernährung verantwortliches Medizinpersonal, waren für ihn keine Menschen, sondern *pigs* beziehungsweise »schweine«, die den feindlichen Apparat repräsentierten. In diesem Weltbild war kein Platz für Kompromisse, da ein Abbruch des Hungerstreiks für Meins den »SCHWEINESIEG« ermöglicht und den Verrat an der Gruppe bedeutet hätte, wie er am 1. November 1974 notierte. Am selben Tag, etwa eine Woche vor seinem Tod, schrieb er im »info« folgende Worte, die bald darauf ihren Weg in den *Spiegel* fanden:

》 dann – wenn du nicht weiter mithungerst – sagste besser, ehrlicher (wenn du noch weißt, was das ist: ehre): ›wie gesagt, ich lebe. nieder mit der raf. sieg dem schweinesystem.‹ –
entweder mensch oder schwein
entweder überleben um jeden preis oder
kampf bis zum tod
entweder problem oder lösung
dazwischen gibt es nichts«[1088]

Der Gruppendruck und das individuelle Gefühl, sich aus der Ohnmacht der Gefangenschaft heraus mit der Zerstörung des eigenen Körpers als »Waffe«,[1089] als dem letzten noch verblieben Machtmittel zur Wehr setzen zu müssen, mag eine Situation subjektiver Notwendigkeit geschaffen haben. Dennoch bestand keinerlei Ähnlichkeit zwischen dem – zweifellos schrecklichen, zuletzt von brutaler Zwangsernährung begleiteten – Schicksal des Holger Meins und dem Massenmord an den europäischen Juden.[1090] Die Verantwortung des verstorbenen Häftlings und seiner Gruppe für sein Ende vermochte indessen nicht zu verhindern, dass der Berliner Kammergerichtspräsident Günter von Drenkmann kurz nach dem Tod von Meins einem linksextremistischen Mord zum Opfer fiel. Neben diesem Racheakt stand die Verklärung: »Holger, der Kampf geht weiter!«, rief die prominenteste Führungsfigur der deutschen Studentenbewegung, Rudi Dutschke, am Grab des toten Häftlings aus, distanzierte sich dann aber in einem Interview mit dem *Spiegel* von der terroristischen Gewalt:

》 Der politische Kampf gegen die Isolationshaft hat einen klaren Sinn. Darum unsere Solidarität. Die Ermordung eines antifaschistischen und sozialdemokratischen Kammerpräsidenten ist aber als Mord in der reaktionären deutschen Tradition zu begreifen. Der Klassenkampf ist ein politischer Lernprozeß, der Terror aber behindert jeglichen Lernprozeß der Unterdrückten und Beleidigten.«[1091]

Das Framing von RAF-Gefangenen als Holocaust-Opfer propagierte 1973 auch die linke Zeitschrift *Kursbuch*: In der Einleitung zu einem Artikel des niederländischen Psychiaters Sjef Teuns über Isolationshaft und deren angebliche politische Zielsetzungen heißt es dort:

》 Gerade weil soziale und politische Desorientierung im Massenmaßstab durch schleichende sensorische Deprivation in Form einer Abstumpfung der sinnlichen Wahrnehmung zu den Bedingungen von Herrschaft gehört, Empörung, Protest, Widerstand schon im Keime ersticken oder systemkonform kanalisieren soll, gerade deshalb ist es für viele heute noch schwierig, die Isolationsfolter, wie sie gegen Politische Gefangene in der BRD angewendet wird, als den tendenziellen Massenmord à la Auschwitz zu begreifen, der sie ist.«[1092]

Das Oberlandesgericht in Stuttgart-Stammheim nahm diesen Artikel zum Anlass, Teuns entgegen den Bemühungen der RAF-Anwälte nicht als Gutachter im Prozess zuzulassen, da es an seiner »Unparteilichkeit« zweifelte.[1093]

Die Akteure der RAF nutzten die Erinnerung an Auschwitz nicht nur für ihre Selbststilisierung, sondern beanspruchten auch, gegen eine Wiederholung des menschenverachtenden Unrechts Widerstand zu leisten, für das der Name des deutschen Vernichtungslagers weltweit bereits in den 1970er Jahren stand. Diesen Anspruch brachten die Linksterroristen in der Erklärung zum Bombenanschlag der Gruppe auf das Hautquartier der US-Streitkräfte in Europa in Heidelberg am 25. Mai 1972 folgendermaßen zum Ausdruck:

> » Die amerikanische Luftwaffe hat in den letzten 7 Wochen mehr Bomben über Vietnam abgeworfen als im 2. Weltkrieg über Deutschland und Japan zusammen. Von weiteren Millionen Sprengstoffen ist die Rede, die das Pentagon einsetzen will, um die nordvietnamesische Offensive zu stoppen. Das ist Genozid, Völkermord, das wäre die ›Endlösung‹, das ist Auschwitz.«[1094]

In dieser Perspektive war der Anschlag ein Akt, der eine Wiederkehr des Holocaust verhindern sollte. Was war bei dem Bombenanschlag der RAF in Heidelberg tatsächlich geschehen? Drei US-Soldaten wurden getötet, einer von ihnen völlig zerfetzt, ein weiterer von einem durch die Detonation umgeworfenen Getränkeautomaten zerquetscht; weitere Menschen erlitten zum Teil schwere Verletzungen.[1095]

Da die politische Rhetorik der RAF und ihrer Weggefährten darauf abstellte, der Gruppe eine Widerstands- und Opferrolle zuzuschreiben und so die Diskussion zu beherrschen, gerieten die Gewalttaten bis hin zum Mord allzu leicht aus dem Blick. Dies fällt etwa in Jutta Ditfurths Biografie von Ulrike Meinhof auf: Mit Empathie macht Ditfurth Meinhofs Weg in den Terrorismus nachvollziehbar und vergegenwärtigt ihr Leiden in der Haft anschaulich. Die Opfer der Verbrechen, an denen Meinhof praktisch oder geistig maßgeblich beteiligt war, werden dagegen in einer Weise ausgeblendet, die auch unter Berücksichtigung des für jede Biografie konstitutiven Fokus auf ein Individuum schwer verständlich ist.[1096]

Die Maßlosigkeit, mit der sich die RAF in die Nähe von NS-Opfern rückte, kann leicht dazu verleiten, an der Ernsthaftigkeit der linksterroristischen Auseinandersetzung mit dem Nationalsozialismus insgesamt zu zweifeln. War dieser ›Antifaschismus‹ nicht einfach nur eine propagandistische Pose, mit der die von der Terrorgruppe ausgeübte Gewalt gerechtfertigt werden sollte? Für Ulrike Meinhof würde diese Erklärung sicherlich zu kurz greifen. Ihr Umgang mit der Erinnerung an Opfer des Nationalsozialismus war nicht immer so selbstbezogen wie in den »auschwitzphantasien« der Isolationshaft.[1097] Dass sie vor dem Weg in die Illegalität ein ernstes, nicht auf Versuche politischer Instrumentalisierung reduzierbares Interesse am Holocaust hatte, lässt sich aus einer Äußerung Marcel Reich-Ranickis schließen, der zu den Überlebenden des von den Deutschen eingerichteten Ghettos in Warschau gehörte. Er erinnerte sich an ein Gespräch mit Ulrike Meinhof, die im Auftrag des WDR über die Verhältnisse im Ghetto recherchiert habe. Am Ende des Interviews hätten ihr Tränen in den Augen gestanden – und sie sei »die erste gewesen, die wissen wollte, wie das Warschauer Ghetto, der Alltag, das Leben ausgesehen haben.«[1098]

Auch die von Ulrike Meinhof in den späten 1950er und 60er Jahren vor allem in der Zeitschrift *konkret* veröffentlichten Texte zeugen von einer beeindruckenden Intensität und Seriosität des intellektuellen Ringens mit dem Nationalsozialismus. Ihre Positionen sind bis in die späten 1960er Jahre nicht extremistisch, sie stehen nicht im Widerspruch zu einer freiheitlich-demokratischen Staats- und Gesellschaftsordnung, sondern können vielmehr weithin als Beiträge zu deren Verteidigung gelesen werden. Dennoch scheint sich in der moralischen Konsequenz etwas anzukündigen, was den Sprung in den Terrorismus möglich gemacht hat. Eine Tendenz zu ›radikalisierendem‹ Denken hatte bereits 1956 eine Gutachterin der Studienstiftung des deutschen Volkes, die Marburger Pädagogikprofessorin Blochmann, bei der Stipendiatin Ulrike Meinhof ausgemacht:

> » Was einem an diesem jungen Menschen am meisten auffällt, ist[,] was man vielleicht als ihren existenziellen Ernst bezeichnen könnte. Hier liegt allerdings auch eine Gefahr für sie. Sie neigt dazu, Probleme theologisch zu radikalisieren, und ich habe den Eindruck, daß sie in letzter Zeit in eine gewisse geistige Krise geraten ist.«

Blochmann ergänzte, dass sie von einer Überwindung der Krise ausgehe und empfahl der Studienstiftung die endgültige Aufnahme Ulrike Meinhofs als

Stipendiatin.[1099] Allerdings sollte man mit Blick auf das Spätere nicht zu viel in diese Einschätzung hineinlesen. Ähnliches dürfte sicherlich auch in den Beurteilungen vieler anderer Studentinnen und Studenten stehen, die später eine bürgerlich unauffällige Laufbahn gewählt haben. Zumindest bis 1970 wäre der rückblickende Betrachter nicht überrascht darüber, wenn Meinhof andere, nicht in den Extremismus mündende politische Wege beschritten hätte.[1100]

Festzuhalten ist aber, dass der von Blochmann angesprochene Ernst und eine radikale Form der Konsequenz für Ulrike Meinhofs Arbeit als Journalistin charakteristisch waren und sich auch noch im Gerichtssaal von Stammheim beobachten ließen, als sie dem Gericht erläuterte, Isolationsgefangene stünden vor der Alternative »Verrat« oder Tod.[1101] Die von der Gutachterin Blochmann konstatierte Haltung lässt sich etwa in dem Artikel »Hitler in euch« erkennen, den Ulrike Meinhof 1961 in der Zeitschrift *konkret* veröffentlichte. Sie schließt diesen Text, der sich gegenwartsbezogen mit der Frage nach Konsequenzen aus den nationalsozialistischen Verbrechen befasst, mit einem Satz, der in seiner diffamierenden Schärfe den Rahmen demokratischer Kritik verlässt: »Wie wir unsere Eltern nach Hitler fragen, so werden wir eines Tages nach Herrn Strauß gefragt werden.«[1102] Aber wie konnte es dazu kommen, dass Meinhof Franz Josef Strauß in einem Atemzug mit Hitler nannte? Der Grund hierfür dürfte das Eintreten des CSU-Politikers und Bundesverteidigungsministers für die nukleare Bewaffnung der Bundeswehr gewesen sein. Bereits 1958 hatte er sich im Bundestag für die Ausstattung der westdeutschen Streitkräfte mit taktischen Atomwaffen ausgesprochen: Anders als der immer zum »Selbstmord« führende und daher unwahrscheinliche Einsatz von strategischen Interkontinentalraketen der USA waren diese kleineren Systeme aus seiner Sicht geeignet, die Sowjetunion von einem auf Europa beschränkten Angriff abzuhalten (▸Kap 10).[1103] Dies war genau die Politik, gegen die Meinhofs Ersatzmutter Renate Riemeck mit der Deutschen Friedensunion (DFU) und auch Meinhof selbst energisch Stellung bezogen. In einem zuvor bereits zitierten Text »Zum 20. Juli«, der 1964 in *konkret* veröffentlicht wurde, sollte sie dann wie erwähnt die nukleare Rüstung sogar »als ein Verbrechen hitleristischen Ausmaßes« verurteilen – ein Gedanke, der vielleicht schon die provokative Parallelisierung von Strauß und Hitler 1961 zu erklären vermag. Strauß beantwortete den Artikel »Hitler in euch« mit einer Beleidigungsklage, die abgewiesen wurde. Bemerkenswert war, dass der Gegner der Wiederbewaffnung und spätere Bundespräsident Gustav Heinemann Ulrike Meinhof als Strafverteidiger zur Seite stand, was ihre Einbindung in die pazifistische Bewegung um ihre Ziehmutter auch personell unterstrich.[1104]

Besonders deutlich formulierte Ulrike Meinhof im darauffolgenden Jahr den Anspruch, in der Auseinandersetzung mit der deutschen Vergangenheit Orientierung für die Gegenwart zu gewinnen. So befasste sie sich 1962 in einem *konkret*-Artikel unter dem Titel »Gegen wen?« mit der damals einsetzenden Diskussion über die Notstandsgesetzgebung. Dabei ging es um die im Grundgesetz 1949 wegen der zunächst bei den Allliierten liegenden Zuständigkeit ausgesparten Vorkehrungen für den Kriegs- und Krisenfall. Besondere Befugnisse sollten auch in einer solchen Situation die Handlungsfähigkeit des Staates erhalten. Vor dem historischen Hintergrund der Zerstörung der Weimarer Republik, die ja wesentlich unter dem Deckmantel des ›Notstands‹ vollzogen worden war (zum Beispiel Aufhebung wichtiger Grundrechte durch die sogenannte ›Reichstagsbrandverordnung‹ im Februar 1933 oder Zerstörung der Gewaltenteilung durch das ›Ermächtigungsgesetz‹ im März 1933), sahen die Kritiker in den geplanten Grundgesetzergänzungen eine extreme Bedrohung für Freiheit und Demokratie. Ulrike Meinhof stellte das Vorhaben der Notstandsgesetze in die unglückliche Tradition des Artikels 48 der Weimarer Reichsverfassung. Dieser Artikel begründete das Notverordnungsrecht des Reichspräsidenten und hatte es Hindenburg seit 1930 ermöglicht, Präsidialkabinetten ohne Parlamentsmehrheit einzusetzen – bis hin zum Kabinett Hitler im Jahr 1933. Meinhofs gegenwartsbezogenes Anliegen im Umgang mit der nationalsozialistischen Vergangenheit tritt hier besonders klar zu Tage: »Will man also aus Weimar und seiner Ablösung durch den Faschismus lernen, so bedarf es anderer Mittel zum Schutz der Demokratie als jene, die versagten.« Die Journalistin wollte also die freiheitlich-demokratische Grundordnung gegen eine aus ihrer Sicht gefährliche Veränderung durch ein bewusstes Lernen aus der Geschichte in Schutz nehmen. Das Grundgesetz hielt sie in seiner bisherigen Form für hinreichend. Immerhin sei es in der höchst angespannten Lage der Jahre 1948/49 inmitten der Berlin-Blockade entstanden und könne daher als von Illusionen frei gelten: Es enthalte bereits die erforderlichen Regelungen für Verteidigungs- und Krisensituationen. Zugleich müsse beachtet werden, dass das Grundgesetz 1948/49 »antithetisch zu Krieg und Terror vorangegangener 12 Jahre entworfen« worden sei, das heißt als Gegenentwurf zur NS-Diktatur. Es müsse daher dem Frieden und der Freiheit verpflichtet bleiben und könne gar keine Situation des »totalen Krieges« oder eines Notstands mit Einschränkungen demokratischer Rechte regeln, da es seinem Wesen dadurch untreu werden müsse.[1105]

Auch bei sehr kritischer Lektüre ist diesem Artikel kein Jota zu entnehmen, das in eine extremistische Richtung weisen würde. Die Rolle der Extremisten und Antidemokraten übernahmen in Meinhofs Argumentation vielmehr jene Vertreter des Staates, denen sie autoritäre Denkmuster und persönliche Kontinuitätsbeziehungen zum Nationalsozialismus vorwarf. Der Linken schrieb sie dagegen eine seit 1848 bestehende Dauerleistung bei der Verteidigung von Republik und Rechtsstaat zu. Dies war bezogen auf Repräsentanten der bundesrepublikanischen Demokratie in derart pauschaler Form sicher ungerecht und polemisch. Von begrenzter Fairness zeugt auch, dass für Meinhof Konrad Adenauer in den Augen des »in Sachen Demokratie sensibleren westlichen Auslandes« auf die Eigenschaft eines »autoritär-patriarchalischen Bundeskanzler[s]« reduziert sei.[1106] Immerhin war Adenauer trotz seiner engen Zusammenarbeit mit schwer NS-Belasteten (Stichwort Globke) ein politisch Verfolgter des Regimes gewesen und als Präsident des Parlamentarischen Rates 1948/49 für das von Meinhof gelobte ›ursprüngliche‹ Grundgesetz wesentlich mitverantwortlich.[1107] Aber trotz ihrer polemischen Schärfe und Einseitigkeit bewegte sich Meinhofs Kritik an den Notstandsplänen 1962 klar auf dem Boden der freiheitlich-demokratischen Grundordnung. Es ging um deren Verteidigung, nicht Beseitigung – ein wesentlicher Unterschied zu Äußerungen aus ihrer späteren, terroristischen Lebensphase.

Was Meinhof schwer irritierte und zum Schwinden ihres Vertrauens in die politische und rechtliche Ordnung der Bundesrepublik geführt haben dürfte, war die Präsenz früherer Nationalsozialisten – und zwar auch von solchen, denen Verbrechen nachzuweisen waren – in führenden Positionen der westdeutschen Demokratie. Ein Beispiel war der Fall Fränkel. Der Jurist Wolfgang Fränkel war für kurze Zeit Generalbundesanwalt gewesen, bis seine Beteiligung an nationalsozialistischen Justizverbrechen öffentlich wurde und zur Versetzung in den vorzeitigen Ruhestand führte.[1108] Am Reichsgericht Leipzig hatte er sogenannte Nichtigkeitsbeschwerden gegen bereits gefällte Beschlüsse untergeordneter Gerichte zu bearbeiten und dabei in zahlreichen Fällen eine Verschärfung zu Todesurteilen bewirkt.[1109] Auch *Der Spiegel* berichtete über den Fall und verband dies mit einem schweren Vorwurf gegen den Juristen Hans Globke, der damals als Staatssekretär in Konrad Adenauers Kanzleramt saß: Fränkel habe das Reichsgericht dazu gebracht, den ›Tatbestand‹ der nach dem nationalsozialistischen »Blutschutzgesetz« strafbaren »Rassenschande« so weit auszudehnen, dass damit nicht nur Geschlechtsverkehr, sondern auch andere Formen der körperlichen Begegnung von Menschen kriminalisiert werden konnten – und dies sei genau die von Globke in seinem Kommentar zu den Nürnberger Gesetzen vertretene Interpretationslinie gewesen.[1110]

Der Fall Fränkel führt exemplarisch vor Augen, dass es sich bei NS-Kontinuitäten in den 1960er Jahren nicht nur um ›formale‹ Sachverhalte wie NSDAP-Mitgliedschaften handelte. Es ging um Täter in Schlüsselpositionen einer Demokratie, die keine Bereitschaft zur Offenlegung ihres menschenverachtenden Verhaltens in der NS-Zeit oder gar zu Umkehr und Reue zeigten. Bei Ulrike Meinhof führte dies zu einer Verbitterung, die in einem *konkret*-Artikel auch schon 1962 mit Zweifeln an der Moralität der Bundesrepublik als Staat verbunden war. So bemerkte sie sarkastisch, dass Justizminister Wolfgang Stammberger den Generalbundesanwalt Fränkel mit »Staatsschutzsachen« habe betrauen wollen – also genau mit dem Vorgehen gegen »linke Leute, Kommunisten«, das er auch schon 1935 unter dem »ungeteilten Beifall seiner Vorgesetzten« praktiziert habe. Sie spitzte dies in der ihr eigenen Schärfe zur Diagnose einer vollständigen Kontinuität zwischen nationalsozialistischer und bundesrepublikanischer Justiz zu: »Keine Front ist vertauscht. Keine.« Die Bundesrepublik sei »verrottet«, was Meinhof mit einer Meldung der Springer-Zeitung *Die Welt* begründete: Ein FDP-Abgeordneter wollte sich im Bundestag danach erkundigen, ob Fränkel tatsächlich Globkes Kommentar zu den Nürnberger Gesetzen für seine Strafanträge genutzt habe. Die Zeitung interessierte daran nur, dass auf dem Briefumschlag mit einer entsprechenden Pressemitteilung des Abgeordneten der Werbeslogan seiner Likörfabrik stehe: »Kohut tut gut«.[1111] Tatsächlich hatte Kohut nach »Konsequenzen« der Bundesregierung aus Globkes Mitwirkung »am Gesetz über den Schutz des deutschen Blutes und der deutschen Ehre vom 15. September 1935« gefragt.[1112]

Es ist durchaus möglich, dass solche ethischen Abgründe und der politisch-mediale Umgang mit ihnen dazu beigetragen haben, die Legitimität der Bundesrepublik als eines demokratischen Rechtsstaats in den Augen der späteren Terroristin zu unterminieren und auch die Bundesanwaltschaft, mit der Ulrike Meinhof und ihre Mittäter es dann vor allem in Stammheim zu tun bekommen sollten, nicht als eine Institution der Rechtspflege, sondern als Teil eines faschistoiden Verfolgungsapparats wahrzunehmen. Dies rechtfertigt die späteren »Selbstviktimisierungen« und »Selbstermächtigungen«[1113] nicht, zeigt aber vielleicht, aus welchen Erfahrungsquellen sie gespeist wurde. Die Denkmuster fielen 1970 nicht gleichsam vom Himmel, sondern haben sich in den 60er Jahren sukzessive herausgebildet. Trotz seiner ausufernden Verwendung war der Faschismusvorwurf bei Meinhof, anders als von ihrem Biografen Alois Prinz angenommen, nicht einfach eine Worthülse zur Bezeichnung von allem, was sie als »unmenschlich« oder »menschenverachtend« empfand, sondern hatte seine Ursprünge in einer Auseinandersetzung mit der Präsenz des Nationalsozialismus in der Bundesrepublik. Erst in den 1970er Jahren löste er sich zunehmend von dieser Dimension und wurde tatsächlich mehr und mehr zu einem ideologischen Schlagwort und zu einer pauschalen Feindbezeichnung.[1114]

Eine Schlüsselrolle für Ulrike Meinhofs Weg in die Radikalisierung kam auch den politischen Erfahrungen in den Jahren 1967/68 zu. Zu nennen ist hier insbesondere der Staatsbesuch des Schah von Persien mit seiner Frau in der Bundesrepublik, die bei der Linken als Repräsentanten eines prowestlichen und damit auch ›proimperialistischen‹ Gewaltregimes verschrieben waren. Das Ereignis hat sich insbesondere durch eine studentische Demonstration in Berlin ins kollektive Gedächtnis eingeschrieben, bei der zunächst sogenannte »Jubelperser« ohne Störung durch die deutsche Polizei junge Anti-Schah-Demonstranten mit Stöcken verprügelten und später auch Polizisten gewaltsam gegen den Protest vorgingen. Dabei erschoss ein Beamter den Studenten Benno Ohnesorg. Das Datum seines Todes war namensgebend für die linksterroristische »Bewegung 2. Juni«. Stefan Aust bezeichnete den Tod von Benno Ohnesorg treffend als einen »Meilenstein auf dem Weg in den Terror«. In dem von Ulrike Meinhof 1971 verfassten *Konzept Stadtguerilla* erscheint die Tötung des Studenten durch den Polizisten Kurras und dessen Freispruch als ein Beleg dafür, dass die RAF gegen ein Unrechtsregime kämpfe:

> » Stadtguerilla ist bewaffneter Kampf, insofern es die Polizei ist, die rücksichtslos von der Schußwaffe Gebrauch macht[,] und die Klassenjustiz, die Kurras freispricht und die Genossen lebendig begräbt, wenn wir sie nicht daran hindern. Stadtguerilla heißt, sich von der Gewalt des Systems nicht demoralisieren lassen.«[1115]

Mit dem Zerrbild einer in die Diktatur abrutschenden Bundesrepublik war Ulrike Meinhof damals nicht allein. Selbst der mit den totalitären Spezifika des NS-Regimes so gut vertraute Philosoph Theodor W. Adorno, der einst ins Exil geflohen war, verstieg sich in der aufgeheizten politischen Stimmung nach dem Tod Ohnesorgs zu der Äußerung, die Studenten hätten nun »so ein wenig die Rolle der Juden übernommen.«[1116]

Schon 1967, im Todesjahr Benno Ohnesorgs, hatte Ulrike Meinhof den Schah-Besuch zum Anlass genommen, auf Kontinuitäten des Nationalsozialismus an der Spitze des bundesdeutschen Staates hinzuweisen. In einem von Vorwürfen schwerer Menschenrechtsverletzungen durchzogenen »Offenen Brief an Farah Diba«, die Frau des Schahs, fragte sie rhetorisch, ob sich diese angesichts ihrer verbrecherischen Herrschaft über die Einladung des deutschen Bundespräsidenten eigentlich wundere. Zur Verwunderung bestehe angesichts der »Kenntnisse« Heinrich Lübkes »auf dem Gebiet der KZ-Anlagen und Bauten« aber gar kein Anlass.[1117] Auch wenn die Bundesrepublik hier noch nicht als faschistisch bezeichnet wird, scheint die Delegitimierung schon sehr weit vorangeschritten zu sein: Ein westlicher Staat, so die Wahrnehmung Meinhofs, kann mit einer Folterdiktatur gut auskommen, weil er selbst maßgeblich von Personal repräsentiert wird, das einer unmenschlichen Diktatur gedient hat. Lübke war damals durch eine Kampagne aus Ostberlin beschuldigt worden, vor 1945 in seiner Tätigkeit als Architekt vom Einsatz von KZ-Häftlinge gewusst (was möglicherweise zutraf) und sogar KZ-Pläne abgezeichnet zu haben (was nicht restlos geklärt ist).[1118]

Neben Tendenzen zum »Polizeistaat«, die Ulrike Meinhof und andere mit einem Fortwirken der nationalsozialistischen Tendenzen verknüpften, spielte der Vietnamkrieg eine wesentliche Rolle für die Radikalisierung der ersten Generation der RAF. In einem 1967 in *konkret* erschienen Artikel stellte sie die »Effizienz polizeilich erlaubter Demonstrationen« infrage und rückte die »Ohnmacht« der Demonstranten in die Nähe einer »Komplizenschaft« mit einer Bundesregierung, die beabsichtige, mit der westdeutschen Luftwaffe die verbrecherische Kriegführung der Amerikaner in Vietnam zu unterstützen.[1119] Der Schritt in die politische Gewalt ist hier noch nicht explizit vollzogen, aber klar vorgezeichnet: Wie soll sich der Einzelne der »Komplizenschaft« entziehen, wenn er weiterhin nur legal und damit – aus der Sicht Meinhofs – wirkungslos demonstriert?

Mit der durch den Vietnamkrieg stark vorangetriebenen Radikalisierung ihres Denkens hin zur Bejahung von Gewalt stand Meinhof nicht allein. Schon bei der Frankfurter Delegiertenkonferenz des Sozialistischen Deutschen Studentenbunds (SDS) im September 1967 präsentierte die Prominenz der Studentenbewegung, Rudi Dutschke und Hans Jürgen Krahl, Überlegungen zu einer »Stadtguerilla«.[1120] Während Dutschke den Weg in den Terrorismus nicht ging, führten ähnliche Radikalisierungstendenzen bei Andreas Baader und Gudrun Ensslin zur offenen Gewalt. Sie standen 1968 in Frankfurt am Main vor Gericht, weil sie aus Protest gegen die Kriegführung der mit der Bundesrepublik verbündeten USA Brände in zwei Kaufhäusern gelegt hatten. Die Verteidigung übernahm der spätere RAF-Mitbegründer Horst Mahler. Zu ihren Motiven äußerte sich Ensslin ausführlich in einer Tonaufnahme, die das ARD-Fernsehmagazin *Panorama* am 4. November 1968 sendete.[1121] Darin kritisiert sie »Tendenzen der spätkapitalistischen Gesellschaft zum Faschismus« und diagnostiziert eine Verwechslung von »Lebensmitteln« mit »Lebenszweck« in der Konsumgesellschaft. Der Konsum, gegen den die Kaufhausbrandstiftung ein Zeichen setzen sollte, hindere die Menschen daran, zu einem politischen »Bewusstsein« zu kommen und entsprechend zu handeln:

> Die Leute in unserem Land und in Amerika und in jedem westeuropäischen Land, die müssen fressen, sie müssen fressen, um nicht auf die Idee zu kommen, nachzudenken, dass und was wir zum Beispiel mit Vietnam zu tun haben.«

Sie ergänzte: »Ich werde mich niemals damit abfinden, dass man nichts tut.« Ihr unmittelbar im Anschluss zu Wort kommender Vater Helmut Ensslin, ein früher der Bekennenden Kirche angehörender evangelischer Pfarrer in Stuttgart-Bad Cannstatt, äußerte Verständnis für die »politischen Frustrationen« in Ensslins Altersgruppe angesichts eines – wie er meinte – 1945 versäumten »Neuanfangs« – und auch und für ihre Weigerung, dieses Versäumnis hinzunehmen und dadurch »irgendwie korrumpierte Menschen zu sein«. Er distanzierte sich aber von den Mitteln, die seine Tochter und ihre Mittäter eingesetzt hatten: »Ich würde mich auch weigern, mich mit der ganzen bundesrepublikanischen Gesellschaft auf diese Weise mahnen zu lassen.« Auch der bedächtig sprechende, um Differenzierung bemühte und jedem Extremismus denkbar fern stehende Gemeindepfarrer ging davon aus, dass die Brandstiftung von 1968, die sich im Rückblick – neben der späteren Baader-Befreiung vom 1970 – als eines der beiden kriminellen Gründungsereignisse der RAF einstufen lässt, mit dem Bemühen verknüpft war, aus der NS-Vergangenheit Konsequenzen zu ziehen.

Ulrike Meinhof kommentierte die Tat in ihrem Artikel »Warenhausbrandstiftung«, der 1968 in *konkret* abgedruckt wurde. Zwar lehnte sie die Aktion insgesamt ab, aber nur deshalb, weil die Versicherung den Schaden ersetze und somit den kapitalistischen Profiteuren des Konsums eher genutzt als geschadet worden sei. Dennoch erkannte sie dem von Baader und Ensslin verübten Anschlag ein »progressives Moment« zu, das in der »Kriminalität der Tat« liege.[1122] Die Brandstiftung habe nämlich ein Gesetz gebrochen, das nicht dem Schutz von Menschen, sondern allein dem Schutz von Eigentum diene. Auch wenn Meinhof letztlich auch wegen der harten juristischen Folgen für die Täter von einer »Nachahmung« abrät, kommt am Ende des Textes doch unverhohlene Sympathie zum Ausdruck, mit der man den Rubikon hin zum Extremismus als überschritten ansehen kann: »Es ist immer noch besser, ein Warenhaus anzuzünden, als eines zu betreiben«, so zitiert sie offensichtlich zustimmend den Kommunarden Fritz Teufel.[1123]

Schon deutlich vor der Baader-Befreiung findet sich 1968 also bei Ulrike Meinhof eine Tonlage, die anders als die früheren Beiträge nur schwer mit einem politischen Engagement im Rahmen des Rechts- und Verfassungsstaates kompatibel war. Dies führt auch ihr Beitrag »Vom Protest zum Widerstand« vor Augen, der ebenfalls in diesem Jahr erschien. Darin zitierte sie Vertreter der amerikanischen Black-Panther-Bewegung sinngemäß mir folgenden Worten: »Protest ist, wenn ich sage, das und das paßt mir nicht. Widerstand ist, wenn ich dafür sorge, dass das, was mir nicht paßt, nicht länger geschieht.«[1124] Dies bezog sich auf teilweise gewaltsame studentische Aktionen gegen den Springer-Konzern, die Meinhof durch die Erschießung Benno Ohnesorgs und den Anschlag auf Rudi Dutschke im Jahr 1968 gerechtfertigt sah. Es seien gleichsam Akte der Verteidigung:

> » Nun, nachdem gezeigt worden ist, dass andere Mittel als nur Demonstrationen, Springer-Hearing, Protestveranstaltungen zur Verfügung stehen, andere als die, die versagt haben [...], muss neu und von vorn über Gewalt und Gegengewalt diskutiert werden.«[1125]

Dabei warnte sie allerdings noch davor, auch das an sich legitime gewaltsame Agieren der Demonstranten könne in Unrecht umschlagen – ein zentraler Punkt, den sie dann als RAF-Terroristin aus den Augen verlieren sollte.[1126] Nach der Baader-Befreiung war die Frage der Anwendung von »Gegengewalt« für Ulrike Meinhof geklärt. In einem – ohne ihre Zustimmung – im *Spiegel* veröffentlichten Interview finden sich folgende, für die RAF programmatische Äußerungen, die zu Recht immer wieder zitiert wurden:

» [U]nd wir sagen, natürlich, die Bullen sind Schweine, wir sagen, der Typ in der Uniform ist ein Schwein, das ist kein Mensch, und so haben wir uns mit ihm auseinanderzusetzen. Das heißt, wir haben nicht mit ihm zu reden, und es ist falsch[,] überhaupt mit diesen Leuten zu reden, und natürlich kann geschossen werden.«[1127]

Dieses extrem polarisierte Denken, das die Welt in zwei auf den Tod verfeindete Lager aufteilt, durchzieht auch Meinhofs Programmschrift *Konzept Stadtguerilla* von 1971: Noch über dem RAF-Emblem, dem Stern mit den drei Buchstaben auf einer Maschinenpistole, prangt ein Mao-Zitat: »Zwischen uns und dem Feind einen klaren Trennstrich ziehen!«[1128] Meinhofs Kriegserklärung an Kapitalismus, Imperialismus und Faschismus ist ein Text, der in geradezu religiöser Weise einem »manichäischem Dualismus« verpflichtet ist: Gut gegen Böse, Befreiung gegen Unterdrückung.[1129]

Es ist nicht beweisbar, aber im Licht der von Ulrike Meinhof verfassten Texte aus den 1960er Jahren sehr plausibel, dass ihr Weg in die terroristische Gewalt wesentlich von ihrem Bemühen ausging, die ›richtigen‹ Schlussfolgerungen aus der Geschichte des Nationalsozialismus zu ziehen. Die für heutige Beobachter – und schon für viele Zeitzeugen – schwer nachvollziehbare Verbindung zwischen Nationalsozialismus – beziehungsweise in der linken und linksextremistischen Diktion »Faschismus« – und US-Armee, die aus Sicht der RAF bestand, suchten die Anwälte Heldmann und Schily im Stammheimer Strafprozess mit folgender Denkfigur zu begründen: Unter moralischer Berufung auf den sozialdemokratischen Juristen, Humanisten und wesentlichen Akteur der antinazistischen Strafverfolgung, Fritz Bauer, betonte Heldmann, es gebe ein letztlich grenzüberschreitend wirksames Widerstandsrecht »zu Gunsten von jedermann«. Dieses Recht sei auch auf deutschem Gebiet gegen die USA anwendbar, den für »völkerrechtsverbrecherische Aggressionshandlungen« in Vietnam direkt verantwortlichen Staat, da die Amerikaner ihre Einrichtungen in Deutschland für den Krieg in Asien mitbenutzt hätten.[1130] In dieser Perspektive kam für die Anwälte dem von der RAF verübten Anschlag auf das von US-Armee, CIA und NSA genutzte IG-Farben-Haus die Qualität einer Widerstandshandlung zu. In Frankfurt hatte die Gruppe am 11. Mai 1972 mehrere Bomben im Hauptquartier des Fünften US-Korps gezündet und sich so des Mordes an einem Offizier und der Verletzung von 13 weiteren Menschen schuldig gemacht. Otto Schily führte die Argumentation seines Kollegen Heldmann fort und ging in einem Gedankenexperiment so weit, die

Anschläge der RAF mit einem Angriff auf das Reichssicherheitshauptamt, die bürokratische Schaltzentrale des Holocaust, zu vergleichen und fügte hinzu:

> » Und das, Herr Bundesanwalt Dr. Wunder, was wir mit diesen präsenten Beweismitteln an Aktionen [der USA, P. Geiss] unter Beweis stellen wollen, das ist durchaus vergleichbar mit einer kriminellen Vernichtungsaktion, wie es die Ausrottungsmaßnahmen im 3. Reich gegenüber den jüdischen Mitbürgern waren.«[1131]

Schily parallelisierte in seinen Ausführungen Bilder von durch Napalm verletzten Kindern mit dem offenbar bereits damals sehr bekannten Foto des Jungen, der im Warschauer Ghetto mit erhobenen Händen von der SS gefangengenommen wurde.[1132]

Die Verteidigungsstrategie der Anwälte bestand darin, den angeblich verbrecherischen Charakter der amerikanischen Militär- und Geheimdienstaktivitäten in Deutschland durch Befragung bereits geladener Zeugen zu belegen und so den Charakter der von der RAF verübten Anschläge als legitimer Widerstand zu untermauern. Unter den Zeugen befand sich Winslow Peck, einem *Spiegel*-Bericht von 1972 zufolge ein ehemaliger Mitarbeiter des amerikanischen Geheimdienstes NSA, der in Vietnam eingesetzt wurde und sich »unter dem Eindruck der ganzen Sinnlosigkeit des Krieges« dem Pazifismus zugewandt habe. Das Gericht wies die Zeugenbefragung mit dem Argument zurück, dies diene nicht der auf überprüfbare Fakten bezogenen Beweisaufnahme, sondern der politischen Agitation. Wahrscheinlich lag der Senat des Oberlandesgerichts mit der Annahme richtig, dass die von den Verteidigern vorgetragene Rechtfertigung der Anschläge im Rahmen des Völkerrechts ohnehin nicht der Denkweise der Angeklagten entsprach, da sie sich ausschließlich an »Kriterien der revolutionären Moral« orientierten.[1133] Indem die Verteidiger jedoch menschengemachte Abgründe des Unrechts, des Leidens und Sterbens, wie sie in den 1960er und 1970er Jahren in Vietnam bestanden, in die Nähe des Holocaust rückten, entsprachen sie gleichwohl einem wesentlichen Denkmuster der RAF.

Für Ulrike Meinhof im Besonderen ist festzuhalten, dass ein ursprünglich ernsthaftes Anliegen, im Dienst am Menschen aus der deutschen Geschichte zu lernen, in den späten 1960er Jahren zu einer wesentlichen Quelle terroristischer Menschenverachtung mutiert war. Ihr politisches Leben kann als gewichtige Fußnote zu der von Max Horkheimer und Theodor W. Adorno diagnostizierten *Dialektik der Aufklärung* gelesen werden, von der bereits in einem anderen Zusammenhang die Rede war (▶ Kap. 6): Aufklärerische Impulse haben das Potenzial, zu barbarischen Konsequenzen zu führen, wenn sie sich selbst und den eigenen Mitteln gegenüber nicht mehr kritisch sind.[1134] Dazu, sich selbst zu hinterfragen, war Ulrike Meinhof auch nach 1970 durchaus noch fähig, was sich in Äußerungen aus der Haft kurz vor ihrem Tod zeigt[1135] – zu einer grundsätzlichen Überprüfung eines Weltbildes, das einen Teil der Menschheit zu todeswürdigen »Schweinen« degradiert, wohl nicht mehr.

# 14
# Fort Dix 1976

Die Spanische Grippe als tödliche Wiedergängerin

Das Jahr 1918 dürfte bei den meisten Menschen heute mit der Erinnerung an das Ende des Ersten Weltkrieges verbunden sein und damit an einen Konflikt, der weltweit etwa 10 Millionen Soldaten und eine kaum zu bestimmende, aber ebenfalls in die Millionen gehende Zahl von Zivilisten das Leben gekostet hat. Über den Geschützdonner, das Massensterben an den Fronten und die Erfahrungen von Sieg und Niederlage ist in Europa ein anderes tödliches Geschehen jener Zeit weithin in Vergessenheit geraten: die sogenannte Spanische Grippe. Dabei starben in den Jahren 1918/19 mutmaßlich mehr Menschen an ihr als an den Kriegseinwirkungen.[1136] Mit Spanien hatte diese Pandemie nur insoweit etwas zu tun, als dort wegen der fehlenden Militärzensur schon früher über Krankheits- und Todesfälle berichtet werden konnte als in den kriegführenden Staaten. ›Spanisch‹ war an der Influenza von 1918 also nur ihre frühe öffentliche Sichtbarkeit. Ihr Ursprung dagegen ist bis heute nicht abschließend geklärt. Eine der Theorien dazu nimmt an, dass es in einem amerikanischen Militärausbildungszentrum in Kansas zu einem Ausbruch gekommen sei. In der Landwirtschaft tätige Rekruten hätten sich im Umgang mit Tieren infiziert – daher auch die Bezeichnung »Schweinegrippe«. Der Kriegseintritt der USA und Truppenverlegungen nach Europa hätten dann die rasche Ausbreitung der Seuche entscheidend begünstigt.[1137] Ob 1918 wirklich Schweine der Ursprung des Erregers waren oder vielleicht das »Mischgefäß« für seine für den Menschen schließlich verhängnisvolle Mutation, bleibt jedoch unklar, auch wenn der Erreger mehrfach in diesen Huftieren nachgewiesen werden konnte.[1138]

War die Spanische Grippe wirklich vergessen? Sucht man nach ihren Spuren in der Erinnerung, so fällt das Bild regional unterschiedlich aus. Dies hat der Pandemie-Historiker David Rengeling in einem transatlantischen Vergleich gezeigt: Vor allem im besiegten Deutschland sei die Massenseuche von 1918/19 über lange Zeit kaum beachtet worden. Dort habe sie sich – stärker als in den USA – die Aufmerksamkeit mit massiven anderen Problemen teilen müssen, so etwa mit den Folgen der alliierten Seeblockade sowie der allgemein schlechten Versorgungssituation vor und nach Kriegsende. Das Ausblenden der Influenza lasse sich nicht einfach mit der Kriegszensur erklären, da sie auch nach deren Ende nicht zu einem wichtigen Thema geworden sei.[1139]

Eine exemplarische Volltextsuche in der für die hier relevanten Jahre digitalisierten Zeitung *Generalanzeiger für Bonn und Umgegend* steht im Einklang mit dieser Feststellung: Für den Begriff »Grippe« ergeben sich nur vereinzelte Treffer, so zum Beispiel eine knappe Notiz über den Tod einer Bergmannsfamilie in Waltrop, der sich in der Ausgabe vom 28. Februar 1920 findet – mit dem Hinweis, dass Eltern und Kind »an der dort stark auftretenden Grippe« verstorben seien.[1140] Im Kontrast dazu stehen zahlreiche Treffer, die eine Stichwortsuche in digitalisierter amerikanischer Presse für 1918 und 1919 ergibt. Unter dem Titel *Facts and Figures of »Flu«* veröffentlichte die in Iowa erscheinende Kleinstadtzeitung *Audubon Republican* am 20. Februar 1919 zum Beispiel einen Artikel, der die Grippetoten sogar bereits quantitativ mit den Kriegsopfern verglich: Während nur 60 000 Amerikaner auf den Schlachtfeldern des Ersten Weltkrieges gefallen seien, hätte man 400 000 Opfer der Grippe und der mit ihr oft einhergehenden Lungenentzündung zu beklagen. Die Zeitung zitiert einen Arzt mit der zwischen Entsetzen und Entrüstung schwankenden Aussage, dass es trotz der weit entwickelten Wissenschaft und Hygiene nicht gelungen sei, das rasche Zerstörungswerk einer Pandemie zu beenden, die mehr Opfer fordere als der Krieg. Vor diesem Hintergrund könne man sehr gut verstehen, wie die Pest in früheren Zeiten gewütet habe.[1141] Die ganz der Influenza gewidmete Zeitungsseite endet mit der scharfen Attacke eines Chiropraktikers, der den in der Schulmedizin ausgebildeten Ärzten vorwirft, bei der Heilung von Grippekranken auf ganzer Linie versagt zu haben, was er mit der angeblich um ein Vielfaches niedrigeren Sterberate von chiropraktisch behandelten Patienten zu belegen sucht.[1142]

Einen Eindruck von den persönlichen Tragödien hinter den Zahlen vermag der Nachruf auf einen elfjährigen Jungen zu vermitteln, der am 23. Mai 1919 in der Kleinstadtzeitung *Monett Times* (Missouri) erschien:

> » John Alvis Parmley, der elfjährige Sohn von Mr. und Mrs. O. E. Parmley, ist am Montag an der Grippe gestorben. Er war nur etwa eine Woche krank, aber er hat sein Leiden mit Geduld ertragen. Alvis war ein Junge, den alle mochten, und er wird von allen vermisst und betrauert werden, vor allem wenn die Schule wieder beginnt.«[1143]

Auf dem auch nach über einem Jahrhundert noch in einer Datenbank wiederzufindenden Grabstein des Jungen sind die Worte »gone but not forgotten« zu lesen.[1144]

Die im *Audubon Republican* berichteten nationalen Opferzahlen bewegen sich mit 400 000 zwar noch deutlich unterhalb aktueller wissenschaftlicher Schätzungen, die sich auf 675 000 Grippetote in den USA und 50 Millionen weltweit belaufen,[1145] aber die ungefähren Größenordnungen werden doch bereits erkannt, sodass hier weder von einer Verharmlosung noch von einer Verdrängung der Pandemie die Rede sein kann. Auch bezogen auf die spätere gesellschaftliche Verarbeitung der Erfahrungen mit der Influenza von 1918/19 in den USA darf die These vom ›großen Vergessen und Verdrängen‹ als Legende betrachten werden, die Autoren verbreiteten, um durch den Gestus der ›Wiederentdeckung‹ die Bedeutsamkeit ihres Themas zu unterstreichen.[1146] Dies galt mutmaßlich schon für das 1976 von dem amerikanischen Historiker Alfred W. Crosby veröffentlichte Buch *Epidemic and Peace, 1918*.[1147] Es soll vom damaligen US-Gesundheitsminister F. David Matthews in mehreren Exemplaren erworben und unter Regierungsmitgliedern verteilt worden sein; auch US-Präsident Gerald Ford soll das Werk erhalten haben.[1148] Crosby selbst erinnert sich im Vorwort einer späteren Auflage daran, wie 1976 die »Schweinegrippenangst« (*swine flu scare*) plötzlich ein »Stück antiquarischer Medizingeschichte« in den Fokus des gegenwartsbezogenen Interesses gerückt habe. Nicht ohne Augenzwinkern fügte er hinzu, dass er das mit dem Ausbleiben der Epidemie verbundene Absinken der Verkaufszahlen nicht beklage, da er sich durch das Spekulieren auf eine verkaufsfördernde Gesundheitskatastrophe einen Platz im untersten Kreis von Dantes Hölle verdient hätte.[1149] Auch das eindrucksvolle Tableau, das Laura Spinney mit *1918. Die Welt im Fieber* (2017) der Spanischen Grippe gewidmet hat, ist nicht frei von dieser Legende, wenn sie diese mit Blick auf das 20. Jahrhundert als das »dramatischste Ereignis von allen« bezeichnet, das sich der Wahrnehmung der Leser dennoch entziehe.[1150]

Doch zurück zu den pandemischen Entwicklungen der Jahre 1918/19 selbst: Wie ist das weltweite Massensterben zu erklären? Die Herkunft des Erregers der Spanischen Grippe war lange Zeit ebenso unbekannt wie die Ursache seiner besonderen Gefährlichkeit. Schon im Ersten Weltkrieg stellte sich heraus, dass sich das krankheitsauslösende Element nicht aus dem Blut herausfiltern ließ – im Gegensatz zu den größeren Bakterien. Doch erst in den 1930er Jahren setzte sich in der Wissenschaft die Erkenntnis durch, dass Influenza durch Viren verursacht wird. Seit den 1990er Jahren ist dann schrittweise die genetische Rekonstruktion des mit H1N1 bezeichneten Erregers gelungen. Die letzten Puzzleteile für die Wiederherstellung des Genoms lieferte eine in Alaska begrabene Frau, deren Lungen im Permafrostboden auch nach 80 Jahren noch so gut erhalten, waren, dass Gewebereste mit Virusfragmenten in ausreichender Menge und Qualität entnommen werden konnten. Sie stammte aus der kleinen Küstensiedlung Brevig Mission, deren Einwohnerschaft durch die Grippe fast vollständig ausgelöscht worden war. In einem durch Holzkreuze markierten Massengrab hatte der amerikanische Mediziner John Hultin die Gewebereste auf einer privaten Forschungsreise mit einfachsten Mitteln gewonnen, nachdem er in den 1950er Jahren mit einem früheren Versuch gescheitert war. Ausgelöst hatte seinen neuen Vorstoß die Veröffentlichung einer Rekonstruktion von Teilen des H1N1-Genoms durch den amerikanischen Pathologen Jeffrey Taubenberger und die Biologin Ann Reid, die bei Hultin die berechtigte Hoffnung aufkommen ließen, dass mithilfe der Toten aus dem Hohen Norden eine vollständige Wiederherstellung gelingen könnte.[1151]

Im Jahre 2000 veröffentlichte ein Forscherteam um Reid und Taubenberger dann einen Beitrag, der die genetischen Codes der für die tödlichen Wirkungen des Virus von 1918 maßgeblich verantwortlichen Oberflächenproteine der Viren vorstellte. Die Informationen wurden aus den Fragmenten im gefrorenen Lungengewebe der Frau aus Brevig Mission und weiteren, zwei 1918 verstorbenen US-Soldaten entnommenen Fragmenten förmlich zusammengepuzzelt und mit Genmaterial von späteren Influenzaviren verglichen.[1152] Natürlich stellten sich die Forscher die Frage, warum der Grippeerreger von 1918 so überaus virulent war und woher er eigentlich kam. Sie konnten dies nicht abschließend klären, aber Indizien gewinnen. So wies das H1N1-Virus nicht nur Oberflächenmerkmale auf, die für Stämme in Säugetieren charakteristisch waren, sondern auch solche, die an eine Herkunft aus Vögeln denken ließen.[1153] Die Wissenschaftler vermuteten deshalb, dass kurz vor Beginn der Pandemie von 1918 ein ›Einbau‹ von vogeltypischen Elementen in die Oberflächenstruktur des Virus stattgefunden haben müsse, die für Menschen (präziser gesagt: für ihr Immunsystem) unbekannt waren. Die sonstige Struktur des Virus sei aber bereits auf den Menschen hin orientiert gewesen: »Ein pandemisches Virus«, so die Autoren, »muss *per definitionem* sowohl an die Vervielfältigung *in* und die Verbreitung *zwischen* Menschen angepasst als auch antigenisch neuartig sein.«[1154]

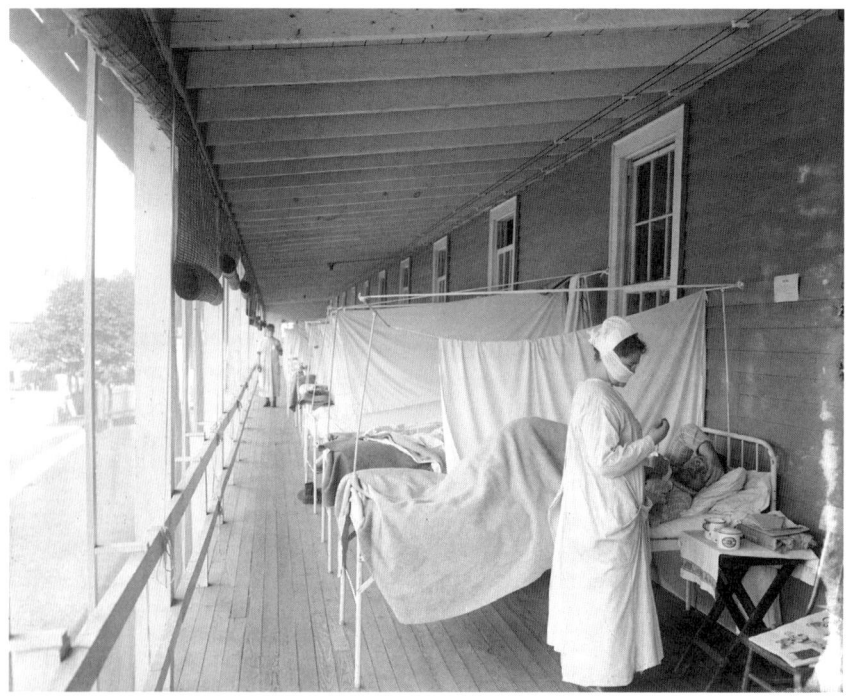

Abb. 25: Massensterben am Ende des Ersten Weltkrieges: Das Foto zeigt die Grippestation des Walter Reed Hospital bei Washington D.C. während der Pandemie von 1918/19.

Neben der insgesamt hohen Fallsterblichkeit war eine besonders erschreckende Eigenschaft der Spanischen Grippe, dass das Sterberisiko nicht einfach – sei es linear oder exponentiell – mit dem Lebensalter der Erkrankten anstieg. Vielmehr zeigt die Verteilungskurve ein »W«, das heißt, sie weist Spitzen nicht nur bei den sonst von einer Grippe hart getroffenen kleinen Kindern und älteren Menschen auf, sondern auch einen großen ›Zacken‹ dazwischen: Etwa die Hälfte aller Pandemieopfer war zwischen 20 und 40 Jahre alt. Dies weicht vom »U«-Profil der Kurven für die Jahre 1911 bis 1917 deutlich ab. Insgesamt liegt die auf Influenza zurückzuführende Übersterblichkeit zu mehr als 99 Prozent in den Altersgruppen unter 65 Jahren. In den deutlich weniger tödlichen Influenza-Pandemien von 1957/58 und 1968/69 waren nur 36 beziehungsweise 48 Prozent der Toten unter 65 Jahren.[1155] Ein weiteres Charakteristikum der Pandemie von 1918/19 ist ihre lange Dauer: Auf eine erste, noch mit vergleichsweise wenigen Opfern verbundene Welle im Frühjahr und Sommer 1918 folgte eine zweite mit sehr hohen Todeszahlen im Herbst desselben Jahres und dann noch eine weniger heftige Anfang 1919.[1156] Allerdings gab es regional bedeutende Unterschiede im Pandemieverlauf, so etwa ein Andauern oder Wiederaufflammen der Influenza im Jahr 1920 etwa in Skandinavien, wofür mitunter der Begriff »vierte Welle« verwendet wird, oder die Sondersituation des besonders gut abgeschotteten Australien, das 1919 nur eine, dafür aber lang anhaltende Welle erlebte.[1157]

Angesichts der Millionen von Todesopfern erstaunt es nicht, dass die Spanische Grippe auch in der Covid-19-Krise als Warnung und Lehrbeispiel aus der Geschichte der Pandemien herangezogen wurde. So zitierte *Der Tagesspiegel* den Virologen Christian Drosten im März 2021 mit der Empfehlung, die Ausbreitung des Coronavirus durch Schulschließungen und Veranstaltungsabsagen einzudämmen – eine Empfehlung, die sich Drosten zufolge auf eine Studie zu Infektionsschutzmaßnahmen während der Spanischen Grippe stützte.[1158] Solche historischen Rekurse waren jedoch nicht neu. Schon 1976 – und damit sind wir bei unserem Fallbeispiel – hatte die Pandemie von 1918/19 eine wesentliche Rolle für die Begründung eines Massenimpfprogramms in den USA gespielt.[1159] Nach einer Mensch-zu-Mensch-Ansteckung unter Soldaten in Fort Dix mit einem an die Spanische Grippe erinnernden Schweinegrippevirus entwickelte sich bei der US-Administration unter Präsident Gerald Ford die Sorge vor einer Wiederkehr des pandemischen Schreckens von 1918/19. Zu einer Pandemie kam es allerdings nicht. Die amerikanischen Politikberater Robert Neustadt und Ernest R. May haben die Impfkampagne von 1976 und ihre politische Vorgeschichte deshalb als Musterbeispiel für verfehlte historische Analogiebildungen (*unreasoning from analogies*) charakterisiert.[1160]

Was war 1976 geschehen? – Im Januar kam es auf der für Ausbildungszwecke genutzten Militärbasis von Fort Dix im Bundesstaat New Jersey zu einer lokalen Welle von zum Teil schweren Atemwegserkrankungen, die zu einem Todesfall führte. Laboruntersuchungen ergaben, dass zumindest für vier dieser Fälle, darunter der tödliche, die Schweinegrippe verantwortlich war. Diesem Erreger, einer Form von H1N1, die seit Jahrzehnten nur noch in Schweinen nachgewiesen worden war, wurden hinsichtlich seiner Antigene ähnliche Eigenschaften zugeschrieben wie dem Virus der Spanischen Grippe von 1918/19. Damit stand ein neues Überspringen des bislang gefährlichsten Influenzavirus der Geschichte vom Tier auf den Menschen und eine dynamische Mensch-zu-Mensch-Übertragung im Raum. So stellte bei einer Anhörung im Repräsentantenhaus einer der geladenen Experten die bange Frage, was es wohl zu bedeuten habe, dass sich das Virus 47 Jahre nach seinem erstmaligen Nachweis in Schweinen wieder menschliche Opfer suche und sogar gesundheitlich robuste Rekruten töte. Experten befürchteten, dass sich in Fort Dix eine Pandemie ankündige, die mit Eintreten der typischen Grippesaison im Herbst zu Hunderttausenden von Toten führen könnte. Angesichts dieser Möglichkeit stellte sich den Verantwortlichen der amerikanischen Gesundheitspolitik – allen voran dem Center for Disease Control (CDC) unter Leitung des Mediziners David J. Sencer, aber auch allgemein der Ford-Administration – die Frage, ob es sinnvoll sei und gelingen könne, die Bevölkerung noch rechtzeitig durch Massenimpfungen zu schützen. Teilweise dürften auch Überlegungen eine Rolle gespielt haben, unabhängig von der konkreten Gefahrenlage die Leistungsfähigkeit groß angelegter Präventionsmedizin unter Beweis zu stellen. Im Ergebnis entschied sich die Ford-Administration nach Beratung durch wissenschaftliche Experten und Institutionen für ein Impfprogramm im Kostenumfang von 135 Millionen Dollar. Nach Zustimmung des Kongresses wurden in diesem Rahmen insgesamt 40 Millionen Amerikaner geimpft. Da die Pandemie ausblieb und vereinzelt mutmaßliche Nebenwirkungen – Lähmung von Gliedmaßen und gelegentlich auch der für das Atmen benötigten Muskulatur (Guillain-Barré-Syndrom), auch mit Todesfolge – beobachtet wurden, kam es zu einer Unterbrechung der Kampagne und im Februar 1977 dann schließlich zur Einstellung. Neben diesen medial stark beachteten Fällen war es auch die Forderung der Pharmaindustrie nach einer gesetzlichen Freistellung von Haftungsansprüchen, die zu einer Verunsicherung der Öffentlichkeit führte. Der Kongress stimmte schließlich einem entsprechenden Gesetz zu. Vorangegangen war Anfang August ein von den Medien intensiv beobachteter Ausbruch der Legionärskrankheit in Pennsylvania, der irrtümlich auf das Schweinegrippevirus zurückgeführt wurde und einen Erfolg der Massenimpfungen dringlicher erscheinen ließ. Medienberichte über Todesfälle führten im Oktober 1976 zu einem Absinken der Impfbereitschaft, was sich auch durch eine im Fernsehen übertragene Verabreichung des Vakzins an Präsident Ford und seine Familie nicht ändern ließ.[1161]

# 14 Fort Dix 1976

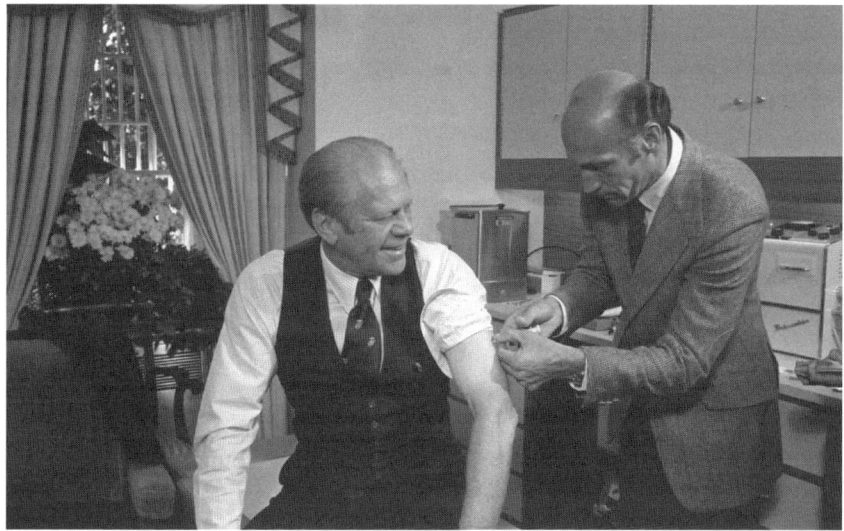

Abb. 26: Impfkampagne von 1976: Um Ängste vor Nebenwirkungen zu zerstreuen, lässt sich Präsident Gerald Ford vor laufender Kamera impfen.

Der *New-York-Times*-Journalist Harry Schwartz hatte bereits nach den ersten Todesfällen in einer Fernsehsendung beißende Kritik geübt:

> » Die Frage, die ich stelle, lautet: Wo ist die Schweinegrippe? Wo ist die Schweinegrippe? Es ist die große Nicht-Krankheit. Es gab seit Februar und dem Zwischenfall in Fort Dix auf der ganzen Welt keinen einzigen nachgewiesenen Fall von Schweinegrippe. Wissen Sie, woran mich das erinnert? Es gibt diese großartige Geschichte über den Typen, der beim Herumlaufen die ganze Zeit mit den Fingern schnippt. Und man fragte ihn: ›Wozu schnippen Sie die ganze Zeit mit den Fingern?‹ – ›Nun, um die Tiger fernzuhalten.‹ Und da sagten die Leute: ›Aber da sind doch gar keine Tiger.‹ Er sagte: ›Sehen Sie, es funktioniert.‹«[1162]

Das Bemühen um ein adäquates Lernen aus der Geschichte – in diesem Fall aus der Krankheitsgeschichte der Menschheit – spielte 1976 eine prominente Rolle. Von Anfang an wurde die Erinnerung an die Pandemie von 1918/19 als ein Argument dafür ins Feld geführt, dass ein energisches Handeln geboten sei. Dies zeigt sich sehr deutlich in einem vom Gesundheitsministerium übernommenen und für den politischen Entscheidungsprozess maßgeblichen Memorandum, in dem CDC-Direktor Sencer die Bezüge zur Spanischen Grippe in drastischer Form hervorhob: »Das Virus ist antigenisch mit dem Grippevirus verbunden, das die Ursache der Pandemie von 1918–19 war, die 450 000 Menschen getötet hat, mehr als 400 unter 100 000 Amerikanern.«[1163]

Untersuchungen zur Geschichte der Gesundheitspolitik legen die Annahme nahe, dass die Erinnerung an die Spanische Grippe in den USA nie erloschen war, sondern gleichsam unter der Oberfläche des gesellschaftlichen Bewusstseins schlief und angesichts neuer pandemischer Bedrohungslagen ›geweckt‹ werden konnte.[1164] Genau dies war dem Politikwissenschaftler Richard E. Neustadt und dem Mediziner Harvey Fineberg zufolge im Jahr 1976 geschehen. In ihrer Studie über die ›Schweinegrippe-Affäre‹, die sie zwei Jahre später im Auftrag von Gesundheitsminister Matthews' Nachfolger Joseph A. Califano vorlegten, zeigen sie eine Kommunikationsdynamik auf, die bei der ›Übersetzung‹ von Forschung in politisches Handeln wohl regelmäßig auftreten dürfte. Dabei kam es zu einer politischen Vereinfachung und Zuspitzung der wissenschaftlichen Beurteilung der Lage: Während die Experten des CDC zwar von der Möglichkeit einer Pandemie ausgingen, sie mehrheitlich aber für unwahrscheinlich hielten, verdichtete sich die Analogie zu 1918/19 in einem Schreiben des Gesundheitsministers Matthews an den für die Finanzierung der Impfkampagne wichtigen Haushaltsdirektor im Weißen Haus zur Gewissheit eines wahren Horrorszenarios:

> » Es gibt Belege [*evidence*] dafür, dass es im kommenden Herbst zu einer größeren Grippe-Epidemie kommen wird. Es sieht so aus, als ob wir eine Rückkehr des Grippevirus von 1918 sehen werden, welche die virulenteste Form der Grippe ist. 1918 ist eine halbe Million Menschen gestorben. Die Vorhersage lautet, dass dieses Virus eine Million Amerikaner töten wird.«[1165]

Zwar wird ein neues Massensterben von Amerikanern hier nicht als hundertprozentige Gewissheit ausgegeben, aber das Wort *evidence* erzeugt doch den Eindruck einer sehr hohen Wahrscheinlichkeit. Neustadt und Fineberg bezeichnen diese dramatisierende Vergröberung zum Zweck einer höheren argumentativen Durchschlagskraft als eine »Eskalation«.[1166] Es gehört nicht viel Phantasie dazu, sich vorzustellen, welchen enormen Handlungsdruck ein Appell zur Finanzierung einer Massenimpfkampagne auf einer derart hohen Warnstufe erzeugen musste: Wer sich dieser Logik widersetzte, zog den Vorwurf auf sich, mit dem Leben von Hunderttausenden von Amerikanern zu spielen. Diese Überlegung scheint auch Gesundheitsminister Matthews selbst bei seiner dramatisierenden Situationsbeurteilung umgetrieben zu haben. Jedenfalls stellte er im Nachhinein die Zwangslage so dar, dass allein die »Möglichkeit eines neuen 1918« genügt habe, dem politischen Apparat ein entschiedenes und rasches Handeln als unausweichlich erscheinen zu lassen. Im Falle einer tatsächlich eintretenden Pandemie wäre es aussichtslos gewesen, sich gegenüber der Wählerschaft damit zu rechtfertigen, dass die Wahrscheinlichkeiten doch so gering gewesen seien.[1167]

Das Gewicht der historischen Analogie zeigte sich sehr deutlich in einer Anhörung, die am 31. März 1976 vor einem Ausschuss des amerikanischen Repräsentantenhauses für Gesundheit und Umwelt stattfand, um die parlamentarische Beschlussfassung über das Programm zur Impfung von mehr als 200 Millionen Amerikanern vorzubereiten. In seinen einführenden Worten gab der Ausschussvorsitzende Paul G. Rogers den Ton vor. Das Land habe im 20. Jahrhundert drei Schweinegrippe-Epidemien erlebt, neben der tödlichsten Influenza von 1918/19 mit etwa 548 000 verstorbenen US-Bürgern die Asiatische Grippe Mitte der 1950er Jahre und die Hong-Kong-Grippe von 1968/69 mit 80 000 beziehungsweise 33 000 Toten. Daran schloss er eine Warnung an, deren Wortwahl ein wenig an Kennedys Fernsehansprache in der Kubakrise vom 22. Oktober 1962 erinnerte (▶ Kap. 12):

> » Ohne die Dinge allzu sehr dramatisieren zu wollen: Das Potenzial einer neuen Schweine[grippe]-Epidemie könnte, wenn es nicht in Schach gehalten wird [*left unchecked*], Millionen von Amerikanern treffen und damit wahrscheinlich zu mehr Todesfällen führen als die Hong-Kong-Epidemie und wahrscheinlich zu so vielen, wie sie die asiatische Epidemie gefordert hat.«[1168]

Hier trat also ein Virus an die Stelle des totalitären Aggressors, über dessen zunehmende Gefährlichkeit bei fehlender Gegenwehr Kennedy 1962 das Publikum belehrt hatte. Dabei hatte er genau denselben Begriff (*unchecked*) verwendet: »Die 1930er Jahre haben uns eine klare Lektion gelehrt: Aggressives Verhalten führt am Ende zum Krieg, wenn es nicht in Schach gehalten wird und ohne Gegenwehr voranschreiten kann.«[1169] Dies mag Zufall sein. Aber da Kennedys Krisenrede sicherlich bei vielen Ausschussmitgliedern und ihren Gästen aus Wissenschaft und Pharmaindustrie einen tiefen Eindruck hinterlassen hatte, ist die Vermutung plausibel, dass Rogers die Gefährlichkeit der Lage durch eine sprachliche Anleihe bei dem früheren Präsidenten zusätzlich unterstreichen wollte: So wie es 1962 den sowjetischen Aggressor vor dem Hintergrund von ›Lehren der 1930er Jahre‹ durch aktive Gegenwehr zu stoppen galt, so musste nun das Virus unschädlich gemacht werden – es galt sozusagen, die ›Lehren von 1918/19‹ zu ziehen. Der an der Sitzung teilnehmende Abgeordnete Tim Lee Carter trieb diese Risikoeinschätzung auf die Spitze, indem er behauptete, dass »dieselbe Bedrohung« wie 1918/19 auch 1976 bestehe – »the same threat comes before us today«.[1170] Der Arzt Raymond T. Holden, der als führender Repräsentant der American Medical Association an der Sitzung teilnahm, ließ autobiografische Erfahrungen in den Beratungsprozess einfließen. Er erinnerte sich daran, wie er als Kind eines Allgemeinmediziners Zeuge der Spanischen Grippe wurde: Sein Vater sei nachts nach Hause gekommen und habe dann Totenscheine ausgefüllt. Mütter und Babys seien damals gestorben, was ihn an die »Schwarze Pest« erinnere – es sei die »Schwarze Pest des 20. Jahrhunderts« gewesen.[1171] Demgegenüber bemühte sich CDC-Direktor Sencer erkennbar um ein gewisses Maß an Differenzierung und Entdramatisierung. Zwar lasse das aktuelle Schweinegrippevirus Ähnlichkeiten mit dem von 1918 erkennen, sei aber nicht mit diesem »identisch«.[1172] Der stellvertretende Gesundheitsminister James Cooper wies allerdings darauf hin, dass auch bei einem weniger tödlichen Epidemieverlauf die zu erwartenden Hospitalisierungen das Gesundheitswesen »fantastisch« belasten könnten.[1173]

Die von Neustadt und Fineberg aufgezeigte Logik der »Eskalation« ließ kaum zu, dass sich solche Differenzierungen Gehör verschafften. Vermutlich würde man es sich aber zu einfach machen, wenn man dies einfach auf fehlenden Sachverstand oder überzogene Ängste von Politikern zurückführte. Wie von Gesundheitsminister Matthews ausgeführt, sind in einer Demokratie selbst bei geringen Eintrittswahrscheinlichkeiten die Restrisiken eine ›heiße Kartoffel‹, die niemand gern in der Hand behält, wenn es um eine große Zahl von Menschenleben geht. Bis zum Beleg des Gegenteils wird man den Beteiligten zuzubilligen müssen, dass sie das 1976 bestehende Restrisiko nicht nur aus rechtlichen oder wahltaktischen Erwägungen vermeiden wollten, sondern auch aus Gewissensgründen. Denn wer möchte damit leben müssen, eine Pandemie trotz bestehender Impfoptionen nicht verhindert zu haben? Präsident Ford brachte diesen Gedanken in einer Pressekonferenz am 24. März 1976 nach Beratungen mit Fachleuten zum Ausdruck, nachdem auch er – wie zu erwarten – an die Spanische Grippe erinnert hatte, deren schreckliche Opferzahl seiner Auffassung noch im Bewusstsein ältere US-Bürger sei:

» Lassen sie es mich an diesem Punkt ganz klar sagen: Niemand weiß genau, wie ernst diese Bedrohung sein kann. Dennoch können wir es uns nicht leisten, mit der Gesundheit unserer Nation zu spielen. Entsprechend kündige ich heute die folgenden Aktionen an. [...] Ich ersuche den Kongress vor der Sitzungspause im April, 135 Millionen Dollar zum Zweck der Herstellung von ausreichend Impfstoff zu bewilligen, sodass dieser an jeden Mann, jede Frau und jedes Kind in den Vereinigten Staaten verabreicht werden kann.«[1174]

Als die Initiative des Präsidenten dann am 5. April 1976 im Plenum des Repräsentantenhauses beraten wurde, betonte der Ausschussvorsitzende Rogers erneut die Ähnlichkeit des entdeckten Virenstammes mit dem von 1918 und erinnerte an die hohen Opferzahlen. Die Schäden, die eine Grippeepidemie anrichten könne, umfasse nicht nur Sterbefälle, sondern auch Schul- und Betriebsschließungen mit wirtschaftlichen Folgen. Allein für die vergleichsweise harmlose Hongkong-Grippe von 1968/69 bezifferte er diese mit 3,9 Milliarden Dollar. Im Verhältnis dazu seien die für das Impfprogramm des Präsidenten zu veranschlagenden Kosten ein »vernünftiges und beherrschbares Investment«, auch wenn unsicher sei, ob eine Epidemie eintrete. Um die Annahme massenhafter Erkrankungen plausibler zu machen, bemühte er eine zumindest im Rückblick fast an magisches Denken erinnernde Theorie: Das Grippevirus durchlaufe grob alle zehn Jahre eine »größere Mutation«, die dann Pandemien wie die Puerto-Rico-Influenza 1943/44, die Asiatische Grippe 1957/58 und die Hong-Kong-Grippe 1968/69 auslöse. Zwar behauptete Rogers keine »Wiederkehr« des Virus von 1918, beschrieb aber die Schadenswirkung für den Fall einer Pandemie als derart unerträglich, dass die veranschlagten 135 Millionen Dollar als ›gut angelegtes Geld‹ erscheinen mussten, zumal die Pharmaindustrie die Impfdosen auf einer »Non-Profit-Basis« anbiete.[1175] Tim Lee Carter ging in der Dramatisierung noch einen Schritt weiter: Es gelte, einen »möglichen Holocaust« zu vermeiden.[1176] Das Wort wird im Englischen nicht ausschließlich auf den Massenmord an den europäischen Juden bezogen, sondern kann bei Kleinschreibung auch andere Formen der weitreichenden Vernichtung von Menschenleben bezeichnen, so etwa in der Formulierung *nuclear holocaust*. In jedem Fall steht es für den Schrecken eines katastrophalen Massensterbens. Auch die Assoziation zum nationalsozialistischen Genozid an den Juden war schon 1976 möglich, da der Begriff in den USA seit den frühen 1970er Jahren für dieses Großverbrechen etabliert war, das heißt schon deutlich vor der Ausstrahlung der bekannten Fernsehserie *Holocaust*.[1177]

Unabhängig von der Frage nach einem Mitschwingen dieser unangemessenen Assoziation – Massenmord hat mit einem pandemisch hereinbrechenden Schicksal nichts zu tun – verfehlte das aus der Pandemie von 1918/19 hergeleitete Bedrohungsszenario seine Wirkung nicht. Am Ende stimmte das Repräsentantenhaus mehrheitlich für die geplanten Massenimpfungen.[1178]

Ein wichtiger Aspekt, der in der bereits erwähnten Sitzung des Gesundheitsausschusses am 31. März berücksichtigt worden war, fand in der Plenardebatte des Repräsentantenhauses am 5. April keine Berücksichtigung: das juristische Problem der Haftung. Das Ausschussmitglied Henry Arnold Waxman hatte auf die Sorge der Impfstoffhersteller hingewiesen, für mögliche Impfschäden belangt zu werden. Sie verlangten vom Kongress eine »Immunität« gegen solche Haftungsfälle. Waxman hielt es nicht für hinnehmbar, eine Situation entstehen zu lassen, in der geschädigte Bürger weder von der Industrie noch vom Staat eine Entschädigung erhalten könnten. Ein vom Ausschuss geladener Verbandsvertreter der Pharmaindustrie verwies auf das Risiko einer Verurteilung zu Schadenersatz, die von Gerichten damit begründet werden könnte, dass ein Hersteller seiner Pflicht nicht nachgekommen sei, vor möglichen negativen Impffolgen zu warnen. Dies hielt er bei einer Massenimpfkampagne praktisch überhaupt nicht für realisierbar. Die Branche solle deshalb von sämtlichen Schadenersatzansprüchen freigestellt werden, sofern diese nicht durch Falschetikettierung oder durch Verletzung der von der Regierung festgelegten Qualitätsstandards entstünden. Im Ausschuss war der Senator von Massachusetts, Edward M. Kennedy, erkennbar bemüht, eine Diskussion über diese wichtige Frage zu unterdrücken, indem er auf Waxmans Einlassungen mit folgender Bemerkung antwortete: »Ich würde dazu lieber jetzt keinen Kommentar abgeben, Herr Abgeordneter. Ich denke, dass wir eine Lösung dafür finden werden. Wir müssen uns um diese besonderen Probleme kümmern, aber ich würde zum gegenwärtigen Zeitpunkt von einem Kommentar absehen.«[1179]

Die praktische Umsetzung der Kampagne erwies sich als außerordentlich schwierig, und zwar aus den schon im Gesundheitsausschuss vorgebrachten Gründen. So weigerten sich die Versicherungen, die haftungsrechtlichen Risiken der Impfstoffhersteller abzudecken. Dies führte dazu, dass der Kongress in die Bresche springen und die Pharmaunternehmen schließlich wie verlangt per Gesetz von der Verpflichtung zur individuellen Risikoaufklärung wie auch vom finanziellen und sonstigen Aufwand für die Verteidigung gegen Schadenersatzklagen freistellen musste.[1180] Dass haftungsrechtliche Fragen überaus relevant waren, zeigten rätselhafte Todesfälle im Verlauf der Impfkampagne sowie das bereits erwähnte Auftreten des Guillain-Barré-Syndroms, teilweise ebenfalls mit tödlichem Ausgang. Zwar war ein Zusammenhang dieser Fälle mit der Impfung nicht gesichert, aber der Verdacht stand natürlich im Raum. Unter der aufmerksamen Beobachtung und sicherlich auch dramatisierenden Darstellung der Massenmedien kam es zu einem massiven Vertrauensverlust und einer nachlassenden Impfbereitschaft.[1181]

Der als Berater für das Impfprogramm wesentlich verantwortliche Direktor des CDC, David Sencer, hat im Rückblick die Medien als ein wichtiges Hindernis bei der Umsetzung der Massenimpfungen charakterisiert.[1182] Als Beispiel hierfür zitiert er einen im Dezember 1976 in der New York Times veröffentlichten Artikel, dessen Verfasser, der bereits erwähnte Harry Schwartz, das Impfprogramm als »bedauerliches Debakel« bezeichnete. Der Journalist warf dem republikanischen Präsidenten ebenso wie dem demokratisch dominierten Kongress vor, auf der Grundlage eines völlig unzureichenden Kenntnisstandes eine gewaltige Impfaktion beschlossen zu haben. Das Ganze habe keinerlei Nutzen gebracht, aber Millionen Dollar gekostet, einige Menschenleben gefordert, Menschen krank gemacht und das Ideal einer präventiv agierenden Gesundheitspolitik mit bleibender Wirkung diskreditiert. Schwartz bezog sich auf den dramatisierenden Umgang mit der Erinnerung an die Spanische Grippe von 1918/19:

> » Letzten Februar und März gerieten Präsident Ford und der Kongress auf der Grundlage dünnster Belege in Panik und glaubten die Geschichte, unser Land stehe an der Schwelle zu einer Killer-Grippe-Pandemie, die Millionen von Menschenleben fordern könnte, wie es die oft zitierte Spanische Grippe von 1918–1919 getan hat.«

Schwartz war kein prinzipieller Impfgegner. Was er bemängelte, war vielmehr, dass trotz fehlender Evidenz ein Impfprogramm lanciert wurde, bei dem absehbar war, dass Kosten und Nutzen nicht in einem vernünftigen Verhältnis zueinander standen, ein Programm, das aus seiner Sicht vor allem wegen des »Herunterspielens« von epidemiologischen Wissenslücken über die Entstehung von Influenzawellen zu einem für die Zukunft bedenklichen Glaubwürdigkeitsverlust des gesundheitspolitischen Apparats geführt habe. Ein weiterer Kritikpunkt betraf die Instrumentalisierung der Situation durch gesundheitspolitische Akteure, allen voran das CDC. Diese hätten in der Schweinegrippe eine »ideale Chance« gesehen, die Bedeutung ihrer Institutionen unter Beweis zu stellen und so eigene Einfluss- und Finanzierungsmöglichkeiten zu erweitern. Dies schmälere das Budget für diejenigen, »deren Beruf es tatsächlich ist, kranke Menschen zu behandeln.« Die obersten Gesundheitsbehörden der USA seien wie das Pentagon: Hier wie dort gehe man immer von Worst-Case-Szenarien aus und erwarte im Fall des Verteidigungsministeriums eine Ausstattung, mit der man »drei größere Kriege gleichzeitig« führen könne. Was Schwartz bemängelte, war also gesundheitspolitischer Größenwahn, der die für wirksame Prävention notwendige Vertrauensbasis zerstöre.[1183]

CDC-Direktor Sencer und sein Kollege J. Donald Millar betonen im Rückblick, aus einer Distanz von 30 Jahren, dass es in der öffentlichen Kommunikation über ein gesellschaftlich relevantes Gesundheitsrisiko »genau so wichtig« sei, »klarzustellen, was nicht bekannt ist, wie festzuhalten, was bekannt ist.«[1184] Dies habe er, Sencer, 1976 durchaus getan, indem er etwa im Repräsentantenhaus betonte, die Ähnlichkeit des Schweinegrippeerregers mit dem Virus von 1918 bedeute nicht, dass beide identisch seien. Der bereits erwähnte Neustadt-Fineberg-Bericht geht in seinem Grundtenor von der Annahme aus, die Kampagne sei ein Fehler gewesen, ja sogar Ausdruck von Fehlverhalten. Eine solche Tendenz zeigt sich etwa in der Formulierung, der an anderer Stelle als »Autokrat« bezeichnete Spencer habe dem Präsidenten die »Pistole auf die Schläfe gesetzt«.[1185] Dies ist wahrscheinlich nicht die einzig plausible Interpretation der Ereignisse von 1976. In seinem für Gesundheitsminister Matthews als Entscheidungsgrundlage vorbereiteten Memorandum sprach Sencer nicht von einer sicher eintretenden Epidemie, sondern bezeichnete es als sehr wahrscheinlich, »dass dieses Land 1976/77 eine weit verbreitete Schweinegrippe erfahren wird.«[1186] Die Perspektive, dass eine massenhafte Ansteckung auch ausbleiben könne und in diesem Fall durch Verzicht auf Maßnahmen erhebliche Kosten einzusparen wären, war durchaus Teil seiner Analyse. Immerhin hatte es bislang nur einen lokalen Ausbruch, nämlich in Fort Dix, gegeben.[1187] Dieser medizinischen Skepsis stellte Sencer aber eine Denkfigur gegenüber, deren Wirkungsmacht sich ein politisch Verantwortlicher schwer entziehen konnte: »Die Regierung kann unnötige Gesundheitsausgaben besser verkraften als unnötiges Sterben und Krankheit.«[1188]

Diese Einschätzung hat Sencer 30 Jahre später und in Kenntnis des Ausbleibens der Pandemie bekräftigt: Wenn Menschenleben auf dem Spiel stehen, sei eine »Überreaktion« der »Unterreaktion« vorzuziehen.[1189] Doch wie hoch dürfen die Kosten ausfallen, wenn es nicht nur um Geld, sondern – Stichwort Impfschäden – eventuell auch um Gesundheit und Leben geht? Dies war 1976 eine mit den Mittel der Wissenschaft nicht zu beantwortende Frage. Es handelte sich vielmehr um den Musterfall politischen Urteilens, das Hannah Arendt als einen Vorgang beschrieben hat, der letztlich nicht auf Expertise reduzierbar oder abschließend durch sie legitimierbar ist:

> » Jeder vernünftige Staatsmann holt sich die entgegengesetzten Expertisen ein. Denn er muß die Sache ja von allen Seiten sehen. Nicht wahr? Dazwischen muß er urteilen. Und dieses Urteilen ist ein höchst mysteriöser Vorgang. In dem äußert sich dann der Gemeinsinn.«[1190]

In Arendts Skizze des Urteilens zeigt sich eine Wechselwirkung zwischen wissenschaftlicher Expertise und politischem Urteil, die schon zu Beginn des 20. Jahrhunderts von dem deutschen Soziologen Max Weber betont wurde: Diese Wechselwirkung setzt die klare Abgrenzung der Zuständigkeitsbereiche von Wissenschaft und Politik voraus. Es ist in dieser Perspektive nicht die Aufgabe des Wissenschaftlers, Politik zu treiben – und wenn er es doch tut, missbraucht er letztlich zum allgemeinen Schaden seine Funktion.[1191] Eine ähnliche Perspektive nahm 20 Jahre nach dem Impfprogramm auch der Virologe Walter D. Dowdle ein. Er leitete im CDC das Labor, in dem 1976 das Schweinegrippevirus von Fort Dix identifiziert worden war. Seiner Auffassung nach gab es in der ganzen Entwicklung nur »zwei Ereignisse«, die »auf reiner Wissenschaft« basiert hätten: die Identifizierung des Erregers von Fort Dix im Februar 1976 und die Feststellung eines durch die Impfung erhöhten Risikos, am Guillain-Barré-Syndrom zu erkranken, im Dezember desselben Jahres, die zur Einstellung des Impfprogramms geführt habe. Alle anderen Prozesse und Entscheidungen seien dagegen politischer Natur gewesen. Folgt man Dowdles Argumentation weiter, wird deutlich, dass er das Adjektiv »politisch« nicht in abwertender Weise verwendet – ganz im Gegenteil: Es geht ihm um eine klare Trennung von Politik und Wissenschaft. Der zentrale Gedanke sei um seiner Prägnanz willen zitiert: »In einer demokratischen Gesellschaft, ist es die Öffentlichkeit, die durch ihre gewählten Repräsentanten entscheidet, welche Risiken sie zu tragen bereit ist und für wie viel [Risiko-]Management sie zu zahlen bereit ist.«[1192]

Die gesundheitspolitische Entscheidung für eine Massenimpfung ist ein klassisches Beispiel für eine politische Willensbildung unter Bedingungen

»epistemische[r] Unsicherheit«.[1193] Dies bedeutet, dass die wesentliche Grundlage der Entscheidung in der realen Welt, nämlich hier die Frage, ob eine Epidemie eintreten wird, nicht zu klären ist, dass Erfahrungs- und Wissenschaftswissen objektiv nicht ausreicht, um ein solches Eintreten vorherzusagen oder auszuschließen. Darin liegt eine Parallele zur Kubakrise: Auch 1962 konnte niemand aufgrund des verfügbaren Wissens vorhersagen, ob amerikanische Luftangriffe auf sowjetische Raketenbasen in Kuba die Gefahr einer unkontrollierbaren Eskalation mindern oder eher erhöhen würden. Genau dies war in dem von Präsident John F. Kennedy versammelten Beratergremium ExComm hochumstritten (▶ Kap. 12). In beiden Fällen mussten Entscheidungen von größter Tragweite auf der Basis bruchstückhafter Erkenntnisse und höchst unsicherer Prognosen getroffen werden, Entscheidungen, die unvermeidlich in dem Sinne waren, dass Nichtstun eben auch eine Entscheidung gewesen wäre. Gesundheitsminister Matthews erläuterte, warum er die Option des Nichtstuns für gefährlicher hielt als überzogenes und teures Handeln:

> » Was die Möglichkeit eines neuen 1918 betrifft ..., so musste man annehmen, dass die Wahrscheinlichkeit größer als null war. Wenn sie [die Experten, P. Geiss] ›unbekannt‹ sagen, meinen sie mindestens das. Nun, das reicht für das Handeln, wenn man es rechtzeitig weiß. Du kannst nicht später vor die Wähler treten, wenn die Sache eintritt, und sagen, nun ja, die Wahrscheinlichkeit war so niedrig, dass wir entschieden haben, es nicht zu versuchen, nur zwei oder drei Prozent, wissen Sie, warum also das Geld ausgeben? Das politische System sollte vielleicht so handeln, wird es aber nicht tun ... Um es noch einmal zu sagen, es ist unvermeidlich.«[1194]

Auch im Fall der Kubakrise hätte ein Nichtstun natürlich Kosten mit sich gebracht: Ermutigung der Sowjetunion zu noch aggressiveren Schritten, Akzeptanzverlust eines Präsidenten, der sich vom Gegner ungestraft vorführen lässt etc. Ein wesentlicher Unterschied zwischen beiden Konstellationen lag allerdings in der Gefährlichkeit des maximalen Schadensereignisses und in der Geschwindigkeit, in der es eintreten konnte. Im Fall der Kubakrise war bei einer Eskalation innerhalb von Stunden, vielleicht sogar Minuten mit dem Tod von Millionen Amerikanern zu rechnen; eine mögliche Schweinegrippe-Epidemie war Anfang 1976 hingegen aus Sicht der Experten noch einige Monate entfernt und hätte selbst bei Annahme der Zahlen von 1918/19 auch nur einen Bruchteil der Opfer fordern können, die nach einem nuklearer Schlagabtausch zwischen den Supermächten USA und Sowjetunion 1962 zu beklagen gewesen wären. Präsident Kennedy war für diesen Fall von 80 bis 100 Millionen

Toten ausgegangen, also bis zu einem mehr als 200-Fachen der Opferzahlen der Spanischen Grippe in den USA.[1195]

Der 1976 unternommene Versuch, aus der Pandemie von 1918/19 zu lernen, wurde wie gesagt selbst wiederum als lehrreiches Exemplum herangezogen – und zwar vor allem als ein Beispiel, das zeigte, wie man es nicht machen sollte. Aus Sicht der Politikberater Neustadt und May lag der Fehler der Verantwortlichen von 1976 darin, die Analogie zu 1918/19 wegen der Ähnlichkeit des Erregers zu sehr in den Vordergrund der Entscheidungskommunikation gerückt zu haben. Weniger gravierenden Pandemien der 1950er und der späten 1960er Jahren seien dagegen als Vergleichsbeispiele unterbelichtet geblieben. Die historische Analogie habe 1976 eher wie ein »Warnlicht«, denn wie ein »Leuchtfeuer« gewirkt, sie habe zum Handeln angetrieben, ohne in differenzierter Weise Orientierung zu stiften – sie zeige, wie sich »unvernünftiges Denken aus [historischen] Analogien« ableiten lasse (*unreasoning from analogies*).[1196] Als Alternative sehen die Autoren ein Szenario, in dem die wissenschaftlichen Unsicherheiten bezüglich der Wesensmerkmale, der weiteren Entwicklung, Verbreitung und Gefährlichkeit des Virus klarer kommuniziert worden wären. Die politisch Verantwortlichen hätten so ein differenzierteres Bild gewonnen und sich für eine weniger einschneidende Präventionspolitik entscheiden können, zum Beispiel die Produktion eines Impfstoffvorrats, der erst beim Eintreten einer epidemischen Lage verwendet worden wäre.[1197]

Die zeitgenössisch scharfe Kritik am »Schweinegrippen-Fiasko« (Harry Schwartz) lässt leicht übersehen, dass es sich bei dem gesundheitspolitischen Entscheidungsprozess des Jahres 1976 um ein für die Demokratie typisches und unvermeidliches Phänomen handelt. Die in den USA einflussreiche Denkschule des Pragmatismus hebt mit dem Philosophen, Erkenntnistheoretiker und Pädagogen John Dewey stärker als Max Weber die Verantwortung der Wissenschaft für die demokratisch regierte Gesellschaft hervor. Auch aus Deweys Sicht sollen Wissenschaftler politische Entscheidungsprozesse mit ihrer Expertise zwar nicht in einen bestimmten Deutungsrahmen einordnen (*framing*) oder gar selbst zu politischen Akteuren werden. Ihre Aufgabe liege vielmehr darin, Öffentlichkeit und politische Verantwortungsträger in die Lage zu versetzen, eine kompetente Diskussion zu führen und darüber zu einer guten Entscheidung zu finden.[1198] Für Dewey ist es dabei entscheidend, durchgehend die Vorläufigkeit des Wissens zu betonen. Vorhandenes Wissen müsse fortwährend der Überprüfung in wissenschaftlichen und gesellschaftlichen Kommunikationsprozessen ausgesetzt bleiben.[1199] Deweys Formulierung sei um ihrer Klarheit willen hier im Auszug zitiert:

> Notwendig ist es mit anderen Worten vor allem, die Methoden und Bedingungen der Debatte zu verbessern. Dies ist *das* Problem der Öffentlichkeit. [...] Aber ihr Expertentum [das der Experten, P. Geiss] zeigt sich nicht darin, dass sie Politik ausarbeiten oder umsetzen, sondern darin, dass sie die Tatsachen entdecken und bekannt machen, von denen Politik abhängig ist. [...] Es ist nicht notwendig, dass viele [wissenschaftliche, P. Geiss] Kenntnisse haben und die benötigten Untersuchungen durchführen können. Erforderlich ist vielmehr, dass sie die Tragweite des von anderen bereitgestellten Wissens für allgemeine Belange beurteilen können.«[1200]

Es ging Dewey also darum, in der Demokratie einen Zustand zu erreichen, in dem das allgemeine Publikum befähigt ist, wissenschaftlich informiert, zugleich aber völlig autonom zu entscheiden, welche Konsequenzen es aus der Erkenntnis der Experten ziehen möchte. Genau wie bei Hannah Arendt kann damit nichts anderes als ein dezidiert politisches, nichtwissenschaftliches Urteilen gemeint sein: Bezogen auf 1976 hätte dies bedeutet, dass sich die Öffentlichkeit in voller Kenntnis der wissenschaftlichen Unsicherheit hinsichtlich der Prognose einer Pandemie entscheidungsorientiert mit der Frage hätte befassen müssen, welchen Einsatz von Mitteln zum Zweck der Verhinderung einer potenziellen Gesundheitskatastrophe vernünftig gewesen wäre. Genau dies ist Neustadt, May und Fineberg zufolge durch die Bemühung Schreckensszenarios einer Rückkehr der Spanischen Grippe verhindert worden: Denn allein der Name dieser todbringenden Pandemie habe die politischen Entscheider derart in Angst und Schrecken versetzt, dass kein Raum mehr für ein sorgfältiges Nachdenken über Unterschiede zwischen den Bedrohungslagen von 1918/19 und 1976 und die Unsicherheiten in der wissenschaftlichen Einschätzung geblieben sei. Die Experten hätten den Fehler begangen, sich dieser angstgetriebenen Vereinfachungsdynamik nicht hinreichend entgegenzustellen. Sie selbst seien an dem Impfprogramm als Beitrag zur Etablierung einer leistungsfähigen Präventionsmedizin interessiert gewesen.[1201]

Aber liegen die Dinge so einfach? Lässt sich die Beziehung zwischen Wissenschaft und Politik unter dem Eindruck einer akuten Bedrohung überhaupt in der von Dewey gewollten unterstützenden und informierenden Distanziertheit gestalten? Zweifel sind angebracht. Wenn echte oder vermeintliche Gefahren im Raum stehen, sind Politiker und Wissenschaftler, zumal solche in unmittelbar der Regierung unterstehenden Forschungsinstitutionen, einem hohen Erwartungsdruck ausgesetzt: Eine demokratische Öffentlichkeit würde im Angesicht der Möglichkeit einer tödlichen Pandemie kaum eine Präsidentenansprache akzeptieren, in der vor allem die völlige Unklarheit der Bedrohungslage wie auch der bestehenden Handlungsoptionen betont würde. Von einer Regierung erwarten die Menschen Orientierung und entschlossenes Handeln und – wie von Matthews erkannt – so etwas wie eine ›Null-Toleranz-Haltung‹ gegenüber Restrisiken. Dies verträgt sich nicht mit einer Kommunikation, die jeden Satz mit einem epistemischen Fragezeichen versieht. Dieser Vereinfachungsdruck wird von den politischen Entscheidern in die ihnen unterstellten wissenschaftlichen Apparate weitergegeben beziehungsweise dort antizipiert. Wie sollte man auch Menschen millionenfach zur freiwilligen Teilnahme an einem Impfprogramm motivieren, wenn man kommunizieren würde, dass dessen Notwendigkeit nicht sicher sei, da man gar nicht wisse, ob überhaupt eine Pandemie eintreten werde?[1202]

Mächtige historische Analogien wie der Vergleich mit der Spanischen Grippe und ihren Hunderttausenden Toten allein in den USA führen die Politik in Versuchung, die Lage künstlich zu vereindeutigen – genau wie dies Neustadt und Fineberg in ihrer kritischen Analyse der Entscheidungsprozesse von 1976 gezeigt haben. Solche Rückblicke suggerieren eine Klarheit, die auf rein wissenschaftlicher Basis kaum erreichbar gewesen wäre, die für einen fokussierten Prozess der Willensbildung aber oft notwendig erscheint. Möglicherweise liegt in der von Gesundheitsminister Matthews vorgenommenen Vergröberung der Analogie also gar keine Schwäche der politischen Kommunikation, sondern deren ureigenste Funktion: Vereinfachung ist unter demokratischen Bedingungen ein nahezu unvermeidlicher Kommunikationsmechanismus, wenn diffuse Gefahrenanalysen aus der Wissenschaft in praktische Willensbildungsprozesse überführt werden müssen. Von demokratischer Politik wird erwartet, Zuversicht und Handlungsfähigkeit herzustellen. Geht sie bei der unausweichlichen Vereinfachung aber allzu weit über den Bereich des durch Forschung gesicherten Wissens hinaus und wird dies später öffentlich, verliert sie das Vertrauen der Bevölkerung. Wahrscheinlich besteht hier also ein echtes Dilemma für die politische Kommunikation: Vereinfacht die Politik zu stark, so setzt sie sich dem Vorwurf der Unehrlichkeit und Manipulation aus. Konfrontiert sie dagegen die Öffentlichkeit mit zu viel Unsicherheit und Komplexität, wie sie für wissenschaftliche Erkenntnis nun einmal charakteristisch ist, so kann ihr dies als fehlende Entscheidungs- und Handlungsfähigkeit ausgelegt werden – und ebenfalls zu einem Vertrauensverlust führen. Insofern ist die zeitgenössische Aussage wohl zutreffend, dass es sich bei der Frage der gesundheitspolitischen Kursbestimmung 1976 um eine »No-Win-Situation« gehandelt habe.[1203] Hinzuzufügen ist das von dem Medizinhistoriker David Rengeling betonte Problem einer »Black-Box-Situation« mit Blick auf die Influenza: Die Gefährlichkeit eines H1N1-Virus lasse sich erst dann beurteilen, wenn es sich bereits in der Gesellschaft verbreite, was die Entscheidungsverantwortlichen natürlich vor eine besondere Problematik stelle.[1204]

Historische Analogien transportieren Erzählungen. Das Erzählen kann dem Literaturwissenschaftler Alfred Koschorke zufolge wesentlich mehr leisten als bloße Unterhaltung: Es ermöglicht in einer Situation der Unklarheit und Unsicherheit »kognitive wie affektive Orientierung«, und zwar »zu vergleichsweise geringen Informationsbeschaffungskosten«.[1205] Genau dies war 1976 zu beobachten. Die mit der Spanischen Grippe verknüpfte Erzählung lautete: Auch eine technisch und wissenschaftlich hochentwickelte Nation, die eben siegreich einen Weltkrieg hinter sich gebracht hat, konnte Opfer einer Pandemie werden, die in kurzer Zeit quer durch die Generationen Hunderttausende tötete.[1206] Die epidemiologische Bedeutsamkeit der Virenfunde von Fort Dix abschließend zu klären, hätte – um Koschorkes Begrifflichkeit noch einmal aufzugreifen – hohe »Informationsbeschaffungskosten« bedeutet. Eine Klärung war vermutlich sogar unbezahlbar, insofern auch der Einsatz eines Vielfachen von Forschungsmitteln keine letzte Sicherheit gebracht hätte. Demgegenüber kostete die Herstellung einer Analogie zu 1918/19 erst einmal nichts. Ihre Kosten wurden erst später – beim Ausbleiben einer Pandemie – in Gestalt von Verschwendung öffentlicher Mittel (so jedenfalls die Kritiker) und möglichen Impfschäden sichtbar. Allerdings war die Analogie – bei aller künstlichen Vereinfachung einer hochkomplexen Entscheidungssituation – auch kein rein willkürliches, politisches Konstrukt, denn mit Blick auf die Ähnlichkeit der gefundenen Schweinegrippeviren mit denen von 1918/19 scheint weitgehend Konsens bestanden zu haben.[1207]

Der Diskussions- und Entscheidungsprozess, der zur amerikanischen Impfkampagne von 1976 geführt hat, lässt sich – wie bereits für mehrere Beispielsituationen in diesem Buch beobachtet – zwischen einer politischen Heranziehung von Geschichte mit einem vorab feststehenden Argumentationsziel und einem tatsächlichen Bemühen einordnen, aus der Spanischen Grippe ergebnisoffen Erkenntnisse für die Bewältigung der damals bestehenden Risikosituation zu gewinnen. Eine den Zeithorizont des Themas überschreitende Feststellung sei vor dem Hintergrund der Covid-19-Pandemie gestattet: Aus dem Beispielfall der Schweinegrippe 1976 lässt sich zwar keine gesundheitspolitische Handlungsstrategie für spätere Seuchen ableiten – für Covid-19 vor allem deshalb nicht, weil 2019 eine Pandemie eintrat, während sie 1976 ja ausgeblieben war. Was aber beim Rückblick vielleicht erkennbar wird, ist die Bedeutung einer respektvollen und vertrauensstiftenden politischen Kommunikation. Gerade in Krisensituationen ist diese für das Verhältnis zwischen den Bürgern untereinander wie auch für das Vertrauen zwischen den Bürgern und ihren Repräsentanten besonders wichtig. Eine demokratische Kultur des ergebnisoffenen und diskursiven Urteilens, aber nicht des Verurteilens, ist in solchen Situationen entscheidend. Dies setzt allerdings voraus, dass die Bürger, mit John Dewey gedacht, fähig sind, politische Problemlösungsstrategien immer nur »als Arbeitshypothesen zu behandeln – und nicht als Programme, die rigoros Gefolgschaft und Umsetzung verlangen«.[1208] In einer von Krankheits- und Sterbewellen geprägten Lage mitsamt einem drohenden oder bereits eingetretenen Zusammenbruch wichtiger Teile des Gesundheitswesens einerseits und weitgehenden Eingriffen in bürgerliche Freiheitsrechte und wirtschaftlich-soziale Existenzgrundlagen anderseits ist eine solche Leistung demokratischer Selbstdisziplinierung schwer zu erbringen. Vielleicht bedeutet Deweys Ansatz angesichts der verständlichen Sehnsucht des Menschen nach halbwegs verlässlichen Prognosen und Handlungsszenarien eine politisch-gesellschaftliche Überforderung.

Nicht nur medizinische, sondern auch mentale und soziale Überforderungssituationen traten in der Geschichte menschlicher Krankheitserfahrungen immer wieder auf. Eindrucksvoll wurden sie bereits in der Antike und im Mittelalter beschrieben, etwa in der von dem griechischen Historiker Thukydides im späten 5. Jahrhundert v. Chr. verfassten Schilderung einer schweren Epidemie in Athen oder in Giovanni Boccaccios Einleitung seiner Novellensammlung *Il Decamerone*, die vor den Erfahrungshintergrund der Pest in Florenz 1348 ein grauenhaftes Bild vom Zerfall der gesellschaftlichen Ordnung wie auch aller gewohnten Gewissheiten bis hin zum Zusammenbruch der Solidarität in der Familie entwirft.[1209] Neben dem physischen Zerstörungswerk, das Epidemien und Pandemien anrichten können, sind also auch die massiven sozialen Kosten zu sehen, die sie Gemeinwesen mitunter auferlegen. Dazu gehörten historisch auch schwere Verwerfungen und Polarisierungen bis hin zur Anwendung tödlicher Gewalt, die mit der wiederkehrenden Suche nach vermeintlich Schuldigen verbunden war. Besonders irrational und inhuman ist dies am Beispiel der mittelalterlichen Pestpogrome gegen Juden zu beobachten, denen allerdings wegen der langen und überaus mörderischen Geschichte antijüdischer Gewalt und der hinter ihr stehenden Feindbilder und Verschwörungstheorien ein besonderer Status zukommt. Als Beispiel sei hier das Kölner Pogrom von 1349 genannt: Noch bevor die Pest die Stadt überhaupt erreicht hatte, griff ein fanatisierter Mob Bewohner des jüdischen Viertels an und verübte einen Massenmord. Es kam zu massiven Plünderungen und archäologisch nachweisbaren Zerstörungen, denen auch die Synagoge zum Opfer fiel.[1210]

# 15
## Bielefeld 1999

»Nie wieder Krieg, nie wieder Auschwitz!« Die rot-grüne Bundesregierung und der erste Kampfeinsatz der Bundeswehr

Vom 24. März bis zum 30. Juni 1999 beteiligte sich die Bundeswehr an Luftangriffen der NATO auf Jugoslawien, das damals nur noch Serbien und das kleinere Montenegro umfasste. Es war der erste Kampfeinsatz deutscher Streitkräfte seit Ende des Zweiten Weltkrieges. Wie konnte es dazu kommen, noch dazu unter einer von Sozialdemokraten und Grünen gebildeten Koalitionsregierung? Hintergrund waren die mit dem Ende des Ost-West-Konflikts einsetzenden Zerfallskriege der Bundesrepublik Jugoslawien, die in den 1990er Jahren zu einer Wiederkehr längst überwunden geglaubter Verbrechen wie ethnisch motivierter Vertreibung und Völkermord geführt und in einem 1995 verübten Massaker in der UN-Schutzzone Srebrenica ihren schrecklichen Höhepunkt gefunden hatten. Dabei waren mehr als 8000 bosniakische Männer und männliche Jugendliche von Paramilitärs der bosnischen Serbenrepublik (Republika Srpska) unter General Ratko Mladić ermordet und mehr als 25 000 Frauen und Kinder verschleppt worden. Hatte der Westen unter Führung der USA 1995 durch das Abkommen von Dayton noch versucht, das von dem Nationalisten Slobodan Milošević regierte Serbien in eine Friedensordnung für Bosnien einzubinden, so zeigte der nächste akute Konfliktherd im Süden Jugoslawiens, dass sich die Gewalt auf diesem Wege nicht überwinden ließ: In der zu Serbien gehörenden Provinz Kosovo eskalierten Spannungen zwischen Serben und albanischer Mehrheitsbevölkerung zu einem Bürgerkrieg. Anfang Januar 1999 töteten serbische Armee- und Polizeikräfte im Kampf gegen die albanische Guerillaarmee UÇK in dem Ort Račak 45 Zivilisten. Bereits seit dem Vorjahr war es zu Vertreibungen von albanischer Zivilbevölkerung gekommen.[1211]

Abb. 27: Rückkehr des Genozids nach Europa: Gräber der Opfer des Massakers von Srebrenica (1995). Der Massenmord löst international eine Schockwelle aus. Die Vorstellung, dass es nach den singulären Verbrechen des Nationalsozialismus nicht zu einer Rückkehr genozidaler Gewalt nach Europa kommen könne, hat sich als Illusion erwiesen.

Die Öffentlichkeit, insbesondere der westlichen Demokratien, reagierte hoch alarmiert. Viele Beobachter befürchteten nun auch im Kosovo Kriegsverbrechen, ethnisch motivierte Vertreibung oder sogar Völkermord. Die NATO war unter der Führung der USA zu einem militärischen Eingreifen bereit, das Anfang 1999 allerdings zunächst noch durch einen letzten diplomatischen Lösungsversuch vertagt wurde. Das im Rahmen der Konferenz von Rambouillet beratene Abkommen sah neben einer neuen politischen Verfassung im Kosovo und der Stationierung einer wesentlich von NATO-Staaten zu stellenden Schutztruppe (KFOR) vor, dass Streitkräfte der westlichen Allianz »mit ihren Fahrzeugen, Schiffen, Flugzeugen und Ausrüstung freien und uneingeschränkten Durchzug und ungehinderten Zugang in der gesamten Bundesrepublik Jugoslawien unter Einschluss ihres Luftraums und ihrer Hoheitsgewässer« erhalten sollten.[1212] Die serbische Seite sah darin eine Verletzung der staatlichen Souveränität des nach der Unabhängigkeit Sloweniens, Kroatiens und Bosnien-Herzegowinas verbliebenen Rumpf-Jugoslawiens und verweigerte die Zustimmung, während die Repräsentanten der Kosovo-Albaner die Regelungen akzeptierten. Nachdem eine Verständigung zwischen den Vertretern Serbiens und der Kosovo-Albaner also gescheitert war und Serbien überdies breit angelegte Militäroperationen im Kosovo eröffnete, begann die NATO am 24. März mit der Bombardierung Serbiens. Nach Beginn der Luftangriffe stieg die Zahl der kosovo-albanischen Flüchtlinge in den Nachbarländern Albanien und Mazedonien drastisch an.[1213]

Die Kriegsbeteiligung im Rahmen der NATO war in der deutschen Öffentlichkeit höchst umstritten. So stellte die PDS-Fraktion (Partei des Demokratischen Sozialismus) im deutschen Bundestag umgehend einen Eilantrag zur Untersagung der weiteren Kriegführung beim Bundesverfassungsgericht in Karlsruhe. Sie sah die Rechte des Deutschen Bundestags verletzt und argumentierte, der Krieg sei wegen eines fehlenden Mandats des UN-Sicherheitsrats ein völkerrechtswidriger Angriff und Verstoß gegen das Gewaltverbot nach Artikel 2 Abs. 4 der Charta der Vereinten Nationen. Die von ihrem Vorsitzenden Gregor Gysi vertretene Fraktion wies überdies darauf hin, dass dadurch »ein Präzedenzfall mit unabsehbaren negativen Folgen für die Wirksamkeit der Vereinten Nationen und des Völkerrechts geschaffen« werde. Der Antrag wurde als unbegründet abgewiesen, da die Fraktion der PDS nicht in ihren Rechten verletzt worden sei.[1214] Auch vier Jahre später, 2003, befasste sich das Gericht noch einmal mit dem Kosovo-Krieg. Es entschied, dass steuerpflichtige Bürger nicht berechtigt seien, »aus Gewissensgründen« einen Lohnsteuer-Erlass zu verlangen, um den »Aggressionskrieg« von NATO und Bundeswehr nicht finanziell zu unterstützen.[1215] 2013 wies das Gericht schließlich eine Klage von Angehörigen der Opfer eines Raketenangriffs der NATO auf eine Brücke im serbischen Varvin ab. Bei dem Angriff waren zehn Zivilisten getötet und weitere dreißig z. T. schwer verletzt worden. Zur Begründung hieß es, dass Einzelpersonen bei Völkerrechtsbrüchen keine Entschädigungsansprüche gegenüber Staaten geltend machen könnten.[1216] Die juristische Aufarbeitung der Gewalt im Kosovo dauerte noch 2022 an. So kam es etwa zu einer Anklageerhebung gegen Hashim Thaçi vor dem Kosovo-Tribunal in Den Haag: Dem ehemaligen Oberbefehlshaber der kosovo-albanischen Befreiungsarmee UÇK und späteren Premierminister des Kosovo wurden Kriegsverbrechen und Verbrechen gegen die Menschlichkeit vorgeworfen. Opfer waren aus Sicht der Anklage sowohl kosovo-albanische Gegner der UÇK als auch Serben, Sinti und Roma.[1217]

Neben den Erwartungen der Bündnispartner war das Bemühen um ein Lernen aus der Geschichte eine wesentliche Kraft, welche die deutsche Bundesregierung unter dem sozialdemokratischen Bundeskanzler Gerhard Schröder und dem grünen Vizekanzler und Außenminister Joschka Fischer in den Krieg führte.[1218] Hatte sich die deutsche Politik vor 1999 unter Verweis auf den nationalsozialistischen Angriffs- und Vernichtungskrieg bei internationalen Militäreinsätzen jenseits des NATO-Bündnisgebiets noch betont zurückgehalten, so drehte sich nun die politische Interpretation derselben Vergangenheit: Man leitete aus ihr die Verpflichtung ab, sich militärisch zu engagieren, wenn elementare Menschenrechte bedroht wurden oder gar ein Völkermord im Raum stand. Damit hatten Politik und Öffentlichkeit in der Bundesrepublik die Gewissheit hinter sich gelassen, dass die Lektionen aus der Geschichte des nationalsozialistischen Deutschlands pazifistisch sein mussten – mit weitreichenden Folgen.[1219] Mit besonderem Nachdruck hat Außenminister Joschka Fischer dies betont. Seine Worte vor den Delegierten eines Sonderparteitags der Grünen am 13. Mai 1999, wo er von einem Teil seiner eigenen Parteifreunde offen als »Kriegshetzer« beschimpft wurde, sind berühmt geworden:

> » Auschwitz ist unvergleichbar. Aber ich stehe auf zwei Grundsätzen: Nie wieder Krieg, nie wieder Auschwitz; nie wieder Völkermord, nie wieder Faschismus. Beides gehört bei mir zusammen, liebe Freundinnen und Freunde, und deswegen bin ich in die Grüne Partei gegangen. Was ich mich frage ist, warum ihr diese Diskussion verweigert. Warum verweigert ihr mit Trillerpfeifen diese Diskussion, wenn ihr euch als Linke oder gar Linksradikale bezeichnet? Ihr mögt ja alles falsch finden, was diese Bundesregierung gemacht hat und die NATO macht, das mögt ihr alles falsch finden. Aber mich würde mal interessieren, wie denn von einem linken Standpunkt aus das, was in Jugoslawien seit 1992 an ethnischer Kriegsführung, an völkischer Politik betrieben wird, wie dieses von einem linken, von euerm Standpunkt aus denn tatsächlich zu benennen ist.«[1220]

Fischers Worte erinnern an den ersten Satz von Theodor W. Adornos berühmtem Rundfunkansprache *Erziehung nach Auschwitz* aus dem Jahr 1966: »Die Forderung, daß Auschwitz nicht noch einmal sei, ist die allererste an Erziehung.«[1221] Der Außenminister konnte sicher sein, mit seiner Bezugnahme auf diese Tradition eine längst selbstverständliche Konsensformel der bundesrepublikanischen Demokratie aufzurufen, der gerade die Partei der Grünen in ihrem Eintreten gegen Rechtsextremismus und Fremdenfeindlichkeit besonders verpflichtet war. Genau dies hob Fischer durch eine kurze Erinnerung an den rechtsextremistischen Brand- und Mordanschlag von Solingen (1993) in seiner Rede hervor.[1222]

Der Kampf gegen Rechtsextremismus und Rassismus war ohne jeden Zweifel ein zentrales Element grüner politischer Identität – und dieses Element kollidierte in der Konstellation des Kosovokrieges mit einer weiteren, für das Selbstverständnis der Partei nicht weniger wichtigen Komponente: dem Pazifismus. Denn eine der Wurzeln der Grünen lag in der Friedensbewegung der 1980er Jahre, die sich insbesondere gegen das nukleare Wettrüsten der Supermächte richtete, aber auch generell eine überaus kritische Haltung zur Androhung oder Anwendung militärischer Mittel einnahm. Diese pazifistischen Traditionen ließen sich nicht einfach wegwischen. Sie hatten großes Gewicht und reichten weit vor die Entstehung der Grünen in die frühe Geschichte der bundesrepublikanischen Linken zurück. Dies hatten schon die breiten Proteste gegen die westdeutsche Wiederbewaffnung und die Anti-Atomtod-Bewegung gegen die nukleare Teilhabe der Bundeswehr in der Adenauer-Zeit deutlich vor Augen geführt (▶ Kap. 10). Die linke Journalistin und spätere RAF-Terroristin Ulrike Meinhof hatte 1964 sogar unter Verweis auf Auschwitz gegen eine von Verteidigungsminister Franz-Josef Strauß vorangetriebene Nuklearbewaffnung der Bundeswehr argumentiert, indem sie atomare Vernichtungspotenziale in die Kontinuität des Holocaust stellte (▶ Kap. 13). Vor diesem Hintergrund wird verständlich, warum die deutsche Beteiligung für die Grünen und auch für Teile der deutschen Sozialdemokratie mit einem erheblichen innerparteilichen Spaltpotenzial verbunden war, ergab sich hier doch erstmalig ein Widerspruch zwischen zwei Traditionssträngen, die davor auf das Engste miteinander verwoben zu sein schienen: der kompromisslose Einsatz für die Menschenrechte im Zeichen von »Nie wieder Auschwitz« und das Engagement für Frieden unter der Devise »Nie wieder Krieg«.[1223]

Deutlicher noch als Fischer hatte der Sozialdemokrat Henning Voscherau auf dem einen Monat zuvor tagenden Bonner Parteitag der SPD den Konflikt zwischen diesen Zielen auf den Punkt gebracht:

> » Liebe Genossinnen und Genossen, es gibt zwei Lehren der Naziverbrechen und des Angriffskrieges des NS-Deutschland: Erstens nie wieder Krieg, besonders nicht von deutschem Boden aus, und zweitens nie wieder Völkermord und Verbrechen gegen

die Menschlichkeit. Es ist jetzt dahin gekommen, daß wir uns zwischen diesen beiden höchstrangigen Zielen und Lehren entscheiden müssen.«[1224]

Voscherau sprach von einem »tragischen Dilemma«, in dem nur zwischen zwei Fehlern gewählt werden könne: Angriffskrieg der NATO oder Hinnahme eines Genozids. Im Gegensatz zu Fischer und Schröder plädierte er jedoch dafür, an der Ablehnung eines nicht durch den Sicherheitsrat der Vereinten Nationen gedeckten Krieges festzuhalten. Ein anderes Vorgehen würde ein Element der Willkür in die internationale Ordnung einbringen, und überdies könne man »nur mit den Russen gemeinsam in Europa Frieden schaffen – ohne sie und gegen sie nicht.«[1225]

Ein anderer Delegierter des SPD-Parteitags, das Vorstandsmitglied Reinhard Klimmt, verwendete die auch von Fischer bemühte Formel »Nie wieder Auschwitz! Nie wieder Krieg!«, die er – so wörtlich – als Ausdruck der von der Vätergeneration weitergegebenen »Lehren aus der Geschichte« verstand. Wie Fischer sah er beide Ziele in der NATO-Intervention miteinander verbunden und wollte anders als Voscherau lediglich einen Einsatz von Bodentruppen ausschließen.[1226]

Fischer selbst hatte die Formel offenbar schon vor seiner Parteitagsrede vom 13. Mai verwendet. Wahrscheinlich ist es der Dramatik der Situation und der Leidenschaftlichkeit seiner Argumentation geschuldet, dass es die Bielefelder Rede war, mit der diese Formel heute überwiegend verbunden wird. In einem Kommentar der *Frankfurter Allgemeinen Zeitung* wird der Satz jedenfalls bereits am 9. April 1999 mit Fischer in Verbindung gebracht:

》 Fischer hat, als Vertreter einer Generation, die am Verhalten der Eltern im Dritten Reich (ver)zweifelte, über dem Satz ›Nie wieder Krieg‹ einen zweiten Satz nicht vergessen, der zu Protestzeiten genauso laut gerufen wurde: ›Nie wieder Auschwitz.‹ Den zweiten Satz nimmt er so ernst wie den ersten. Das festigt jetzt seine Position und gibt ihr moralisches Fundament.«

Für den Kommentator Günter Bannas – wie für Voscherau und Erhard Eppler, auf dessen Parteitagsrede noch einzugehen sein wird – lag eine Tragik der Situation darin, dass auch Pazifisten gerade dann schuldig würden, wenn sie Schuld durch die Verweigerung ihrer Zustimmung zum Krieg zu vermeiden suchten.[1227]

Abb. 28: Joschka Fischers Eintreten für die Beteiligung Deutschlands am Kosovokrieg stößt in der zu Teilen pazifistisch orientierten Partei der Grünen auf heftigen Widerstand. Dabei kommt es auf dem Bielefelder Parteitag im Mai 1999 – noch vor der umstrittenen Bezugnahme auf Auschwitz – sogar zu einem körperlichen Angriff in Form einer Farbbeutelattacke.

Zwar waren die Weichen für eine Beteiligung der Bundeswehr an Kampfeinsätzen im Rahmen der NATO noch unter der vorangehenden Regierungskoalition von CDU/CSU und FDP gestellt worden: Dies galt für die Genehmigung von »Out-Of-Area-Einsätzen« durch das Bundesverfassungsgericht 1994, die Stationierung deutscher Soldaten als Teil der SFOR-Friedenstruppe in Bosnien 1995 und die Zustimmung des Bundestages zu NATO-Luftangriffen unter deutscher Beteiligung im Oktober 1998. Den tatsächlichen Schritt in den Krieg gegen Serbien hinein musste aber die neue rot-grüne Regierung verantworten und gegenüber den sie tragenden Parteien und Wählern rechtfertigen. Dabei wurde Streit um die Stellung des Pazifismus in der grünen Partei nicht unbedingt mit pazifistischen Mitteln ausgetragen: Joschka Fischer sah sich auf dem Bielefelder Sonderparteitag nicht nur Verbalinjurien, sondern auch einer

Farbbeutelattacke ausgesetzt (▶ Abb. 28) und musste seine Rede mit lila-rot verschmiertem Jackett unter Polizeischutz halten.[1228]

Waren Vergleiche mit Auschwitz und dem Nationalsozialismus – im linken Vokabular häufig und ungenau als ›Faschismus‹ bezeichnet – im studentischen Protestspektrum der späten 1960er Jahre noch gängig (▶ Kap. 11) und wurden bei der RAF und Teilen ihres Sympathisantenspektrums sogar zur Anmaßung einer Opferrolle verwendet (▶ Kap. 13), so galt bei gemäßigten politischen Kräften Ende der 1990er Jahre das Gebot der Vorsicht. Damals bestand hinsichtlich der historischen und moralischen Singularität des Holocaust ein derart ausgeprägter Konsens, dass sich dem Vorwurf der Relativierung aussetzte, wer andere Vorgänge in die Nähe von Auschwitz rückte. Diesen Vorwurf zog auch Joschka Fischer auf sich. Besonders deutlich wird dies in einer Rede des PDS-Fraktionsvorsitzenden Gregor Gysi, der den Außenminister am 15. April 1999 im Bundestag mit folgenden Worten angriff:

> » Ich warne auch vor der Verwendung falscher Begriffe. Die Verwendung der Begriffe ›Auschwitz‹ und ›Hitler‹ ist falsch. Das alles sollte man nicht tun. Man bagatellisiert damit deutsche Geschichte, nur um einen eigenen Rechtfertigungsgrund zu haben. Vertreibungen sind doch schlimm genug. Auch Morden und Töten sind schlimm genug. Warum muß man denn noch andere Vokabeln benutzen, nur um zu beweisen: Deutsche Verbrechen sind nicht einmalig? Sie kommen auch bei anderen vor. – Das ist falsch. Das ist unangemessen.«[1229]

Noch schärfer drückte sich das SPD-Vorstandsmitglied Benjamin Mikfeld in seiner Parteitagsrede vom 12. April 1999 aus, in der er Fischer eine Verharmlosung von Auschwitz durch »Gleichsetzung« der serbischen Verbrechen im Kosovo »mit dem Faschismus« vorwarf.[1230] Tatsächlich bezeichnete der grüne Außenminister die serbische Politik der ethnischen Säuberung drei Tage später im Bundestag als »neuen Faschismus« und warf seinem Kontrahenten Gysi vor, dessen »Weißwäscher« zu sein.[1231] Aber hatte er damit und mit seiner Bielefelder Parteitagsrede vom 13. Mai die Gewalt im Kosovo mit Auschwitz gleichgesetzt? – Auch wenn dies in einer breiteren Öffentlichkeit vielleicht so wahrgenommen wurde, erlaubt der Wortlaut seiner Bielefelder Rede diese Interpretation nicht. Denn Fischer betonte ja klar, dass Auschwitz »unvergleichbar« sei, was hier nur im Sinne eines singulären Verbrechens verstanden werden konnte. Welchen argumentativen Sinn ergab aber das Aufrufen eines Verbrechenskomplexes, der so deutlich von den aktuell zur Debatte stehenden Verbrechen im Kosovo getrennt wurde? Eine Möglichkeit, Fischers mutmaßliche Aussageintention zu verstehen, bietet die Lektüre der bereits zitierten Radioansprache Adornos aus dem Jahr 1966:

> » Nötig ist, was ich unter diesem Aspekt einmal die Wendung aufs Subjekt genannt habe. Man muß die Mechanismen erkennen, die die Menschen so machen, daß sie solcher Taten fähig werden, muß ihnen selbst diese Mechanismen aufzeigen und zu verhindern trachten, daß sie abermals so werden, indem man ein allgemeines Bewußtsein jener Mechanismen erweckt.«[1232]

Diese Passage ist deshalb hier von Interesse, weil Adorno darin den Gedanken entwickelt, dass es in der Gesellschaft Denk- und Verhaltensweisen gibt, die das Phänomen Auschwitz ermöglicht haben, aber auch ganz generell handlungsleitend sein können. In dieser Perspektive gilt es, sich einer Rückkehr der Barbarei bereits weit im Vorfeld entgegenzustellen, nicht erst dann, wenn sich ein Auschwitz nahekommendes Verbrechen unmittelbar ankündigt. Genauer gesagt: Die inhumanen »Mechanismen«, die zu Auschwitz geführt haben, müssen in Schach gehalten werden, ganz gleich, ob nun eine Wiederholung droht, eine mildere Form von Verbrechen gegen Menschenwürde und Menschenrechte oder auch ›nur‹ ein Verhalten unterhalb der Schwelle zum kriminellen Handeln, das Menschen in ihrer Würde und in ihren Rechten verletzt.[1233] Es ist dann durchaus kein Widerspruch, wie Fischer einerseits die Singularität von Auschwitz zu betonen und anderseits unter Verweis auf Auschwitz ein militärisches Vorgehen gegen serbische Gewaltverbrechen im Kosovo zu fordern. Das deutsche Vernichtungslager ist bei dieser Betrachtungsweise nicht von der sonstigen Menschheitsgeschichte getrennt, sondern markiert das Extrembeispiel in der Bandbreite all des Schrecklichen, was Menschen anderen Menschen antun können. Es ermöglicht also den Blick in die Abgründe dessen, was grundsätzlich denkbar und zu befürchten ist. Es ist der Ort, an dem Hannah Arendt zufolge gezeigt wurde, dass sich das nihilistische »Alles ist erlaubt« in ein »Alles ist möglich« übersetzen ließ.[1234] Ein solcher Blick auf Auschwitz ist durchaus vereinbar mit der Wahrnehmung der historischen und moralischen Singularität des Holocaust, wie sie Arendt 1964 in einem Interview mit dem Journalisten Günter Gaus zum Ausdruck gebracht hat:

> » Das war wirklich, als ob der Abgrund sich öffnet. Weil man die Vorstellung gehabt hat, alles andere hätte irgendwie noch einmal gutgemacht werden können, wie in der

Politik ja alles einmal wieder gutgemacht werden können muss. Dies nicht. Dies hätte nie geschehen dürfen.«[1235]

Etwas anders akzentuiert hatte sie diesen Gedanken bereits in den 1950er Jahren in *Elemente und Ursprünge totaler Herrschaft* formuliert:

> » Wenn wir sagen: *Dies hätte nicht geschehen dürfen*, so meinen wir, daß wir dieser Ereignisse mit den großen und durch große Traditionen geheiligten Mitteln unserer Vergangenheit weder im politischen Handeln noch im gesellschaftlich-politischen Denken Herr werden können.«[1236]

Mit einem solchen Blick auf den Holocaust war der Wortlaut von Fischers Rede zweifellos vereinbar. Liest man die Äußerungen Adornos und Arendts gleichsam im Hintergrund mit, dann unternahm der Außenminister nicht den Versuch, die im Kosovo begangenen Verbrechen auf dieselbe Ebene zu stellen wie den vom nationalsozialistischen Deutschland begangenen Massenmord an den europäischen Juden.

Es bleibt dann allerdings die Frage, ob Fischer nicht hätte voraussehen können, dass Teile der Öffentlichkeit seine Aussage als relativierend verstehen würden. Fischers Hinweis auf die Singularität von Auschwitz ist in der Debatte jedenfalls kaum durchgedrungen – und dies hätte wohl auch die Mobilisierungskraft seines Rekurses auf diesen zentralen Tat- und Erinnerungsort des Holocaust geschwächt. Er hätte das deutsche Vernichtungslager wohl kaum erwähnt, wenn es nicht seine Absicht gewesen wäre, das mit diesem Namen verbundene Potenzial maximalen Erschreckens und maximaler Verurteilung für seine Argumentation nutzbar zu machen – und diese Nutzbarmachung rief empörte Reaktionen bis hin zum Vorwurf der Holocaustrelativierung hervor. Am 23. April 1999, also schon vor Fischers Bielefelder Rede, war in der *Frankfurter Rundschau* ein offener Brief von Mitgliedern der Vereinigung der Verfolgten des Naziregimes (VVN) erschienen, dessen Titel bereits einen überaus schwerwiegenden Vorwurf an die Adresse Fischers und Scharpings formulierte: »Gegen eine neue Art der Auschwitz-Lüge. Holocaust-Überlebende verurteilen Äußerungen der Bundesregierung zu Parallelen Auschwitz/Kosovo«.[1237] Verteidigungsminister Rudolf Scharping hatte den Zorn der Unterzeichner auf sich gezogen, weil er im Februar 1999 anlässlich eines Besuches mit Bundeswehr-Soldaten in Auschwitz so weit gegangen war, eine Verbindung zur damals bereits bestehenden Bundeswehr-Mission in Bosnien-Herzegowina und der erwarteten im Kosovo herzustellen.[1238]

Solche Vergleiche wühlten nicht nur ganz persönlich und existenziell von nationalsozialistischen Verbrechen betroffenen Überlebende auf, sondern auch weitere Teile der deutschen Öffentlichkeit. Es war fast unmöglich, sie nicht mit dem sogenannten »Historikerstreit« der 1980er Jahre zu verbinden – das heißt mit der wahrscheinlich wichtigsten erinnerungspolitischen Kontroverse der alten Bundesrepublik. In dieser intellektuellen Auseinandersetzung war es zentral um die Frage nach der Singularität der nationalsozialistischen Verbrechen und um das Verhältnis des Nationalsozialismus zu anderen totalitären Regimen der Geschichte des 20. Jahrhunderts gegangen, insbesondere zum Stalinismus in der Sowjetunion. Dies war keine akademische Frage, sondern betraf »das historisch-politische Selbstverständnis der Bundesrepublik« (Klaus Große Kracht), für das die Erinnerung an den Holocaust nicht zuletzt als Ergebnis ebendieses Streits eine weithin konsensfähige Grundlage bildete.[1239] Zentraler Ausgangspunkt des Konflikts war 1986 die provokative Äußerung des Historikers Ernst Nolte, der Nationalsozialismus stelle eine Reaktion auf die früheren Verbrechen des Stalinismus dar und es bestehe zwischen beiden totalitären Regimen ein »kausaler Nexus«. Hieran schloss Nolte die Forderung an, einen »Schlussstrich« unter das zu ziehen, was er als »kollektivistisches Denken« im Bereich der Zuweisung von Schuld wahrnahm.[1240] Der Philosoph Jürgen Habermas prangerte diese Position 1986 in der Wochenzeitung *Die Zeit* als offen Revisionismus an und bezichtigte Nolte und seine Parteigänger einer Instrumentalisierung von Geschichte im Ost-West-Konflikt:

> » Die Ideologieplaner wollen über eine Wiederbelebung des Nationalbewußtseins Konsens schaffen, gleichzeitig müssen sie aber die nationalgeschichtlichen Feindbilder aus dem Bereich der NATO verbannen. Für diese Manipulation bietet Nolte einen großen Vorzug. Er schlägt zwei Fliegen mit einer Klappe: Die Nazi-Verbrechen verlieren ihre Singularität dadurch, daß sie als Antwort auf (heute fortdauernde) bolschewistische Vernichtungsdrohungen mindestens verständlich gemacht werden. Auschwitz schrumpft auf das Format einer technischen Innovation und erklärt sich aus der ›asiatischen‹ Bedrohung durch den Feind, der immer noch vor unseren Toren steht.«[1241]

Dass Nolte nicht grundlos bezichtigt wurde, die Grenze zwischen nationalem Konservatismus und rechtsextremem Revisionismus überschritten zu haben, hatte sich schon 1980 in seiner fachlich ebenso absurden wie ethisch abgründigen Aussage gezeigt, Hitler habe »die deutschen Juden als Kriegsgefangene (a) [sic] behandeln und d. h. internieren dürfen.«[1242]

Wer nach dem Historikerstreit noch den Eindruck erweckte, den Holocaust mit welcher Agenda auch immer in eine Reihe mit anderen Menschheitsverbrechen zu stellen und dadurch zu relativieren, der begab sich potenziell in bedenkliche Gesellschaft. Auch wenn Fischer und Scharping der geschichtspolitischen Linie eines Ernst Nolte denkbar fernstanden, gingen sie doch gerade vor dem Hintergrund Historikerstreits mit ihren Verweisen auf den Holocaust ein erhebliches Risiko ein. Denn der Vorwurf einer relativierenden Instrumentalisierung von Auschwitz zu tagesaktuellen politischen – und noch dazu kriegerischen – Zwecken konnte natürlich auch Akteure treffen, die im Gegensatz zu Nolte keine revisionistische Agenda verfolgten. Was dies auszulösen vermochte, mag ein Zitat aus dem bereits erwähnten offenen Brief zum Ausdruck bringen: »Wir Überlebenden von Auschwitz verurteilen den Mißbrauch, den Sie und andere Politiker mit den Toten von Auschwitz, mit dem von Hitler-Faschisten im Namen der deutschen Herrenmenschen vorbereiteten und begangenen Völkermord an Juden, Sinti, Roma und Slawen betreiben.«[1243]

Vergleiche mit dem Nationalsozialismus und dem Holocaust waren keineswegs auf die bundesrepublikanische Debatte beschränkt. Auch in den USA spielten sie eine Rolle und wurden in einer Untersuchung von Benjamin R. Bates zum Einfluss rhetorischer Analogiebildungen auf Umfragewerte sogar als ein Faktor herausgehoben, der maßgeblich dazu beigetragen habe, die NATO-Intervention in den USA mehrheitsfähig zu machen. Dies lasse sich mit einem in Umfragen greifbaren Stimmungsumschwung zeigen: Nach mehrheitlicher Ablehnung eines militärischen Vorgehens seien die Befragten nach Kriegsbeginn überwiegend dafür gewesen. Bates sieht eine wesentliche Ursache für diese Veränderung in Reden des amerikanischen Präsidenten Bill Clinton, die eine breite Resonanz in den Medien und in der politischen Klasse der USA gefunden hätten.[1244] Am 24. März 1999, dem ersten Tag des Krieges, wandte er sich mit folgenden Worten an seine amerikanischen Mitbürger:

》 Sarajevo, die Hauptstadt des benachbarten Bosnien, ist der Ort, wo der Erste Weltkrieg begann. Der Zweite Weltkrieg und der Holocaust verschlangen diese Region. In beiden Kriegen hat Europa die Gefahren erst langsam erkannt und die USA warteten sogar noch länger, bevor sie in die Konflikte eintraten. Stellen Sie sich vor, wenn die Führungspersönlichkeiten damals weise und früh genug gehandelt hätten: Wie viele

Menschenleben hätten gerettet werden können? Wie viele Amerikaner hätten nicht sterben müssen?«[1245]

Es kann kaum Zufall sein, dass Clinton hier sehr ähnlich argumentierte wie Winston Churchill: Der britische Premierminister hatte diesen Großkonflikt mit seinen Millionen von Toten und der genozidalen Dimension des Holocaust in seiner Geschichte des Zweiten Weltkrieges als vermeidbar bezeichnet: Den »Unnötigen Krieg« (*The Unnecessary War*) solle man es nennen, dieses »zweite Armageddon«. Nichts wäre aus seiner Sicht leichter gewesen, als diese Katastrophe zu verhindern, hätten nur die Demokratien früh genug mit der notwendigen Härte auf Hitlers Aggressivität reagiert. Bis 1934 hätte man dem britischen Kriegspremier zufolge die deutsche Wiederaufrüstung sogar ganz ohne menschliche Opfer abwenden können. Churchill wollte zeigen, »wie die Ratschläge der Vernunft und der Zurückhaltung die vorrangigen Treiber tödlicher Gefahr werden können.«[1246] Eine Erhöhung des Risikos durch die vermeintliche Vermeidung von Risiko – dies ist die zentrale Denkfigur, die auch in der Kubakrise des Jahres 1962 eine wesentliche Rolle gespielt hat, die am Ende angesichts der nuklearen Eskalationsrisiken aber doch nicht den Ausschlag für Kennedys flexiblen Umgang mit der sowjetischen Herausforderung gab (▶ Kap. 12). Der Oktober 1962 war jedenfalls kein Churchill-Moment.

Auch 1999 kamen aus Moskau, mit Belgrad traditionell eng verbunden, drohende Signale. So gab es Gerüchte über eine Aktivierung russischer Atomwaffen gegen westliche Ziele und Präsident Boris Jelzin warnte, dass Russland im Falle eines Einmarsches von NATO-Bodentruppen in den Krieg eintreten werde, der dann »ein europäischer Krieg oder auch ein dritter Weltkrieg« werden könne.[1247] Dennoch erschienen den Verantwortungsträgern im Westen die nuklearen Eskalationsrisiken in einem Luftkrieg gegen das lediglich konventionell bewaffnete Serbien offenbar als gering – jedenfalls als so gering, dass ein präventives Handeln im Sinne der Argumentation Churchills breit zustimmungsfähig wurde. Eine solche Veränderung der Risikowahrnehmung war jedenfalls für die interventionsfreundliche Haltung des prominenten Friedensaktivisten und ehemaligen SPD-Präsidiumsmitglieds Erhard Eppler von zentraler Bedeutung. Auf dem SPD-Parteitag vom 12. April arbeitete er den wesentlichen Unterschied zwischen der Situation des Kalten Krieges und der Gegenwart des Jahres 1999 wie folgt heraus: »Damals standen zwei atomar gerüstete Weltmächte einander gegenüber, die sich gegenseitig vielfach auslöschen konnten. Krieg bedeutete für Mitteleuropa Tod, und Frieden bedeutete Leben.«Nun sei jedoch eine Situation eingetreten, in der gar nicht mehr »definierbar« sei, wann Krieg herrsche und wann nicht – und dies schaffe unter diktatorischer Herrschaft einen Zustand der Rechtlosigkeit, in dem der Schutz von Menschen mit militärischen Mitteln notwendig werde.[1248] Epplers Situationsanalyse nimmt Elemente dessen vorweg, was Herfried Münkler als Merkmale der »neuen« beziehungsweise »asymmetrischen Kriege« dem alten »Staatenkrieg« gegenübergestellt hat.[1249] Die Logik dieser Argumentation ist klar: Diente es in den 1980er Jahren der Wahrung elementarer Menschenrechte, für die Verhinderung eines Atomkriegs einzutreten und militärische Optionen vor diesem Hintergrund als unverantwortlich zurückzuweisen, so galt dies Eppler zufolge nun – angesichts der unterhalb der Schwelle von zwischenstaatlichen Kriegen frei gewordenen Gewalt – nicht mehr. Die große nukleare Apokalypse sei unwahrscheinlicher geworden. Angesichts dieser veränderten Risikolage bestehe die Möglichkeit, andere Formen der Verantwortungsübernahme aus der protestantischen Tradition abzuleiten:

> » Laßt mich noch eine letzte, eine sehr allgemeine Bemerkung machen: Die 68er Bewegung hat uns in unserer Gesellschaft viel Neues und Gutes gebracht. Sie hat aber auch einiges verschüttet. Etwas von dem, was sie verschüttet hat, ist das Gespür für Tragik. Wir sind ja dabei, alles, was traurig ist, tragisch« zu nennen. Nein, tragisch ist eine Situation, wenn man schuldig wird, ganz gleich was man tut. Natürlich wird man schuldig, wenn man Bomben wirft. Die Frage ist doch nur, wie man noch schuldiger wird. Deshalb muß diese Partei jetzt diesen tragischen Konflikt, auf den sie gar nicht vorbereitet ist, aushalten. Sie muß lernen, was eine tragische Entscheidung ist, und sie muß das dann so aushalten, daß jeder dem anderen zugesteht, daß er gute Gründe hat. Dann muß die Regierung handeln. Ich habe den Eindruck, sie handelt so, daß wir ein bißchen weniger schuldig werden, als wenn wir nichts täten.«[1250]

Eppler sprach von einer tragischen Situation in dem Sinne, dass die politisch Verantwortlichen angesichts der Situation im Kosovo nur zwischen zwei Arten von Schuld wählen und somit nicht schuldfrei bleiben konnten: Entweder ließen sie Vertreibung und Mord auf dem Balkan zu oder sie verstießen gegen das Gewaltverbot der UN-Charta und führten einen Krieg, bei dem unschuldige Zivilisten getötet würden.

Aber war dies Tragik? Nach der Definition, die sich in der *Poetik* des Aristoteles findet, eher nicht. Aristoteles zufolge ist es »tragisch«, wenn Menschen wegen eines letztlich nicht als moralisches Fehlverhalten einzuordnenden

»Fehlers« ins Unglück geraten, nicht wegen schlechter Eigenschaften – oder trotz hoch stehender Gesinnung (▶ Kap. 6).[1251] Tatsächlich hat die Position des württembergischen Protestanten Eppler wahrscheinlich mehr mit evangelischer Theologie zu tun als mit dem Tragikbegriff der griechischen Antike. Es geht um ein von Martin Luther betontes Verständnis des Menschen als eines »Gerechten und Sünders zugleich« (*simul iustus et peccator*), der seiner Sünde nicht entfliehen und nur durch die Gnade Gottes erlöst werden kann.[1252] Eine säkulare Variante dieses Denkens ist im Rahmen der »Verantwortungsethik« möglich, ein Konzept, das der – ebenfalls protestantische – Soziologe Max Weber im Gegensatz zu »Gesinnungsethik« geprägt hat. Sie denkt nicht nur, wie die Gesinnungsethik, von den (ethischen) Absichten des Handelns her, sondern ebenso sehr von dessen Ergebnissen.[1253] Gemessen an den von den Handelnden eigentlich vertretenen Werten – also bei einem Politiker wie Eppler: pazifistischen Werten – kann es demnach schuldhaftes Verhalten geben, das auf der Ebene seiner Resultate – hier der Rettung von unterdrückten Kosovo-Albanern – eine Rechtfertigung findet, eine Rechtfertigung allerdings, welche die Schuld nicht tilgt. Weber verwendet in diesem Zusammenhang wohl nicht zufällig die an Martin Luther erinnernden Worte: »Ich kann nicht anders. Hier stehe ich«.[1254]

Da die Theologie Luthers für Protestanten eine lebendige Tradition darstellt, kann Epplers Hinweis auf das unvermeidliche Schuldigwerden wohl nicht als weiterer Fall des Lernens aus der Geschichte verstanden werden. Davon könnte man sprechen, wenn er das Handeln einer konkreten historischen Figur des protestantischen Spektrums als Vorbild aufgerufen hätte – etwa Dietrich Bonhoeffer. Bonhoeffer hatte sich im Widerstand gegen den Nationalsozialismus zu dem Gedanken bekannt, dass man als Christ Verantwortung tragen und damit auch Schuld auf sich laden müsse, weil Jesus Christus dies ebenfalls getan habe.[1255] Doch anders als Außenminister Fischer von den Grünen und Verteidigungsminister Scharping aus der eigenen Partei stellte Eppler in seiner Parteitagsrede keine Parallelen zur NS-Zeit her. Er begnügte sich damit, die Risikosituation für Menschenleben und Menschenrechte zu analysieren und aus den seiner Meinung nach deutlichen Veränderungen seit Ende des Kalten Krieges praktische Schlussfolgerungen zu ziehen. Es war wahrscheinlich dieser präsentische Blick, der dem Protestanten Eppler die im Zusammenhang von unvermeidlichem Schuldigwerden doch so naheliegende Bezugnahme auf Dietrich Bonhoeffer unmöglich machte. Er verzichtete jedenfalls auf das immer angreifbare Argumentationsmittel des Geschichtsvergleichs und verlieh vielleicht gerade dadurch seiner Rede eine ganz besondere Ernsthaftigkeit und Autorität.

Humanitäre Interventionskriege des Westens waren noch in einer anderen Weise durch den Versuch eines Lernens aus der Geschichte bedingt, nämlich durch ein Phänomen, das die amerikanische Historikerin Ellen Schrecker als »Cold War Triumphalism« bezeichnet hat: Darunter versteht sie die Vorstellung, der Westen habe den Kalten Krieg gewonnen und könne nun die Welt nach seinen Vorstellungen und Idealen neu ordnen, ohne Rücksicht auf andere Akteure. In diesem Geschichtsbild erscheine die unter US-Präsident Ronald Reagan in der NATO vorangetriebene Politik der militärischen Stärke im nuklearen Wettrüsten mit der Sowjetunion als »Erfolgsgeschichte«, bei der die Möglichkeit eines anderen und für die Menschheit katastrophalen Ausgangs ausgeklammert bleibt.[1256] Auch wenn Francis Fukuyamas berühmte Vorstellung vom »Ende der Geschichte«, das durch den Sieg von Demokratie und Marktwirtschaft erreicht worden sei, schon ein Jahrzehnt nach dem Mauerfall als widerlegt gelten konnte, hätten westliche Beobachter aus den Erfahrungen der 1980er Jahre ableiten können, dass sich Stärke, Härte und Konsequenz im Umgang mit moralisch unterlegenen Gegnern lohnen.[1257] In den für dieses Kapitel analysierten Quellen finden sich allerdings keine Belege dafür, dass dieser »triumphalistische« Blick auf den Ausgang des Ost-West-Konflikts für die Begründung des Kosovo-Krieges eine wesentliche Rolle gespielt hätte. Der Sozialdemokrat Erhard Eppler betonte zwar die Unwahrscheinlichkeit einer nuklearen Eskalation im Vergleich zum Kalten Krieg, aber dies verband sich nicht mit der Idee eines ›Sieges‹ über die Sowjetunion. Vielmehr wurde auf deren Nachfolgestaat Russland in vielen kriegsbefürwortenden Redebeiträgen aus dem Jahr 1999 explizit Rücksicht genommen. Diese Rücksichtnahme zeigte sich auch in den Regelungen für die Stationierung einer internationalen Schutztruppe im Kosovo unter Einbeziehung Russlands, durch die der Krieg im Juni 1999 beendet wurde.[1258] Aber reichte dies, um Russland dauerhaft in eine internationale Friedensordnung einzubinden?

Die russische Gesellschaft und ihrer Eliten schienen den Kosovo-Krieg teilweise mit gänzlich anderen Lehren der Geschichte zu verknüpfen, als dies im Westen der Fall war. Dies galt bereits 1999, als in Russland die Vorstellung einer historisch gewachsenen ›Bruderschaft‹ mit dem ebenfalls slawisch und orthodox geprägten Serbien eine wesentliche Rolle in der Wahrnehmung des

Konflikts spielte. Vor diesem Hintergrund ließ sich aus der Geschichte eine besondere Schutzverantwortung Russlands für die serbischen ›Brüder‹ ableiten, die ganz anders als im Westen in der Rolle von Opfern gesehen wurden, die sich einer völkerrechtswidrigen Aggression der NATO zu erwehren hatten.[1259] Eine Analyse russischer und spätsowjetischer Schulbücher legt nahe, dass dieses Wahrnehmungsmuster durch eine idealisierende Vermittlung der serbisch-russischen Beziehungen seit dem serbischen Aufstand gegen die osmanische Herrschaft 1876 genährt wurde[1260] – wobei es vielleicht auch genügt, an die durchaus reale und für den Weg Europas in den Ersten Weltkrieg mitentscheidende Rückendeckung des Zarenreiches für Serbien in der Julikrise 1914 zu erinnern.[1261]

Traditionelle russische Solidarität mit Serbien als Orientierung für die Gegenwart – dass in einem solchen Lernen aus der Geschichte Potenziale für eine Konfrontation mit dem Westen lagen, sollte sich schon bald zeigen. In einer Dringlichkeitssitzung des UN-Sicherheitsrats legte der Vertreter der Russischen Föderation, der spätere Außenminister Sergeij Lawrow, bereits am 24. März 1999 schärfsten Protest gegen die Luftangriffe der NATO auf Jugoslawien ein und rückte sie in die Nähe eines Angriffskrieges: So wie es innerstaatlich nicht zulässig sei, »illegale Methoden« zur Verbrechensbekämpfung einzusetzen, gelte dies auch zwischen Staaten. Die NATO maße sich die Rolle eines »Weltpolizisten« an, was Vertrauen und Stabilität in Europa zerstöre und die friedliche Beilegung des Kosovo-Konflikts erheblich erschwere. Lawrow verlas dann einen Brief des russischen Präsidenten, in dem Jelzin der NATO ganz offen eine »Aggression« vorwarf und von »einem gefährlichen Präzedenzfall«, einer für die gesamte internationale Ordnung bedrohlichen »Politik des Diktats und der Gewalt« sprach. Als »Präsident und Oberbefehlshaber« habe er angeordnet, den Besuch des Premierministers Primakow in den USA zu streichen, den Vertreter Russlands bei der NATO abzuziehen, die Zusammenarbeit mit der NATO im Rahmen der Partnerschaft für den Frieden vorläufig nicht fortzusetzen – und er schloss mit einer militärischen Warnung: »Wenn sich der militärische Konflikt ausweitet, dann behält sich Russland das Recht vor, angemessene Maßnahmen zu ergreifen, um seine eigene und die allgemeine Sicherheit Europas zu gewährleisten.«[1262]

Diesen Drohungen des russischen Präsidenten folgten Taten, wenn auch unterhalb der Schwelle eines militärischen Schlagabtauschs mit dem westlichen Bündnis: Noch vor dem Einrücken der maßgeblich von NATO-Staaten zu bildenden Schutztruppe KFOR in das Kosovo schickte die russische Führung am 12. Juni 1999 eigene Soldaten an den Flughafen der kosovarischen Hauptstadt Priština. Während der NATO-Oberbefehlshaber, US-General Wesley Clark, hierauf mit einer schnellen Entsendung von westlichen Streitkräften reagieren und Moskau offen entgegentreten wollte, setzte sich der britische General und Schutztruppenkommandeur Michael Jackson mit der Position durch, im Interesse der Umsetzung des Stationierungsabkommens für die KFOR auf diesen eskalierenden Schritt zu verzichten.[1263]

In einer längerfristigen Perspektive lässt sich fragen, ob die Kritiker des Kosovo-Krieges – so etwa die PDS in dem erwähnten Eilantrag an das Bundesverfassungsgericht – mit ihren Befürchtungen nicht richtig lagen: Hat die NATO-Intervention nicht als Modell für mögliche Nachahmer das Gewaltverbot der UN-Charta faktisch geschwächt und somit dazu beigetragen, die internationale Ordnung instabiler, zwischenstaatliche Kriege leichter begründbar und die Welt gefährlicher zu machen – also im Ergebnis genau das Gegenteil eines wirksamen Schutzes der Weltbevölkerung vor Krieg, Gewalt und Verbrechen herbeigeführt, den die Befürworter der Intervention erstrebt hatten? Wäre es nicht denkbar, dass weitere Staaten ihrerseits aus der Geschichte von 1999 militärische Lehren ableiten, sie wie von Jelzin beklagt als »Präzedenzfall« heranziehen, sich auf eine Schutzverantwortung gegenüber Zivilisten jenseits ihrer Grenzen berufen – und dem Westen so seine eigene Argumentation von 1999 »spiegeln«, wenn er sich dagegen wendet?[1264]

Das Gewaltverbot der Charta der Vereinten Nationen, auf das sich Gegner des militärischen Vorgehens der NATO gegen Serbien 1999 berufen, war selbst das völkerrechtliche Resultat eines Lernens aus der Geschichte, insbesondere der beiden Weltkriege des 20. Jahrhunderts. Dies kommt bereits in den ersten Zeilen der Charta zum Ausdruck, die das Ziel definieren, »künftige Geschlechter vor der Geißel des Krieges zu bewahren, die zweimal zu unseren Lebzeiten unsagbares Leid über die Menschheit gebracht hat.«[1265] Entsprechend deutlich ist das zwischenstaatliche Gewaltverbot in Artikel 2 Abs. 4 formuliert:

> » Alle Mitglieder unterlassen in ihren internationalen Beziehungen jede gegen die territoriale Unversehrtheit oder politische Unabhängigkeit gerichtete oder sonst mit den Zielen der Vereinten Nationen unvereinbare Androhung oder Anwendung von Gewalt.«[1266]

Hiervon sieht die Charta nur zwei Ausnahmen vor: Militärische Gewaltanwendung ist zulässig in Fällen von Selbstverteidigung (Art. 51) oder wenn der UN-Sicherheitsrat eine Bedrohung des Friedens oder schon erfolgte Aggression feststellt (Art. 39) und Mitgliedstaaten angesichts der Aussichtslosigkeit milderer Optionen zu militärischen Maßnahmen auffordert (Art. 42).[1267] Eine solche Aufforderung hatte der UN-Sicherheitsrat vor dem Beginn der NATO-Intervention gegen Serbien 1999 nicht ausgesprochen. Dem setzen Befürworter des Krieges das Argument entgegen, dass es durchaus eine Rolle spiele, welche Gründe zum Verstoß gegen das Gewaltverbot geführt hatten. Dies war der Kern der bereits besprochenen Argumentation Epplers auf dem SPD-Parteitag – und auch ein im Jahr 2000 veröffentlichter Untersuchungsbericht der Unabhängigen Internationalen Kommission zum Kosovokrieg, auf den noch näher einzugehen sein wird, machte diesen Punkt stark. Auch wenn die vom deutschen Verteidigungsminister Rudolf Scharping verbreitete Aussage, Serbien plane im Rahmen einer »Operation Hufeisen« die systematische Vertreibung der albanischen Bevölkerung aus dem Kosovo, unbelegt geblieben ist, wird man gerade vor dem Hintergrund des Massakers von Srebrenica davon ausgehen dürfen, dass das Risiko eines Genozids aus Sicht damaliger Verantwortungsträger plausibel wirkte, also keinen willkürlich herbeikonstruierten Kriegsgrund darstellte.[1268]

Aus dieser Wahrnehmung ist aber nicht automatisch abzuleiten, dass die Kriegführung gegen das verbliebene Jugoslawien und damit der Verstoß gegen Artikel 2 der UN-Charta verhältnismäßig war. Durch die Luftangriffe der NATO kamen 758 Menschen ums Leben, darunter 453 zivile Opfer. Ein Angriff auf das serbische Staatsfernsehen in Belgrad mit mehreren Todesopfer sorgte international ebenso für Empörung wie die unbeabsichtigte Bombardierung der chinesischen Botschaft am 7. Mai 1999.[1269] Ein um Ausgewogenheit bemühter Betrachter wird eine Politik, die solche Folgen nach sich zieht, nicht gegen Kritik immunisieren wollen. Aber wenn man die Sorge vor einer genozidalen Entwicklung vor dem Hintergrund von Srebrenica für aufrichtig hält, wird es schwieriger, den damals hauptverantwortlichen Politikern des Westens eine leichtfertige Aggressionspolitik oder das Verfolgen eigennütziger Ziele vorzuwerfen, unabhängig davon, ob man die eingesetzten Mittel für adäquat hält oder nicht.[1270] In diesem Sinne urteilte die Unabhängige Internationale Kommission, die im Jahr 2000 einen Bericht über den Krieg, seine Vorgeschichte und die daraus abzuleitenden Lehren vorlegte:

» Die Kommission kommt zu dem Schluss, dass die Militärintervention der NATO illegal, aber legitim war. Sie war illegal, weil sie nicht die vorangehende Billigung durch die Vereinten Nationen erhalten hatte. Die Kommission meint allerdings, dass die Intervention gerechtfertigt war, da alle diplomatischen Wege erschöpft waren und die Intervention das Ergebnis brachte, die Mehrheitsbevölkerung des Kosovo von einer lang andauernden Zeit der Unterdrückung unter serbischer Herrschaft zu befreien.«[1271]

In der Entwicklung des humanitären Völkerrechts waren die jugoslawischen Zerfallskriege insgesamt ein Anlass für das Lernen aus der Geschichte. Angesichts der bis zum Genozid reichenden Gewalt gegen die Zivilbevölkerung verbreitete sich die Auffassung, die Souveränität und territoriale Integrität von Staaten nicht länger über alles zu stellen. In extremen Fällen müssten Schutzmaßnahmen zugunsten der Opfer ergriffen werden. In Frankreich vertrat diesen Gedanken besonders prominent Bernard Kouchner, Gründer der humanitären Nichtregierungsorganisation Ärzte ohne Grenzen (*Médecins sans frontières*), der ein »Recht auf Einmischung« forderte. Dies war der Ansatz einer *responsibility to protect*, also einer »Schutzverantwortung«, der an Bedeutung gewann, ohne dass sich dieses Prinzip jedoch zu einer völkerrechtlich verbindlichen Norm verfestigt hätte: Kouchner sah in dieser Idee eine Lehre aus der Geschichte der Massaker, Genozide und schweren Menschenrechtsverletzungen. Er spitzte seine Haltung 2002 zu der Aussage zu, dass sich »unterlassener Hilfeleistung« schuldig mache, wer den Opfern unter Verweis auf die Souveränität der Staaten nicht beistehe. Die Brisanz dieser »Schutzverantwortung« liegt aus Sicht der Verteidiger der einzelstaatlichen Souveränität darin, dass sie im Grunde jedem Staat der Welt ein argumentatives Einfallstor für Angriffe auf seine Nachbarn öffnet, wenn es gelingt, dort schwere Menschenrechtsverletzungen oder gar Genozid – zumindest für die jeweils eigene Öffentlichkeit – glaubhaft zu machen.[1272]

In jedem Fall war der Kosovo-Krieg – neben den vorangegangenen Massenverbrechen der jugoslawischen Staatszerfallskriege und dem Völkermord in Ruanda – eine wichtige Etappe in einem Prozess, der Außen- und Interventionspolitik in einer westlichen Perspektive zunehmend als eine Frage ethischer Verpflichtungen und Ansprüche erscheinen ließ.[1273] Das bislang letzte Beispiel hierfür war 2011 das zunächst mit dem Schutz der Bevölkerung Bengasis begründete, dann aber in eine Logik des *regime change* übergehende Eingreifen der USA, Großbritanniens und Frankreichs in den libyschen Bürgerkrieg, das schließlich zum Sturz und Tod des Diktators Gaddafi führte. Dieser

Lernprozess aktualisierte alte, zum Beispiel von der Französischen Revolution ausgehende Traditionen und Narrative des westlichen Universalismus.[1274] Aber auch liberale Ansätze internationaler Politik, wie sie sich mit dem britischen Premierminister William Ewart Gladstone oder dem amerikanischen Präsidenten Woodrow Wilson verbanden, konnten im Rahmen eines internationalen Politikstils wieder aufgegriffen werden, den Dominik Geppert als »kriegerischen Humanitarismus« charakterisiert hat.[1275] Der britische Premierminister Tony Blair sah sich durch die Kosovo-Krise veranlasst, eine von Geppert als Musterbeispiel für diesen Humanitarismus analysierte »Doktrin der Internationalen Gemeinschaft« auszurufen, die im Namen der Menschenrechte die Fesseln des am klassischen Souveränitätsverständnis von Nationalstaaten orientierten Interventionsverbotes abstreifen sollte. Die Welt, so argumentierte er in einer vor dem Wirtschaftsclub Chicago gehaltenen Rede im April 1999, sei von einer derart ausgeprägten »Interdependenz« geprägt, dass »Isolationismus« keine Option mehr darstelle. Es bestehe eine unmittelbare Verbindung zwischen der weltweiten Anerkennung zentraler Werte – wie etwa der Menschenrechte – und der Idee der »offenen Gesellschaft« auf der einen Seite und der nationalen Sicherheit westlicher Länder auf der anderen. Blair hob also den Gegensatz zwischen humanitärem Altruismus und Eigeninteresse auf. Seinen universalen Anspruch unterstrich er durch ein Zitat aus John F. Kennedys berühmter Westberliner Rede aus dem Jahr 1963: »Freiheit ist unteilbar, und wenn ein Mensch versklavt ist, wer ist dann frei?« Zwar räumte Blair ein, dass der Westen nicht überall auf der Welt intervenieren könne und betonte auch die prinzipielle Bedeutung der territorialen Integrität von Staaten, aber Genozid und das Auslösen von großen Migrationsbewegungen dürfe nicht hingenommen werden – und überdies verlören Regierungen, die nur Minderheiten repräsentierten, ihre Herrschaftsberechtigung.[1276]

Da der Westen in der Folge allerdings nicht weltweit gegen alle schweren Menschenrechtsverletzungen vorging, stand bald der Vorwurf im Raum, dass mit zweierlei Maß gemessen werde. Westliche Staaten würden das Gewicht ihrer militärischen Macht nur dann in die Waagschale werfen, wenn die Gefährdungen – wie im Falle des Kosovo – Europa selbst, die USA oder strategische Kerninteressen beträfen, wie dies bei der militärischen Zurückdrängung der als Terrorismusunterstützer wahrgenommenen Taliban in Afghanistan nach den Anschlägen von 11. September 2001 der Fall war. Dieser Vorwurf der unterschiedlichen Standards klang etwa in einer Ansprache an, die Nelson

Mandela anlässlich der Abschlusstagung der Unabhängigen Internationalen Kommission zu Kosovo gehalten hat: Afrika finde selbst bei drohendem Genozid nicht dieselbe Beachtung wie Europa.[1277]

Eine andere Ebene des Lernens aus der Kosovo-Krise und dem zu ihr gehörenden Krieg betrifft den Umgang mit der Geschichte der Balkanregion. Es ist offensichtlich, dass die konfliktreiche Vergangenheit Südosteuropas bei der massiven Mobilisierung von Feindbildern eine wesentliche Rolle gespielt hat. Mit dem Nachlassen der ideologischen Integrationswirkungen des Sozialismus in den 1980er Jahren hetzten nationalistische Politiker verschiedene Bevölkerungsgruppen Jugoslawiens wie Serben, bosnische Muslime, Kroaten und Kosovaren gegeneinander auf. Sie stilisierten diese Gruppen zu unveränderlichen und einander seit Jahrhunderten feindlich gegenüberstehenden Einheiten und präsentierten die eigene Volksgruppe tendenziell in der Opferrolle, die anderen hingegen als Täter, denen insbesondere im Kontext des Zweiten Weltkrieges genozidale Verbrechen vorgeworfen wurden.[1278]

Als Beispiel hierfür gilt die Art und Weise, in der Slobodan Milošević die Erinnerung an die Schlacht auf dem Amselfeld mobilisierte, die sich 1989 zum 600. Mal jährte. Im Jahr 1389 war es im Gebiet des Kosovo zu einem Waffengang zwischen serbischen und osmanischen Streitkräften gekommen, der zu einem zentralen Bezugspunkt des serbischen Nationalbewusstseins wurde. In der Forschung ist allerdings umstritten, wann sich diese Aufladung des Ereignisses im Zeichen kollektiver serbischer Identität vollzog: Erfolgte dies schon im Spätmittelalter oder handelt es sich um eine moderne Neuinterpretation mittelalterlicher Geschichte, wie sie für alle Nationalbewegungen Europas seit dem 19. Jahrhundert typisch ist? Als Argument für eine moderne Interpretation wurde vorgebracht, dass man 1389 nicht entlang einer nationalen Frontlinie gekämpft habe: Die Osmanen seien teilweise durch serbische Adelige unterstützt worden. Überdies sei angesichts hoher Verluste auf beiden Seiten nicht klar gewesen, wer überhaupt gesiegt hatte, was die Interpretation der Schlacht im Rahmen eines nationalen Geschichtsbildes zusätzlich erschwert habe. Sowohl der serbische Anführer, Fürst Lazar, als auch der Sultan Murad I. verloren ihr Leben. Ohne sich um wissenschaftliche Differenzierungen irgendwelcher Art zu kümmern, fasste Milošević die Bedeutung der Schlacht anlässlich des Jahrestags in seiner sogenannten Amselfeld-Rede folgendermaßen zusammen:

》 Vor sechs Jahrhunderten hat sich Serbien auf dem Amselfeld heroisch verteidigt, aber es verteidigte auch Europa. Serbien war in dieser Zeit die Bastion, die europäische Kultur, Religion und Gesellschaft im Allgemeinen verteidigte. Deshalb erscheint es heute nicht nur als ungerecht, sondern auch als unhistorisch und völlig absurd, von Serbien so zu sprechen, als gehöre es nicht zu Europa. Serbien war unablässig ein Teil Europas. Das ist es jetzt, wie es dies auch früher war. Natürlich in seiner eigenen Weise, aber in einer historischen Weise, die es niemals seiner Würde beraubte. Und in diesem Geist wagen wir es nun, eine Gesellschaft aufzubauen, die reich und demokratisch ist und so zum Wohlstand dieses unseren schönen und bislang zu Unrecht leidenden Landes beitragen kann, aber auch zu den Anstrengungen aller fortschrittlichen Völker unseres Zeitalters, zu den Anstrengungen, die sie für eine bessere und glücklichere Welt unternehmen. Lasst die Erinnerung an Kosovo, an das Heldentum von Kosovo für immer leben. Lang lebe Serbien, lang lebe Jugoslawien. Lang lebe der Friede und die Brüderlichkeit unter den Völkern. Für die Stärkung Serbiens, sodass Serbien die Zeit der Krise hinter sich lassen und dem Fortschritt entgegeneilen kann.«[1279]

Der Wortlaut der Rede lässt es – sofern die hier nicht überprüfbare Textfassung und englische Übersetzung des Internationalen Strafgerichtshofs zuverlässig sind – nicht zu, darin schon das Programm jener bis zum Genozid reichenden ethnischen Säuberungen zu sehen, zu denen es dann in den 1990er Jahren insbesondere in Bosnien mit dem schrecklichen Höhepunkt des von serbischen Paramilitärs begangenen Massakers von Srebrenica kommen sollte.[1280] Die Tonlage wirkt ambivalent: Einerseits erscheint Serbien als Opfer, das es durch Überwindung von Spaltung und Verrat zu neuer Stärke zu führen gilt – und auch neue »bewaffnete Schlachten« werden nicht ausgeschlossen[1281] –, andererseits werden aber nicht-serbischen und nicht-orthodoxen Bevölkerungsgruppen in Serbien legitime Interessen und Rechte zugesprochen:

》 Uneinigkeit zwischen serbischen Politikern führte dazu, dass Serbien zurücklag und ihre Unterlegenheit [die Unterlegenheit der Politiker, P. Geiss] demütigte Serbien. Diese Situation bestand über Jahre, und hier stehen wir nun auf dem Amselfeld und dies ist nicht mehr der Fall. Deswegen gibt es keinen Ort in Serbien, der besser geeignet wäre, dies zu sagen, als das Amselfeld. Und es gibt keinen Ort in Serbien der besser als das Amselfeld geeignet wäre, um zu sagen, dass Einheit in Serbien sowohl dem serbischen Volk in Serbien als auch jedem einzelnen seiner Bürger, unabhängig von seiner nationalen oder religiösen Zugehörigkeit, Wohlstand bringen wird.«[1282]

Diese Formulierung lässt fast an eine Gleichberechtigung zwischen Volksgruppen und Religionsgemeinschaften denken. Wie von der Historikerin Radina Vučetić betont, ist es jedoch wichtig, die Rede in ihren politischen Kontext einzuordnen: Sie sei in einer Konstellation des erstarkenden Nationalismus zu sehen, die Miloševićs Worten ein massives Drohpotenzial verliehen habe: Sein Beschwören der serbischen Einheit sei im Zusammenhang seiner Bemühungen zu sehen, die Autonomie des Kosovo innerhalb Serbiens durch eine Verfassungsänderung einzuschränken, was zu erheblichen Protesten, Spannungen und sogar Verhaftungen albanischer Politiker geführt habe. Einen weiteren wichtigen Zusammenhang stellten Vučetićs Analyse zufolge serbische Intellektuellendiskurse und Medienkampagnen dar, in denen von Verfolgung und sogar Genozid an Serben die Rede sei. Zudem verweist sie darauf, dass Milošević in seiner Amselfeld-Rede von 1989 in einer Passage die Option der kriegerischen Gewalt durchaus offenhielt: Er sprach von künftigen Schlachten, die »keine Schlachten mit Waffengewalt« sein würden, »auch wenn solche Dinge nicht auszuschließen« wären.[1283] Wie auch immer man die Bedeutung der Rede Miloševićs für die nachfolgenden Kriege und Massaker einschätzen mag, in jedem Fall trat auch er mit dem Anspruch an, Lehren aus der Geschichte zu ziehen: Die zentrale Lektion der Schlacht auf dem Amselfeld lag für ihn darin, dass nur ein geeintes, Spaltung und Verrat entsagendes Serbien in der Lage sei, kein neues Opferschicksal zu erleiden – und angesichts des sich zuspitzenden Nationalitätenkonflikts zwischen Serben und Albanern im Kosovo der 1980er Jahre konnte eine solche Botschaft Besorgnis erregen.[1284]

Die Gewalt und Grausamkeit der Jugoslawienkriege boten natürlich auch selbst Anlass, die Frage nach dem Lernen aus der Geschichte zu stellen. Wie konnte es gelingen, bis zum Genozid reichende Entladungen des nationalistischen Hasses künftig zu verhindern? Angesichts der Bedeutung von Geschichtsbildern und -narrativen für die bewaffneten Auseinandersetzungen, Vertreibungen und Morde der 1990er Jahre lag es nahe, eine Wiederkehr des Schreckens durch historische Aufklärung junger Menschen zu verhindern, insbesondere durch einen Abbau nationalistischer Verfeindungspotenziale im Geschichtsunterricht: Das vom Europarat geförderte »South East Europe Joint History Project« verfolgt den Ansatz, Lehrkräften neue Materialien zur Verfügung zu stellen, die einen nicht an Feindbildern orientierten Geschichtsunterricht ermöglichen sollen.[1285] So werden etwa in einem der für Lehrkräfte bestimmten »Workbooks« nationale Ausdeutungen der osmanischen Eroberungen auf dem Balkan hinterfragt: In der Vergangenheit hätten Historiker oft einen »nationszentrierten« Standpunkt vertreten und die osmanische Expansion als »Katastrophe für ihre Völker und die europäische Zivilisation« präsentiert, der man sich in »heldenhaften« Abwehrkämpfen entgegengestellt habe. Diese Sichtweise sei aber aufgrund der geringen Bedeutung von Ethnizität in spätmittelalterlichen Weltbildern mehr als fragwürdig.[1286]

Ob die Kritik nationalistischer Neuinterpretationen vornationaler Verhältnisse und Konflikte junge Menschen weniger empfänglich für Gewaltaufrufe macht, die sich ins Gewand von ›Lehren der Geschichte‹ hüllen, wird sich nicht nachweisen lassen. Eines darf aber festgehalten werden: Ein Lernen aus der Geschichte, das sich konsequent weigert, Feindschaft als ein immer schon zwischen Nationen bestehendes und deswegen unausweichlich auch in die Zukunft weiterzutragendes Phänomen zu verstehen, kann niemals falsch sein.

# 16
# Schluss und Ausblick

Aus dem Lernen lernen?

Am Ende dieser Reise durch mehr als zwei Jahrtausende, die zu exemplarischen Stationen des Lernens aus der Geschichte geführt hat, mögen manchen Leserinnen und Lesern ähnliche Gedanken durch den Kopf gehen wie Goethes Faust: »Da steh ich nun, ich armer Tor, / Und bin so klug als wie zuvor!«[1287]

Die Fallskizzen führten verschiedenste Beispiele des Lernens vor Augen: solche, die gemessen an den verfolgten Zielen erfolgreich waren, aber auch Fälle des Scheiterns oder des von vornherein nicht ehrlich gemeinten, sondern lediglich inszenierten Lernens. Das Spektrum reichte von der Illusion, für die Gegenwart tragfähige Lektionen unmittelbar aus der Vergangenheit ableiten zu können, über Manipulationen und Instrumentalisierungen, welche die *historia magistra vitae* in unlauterer Absicht vorschoben oder sie gar als Kriegerin zu rekrutieren suchten, bis hin zum tatsächlichen Lernerfolg: zu Situationen, in denen sich rückblickend der Eindruck ergibt, dass Geschichte – in den Worten Thomas Nipperdeys – »zu der für das Handeln notwendigen Aufhellung der Gegenwart« beigetragen hat.[1288] Aber selbst in solchen Fällen ist nicht beweisbar, dass es wirklich die ›richtige‹ Erkenntnis vergangener Wirkungszusammenhänge und deren angemessene Übertragung auf eine spätere Konstellation waren, die zu einem ›geglückten Lernen‹ geführt haben. Denn es wäre ja durchaus denkbar, dass auch ein ›falsch‹ verstandenes oder mit anachronistischen Deutungen aufgeladenes historisches Beispiel in späteren Kontexten erfolgreiche Verhaltensweisen motiviert haben könnte – so wie umgekehrt ein differenzierter Blick auf eine vergangene Problemkonstellation nicht immer dabei helfen dürfte, aktuelle Herausforderungen praktisch zu bewältigen.[1289]

In jedem Fall zeigt sich beim Lernen aus der Geschichte eine Schwierigkeit, die der Psychologe und Nobelpreisträger Daniel Kahneman als *outcome bias* charakterisiert hat: Menschen neigen dazu, Entscheidungen im Rückblick zu beurteilen. Schätzen sie die späteren Entwicklungen als positiv ein, bewerten sie auch die ihnen vorangehende Entscheidung als richtig – und bei negativen Erfahrungen entsprechend als falsch. Dabei spielt es oft keine Rolle, ob überhaupt ein kausaler Zusammenhang zwischen der Entscheidung und späteren Ereignissen belegbar ist.[1290] Ein Student, der vor einer Prüfung eine Tasse grünen Tee getrunken und dann ein überdurchschnittliches Ergebnis erzielt hat, könnte versucht sein, in der Wahl dieses Getränks eine prüfungsstrategisch richtige Entscheidung zu sehen, obwohl sein besseres Abschneiden vielleicht auf ganz andere Faktoren zurückzuführen war.

Ähnliche Verzerrungen der Wahrnehmung durch vermeintliche ›Ergebnisse‹ dieser oder jener Verhaltensweise oder Strategie sind auch jenseits der Alltagswelt in historischen Zusammenhängen möglich: So kann man etwa Adenauers Politik der militärischen Stärke unter Einschluss nuklearer Abschreckung als erfolgreich bewerten, weil es in den 1950er und 60er Jahren nicht zum militärischen Schlagabtausch mit der Sowjetunion kam und später sogar die Wiedervereinigung Deutschlands unter demokratischen Vorzeichen erreicht wurde. Dies könnte geschichtskundige Politiker oder ihre Berater dazu veranlassen, Adenauers Politik in späteren Spannungslagen als nachzuahmendes Modell heranzuziehen. Wäre hingegen die Bundesrepublik damals zum Schlachtfeld eines taktischen Nuklearkrieges geworden, so sähe die Bewertung von Adenauers Kurs durch Überlebende heute sicherlich anders aus. Nicht als Erfolgsbeispiel, sondern als schwerer Fehler würde seine Verteidigungs- und Nuklearpolitik dann sicherlich gewertet werden. Sie würde eine abschreckende Analogie dafür abgeben, was ein Land in exponierter geopolitischer Lage unbedingt vermeiden müsse: sich durch Stationierung von Massenvernichtungswaffen auf dem eigenen Territorium als logisches Ziel für Angriffe mit ebensolchen Waffen anzubieten. Anstelle von Adenauer, Strauß und der CDU/CSU, stünden dann die sozialdemokratische Opposition, die Anti-Atomtod-Bewegung und die mahnenden Physiker des »Göttinger Manifests« von 1957 als diejenigen da, welche die Zeichen der Zeit richtig gelesen hätten und deren Überlegungen in künftigen Krisen und Spannungslagen Orientierung bieten sollten (▶ Kap. 10).[1291]

Wer Kahnemans *outcome bias* im Hinterkopf hat, blickt mit Vorsicht auf Erfolgsstrategien, die aus einer als glücklich bewerteten Vergangenheit abgeleitet werden. Es ist gut möglich, dass der erste Bundeskanzler die sicherheitspolitischen Weichen im Rahmen der in den 1950er Jahre verfügbaren Optionen und Erfordernisse bestmöglich gestellt hat. Die friedliche Überwindung des Kalten Krieges kann aber auch auf ganz andere Faktoren als Adenauers politische Grundsatzentscheidungen zurückzuführen sein – und es war auch keineswegs ausgemacht, dass seine Entscheidungen in die Richtung wirken würden, in die sie anscheinend gewirkt haben. Was später einmal als das richtige Lernen aus der Geschichte gelten wird, kann von Zufällen abhängen – wie etwa einem Fehlalarm, der eine unbeabsichtigte Eskalation auslöst – oder jedenfalls von Entwicklungen, die sich auch durch ein Höchstmaß an menschlicher Voraussicht und Klugheit nicht vollständig kontrollieren lassen. Wer sich dieser an sich simplen, aber in der Hitze des politischen Tagesgeschäft leicht verdrängten Einsicht stellt, könnte dem Geschichtsdidaktiker Karl-Ernst Jeismann folgen. Jeismann ging im Rückgriff auf eine These Ralf Dahrendorfs davon aus, dass in der Demokratie ein »schiedlich-friedlicher Zustand nur erreicht werden kann, wenn man das Prinzip der Ungewissheit und nicht das der Gewissheit als Norm« annimmt, denn »die Meinung, man habe Gewissheit, führe zu Selbstgerechtigkeit und zur Diktatur, führe zu Kriegen.«[1292] Wer sich an diesem Prinzip orientiert, geht vielleicht gerade in der Auseinandersetzung mit existenziellen Fragen von Sicherheit, Frieden und Freiheit nicht so schnell dazu über, die jeweils anders und anderes aus der Geschichte lernenden Zeitgenossen zu Feinden zu stempeln, sondern vermag in ihnen eher andersdenkende Partner im harten demokratischen Ringen um verantwortbare Lösungen zu sehen.

Für das Lernen aus der Geschichte sind nicht nur strukturelle Analogien bedeutsam, sondern auch Beispielfiguren, und zwar in einem abschreckenden Sinne (»Hitler!«) ebenso wie als leuchtende Vorbilder (»Sophie Scholl!«). Auch hier kann es zu Missverständnissen kommen, wenn es um Personen geht, deren Intentionen, Moralität oder Amoralität, Erfolge oder Misserfolge nicht so eindeutig zu Tage liegen wie bei politischen Schwerverbrechern oder jenen heroischen Menschen, die für die Würde und das Recht anderer ihr eigenes Leben geopfert haben. Eine solche Uneindeutigkeit dürfte es vor allem bei historischen Figuren geben, die zeitlich weit vor der Moderne gelebt und nach einem Normensystem gehandelt haben, das uns nur noch bedingt zugänglich ist, etwa weil es Politik, Religion und persönliche Bindungen nicht voneinander trennte. Ein Beispiel dafür, dass solche Missverständnisse auch produktiv sein können, ist der Frankenherrscher Karl der Große. In seiner vornationalen Lebenswelt hätte er sich wohl nie träumen lassen, mehr als ein Jahrtausend nach seinem Tod zur Referenzfigur für politische Prozesse zu avancieren, die

»deutsch-französische Aussöhnung« und »europäische Integration« genannt werden (▶ Kap. 9).[1293]

Doch nicht nur ›schiefe‹ Bezugnahmen auf historische Personen, sondern auch strukturell falsche Analogien können mitunter nützlich sein. Ein Beispiel hierfür wäre die unter anderem von Henry Kissinger vertretene Idee, der Friedenskongress von Münster und Osnabrück habe am Ende des Dreißigjährigen Krieges ein »Westphalian System« geschaffen, in dem die berechenbare »Staatsräson« zur Grundlage einer stabilen, an Gleichgewicht und Interessenausgleich orientierten Ordnung geworden sei. Das sei unter den Bedingungen der vorangehenden Religionskonflikte mit ihren unbegrenzten, weil von vermeintlich göttlichen Forderungen abgeleiteten Ansprüchen nicht erreichbar gewesen.[1294] Dieses Bild schafft Übersicht, weist aber einen Nachteil auf: Die Geschichtswissenschaft hat die Vorstellung von einem kohärenten, auf ein Geburtsdatum 1648 festzulegenden »Westphalian System« als anachronistisch zurückgewiesen.[1295] Daraus folgt aber nicht, dass dieser geschichtswissenschaftlich bedenkliche Schematismus auf dem Feld der internationalen Beziehungen und ihrer Theorie unbrauchbar wäre oder schaden müsste. Denn auch ein wissenschaftlich fragwürdiges Modell wie die »Westfälische Ordnung« kann einen mäßigenden Einfluss auf Großmachtkonflikte ausüben und Staaten dazu anhalten, die territoriale Integrität ihrer Nachbarn zu achten. Es könnte – bei einer zugegebenermaßen sehr optimistischen Betrachtung – auch Regierungen, die das Völkerrecht geringschätzen oder machtpolitisch instrumentalisieren, dazu bringen, aus einem wohlverstandenen Eigeninteresse an Stabilität heraus das Gewaltverbot der UN-Charta einzuhalten.[1296]

›Richtiges‹ Handeln aus ›falsch verstandener‹ Geschichte heraus kommt sogar bei der fehlerhaften Zuschreibung von historischen Zitaten – oder bei deren freier Erfindung – vor. Als Beispiel sei hier eine angebliche ›Lehre des Thukydides‹ genannt, die sich im Werk des berühmten griechischen Geschichtsschreibers gar nicht findet. Bei der Rechtfertigung des strategischen Prinzips der »Zurückhaltung« hat sich der 1990 ranghöchste amerikanische Militär und spätere US-Außenminister Colin Powell irrtümlich auf Thukydides berufen, indem er den griechischen Historiker mit folgenden Worten zitierte: »Unter allen Elementen der Macht beeindruckt die Menschen Zurückhaltung (*restraint*) am meisten.«[1297] Wie der Althistoriker Neville Morley gezeigt hat, stammt das Zitat allerdings überhaupt nicht von Thukydides, sondern ist auf komplexen Wegen aus einer im 19. Jahrhundert veröffentlichten Untersuchung seines literarischen Stils – es ging um »Mäßigung« im Ausdruck – in die politische Sphäre gelangt.[1298] Da Mäßigung aber in vielen Situationen der internationalen Politik durchaus rational sein dürfte, kann sich ein Lernen ›aus der Geschichte‹ auch dann als sinnvoll erweisen, wenn es auf falschen Annahmen beruht – in diesem Fall auf der fehlerhaften Zuordnung eines Zitats und einer damit verbundenen Bedeutungsverschiebung vom Literarisch-Stilistischen ins Politisch-Strategische. Darauf zu vertrauen, dass mehr oder minder phantasievolle Geschichtskonstrukte bis hin zur reinen Fiktion zu rationalen politischen Entscheidungen führen, würde aber bedeuten, sich einer Logik des Russisch Roulette zu überlassen.

Wie schon zu Beginn dieses Buches festgestellt, dürfte ein breiter Konsens in der Annahme bestehen, dass die Politik dem Lernen aus der Geschichte nicht entkommen kann. Teilt man diese Annahme, dann muss alles darauf ankommen, die Qualität der Lernprozesse zu heben, um das Russisch Roulette in ein Spiel mit höheren Chancen, einer gewissen Berechenbarkeit und nicht ganz so existenziellem Einsatz zu überführen. Gerade bei Formen des Lernens, die über Analogiebildungen funktionieren, ist es wesentlich, dass Geschichtsvergleiche nicht im Wildwuchs den politischen Raum durchziehen, sondern durch eine aufmerksame Öffentlichkeit mithilfe historischer Fachexpertise überprüft und hinterfragt werden. Die Rolle der Geschichtswissenschaft ist in dieser Perspektive weniger die einer weiteren Lieferantin gegenwartsbezogener Analogien, denn diese produzieren Politik und Medien wahrscheinlich von sich aus in mehr als ausreichender Menge. Vielmehr hätte sie die Rolle einer kritischen Instanz, die anachronistische Missverständnisse benennt, Grenzen der Parallelisierung von Gestern und Heute erkennbar macht, die Problematik der Auswahl historischer Vergleichsfälle aufzeigt und die Geltungsansprüche jener Analogien hinterfragt, die vielleicht gerade aufgrund ihrer gesellschaftlichen Konsensfähigkeit zu einer riskanten Verengung von Denkbahnen beitragen können.[1299]

Ein verantwortungsbewusster Umgang mit historischen Analogien kann auf ein Analyseraster zurückgreifen, das in den USA der 1980er Jahre die historisch argumentierenden Politikberater Richard E. Neustadt und Ernest May empfohlen haben. *Thinking in Time. The Uses of History for Decision Makers* – so lautet der programmatische Titel ihres erstmals 1986 erschienenen Werkes zu diesem Problemfeld. Im Deutschen lässt sich dies vielleicht am besten wiedergeben mit: »In Zeit denken. Wie Entscheider Geschichte nutzen können«. Die Autoren gehen davon aus, dass es für die Einschätzung einer aktuellen Entscheidungssituation – noch vor dem Heranziehen möglicher historischer Vergleichsfälle – wichtig ist, folgende Betrachtungsebenen zu unterscheiden: Erstens »Bekanntes« (*known*), zweitens »Unklares« (*unclear*) und drittens »Vermutetes« (*presumed*).[1300] Es geht aus ihrer Sicht darum, zunächst einmal zu klären, was über die aktuelle Konstellation an Kenntnissen vorliegt und was fehlt, sich also nicht vorschnell einer oberflächlichen, möglicherweise durch Emotionen getrübten Wahrnehmung zu überlassen.

Für den dritten Bereich, die unter Bedingungen der Unsicherheit unvermeidliche Spekulation (*presumed*), sind historische Analogien wichtig. Hier wird aus dem Vergleich mit ähnlichen – oder genauer: vermeintlich ähnlichen – Situationen der Vergangenheit abgeleitet, was in Zukunft geschehen könnte, wenn diese oder jene Maßnahmen ergriffen werden. Daraus ergibt sich dann zum Beispiel eine negative Handlungsempfehlung des folgenden Typs:

- Handlung H hat in der Konstellation K zu einer Katastrophe geführt.
- Die gegenwärtige Konstellation K' ist K ähnlich.
- Daher wird eine H ähnliche Handlung H' auch in K' zu einer Katastrophe führen und ist dringend zu unterlassen.[1301]

Dasselbe funktioniert natürlich auch für positive Handlungsempfehlungen, indem anstelle einer ›Katastrophe‹ irgendein ›Erfolg‹ (zum Beispiel die friedliche Überwindung des Kalten Krieges in den späten 1980er Jahren) in das Schema eingesetzt und entsprechend zur Nachahmung der als erfolgreich eingestuften historischen Aktionen aufgefordert wird. Hier stellt sich sofort das erwähnte Problem des *outcome bias* nach Kahneman: Oft ist nicht klar, ob der unter dem Eindruck späterer Entwicklungen angenommene Kausalzusammenhang zwischen H und K überhaupt (oder in dem angenommenen Ausmaß) bestand. Darüber hinaus wird deutlich, dass sehr viel davon abhängt, ob die Feststellung einer ›Ähnlichkeit‹ zwischen H und H' oder K und K' angemessen ist.

Bei der Beantwortung dieser Frage sehen Neustadt und May ein großes (Selbst-)Täuschungspotenzial für politische Entscheider und fordern diese oder ihre Berater auf, Analogien zu »testen«, bevor sie sich daran orientieren. Dieser Test erfolgt den Autoren zufolge durch einen möglichst strengen und ergebnisoffenen Vergleich beider Konstellationen im Hinblick auf mögliche Parallelen und Differenzen. Doch wie könnte dies konkret umgesetzt werden? Als Beispiel sei hier die bereits eingangs erwähnte, in den letzten Jahren recht einflussreiche Analogie zwischen dem Peloponnesischen Krieg im Griechenland des 5. Jahrhunderts v. Chr. und einem möglichen Großmachtkonflikt zwischen den USA und China im 21. Jahrhundert betrachtet, die der amerikanische Politikwissenschaftler Graham Allison unter dem Schlagwort »Thukydides-Falle« bekannt gemacht hat (▶ Kap. 1).[1302] Fügt man die Kerngedanken von Allisons Analogie in das von Neustadt und May vorgeschlagene Analyseraster ein, so könnte sich folgender Befund ergeben:

**»Bekannt«** (*known*)

- Die Volksrepublik China (nachfolgend China) erhebt Anspruch auf eine Wiedervereinigung mit Taiwan, das sie als Teil des eigenen Staatsgebiets betrachtet.
- Dieser Anspruch wird auch mit militärischen Gesten, zum Beispiel mit Großmanövern, unterstrichen.
- China ist eine ökonomisch, politisch und militärisch aufsteigende Macht, durch die sich Nachbarstaaten bedroht fühlen.
- China verfügt über zunehmend schlagkräftige Streitkräfte und über Atomwaffen, die das Staatsgebiet der USA und ihrer Verbündeten erreichen können.
- Die USA bekennen sich zur »Ein-China-Politik«, haben aber unter der Biden-Administration auch betont, dass sie im Falle eines Krieges zwischen China und Taiwan militärisch eingreifen würden.
- Taiwan hat insbesondere wegen der dort konzentrierten Halbleiterindustrie für die USA, aber auch global eine herausragende strategische und ökonomische Bedeutung.
- China ist am wirtschaftlichen und technologischen Austausch mit der westlichen Welt, insbesondere mit deren europäischem Teil, trotz bestehender Spannungen interessiert. Es bestehen wechselseitige Abhängigkeiten.

»Unklar« (*unclear*)

- Ist China tatsächlich bereit, den Konflikt um Taiwan militärisch nach seinen Vorstellungen zu lösen und dafür das Risiko einer Konfrontation mit den USA wie auch einer globalen Wirtschaftskrise einzugehen?
- Sind die USA tatsächlich bereit, im Fall der Fälle Taiwan Beistand zu leisten und einen potenziell nuklear eskalierenden Krieg mit China zu riskieren?

»Vermutet« (*presumed*)

- Die Entwicklung läuft auf einen direkten Krieg zwischen den USA und China hinaus.
- Die USA können die Situation durch eine glaubwürdige politische und militärische Präsenz in der Region so stabilisieren, dass die Kosten einer militärischen Eskalation für China zu hoch wären und der Krieg deswegen ausbleibt.
- Ein unmittelbares militärisches Ausgreifen Chinas steht wegen der hohen, auch wirtschaftlichen Risiken, nicht bevor, könnte sich aber in einer Situation innenpolitischer und sozialer Instabilität als ›Ventillösung‹ ergeben.

Welche Rolle kann im Rahmen dieses Schemas nun die Denkfigur der »Thukydides-Falle« spielen? – Der Historiker Thukydides war der Auffassung, dass es nicht irgendwelche Einzelkonflikte um die Bündniszugehörigkeit dieser oder jener Stadt oder einzelne Provokationen waren, die 431 v. Chr. zum Peloponnesischen Krieg führten. Dessen »wahrsten Grund« sah er vielmehr in einem Strukturkonflikt: Der Machtgewinn Athens habe Sparta verängstigt und zum Krieg »gezwungen«.[1303] Von dieser Beobachtung des antiken Geschichtsschreibers leitet sein ›Schüler‹ Allison eine Analogie zwischen Sparta und Athen einerseits und den USA sowie der Volksrepublik China im 21. Jahrhundert andererseits ab.[1304] Im Vergleich zu einer Nutzung des Analogieschemas ›Appeasement‹ beziehungsweise ›München 1938‹ sind die Ableitungen wenig konkret.[1305] Wie schon der Obertitel seines Buches *Destined for War* – »zum Krieg bestimmt« verrät, geht Allison im Analyserahmen der »Thukydides-Falle« von starken Tiefenkräften aus, die sein Land und die Volksrepublik China in einen Krieg miteinander führen: Das Bild der »Falle« vermittelt die Vorstellung, dass die Entscheider beider Seiten zu Gefangenen von strukturellen

Logiken werden können, die sie ab einem bestimmten Punkt nicht mehr zu beherrschen oder zu überwinden vermögen, so wie es Thukydides insbesondere für Sparta feststellte. Die Metapher ist also mit der Vorstellung eines ›Zuschnappens‹ verbunden, nach dem es kein Entrinnen mehr gibt. Hinzu kommt die Konnotation des Heimtückischen: Fallen geben sich ihren Opfern in der Regel nicht als solche zu erkennen. Dies bringt Allison in der These zum Ausdruck, dass nicht Überraschungen zum Krieg führen werden, sondern das bloße »business as usual«. Dennoch sieht der Politikwissenschaftler keinen Determinismus am Werk, der unweigerlich in die Katastrophe münden müsse: Durch große politische Anstrengungen sei eine solche noch zu vermeiden. Hier liegt eine Ähnlichkeit zu der Argumentation, die Jean Monnet und Robert Schuman 1950 für die Begründung der Montanunion verwendet haben: Wenn nichts Einschneidendes geschehe, so damals die Kernidee, steuere Europa in einen neuen Krieg (▶ Kap. 9).[1306]

Ein Nachteil von Allisons Geschichtsvergleich könnte darin gesehen werden, dass er keine klaren Handlungsanweisungen bietet, sondern nur allgemein zur Vorsicht mahnt.[1307] Darin mag aber auch ein Vorzug liegen, denn so kann das analytische Schema der »Thukydides-Falle« auch dann keinen Schaden anrichten, wenn es historisch irreführend oder gar falsch sein sollte. Vorsicht kann auf dem gefährlichen Feld der Großmachtrivalitäten wohl selten ein Fehler sein – zumal dann nicht, wenn nukleare Massenvernichtungswaffen im Hintergrund stehen. Die Analogie des Peloponnesischen Krieges legt eine umsichtige Politik des *trial and error* nahe, die schon der gegenüber dem Lernen aus der Geschichte skeptische Karl Popper gegen die Scheingewissheit vermeintlicher ›Geschichtsgesetze‹ stark gemacht hat.[1308]

Auch wenn die potenzielle Schadenswirkung einer Analogie des Typs »Thukydides Trap« im Falle eines Irrtums wahrscheinlich geringer ausfällt als zum Beispiel die eines mit konkretem Handlungsappell verknüpften Appeasement-Vergleichs (›Führe jetzt Krieg, da der Gegner sonst immer weiter gehen wird!‹), hängt ihr Erkenntniswert doch stark davon ab, ob sie historisch stichhaltig ist, also einem Vergleich der antiken und der aktuellen Situation standhält. Dies ist der zweite, auf die Anwendung des Schemas *known-unclear-presumed* folgende Schritt der von Neustadt und May verlangten Qualitätsprüfung. Hält man die Kriegsursachenthese des Thukydides mit Blick auf die Gegenwart für diskussionswürdig, so ergeben sich folgende Gemeinsamkeiten und Unterschiede zum Konflikt zwischen China, das heißt Allisons Athen, und den USA, die bei ihm in der Rolle Spartas erscheinen:

**Gemeinsamkeiten**

- Der ökonomische, machtpolitische und militärische Aufstieg Chinas ist – wie der Athens nach den Perserkriegen – keine fixe Idee paranoider Beobachter, sondern real.
- Dieser Prozess löst in den USA, aber auch in den ihnen nahestehenden Staaten der Region, große Befürchtung aus – wie dies auch schon bei Nachbarn Athens im 5. Jahrhundert v. Chr. der Fall war.
- Die USA versuchen – wie in der Antike Sparta – sich und ihre Verbündeten gegen ein weiterreichendes Vordringen der aufsteigenden Macht zu sichern. Dies schließt die Androhung des Einsatzes militärischer Mittel der USA in der Region für den Fall eines chinesischen Angriffs auf US-Verbündete oder Taiwan (mit unklarem bündnispolitischem Status) ein.
- Wie heute die USA und China verfügten Sparta und Athen über sehr unterschiedliche Verfassungen, hinter denen weitgehend inkompatible Vorstellungen von Staat und Gesellschaft standen und stehen.
- Sparta und Athen waren – wie heute die USA und China – Führungsmächte in Bündnissystemen, die ihre Macht vergrößerten, sie aber auch in regionale Konflikte ihrer Verbündeten hineinziehen und daher gefährden konnten. In beiden Fällen führen die Bündnissysteme dazu, dass militärische Auseinandersetzungen zwischen den Führungsmächten ›Weltkriegspotenzial‹ haben.[1309]

**Unterschiede**

- Sowohl die USA als auch China verfügen über Atomwaffen, die jeden direkten Krieg für beide Seiten zu einem unkalkulierbaren und existenziellen Risiko machen. Dies ist ein den Konflikt begrenzender Faktor, den es am Vorabend des Peloponnesischen Krieges nicht gab. Damals glaubten beide Seiten, dass ein Sieg prinzipiell möglich wäre, wenn auch unter großen Opfern.
- Trotz erheblicher Verfassungsunterschiede bestand zwischen Athen und Sparta ein Maß an kultureller, religiöser und sprachlicher Verflechtung –

ein das wechselseitige Verstehen und die Kommunikation erleichterndes Element, das zwischen China und den USA in dieser Form fehlt.
- Mit der UN-Charta existiert heute ein von beiden Seiten grundsätzlich anerkanntes Gewaltverbot, das die Antike nicht kannte. Welche Auswirkungen dieses Verbot aber für das von China – und von den meisten Ländern der Welt unter Einschluss der USA – nicht als souveräner Staat anerkannte Taiwan hat, ist unklar.

Dass Allison diese Unterschiede klar sind, zeigt die besondere Aufmerksamkeit, die er dem vielleicht wichtigsten unter ihnen widmet: der Existenz von Atomwaffen, die aus seiner Sicht den beim biblischen Prediger Salomo überlieferten Satz widerlege, dass es »nichts Neues unter der Sonne« gebe.[1310] In der Kritik an Allisons Studie wurde darauf hingewiesen, dass diese schlichte Erkenntnis die vornuklearen Beispiele für das Verständnis des aktuellen Konflikts zwischen China und den USA im Grunde unbrauchbar mache – vor allem für das antike Beispiel Sparta versus Athen gelte das, da beiden Stadtstaaten die Vernichtungskraft moderner, auch konventioneller Waffensysteme nicht einmal ansatzweise zur Verfügung stand.[1311] Das Wissen um solche Differenzen zwischen dem 5. Jahrhundert v. Chr. und dem 21. Jahrhundert hält Allison davon ab, aus der Analogie einen konkreten strategischen Plan zur Vermeidung des Krieges abzuleiten. Stattdessen begnügt er sich mit zwölf »Hinweisen« (*clues*), die teilweise eher den Charakter politischer Weisheiten als den von Empfehlungen haben. So rät er etwa dazu, nicht jede friedenssichernde Verständigung und Abgrenzung von Interessensphären sofort als Appeasement abzuqualifizieren.[1312]

Die Stärke von Allisons »Thukydides-Falle« ist vermutlich zugleich ihre Schwäche: Sie verbleibt – wie in der Kritik an seinem Ansatz bereits festgestellt – letztlich auf der allgemeinen Ebene einer Warnung vor den Dynamiken eines Großmachtkonflikts, der ohne aktives Gegensteuern in einen katastrophalen Krieg übergehen kann. In diesem basalen, ja fast trivialen Sinne wird die Analogie zu Sparta und Athen wohl nicht falsch sein. Im Grunde steht Allison dem moralischen Anliegen von Barbara Tuchmans *Torheit der Regierenden* nahe: Lernen aus Geschichte heißt hier vor allem, die eigene Verantwortung zu erkennen und für Warnsignale offen zu sein. Das Urbild jener »Torheit« sieht Tuchman im Mythos vom Trojanischen Pferd, das die späteren Opfer trotz warnender Stimmen in ihre Stadt gezogen und so ihre Vernichtung ermöglicht hätten.[1313]

Wie könnte nun – unter Berücksichtigung der im vorliegenden Buch behandelten Täuschungs- und Selbsttäuschungspotenziale – ein verantwortliches Lernen aus der Geschichte aussehen? Wichtig ist die Erkenntnis, dass es keine einzige historische Analogie gibt, die sich von selbst aufdrängt, gewissermaßen naturgegeben ist. Immer ist es der nach Orientierung und Entscheidungshilfe suchende Mensch, der historische Vergleichsbeispiele überhaupt erst auswählt und so ›formatiert‹, dass sie sein Handeln leiten und rechtfertigen können. Historische Analogien, wie sie in den vorangehenden Kapiteln betrachtet wurden, leisten vor allem eines: Sie liefern ein Modell oder ein Interpretationsraster, das bei der analytischen und praktischen Bewältigung einer aktuellen Herausforderung Hilfe verspricht. Darin ähneln sie einem wissenschaftlichen Erkenntnismittel, das der deutsche Soziologe Max Weber als »Idealtypus« bezeichnet hat: Auf dem Feld des Sozialen, Kulturellen und Historischen brauchen Wissenschaftler Weber zufolge Schemata wie »Ständegesellschaft«, »Revolution« oder »Imperialismus«, um überhaupt eine Interpretation von menschlicher Wirklichkeit leisten zu können. Das Entscheidende sei, diese Schemata nicht mit der Realität zu verwechseln, sondern als Hilfsmittel der Weltwahrnehmung und Welterklärung zu sehen. Max Weber verdeutlicht dies mit dem Bild des ›Messens‹: Ausgehend von Idealtypen werde die empirisch beobachtbare Wirklichkeit »gemessen« – fast möchte man sagen: »vermessen«. Im Anschluss an die idealtypische Methode Max Webers lässt sich festhalten, dass eine historische Analogie bestimmte Teilmerkmale einer aktuellen Situation im Vergleich zu einer vergangenen Situation hervorhebt – Weber verwendet die Formulierung »Steigerung eines oder einiger Gesichtspunkte« –, um ein für den Menschen fassbares und verstehbares Bild zu gewinnen. Aus diesem Bild, nicht aus der niemals voll erfassbaren Realität von Vergangenheit und Gegenwart selbst, sind dann Entscheidungs- und Handlungsszenarien zu entwickeln.[1314] Wahrscheinlich wirken historische Analogien als Raster der Wahrnehmung – anders als von Neustadt und May angenommen – nicht erst auf den Analyseebenen *unclear* und *presumed*, sondern bereits auf der Ebene *known*. Denn schon die Beschreibung einer Faktenlage – zum Beispiel mit dem Begriff »Stellvertreterkrieg« – kommt ohne Übertragung von Mustern aus früheren Situationen nicht aus.[1315]

## 16 Schluss und Ausblick

Überträgt man Webers Idee der »Steigerung« auf die Funktionsweise einer historischen Analogie, so bietet diese bestenfalls eine Fokussierung von Teilmerkmalen, nicht jedoch eine vollständige Charakterisierung der aktuellen Situation durch das Analogon einer vergangenen. Genau hier liegt eine wichtige Fehlerquelle, die sich aus der Überbewertung einzelner Analogien ergibt. Neustadt und May zeigen unter anderem am Beispiel der von Präsident Truman bemühten Appeasement-Analogie im Koreakrieg (1950–1953) auf, wie eine solche Überbetonung eines einzigen Vergleichsfalls geradezu blind machen kann für die Komplexität einer aktuellen Situation – und damals eine opferreiche Eskalation beförderte. Beiden ist in der Annahme zuzustimmen, dass bei einem ernst gemeinten Lernen aus der Geschichte nach Möglichkeit mehrere Vergleichsbeispiele Berücksichtigung finden sollten, von denen keines Absolutheit für sich beanspruchen darf.[1316] Neustadt und May haben die Kubakrise deshalb zu Recht den »Erfolgsgeschichten« eines gelungenen Umgangs mit historischen Analogien zugeordnet. Tatsächlich gelang es Kennedy damals, die Spannung zwischen einander widersprechenden Analogien – vor allem zwischen ›1914‹ und ›1938‹ – nicht zugunsten einer Seite aufzulösen, sondern produktiv auszuhalten und in eine Politik zu übersetzen, die mit einigem Glück das Schlimmste verhindern konnte (▶ Kap. 12).[1317] Auch mit Blick auf das historische Lernen während der Kubakrise besteht allerdings die Gefahr des *confirmation bias*, vor dem Daniel Kahneman gewarnt hat: Kennedys Stern als umsichtiger ›Schüler‹ der Geschichte strahlt deshalb so hell am Firmament, weil es 1962 nicht zum apokalyptischen Schlagabtausch kam. Hätte seine Entscheidung für die Quarantäne in die Eskalation geführt, was angesichts der wiederholten Zwischenfälle durchaus möglich gewesen wäre, so stünde sein zeitweiliger Gegenspieler im ExComm, General Curtis LeMay, mit seinem Appeasement-Vergleich heute vielleicht als ungehörte Stimme der strategischen Vernunft da. Im unwahrscheinlichen Fall, dass ein Mitglied des ExComm einen durch Kennedys Quarantäne-Strategie unbeabsichtigt ausgelösten Atomkrieg überlebt hätte, wäre ihm vielleicht folgender Gedanke durch den Kopf gegangen: Hätte man – wie von LeMay gefordert – die sowjetische Gefahr auf Kuba beherzt und schnell durch Luftangriffe ausgeschaltet, so hätte sich der Konflikt militärisch auf die Karibikinsel begrenzen lassen und ein über mehrere Stufen eskalierendes Ping-Pong-Spiel der immer heftigeren Schläge und Gegenschläge bis zum Einsatz strategischer Atomwaffen verhindert werden können …

Verantwortliches Lernen aus der Geschichte weiß, dass es in seinen Analogiebildungen immer nur mit Idealtypen im Weber'schen Sinne arbeiten kann, deren Begrenztheit und Fehleranfälligkeit nur dadurch auszugleichen ist, dass sie in ein Konkurrenzverhältnis zueinander gesetzt und fortwährend kritisch hinterfragt werden. Dazu braucht es allerdings Zeit, und die haben Entscheider gerade in Krisenphasen nicht – oder fürchten verständlicherweise, sich die zum Nachdenken erforderlichen Atempausen angesichts des Handlungsdrucks nicht nehmen zu dürfen. Dies spricht dafür, sich nicht erst dann mit historischen Analogien zu befassen, wenn Gefahr im Verzug ist. Vielmehr gilt es, das politische Urteil auch in ruhigeren Zeiten durch ergebnisoffenes Nachdenken über Parallelen und Unterschiede zwischen gegenwärtigen und vergangenen Handlungskonstellationen zu schulen. Schon der Grieche Polybios verwendete im 2. Jahrhundert v. Chr. für die Entwicklung eines politischen Denkens auf historischer Grundlage die Vokabel »Übung« (*gymnasía*), die auf sportliches »Training« verweist. Dieser Gedanke des antiken Geschichtsschreibers lässt sich gut mit einer zu Beginn dieses Buches bereits aufgegriffenen Überlegung von Richard E. Neustadt und Ernest R. May verknüpfen: Die Befassung mit Geschichte rege die »Vorstellungskraft« (*imagination*) an. Sie befähige Menschen dazu, sich »alternative Zukünfte vor Augen zu führen«.[1318]

Die umsichtig antizipierende, abwägende und ergebnisoffene Denkweise, die hierdurch geschult werden kann, dürfte für das Lösen von Gegenwartsproblemen hilfreicher sein als die Suche nach übertragbaren ›Lektionen‹ der Vergangenheit, die oft nur zu einem Differenzierungsverlust beim Blick auf die Gegenwart führt. In diesem Sinne wäre das Lernen aus der Geschichte vor allem ein Übungsprozess, der sich auf den Erwerb analytischer und argumentativer Kompetenzen richtet, vielleicht sogar darüber hinaus auf eine Grundhaltung, die vor Hybris, Dogmatismus und Intoleranz bewahrt. In der Demokratie würde die Zielgruppe eines solchen Trainings nicht nur die politischen Funktionseliten umfassen, sondern idealerweise auch einen möglichst großen Teil der aktuellen und künftigen Wahlberechtigten, die an der Wahlurne zu beurteilen haben, ob und wie ihre Repräsentanten aus der Geschichte gelernt haben.

# Anmerkungen

1  Zur Omnipräsenz und moralischen Indifferenz der Verwendung von Geschichte: Magret Mac-Millan, The Uses and Abuses of History, London 2010, S. XII f. Im vorliegenden Buch beziehen sich grammatisch männliche Formen bei der Bezeichnung von Personen auf alle Geschlechter, soweit der Kontext nichts anderes definiert.
2  Vgl. exemplarisch Yuen Foong Khong, Analogies at War. Korea, Munich, Dien Bien Phu, and the Vietnam Decisions of 1965, Princeton 1992. Bei dieser und weiteren digital zitierten Publikationen und Quellen wird aus Platzgründen auf die Angabe der URL verzichtet, sofern sie leicht und eindeutig auffindbar sind. Ein Beispiel hierfür sind die in Kap. 3 durchgehend nach Digitalisaten zitierten Editionen der Monumenta Germaniae Historica (online unter: https://www.dmgh.de/index.htm). Da es sich bei der Einschätzung der digitalen Auffindbarkeit um Einzelfallentscheidungen handelt, kann die Handhabung nicht ganz einheitlich sein.
3  Edgar Wolfrum, Geschichte als Waffe. Vom Kaiserreich bis zur Wiedervereinigung, Göttingen 2001.
4  Zu dieser Gegenüberstellung (aber auch zur Vereinbarkeit beider Zugriffsweisen): Khong, Analogies at War, S. 16 und 102 f.
5  Friedrich Meinecke, Die deutschen Erhebungen von 1813, 1848, 1870 und 1914, in: Ders., Die deutsche Erhebung von 1914. Vorträge und Aufsätze. Berlin 1915, S. 9–38; vgl. dazu Kurt Flasch: Die geistige Mobilmachung. Die deutschen Intellektuellen und der Erste Weltkrieg. Ein Versuch, Berlin 2000, S. 48–54.
6  Dies ist, etwas zugespitzt, die Position von Max Weber, Wissenschaft als Beruf (1919), in: Ders., Gesammelte Aufsätze zur Wissenschaftslehre, hg. von Johannes Winckelmann, 7. Aufl. Tübingen 1988, S. 582–613.
7  Vgl. Hans-Ulrich Wehler, Aus der Geschichte lernen?, in: Ders., Aus der Geschichte Lernen. Essays, München 1988, S. 10–18, hier S. 11; dazu Markus Bernhardt, Orientierung für die Welt von gestern. Eine Kritik exemplarischer Zeitpraktiken, in: Zeitschrift für Geschichtsdidaktik 22 (2023), S. 25–40, hier S. 38.
8  Vgl. Karl-Ernst Jeismann, Zum Verhältnis von Fachwissenschaft und Fachdidaktik. Geschichtswissenschaft und historisches Lernen, in: Ders., Geschichte und Bildung. Beiträge zur Geschichtsdidaktik und zur Historischen Bildungsforschung, hg. von Wolfgang Jacobmeyer und Bernd Schönemann, Paderborn u. a. 2000, S. 73–86, hier S. 81; zur »Orientierungsfunktion« von Geschichte u. a. auch Jörn Rüsen, Historische Vernunft. Grundzüge einer Historik I: Die Grundlagen der Geschichtswissenschaft, Göttingen 1983, S. 42.
9  Zu dieser Triade von Orientierungsfragen: Wehler, Aus der Geschichte lernen?, S. 14.
10  Thomas Nipperdey, Über Relevanz, in: Geschichte in Wissenschaft und Unterricht 10 (1972), S. 577–596, hier S. 592; vorangehende Zitate und Bezugnahmen: S. 585 (Kritik an der Reduktion von Geschichte auf »Vorgeschichte der Gegenwart«), 590 (»Relativierung gegenwärtiger Absolutheitsansprüche« durch historische Einsicht in menschliche Fehlbarkeit) und 592 (»Spielraum des Möglichen«).
11  Ebd.
12  Vgl. ebd., S. 490.
13  Vgl. zu dieser Frontstellung allgemeiner: Joachim Rohlfes, Geschichte und ihre Didaktik, 2. Aufl. Göttingen 1997, S. 205 f.; zur Einordnung von Nipperdeys Position in den damaligen Diskussionskontext: Peter Geiss, »Wozu brauche ich das alles im Unterricht?« – Geschichtswissenschaft in der Lehrerbildung, in: Ders./Roland Ißler/Rainer Kaenders (Hg.), Fachkulturen in der Lehrerbildung, unter Mitarbeit von Victor Henri Jaeschke, Göttingen 2016, S. 61–94, hier S. 74–76.

14 Nipperdey, Über Relevanz, S. 589 und 583 (»Aufhellung der Gegenwart«); ähnlich bereits Weber, Wissenschaft als Beruf, S. 598 und 607.
15 Stephen Hawking, Eine kurze Geschichte der Zeit, übers. von Hainer Kober, 15. Aufl. Reinbek bei Hamburg 2017, S. 77.
16 Karl Popper, The Poverty of Historicism, New York/London 2002 (zuerst 1957), S. 41 (Übers. des Zitats: P. Geiss).
17 Zu »Testen«, »Falsifizieren« und der Unmöglichkeit der »Verifizierung«: Karl Popper, The Logic of Scientific Discovery, London/New York 2002 (dt. 1934: Die Logik der Forschung), Kap. 1, S. 3–26.
18 Zum Voranstehenden: Richard E. Neustadt/Ernest R. May, Thinking in Time. The Uses of History for Decision Makers, New York 1988 (zuerst 1986), S. XV (Förderung der Vorstellungskraft) und XXI (Übergang von Erfahrung in Geschichte); so auch bereits Ernest R. May, Lessons of the Past. The Use and Misuse of History in American Foreign Policy, New York 1973, S. 190.
19 Zur Unvermeidlichkeit des Lernens aus der Geschichte: Robert Jervis, Perception and Misperception in International Politics, Princeton 2017 (zuerst 1976), S. 217 und 219; ähnlich auch Wehler, Aus der Geschichte lernen?, S. 12; zur Verbesserung des Lernens durch Reflexion über vergangene Lernfehler: Khong, Analogies at War, S. 9.
20 Zit. nach Peter Geiss »War da was?« Historische Bildung im Output-Zeitalter, in: Stephan Stomporowski/Anke Redecker/Rainer Kaenders (Hg.), Bildung – noch immer ein wertvoller Begriff?! Festschrift für Volker Ladenthin, Göttingen 2019, S. 133–149, hier S. 136, Anm. 12.
21 Ralf Dahrendorf, Versuchungen der Unfreiheit. Die Intellektuellen in Zeiten der Prüfung, München 2008 (zuerst 2006).
22 Vgl. Neustadt/May, Thinking in Time, S. XV, so auch bereits May, Lessons of the Past, S. XII.
23 Vgl. Khong, Analogies at War, S. 263; vgl. zudem Jack S. Levy, Learning and Foreign Policy. Sweeping a Conceptual Minefield, in: International Organization 48/2 (1994), S. 279–312, hier S. 294.
24 So bereits Khong, Analogies at War, S. 9 und 175–179. Den Erkenntniswert des »Prinzips Unsicherheit« unterstreicht Holger Thünemann, Historische Werturteile. Positionen, Befunde, Perspektiven, in: Geschichte in Wissenschaft und Unterricht 71 (2018), S. 5–18, hier S. 18.
25 Daniel Kahneman, Thinking, Fast and Slow, London 2012.
26 Khong, Analogies at War, S. 7 (Übers. P. Geiss). Khong (ebd., S. 35 f., 215, *passim*) stellt explizite Bezüge zu dem von Kahneman (gemeinsam mit Amos Tversky) entwickelten Ansatz her, indem er die heuristische Funktion von Analogien als (schnelle und oft trügerische) Entscheidungshilfen herausarbeitet.
27 Jervis, Perception and Misperception, S. 220; ähnlich auch Mikel Vedby Rasmussen, The History of a Lesson. Versailles, Munich and the social Construction of the Past, in: Review of International Studies 29 (2003), S. 499–519, hier S. 500 f.
28 Khong, Analogies at War, S. 7 (Übers. P. Geiss).
29 Marc Bloch, L'étrange défaite. Témoignage écrit en 1940, in: Ders., L'Histoire, La Guerre, la Résistance, hg. von Annette Becker und Étienne Bloch, Paris 2006, S. 517–653, hier S. 563 (Übers. P. Geiss); vgl. Bernhardt, Orientierung für die Welt von gestern, S. 40.
30 Bloch, L'étrange défaite, S. 638 (Übers. P. Geiss).
31 Eric Hobsbawm, Die Erfindung der Vergangenheit, übers. von Willi Winkler, in: Die Zeit, 9.9.1994, https://www.zeit.de/1994/37/die-erfindung-der-vergangenheit [27.06.2022].
32 Vgl. zu diesem Abgrenzungsproblem von Lebenserfahrung und Zeitgeschichte May, Lessons of the Past, S. XIII.
33 Vgl. Michel de Montaigne, Essais, hg. von Alexandre Micha, Paris 1969, S. 35.
34 Leopold von Ranke, Englische Geschichte vornehmlich im sechzehnten und siebzehnten Jahrhundert, Bd. 2, Berlin 1860, S. 3, https://mdz-nbn-resolving.de/details:bsb10281371 [18.08.2023]; vgl. Rudolf Vierhaus, Rankes Begriff der historischen Objektivität, in: Reinhard Koselleck/Wolfgang J. Mommsen/Jörn Rüsen (Hg.), Theorie der Geschichte 1: Objektivität und Parteilichkeit, München 1977, S. 63–76, hier S. 63.

35 Vgl. Arthur C. Danto, Analytische Philosophie der Geschichte, übers. von Jürgen Behrens, Frankfurt a. M. 1980, S. 214 f. und 230 f.; zur Bedeutung von Relevanzentscheidungen auch Doris Gerber, Analytische Metaphysik der Geschichte. Handlungen, Geschichte und ihre Erklärung. Berlin 2012, S. 21.
36 Jervis, Perception and Misperception, S. 66.
37 Aristoteles, Poetik, 1453a (Griech./Deutsch, übers. und hg. von Manfred Fuhrmann, Stuttgart 1982, S. 38 f); zur Bedeutung von *hamartía* vgl. Anm. des Herausgebers ebd., S. 118.
38 Voranstehende Arendt-Zitate zum Bösen finden sich in ihrem Briefwechsel mit Gershom Scholem: Gershom Scholem, Briefe II: 1948–1970, hg. von Thomas Sparr, München 1995, S. 104; zum Zusammenhang von Tragik und Urteil vgl. Ronald Beiner, Essay, in: Hannah Arendt, Das Urteilen. Texte zu Kants politischer Philosophie. Dritter Teil zu »Vom Leben des Geistes«, hg. von Ronald Beiner, übers. von Ursula Ludz, 6. Aufl. München 2021, S. 132–232, hier S. 212 f.
39 Dem Genre Sachbuch entsprechend wurden auf Empfehlung des Verlags zahlreiche Einzelanmerkungen zusammengeführt, um näher interessierten Leserinnen und Lesern ein allzu häufiges Blättern zwischen Text- und Anmerkungsteil zu ersparen. In den gebündelten Anmerkungen stellen Stichworte oder Kurzkommentare die Bezüge zu den jeweils referenzierten Passagen des Haupttextes her. Wiederholt zitierte Publikationen werden beim ersten Zitat in jedem Kapitel erneut mit allen bibliografischen Angaben genannt.
40 Arendt, Das Urteilen, S. 87, 104 f. und 107.
41 Johann Gustav Droysen, Grundriss der Historik, Leipzig 1882, S. 25 (§ 45); dazu Jörn Rüsen, Historische Vernunft. Grundzüge einer Historik I: Die Grundlagen der Geschichtswissenschaft, Göttingen 1983, S. 58 f.
42 Cicero, De oratore, 2,36 (Übersetzung verändert nach der lateinisch-deutschen Ausgabe von Harald Merklin, Stuttgart 1967, S. 228 f.).
43 Vgl. Cicero, De oratore, 2,32 (Übers. Merklin, S. 226 f.). Den rhetorischen Kontext des berühmten Cicero-Zitats betonte bereits Reinhart Koselleck, Historia Magistra Vitae. Über die Auflösung eines Topos im Horizont neuzeitlich bewegter Geschichte, in: Ders., Vergangene Zukunft. Zur Semantik geschichtlicher Zeiten, Frankfurt a. M. 2022 (zuerst 1979), S. 33–67, hier S. 40 f.
44 Vgl. Jervis, Perception and Misperception, S. 217; zu Ciceros historischem Interesse: Martin Fleck, Cicero als Historiker, Stuttgart 1993, S. 15–37, hier S. 20.
45 Polybios 1,1,2 (Übersetzung orthografisch modernisiert nach: Des Polybios Geschichte, übers. von Adolf Haakh, Bd. 1: Buch I und II, Stuttgart 1862, S. 7; Stellenangaben hier und im Folgenden ergänzt nach der Ausgabe Polybius, The Histories, übers. von W. R. Paton, Harvard/London 2010); zur Person: Boris Dreyer, Art. »Polybios«, in: Hubert Cancik/Helmuth Schneider (Hg.), Der Neue Pauly, Bd. 10, Stuttgart/Weimar 2001, Sp. 41–48.
46 Polybios 1,2,8, wörtlich »ho tes pramatikēs historias trópos« (hier nach Ausg. Pratton, Bd. I, S. 6). Die Übers. Haakh (S. 9 f.) bringt: »Geschichtsschreibung, die die Staatsgeschäfte darstellt.«
47 Vgl. insbes. Polybios 1,4,1 (Übers. Haakh, S. 10).
48 Vgl. zum skizzierten Verfassungskreislauf: Polybios, Die Verfassung der römischen Republik. Historien VI. Buch. Griech./Deutsch, übers. von Karl-Friedrich Eisen, hg. von Kai Brodersen, Stuttgart 2012, Kap. 7–9, S. 24–33. Das Kreislaufmodell wird aufgegriffen in: Guillaume-Thomas Raynal, Histoire philosophique et politique des établissemens et du commerce des Européens dans les deux Indes, Den Haag 1774, Bd. 7, S. 204–207, hier zitiert nach https://artflsrv03.uchicago.edu/philologic4/raynal/navigate/13/3/2/3/ [14.06.2024]; zur Interpretation und zur Identifizierung des Autors dieser Passage mit Diderot: Dieter Langewiesche, Historische Anthropologie und Sprache bei Reinhart Koselleck. Geschichtliche Prognostik als Wiederkehr der *Historia Magistra Vitae*?, in: Manfred Hettling/Wolfgang Schieder (Hg.), Reinhart Koselleck als Historiker. Zu den Bedingungen möglicher Geschichten, Göttingen 2021, S. 425–435, hier S. 427, bezogen auf Reinhart Koselleck, Zeitschichten. Studien zur Historik, 6. Aufl. Frankfurt a. M. 2021, S. 210–212 und 233–238. Zur Funktion des Kreislaufs im antiken Geschichtsdenken:

Alexander Demandt, Metaphern für Geschichte. Sprachbilder und Gleichnisse im historisch-politischen Denken, München 1980, S. 239.

49  Thukydides 1,22 (Geschichte des Peloponnesischen Krieges, I. Teil: Buch I–IV, Griech./Deutsch, übers. von Georg Peter Landmann, München 1993, S. 32 f.; Landmann übersetzt hier »menschliche Natur«; vgl. Alexander Demandt, Magistra Vitae. Essays zum Lehrgehalt von Geschichte, Köln 2020, S. 286 und [in Abgrenzung zu Hegel] Konrad Repgen, Vom Nutzen der Historie, in: Amalie Fössel/Christoph Kampmann (Hg.), Wozu Historie heute?, Köln u. a. 1996, S. 167–183, hier S. 175 f.). Soweit nicht anders präzisiert, decken Seitenangaben bei zweisprachigen Ausgaben mit doppelseitiger Gegenüberstellung von Original und Übersetzung hier und im Folgenden immer beides ab, auch wenn nur nach der deutschen Übertragung zitiert wird, die bei Kurzzitaten in Klammern angegeben ist.

50  Aristoteles, Poetik, 1451b (Übers. Fuhrmann, S. 28 f.).

51  Der Begriff »education and training for a life« wird in W. R. Patons oben zitierter Übersetzung von Polybios 1,1,2 (Bd. 1, S. 3) verwendet.

52  Vgl. Wolfgang Will, Der Untergang von Melos, Machtpolitik im Urteil des Thukydides und einiger Zeitgenossen, Bonn 2006, S. 114 f.

53  Arthur C. Danto, Analytische Philosophie der Geschichte, übers. v. Jürgen Behrens, Frankfurt a. M. 1980, S. 41.

54  Vgl. ebd., S. 41–43; zur Einzigartigkeit: Thukydides 1,1 (Übers. Landmann, S. 7).

55  Danto, Analytische Philosophie der Geschichte, S. 45. Die Schlussfolgerung nach dem Zitat wird von Danto nicht formuliert und steht in einem Spannungsverhältnis zu seiner These, Thukydides wolle lediglich Überzeitliches zeigen (vgl. ebd., S. 47).

56  Thukydides 1,23,5 f. (Übers. Landmann, S. 35; zum Kontext: S. 1271); zum Bezug auf China und die USA: Graham Allison, The Thucydides Trap. Are the U.S. and China Headed for War?, in: The Atlantic, 24.09.2015, https://www.theatlantic.com/international/archive/2015/09/united-states-china-war-thucydides-trap/406756/ [25.08.2023] und ausführlicher begründet: Graham Allison, Destined for War. Can America and China escape Thucydides's Trap?, Melbourne/London 2017 (▸ Kap. 16).

57  Danto, Analytische Philosophie der Geschichte, S. 351 f. Diese Deutung würde ich für kompatibel mit der o. g. von Wolfgang Will halten, Thukydides könne diagnostizieren, aber nicht heilen.

58  Zum »imperialen Interventionszwang« am Beispiel des Melierdialogs: Herfried Münkler, Imperien. Die Logik der Weltherrschaft – vom Alten Rom bis zu den Vereinigten Staaten, 3. Aufl. Berlin 2005, S. 30–34.

59  Thukydides 5,85–113 (Übers. Landmann, S. 793–811); zum »Gesetz« der Herrschaftsausdehnung ebd., 5,105 (S. 800–803).

60  Ernst Bernheim, Lehrbuch der historischen Methode und Geschichtsphilosophie, 5. und 6., neu bearb. und verm. Aufl. Leipzig 1908 (zuerst 1889), S. 118, zum »rekursiven«, nicht »progressiven« Charakter der historischen Kausalerklärung: S. 144, 154 und 159 f. Den Hinweis auf das schulische Nachwirken der in enger Verbindung zum Historismus stehenden école méthodique in Frankreich verdanke ich Sylvain Doussot.

61  Karl Popper, The Poverty of Historicism, New York/London 2002 (zuerst 1957), S. 5 und 33 (Vagheitsproblem), 57 (Zitat zum Gesetzeszusammenhang zwischen Revolution und Reaktion) und 56 (physikalisches Gesetz).

62  Carl G. Hempel, The Function of General Laws in History, in: Journal of Philosophy 39/2 (1942), S. 35–48, hier S. 42, zu den voranstehend referierten Gemeinsamkeiten zwischen Geschichts- und Naturwissenschaften: S. 37 und 47 f., zur Unmöglichkeit der vollständigen kausalen Erfassung einer Veränderung: S. 37. Zum Zerlegungsproblem am Beispiel des Attentats von Sarajevo: Tor Egil Førland, Values, Objectivity, and Explanation in Historiography, New York 2017, S. 90; vgl. auch Danto, Analytische Philosophie der Geschichte, S. 334. Zum »deduktiv-nomologischen Modell«: Doris Gerber, Analytische Metaphysik der Geschichte, Handlungen, Geschichte und ihre Erklärung. Berlin 2012, S. 17 und 143.

63  Georg Wilhelm Friedrich Hegel, Die Vernunft in der Geschichte, in: Ders., Vorlesungen über die Philosophie der Weltgeschichte, hg. von Georg Lasson, Leipzig 1930, Bd. 1, S. 174.
64  Ebd., S. 177.
65  Vgl. zu dieser Kritik Popper, Poverty of Historicism, und Ders. Die Offene Gesellschaft und ihre Feinde, Bd. 2, 7. Aufl. Tübingen 1992, S. 316, 327 f.
66  Im voranstehenden Absatz referiere ich Thesen nach Koselleck, Historia Magistra Vitae, S. 40, 46–48 und 50 f. sowie die Rekonstruktion seiner Position in: Alexandra Lanieri, Historia Magistra Vitae, interrupting. Thucydides and the agonistic temporality of antiquity and modernity, in: History and Theory 57/3 (2018), S. 327–348, hier S. 328; Herodot-Zitat: Herodot 1,1 (Historien, 1. Buch. Griech./Deutsch, übers. von Christine Ley-Hutton, hg. von Kai Brodersen, Stuttgart 2002, S. 10 f.); zur konstitutiven Rolle des neuen Geschichtsdenkens für die Moderne: Hans Ulrich Gumbrecht, Art. »Modern, Modernität, Moderne«, in: Otto Brunner/Werner Conze/Reinhart Koselleck (Hg.), Geschichtliche Grundbegriffe. Historisches Lexikon zur politisch-sozialen Sprache in Deutschland, Bd. 4, Stuttgart 1978, S. 93–131, hier S. 98 f.
67  Friedrich Schiller, Was heißt und zu welchem Ende studiert man Universalgeschichte. Eine akademische Antrittsrede, in: Schillers Werke, Nationalausgabe, Bd. 17,1, Weimar 1970, S. 359–376, besonders deutlich S. 374–376.
68  Vgl. zum Nebeneinander von »linearem« und zyklischem Geschichtsdenken in der Antike: Demandt, Metaphern für Geschichte, S. 236–240; zum enormen, über das christliche Mittelalter weit hinausgehenden Einfluss des Musters ›Heilsgeschichte‹: Karl Löwith, Weltgeschichte und Heilsgeschehen. Die theologischen Voraussetzungen der Geschichtsphilosophie, Stuttgart 2004.
69  Skeptisches Zitat (von der Autorin Samuel Coleridge zugeschrieben) und Entgegnung nach: Barbara W. Tuchman, Die Torheit der Regierenden. Von Troja bis Vietnam. Aus dem Amerikanischen von Reinhard Kaiser, 4. Aufl. Frankfurt a. M. 2006, S. 480.
70  Vgl. Khong, Analogies at War, S. 36, 46 und 252; zur inflationären und bisweilen täuschenden Verwendung der München-Analogie: Wehler, Aus der Geschichte lernen?, S. 11; aktuell: Jérôme Gautheret/Thomas Wieder, La référence à Munich, argument politique aux limites historiques, in: Le Monde, 14.03.2023, S. 7.
71  Vgl. Andrea Seibel/Alan Posener, »Putin überkam die Angst vor Gesichtsverlust«, Interview mit Herfried Münkler, in: Die Welt (online), 19.03.2014, http://www.welt.de/kultur/article125943063/Putin-ueberkam-die-Angst-vor-Gesichtsverlust.html [12.09.2023].
72  Vgl. Lanieri, Historia Magistra Vitae, interrupting, S. 329 und 331; zur Vitalität des »exemplarischen« Geschichtsverständnisses in der Schule: Bernhardt, Orientierung für die Welt von gestern, S. 37.
73  So etwa in den bereits erwähnten Arbeiten von Richard E. Neustadt und Ernest R. May und Yuen Foong Khong, vgl. explizit Neustadt/May, Thinking in Time, S. 2, Khong, Analogies at War, S. 9.
74  Zu diesem Absatz: Mischa Meier, (K)ein Tyrannenmord. Der Tod des Iulius Caesar 44 v. Chr., in: Georg Schild/Anton Schindling (Hg.), Politische Morde in der Geschichte. Von der Antike bis zur Gegenwart, Paderborn 2012, S. 11–36, hier S. 35 (kein Streben nach Königtum, aber »Blockierung« der »traditionellen Mechanismen aristokratischer Konkurrenz«); Karl Christ, Krise und Untergang der römischen Republik, Darmstadt 1979, S. 91 (antimonarchischer Systemkonsens der Senatsaristokratie); Karl-Joachim Hölkeskamp, ›Cultural Turn‹ oder gar Paradigmenwechsel in der Althistorie? Die politische Kultur der römischen Republik in der neueren Forschung, in: Historische Zeitschrift 309 (2019), S. 1–35, hier S. 32 (Zerstörung dieses Konsenses durch »Entgrenzung der Konkurrenz« in der spätrepublikanischen Nobilität); zu den republikanischen Ämtern: Ernst Meyer, Römischer Staat und Staatsgedanke, Darmstadt 1961, S. 76 f., 108, 112 und 148. Für die detaillierte Durchsicht des vorliegenden Kapitels (2), zahlreiche Anmerkungen, ergänzende Literatur- und Quellenhinweise sowie fachliche Korrekturen und Verbesserungsvorschläge danke ich herzlich Konrad Vössing, für die erste thematische Anregung Matthias Koch.

75  Vgl. Jochen Bleicken, Verfassungs- und Sozialgeschichte des römischen Kaiserreiches, 4. Aufl. Paderborn 1995, Bd. 1, S. 22.
76  Vgl. Christ, Krise und Untergang, S. 380 f.
77  Zur voranstehenden Schilderung des Ereignisses und Einstufung als »factum intolerabile«: Sueton, Caesar, 78,1–2 (C. Suetonius Tranquillus, Die Kaiserviten / De vita Caesarum – Berühmte Männer / De viribus illustribus, Lat./Deutsch, hg. und übers. von Hans Martinet, 3. Aufl. Stuttgart 2006, S. 120 f.); ähnlich Cassius Dio 44,8,1–4 (Cassius Dio, Römische Geschichte, übers. von Otto Veh, mit einer Einführung von Hans Jürgen Hillen, 5 Bde., Düsseldorf 2009, Bd. III, S. 15); zum Verdacht königlicher Ambitionen: Cassius Dio 44,89–11 (ebd.); zu den vorgebrachten Entschuldigungsründen gesundheitlicher Art und Zweifeln daran: Gerhard Dobesch, Zu Caesars Sitzenbleiben vor dem Senat und zu der Quelle des Cassius Dio, in: Tyche. Beiträge zur Alten Geschichte, Papyrologie und Epigraphik 3 (1988), S. 39–102, hier S. 45 f.
78  Vgl. Cassius Dio 44,3,1 (Übers. Veh, Bd. III, S. 9); Dobesch, Zu Caesars Sitzenbleiben, S. 52; zum Problem der Ehrungen vgl. ferner Meier, (K)ein Tyrannenmord, S. 20 und 33 und Christian Meier, Die Ohnmacht des allmächtigen Diktators Caesar, 2., überarb. Aufl. Stuttgart 2015, S. 88–91 und 89 (»Ehrungshysterie«).
79  Vgl. ebd., S. 100–102.
80  Vgl. Kurt Fitzler/Otto Seeck, Art. »C. Iulius C. f. Caesar, später Divi f. Augustus«, in: Wilhelm Kroll (Hg.), Paulys Realenzyklopädie der klassischen Altertumswissenschaften, 19. Halbbd., Stuttgart 1918, Sp. 275–382, hier Sp. 276, das Datum Sp. 342. Für das vorliegende Kapitel wurde dieser Artikel als ›Wegweiser‹ zu den Quellen intensiv herangezogen.
81  Vgl. zu diesen Ehrungen den Tatenbericht des Augustus, Res gestae, 34 (Augustus, Schriften, Reden und Aussprüche, hg. und übers. von Klaus Bringmann und Dirk Wiegandt, Darmstadt 2008, Nr. 233, S. 229–281, hier lat. S. 238 und dt. S. 260); zum Zusammenhang zwischen Eichenlaubkranz und Rettung der Bürger vgl. die Münze mit der Umschrift *ob civis servatos* in Paul Zanker, Augustus und die Macht der Bilder, 2., durchges. Aufl. München 1990, S. 98.
82  Vgl. Nikolaus von Damaskus, Leben des Kaisers Augustus, 18,51–54 (hg. und übers. von Jürgen Malitz, Darmstadt 2003, S. 48 f.), etwas anders Sueton, Augustus 8,2–3 (Lat./Deutsch, übers. und hg. von Dietmar Schmitz, Stuttgart 1988, S. 12–15); vgl. Klaus Bringmann, Augustus, Darmstadt 2007, S. 35–38.
83  Augustus, Res gestae, 1 (Übers. Bringmann/Wiegandt, S. 252).
84  Cicero an Atticus 16,8,1, zit. nach Augustus, Schriften, Nr. 67 F (Übers. Bringmann/Wiegandt, S. 62 f.).
85  Vgl. Bringmann, Augustus, S. 37; zur Heeresklientel ferner Karl Christ, Geschichte der römischen Kaiserzeit, 2., durchges. Aufl. München 1992, S. 30 und Christ, Krise und Untergang, S. 229.
86  Nikolaus von Damaskus, Leben des Kaisers Augustus, 18,56 (Übers. Malitz, S. 50 f.).
87  Meier, Die Ohnmacht, S. 106. An anderer Stelle betont Meier, dass Strukturzwänge für die Etablierung des Prinzipats entscheidender gewesen seien als bewusste Lerneffekte, vgl. Christian Meier, C. Caesar Divi filius and the Formation of the Alternative in Rome, in: Kurt A. Raaflaub/Mark Toher (Hg.), Between Republic and Empire. Interpretations of Augustus and his Principate, Berkeley u. a. 1990, S. 55–70, hier S. 56 f. und 69.
88  Auf solche Maximen lässt jedenfalls Octavians Handeln 44 v. Chr. und 27 v. Chr. schließen. Vgl. die Darstellung in Bringmann, Augustus, S. 35–103.
89  Zum Verständnis von *pietas* gegenüber Göttern und (Adoptiv-)Vätern: Christ, Geschichte der römischen Kaiserzeit, S. 15 und 51; zur Octavians Beteiligung an der Schlacht von Philippi und Rache als Ausdruck der *pietas* gegenüber Caesar: ebd., S. 51 und 57.
90  Vgl. Zanker, Augustus, S. 100 f. (Text der Kopie des Tugendschildes, räumlicher und inhaltlicher Bezug zu Augustus' Victoria-Statue in der Curia), 102 (Interpretation); auf S. 101 f. auch die Münzbelege und weitere Beispiele aus der Kunst.
91  Vgl. Bringmann, Augustus, S. 112.

## Anmerkungen

92   Vgl. nur exemplarisch Meier, Die Ohnmacht, S. 213. Die Verwendung der Bezeichnung ›Monarchie‹ lässt sich kritisieren, insofern es keine dynastische Nachfolgeregelung gab, in der ein Merkmal ›echter‹ Monarchien gesehen werden kann (freundlicher Hinweis von Konrad Vössing). Mit dieser Einschränkung wird der Begriff im vorliegenden Kapitel verwendet. Vgl. zum Problem der Nachfolge: Konrad Vössing, Domitian im Kampf um seine Nachfolge und seine Göttlichkeit, Düsseldorf 2020, S. 15 f.
93   Tacitus, Annalen, 1,2,1 (P. Cornelius Tacitus, Annalen, Lat./Deutsch, hg. und übers. von Erich Heller, mit einer Einf. von Manfred Fuhrmann, 3. Aufl. Düsseldorf/Zürich 1997, S. 16–19; Lebensdaten hier nach Fuhrmanns Einführung, S. 975 und 977); Tacitus zustimmend Bringmann, Augustus, S. 120; zu den voranstehend erwähnten Proskriptionen vgl. Christ, Geschichte der römischen Kaiserzeit, S. 56; zur kriegsbedingten Schwächung der römischen Gesellschaft als Herrschaftsvoraussetzung vgl. Meier, Die Ohnmacht, S. 213.
94   Fitzler/Seeck, Art. »Augustus«, Sp. 293; Christ, Krise und Untergang, S. 433.
95   Vgl. zu den voranstehend geschilderten Regelungen und mörderischen Folgen der Proskriptionen Appian, Bürgerkriege, 4,5 [16] – 4,15 [60] (Appian von Alexandria, Römische Geschichte. Zweiter Teil: Die Bürgerkriege, übers. von Otto Veh, hg. von Wolfgang Will, Stuttgart 1989, S. 266–273); Christ, Krise und Untergang, S. 434; speziell zum »Lernen« der Triumvirn aus dem Scheitern der *clementia Caesaris*: Appian 4,8 [32–34] (Übers. Veh, S. 268) und Christ, Geschichte der römischen Kaiserzeit, S. 174 f.; zur Einordnung Appians: Hartmut Wolf, Art. »Appianos«, in: Rüdiger von Bruch/Rainer A. Müller (Hg.), Historikerlexikon. Von der Antike bis zur Gegenwart, 2. Aufl. München 2002, S. 10.
96   Zu den wörtlich gemeinten Kopfgeldern: Appian, Bürgerkriege, 4,11 [44] (Übers. Veh, S. 270); zum Appell an niedere Instinkte und dessen Auswirkungen: ebd., 4,13 [49] – 4,14 [56] (Übers. Veh, S. 271 f.); zum Tod Ciceros: Christ, Krise und Untergang, S. 435; zu den Beziehungen zwischen Octavian und Cicero vgl. Bringmann, Augustus, S. 49–59.
97   Niccolò Machiavelli, Il Principe/Der Fürst, Ital./Deutsch, übers. und hg. von Philipp Rippel, Stuttgart 1986, S. 17–19.
98   Nach der Bedeutung des Lernens aus Caesars politischer Biografie und nach der Gewichtung dieses Lernens neben den anderen oben angesprochenen Faktoren fragt bereits Meier, Die Ohnmacht, S. 213.
99   Vgl. die verwandte Überlegung bei Meier, Die Ohnmacht, S. 255: Octavian habe sich »aufdrängen« wollen, »indem er sich ihm [dem Gemeinwesen] nicht aufdrängte.«
100  Augustus, Res gestae, 34 (Übers. Bringmann/Wiegandt, S. 260). Den Begriff der »Inszenierung von langer Hand« verwendet Christ, Geschichte der römischen Kaiserzeit, S. 87.
101  Auf diese Übersetzungsmöglichkeit hat mich Konrad Vössing hingewiesen. Im Lateinischen lautet der Satz: *potens rerum omnium rem publicam ex mea potestate in senatus populique Romani arbitrium transtuli.* Augustus, Res gestae, 34 (Übers. Bringmann/Wiegandt, lat. S. 238, Ergänzungen der Inschrift hier nicht markiert).
102  Zur Erfassung der machtpolitischen Realitäten in der modernen Geschichtswissenschaft z. B. Bringmann, Augustus, S. 122; zu den voranstehend referierten Interpretationen Dios: Cassius Dio 53,11,1–4 (Übers. Veh, Bd. IV, S. 113: echte Naivität und pragmatische Anpassung der Senatoren) und 53,12,2–3 (Übers. Veh, Bd. IV, S. 114: ›Überredung‹ zur Übernahme der Militärprovinzen und vorgeschobene Begründung dafür). Die Beschreibung des augusteischen Prinzipats als einer echten Alleinherrschaft war bei Dio allerdings auch eine Rückprojektion der Verhältnisse seiner eigenen Zeit, d. h. des frühen 3. Jahrhunderts, vgl. Bringmann, Augustus, S. 148.
103  Zu Übertragung und Befugnissen der prokonsularischen Befehlsgewalt und der tribunizischen Gewalt: Christ, Geschichte der römischen Kaiserzeit, S. 86–89; zu Zusammensetzung und Vervollständigung der tribunizischen Rechte 23 v. Chr. vgl. Bleicken, Verfassungs- und Sozialgeschichte, S. 29f. und Bringmann, Augustus, S. 113 und 143. In der Forschung gibt es auch die Auffassung, Augustus habe 27 v. Chr. kein *imperium proconsulare* erhalten, da er Konsul und damit Träger eines *imperium consulare* gewesen sei, vgl. Walter Eder, Augustus and the

Power of Tradition. The Augustan Principate as Binding Link between Republic and Empire, in: Raaflaub/Toher (Hg.), Between Republic and Empire, S. 71–122, hier S. 106 f. und Jean-Louis Ferrary, A propos des pouvoirs d'Auguste, in: Cahiers du Centre Gustave Glotz 12 (2001), S. 101–154, hier S. 109 und 120–123.

104 Zum Ungenügen einer republikanisch drapierten Militärherrschaft: Meier, Die Ohnmacht, S. 247; zur Notwendigkeit einer atmosphärischen und interessenbezogenen Gewinnung der Eliten: Bringmann, Augustus, S. 148 f.

105 Augustus, Res gestae, 34 (Übers. Bringmann/Wiegandt, lat. S. 238, dt. S. 260).

106 Vgl. zu dieser Ablösung und ihrer Funktion: Bleicken, Verfassungs- und Sozialgeschichte, S. 29; zur Problematik des Satzes über *potestas* und *auctoritas*: ebd., S. 36 f., wobei Bleicken nicht von einer »Täuschung« (so Christ, Geschichte der römischen Kaiserzeit, S. 88), sondern lediglich von einer »verzerrenden« Aussage ausging, da die *potestas* bei Augustus zwar kumuliert und zeitlich entgrenzt, aber nicht grundsätzlich derjenigen anderer Amtsträger übergeordnet gewesen sei. Vgl. ebd., S. 39; ähnlich auch Bringmann, Augustus, S. 122 und Meier, Die Ohnmacht, S. 258.

107 Augustus, Res gestae, 7 (Übers. Bringmann/Wiegandt, lat. S. 231).

108 Vgl. Bleicken, Verfassungs- und Sozialgeschichte, S. 24.

109 Vgl. Meier, (K)ein Tyrannenmord, S. 33, der sogar von einer »kommunikativen Monarchie« spricht, und Bringmann, Augustus, S. 148 und 214.

110 Vgl. zu diesem Verständnis von Propaganda: Stéphane Audoin-Rouzeau/Anette Becker, 14–18. Retrouver la guerre, Paris 2000, S. 131.

111 Zanker, Augustus, S. 13; zum Rückgriff Cosimos I. auf die Kommunikationsstrategien des Augustus: Michael Roth, Machtabgabe aus politischem Kalkül. Großherzog Cosimo I. de' Medici (1519–1574) und sein vorgetäuschter Amtsverzicht, in: Susan Richter (Hg.), Entsagte Herrschaft: Mediale Inszenierungen fürstlicher Abdankungen im Europa der Frühneuzeit, Wien/Köln/Weimar 2019, S. 79–138.

112 Vgl. Aloys Winterling, Caligula. Eine Biographie, 3. Aufl. München 2004, insbes. S. 96 f.

113 Zur Soldverdoppelung: Cassius Dio 53,11,5 (Übers. Veh, Bd. IV, S. 114). Zu den Prätorianern als monarchischem Element, zur Offensichtlichkeit der Monarchie für wache Zeitgenossen und antike Historiker sowie zur Entscheidungsmacht des Augustus in allen wichtigen politischen Belangen: Bringmann, Augustus, S. 128 und 139; zum Fehlen einer Erbfolgeregelung wie bereits zitiert: Vössing, Domitian, S. 15 f.

114 Zur Augustus' Bemühungen um die Nachfolgeregelung ausführlicher: Bringmann, Augustus, S. 230–239; zum Widerspruch zwischen dynastischer Nachfolge und republikanisierender Ideologie: ebd. und Christ, Geschichte der römischen Kaiserzeit, S. 178.

115 Zu 28 v. Chr. vgl. Bringmann, Augustus, S. 117 f.; zur Goldmünze mit der genannten Umschrift: John W. Rich/Jonathan H. C. Williams, »Leges et Ivra P. R. Restitvit«. A New Aureus of Octavian and the Settlement of 28–27 BC, in: The Numismatic Chronicle 159 (1999), S. 169–213.

116 Elisabeth Noelle-Neumann, Öffentliche Meinung. Die Entdeckung der Schweigespirale, erw. Ausg., Frankfurt a. M./Berlin 1996, S. 13–22 (Kurzvorstellung des Modells); vgl. Michael Jäckel, Medienwirkungen. Ein Studienbuch zur Einführung, 4., überarb. und erw. Aufl. Wiesbaden 2008, S. 252–258.

117 Vgl. zu diesem Paradox mit Blick auf Tacitus Manfred Fuhrmanns Einführung in Tacitus, Annalen (Übers. Heller), S. 976 f.; zu Cassius Dio vgl. Hans Jürgen Hillens Einführung in Cassius Dio, Römische Geschichte (Übers. Veh), Bd. I, S. 7–60.

118 Vgl. Sueton, Augustus, 35,1 (Übers. Schmitz, S. 58 f.); zur Datierung des Ereignisses: Christ, Geschichte der römischen Kaiserzeit, S. 82.

119 Zur (richtigen) Einschätzung der Wehrlosigkeit Caesars durch die Verschwörer: Cassius Dio 44,16,1 (Übers. Veh, Bd. III, S. 19); zur Erinnerung an den Caesar-Mord als Grund für die verdeckte Panzerung des Augustus: Zanker, Augustus, S. 96; zum Restrisiko von Verschwörungen: Meier, (K)ein Tyrannenmord, S. 33.

120 Zur Synthese von Monarchie und Republik und zur »evolutionären« Genese: Christ, Geschichte der römischen Kaiserzeit, S. 83 f.; zu den Legalisierungsbemühungen (mit dem wörtl. Zitat): ebd., S. 84. Auch Bringmann (Augustus, S. 107) sah auf dem Weg zur Monarchie keinen »Masterplan«.

121 Christ (Geschichte der römischen Kaiserzeit, S. 83 f.) zieht diese Reden zu Stützung seiner These einer »evolutionären« Etablierung des Prinzipats heran und geht davon aus, dass sie trotz des großen Zeitabstands dessen Genese und Wesenszüge richtig erfassen. Zur Erfindung der Reden: Bringmann, Augustus, S. 268, Anm. 36.

122 Auch Jochen Bleicken zufolge hat Cassius Dio die Absichten Augustus' im Umgang mit der Senatsaristokratie trotz Zeitdifferenz korrekt erfasst und wollte zugleich den augusteischen Prinzipat als vorbildlich für das severische Kaisertum seiner Zeit präsentieren. Vgl. Jochen Bleicken, Der politische Standpunkt Dios gegenüber der Monarchie. Die Rede des Maecenas, Buch 52,14–40, in: Hermes 90/4 (1962), mit Anm. S. 456; zur Einordnung ins 3. Jahrhundert ferner: Peter Kuhlmann, Die Maecenas-Rede bei Cassius Dio. Anachronismen und intertextuelle Bezüge, in: Dennis Pausch (Hg.), Stimmen der Geschichte Funktionen von Reden in der antiken Historiographie, Berlin/New York 2010, S. 109–121 und Meyer Reinhold/Peter M. Swan, Cassius Dio's Assessment of Augustus, in: Raaflaub/Toher (Hg.), Between Republic and Empire, S. 155–173.

123 Eric Adler, Cassius Dio's Agrippa-Maecenas Debate: An Operational Code Analysis, in: The American Journal of Philology 133/3 (2012), S. 477–520, hier S. 513.

124 Voranstehe Bezüge auf die Agrippa-Rede und Zitate daraus: Cassius Dio 52 (Übers. Veh, Bd. IV), im Einzelnen: 4,1–7 (S. 46–51: Förderung von Gemeinsinn durch »Demokratie«); 6,2 (S. 49: höhere Bereitschaft zur Steuerzahlung); 7,1–4 (S. 50 f.: bessere Akzeptanz der Rechtsprechung in der »Demokratie«); 9,1–5 (S. 53 f.: »Wettstreit« unter Bürgern als Quelle des Aufstiegs Roms); 12,1 (S. 56: Erwartungen der »gesamten Menschheit« an den Herrscher); 13,1 (S. 58: Rat zur rechtzeitigen Machtabgabe aus Sicherheitsgründen); 13,4 (S. 58 f.: mahnendes Zitat zum Schicksal Caesars).

125 Vgl. Adler, Cassius Dio's Agrippa-Maecenas Debate, insbes. S. 477 und 512; ähnlich Christ, S. 83 f.

126 Voranstehende Bezugnahmen zur Maecenas-Rede und Zitate daraus: Cassius Dio 52 (Übers. Veh, Bd. IV), im Einzelnen: 39,4 (S. 96: Ansehen und Gerechtigkeit als Quelle der Sicherheit des Monarchen); 39,2 (S. 96: ›kategorischer Imperativ‹); 20,2–3 (S. 67: abschließendes Blockzitat zur Wahrung und Kontrolle der alten Ämter).

127 Vgl. Bleicken, Verfassungs- und Sozialgeschichte, S. 33 f. (kaiserliche Kontrolle über die Bestellung der Konsuln) und 28 (Konsulat als Ausgangsbasis für Statthalterschaften und Ableitung der Statthalterbefehlsgewalt vom Kaisertum); Meyer, Römischer Staat, S. 421 (politische Machtlosigkeit des Konsulats in der Kaiserzeit).

128 Vgl. Christ, Geschichte der römischen Kaiserzeit, S. 243–248.

129 Werner Eck, Consules ordinarii und consules suffecti als eponyme Amtsträger, in: Epigrafia. Actes du colloque international d'épigraphie latine en mémoire de Attilio Degrassi pour le centenaire de sa naissance. Actes de colloque de Rome (27–28 mai 1988), École Française de Rome, Rom 1991, S. 15–44, hier S. 1.

130 Verzicht auf das Briefeschreiben im Amphitheater: Sueton, Augustus, 45,1 (Übers. Schmitz, S. 76 f.); zur einfachen Wohnsituation: 72,1 (S. 114 f.).

131 Vgl. Zanker, Augustus, S. 59 f.

132 Sueton, Augustus, 28,3 (Übers. Schmitz, S. 46 f.).

133 Vgl. Zanker, Augustus, S. 34, 84 (Anknüpfen an architektonische Selbstüberhöhung in der späten Republik durch die vorgenannten Monumente) sowie S. 28 und *passim* (Einsatz von Kunst und Architektur im Bürgerkrieg und später in staatstragender »Bildersprache«).

134 Vgl. Sueton, Augustus, 31,5 (Übers. Schmitz, S. 52 f.).

135 Vgl. Zanker, Augustus, S. 196 f. und 213–217.

136 Zum von Augustus angeordneten Einschmelzen von Ehrenstatuen als Zeichen der »Zurücknahme« und zur Integration seiner Familiengeschichte in die erfolgreiche Imperialgeschichte Roms: ebd., S. 91 f. und 97.
137 Zur Augustus integrierenden und zugleich durch Vergleich erhöhenden Botschaft des Statuenprogramms: T. James Luce, Livy, Augustus and the Forum Augustum, in: Raaflaub/Toher (Hg.), Between Republic and Principate, S. 123–138, hier S. 126–128; vgl. mit etwas anderem Akzent auch Egon Flaig, Den Kaiser herausfordern. Die Usurpation im Römischen Reich, 2. Aufl. Frankfurt a. M./New York 2019, S. 55 (»Prinzipat als Vollendung der römischen Geschichte«).
138 Vergil, Aeneis, 6,788–795 (P. Vergilius Maro, Aeneis. Lat./Deutsch, übers. und hg. von Gerhard Fink, Düsseldorf 2009, S. 290 f.). Auf eine mögliche Parallele zwischen dieser Vergil-Stelle und den Figurengruppen des Augustusforums weist hin: Zanker, Augustus, S. 215; vgl. zu der Stelle und Vergils Nähe zu Augustus ferner Bringmann, Augustus, S. 155 f.
139 Vergil, Aeneis, 6,819–821 (Übers. Fink, S. 292 f.).
140 Ebd., 6,851–854 (Übers. Fink, S. 294 f.).
141 Die voranstehende Skizze der Entwicklung in der Krisenphase der römischen Republik basiert auf Christ, Krise und Untergang, S. 5 f. (»Heeresklientel«), 68–74 (Strukturveränderungen in der Landwirtschaft zulasten der Kleinbauern), 117–149 (gescheiterte Reformen der Gracchen), 146 f. (Optimaten versus Popularen), 158 (Rückwirkungen dieser Veränderungen auf die Armee), 157 f. und 169 (Heeresreform des Marius), 161 f. (Siege) und 222 (»Heeresgefolgschaft« des Pompeius als Präzedenzfall). Wesentliche Erklärungsmuster von Christs Synthese bestätigen: Klaus Bringmann, Krise und Ende der römischen Republik, Berlin 2003, S. 43 f., 52 und 93–96 und Karl-Joachim Hölkeskamp, Eine politische Kultur (in) der Krise? Gemäßigt radikale Vorbemerkungen zum kategorischen Imperativ der Konzepte, in: Ders. (Hg.), Eine politische Kultur (in) der Krise? Die »letzte Generation« der römischen Republik, München 2009, S. 1–25, hier S. 4–7.
142 Zur Revision der klassischen Ansichten über die Heeresreform des Marius: Martin Jehne, Die römische Republik. Von der Gründung bis Caesar, 2. Aufl. München 2008, S. 91 f.; ferner Dominik Maschek, Die römischen Bürgerkriege. Archäologie und Geschichte einer Krisenzeit, Darmstadt 2018, S. 115, mit archäologischen Argumenten gegen die Verarmungsthese, ebd., S. 136 f.; zu Zweifeln an einer ruinösen Wirkung von Militärdienst auf die Bauern: John W. Rich, Tiberius Gracchus, Land and Manpower, in: Olivier Hekster/Gerda de Kleijn/Daniëlle Slootjes (Hg.), Crisis of the Roman Empire. Proceedings of the Seventh Workshop of the International Network Impact of Empire (Nijmegen, June 20–24, 2006), Leiden/Boston 2007, S. 155–166, hier S. 161.
143 So ebd., S. 166 (»imagined crisis«).
144 Diesen bei Christ (Krise und Untergang, S. 5 f.) betonten Wirkungszusammenhang erkennt Jehne (Die römische Republik, S. 92) trotz Kritik an der Idee einer Schaffung des Berufsheeres unter Marius an.
145 Augustus, Res gestae, 1 (Übers. Bringmann/Wiegandt, S. 252); voranstehender Begriff »Privatarmee« des Pompeius und Kontext nach: Christ, Krise und Untergang, S. 222; zur Modellfunktion des Pompeius für Octavian: G. A. Lehmann, Der Beginn der res gestae des Augustus und das politische exemplum des Cn. Pompeius Magnus, in: Zeitschrift für Papyrologie und Epigraphik 148 (2004), S. 151–162; zur Deutung als »Hochverrat«: Bringmann, Augustus, S. 45.
146 Der voranstehende Absatz basiert auf der Analyse von Werner Eck, Das Heer als Machtfaktor im Ordnungsgefüge des augusteischen Prinzipats, in: Augusto. La costruzione del principato, Roma 1–5 diciembri 2014, Rom 2017, S. 239–255.
147 Vgl. Bringmann, Augustus, S. 214.
148 Thomas Hobbes, Leviathan, hg. von J. C. A Gascin, Oxford 1998 (erstmals 1651), Teil I, Kap. 13, S. 84 (»war, as is of every man against every man«) und Teil II, Kap. 17, S. 114 (vertragliche Herstellung des Souveräns).
149 Thomas Hobbes, Three Discourses. A critical modern edition, hg. von Noel B. Reynolds und Arlene W. Saxonhouse, Chicago 1995, S. 38 (Übers. P. Geiss); zur Zuordnung und Datierung:

Einleitung der Hg., S. VII; vgl. zur Deutung: Adam George Yoksas, Doubting Thomas: A Study of Thomas Hobbes's Post-Restoration Dialogues, Loyola University Chicago. Dissertations, Paper 221, S. 228.
150 Hobbes, Three Discourses, S. 44 (Übers. P. Geiss).
151 Zur Interpretation des Prinzipats als Vertrag mit der Aristokratie: Jochen Bleicken, Augustus, 2. Aufl. 1998, S. 378; zur Relevanz der Friedensstiftung für die Legitimation des Augustus: Bringmann, Augustus, S. 126.
152 Flaig, Den Kaiser herausfordern, S. 52 und 228. Auch Flaig arbeitet im Rahmen seines Modells der »Akzeptanzmonarchie« mit dem Konzept des »Vertrags« bzw. »Pakts«, ebd., S. 73. Flaigs Analyse konnte nach Abschluss des vorliegenden Manuskripts nur noch punktuell eingesehen werden.
153 Christ, Geschichte der römischen Kaiserzeit, S. 151–153.
154 Präsentation und Datierung der Anlage in der alten Deutung als Sonnenuhr: Zanker, Augustus, S. 148–151; Neuinterpretation (Anzeige von Tages- und Nachtlängen, Sonnenstand durch Schattenlänge): Michael Hiermanseder, Interpretation of the function of the obelisk of Augustus in Rome from antique texts to present time virtual reconstruction, in: The International Archives of the Photogrammetry, Remote Sensing and Spatial Information Sciences XLII-2/W11 (2019), S. 615–622; freundlicher Hinweis zur neuen Deutung von Konrad Vössing.
155 Vgl. Jean-Jacques Rousseau, Du contrat social, hg. von Pierre Burgelin, Paris 1992, Kap. 7 und 8, S. 38–43.
156 Vgl. Bleicken, Verfassungs- und Sozialgeschichte, S. 280 f.
157 Vgl. Hobbes, Leviathan, Kap. 17, S. 114.
158 Christ (Krise und Untergang, S. 463) sprach von einer »Entpolitisierung von Senat und Volk«. Das Bild der Maschine ist Le Bohec entlehnt, der die römische Armee als »Maschine zur Verbreitung der Romanität« bezeichnet hat. Yann Le Bohec, L'armée romaine, 3. Aufl. Paris 2002, S. 104 und 253.
159 Montesquieu, De l'esprit des lois, hg. von Victor Goldschmidt, Paris 1979 (zuerst 1748), Bd. 1, Kap. IV, S. 139 (aristokratische »Zwischengewalten« gegen »Despotismus«) und Kap. VII, S. 149 (»falsche«, egoistische Ehre als Quelle der Rangabstufungen und dennoch nützliches Prinzip der Monarchie).
160 Zur Bindung der Vergabe von »Sozialprestige« an das Prinzipatssystem: Christ, Krise und Untergang, S. 464; ähnliche Diagnose bereits in der Antike: Cassius Dio 52,20,3 (Übers. Veh, Bd. IV, S. 67) und Tacitus, Annalen, 1,2,1 (Übers. Heller, S. 17–19).
161 Die Bausteine von Augustus' Herrschaft gingen vollständig auf diese republikanische Tradition zurück. Vgl. Eder, The Augustean Principate, S. 116; zur »Macht der Tradition« als wesentlicher Herrschaftsquelle des Augustus ebd., S. 122.
162 *O homines ad servitutem paratos!* Tacitus, Annalen, 3,65,3 (lat. Text nach Ausg. Heller, S. 274, hier jedoch Übers. P. Geiss). Tacitus sieht (ebd.) den Widerspruch, dass diese Mentalität Tiberius »angeekelt« habe, obwohl er ein Gegner der »öffentlichen Freiheit« gewesen sei. Das voranstehende Zitat zur karrierefördernden »Knechtschaft« unter Augustus findet sich ebd., 1,2,1 (lat. Text nach Ausg. Heller, S. 16, hier jedoch Übers. P. Geiss).
163 Plinius, Panegyricus, 64,2 (Plinius der Jüngere, Panegyrikus/Lobrede auf den Kaiser Trajan, hg. und übers. von Werner Kühn, Darmstadt 1985, S. 128 f.); zu Äußerungskontext und Intention einer Verherrlichung Traians als Idealmonarch: Martin Fell, Optimus Princeps? Anspruch und Wirklichkeit der imperialen Programmatik Kaiser Traians, München 1992, S. 9–37.
164 Vgl. zur Ausrichtung des Adels auf Ludwig XIV. und ihren Motivationshintergründen: Wolfgang Reinhardt, Geschichte der Staatsgewalt. Eine vergleichende Verfassungsgeschichte Europas von den Anfängen bis zur Gegenwart, 2., durchges. Aufl. München 2010, S. 85 (Rekurs auf Nobert Elias); voranstehend zit. Quellenpassagen Plinius, Panegyricus: 1,2–3 und 2,3 (Übers. Kühn, S. 14 f.).
165 Hobbes, Three Discourses, S. 38 (Übers. P. Geiss).

166 Vgl. Jan Timmer, Vertrauen. Eine Ressource im politischen System der römischen Republik, Frankfurt a. M. 2017, insbes. S. 279–284.
167 Vgl. Sueton, Augustus, 53,3 (Übers. Schmitz, S. 88 f.).
168 Sueton, Augustus, 52 (Übers. Schmitz, S. 86 f.); vgl. zum Kontext von Inflation und Seuche Fitzler/Seeck, Augustus, Sp. 350.
169 Vgl. zu Kontext und politischer Bedeutung dieser Schritte Bringmann, Augustus, S. 144 f.; dazu Augustus, Res gestae, 5 (Übers. Bringmann/Wiegandt, lat. S. 230, dt. S. 235).
170 Vgl. Schreiben an die Stadt Rosos in: Augustus, Schriften, Reden und Aussprüche, hg. von Bringmann/Wiegandt, Nr. 74, S. 67–75 (zur unsicheren Datierung: Kommentar der Hg., S. 72).
171 Vgl. Uwe Walter, Wachstum durch Integration: das Imperium Romanum. Eine Anregung für den Unterricht, in: geschichte für heute 5/1 (2012), S. 40–59 und weitere Literatur in: Peter Geiss, Grenzgänger an Rhein und Donau. Geschichtsdidaktische Überlegungen zur Integration im römischen Heer, in: Uta Fenske/Daniel Groth/Matthias Weipert (Hg.), Grenzgang. Grenzgängerinnen. Grenzgänger. Historische Perspektiven. Festschrift für Bärbel Kuhn zum 60. Geburtstag, St. Ingbert 2017, S. 279–292, hier S. 280, Anm. 3.
172 Zur »augusteischen Schwelle«: Herfried Münkler, Imperien. Die Logik der Weltherrschaft vom Alten Rom bis zu den Vereinigten Staaten, 3. Aufl. Berlin 2005, S. 105–126; zur »imperialen Überdehnung«: ebd., S. 172 f.; zur Unmöglichkeit einer rein militärischen Aufrechterhaltung römischer Herrschaft: Walter, Wachstum durch Integration, S. 44.
173 Vgl. Christ, Geschichte der römischen Kaiserzeit, S. 457 f.
174 Vgl. Sueton, Augustus, 99,1 (Übers. Schmitz, S. 158). Vgl. dazu Holger Sonnabend, August 14. Der Tod des Kaisers Augustus, Darmstadt 2013, S. 46–48.
175 Cassius Dio 52,34,2 (Übers. Veh, Bd. IV, S. 88).
176 Der voranstehende Absatz greift noch einmal auf die bereits zit. Darstellung in Christ, Krise und Untergang, zurück (Seitenangaben in den vorangehenden Anm.); zudem ergänzend zu Sulla: ebd., S. 213–230; zur Bewertung Caesars und seiner Einstufung Sullas als eines »politischen Analphabeten«: ebd., S. 382.
177 Vgl. zum Voranstehenden Tilman Struve, Art. »Investiturstreit«, in: Lexikon des Mittelalters, Stuttgart 1977–1999, Bd. 5, Sp. 479–482; zu Begriff und Rechtsvorgang der Investitur: Richard Puza, Art. »Investitur, II. Kirchenrecht«, in: ebd., Sp. 478–479; ferner folgende Überblicksdarstellungen: Peter Hilsch, Das Mittelalter – die Epoche, 4. Aufl. Konstanz/München 2017, S. 133–441 und – mit ausführlicher Vorstellung des Forschungsstandes – Jochen Johrendt, Der Investiturstreit, Darmstadt 2018; zur unmittelbaren Vorgeschichte: Matthias Becher, Gregor VII. und Heinrich IV. vor dem Streit. Missglückte Kommunikation oder Provokation?, in: Florian Hartmann (Hg.), Brief und Kommunikation im Wandel. Medien, Autoren und Kontexte in den Debatten des Investiturstreits, Köln/Weimar/Wien 2016, S. 271–293 (päpstlichen Bann und Eideslösung im Wortlaut: ebd., S. 271, Anm. 2; zur grundsätzlichen päpstlichen Anerkennung eines königlichen Anteils an Bischofseinsetzungen: ebd., S. 287); zu Gregors Verwendung des spätantiken Beispiels: Rudolf Schieffer, Von Mailand nach Canossa. Ein Beitrag zur Geschichte der christlichen Herrscherbuße von Theodosius d. Gr. bis zu Heinrich IV., in: Deutsches Archiv 28 (1972), S. 333–370 und Hans-Werner Goetz, Geschichte als Argument, in: Historische Zeitschrift 245 (1987), S. 31–69, insbes. S. 38, 40 f.; zur Hinterfragung des Begriffs »Investiturstreit« u. a. Thomas Kohl, Die Erfindung des Investiturstreits, in: Historische Zeitschrift 312 (2001), S. 34–61. Das vorliegende Kapitel (3) verdankt seine Existenz Eugenio Riversi, der mich auf die Verwendung des Theodosius-Ambrosius-Beispiels im Investiturstreit sowie auf relevante Quellen und Literatur aufmerksam gemacht hat. Auch für Verbesserungsvorschläge und Ergänzungshinweise zum Manuskript danke ich ihm herzlich.
178 Die voranstehende Schilderung basiert auf: Sozomenos, Kirchengeschichte, 7,25 (Sozomenos, Historia ecclesiastica/Kirchengeschichte, 3. Teilband, Griech./Deutsch, übers. und eingel. von Günther Christian Hansen, Turnhout 2004, S. 926–931, oben zitierte Worte des Ambrosius: ebd., S. 927); zum Verständnis: Stanislav Doležal, Rethinking a Massacre: What Really Happened in Thessalonica and Milan in 390?, in: Eirene. Studia Graeca et Latina L (2014), S. 89–107,

hier S. 93 f. (mit griech. Quellenzitat). Doležal (ebd., S. 90 f.) folge ich auch bei der Datierung der Quellen zum Massaker von 390 im Folgenden. Zur Einordnung des Ereignisses und zur germanisch-gotischen Identität von Offizier und Truppen ferner Hartmut Leppin, Theodosius der Große, Darmstadt 2003, S. 153. Konrad Vössing danke ich für quellenkritische und sprachliche Hinweise zum Verständnis des griechischen Textes.

179 Cassiodor, Historia ecclesiastica tripartita, 9,29,5–9,30,21 (Cassiodori-Epiphanii Historia ecclesiastica tripartita, hg. von Walter Jacob und Rudolf Hanslik, Wien 1952, S. 541–544); zur Rezeption im Westen: Schieffer, Von Mailand nach Canossa, S. 347 f.

180 Cassiodor, Historia ecclesiastica tripartita, 9,30,21 (Übers. P. Geiss). Die Überformung der Überlieferung durch Cassiodor wie auch die Theodosius verächtlich machende Tendenz seiner Vorlage (nämlich Theodoret) betont Schieffer, Von Mailand nach Canossa, S. 342 und 347 f.

181 Vgl. zur Rekonstruktionsproblematik und zu einem Erklärungsversuch: Doležal, Rethinking a Massacre, S. 102 und Leppin, Theodosius der Große, S. 155. Doležal (S. 104) vermutet allerdings, dass nicht der Kaiser, sondern die Truppen einen Kontrollverlust erfahren hätten: Sie seien während der exemplarischen Hinrichtungen von einer wütenden Menge bedrängt und so erst zum eigentlichen Massaker veranlasst worden.

182 So die Interpretation Leppins, Theodosius der Große, S. 153.

183 Vgl. Alexander Demandt, Römer und Germanen. Feindliche Nachbarn, in: Peter Geiss/Konrad Vössing (Hg.), Die Völkerwanderung. Forschung – Mythos – Vermittlung, Göttingen 2021, S. 75–89, hier S. 80; zu den ereignisgeschichtlichen Zusammenhängen ausführlicher Heather, The Fall of the Roman Empire, S. 158–189.

184 Zur voranstehenden Deutung der Gotenkriege: Konrad Vossing, Die spätantiken *gentes* und die Spezifika einer Umbruchzeit, in: Peter Geiss/ders. (Hg.), Die Völkerwanderung. Forschung – Mythos – Vermittlung, Göttingen 2021, S. 109–150, hier S. 131–133 und 138.

185 Vgl. Aurelius Augustinus, Der Gottesstaat/De civitate Dei, Band 1, Buch I–XIV, übers. von Carl Johann Perl, Paderborn u. a. 1979, hier: Buch V, 26, S. 360 f. Auf die Nichterwähnung als Indiz für Erfindung hat mich freundlicherweise Konrad Vössing aufmerksam gemacht; vgl. auch Leppin, Theodosius der Große, S. 157, der von einer »Dramatisierung« spricht. Auf das oben erwähnte ›Appeasement‹ spielt Peter Heather (The Fall of the Roman Empire, S. 182) mit dem berühmten Chamberlain-Zitat »peace in our time« an.

186 Ambrosius an Theodosius, Epistula extra collectionem 11 (Maur. 51), hier nach: Ambrosius von Mailand, Politische Briefe. Lat./Deutsch, hg., eingel. und übers. von Frank M. Ausbüttel, Darmstadt 2020, S. 211–219, hier S. 213 (im Abgleich mit dem Lateinischen hier sprachlich stark vereinfacht). Der Brief wird ausführlich kontextualisiert und interpretiert in Leppin, Theodosius der Große, S. 155–158, dem ich hier folge.

187 Vgl. zu Mitwisserschaft, Vertrauen auf Theodosius' Milde und dadurch bedingtem eigenen Versagen: Ambrosius an Theodosius, 11 (51),16 (Übers. Ausbüttel, S. 218 f.).

188 Ambrosis an Theodosius, 11 (51),3 (Übers. Ausbüttel, S. 210 f., hier etwas vereinfacht); zu den vor dem Zitat liegenden Bezugnahmen: ebd., 11 (51),6 (Übers. Ausbüttel, S. 212 f.: Entrüstung der gallischen Bischöfe) und 1–2 (S. 210 f.: Problem der Mitwisserschaft und Verantwortung des Ambrosius); Leppin (Theodosius der Große, S. 156) stuft die Selbstzuordnung des Ambrosius zum kaiserlichen Gefolge als falsch ein, bezeichnet Theodosius aber als »Schützling« des Ambrosius und weist auf das voranstehend angesprochene Risiko für das Prestige des ›versagenden‹ Seelsorgers deutlicher hin (ebd., S. 155 und 157), als dies die etwas verklausulierten Äußerungen des Ambrosius in der zitierten Briefquelle andeuten.

189 Vgl. Ambrosis an Theodosius, 11 (51),13 (Übers. Ausbüttel, S. 216 f.).

190 Vgl. ebd., 11 (51),14 (Übers. Ausbüttel, S. 216 f.).

191 Vgl. zu den erwähnten Reaktionen des Kaisers: Sozomenos, Kirchengeschichte, 7,25 (Übers. Hansen, S. 931).

192 Vgl. Leppin, Theodosius der Große, S. 157 (»seelsorgliche Erpressung«).

193 Philippe Buc, Heiliger Krieg. Gewalt im Namen des Christentums, aus dem Amerikanischen von Michael Haupt, Darmstadt 2015, S. 12, 114–120 (im Anschluss an Karl Löwith, hier am Beispiel der revolutionären Jakobinerdiktatur 1793/94).
194 Vgl. Ambrosius an Theodosius, 11 (51),14 (Übers. Ausbüttel, S. 216 f.; zur Respektierung der kaiserlichen Würde: Schieffer, Von Mailand nach Canossa, S. 340.
195 Ambrosius an Theodosius, 11 (51),7 (Übers. Ausbüttel, S. 212 f.). Auf die voranstehend thematisierte Respektierung der kaiserlichen Würde durch Ambrosius, das Fehlen eines politischen Machtanspruchs oder gar kirchlichen Anspruchs auf Oberhoheit gegenüber dem Staat bzw. Kaisertum weisen hin: Schieffer, Von Mailand nach Canossa, S. 335 und 338–340 (zur ehrenvollen, die kaiserliche Autorität schonenden Buße nach dem Vorbild Davids ebd., S. 339) und Leppin, Theodosius der Große, S. 158.
196 Vgl. die Beispiele in Leppin, Theodosius der Große, S. 165 und im Codex Theodosianus, 16,10,0: De paganis, sacrificiis et templis (https://droitromain.univ-grenoble-alpes.fr [03.11.2021]).
197 Zur Gewaltaffinität des spätantiken Christentums: Johannes Hahn, Spätantiker Staat und religiöser Konflikt – Einleitende Bemerkungen, in: Ders. (Hg.), Spätantiker Staat und religiöser Konflikt. Imperiale und lokale Verwaltung und die Gewalt gegen Heiligtümer, Berlin/New York 2011, S. 1–5; zit. Zuspitzung: Gerd Althoff, »Selig sind, die Verfolgung ausüben«. Päpste und Gewalt im Hochmittelalter, Darmstadt 2013.
198 Diesen Unterschied arbeitet Schieffer, Von Mailand nach Canossa, heraus.
199 Zum Voranstehenden: Johrendt, Investiturstreit, S. 9, 21 und 32 f. (Kirchenreform als Gregors Hintergrund, Befreiungs- und Reinigungsidee gegenüber weltlicher Gewalt), 33 (Einchätzung des Zölibats und Kampf gegen Simonie), 90 f. (späte Fokussierung der Investiturfrage und Kritik an der Benennung des Streits), 92 (späte Zeitstellung der Investiturverbote); dazu ferner Claudia Zey, Der Investiturstreit, München 2017, S. 8; zur These von der »Erfindung«: Thomas Kohl, Die Erfindung des Investiturstreits, in: Historische Zeitschrift 312 (2021), S. 34–61; zu den Schismen: ebd., S. 41 f.; relativierend zu den Investiturverboten 1078 und 1080: ebd., S. 38 und Stefan Weinfurter, Canossa. Die Entzauberung der Welt, München 2006, S. 180–182; dagegen jedoch Johannes Laudage, Nochmals: Wie kam es zum Investiturstreit?, in: Jörg Jarnut/Matthias Wemhoff (Hg.), unter Mitarbeit von Nicola Karthaus, Vom Umbruch zur Erneuerung? Das 11. und das beginnende 12. Jahrhundert – Positionen der Forschung, Paderborn/München 2006, S. 133–150, hier S. 135 (erstes Investiturverbot des Papstes schon 1075).
200 Vgl. Johrendt, Investiturstreit, S. 22.
201 Vgl. zum voranstehend geschilderten Mailänder Konflikt Wilfried Hartmann, Der Investiturstreit, 3., überarb. Aufl. München 2007, S. 19 und 23; zur frühen Relevanz der Investiturfrage: Wolfgang Hasberg/Hermann-Josef Scheidgen, Investiturstreit oder Gregorianische Reform?, in: Dies. (Hg.), Canossa. Aspekte einer Wende, Regensburg 2021, S. 39–55, hier S. 40.
202 Voranstehende Bezugnahmen auf Gregors Brief nach: Quellen zum Investiturstreit. Teil I. Ausgewählte Briefe Papst Gregors VII., hg. von Franz-Josef Schmale u. Rudolf Bucherer, Darmstadt 1978, Nr. 66, S. 198 f.; vgl. dazu Hasberg/Scheidgen, Investiturstreit oder Gregorianische Reform?, S. 40.
203 Voranstehende Deutung der päpstlichen Perspektive nach Becher, Gregor VII. und Heinrich IV. vor dem Streit, S. 289–291.
204 Vgl. Quellen zum Investiturstreit I (Übers. Schmale/Bucherer), Nr. 66, S. 198 f.
205 Vgl. ebd., S. 201; Bibelstellen: Joh. 21,15 und Matth. 16,18–19.
206 Solche Stilisierungen gab es in der Wirkungsgeschichte tatsächlich, vgl. Matthias Pape, Canossa als politisches Argument vom Humanismus bis zum Liberalismus, in: Hasberg/Scheidgen (Hg.), Canossa, S. 186–203.
207 Quellen zur Geschichte Heinrichs IV., hg. von Franz-Josef Schmale und Irene Schmale-Ott, 5. Aufl. Darmstadt 2006, Nr. 12, S. 64 f. und 68 f.; das frühere und mildere Schreiben: ebd., Nr. 11, S. 62–65; zum propagandistischen Zweck und realen Adressaten des zweiten Schreibens: Erläuterung der Hg., S. 65, Anm. 9 sowie Carl Erdmann, Die Anfänge der staatlichen Propaganda im Investiturstreit, in: Historische Zeitschrift 154 (1936), S. 491–512, hier S. 496–498;

|     | |
| --- | --- |
|     | zu Ängsten des deutschen Episkopats vor päpstlicher Bevormundung und daraus resultierender Unterstützung für Heinrich: Hartmann, Investiturstreit, S. 23. |
| 208 | Brief voranstehend zusammengefasst nach: Quellen zur Geschichte Heinrichs IV. (Übers. Schmale-Ott), Nr. 12, S. 66–69. |
| 209 | Der vorangehende Abschnitt zur Reichskirche und ihrer (u. a. militärischen) Bedeutung für die Königsherrschaft stützt sich auf Johrendt, Investiturstreit, S. 63 f. (dort auch die Liste der Panzerreiter); vgl. auch Rudolf Schieffer, Art. »Reichskirche, II. Ottonisch-salische Reichskirche«, in: Lexikon des Mittelalters, Bd. 10, Stuttgart 1995, Sp. 627 f. |
| 210 | Zur »Verquickung« der beiden Konfliktdimensionen (Machtverhältnisse zwischen König und Fürsten zum einen und zwischen König und Papst zum anderen) und den daraus resultierenden Legitimationsquellen für Konkurrenz um weltliche und geistliche Positionen: Kohl, Erfindung des Investiturstreits, S. 40 f.; zur königlichen Herrschaftsintensivierung durch Burgenbau, abhängige Ministerialen und dadurch bei den Großen ausgelöste Besorgnis: Hartmann, Investiturstreit, S. 20 f., 110 sowie Zey, Investiturstreit (2017), S. 54; zur Nutzung der antigregorianischen Option durch Bischöfe: ebd., S. 57. |
| 211 | Vgl. Karl Mirbt, Die Publizistik im Zeitalter Gregors VII., Leipzig 1894, S. 122 f. Die Spannung zwischen dem modernen Begriff und dem von geringer Bildungsverbreitung und ständischer Gesellschaftsordnung geprägten 11. Jahrhundert konstatiert Mirbt selbst (vgl. ebd.) |
| 212 | Vgl. Hartmann, Investiturstreit, S. 19, 83 und 123; Mirbt zufolge führte die Pataria »der Kurie die Brauchbarkeit der Volksmassen« (Die Publizistik, S. 448) vor Augen. |
| 213 | Brunos Sachsenkrieg, zit. nach: Quellen zur Geschichte Heinrichs IV. (Übers. Schmale-Ott), S. 288 f.; zur Kontextualisierung und Deutung als Akt der Exkommunikation: Johrendt, Investiturstreit, S. 98, von dort auch die Kontextualisierung. |
| 214 | Matthäus 16,18 f. (Luther-Übers., Stuttgart 1984); zur Bedeutung für das Papsttum vgl. z. B. Hanns Christof Brennecke, Art. »Papst«, in: Religion in Geschichte und Gegenwart Online (2015), http://dx.doi.org/10.1163/2405-8262_rgg4_SIM_024356. |
| 215 | Briefquelle voranstehend zit. nach: Quellen zum Investiturstreit I., Nr. 73 (Übers. Schmale-Ott), S. 227; kontextualisiert nach Zey, Investiturstreit (2017), S. 60; zum Einfluss des Schreibens und zu Gregors »Sammlung von Präzedenzfällen«: Mirbt, Die Publizistik, S. 164 f.; zum wegen fehlender Exkommunikation sachlich falschen und dennoch einflussreichen Rekurs auf den »Präzedenzfall« von 390: Schieffer, Von Mailand nach Canossa, S. 350 und 364; zu der auf echter Überzeugung Gregors basierenden Ausdehnung des päpstlichen Machtanspruchs von der Theologie auf den weltlichen Bereich: Althoff, »Selig sind«, S. 228 sowie Ders., Zu den Grundlagen des Gregorianischen Amtsverständnisses, in: Hasberg/Scheidgen (Hg.), Canossa, S. 72–88, hier S. 75 und Pape, Canossa als politisches Argument, S. 187. |
| 216 | Übers. (hier geringfügig verändert) nach Peter Hilsch, Mittelalter. Grundkurs 2. Studienbuch Geschichte, Frankfurt a. M. 1989, S. 221; lat. Text: Das Register Gregors VII., hg. von Erich Kaspar (MGH Epp. sel. 2,1), Berlin 1920, S. 202–207. |
| 217 | Zum revolutionären Charakter des Dictatus papae: Johannes Haller, Das altdeutsche Kaisertum. 2. Aufl. 1934, S. 71; vgl. Althoff, »Selig sind«, S. 20; Hartmann, Investiturstreit, S. 123; zum nichtöffentlichen und zugleich handlungsleitenden »Grundsatzpapier«: Zey, Investiturstreit (2017), S. 52. |
| 218 | Vgl. zur voranstehend geschilderten Risikosituation für Heinrich und zu Canossa als strategisch klugem Schachzug zu ihrer Überwindung: Zey, Investiturstreit (2017), S. 61–63; zur päpstlichen Reise nach Deutschland und gemeinsam mit den abtrünnigen Fürsten verfolgten Gerichtsplänen gegen Heinrich ferner: Johrendt, Investiturstreit, S. 99 f. |
| 219 | Zum Voranstehenden: Lampert von Hersfeld, Annalen, übers. von Adolf Schmidt, erl. von Wolfgang Dietrich Fritz, Darmstadt 1962, S. 407–409. |
| 220 | Johannes Fried, Entlarvung einer Legende. Eine Streitschrift, Berlin 2012, insbes. S. 109–117; voranstehende Wiedergabe der sehr komplexen Argumentation gestützt auf die vereinfachte Zusammenfassung in: Wolfgang Hasberg, Nach Canossa sollen wir gehen? Zur Wandlung einer sprachlichen Wendung, in: Ders./Scheidgen (Hg.), Canossa, S. 15–38, hier S. 24 f. und Claudia |

Zey, Der Investiturstreit – Neue Perspektiven der Forschung, in: Thomas Kohl (Hg.), Konflikt und Wandel um 1100. Europa im Zeitalter von Feudalgesellschaft und Investiturstreit, Berlin/Boston 2020, S. 13–31, hier S. 15–18.

221 Vgl. Hasberg, Nach Canossa sollen wir gehen?, S. 24 f. und Elke Goez, Mathilde von Canossa, Darmstadt 2012, S. 102–107.

222 So Eugenio Riversi, Das Bündel der Gegensätze. Mathilde von Tuszien zur Überprüfung des begrifflichen Geflechts von Geschlechterrollen und Genderkonzept, in: Alina Bothe u. a. (Hg.), Geschlecht in der Geschichte integriert oder separiert? Gender als historische Forschungskategorie, Bielefeld 2014, S. 193–208.

223 Zu den voranstehend thematisierten Konsequenzen für Heinrich: Johrendt, Investiturstreit, S. 98 f.; Zey, Investiturstreit (2017), S. 60 f.; Pape, Canossa als politisches Argument, S. 186; zu Trebur und den dort erhobenen Forderungen: Stefan Weinfurter, Canossa als Chiffre. Von der Möglichkeit historischen Deutens, in: Hasberg/Scheidgen (Hg.), Canossa, S. 124–140, hier S. 135; Ders., Canossa. Die Entzauberung der Welt, S. 9 und 145; Johrendt, Investiturstreit, S. 99.

224 Vgl. Weinfurter, Canossa als Chiffre, S. 133.

225 Zur Enttäuschung der Fürsten: ebd., S. 132 (zit. Königsberger Fragment); zur Wahl des Gegenkönigs: Johrendt, Investiturstreit, S. 100 und Hartmann, Investiturstreit, S. 25.

226 Vgl. mit allen in diesem Absatz zit. Quellenstellen: Hans-Werner Goetz, Geschichte als Argument, in: Historische Zeitschrift 245 (1987), S. 31–69, hier S. 38.

227 Liber canonum contra Henricum quartum, hg. von Friedrich Thaner, in: Libelli de lite imperatorum et pontificum saeculis XI et XII conscripti, Bd. 1, Hannover 1891 (MGH LdI 1), S. 497.

228 Bonizo von Sutri, Liber ad amicum, hg. von Ernst Dümmler, in: Libelli de lite imperatorum et pontificum, Bd. 1, S. 609.

229 Vgl. Wido episcopus Ferrariensis de scismate Hildebrandi, hg. von Roger Wilmans und Ernst Dümmler, in: Libelli de lite imperatorum et pontificum, Bd. 1, S. 539; zur Haltung Widos: Konrad Panzer, Wido von Ferrara. De scismate Hildebrandi. Ein Beitrag zur Geschichte des Investiturstreits, Leipzig 1880, Einleitung, S. 1.

230 Placidi Monachi Nonatulani Liber de Honore Ecclesiae, hg. von Lothar Heinemann und Ernst Sackur, in: Libelli de lite imperatorum et pontificum, Bd. 2, Hannover 1892 (MGH LdI 2), S. 594.

231 Goetz, Geschichte als Argument; Laudage, Nochmals, S. 139; zu den Unterschieden im Vergleich zu 11. Jahrhundert: Leppin, Theodosius der Große, S. 160; Schieffer, Von Mailand nach Canossa, S. 350.

232 Excerpta ex Widonis Osnabrugensis libro de controversia inter Hildebrandum et Heinricum (zit. nach der Übers. von Irene Schmale-Ott in: Franz-Josef Schmale (Hg.), Quellen zum Investiturstreit. Teil 2. Schriften über den Streit zwischen Regnum und Sacerdotium I, Darmstadt 1984, S. 262 f., dort auch die vor dem wörtlichen Zitat referierten Aussagen). Den Begriff der »Geschichtsfälschung« hat Mirbt in die Diskussion eingeführt, ihn aber mit Blick auf die defizitäre Quellenbasis der gregorianischen Argumentation zum Vorwurf der »Kritiklosigkeit« abgemildert: Mirbt, Die Publizistik, S. 169–171; zu Widos Kritik an Gregors Behauptung einer Exkommunikation des Theodosius vgl. auch Goetz, Geschichte als Argument, S. 42 und Schieffer, Von Mailand nach Canossa, S. 367.

233 Mirbt, Die Publizistik, S. 161 (allerdings bezogen auf das Beispiel des Arcadius, das hier nicht weiter thematisiert werden kann); zu quellenkritischen Ansätzen bei den Gegnern der gregorianischen Argumentation zudem Schieffer, Von Mailand nach Canossa, S. 365–368; zum Historismus am Beispiel eines seiner einflussreichsten Vertreter: Knut Langewand, Historik im Historismus. Geschichtsphilosophie und historische Methode bei Ernst Bernheim, Frankfurt a. M. 2009.

234 Zur Autorität vergangener Zustände im Geschichtsdenken des Mittelalters vgl. Goetz, Geschichte als Argument, S. 40 f. und 63 f. (allgemein zum damaligen Umgang mit historischen Beispielen); weitere Beispiele in: Ernst-Dieter Hehl, Gregor VII. und Heinrich IV. in Canossa. Paenitentia – absolutio – honor, Wiesbaden 2019, S. 5.

235 Vgl. Robert Jervis, Perception and Misperception in International Politics, Princeton 2017 (zuerst 1978), S. 217; Klaus Bergmann, Geschichte als Steinbruch? Anmerkungen zum Gegenwartsbezug im Geschichtsunterricht, in: Zeitschrift für Geschichtsdidaktik 1 (2002), S. 138–150.
236 Dominic Tierney, »Pearl Harbor in Reverse«. Moral Analogies in the Cuban Missile Crisis, in: Journal of Cold War Studies 9/3 (2007), S. 49–77, hier S. 57.
237 Zit. nach Kurt Reindel (Hg.), Die Briefe des Petrus Damiani, Teil II, München 1988, Nr. 65, S. 229 (freundlicher Hinweis von Eugenio Riversi); zu Damiani knapp Johrendt, Investiturstreit, S. 28 f. und die Einleitung des Hg. in voranst. zit. Briefedition, Teil I, S. 1–13; zur im Brief erwähnten Beispielsammlung: ebd., S. 7; zur Technik, Reform aus Tradition heraus zu begründen: Laudage, Nochmals, S. 136 f.
238 Zur jahrhundertelangen Verwendung der Canossa-Szene durch Anhänger und Gegner des päpstlichen Machtanspruchs: Pape, Canossa als politisches Argument, S. 186–203; zum genannten Relief: ebd., S. 192.
239 Vgl. Goez, Mathilde von Canossa, S. 211 und Ingrid Schlegl, Mathilde von Tuszien. Eine Frau in der Geschichtsschreibung ihrer Zeit, Diplomarbeit, Universität Graz 2013, S. 32 f.
240 Stenographische Berichte über die Verhandlungen des Deutschen Reichstages, I. Legislatur-Periode, III. Session, 14. Mai 1872, Berlin 1872, S. 356, zit. nach URL: https://www.reichstagsprotokolle.de/Blatt3_k1_bsb00018359_00387.html [24.11.2024]; zur voranstehenden Einordnung und Deutung: Lothar Gall, Bismarck. Der weiße Revolutionär, Stuttgart 1980, S. 490; Pape, Canossa als politisches Argument, S. 202 und Weinfurter, Canossa. Die Entzauberung der Welt, S. 25 f.
241 Vgl. Gall, Bismarck, S. 491.
242 Vgl. Hasberg, Nach Canossa sollen wir gehen?, S. 15 f. mit Umfrageergebnissen.
243 Weinfurter, Canossa. Die Entzauberung der Welt, S. 207 f. Bereits der Titel seines Buchs zitiert die berühmte Formulierung Max Webers. Zur voranstehend thematisierten Durchsetzung von Loyalitätsansprüchen als einem transnationalen, auch liberale Staaten erfassenden Phänomen: Thomas Nipperdey, Deutsche Geschichte 1866–1918. Bd. II: Machtstaat vor der Demokratie, München 1998 (Sonderausg.), S. 346.
244 Vgl. zur Deutung der Unfehlbarkeit im Kontext des Ersten Vaticanums: Klaus Schatz, Positionierung der Kirche in der Moderne. Hintergrund der Unfehlbarkeitsdiskussion, in: Julia Knop/Michael Seewald (Hg.), Das Erste Vatikanische Konzil. Eine Zwischenbilanz 150 Jahre danach, Darmstadt 2019, S. 29–50, hier S. 49 f.; ferner Hans-Joachim Höhn, Päpstliche Unfehlbarkeit – oder: Dogmen als Machtworte?, in: ebd., S. 137–154, hier S. 139 (Unfehlbarkeit als Reaktion auf den »Zerfall der ›universitas Christiana‹«) und 142 (Text des einschlägigen Dekrets des Zweiten Vaticanums); Michael Seewald, Der Papst als Souverän und die Kirche als Gemeinschaft. Zur dogmatischen Weiterentwicklung des Ersten Vatikanischen Konzils, S. 196–216, hier S. 201 (Wahrnehmung der Moderne als »kirchenfeindlich«).
245 Voranstehende Zitate Risches laut Bundestagsprotokoll, 1. Wahlperiode, 40. Sitzung, 23.02.1950, S. 1359 f. Stand der gesamten Trefferliste: 24.09.2024; Suchfunktion: https://dip.bundestag.de; zu nationaler Empörung nach Versailles: Gerd Krumeich, Versailles 1919. Der Krieg in den Köpfen, in: Ders. (Hg.), Versailles 1919. Ziele – Wirkung – Wahrnehmung, Essen 2001, S. 53–70
246 Michael Glos, Bundestagsprotokolle, 15. Wahlperiode, 13. Sitzung, 04.12.2002, S. 873.
247 Ebd., S. 874; zum Kontext: Heinrich August Winkler, Geschichte des Westens, Bd. 4: Die Zeit der Gegenwart, München 2015, S. 219.
248 Hayden White, Der historische Text als literarisches Kunstwerk, in: Christoph Conrad/Martina Kessel (Hg.), Geschichte schreiben in der Postmoderne. Beiträge zur aktuellen Diskussion, Stuttgart 1949, S. 123–157, hier S. 126; zur narrativen Formbarkeit und Formungsbedürftigkeit von ›Canossa‹ vgl. Hasberg, Nach Canossa sollen wir gehen?, S. 25 f.
249 Johannes Fried, Entlarvung einer Legende. Eine Streitschrift, Berlin 2012, S. 147.
250 Arnulf von Mailand, Liber gestorum recentium, hg. von Claudia Zey (MGH SS rer. Germ. 67), Hannover 1994, S. 228 f. (Übers. P. Geiss); zu Arnulfs Anwesenheit in Canossa als Mitglied

einer Mailänder Gesandtschaft vgl. die Einleitung der Hg., S. 10; zur Übers. von *Apostolicus* mit Papst vgl. Mittellateinisches Wörterbuch, s. v. »apostolicus«, Online-Fassung: https://woerterbuchnetz.de/?sigle=MLW&lemid=A04519 [24.06.2024]; zu den vor dem Zitat zusammengefassten Thesen: Fried, Entlarvung, Kap. 5 (kritisch dazu: Hehl, Gregor VII. und Heinrich IV. in Canossa, S. 131 – kein »Bündnis« zwischen König und Papst); S. 113 (Umdeutung nach der zweiten Bannung) und 112 (liebgewonnene Forschungstradition und Arnulf als Zeuge).

251 Vgl. Fried, Entlarvung, S. 135; Hehl deutet Heinrichs Eid ebenfalls nicht im Sinne einer Unterwerfung unter ein Gericht, sondern als Versprechen, selbst für Gerechtigkeit zu sorgen, sieht den König also in keiner rein passiven Rolle, obwohl er Frieds Gesamtinterpretation nicht folgt. Vgl. Hehl, Gregor VII. und Heinrich IV. in Canossa, S. 22 f.

252 Zum Voranstehenden: Fried, Entlarvung, S. 136 (Wiederherstellung der »rechte[n] Ordnung der Welt« und »Anerkennung« im Sinne Gottes durch Verhandlungen), 137 (Fürsten als treibende Kraft bei der Wahl des Gegenkönigs) und 148 f. (»militaristisches« Narrativ der Historiker mit Heinrich in der Rolle des zugleich gedemütigten und heldenhaften »deutschen Kaisers«).

253 Ebd., S. 148 f.; zum »Sonderweg«: Cornelius Torp/Sven Oliver Müller, Das Bild des Deutschen Kaiserreichs im Wandel, in: Dies. (Hg.), Das Kaiserreich in der Kontroverse, München 2009, S. 9–27; Helmut Walser Smith, Jenseits der Sonderweg-Debatte, in: ebd., S. 31–50.

254 Vgl. den diachronen Überblick bei Pape, Canossa als politisches Argument.

255 Weinfurter, Canossa als Chiffre, insbes. S. 126–134 (Betonung der Demütigung bei Arnulf und Offenheit der Frage nach dem Fortbestand von Heinrichs Königtum in Gregors Briefen); Briefzitat: Quellen zum Investiturstreit I (Übers. Schmale-Ott), Nr. 77, S. 242.

256 Mischa Meier/Steffen Patzold, August 410. Ein Kampf um Rom, Stuttgart 2010, Vorwort, S. 11.

257 Vgl. Hasberg, Nach Canossa sollen wir gegen?, S. 26–33 und Hehl, Gregor VII. und Heinrich IV. in Canossa, S. 7.

258 Nicolo Machiavelli, Istorie fiorentine, hg. von G. B. Niccolini, Florenz 1855, S. 35, https://archive.org/details/bub_gb_LIEIAAAAQAAJ/page/n41/mode/1up?q=enrico [08.11.2021].

259 Das Voranstehende zum Aufstieg der Medici und zu dessen Problematik stützt sich wesentlich auf: Volker Reinhardt, Die Medici. Florenz im Zeitalter der Renaissance, 2. Aufl. München 2001; speziell zur systemischen Spannung zwischen Macht und republikanischer Tradition vgl. ebd., S. 53 f. und 57. Für hilfreiche Verbesserungsvorschläge und Ergänzungen zu diesem Kapitel (4) danke ich herzlich Arne Karsten.

260 Jacob Burckhardt, Die Cultur der Renaissance in Italien. Ein Versuch, Basel 1860, https://archive.org/details/diekulturderrena00burc [16.11.2024].

261 Vgl. ebd., S. 172–174, Zitat S. 173.

262 Vgl. das Nachwort des Herausgebers in: Niccolò Machiavelli, Il Principe/Der Fürst. Ital./Deutsch, hg. von Philipp Rippel, Stuttgart 2007 (Nachdruck der Ausg. 1986, zuerst 1532), S. 225–249, hier S. 225.

263 Niccolò Machiavelli, Discorsi. Gedanken über Politik und Staatsführung, übers., eingel. u. komm. von Rudolf Zorn, 2. Aufl. Stuttgart 1977, Vorwort, S. 4 f.; zum Verhältnis zu *Il Principe*: Volker Reinhardt, Machiavelli oder die Kunst der Macht. Eine Biographie, 2. Aufl. München 2012, S. 266 f.

264 Vgl. ebd., S. 267 und Felix Gilbert, Machiavelli and Guicciardini. Politics and History in Sixteenth-Century Florence, Princeton 1965, S. 238.

265 Machiavelli, Brief an Vettori, 10. Dezember 1513 (Opere di Niccolò Machiavelli, Bd. 8: Lettere familiari, o. O. 1813, S. 93–98, hier S. 95 f., https://archive.org/details/BRes092073/page/n94/mode/1up?q=venuta [16.09.2020], Übers. P. Geiss); zum zyklischen Geschichtsbild: Alexander Demandt, Metaphern für Geschichte. Sprachbilder und Gleichnisse im historisch-politischen Denken, München 1978, S. 240 sowie bezogen auf Machiavelli: Reinhardt, Machiavelli, S. 266 f.; zu Vettori: Ders., Francesco Vettori (1474–1539). Das Spiel der Macht, Göttingen 2007, insbes. S. 95–140.

266 Francesco Guicciardini, Opere inedite, illustriert von Giuseppe Canestrini, Florenz 1857, S. 115, https://archive.org/details/bub_gb_75tYfqtNlzMC/page/n139/mode/2up [07.10.2020] (Ricordi

| | |
|---|---|
| | politici et civili, Kap. CX; Übers. P. Geiss); vgl. dazu Volker Reinhardt, Staatsräson bei Francesco Guicciardini. Ein Versuch, in: Norbert Campagna/Stefano Saracino (Hg.), Staatsverständnisse in Italien. Von Dante bis ins 21. Jahrhundert, Baden-Baden 2018, S. 37–98, hier S. 14. |
| 267 | Guicciardini, Opere inedite, S. 89 (Ricordi, Kap. VI; Übers. P. Geiss); vgl. Gilbert, Machiavelli and Guicciardini, S. 279 und ebd., Anm. 23 sowie Reinhart Koselleck, Historia Magistra Vitae. Über die Auflösung eines Topos im Horizont neuzeitlich bewegter Geschichte, in: Ders., Vergangene Zukunft. Zur Semantik geschichtlicher Zeiten, Frankfurt a. M. 1979, S. 38–66, hier S. 45. |
| 268 | Dies ist im Wesentlichen die Deutung von Machiavellis Verhältnis zur Geschichte in: Gilbert, Machiavelli and Guicciardini, S. 238 f.; zum für Humanisten untypischen Skeptizismus gegenüber antiken Lehrbeispielen: Reinhardt, Staatsräson, S. 74 f. |
| 269 | Girolamo Tiraboschi, Letteratura italiana. Neuausgabe, Bd. 8, Teil 3, Florenz 1812, S. 923, https://warburg.sas.ac.uk/pdf/enf10b2769918v7.3-4.pdf [19.09.2020] (Übers. P. Geiss). Neben Matasilani kommt auch die Namensform Mat(t)esillani vor: Kathleen Comerford, Jesuit Foundations and Medici Power, 1532–1621, Leiden/Boston 2017, S. 17–56, hier S. 21, Anm. 15 (mit nur einem »t« bei Tiraboschi). In folgender Publikation wird er als »Bolognese gentleman« bezeichnet: Andrew C. Minor/Bonnar Mitchel, A Renaissance Entertainment. Festivities for the Marriage of Cosimo I, Duke of Florence, in 1539. An Edition of the Music, Poetry, Comedy, and Descriptive Account with Commentary, Columbia, Missouri 1968, S. 92. |
| 270 | Mario Matasilani, Felicità del Serenissimo Gran Duca di Toscana Cosmo [sic] Medici, Bologna 1572, https://archive.org/details/bub_gb_PLWQryU6yekC [05.10.2024]; vgl. Jonathan Davies, Culture and Power. Tuscany and its Universities 1537–1609, Leiden/Boston 2009, S. 71 f.; Andrea M. Gáldy, Cosimo I de' Medici as a Collector. Antiquities and Archeology in Sixteenth-Century Florence, Cambridge 2009, S. 31 und 51, Anm. 14. |
| 271 | Zu seiner Herrschaft: Kathleen Comerford, Jesuit Foundations and Medici Power, 1532–1621, Leiden/Boston 2017, S. 17–56. |
| 272 | Vgl. mit den voranstehenden Angaben zu ihrer Biografie und Sonderstellung: Elisabetta Mori, Art. »Medici, Isabella de'«, in: Dizionario degli italiani 73 (2009), https://www.treccani.it/enciclopedia/isabella-de-medici_(Dizionario-Biografico) [05.10.2024]. |
| 273 | Matasilani, Felicità, Vorrede (unpag., S. 17 f.; Übers. P. Geiss); zur Entstehung des Werkes im Umfeld und mit Billigung der Medici: Mori, Art. »Medici, Isabella de'« auch Tiraboschi, Letteratura italiana, S. 923. |
| 274 | Vgl. Martin Disselkamp, Art. »Panegyrik«, Teile 1 und 2, in: Friedrich Jäger u. a. (Hg.), Enzyklopädie der Neuzeit Online 2019 (zuerst: Stuttgart 2005–2012), http://dx.doi.org/10.1163/2352-0248_edn_COM_323890; zur Alexander-Imitation bei Pompeius: Angela Kühnen, Die imitatio Alexandri in der römischen Politik (1. Jh. v. Chr.–3. Jh. n. Chr.), Münster 2008, S. 53–75. |
| 275 | Zu diesen Parallelen bezogen auf Cosimo I. bereits Mary Hollingsworth, The Medici, London 2017, S. 130; zur republikanischen »Fassade« der Medici-Herrschaft: Gilbert, Machiavelli and Guicciardini, S. 7. |
| 276 | Zu Pazzi-Verschwörung, Mythos des Tyrannenmords und Lynchjustiz: Hollingsworth, Medici, S. 165. |
| 277 | Reinhardt, Medici, S. 15. |
| 278 | Vgl. Francesco Bausi, The Medici. Defenders of Liberty in Fifteenth-Century Florence, in: Robert Black/John E. Law (Hg.), The Medici. Citizens and Masters, Harvard 2015, S. 239–251, hier S. 239–243; ähnlich Reinhardt, Medici, S. 53. |
| 279 | Davon berichtet Reinhardt, Medici, S. 53 f. |
| 280 | Zu Ursprüngen und Aufstieg der Medici: Reinhardt, Medici, S. 16–29, 40–54 und 71–109; zu Stellung und Ehrung Cosimos des Alten: Hollingsworth, Medici, S. 130 (»pater patriae« wie Cicero). |
| 281 | Augustus, Res gestae, 34, zit. nach: Augustus, Schriften, Reden und Aussprüche, hg. und übers. von Klaus Bringmann und Dirk Wiegandt, Darmstadt 2008, S. 229–281, hier S. 260, lat. Begriffe ebd., S. 238; zur Zuschreibung von *autorità* an Cosimo vgl. Dale V. Kent, Patriarchal Ide- |

als, Patronage Practices and the Authority of Cosimo »il vecchio«, in: Black/Law (Hg.), Medici, S. 221–237, hier S. 221.
282 Zur Wiederentdeckung des archäologischen Hauptbelegs: Kommentar der Hg. in: Augustus, Schriften, Reden und Aussprüche, S. 261.
283 Michael Roth, Machtabgabe aus politischem Kalkül. Großherzog Cosimo I. de' Medici (1519–1574) und sein vorgetäuschter Amtsverzicht, in: Susan Richter (Hg.), Entsagte Herrschaft: Mediale Inszenierungen fürstlicher Abdankungen im Europa der Frühneuzeit, Wien/Köln/Weimar 2019, S. 79–138; zur Akzeptanz der offenen Monarchie unter Cosimo I.: Comerford, Jesuit Foundations, S. 23 f.
284 Vgl. Andrea Zorzi, Communal Traditions and Personal Power in Medici Florence. The Medici as Signori, in: Black/Law (Hg.), Medici, S. 39–49, hier S. 41.
285 Voranstehend zit. Brief an Pierfilippo Pandolfini, 26. November 1481, hier nach Isabella Lazzarini, La nomination des officiers dans les États italiens du bas Moyen Âge. Pour une histoire documentaire des Institutions, in: Bibliothèque de l'école des chartes 159/2 (2001), S. 389–412, hier S. 401, Anm. 39 (Übers. P. Geiss); vgl. Kent, Patriarchal Ideals, S. 222; zu Lorenzos Herrschaft: Reinhardt, Medici, S. 78–98, dort, S. 9, auch Mafia-Vergleich und, S. 46, Begriff des »Paten« (allerdings auf Cosimo »den Alten« bezogen).
286 Zum Einfluss der Medici durch Handverlesung und Schaffung sowie Instrumentalisierung von Loyalität durch Patronage ebd., S. 34–39 und 44 f.; zum Losverfahren ausführlich: Yves Sintomer, Tirage au sort et politique. De l'autogouvernement républicain à la démocratie délibérative, in: Presses de Sciences Po 42/2 (2011), S. 159–186, hier S. 162–164.
287 So Nicolai Rubinstein, Dalla republica al principato, in: Firenze e la Toscana dei Medici nell' Europa del Cinquecento, Bd. 1: Strumenti della cultura Relazioni politiche ed economiche, Florenz 1983, S. 159–176, hier S. 160.
288 Zur voranstehend referierten Ereignisgeschichte: Reinhardt, Medici, S. 99–108; Rippel, Nachwort des Herausgebers, in: Machiavelli, Il Principe (Übers. Rippel), hier S. 232–234.
289 Vgl. Matasilani, Felicità, S. 17–24.
290 Zur Einsetzung Alessandros als Herrscher unter Wahrung der republikanischen Form: Hollingsworth, Medici, S. 270; zum monarchisch-republikanischen Mischcharakter des Systems: Olivier Rouchon, L'invention du principat médicéen (1512–1609), in: Jean Boutier/Sandro Landi/Olivier Rouchon (Hg.), Florence et la Toscane, XIVe–XIXe siècles: Les dynamiques d'un État italien, Rennes 2004, http://books.openedition.org/pur/15777 [10.09.2020], Absatz 4; Herrschertitel nach Rubinstein, Dalla republica al principato, S. 168 (Übers. P. Geiss).
291 Zum Voranstehenden: Hollingsworth, Medici, S. 271 (Deutung von Vasaris Alessandro-Porträt), 273 (Vorwurf der Tyrannei) und 280 f. (zu Lorenzino und seinem Mordanschlag); zur Herzogserhebung auf Betreiben Clemens VII.: Rouchon, L'invention, Absatz 5.
292 Zu den oben thematisierten Verzerrungen: Nicholas Scott Baker, Power and Passion in Sixteenth-Century Florence: The Sexual and Political Reputations of Alessandro and Cosimo I de' Medici, in: Journal of the History of Sexuality 19/3 (2010), S. 432–457, insbes. S. 438–440 (von Gegnern entworfenes Bild des sexuell zügellosen Tyrannen und Ausnutzung einer ›Schwäche‹ durch Lorenzinos Falle) und 449 (ideale *virtù* des Herrschers und deren Verletzung); zum geschilderten Tathergang bei der Ermordung: Hollingsworth, Medici, S. 281; zur Münze Lorenzinos: Ulrich Niggemann/Kai Ruffing, Modell Antike, in: Europäische Geschichte Online (EGO), 04.06.2013, http://www.ieg-ego.eu/niggemannu-ruffingk-2013-de [15.04.2020], Absatz 17.
293 Zum Voranstehenden: Hollingsworth, Medici, S. 283 (Auswahl durch Elite, Rolle Guicciardinis und Sieg von Montemurlo), 285 (Umzug in den Sitz der Signoria) und 293 (Loyalität der Eliten durch Einbindung in die Bürokratie und Uffizien, so auch Reinhardt, Medici, S. 111). Rouchon (L'invention, Absatz 12 f.) betont demgegenüber, dass die alten Eliten weniger in die Bürokratie als in diplomatische Funktionen und Statthalterschaften eingebunden worden seien.
294 Zu den Zusammenhängen: Rouchon, L'invention, Absatz 18 f.; Roth, Machtabgabe aus politischem Kalkül, S. 121.

295 Vgl. die Statue des Cosimo (Kunsthistorisches Institut in Florenz, http://photothek.khi.fi.it/documents/obj/07604442 [06.10.2024]) mit der Panzerstatue des Augustus von Prima Porta (Vatikanische Museen; Datenbank »Arachne« (DAI), https://arachne.dainst.org/entity/1079332 [06.10.2024]); zur Statue Dantis (»neuer Augustus«): Hollingsworth, Medici, S. 290 und 298 f.
296 Vgl. Rossis Kamee (Le Gallerie degli Uffizi, Inv. Bg. 1917 (VII), n. 1, https://www.uffizi.it/opere/cammeo-cosimo-i [25.03.2024]) mit der Gemma Claudia (Kunsthistorisches Museum Wien, Antikensammlung, https://www.khm.at/objektdb/detail/59155 [25.03.2024]) und der Gemma Augustea (Kunsthistorisches Museum Wien, Antikensammlung, https://www.khm.at/objektdb/detail/59171 [25.03.2024]), Personenzuordnungen nach den Informationen der voranstehend zit. Websites.
297 Vgl. Jonathan Davies, Culture and Power. Tuscany and its Universities 1537–1609, Leiden/Boston 2009, S. 63 f.; zum Steinbock bei Octavian/Augustus: Paul Zanker, Augustus und die Macht der Bilder, 2. Aufl. München 1990, S. 56, Abb. 36 und S. 57.
298 Zu diesem Gemälde und der Inszenierung als »neuer Augustus«: Andrea M. Galdý, Art. »Florenz«, in: Manfred Landfester/Helmuth Schneider (Hg.), Der Neue Pauly, Supplemente, Bd. 9: Renaissance-Humanismus, Stuttgart 2014, S. 380–390, hier Sp. 382 f.; zum »Umschreiben« der Geschichte von Florenz: Reinhardt, Medici, S. 114.
299 Voranstehend referierte Aussagen und Zitate finden sich in: Matasilani, Felicità, S. 34–36 (Übers. P. Geiss), längeres Zitat am Ende des Absatzes: ebd., S. 35; zur Person Salviatis: Marcello Simonetta, Art. »Salviati, Giovanni di«, in: Dizionario Biografico degli Italiani 90 (2017), https://www.treccani.it/enciclopedia/giovanni-salviati_%28Dizionario-Biografico%29 [25.03.2024]
300 Matasilani, Felicità, S. 39; vielleicht bezogen auf die mögliche Ermordung von Cosimos Hauptgegner Filippo Strozzi nach Montemurlo, dessen Ende Matasilani an anderer Stelle jedoch als Suizid einstuft (ebd., S. 43); zum Mordverdacht: Comerford, Jesuit Foundations, S. 22.
301 Vgl. Matasilani, Felicità, S. 38 f.; ganz ähnlich über Octavian/Augustus: Cassius Dio 56,44,1 (Cassius Dio, Römische Geschichte, übers. von Otto Veh, mit einer Einführung von Hans Jürgen Hillen, Düsseldorf 2009, Bd. 4, S. 294).
302 Machiavelli, Il Principe (Übers. Rippel), S. 73.
303 Vgl. ebd., S. 65 und 67.
304 Vgl. Matasilani, Felicità, S. 41.
305 Vgl. Cassius Dio 56,44,3–4 (Übers. Veh, Bd. 4, S. 294).
306 Vgl. Tacitus, Annales, 1,1,1–2 (P. Cornelius Tacitus, Annalen. Lateinisch-Deutsch, hg. von Erich Heller, eingel. von Manfred Fuhrmann, 3. Aufl. Düsseldorf/Zürich 1997, S. 17–19); ▶ Kap. 2.
307 Zum Voranstehenden: Comerford, Jesuit Foundations, S. 28 und 31 (Gebietserweiterung und Verschmelzung zum Großherzogtum), 25 f. (Heirat mit Eleonora von Toledo und deren politische Effekte im internationalen Mächtegefüge) und 33–35 (ambivalente Haltung gegenüber Kirche und Inquisition); zur Krönung ebd., S. 51 und Hollingsworth, Medici, S. 322.
308 Vgl. Matasilani, Felicità, S. 41 f.; zum römischen Verständnis der eigenen Herrschaft als ›global‹: Jürgen Malitz, Imperium Romanum und Europagedanke, in: Andreas Michler (Hg.), Blicke auf Europa. Kontinuität und Wandel, Neuried 2003, S. 79–101, hier S. 80 und 85.
309 Zur Ausgrabung der Kaiserforen: Filippo Coarelli, Rom. Ein archäologischer Führer, Freiburg/Basel/Wien 1975, S. 103; Uffizien: Hollingsworth, Medici, S. 293; mögliche Deutung als Forum: Mateo Burioni, Vasaris Uffizien. Transformation stadträumlicher Beziehungen am Übergang von der Republik zum Prinzipat, in: Stefan Schweizer/Jörg Stabenow (Hg.), Bauen als Kunst und historische Praxis, Göttingen 2006, S. 206–247, hier S. 238–240.
310 Vgl. Roth, Machtabgabe aus politischem Kalkül, S. 126–128 (mit Abb. 6) sowie Hendrik Th. van Veen, Cosimo I de' Medici and his Self-Representation in Florentine Art and Culture, Cambridge 2006, S. 65–67; Davies, Culture and Power, S. 63 f.; zur *sella curulis* und *corona civica*: Oliver Dürr, »Magnus Etruriae Dux«. Zur Symbolwelt der kulturellen und politischen Propaganda der Medici in Florenz am Beispiel der Apotheose von Cosimo I. de' Medici, in: Schweizerische Zeitschrift für Religions- und Kulturgeschichte 115 (2021), S. 203–224, hier S. 213, 208 f. und Anm. 27.

311 Augustus, Res gestae, 34 (Übers. Bringmann/Wiegandt, S. 260).
312 Vgl. mit weiterer Literatur Roth, Machtabgabe aus politischem Kalkül, S. 126–128; ferner Malcolm Campbell, Observation on the Salone dei Cinquecento in the time of Duke Cosimo I. de' Medici, 1540–1574, in: Firenze e la Toscana dei Medici nell' Europa del Cinquecento, Bd. 3, Florenz 1983, S. 819–830, hier S. 827.
313 Cassius Dio 35,16,1 (Übers. Veh, Bd. 4, S. 121); zum Machtverzicht in einer von Dio stilisierten Rede des Augustus: 53,8,1–9,6 (ebd., Bd. 4, S. 109–111; Bezug zu Cosimo hergestellt in: Roth, Machtabgabe aus politischem Kalkül, S. 128, Anm. 128.
314 Neben dem abgebildeten Exemplar (▸ Abb. 6) etwa Maurizo Sannibal, Porträt des Augustus mit *corona civica*, in: LWL-Römermuseum Haltern am See (Hg.), Ausstellungskatalog »2000 Jahre Varusschlacht«, Teilband »Imperium«, Stuttgart 2009, S. 236 (Eintrag 1.29).
315 Auflösung der Abkürzungen nach Campbell, Observations on the Salone dei Cinquecento, S. 829: »S[enatvs] P[opvlvs]q[ue] F[lorentia] Optimo Principe constitvta civitate. Avcto Imperio. Pacata Etrvria«. In Anlehnung an das berühmte SPQR würde ich hier eher »Senatvs Popvlusque Florentinvs« lesen, so auch bei einer ähnlichen Inschrift: Roth, Machtabgabe aus politischem Kalkül, S. 97, Anm. 73.
316 Vgl. Martin Fell, Optimus Princeps? Anspruch und Wirklichkeit der imperialen Programmatik Kaiser Traians, München 1992, S. 148 und ▸ Kap. 2; zum antik inspirierten Prinzip der »Selbstzurücknahme« bei Cosimo: Roth, Machtabgabe aus politischem Kalkül, S. 128. Zur Lesung von *optimo principe* als Ablativ und Abwegigkeit der Annahme, Vasari habe eigentlich einen Dativ (*principi*) gemeint: Dürr, »Magnus Etruriae Dux«, S. 207 und Anm. 17.
317 Voranstehendes zur Umdeutung nach: Christina Strunck, Eine radikale Programmänderung im Palazzo Vecchio. Wie Michelangelos »Sieger« auf Giambologna und Vasari wirkte, in: Michael Rohlmann/Andreas Thielemann (Hg.), Michelangelo – neue Beiträge. Akten des Michelangelo-Kolloquiums veranstaltet vom Kunsthistorischen Institut der Universität zu Köln im Italienischen Kulturinstitut Köln, 7.–8. November 1996, München 2000, S. 265–297, speziell zur wertenden Interpretation der beiden Siege als weiblich (Republik) und männlich (Cosimo über Siena) ebd., S. 275–278 und zum triumphalen Charakter der Inschrift ebd., S. 146; Vasari-Zitat nach Campbell, Observations on the Salone dei Cinquecento, S. 829. Die Bilder sind einsehbar unter: https://artsandculture.google.com/asset/triumph-after-the-victory-on-pisa/wwGzQ0fBILr0ag (Sieg über Pisa); https://artsandculture.google.com/asset/trionfo-della-guerra-di-siena-giorgio-vasari-e-collaboratori/tQHg3nyPJhrK6Q (Sieg über Siena) [beide 06.09.2024].
318 Augustus, Res gestae, 26 (Übers. Bringmann/Wiegandt, S. 258).
319 Lorenzo Cantini, Cosimo de' Medici. Primo Granduca di Toscana, Florenz 1805, S. 649 (Übers. P. Geiss; Digitalisat verfügbar auf Google Books); kontextualisiert bei Roth, Machtabgabe aus politischem Kalkül, S. 87; zu panegyrischer Propaganda im Umfeld Cosimos ebd., S. 125.
320 Zur Deutung als Scheinrückzug (statt echter Abdankung), den dahinterstehenden Motiven und voranstehend genannten Zielen und Effekten: Roth, Machtabgabe aus politischem Kalkül, S. 80, 86, 102, 110, 116, 118 und 121; zur Bündniswirkung der Heirat: Cantini, Cosimo de' Medici, S. 435 f.; zur Vorbedingung einer Übergabe der Regierung an Francesco: ebd., S. 438.
321 Vgl. Jean Béranger, Le refus du pouvoir. Recherches sur l'aspect idéologique du principat, in: Museum Helveticum 5/3 (1948), S. 178–196. An dieser Stelle sei noch einmal an Worte Christian Meiers über Octavian erinnert, der sich »aufdrängen« wollte, »indem er sich nicht aufdrängte.« Christian Meier, Die Ohnmacht? Des allmächtigen Diktators Caesar, 2. Aufl. Stuttgart 2015, S. 88–91, hier S. 255.
322 So die Interpretation des Aktes bei Béranger, Le refus du pouvoir, S. 158, 188 (republikanische Tradition des *consensus*) und 196 (Vermeidung des Anscheins der Tyrannei); zur Bedeutung des Konsenses von Eliten und ›Volk‹ für Cosimo I.: Reinhardt, Medici, S. 179.
323 So unter Bezugnahme auf einen Brief Cosimos an Philipp II. von Spanien: Roth, Machtabgabe aus politischem Kalkül, S. 111.
324 Sebastiano Sanleolino, Serenissimi Cosmi Medycis primi Hetruriae magni ducis actiones, Florenz 1578, fol. 44ʳ (Übers. P. Geiss; Digitalisat verfügbar auf Google Books), Berufsbezeichnung des

Autors im Privileg Ferdinands am Anfang des Bandes; vgl. zu dem Werk Gáldy, Cosimo I de' Medici as a Collector, S. 31.
325  Sanleolino, Serenissimi, fol. 45ʳ (Übers. P. Geiss), die Antwortrede Francescos findet sich fol. 44ᵛ. Diese SPQR nachempfundene Formel wird auch auf Cosimo I. bezogen: »Cosmus Medyces a Senatu popuploque florentino electus«, fol. 4ᵛ.
326  Vgl. Roth, Machtabgabe aus politischem Kalkül, S. 128.
327  Zur erstgenannten Interpretationsrichtung: Kurt W. Forster, Metaphors of Rule. Political Ideology and History in the Portraits of Cosimo I de' Medici, in: Mitteilungen des Kunsthistorischen Institutes in Florenz 15/1 (1971), S. 65–104, hier S. 82; zur zweiten: Henk Th. van Veen, Republicanism in the Visual Propaganda of Cosimo I de' Medici, in: Journal of the Warburg and Courtauld Institutes 55 (1992), S. 200–209, insbes. S. 200. Als »Höhepunkt der Stadtgeschichte« sieht Cosimos Regierungszeit Dorit Malz, »ragionare in detto dialogo«. Die Sala del Cinquecento im Palazzo Vecchio in Florenz. Giorgio Vasaris malerisches Ausstattungsprogramm und die terza giornata seiner Ragionamenti, Diss. FU Berlin 2009, https://refubium.fu-berlin.de/bitstream/handle/fub188/2322/Dorit_Malz_Diss_online.pdf [14.10.2020], S. 225.
328  Vgl. Hendrik Th. van Veen, Cosimo I de' Medici and His Self-Representation in Florentine Art and Culture, Cambridge 2006, S. 67; zur Hand Gottes vgl. die Darstellung Karls des Kahlen im *Psalterium Caroli Calvi* (842–869), Bibliothèque nationale de France, Département des Manuscrits, Latin 1152, http://gallica.bnf.fr/ark:/12148/btv1b55001423q/f12.image [06.09.2024].
329  Roth (Machtabgabe aus politischem Kalkül, S. 128) spricht von der Kopie des »antiken Musters«, was sich im Sinne des Lernens aus der Geschichte lesen lässt, nennt Augustus aber auch eine »Folie«, was auf den Bereich reiner Stilisierung ohne wirkliche Lernintention hindeutet.
330  Vgl. Béranger, Le refus du pouvoir, S. 188.
331  So Robert Jervis, Perception and Misperception in International Politics, Princeton 2017 (zuerst 1978), S. 217.
332  Thukydides 1,22 (Geschichte des Peloponnesischen Krieges, I. Teil: Buch I–IV, Griech./Deutsch, übers. von Georg Peter Landmann, München 1993, S. 33). Vgl. Wolfgang Will, Herodot und Thukydides. Die Geburt der Geschichte, München 2015, S. 70 f. und die ▸ Einleitung in dieses Buch.
333  Jervis, Perception and Misperception, S. 217 (Übers. P. Geiss).
334  Das Lernen der Medici aus der eigenen Familiengeschichte betont Reinhardt, Medici, S. 22; zur fehlenden Trennschärfe zwischen Lebenserfahrung und Geschichte: Ernest R. May, Lessons of the Past. The Use and Misuse of History in American Foreign Policy, New York 1973, S. XIII.
335  Zum Edikt von Nantes als Resultat eines Lernprozesses: Mark Greengrass, The Edict of Nantes 1598, in: Irene Dingel/Michael Rohrschneider/Inken Schmidt-Voges u. a. (Hg.), Handbuch Frieden im Europa der Frühen Neuzeit, Berlin/Boston 2021, S. 897–909, hier S. 900. Für hilfreiche Verbesserungsvorschläge und Literaturhinweise zu diesem Kapitel (5) danke ich herzlich Michael Rohrschneider.
336  Michel Grandjean, Présentation, in: Michel Grandjean/Bernard Roussel (Hg.), Coexister dans l'intolérance. L'Édit de Nantes (1598), Paris 1998, S. 7–14, mit dem Hinweis auf eine verbreitete – und falsche – Verknüpfung des Edikts mit der Idee der Toleranz (vgl. ebd., S. 7); vgl. auch Greengrass, Edict of Nantes, S. 898 f. und Irene Dingel, Religionsfrieden, in: Dingel/Rohrschneider/Schmidt-Voges u. a. (Hg.), Handbuch Frieden im Europa der Frühen Neuzeit, S. 267–289, hier S. 273.
337  Zum für frühneuzeitliche Religionsfrieden typischen Fehlen religiöser Verständigung: Peter Arnold Heuser, Vom Augsburger Religionsfrieden zur konfessionellen Friedensordnung des Westfälischen Friedens, in: Peter Geiss/Peter Arnold Heuser (Hg.), Friedensordnungen in geschichtswissenschaftlicher und geschichtsdidaktischer Perspektive, unter Mitarbeit von Victor Henri Jaeschke, Göttingen 2017, S. 47–68.
338  Hillard von Thiessen, Das Zeitalter der Ambiguität. Vom Umgang mit Werten und Normen in der Frühen Neuzeit, Köln 2021, S. 13 f., 17 f., 324 f. Interessanterweise sieht von Thiessen (ebd., S. 160 f.) gerade im modernen Rückgang der Verbindlichkeit religiöser Normen, die wegen

der menschlichen »Sündhaftigkeit« immer Widersprüche zur Lebenspraxis generierten und ein »Lavieren« erforderten, eine Quelle des Verlusts an »Ambiguitätstoleranz«.

339  Michel de Montaigne, Des cannibales, in: Ders., Essais. Buch 1, hg. von Pierre Micha, Paris 1969 (zuerst 1580), S. 243–263, hier S. 258 (Übers. P. Geiss); das voranstehende Referat: ebd., S. 258–260.
340  Zur Interpretation seines Essays als »kulturrelativistisch« und die Theorie vom »guten Wilden« vorbereitend: Tanja Hupfeld, Wahrnehmung und Darstellung des Fremden in ausgewählten französischen Reiseberichten des 16. bis 18. Jahrhunderts, Göttingen 2007, S. 59–61.
341  Vgl. zu Léry mit Zitaten: Bernard Cottret, 1598. L'édit de Nantes, Paris 1967, S. 67; zu konfessionellen »Säuberungen« von Friedhöfen in den 1590er Jahren: ebd., S. 165; zum Vergleich mit Montaigne: Hupfeld, Wahrnehmung und Darstellung des Fremden, S. 60 und 93, zum Einfluss Lérys auf Montaigne: ebd., S. 24.
342  Voranstehende Schilderung der Ereignisse basiert auf: Ilja Miek, Die Bartholomäusnacht als Forschungsproblem. Kritische Bestandsaufnahme und neue Aspekte, in: Historische Zeitschrift 216 (1973), S. 73–110; Opferzahlen nach Daniel H. Nexon, The Struggle for Power in Early Modern Europe. Religious Conflict, Dynastic Empires, and International Changes, Princeton 2009, S. 251; zum Bild: Nicolas Le Roux, Le massacre de la Saint-Barthélemy, in: L'Histoire par l'image, September 2020, http://histoire-image.org/fr/etudes/massacre-saint-barthelemy [04.12.2021]; Musée international de la Réforme (Lausanne): https://www.musee-reforme.ch/massacre-st-barthelemy/ [04.12.2021].
343  Harald Welzer, Täter. Wie aus ganz normalen Menschen Massenmörder werden, 7. Aufl. Frankfurt a. M. 2016, S. 248.
344  Ebd.
345  Cottret, 1598, S. 165, Quellen S. 164–166.
346  Vgl. Dominique Jaillard, Cannibalisme et eucharistie / Cannibalism and the Eucharist, in: ASDIWAL. Revue genevoise d'anthropologie et d'histoire des religions 11 (2016), S. 154–156, hier S. 154 und Frank Lestringant, Catholiques et cannibales. Le thème du cannibalisme dans le discours protestant au temps des guerres de religion, in: Jean-Claude Margolin/Robert Sauzet (Hg.), Pratiques et discours alimentaires de la Renaissance. Actes du colloque de Tours de mars 1979, Paris 1982, S. 233–245, hier S. 234 und 239; zur komplexen Frage nach Leib und Blut Christi in der Eucharistie: Johann Anselm Steiger, Art. »Transsubstantiation«, in: Religion in Geschichte und Gegenwart Online (2015), http://dx.doi.org/10.1163/2405-8262_rgg4_SIM_125159.
347  Zum Fehlen einer langfristigen Planung und zur Rolle wie auch zu den Motiven Katharinas (Anstiftung des Sohnes, Vermeidung von Rache, Verdeckung ihrer Beteiligung am Anschlag auf Coligny) und zum ›Erfolg‹ (Tötung potenzieller Rächer): Miek, Bartholomäusnacht, S. 75–77; zu der von Katharina und den mit ihr in Komplizenschaft stehenden Guise verfolgten Zielsetzung, einen Kriegseintritt gegen Spanien zu verhindern: Béatrice Nicollier, Édit de Nantes et paix de Vervins, in: Grandjean/Roussel (Hg.), Coexister dans l'intolérance, S. 135–158, hier S. 144. Von einem »Decken« (*couvrir*) der Tat durch Karl IX. spricht Jean Meyer, La France moderne de 1515 à 1789, Paris 1985, S. 202; zu herkunfts- und geschlechtsbezogenem Hass gegen Katharina: Philippe Hamon, 1572. La saison des Saint-Barthélemy, in: Patrick Boucheron (Hg.), Histoire mondiale de la France, Paris 2017, S. 282–286, hier S. 285.
348  Thierry Ménissier, La Saint-Barthélemy au prisme du machiavélisme. Massacre généralisé et intentionnalité politique, in: Les Cahiers de la Justice 1/1 (2011), S. 15–28, hier S. 22 (Machiavellismusvorwurf und Widmung an den Vater von Katharina) und 25 (Schwache Bindung an einen politischen Willen). Auf das »Paradox« einer Nutzung des auf dem Index stehenden Autors Machiavelli durch den »Ultrakatholizismus« verweist Hamon, 1572, S. 185. Eine Nähe Katharinas zum Machiavellismus sieht Meyer, La France moderne, S. 198.
349  Vgl. Niccolò Machiavelli, Il Principe/Der Fürst. Ital./Deutsch, hg. von Philipp Rippel, Stuttgart 2007 (Nachdruck der Ausg. 1986, zuerst 1532), S. 17 und 19.

| | |
|---|---|
| 350 | Zur antispanischen Stoßrichtung des Attentats und zu Karls Schwäche zwischen den Lagern: Nicollier, Édit de Nantes et paix de Vervins, S. 144. |
| 351 | Vgl. Jean Delumeau, Renaissances et discordes religieuses, in: Georges Duby, Histoire de la France, Paris 1987, S. 93–144, hier S. 93; ähnlich auch die Überschrift des 2. Teils »La France de la Renaissance: de la gloire au massacres« von Meyer, La France moderne, S. 151. |
| 352 | Zur Plakataffäre und den Folgen vgl. Delumeau, Renaissances et discordes religieuses, S. 100. |
| 353 | Cottret, 1598, S. 48; zu den voranstehend thematisierten Verfolgungs- und Gewaltpraktiken unter Franz I. und Heinrich II. vgl. ebd., S. 21–71. |
| 354 | Marianne Carbonnier-Burkard, Les préambules de pacification, in: Grandjean/Roussel (Hg.), Co-exister dans l'intolérance, S. 76–92, hier S. 81 f. und 89. |
| 355 | Vgl. ebd., S. 89 und Cottret, 1598, S. 86 f. sowie 168. |
| 356 | Zu den konfessionellen Organisationen und zum »Staat im Staate«: Nexon, Struggle for Power, S. 252; Pierre Deyon, La France baroque, in: Georges Duby (Hg.), Histoire de la France, Paris 1987, S. 145–197, hier S. 148; Cottret, 1598, S. 71–74, 78–80 und 87. |
| 357 | Zum Voranstehenden: Nexon, Struggle for Power, S. 237 f. (Instabilität der Dynastie durch Todesfälle, Chronologie der Religionskriege), 261 (Unfähigkeit des Königtums, eine Friedensordnung zu etablieren); Meyer, La France moderne, S. 212 (Fragilität der Friedensperioden) und 214 (Stellung und Image Katharinas); Jean Charpentier/François Lebrun (Hg.), Histoire de France, Paris 1987, S. 414 (Genealogie). |
| 358 | Zum Zusammenwirken zwischen innerer und zwischenstaatlicher »Bipolarität«: Nicollier, Édit de Nantes et traité de Vervin, S. 138; Cottret, 1598, S. 63 (katholisch versus protestantische »Internationale«) und Nexon, Struggle for Power, S. 249. |
| 359 | Ähnlich verhielt sich dies später im Dreißigjährigen Krieg, vgl. dazu (mit möglichen Parallelen zum Syrienkonflikt des 21. Jahrhundert): Michael Rohrschneider, Der Westfälische Frieden 1648 – Modell und Vorbild für Versöhnung?, erster Teil (S. 176–186) des folgenden Aufsatzes: Peter Geiss/Michael Rohrschneider, Transfers und Modelle: Aspekte von Versöhnung in geschichtswissenschaftlicher Perspektive, in: Esther Gardei/Michael Schulz/Hans-Georg Soeffner (Hg.), Versöhnung. Theorie und Empirie, Göttingen 2023, S. 175–206, insbes. S. 182 f.; zum Vergleich mit dem Syrienkonflikt auch: Patrick Milton/Michael Exworthy/Brendan Simms, Towards a Westphalia for the Middle East, London 2018, S. 94–97. |
| 360 | Zu Wirkungen eines ins protestantische Lager übergehenden Frankreichs und den Gegenkräften: Nicollier, Édit de Nantes et traité de Vervin, S. 139; zur französisch-spanischen Dimension von Heinrichs Kampf um die Krone: ebd., S. 151 f. |
| 361 | Vgl. Nexon, Struggle for Power, S. 238 f. und 261 f.; zu den Guise und Condé: Delumeau, Renaissances et discordes religieuses, S. 101 sowie die biografischen Skizzen unter: https://museeprotestant.org/notice/louis-de-conde-1530-1569/ und https://museeprotestant.org/notice/les-guise/ [jeweils 05.04.2024]. |
| 362 | Jean Bodin, Les six livres de la république, Paris 1583, S. 237 (Übers. P. Geiss); zum Abschnitt vor dem Zitat: Nexon, Struggle for Power, S. 261 (strukturelle Unfähigkeit der Krone zur Durchsetzung religionspolitischer Entscheidungen); Meyer, La France moderne, S. 201 (protestantische Widerstandstheorie und Konzept der »Politiker« eines über den Konfessionen und Fraktionen stehenden Königtums); Wolfgang Reinhard, Geschichte der Staatsgewalt. Eine vergleichende Verfassungsgeschichte Europas von den Anfängen bis zur Gegenwart, 2. Aufl. München 2000, S. 112 (Bodin als Repräsentant dieser Richtung). |
| 363 | Vgl. zur Kompromisslosigkeit, die aus der Orientierung am Seelenheil resultierte, Heuser, Vom Augsburger Religionsfrieden, S. 50. |
| 364 | Michel de L'Hospital, La Harangue faite par Monsieur de Lospital [sic] grand chancelier de France […], Blois [1561], https://gallica.bnf.fr/ark:/12148/bpt6k101252j [05.04.2024], S. 18$^v$ (Übers. P. Geiss; vgl. zu dieser bemerkenswerten Rede Delumeau, Renaissances et discordes religieuses, S. 101. |
| 365 | Bereits im mittelalterlichen Spanien hatte es zwischen Juden, Christen und Muslimen einen strukturell vielleicht nicht ganz unähnlichen, wenn auch möglicherweise von größerem Wohl- |

wollen geprägten Modus vivendi gegeben, den der Mediävist Daniel König als »hierarchisierten Religionspluralismus« bezeichnet hat: Daniel G. König, Convivencia als hierarchisierter Religionspluralismus. Regulierung und Rezeption des Zusammenlebens von Juden, Christen und Muslimen auf der Iberischen Halbinsel (7.–17. Jahrhundert), in: Peter Geiss/Peter Arnold Heuser/Michael Rohrschneider (Hg.), Christen und Muslime in Mittelalter und Frühneuzeit. Ein Schlüsselproblem des Geschichtsunterrichts im transepochalen Fokus, Bonn 2022, S. 171–194.
366 De L'Hospital, La Harangue, S. 15$^v$–16$^r$ (Übers. P. Geiss).
367 Vgl. ebd., S. 19$^v$–20$^r$.
368 Zu Dominiks gewaltfreien Missionsbemühungen und zur wesentlich von Dominikanern getragenen Inquisition: Kai Wagner, Debellare Albigenses. Darstellung und Deutung des Albigenserkreuzzuges in der europäischen Geschichtsschreibung von 1209 bis 1328, Neuried 1998, S. 237 f.
369 Vgl. Nikolas Jaspert, Die Kreuzzüge, 4. Aufl. Darmstadt 2006, S. 129–131 und Gerd Althoff, »Selig sind, die Verfolgung ausüben«. Päpste und Gewalt im Hochmittelalter, Darmstadt 2013; zum Kreuzzugsverlauf knapp Wagner, Debellare Albigenses, S. 12–18.
370 Vgl. Quellenzitat in: Cottret, 1598, S. 55 und 402, Anm. 37.
371 Vgl. zum Religionsgespräch, den beteiligten Personen, Streitpunkten und dogmatischen Verhärtungen: Cottret, 1598, S. 55–57.
372 Zur voranstehenden Schilderung des Massakers: https://museeprotestant.org/notice/le-massacre-de-wassy-1562/ [05.04.2024]; zum Zusammenhang mit dem o. g. ›Religionsgespräch‹: Cotteret, 1598, S. 57.
373 Vgl. Nexon, Struggle for Power, S. 235 und 263.
374 Vgl. Greengrass, Edict of Nantes, S. 900 f. (auch zur Erprobung der Instrumente in der dem Edikt von Nantes vorangehenden Zeit).
375 Folgende Auflistung nach ebd., S. 901–904 und 987, Anm. 1; zudem als Quellengrundlage die erwähnte Datenbank unter: http://elec.enc.sorbonne.fr/editsdepacification/ [05.04.2024], Nr. XII–XV: das Edikt von Nantes und drei ergänzende Rechtsdokumente aus dem Jahr 1598: »Édit de Nantes. Articles particuliers«, »Édit de Nantes. Brevet des pasteurs« und »Édit de Nantes. Brevet des garnisons«. Die Nummern beziehen sich auf die finale, vom Pariser Parlament registrierte Fassung. Eine Übertragung des Edikts in modernes Französisch bietet: https://museeprotestant.org/wp-content/uploads/2014/01/Mus%C3%A9e-virtuel-du-protestantisme-%C3%89dit-de-Nantes.pdf [05.04.2024].
376 Édit de Nantes. Édit général, Art. 1, http://elec.enc.sorbonne.fr/editsdepacification/edit_12 [05.04.2024] (Übers. P. Geiss).
377 Ebd., Art. 2 (Übers. P. Geiss).
378 Vgl. Conférence de Nérac, Art. 11, http://elec.enc.sorbonne.fr/editsdepacification/edit_10 [05.04.2024]. Andere Vorgänger sind »Freundschaftspakte« zwischen Katholiken und Protestanten, die unmittelbar unter dem Eindruck der Bartholomäusnacht geschlossen wurden, vgl. Jérémie Foa, La Saint-Barthélemy aura-t-elle lieu? Arrêter les massacres de l'été 1572, in: Cahiers de recherches médiévales et humanistes 24 (2012), S. 251–266.
379 Vgl. Herfried Münkler, Die neuen Kriege, 2. Aufl. Reinbek bei Hamburg 2005, S. 72.
380 Dies klingt bereits in einer unmittelbar zeitgenössischen Deutung des Kniefalls an: Hermann Schreiber, Ein Stück Heimkehr, in: Der Spiegel 51/1970, S. 29 f.
381 Sonja Fücker, Vergebungsfiktionen. Zur Konstruktion fragiler Vergemeinschaftung im Kontext sozialen Vergessens, in: Tekimitsu Morikawa (Hg.), Verzeihen, Versöhnen, Vergessen. Soziologische Perspektiven, Bielefeld 2019, S. 81–106, hier S. 84.
382 Zu dieser Ungleichbehandlung vgl. Cottret, 1598, S. 179 f.
383 Begriff »Staat im Staat« von Nexon, Struggle for Power, S. 252; zu den genannten politischen Strukturen und Finanzregelungen: Deyon, La France baroque, S. 148 f.; zur Entschädigung für die Rückgabe von katholischem Kirchenbesitz: Cottret, 1598, S. 179; vgl. auch die Kurzpräsentation des Edikts und der Zusätze des Musée protestant: https://museeprotestant.org/notice/ledit-de-nantes-1598/; Quellen: Brevet des pasteurs, http://elec.enc.sorbonne.fr/editsdepacification/

edit_14 und Brevet des garnisons, http://elec.enc.sorbonne.fr/editsdepacification/edit_15 [alle 05.04.2024].
384 Édit de Saint-Germain en Laye, Art. 39, http://elec.enc.sorbonne.fr/editsdepacification/edit_05 [01.12.2021]; vgl. dazu die Kurzpräsentation des Musée protestant: https://museeprotestant.org/notice/les-places-de-surete-protestantes-2/ [07.12.2021].
385 Brevet des garnisons, Art. 1 (Übers. P. Geiss).
386 Christian Wenzel, »Ruine d'estat«. Sicherheit in den Debatten der französischen Religionskriege, 1557–1589, Heidelberg 2020, S. 272 und 479 f.
387 Vgl. Gerd Schwerhoff u. a., Art. »Gewalt« und Horst Carl, »Landfriede«, beide in: Enzyklopädie der Neuzeit Online, http://dx.doi.org/10.1163/2352-0248_edn_COM_273432 bzw. https://doi.org/10.1163/2352-0248_edn_COM_301012.
388 Zu katholischer Rebellion, Widerstandstheorie und Königsmord nach Beseitigung der Guise: Cottret, 1598, S. 114–120.
389 Zu diesen Rückführungsedikten vgl. ebd., S. 151 f.
390 Vgl. ebd., S. 181.
391 Ebd., S. 177; zum Voranstehenden (vorübergehenden Hinnahme von Glaubensvielfalt mit dem Ziel der Festigung des Staates und dann möglicher Durchsetzung auch religiöser *concorde* durch den gestärkten Staat): Mario Turchetti, L'arrière-plan politique de l'édit de Nantes, in: Grandjean/Roussel (Hg.), Coexister dans l'intolérance, S. 93–114, hier S. 112–114.
392 Vgl. zur Frage, warum die bereits zuvor installierten Elemente keinen Erfolg hatten, den Aufsatz von Nicollier, Édit de Nantes et traité de Vervin.
393 So die Argumentation in Greengrass, Edict of Nantes, S. 900 f. (von dort auch das Voranstehende zu seiner These).
394 Vgl. Cottret, 1598, S. 52.
395 Vgl. Nicollier, Édit de Nantes et traité de Vervin, S. 149.
396 Zum voranstehenden Abschnitt: Nicollier, Édit de Nantes et traité de Vervin, S. 139 (strategischer Zusammenhang zwischen Außen- und Innenpolitik, zwischen Nantes und Vervins) und 150–152 (Kriegserklärung an Spanien als entscheidender Unterschied und Beruhigung der nach der Konversion irritierten und verängstigten Protestanten durch Heinrichs Außenpolitik; Distanzierung von internationaler Gegenreformation); zur Beziehung zwischen Nantes und Vervins auch Meyer, La France moderne, S. 208. Der heute in der Forschung kritisch gesehene Begriff der »Gegenreformation« ist m. E. für die Religionskriege treffender als »katholische Reform«. Vgl. Rolf Decot/Gerrit Walther/Roland Kanz, Art. »Katholische Reform«, in: Enzyklopädie der Neuzeit Online, http://dx.doi.org/10.1163/2352-0248_edn_COM_290586.
397 Zur spanischen Truppenpräsenz in Teilen Frankreichs und in der Hauptstadt: Nexon, Struggle for Power, S. 258; zum Vorwurf des Landesverrats an radikale Katholiken als »Français-Espagnols«: Cottret, 1598, S. 142 und 153.
398 Vgl. Nexon, Struggle for Power, S. 238.
399 Vgl. Cottret, 1598, S. 116.
400 Dass auch 1598 noch alle für die Fortsetzung des Krieges ausreichenden Faktoren im Übermaß vorhanden waren, konstatiert Nicollier, Édit de Nantes et traité de Vervin, S. 150.
401 Jacque-Auguste de Thou, Préface de J. Auguste de Thou, à Henri IV, in: Ders., Historie universelle […]. Depuis 1543 jusqu'en 1607, Bd. 1, London 1734 (zuerst 1604), S. 311–333, hier S. 313 (Übers. P. Geiss), Digitalisat unter: https://gallica.bnf.fr/ark:/12148/bpt6k5696616q [15.10.2024]. Den Hinweis auf de Thous Werk und insbesondere dieses Vorwort verdanke ich Greengrass, Edict of Nantes, S. 899 f., der auch die Verbreitungsgeschichte schildert; zu de Thous Rolle bei den vorangehend genannten Verhandlungen mit den Protestanten: Cottret, 1598, S. 161.
402 Argumentation zusammengefasst nach de Thou, Préface, S. 314 f.; zu Augustinus' Gesprächsbereitschaft gegenüber den Donatisten und zu seiner Bitte an den Statthalter, keine Todesstrafe gegen Donatisten zu verhängen: Arne Hogrefe, Umstrittene Vergangenheit. Historische Argu-

mente in der Auseinandersetzung Augustins mit den Donatisten, Berlin/New York 2019, S. 29 und 48 f.
403 Vgl. Karl Heinz Chelius, Art. »Compelle intrare«, in: Cornelius Mayer/Robert Dodaro (Hg.), Augustinus-Lexikon, Bd. 1, Basel 1994, S. 1084 f.; zur initialen Ablehnung der Todesstrafe: Johannes Hellebrand, Augustinus als Richter, Vortrag in Würzburg, 29.07.2018, https://www.augustinus.de/11-startseite-nachrichten/670-augustinusalsrichter [05.04.2024]; zu diesem Zusammenhang und zur zit. Literatur danke ich Konrad Vössing für erhellende Hinweise.
404 De Thou, Préface, S. 319 f. (Übers. P. Geiss); ebd. auch zum Beispiel Ferdinands II. und des Augsburger Religionsfriedens; zu den voranstehend genannten Negativbeispielen: ebd., S. 316 f. (Priscilianus) und 320 f. (Alba).
405 Vgl. Cottret, 1598, S. 211 (Parallele Heinrich/De L'Hospital).
406 Zur Funktion und Macht der Parlamente: ebd., S. 202–205; zu ihrer späteren Rolle auf dem Weg zur Französischen Revolution: Frédéric Bluche/Stéphane Rials/Jean Tulard, La Révolution française, 3. Aufl. Paris 1992, S. 12–14.
407 So auch im Fall des Edikts von Nantes, dessen endgültige, vom Pariser Parlament 1599 angenommene Fassung von der Ursprungsversion in einigen Punkten abweicht. Vgl. die Einführung zur digitalen Edition und die Markierung der Änderungen unter: http://elec.enc.sorbonne.fr/editsdepacification/edit_12 [05.04.2024].
408 Vgl. Cottret, 1598, S. 86 und 168 sowie Carbonnier-Burkard, Les préambules de pacification, S. 89.
409 Zur voranstehend skizzierten Verfolgung, Bestrafung und Auswanderung der Hugenotten sowie deren Folgen: René Pillorget, L'Age classique, in: Duby (Hg.), Histoire de la France, S. 199–244, hier S. 229 f.
410 Zum Nebeneinander als Provisorium: Grandjean, Présentation, S. 8.
411 Greengrass, Edict of Nantes, S. 900; die voranstehenden Überlegungen zum Abbau von Ängsten auf beiden Seiten stützen sich auf die bereits diskutierte Analyse von Nicollier, Édit de Nantes et traité de Vervin.
412 Philippe Buc, Heiliger Krieg. Gewalt im Namen des Christentums, übers. von Michael Haupt, Darmstadt 2015, S. 85 (Erläuterung des Konzepts »eschatologische Gewalt«, genannte Beispiele auf den ganzen Band verteilt).
413 Vgl. zu diesem Problem Ulrike Ackermann, Das Schweigen der Mitte. Wege aus der Polarisierungsfalle, Darmstadt 2020.
414 Zum Voranstehenden: Alexander Bogner, Die Epistemisierung des Politischen. Wie die Macht des Wissens die Demokratie gefährdet, Stuttgart 2021, S. 7 (Hoffnung auf Konsensstiftung durch Wissenschaft), 44 (Priorisierung von Wachstum unter Anerkennung des Klimawandels als mögliche Position), 17, 22 f., 24, 27 und 30 (Wissenschaft als dominierendes Paradigma, auch bei Wissenschaftsgegnern, Verschleierung politisch-normativer Fragen als Wissensfragen und alternative Experten). Bogner spricht von »Wahrheitsansprüchen« (ebd., S. 24). Den schärferen Begriff »Absolutheitsanspruch« übernehme ich von Heuser, Vom Augsburger Religionsfrieden, S. 50.
415 Unter Einbeziehung der Thesen Hillards von Thiessens (Zeitalter der Ambiguität, S. 363 f.) könnte man darüber hinaus fragen, ob nicht auch die »Ambiguitätstoleranz« der Frühen Neuzeit, die auf der Einsicht in die »Sündhaftigkeit« des Menschen, in seine Unfähigkeit zur vollen Normerfüllung gründe, Anregungen für eine weniger verbissene Auseinandersetzung bieten könnte.
416 Zur Einstufung als »Weltkrieg«: Wolfram Siemann, Metternich. Stratege und Visionär – Eine Biographie, München 2016, S. 238 f.; so auch mit den genannten Opferzahlen Ute Planert, Der Mythos vom Befreiungskrieg. Frankreichs Kriege und der deutsche Süden. Alltag – Wahrnehmung – Deutung 1792–1841, Paderborn u. a. 2007, S. 95 f.
417 So beim österreichischen Außenminister Clemens von Metternich: Siemann, Metternich, S. 72–74.
418 Paul Schroeder, The Transformation of European Politics 1763–1848, Oxford 1994, S. 580 f.

419 Zum Krimkrieg und zur erstaunlichen Stabilität des 19. Jahrhunderts: Jost Dülffer/Martin Kröger/Rolf-Harald Wippich, Vermiedene Kriege Deeskalation von Konflikten der Großmächte zwischen Krimkrieg und Erstem Weltkrieg 1865–1914, München 1997, S. 1.
420 Willibald von Alexis, Erinnerungen, in: Aus dem Neunzehnten Jahrhundert. Brief und Aufzeichnungen, hg. von Max Ewert, Berlin 1900, Bd. 4, S. 56; reproduziert in folgendem Schulbuch: Ludwig Bernlochner (Hg.), Geschichte und Geschehen II. Oberstufe Ausgabe A/B, 2. Aufl. 2002, S. 61; dazu passend die knappe Thematisierung von 1815 im Darstellungstext (Asmut Brückmann), ebd., S. 47. Dass Nationalbegeisterung um 1812/13 als Breitenphänomen ein späteres Konstrukt war, ist eine der zentralen Thesen der oben zit. Studie Planerts.
421 Immanuel Kant, Zum ewigen Frieden [1795], in: Kant's gesammelte Schriften, Bd. VIII, hg. von der Preußischen Akademie der Wissenschaften, Berlin/Leipzig 1928, S. 341–386.
422 François Furet, La Révolution, Bd. 1: 1770–1814, Paris 1988, S. 191 (Zitat) und 192 (Form und Adressat der Kriegserklärung); zur anfänglichen Dominanz des Verteidigungsaspekts ohne ausgeprägten Universalanspruch: Michael Jeismann, Das Vaterland der Feinde, Stuttgart 1992, S. 116 und 129; T.C.W. Blanning, The Origins of the French Revolutionary Wars, New York 1986, S. 120–123 und weitere Literatur in: Peter Geiss, Unterwegs zum Ende der Geschichte? Internationale Politik und Narrativität 1789–2016, in: Ders./Dominik Geppert/Julia Reuschenbach (Hg.), Eine Werteordnung für die Welt? Universalismen in Geschichte und Gegenwart, Baden-Baden 2019, S. 331–363, hier S. 346, Anm. 68 (hervorgegangen aus dem Bonner Arbeitskreis zur Geschichte der Universalismen).
423 Maximilien Robespierre, Discours de Maximilien Robespierre sur la guerre, Prononcé à la Société des Amis de la Constitution, le 2 janvier 1792 [...], in: Ders., Œuvres de Maximilien Robespierre, hg. von Marc Bouloiseau u. a., Bd. VIII, Paris 1954, S. 74–94, hier S. 81 f. (Übers. P. Geiss); dazu Geiss, Unterwegs zum Ende der Geschichte?, S. 347 f., Anm. 73 und 74.
424 [Jacques-Pierre Brissot], Second discour[s] de J. P. Brissot, député, sur la nécessité de faire la guerre aux princes allemands; prononcé à la Société des Amis de la Constitution, Séante aux Jacobins, Paris, à la séance du vendredi 30 décembre 1791, [Paris o. J.], S. 27 (Übers. P. Geiss).
425 Vgl. Karl Löwith, Weltgeschichte und Heilsgeschehen. Die theologischen Voraussetzungen der Geschichtsphilosophie, Stuttgart/Weimar 2004 (deutsch zuerst 1952); zu den beiden genannten Kreuzzugspredigern: Nikolaus Jaspert, Die Kreuzzüge, 4. Aufl. Darmstadt 2008, S. 35 und 45.
426 Napoleon an Jérome Bonaparte, 15. November 1807, zit. nach Eckard Kleßmann (Hg.), Deutschland unter Napoleon in Augenzeugenberichten, München 1965, S. 277 f., hier S. 278; vgl. auch Siemann, Metternich, S. 271.
427 Zur Entwicklung vom Kabinettskrieg zur Nationalisierung in Gestalt des »Volkskrieges« bis hin zum totalen Krieg: Jörn Leonhard, Die Nationalisierung des Krieges und der Bellizismus der Nation. Die Diskussion um Volks- und Nationalkrieg in Deutschland, Großbritannien und den Vereinigten Staaten seit den 1860er Jahren, in: Christian Jansen (Hg.), Der Bürger als Soldat. Die Militarisierung europäischer Gesellschaften im langen 19. Jahrhundert: ein internationaler Vergleich, Essen 2004, S. 83–105, Zitate S. 89 und 105; zur Bedeutung des Plakats von 1806 (mit Zitat) und zur Ablösung des Kabinettskrieges durch die umfassenden Mobilisierungswirkungen der *levée en masse*: Herfried Münkler, Krieg und Frieden bei Clausewitz, Engels und Carl Schmitt. Dialektik des Militarismus oder Hegung des Krieges, in: Leviathan 10/1 (1982), S. 16–40, hier S. 16–18.
428 Zur Frontstellung des Wiener Kongresses gegen den Universalismus bereits Harald Kleinschmidt, Geschichte der internationalen Beziehungen, Stuttgart 1998, S. 252.
429 Vgl. Vertragstext der Heiligen Allianz im Auszug in: Wolfgang Hardtwig/Helmut Hinze (Hg.), Deutsche Geschichte in Quellen, Bd. 7: Vom Deutschen Bund zum Kaiserreich, Stuttgart 1997, S. 57–60; zur Abschaffung des Sklavenhandels u. a. Fabian Klose, »To maintain the law of nature and of nations«. Der Wiener Kongress und die Ursprünge der humanitären Intervention, in: Geschichte in Wissenschaft und Unterricht 65/3–4 (2014), S. 217–240.
430 Henry Kissinger, Diplomacy, New York 1994, S. 94 (Übers. P. Geiss).

431 Zu Metternichs Programm für die Friedensordnung: Siemann, Metternich, S. 80 f.; zu seinen Positionen und seiner Bedeutung für den Kongress: ebd., S. 490–528; zur Neubewertung des Kongresses auch Florian Kerschbaumer, »Im Dreivierteltakt zur Neuordnung Europas«. Neue Perspektiven auf den Wiener Kongress 1814/15, in: Peter Geiss/Peter Arnold Heuser (Hg.), Friedensordnungen in geschichtswissenschaftlicher und geschichtsdidaktischer Perspektive, unter Mitarbeit von Victor Henri Jaeschke, Göttingen 2017, S. 131–150.
432 [C.W.L. von Metternich], Memoires, documents et écrits divers laissés par le prince de Metternich, chancelier de cour et d'État, publies par son fils le Prince Richard de Metternich, Paris 1881, S. 31 (Übers. P. Geiss); kommentiert in Siemann, Metternich, S. 80 f.
433 Jean Jacques Rousseau, Du contrat social, hg. von Pierre Burgelin, Paris 1992 (zuerst 1762), Buch I, Kap. VIII, S. 42 f.; vielleicht hat Metternich auch Polybios' Lehre vom Verfassungskreislauf (▶ Kap. 1) gekannt und auf zwischenstaatliche Verhältnisse übertragen, vgl. Siemann, Metternich, S. 79.
434 Zum Einfluss der Studienzeit vgl. ebd., S. 69–82, zu den Vorlesungen Kochs insb. S. 72–74.
435 Christophe-Guillaume [Christoph Wilhelm] Koch, Tableau des révolutions de l'Europe. Depuis le boulversement de l'Empire romain en Occident jusqu'à nos jours, Paris 1823, Bd. 2, S. 5 und 6 (Übers. P. Geiss); kommentiert in Siemann, Metternich, S. 74.
436 Thukydides 1,23,6 (Geschichte des Peloponnesischen Krieges, I. Teil: Buch I–IV, Griech./Deutsch, übers. von Georg Peter Landmann, München 1993, S. 35); zu dieser Stelle auch ▶ Kap. 16.
437 Koch, Tableau des révolutions, Bd. 1, S. V (Übers. P. Geiss); Erwähnung von Thukydides' Einschätzung der Kriegsgründe: ebd., S. XXIX.
438 Zur »menschlichen Natur« bei Thukydides: Wolfgang Will, Herodot und Thukydides. Die Geburt der Geschichte, München 2015, S. 206; Übers. »Besitz für immer«: ebd., S. 70; Alexander Demandt, Metaphern für Geschichte. Sprachbilder und Gleichnisse im historischen Denken, München 1978, S. 240; zur »Natur der Dinge«: Montesquieu, De l'esprit des lois, hg. von Victor Goldschmidt, Paris 1979 (zuerst 1757), Préface, S. 115.
439 Vgl. zum Voranstehenden Reinhart Koselleck, Historia Magistra Vitae. Über die Auflösung eines Topos im Horizont neuzeitlich bewegter Geschichte, in: Ders., Vergangene Zukunft. Zur Semantik geschichtlicher Zeiten, Frankfurt a. M. 1979, S. 33–67, insbes. S. 50 f. und 58 (»Verzeitlichung«) sowie Ders., Neuzeit. Zur Semantik moderner Bewegungsbegriffe, im voranstehend zit. Band, S. 300–347; ähnlich Metternich in der Interpretation von Siemann, Metternich, S. 80 f.
440 Metternich, Mémoires, S. 290 (Übers. P. Geiss); kommentiert in Siemann, Metternich, S. 261; zum Historismus mit erhellenden Zitaten Rankes: Koselleck, Historia Magistra vitae, hier S. 55–59; zur antiken Vorstellung von Geschichte als Kreislauf vgl. Demandt, Metaphern für Geschichte, S. 236–243.
441 Metternich, Mémoires, S. 31 (Übers. P. Geiss).
442 Vertrag zit. nach Philipp Anton Guido von Meyer, Corpus iuris Confoederationis Germanicae oder Staatsacten für Geschichte und öffentliches Recht des Deutschen Bundes, Bd. 1: Staatsverträge, 3. Aufl. Frankfurt a. M. 1858, https://mdz-nbn-resolving.de/urn:nbn:de:bvb:12-bsb11068570-6 [27.03.2024], S. 290 f., hier S. 291 (Übers. P. Geiss).
443 Vgl. Siemann, Metternich, S. 521 f.
444 Vgl. ebd., S. 521 f. u. 80 f. (zu Metternich, Mémoires, S. 31).
445 Vgl. Stefan Schieren, Der Ort des Wiener Kongresses in der frühen Theorie der Internationalen Beziehungen, in: Carl-Christian Dressel/Frank-Lothar Kroll/Glyn Redworth (Hg.), Der Wiener Kongress und seine Folgen/The Congress of Vienna and its Aftermaths. Großbritannien, Europa und der Friede im 19. und 20. Jahrhundert/Great Britain, Europe and Peace in 19th and 20th Century, Berlin 2019, S. 3–22, hier S. 3; Günther Kronenbitter, Friedenserklärung. Gleichgewicht und Konsens in den internationalen Beziehungen in Europa um 1815, in: Themenportal Europäische Geschichte, 10.06.2009, https://www.europa.clio-online.de/Portals/_Europa/documents/B2009/E_Kronenbitter_Friedenserklaerung.pdf [27.03.2024], S. 1 und Siemann, Metternich, S. 386.

446 Friedrich von Gentz, Von dem politischen Zustande von Europa vor und nach der Französischen Revolution, Berlin 1801, S. XXIII; zur Beziehung zu Metternich: Siemann, Metternich, S. 213 f. und 233.

447 Vgl. Roger Dufraisse, Napoléon: pour ou contre l'Europe?, in: Revue du Souvenir Napoléonien 409 (1995), zit. nach https://www.napoleon.org/histoire-des-2-empires/articles/napoleon-pour-ou-contre-leurope/ [27.03.2024]; zum Herrschaftstypus des Imperiums und zu dessen Abgrenzung gegenüber Hegemonie: Herfried Münkler, Imperien. Die Logik der Weltherrschaft. Vom Alten Rom bis zu den Vereinigten Staaten, 3. Aufl. Berlin 2005, S. 11–21.

448 Die voranstehende Darstellung des französischen Herrschaftssystems folgt: Roger Dufraisse/Michel Kerautret, La France napoléonienne. Aspects extérieurs 1799–1815, Paris 1999, S. 197–222 und Dufraisse, Napoléon; vgl. ferner Rainhardt Stauber, Friedensschlüsse zwischen Französischer Revolution und Wiener Kongressordnung, in: Irene Dingel u. a. (Hg.), Handbuch Frieden in der Frühen Neuzeit/Handbook of Peace in Early Modern Europe, Berlin/Boston 2021, S. 1021–1042; zu »Löchern« in der Kontinentalsperre und Napoleons Versuchen, sie militärisch zu schließen: Dufraisse/Kerautret, La France napoléonienne, S. 123 und 149 f.; Siemann, Metternich, S. 268.

449 Vgl. zur referierten Einschätzung von Metternichs Handeln insgesamt: ebd., S. 299–350.

450 Zur Ergebnisoffenheit der Übergangssituation nach dem Russlandfeldzug: ebd., S. 376–389; zu Metternichs Strategie der »bewaffneten Mediation« als Zwischenschritt: S. 389–414; zum Dresdener Gespräch (detaillierte Analyse): S. 403–414.

451 Metternich, Mémoires, S. 151 f. (soweit nicht anders angegeben, Zitate aus dem Gespräch in der Übers. P. Geiss); zum Abschnitt vor dem eingerückten Zitat: ebd., S. 147 f. (einleitende Drohung Napoleons und Metternichs Wahrnehmung seines Gegners als »klein«), 148 (Metternichs Friedensforderung und Napoleons Zurückweisung unter Hinweis auf das Risiko für seine ›Ehre‹ und die besonderen Grundlagen seiner Herrschaft im Vergleich zu etablierten Monarchen) und 151 (Metternichs Hinweis auf ›Kindersoldaten‹).

452 Zit. nach Siemann, Metternich, S. 411 f.

453 Voranstehende Zusammenfassung und Zitate nach: Metternich, Mémoires, S. 152 (Metternichs Forderung nach öffentlicher Wiederholung der Aussage, Napoleons Hinweis auf die Nationalität der Opfer sowie Metternichs empörte Reaktion darauf) und 153 (abschließende Drohung Metternichs). Die Glaubwürdigkeit von Metternichs Schilderung betont Siemann, Metternich, S. 403.

454 Zit. nach Wolfgang Hartwig/Helmut Hintze (Hg.), Deutsche Geschichte in Quellen, Bd. 7, Stuttgart 1997, S. 37.

455 Der voranstehende Absatz rekurriert auf: Heinz Duchhardt, Der Wiener Kongress. Die Neugestaltung Europas 1814/15, 2. Aufl. München 2015, S. 33, 80–96; zur Kritik des Restaurationsbegriffs: ebd., S. 119; Siemann, Metternich, S. 489; Andreas Fahrmeir, Europa zwischen Restauration, Reform und Revolution 1815–1850, München 2012, S. 1 und 24 (Mediatisierung).

456 Vgl. Dufraisse/Kerautret, La France napoléonienne, S. 238 f. (Seitenwechsel in der Schlacht); Siemann, Metternich, S. 387 (Rheinbundaustritt und Anschluss an »bewaffnete Mediation«).

457 Zur voranstehend skizzierten sächsisch-polnischen Frage und ihrer Lösung: Duchhardt, Wiener Kongress, S. 81–89 und Siemann, Metternich, S. 502–506.

458 Vgl. Talleyrand, Mémoires, hg. von Jean-Paul Couchoud, Paris 1982, S. 702. Den Hinweis zu dieser und weiteren Quellen und Literatur zu Talleyrand verdanke ich Jürgen Lauer, Charles Maurice de Talleyrand-Périgord (1757–1838), in: Winfried Böttcher (Hg.), Die Neuordner Europas beim Wiener Kongress 1814/15, Baden-Baden 2017, S. 163–179.

459 Vgl. zu Konspiration und »Ebenbürtigkeit« mit Metternich: Siemann, Metternich, S. 277–279; zu Talleyrands politischer Entwicklung: Duchhardt, Wiener Kongress, S. 45 f.

460 Vgl. Talleyrand, Mémoires, S. 324 f.

461 Ebd., S. 352 (Leichenfeld, Erwähnung in einem Brief an d'Hauterive, 9. Dezember 1805); zur Schlacht selbst: Dufraisse/Kerautret, La France napoléonienne, S. 93; Zitat aus Macrons Rede zum 200. Todestag (5. Mai 2021, Dôme des Invalides) nach: https://www.elysee.fr/

emmanuel-macron/2021/05/05/commemoration-du-bicentenaire-de-la-mort-de-napoleon-ier [25.10.2024] (Übers. P. Geiss).

462 Talleyrand an Ludwig XVIII., 4. Oktober 1814, in: Ders., Mémoires, S. 720–723, hier S. 723 (dort auch Kriegsdrohung des Zaren; Übers. aus Talleyrands Memoiren und Briefen hier und im Folgenden soweit nicht anders angegeben P. Geiss). Zum wahrscheinlich apokryphen Charakter und zur hier zitierten Belegstelle (von mir gegengeprüft und korrekt): https://de.wikiquote.org/wiki/Charles-Maurice_de_Talleyrand-P%C3%A9rigord [27.03.2024].

463 So die Interpretation der Passage in Lauer, Talleyrand, S. 172 und Anm. des Hg. in Talleyrand, Mémoires, S. 723, Anm. 53; zu Tilsit 1807: Dufraisse/Kerautret, La France napoléonienne, S. 114 f.

464 Vgl. Talleyrand an Ludwig XVIII., 4. Oktober 1814, insbes. S. 721.

465 Talleyrand an Ludwig XVIII., 9. Oktober 1814, in: Correspondance inédite du Prince De Talleyrand et du roi Louis XVIII pendant le congrès de Vienne, hg. von M. C. Pallain, Paris 1881, https://gallica.bnf.fr/ark:/12148/bpt6k6133659w/f64.item [27.03.2024], S. 25–38, hier S. 25 (Übers. P. Geiss, Stelle fehlt in der Edition von Couchoud, S. 244–226).

466 Zur voranstehend resümierten Argumentation Talleyrands: ebd., S. 27 f., Zitat S. 27.

467 Voranstehendes Zitat: Talleyrand, Mémoires, S. 702; dort auch die voranstehende Analyse der Strategie der Sieger (Einbindung Frankreichs ohne Mitsprache); zu Talleyrands Einstufung der Vorabsprachen als illegitim vgl. seinen Brief an Ludwig XVIII., 8. Oktober 1814, in: ebd., S. 721.

468 Zu Ursachen und Verlauf der »Hundert Tage«: Vgl. Bertier de Sauvigny, La Restauration, Paris 1955, S. 78 f., 97–114.

469 Talleyrand, Mémoires, S. 717 und Anm. 44.

470 Ebd., S. 742; auf die durchaus moralisch zu verstehende Verurteilung Napoleons 1815 hat mich überdies Michael Rohrschneider aufmerksam gemacht.

471 Vgl. Siemann, Metternich, S. 639–641.

472 Vgl. Talleyrand, Mémoires, S. 767–776 (zu Zahlungen und Landau ebd., S. 770).

473 Ebd., S. 352 (Zitat im voranst. Satz nach Übers. Lauer, Talleyrand, S. 165 f.); zur Nähe von Talleyrand und Metternich: Siemann, Metternich, S. 278.

474 Talleyrand an Metternich, 19. Dezember 1814, zit. nach Comte d'Angeberg (Hg.). Le congrès de Vienne et les traités de 1815: Précédé et suivi des actes diplomatiques qui s'y rattachent, Paris 1863, Bd. 1, S. 540 f. (Übers. P. Geiss), https://www.digitale-sammlungen.de/view/bsb10404905?page=768 [27.03.2024].

475 Die voranstehend referierten Überlegungen und Zitate Talleyrands nach ebd., S. 541; das Athen-Beispiel in Bezug auf: Montesquieu, De l'esprit des lois, S. 145 f.

476 Vgl. Raimund Schulz/Uwe Walter, Griechische Geschichte ca. 800–322 v. Chr., München 2022, Bd. 1, S. 218 f.

477 Vgl. zu diesem Schreckbild: Talleyrand an Metternich, 19. Dezember 1814 (Ed. Comte d'Angeberg, S. 542).

478 Zur Durchsetzung des Gleichgewichts und den genannten Lösungen: Martin Schmidt, Robert Stewart Viscount Castlereagh, in: Böttcher (Hg.), Die Neuordner Europas, S. 33–45, hier S. 38; zu dieser Allianz auch Talleyrand, Mémoires (Ed. de Broglie), Bd. 2, S. 288.

479 Voranstehend zit. Brief und Memorandum nach: Castlereagh an Alexander I., 12. Oktober 1814, mit beigefügtem Memorandum, zit. nach Comte d'Angeberg (Hg.), Le congrès de Vienne, Bd. 1, S. 280–288, hier S. 282 und 284 f. (Übers. P. Geiss), https://www.digitale-sammlungen.de/de/view/bsb10404905?page=512 [27.03.2024].

480 Vgl. Schmidt, Castlereagh, S. 37 und 40; zur Nähe zu Metternich: Siemann, Metternich, S. 455–458.

481 Vgl. Klose, »To maintain the law of nature and of nations«, insbes. S. 219–228.

482 Zit. nach Johann Ludwig Klüber (Hg.), Acten des Wiener Congresses, Bd. 4, 13.–16. Heft, Erlangen 1815, S. 524 (Übers. P. Geiss), https://mdz-nbn-resolving.de/details:bsb10556619 [27.03.2024].

483 Vgl. ebd., S. 527.

484 Ebd., S. 531 f. (Übers. P. Geiss).
485 Vgl. ebd., S. 532 f., Zitat S. 532 (Übers. P. Geiss).
486 Zur Abschaffung 1794: Gazette nationale ou le Moniteur universel, 5. Februar 1794, S. 4, https://www.retronews.fr/journal/gazette-nationale-ou-le-moniteur-universel/05-fevrier-1794/149/1286091/4 [07.10.2022]; vgl. Jacques Binoche, Les députés d'outre-mer pendant la Révolution française (1789–1799), in: Annales historiques de la Révolution française 50/231 (1978), S. 45–80, hier S. 70; zur Wiedereinführung: Marcel Dorigny u. a., Napoléon et le rétablissement de l'esclavage, in: Notes de la FME 2, April 2021, https://memoire-esclavage.org/napoleon-et-le-retablissement-de-lesclavage/lessentiel-dossier-napoleon-et-le-retablissement-de [27.03.2024] und ▶ Kap. 11.
487 Zum Voranstehenden: Siemann, Metternich, S. 80 f. (Modernität von Metternichs Geschichtsdenken), 653 (unzutreffendes Bild des »Reaktionärs« aufgrund von Revolutionsablehnung), 675 (Ablehnung von politischem Mord im Namen der Freiheit), 697–700 (Befürwortung von Zensur) und *passim*. Den Zusammenhang von Modernität und Abkehr vom zyklischen Geschichtsdenken betont auch: Hans Ulrich Gumbrecht, Art. »Modern, Modernität, Moderne«, in: Otto Brunner/Werner Conze/Reinhart Koselleck (Hg.), Geschichtliche Grundbegriffe. Historisches Lexikon zur politisch-sozialen Sprache in Deutschland, Bd. 4, Stuttgart 1978, S. 93–131, hier S. 98 f.; ferner ▶ Kap. 1 (Überlegungen Reinhart Kosellecks).
488 So in der Tendenz auch die sehr lobende Rezension von Andreas Fahrmeir in: H-Soz-Kult, 25.10.2016, www.hsozkult.de/publicationreview/id/reb-24981 [27.03.2024].
489 Vgl. Max Horkheimer/Theodor W. Adorno, Dialektik der Aufklärung. Philosophische Fragmente, Frankfurt a. M. 1988 (zuerst engl. 1944), S. 2 (Umschlagen von »Kritik« in »Affirmation« und Nennung Napoleons) und 3 (»Despotismus«).
490 Vgl. Christopher Clark, Revolutionary Spring. Fighting für a New World 1848–1849, London u. a. 2023, S. 251 f. (im Rückgriff auf Henry Kissinger); zu Metternichs Überwachungssystem: Siemann, Metternich, S. 779; Metternichs authentisches Entsetzen angesichts revolutionärer Gefahren wird in seiner Reaktion auf den Mord an August von Kotzebuhe 1819 deutlich, vgl. ebd., S. 668–689.
491 Metternich an den Gesandten Binder, 9. Juni 1826, zit. nach: Elisabeth Droß (Hg.), Quellen zur Ära Metternich, Darmstadt 1999, Nr. 23, S. 124 f.
492 Begründung und Beschluss des Bundestags gegen das »Junge Deutschland« vom 10. Dezember 1835, in: ebd., Nr. 67, S. 255–258; Heines Reaktion: Ders., Über Denunzianten. Eine Vorrede zum Dritten Teil des Salons, in: Ders., Werke, Bd. 4: Schriften über Deutschland, hg. von Helmut Schanze, 5. Aufl. Frankfurt a. M. 2002, S. 299–316, hier S. 299.
493 Schroeder, The Transformation of European Politics, S. VII, 482 und Schiern, Der Ort des Wiener Kongresses, S. 3.
494 Vgl. Talleyrand, Mémoires, S. 705; von dort auch das eingerückte Zitat oben (Übers. P. Geiss).
495 Vgl. Siemann, Metternich, S. 719–730.
496 Voranstehenden Überlegungen nach: Instructions pour les ambassadeurs du Roi au congrès, in: Talleyrand, Mémoires, S. 669–686, hier S. 672; zur wahrscheinlichen Mitautorschaft Talleyrands: ebd., S. 669, Anm. 110.
497 Guglielmo Ferrero, Reconstruction. Talleyrand à Vienne 1814–1815, Paris 1940, S. 364 (Übers. P. Geiss); zu Ferreros Deutung bereits Lauer, Talleyrand, S. 167–169.
498 Zum voranstehenden Absatz: Talleyrand, Mémoires, S. 632 f. (Übers. P. Geiss).
499 Der voranstehende Ansatz basiert ereignisgeschichtlich und in der Deutung auf: Anne Couderc, L'Europe et la Grèce, 1821–1830. Le Concert européen face à l'émergence d'un État-nation, in: Bulletin de l'Institut Pierre Renouvin 42/2 (2015), S. 47–74.
500 René de Chateaubriand, Note sur la Grèce, Paris 1825 (Digitalisat verfügbar auf Google Books); zu seiner Rolle als Außenminister: de Sauvigny, La Restauration, S. 185 und 189; zur europäischen Dimension der Griechenlandbegeisterung: Evangelos Konstantinou, Griechenlandbegeisterung und Philhellenismus, in: Europäische Geschichte Online, 22.10.2012, http://www.ieg-ego.eu/konstantinoue-2012-de [27.03.2024].

501 Basis der voranstehenden Zusammenfassung und der Zitate (Übers. P. Geiss): Chateaubriand, Notice sur la Grèce, S. 13–19 (keine Legitimität des Sultans gegenüber Nichtmuslimen, europäische Pflicht zur Intervention, jedoch nicht zur Aufteilung des Osmanischen Reiches), 12 (verbrecherische Willkürherrschaft), 14 (nur Muslime als legitime Untertanen des Sultans, Christen faktisch »Sklaven«), 34 f. (besondere Verantwortung des christlichen Frankreichs, »unbekannter Gott« des Paulus und Rechristianisierung) und 37 (Lob jugendlicher Opferbereitschaft und angebliches Zitat des Perikles).
502 Zit. nach Thukydides 2,34–46 (Übers. Landmann, S. 233–249), an die Eltern und Angehörigen gerichtete Passage ebd., 2,44 (S. 247–249, Zitat S. 249). In der ausführlichen Wiedergabe der Perikles-Rede bei Thukydides fehlt der Ausdruck »Verlorener Frühling«, der offenbar aus der *Rhetorik* des Aristoteles (1,7,34) stammt, vgl. J. F. Dobson, The Greek Orators, London 1919, S. 9.
503 Jan Assmann, Das kulturelle Gedächtnis. Schrift, Erinnerung und politische Identität in frühen Hochkulturen, 6. Aufl. München 2007, S. 76 f.; zur »Verzeitlichung« ▸ Kap. 1.
504 Joseph [Giuseppe] Mazzini, L'Italie, l'Autriche et le pape, in: La Revue indépendante 22 (1845), S. 30–63 und 145–181, hier S. 151 f. (Übers. P. Geiss), http://gallica.bnf.fr/ark:/12148/bpt6k9679918s/f55.item.r=Mazzini.zoom [26.10.2024]; zu den Zielen der Giovine Italia (Kampf gegen fremde Mächte, nationale Einigung): Wolfgang Altgeld/Rudolf Lill, Kleine italienische Geschichte, Bonn 2005, S. 273 f.
505 Vgl. Dieter Langewiesche, Nation, Nationalismus und Nationalstaat in Deutschland und Europa, München 2000, S. 39; zum Sendungsbewusstsein als Kombination nationalistischer und universalistischer Positionen: ebd., S. 35.
506 Zum Rekurs auf die römische Antike im Faschismus: Wolfgang Strobl, »Tu regere imperio populos, Romane, memento ...«. Zur Rezeption von Vergil und Horaz im italienischen Faschismus am Beispiel des Siegesplatzes in Bozen, in: Antike und Abendland 58/1 (2012), S. 143–166; zu Abessinien: Aram Mattioli, Entgrenzte Kriegsgewalt. Der italienische Giftgaseinsatz in Abessinien 1935–1936, in: Vierteljahrshefte für Zeitgeschichte 51/3 (2003), S. 311–337.
507 Vgl. Siemann, Metternich, S. 611 (kein »Hirngespinst«); zu den voranstehend thematisierten Repressionspraktiken: ebd., S. 674–700.
508 Daniel-Erasmus Khan, Eine Erinnerung an Solferino (24. Juni 1859). 150 Jahre Rotkreuzbewegung und modernes humanitäres Völkerrecht, in: Juristen-Zeitung 64/12 (2009), S. 621–623; zum italienisch-österreichischen Krieg: Altgeld/Lill, Kleine italienische Geschichte, S. 301 f.
509 Charles Webster, The Congress of Vienna, 1814–1815, London 1918, S. 145 (Übers. P. Geiss); Einordnung: Jürgen Lauer, Der Wiener Kongress im Kontext internationaler Konferenzen von 1648 bis 1990, in: Böttcher (Hg.), Die Neuordner Europas, S. 221–239; zu Webster und seiner Beteiligung an der UN-Gründung: Ian Hall, The Art and Practice of a Diplomatic Historian: Sir Charles Webster, in: International Politics 42 (2005), S. 470–490; Einordnung in die Perspektive des Lernens aus der Geschichte: Duchhardt, Wiener Kongress, S. 8 f.
510 Zit. nach Jörg Fisch, Das Selbstbestimmungsrecht der Völker. Die Domestizierung einer Illusion, München 2010, S. 154; zum Missbrauch des Prinzips: Ders., Adolf Hitler und das Selbstbestimmungsrecht der Völker, in: Historische Zeitschrift 290 (2010), S. 93–118; weitere Literatur und Quellen in: Peter Geiss, Das Selbstbestimmungsrecht der Völker und seine Grenzen. Konzeptsensibler Geschichtsunterricht am Beispiel der Pariser Friedensordnung von 1919/20, in: Peter Geiss/Peter Arnold Heuser (Hg.), Friedensordnungen in geschichtsdidaktischer und geschichtswissenschaftlicher Perspektive, unter Mitarbeit von Victor Henri Jaeschke, Göttingen 2017, S. 151–174.
511 Webster, The Congress of Vienna, S. III.
512 Vgl. Charles Webster, The Study of International Politics. An Inaugural Lecture Delivered Before the University College of Wales, Aberystwith on 23 Friday 1923, Cardiff/London 1923, S. 12; kommentiert in Hall, Art and Practice, S. 482.
513 Webster, The Study of International Politics, S. 15 und 17.

514 Zit. nach Joseph V. Fuller (Hg.), Papers Relating to the Foreign Relations of the United States, Bd. III: 1919, The Paris Peace Conference, Washington 1943, S. 753 (Übers. P. Geiss), https://history.state.gov/historicaldocuments/frus1919Parisv03/d50 [27.03.2024].
515 Text und Kontextualisierung der Monroe-Doktrin, Ansprache des Präsidenten an den Kongress, 2. Dezember 1823: https://www.archives.gov/milestone-documents/monroe-doctrine [28.10.2024].
516 Zu Talleyrands Legitimitätsverständnis: Talleyrand, Mémoires, S. 632 f. (Übers. P. Geiss).
517 Webster, The Study of International Politics, S. 20.
518 Art. 231 im Wortlaut nach: Reichsgesetzblatt, 1919, S. 985; zur Kriminalisierung des Feindes 1918/19: Jeismann, Vaterland der Feinde, S. 141; zum moralischen Sinn der Verurteilung Deutschlands in Art. 231 des Versailler Vertrags: Gerd Krumeich, Versailles 1919. Der Krieg in den Köpfen, in: Ders. (Hg.), Versailles 1919. Ziele – Wirkung – Wahrnehmung, Essen 2001, S. 53–64, hier S. 62 f.
519 Zur Person: Art. »Ferrero, Guglielmo«, in: Enciclopedia Italiana, https://www.treccani.it/enciclopedia/guglielmo-ferrero/ [27.03.2024].
520 Vgl. Lauer, Talleyrand, S. 167–169, 178 und Ders., Der Wiener Kongress, S. 224.
521 Zum den voranstehend referierten Gedanken: Ferrero, Reconstruction (Übers. P. Geiss), S. 369 (Rückkehr der »grande peur« 1939), 372 (»confédération«), 5 (»peur aggressive«), 10 (Angst als Motiv bei Napoleon), 372 (Ziel der Angstbeherrschung, Konföderationsidee, Gleichgewicht, Optimismus angesichts der Rettung nach 1811/12, Gefahr der Zivilisationszerstörung); zur Relevanz von Angst für die internationale Politik: Patrick Bormann/Thomas Freiberger/Judith Michel (Hg.), Angst in den Internationalen Beziehungen, Göttingen 2010.
522 Livius 22,51,4 (Titus Livius, Römische Geschichte. Buch XXI–XXIII. Lat./Deutsch, übers. und hg. von Josef Feix, 4. Aufl. Düsseldorf/Zürich 2000, S. 258 f.).
523 Gottfried Benn, Zum Thema: Geschichte, in: Ders., Essays und Reden in der Fassung der Erstdrucke, hg. von Bruno Hillebrand, Frankfurt a. M. 1997, S. 353–367, hier S. 361 und Einordnung ebd., S. 960.
524 Ebd., S. 357; dazu bereits Peter Geiss. »War da was?« Historische Bildung im Output-Zeitalter, in: Stephan Stomporowski/Anke Redecker/Rainer Kaenders (Hg.), Bildung – noch immer ein wertvoller Begriff?! Festschrift für Volker Ladenthin, Göttingen 2019, S. 133–149, hier S. 136 und Anm. 12.
525 Vgl. Heinrich Nolte, Vom Cannae-Mythos. Tendenzen und Katastrophen, Göttingen/Zürich 1991, S. 46. Die Kenntnis dieser und weiterer relevanter Publikationen verdanke ich: Merten Kröncke, Schlieffens Schatten: Der Erfahrungsraum ›Schlieffenplan‹ und der Westfeldzug 1940, in: Portal Militärgeschichte, 18.01.2019, https://doi.org/10.15500/akm.18.01.2019; zu Schlieffen knapp: Oliver Stein, »Schlieffen, Alfred, Graf von«, in: Ute Daniel u. a. (Hg.), 1914–1918-online. International Encyclopedia of the First World War, 21.02.2017, http://dx.doi.org/10.15463/ie1418.10444/1.1.
526 Begriff hier von Fritsch, zit. nach Merten Kröncke, Schlieffens Schatten, S. 8; vgl. auch Stephen Holmes, Classical Blitzkrieg. The Untimely Modernity of Schlieffen's Cannae Program, in: The Journal of Military History 67 (2003), S. 745–741, hier S. 748; Gerhard P. Groß, Mythos und Wirklichkeit. Geschichte des operativen Denkens im deutschen Heer von Moltke dem Älteren bis Heusinger, Paderborn u. a. 2012, S. 185; Nolte (Cannae-Mythos, S. 13) spricht von einem »Leitmotiv«.
527 Vgl. Benjamin S. Kolb, Zu Methode und Intention der Darstellung bei Polybios und Schlieffen, in: Portal Militärgeschichte, 02.06.2014, https://www.portal-militaergeschichte.de/kolb_paradigma [29.03.2024], S. 11 f.; voranstehende Erläuterung des militärischen Konzepts »Vernichtung« nach Groß, Mythos und Wirklichkeit, S. 76 f.
528 Vgl. Alfred Graf von Schlieffen, Cannae, in: Ders., Gesammelte Schriften, Bd. 1, Berlin 1913, S. 25–266, hier S. 27–30, insb. S. 28 f.
529 Vgl. Hans Delbrück, Geschichte der Kriegskunst, Teil 1: Das Altertum. Teil 2: Die Germanen, Hamburg 2006 (Teil 1 zuerst 1900), S. 370; zum Einfluss auf Schlieffen: Wolfgang von Groote,

| | |
|---|---|
| | Historische Vorbilder des Feldzugs 1914 im Westen, in: Militärgeschichtliche Mitteilungen 47/1 (1990), S. 33–55, hier S. 36; Holmes, Classical Blitzkrieg, S. 749; zur geringeren Bedeutung des Kavallerieangriffs: Nolte, Cannae-Mythos, S. 34; Groote, Historische Vorbilder, S. 41. |
| 530 | Schlieffen, Cannae, S. 29; zum schulbildenden Einfluss der Passage: Nolte, Cannae-Mythos, S. 44. |
| 531 | Vgl. Holmes, Classical Blitzkrieg, S. 746; Nolte, Cannae-Mythos, S. 94. |
| 532 | Das ist die These von Groß, Mythos und Wirklichkeit, S. 79. |
| 533 | Zum Einfluss des Cannae-Mythos in beiden Weltkriegen neben Nolte, Cannae-Mythos: Kröncke, Schlieffens Schatten und Holmes, Classical Blitzkrieg. |
| 534 | Carl von Clausewitz, Vom Kriege, 2. Aufl. Berlin 1999 (zuerst 1832–1834), Sechstes Kapitel: Über Beispiele, S. 148–155. Der kontrastive Vergleich von Clausewitz und Schlieffen durchzieht Noltes gesamte Studie zum Mythos Cannae. |
| 535 | Zum Schlieffenplan: Christoph Cornelißen, Der Schlieffenplan, in: Gerhard Hirschfeld/Gerd Krumeich/Irina Renz (Hg.), Enzyklopädie Erster Weltkrieg, Paderborn u. a. 2009, S. 819 f. sowie Groote, Historische Vorbilder, S. 34 f; zur Kanonisierung des Plans in Schulbüchern: Groß, Mythos und Wirklichkeit, S. 76; zum Kriegsgeschehen: John Keegan, The First World War, New York 2000, S. 71–137 (Offensive und Erstarrung der Front im Westen) und 392–414 (Rückkehr der deutschen Offensive und Zusammenbruch 1918). |
| 536 | Vgl. Groß, Mythos und Wirklichkeit, S. 76. |
| 537 | Lothar von Trotha an Schlieffen, 4. Oktober 1904, zit. nach Michael Behnen/Winfried Baumgart (Hg.), Quellen zur deutschen Außenpolitik im Zeitalter des Imperialismus 1890–1911, Darmstadt 1977, S. 292 f. (Dok. Nr. 151), hier S. 293. |
| 538 | Vgl. Dan Diner, Das kognitive Entsetzen. Gewalttaten aus eigenem Unrecht. Über die Geltung und die Grenzen des Vergleichs von Massenverbrechen, in: Frankfurter Allgemeine Zeitung, 08.07.2021, S. 11; kritisch zur Kontinuitätsthese auch Groß, Mythos und Wirklichkeit, S. 1. Für die Befassung mit Kontinuitäten plädiert: Jürgen Zimmerer, From Windhoek to Auschwitz? Reflections on the Relationship between Colonialism and National Socialism, München 2024, S. XV–XXIV (Vorwort zur englischen Ausgabe). |
| 539 | Schlieffen, Cannae, S. 29. |
| 540 | Nolte, Cannae-Mythos, S. 13 und 30. |
| 541 | Vgl. zum Voranstehenden: ebd., S. 4 und tabellarischer Lebenslauf, S. 89–101 (Angaben zur Person und militärischen Rolle des Verfassers), 61 (»Rechtsbruch« als »Regel«), 63 (»imperialistisches Ziel der Weltherrschaft«), 74 (»verdrängte Wahrheiten und verdiente Niederlagen«), 91 (»Odium der Aggression«); zur Nichtbeachtung des »Kommissarbefehls« und zum protestantisch-humanistischen Hintergrund Noltes: Nachwort von Hans-Heinrich Nolte (Sohn des Autors), in: ebd., S. 102–105, hier S. 104; Inhalt des Befehls: Hamburger Institut für Sozialforschung (Hg.), Verbrechen der Wehrmacht. Dimensionen des Vernichtungskrieges 1941–1944, Hamburg 2002, S. 52 f. |
| 542 | Vgl. Groß, Mythos und Wirklichkeit, S. 12 und 149 (deutsche Spitzenmilitärs »apolitisch sozialisiert«). |
| 543 | Zu den Ergebnissen und unmittelbaren Folgen des Ersten Punischen Krieges vgl. Klaus Zimmermann, Rom und Karthago, Darmstadt 2005, S. 33–41; zur ›Ersatzexpansion‹ in Spanien und deren Duldung durch Rom: Klaus Bringmann, Geschichte der römischen Republik. Von den Anfängen bis Augustus, 2. Aufl. München 2010, S. 105 f.; zu Hannibals Angriff auf Sagunt und zur späteren Überschreitung der Ebro-Grenze vgl. ebd., S. 107 f.; zur abweichenden Annahme einer weiter südlich verlaufenden und schon bei der Belagerung Sagunts überschrittenen Grenze: Pedro Barceló, Hannibal, 3. Aufl. München 2007, S. 27 f. |
| 544 | Livius 21,44,5–7 (Übers. Feix, S. 96 f.); eingeordnet in Barceló, Hannibal, S. 45; zum wahrscheinlich fiktiven Charakter: ebd., S. 10. |
| 545 | Vgl. zu dieser Intention hinter der Überhöhung Hannibals: Michael P. Fronda, Hannibal: Tactics, Strategy and Geostrategy, in: Dexter Hoyos (Hg.), A Companion to the Punic Wars, Oxford 2011, S. 242–259, hier S. 257; bezogen auf Cannae: Barceló, Hannibal, S. 41 und 65. |

546 Polybios 7,9,6 (Geschichte. Gesamtausgabe in zwei Bänden, übers. von Hans Drexler, Zürich/Stuttgart 1961, Bd. 1, S. 593); in der Übers. Drexler abgekürzte Stellenangaben werden hier und im Folgenden ergänzt nach: Polybius, The Histories, übers. von W. R. Paton, Harvard/London 2010; zur voranstehenden Interpretation des Vertrags: Barceló, Hannibal, S. 68 f. (»Gleichgewicht der Mächte«, keine Vernichtungsabsicht in Bezug auf Rom); ähnlich Fronda, Hannibal, S. 256 f.
547 Zur voranstehenden Schilderung des Kriegsverlaufs und Charakterisierung von Fabius' Strategie als Abnutzungskrieg sowie zu Heer und Auftrag der Konsuln von 216: Bringmann, Geschichte der römischen Republik, S. 110–112; zur Rationalität der Strategie des Fabius und zur verbreiteten Unzufriedenheit damit: Polybios 3,90,6, 3,94,8 und 3,103,1–4 (Übers. Drexler, Bd. 1, S. 285 f., 291 und 300) sowie Livius 22,39,9–16 (Übers. Feix, S. 234 f., oben wörtlich zitierte Mahnung des Fabius).
548 Zu den Streitereien zwischen den Konsuln: Livius 22,38,6–45,8 (Übers Feix, S. 232–247); zur quellenkritischen Beurteilung des Livius: Martin Samuels, The Reality of Cannae, in: Militärgeschichtliche Mitteilungen 47/1 (1990), S. 7–31, hier S. 9 f., und Groote, Historische Vorbilder, S. 36.
549 Vgl. Livius 22,44,1–4 (Übers. Feix, S. 244 f.).
550 Vgl. Samuels, Reality of Cannae, S. 9 und Polybios 1,1,4–5 (Übers. Drexler, Bd. 1, S. 1); zur Stellung des Polybios und seiner Vernetzung mit den römischen Eliten: Boris Dreyer, Art. »Polybios«, in: Hubert Cancik/Helmuth Schneider (Hg.), Der Neue Pauly, Bd. 10, Stuttgart/Weimar 2001, Sp. 41–48, hier Sp. 42; Kolb, Methode und Intention, S. 3 f.
551 Zur voranstehend beschrieben Aufstellung und den ›multinationalen‹ Gliederungen und Bewaffnungen: Polybios 3,113 f. (Übers. Drexler, Bd. 1, S. 312 f.) sowie ergänzend Samuels, Reality of Cannae, S. 11 f. (schwere Stoßlanze als Waffe der Legionäre), 23 (römische Phalanx mehr als 30 Mann tief); zum *pilum*: Junkelmann, Legionen, S. 186–191 (Wurfwaffe) und 236–241 (Begriff und Wirkung der Phalanx).
552 Zum folgenden Absatz: Polybios 3,115,1–117,12 (Übers. Drexler, Bd. 1, S. 314–318).
553 Vgl. Groote, Historische Vorbilder, S. 41.
554 Samuels, Reality of Cannae, insbes. S. 25 f.
555 Ein eindrucksvolles und überdies für ein Jugendsachbuch sehr forschungsnahes Beispiel ist Peter Connolly, Hannibal und die Feinde Roms, übers. von Thomas M. Höpfner, Hamburg 1978 (engl. 1977), S. 66–71.
556 Zum Voranstehenden: Nolte, Cannae-Mythos, S. 30 und 38 (Vorwurf an Schlieffen und seine Anhänger: Reduktion von Strategie auf Militärisches) und 25 (bessere Optionen der Römer mit zunehmender Kriegsdauer, Richtigkeit der Strategie des Fabius).
557 Vgl. ebd. und schon Livius 22,39,11–15 (Übers. Feix, S. 234 f.).
558 Voranstehende Zitate und Bezugnahmen: Polybios 3,111,1, 3 und 9 (Übers Drexler, Bd. 1, S. 309 f.); griechischer Begriff in: Polybius, The Histories (Übers. Paton), Bd. II, S. 300.
559 Zum Voransteheden: Barceló, Hannibal, S. 51 (Ausdünnung der römischen Truppen in Italien durch die Verteilung auf Expeditionsheere) und 54 (Gefahr des Abfalls von Bundesgenossen); Karl Christ, Krise und Untergang der römischen Republik, Darmstadt 1979, S. 102–109 (System römischer Herrschaft); Fronda, Hannibal, S. 252 (Rückruf des Expeditionsheeres für Sizilien) und 246 (Freilassung von Bundesgenossen, Landrückgabe an Capua).
560 Zu »terror tactics« durch Verwüstung und Mord als Teil einer Strategie des »carrot and stick«: Fronda, Hannibal, S. 246–248; zum 217 v. Chr. durch Verwüstung des *ager Falernus* ausgeübten Druck Hannibals auf die Strategie des Fabius und dem hieraus resultierenden strategischen Dilemma: ebd., S. 250.
561 Deutlich schon im Vorwort: Nolte, Cannae-Mythos, S. 3–6.
562 Vgl. Fronda, Hannibal, S. 252 f., ähnlich auch Barceló, Hannibal, S. 70.
563 Zum Ausbleiben des breiten Abfalls von Bundesgenossen, den Hannibal für den Sieg benötigt hätte: Fronda, Hannibal, S. 252 f.; vgl. ferner Barceló, Hannibal, S. 70 (zunehmende Ermattung Hannibals); zum weiteren Kriegsverlauf und römischen Sieg: Fronda, Hannibal, S. 291–296.

564 Vgl. Nolte, Cannae-Mythos, S. 3–6 und Groß, Mythos und Wirklichkeit, S. 146, der von einer regelrechten »Schlieffen-Schule« spricht.
565 Zitate in der obigen Reihenfolge: Hans von Seeckt, Gedanken eines Soldaten, Berlin 1929, S. 17, 9 und 11; vgl. Nolte, Cannae-Mythos, S. 1 und 77; Groß, Mythos und Wirklichkeit, S. 33, und die Diskussion von Seeckts Kritik in ebd., S. 51, Anm. 8; zur Person: ebd., S. 151, und Heinz Hürten, Art. »Seeckt, Hans von«, in: Neue Deutsche Biographie 24 (2010).
566 Voranstehend referierte Überlegungen und Zitate Seeckts nach: Ders., Gedanken eines Soldaten, S. 18–20; Zitat Immanuel Kants nach: Ders., Beantwortung der Frage: Was ist Aufklärung? [1784], in: Kant's gesammelte Schriften, Bd. VIII, hrsg. von der Preußischen Akademie der Wissenschaften, Berlin/Leipzig 1928, S. 33–42, hier S. 35. Das »Vernünfteln« von zum Gehorsam verpflichteten Soldaten hielt Kant für gefährlich, nicht jedoch Kritik an Befehlen, die sie als »Gelehrte« formulieren würden: ebd., S. 37.
567 Zu den im voranstehenden Absatz referierten Entwicklungen und der Unterscheidung zwischen Fehlleistungen Moltkes und anderen Faktoren: Groß, Mythos und Wirklichkeit, S. 108–113; zum Begriff »innere Linie« vgl. Brockhaus. Kleines Konversations-Lexikon, fünfte Auflage, Band 1. Leipzig 1911, S. 861, http://www.zeno.org/nid/20001213334 [28.03.2024].
568 Groß, Mythos und Wirklichkeit, S. 79.
569 Generalleutnant a. D. Marx, Das Cannä-Oratorium, in: Militär-Wochenblatt 8 (1932), Sp. 246, mit voranstehender Quellenangabe zit. nach Groß, Mythos und Wirklichkeit, S. 147.
570 Groß, Mythos und Wirklichkeit, S. 246 f.
571 Mit der Interpretation eines Bezugs auf »den Führer« hier zit. und kontextualisiert nach Groß, Mythos und Wirklichkeit, S. 189 (dort angegebene Archivsignatur: BArch ZA 1/2779, S. 39).
572 So die These von Holmes, Classical Blitzkrieg, insbes. S. 745 f., Zitat S. 746.
573 Zur skizzierten Entwicklung in der Fachpublizistik und zur Annahme der Planer, das 1914 Gescheiterte nun unter den neuen technischen Bedingungen erreichen zu können: ebd., S. 765–769; Groß, Mythos und Wirklichkeit, S. 154, 171–183; Kröncke, Schlieffens Schatten, S. 13.
574 Groß, Mythos und Wirklichkeit, S. 154.
575 Heinz Guderian, Schnelle Truppen einst und jetzt, in: Militärwissenschaftliche Rundschau 4 (1939), S. 229–243, hier S. 229. Die folgende Deutung des Textes orientiert sich an Holmes, Classical Blitzkrieg, S. 766–768: Guderians Angaben zu den Kräfteverhältnissen bei der Reiterei decken sich mit der Überlieferung in: Polybios 3,113 und 3,114 (Übers. Drexler, Bd. 1, S. 312 f.).
576 Vgl. Kolb, Methode und Intention, S. 11.
577 Vgl. Guderian, Schnelle Truppen, S. 229, 234 f. und 243.
578 Voranstehende Zitate und Bezugnahmen: ebd., S. 235 f. (Verbindung von *tanks* mit Infanterie als Hindernis für Frontdurchbrüche), 233 (»Lehren«), 237–239 (»Hilfswaffe« oder »schnelle Truppe«) und 243 (»Massenangriff« als »Bürge des Sieges«).
579 Vgl. Schlieffen, Cannae, S. 28 und zuvor Delbrück, Geschichte der Kriegskunst, S. 370.
580 Vgl. Holmes, Classical Blitzkrieg, S. 766–768; Kröncke, Schlieffens Schatten, S. 12 f.; Groß, Mythos und Wirklichkeit, S. 212–215.
581 Zur voranstehend skizzierten Operation »Sichelschnitt« und zum anschließenden Angriff auf die Maginot-Linie: ebd. (mit Karte, S. 214) und Kröncke, Schlieffens Schatten, S. 12 f.; Halder-Zitat mit der Einordnung hier nach Jehuda L. Wallach, Das Dogma der Vernichtungsschlacht. Die Lehren von Clausewitz und Schlieffen und ihre Wirkungen in zwei Weltkriegen, Frankfurt a. M. 1967, S. 379.
582 Vgl. Groß, Mythos und Wirklichkeit, S. 199 und 209.
583 Nolte, Cannae-Mythos, S. 83. Vgl. auch die scharfe Kritik am fehlenden Realismus der deutschen Planungen für das »Unternehmen Barbarossa«, ebd., S. 64–66 (»Utopie gepaart mit törichter Überblicksheit«, S. 66) und Groß, Mythos und Wirklichkeit, S. 272 (»operative Hybris« im Krieg gegen die UdSSR).
584 Groß, Mythos und Wirklichkeit, S. 241.
585 Ebd., S. 229, 267; vgl. auch Martin Aust, Erinnerungsverantwortung. Deutschlands Vernichtungskrieg und Besatzungsherrschaft im östlichen Europa 1939-1945, Bonn 2021, S. 87.

586 Vgl. Groß, Mythos und Wirklichkeit, S. 222 (mit besonderer Hervorhebung der Übernahme von NS-Ideologie im OKW) und 266–267.
587 Johannes Hürter, Hitlers Heerführer. Die deutschen Oberbefehlshaber im Krieg gegen die Sowjetunion 1941/42, 2. Aufl. München 2007, S. 9; vgl. Groß, Mythos und Wirklichkeit, S. 264.
588 Vgl. die Diskussion der Verantwortung der Wehrmachtsführung: Hürter, Hitlers Heerführer, S. 596–599 sowie Hamburger Institut für Sozialforschung (Hg.), Verbrechen der Wehrmacht. Dimensionen des Vernichtungskrieges 1941–1944, Hamburg 2002.
589 Zit. nach Hürter, Hitlers Heerführer, S. 295; zur Funktion von Weichs: ebd., S. 4.
590 Vgl. HIS (Hg.), Verbrechen der Wehrmacht, S. 160–163; zu diesem Massaker im Kontext der deutschen Einnahme und Besetzung von Kiew: Klaus Jochen Arnold, Die Eroberung und Behandlung der Stadt Kiew durch die Wehrmacht im September 1941. Zur Radikalisierung der Besatzungspolitik, in: Militärgeschichtliche Mitteilungen 58 (1999), S. 23–63.
591 Vgl. Hürter, Hitlers Heerführer, S. 9; Groß, Mythos und Wirklichkeit, S. 264–268.
592 Christian Hartmann/Sergej Slutsch, Franz Halder und die Kriegsvorbereitungen im Frühjahr 1939. Eine Ansprache des Generalstabschefs des Heeres, in: Vierteljahrshefte für Zeitgeschichte 45 (1997), S. 467–495, hier S. 477; dagegen Ludwig Beck, zur politischen Verantwortung von Soldaten, zit. ebd., S. 478.
593 Vgl. mit Literatur: Alan Kramer, Atrocities, in: Daniel u. a. (Hg.), 1914–1918-online, 24.01.2017, http://dx.doi.org/10.15463/ie1418.10770/1.1.
594 Zit. nach Albrecht Randelzhofer (Hg.), Völkerrechtliche Verträge, 7. Aufl. Berlin 1995, S. 158.
595 Harald Welzer, Täter. Wie aus ganz normalen Menschen Massenmörder werden, 7. Aufl. Frankfurt a. M. 2016, S. 248.
596 Das Protokoll vom 20.01.1942 wird als Quellendigitalisat von der Berliner Gedenk- und Bildungsstätte Haus der Wannsee-Konferenz bereitgestellt: https://www.ghwk.de/fileadmin/Redaktion/PDF/Konferenz/protokoll-januar1942_barrierefrei.pdf [29.12.2024]; zur Einordnung der Konferenz in den Holocaust: Dieter Pohl, Verfolgung und Massenmord in der NS-Zeit 1933–1945, Darmstadt 2003, S. 84–86; zum antiken Barbarenbegriff mit Literatur: Peter Geiss, Goten und Hunnen der Moderne. Gegenwartsbezogene Thematisierungen der Völkerwanderung im geschichtsdidaktischen Fokus, in: Ders./Konrad Vössing (Hg.), Die Völkerwanderung: Forschung – Mythos – Vermittlung, Göttingen 2021, S. 289–324; speziell zur (nicht immer ganz eindeutigen) Abgrenzung gegenüber modernem Rassismus: ebd., S. 291 f.
597 Joseph Joffo, Un sac de billes, Paris 1973, S. 286 (Übers. P. Geiss).
598 Hannah Arendt, Eichmann in Jerusalem. Ein Bericht von der Banalität des Bösen, 10. Aufl. München 2014 (deutsch zuerst 1964), S. 399 f.
599 Vgl. Bogdan Musial, Der Bildersturm. Aufstieg und Fall der ersten Wehrmachtsausstellung, in: bpb Deutschland Archiv, 01.09.2011, http://www.bpb.de/geschichte/zeitgeschichte/deutschlandarchiv/53181/die-erste-wehrmachtsausstellung [28.03.2024]; zur für viele Wehrmachtsveteranen typischen Tendenz, Hitler und den Parteiinstitutionen und -organisationen (SS, SD) die Schuld zuzuschieben, um die Wehrmacht zu entlasten: Jürgen Förster, Die Wehrmacht im NS-Staat. Ein »grauer Fels in brauner Flut«?, in: Manuel Becker/Holger Löttel/Christoph Studt (Hg.), Der militärische Widerstand gegen Hitler im Lichte neuer Kontroversen, Berlin 2010, S. 97–111, hier S. 98 f.
600 Zu den voranstehend wiedergegebenen Zitaten und Gedanken: Nolte, Cannae-Mythos, S. 3 f., S. 86 und 90; Zahl der im Verantwortungsbereich der Wehrmacht gestorbenen sowjetischen Kriegsgefangenen nach Pohl, Verfolgung und Massenmord, S. 43. Mit meinen Fragen und Eindrücken aus der Lektüre des Büchleins von Nolte verbindet sich keine Beurteilung seiner Person oder seines Verhaltens im Zweiten Weltkrieg, die ohne Einsicht in die dazu noch verfügbaren Quellen nicht angemessen wäre. Zu vergessen ist auch nicht, dass Noltes Analyse vor der berühmten Ausstellung »Verbrechen der Wehrmacht« (▶ Kap. 10) entstanden ist, die den deutschen Vernichtungskrieg in den Fokus einer breiteren gesellschaftlichen Aufmerksamkeit gerückt hat.

601 Vgl. Johannes Hürter, Militäropposition und Judenmord bei der Heeresgruppe Mitte im Sommer und Herbst 1941. Alte Erinnerungen und neue Dokumente, in: Becker/Löttel/Studt (Hg.), Militärischer Widerstand, S. 135–151.
602 Zit. nach Hartmann/Slutsch, Franz Halder, S. 490 f. Die Rede stammt wahrscheinlich aus dem April 1939, vgl. ebd., S. 470.
603 Vgl. Hartmann/Slutsch, Franz Halder, S. 484 f.
604 Vgl. Nolte, Cannae-Mythos, S. 4 und 99; voranstehendes Zitat zur Kritik an Halder: ebd., S. 77.
605 Zit. nach Hartmann/Slutsch, Franz Halder, S. 479; zu Noltes Kritik an einer solchen Haltung: Ders. Cannae-Mythos, S. 30.
606 Gesetz über die Rechtsstellung der Soldaten vom 19. März 1956, in: Bundesgesetzblatt 1956/I, S. 114–126, hier § 11 Abs. 2 (S. 116); vgl. das Zitat im Transkript der Fernsehsendung: Fritz Bauer, »Heute Abend Kellerclub.« Die Jugend im Gespräch mit Fritz Bauer, in: Ders., Kleine Schriften, hg. von Lena Foljanty und David Johst, Frankfurt a. M. 2018, Bd. 2, S. 1224–1241, hier S. 1232.
607 Vortragsnotiz vom 16. Juli 1938, zit. nach Bodo Scheurig (Hg.), Deutscher Widerstand. Fortschritt oder Reaktion? München 1969, S. 34 f., hier S. 35; vgl. Hartmann/Slutsch, Franz Halder, S. 478; zur voranstehend thematisierten Rolle Becks im Widerstand: Klaus Peter Hoffmann, Ludwig Beck. Oberhaupt der Verschwörer, in: Klemens von Klemperer/Enrico Syring/Rainer Zitelmann (Hg.), Das Attentat. Die Männer des 20. Juli 1944, Wien 2006, S. 26–43.
608 Voranstehende Überlegungen und Zitate nach Becks Stellungnahme zu Hitlers Ausführungen am 5. November 1937 (Niederschrift vom 12.11.1937), zit. nach Scheurig (Hg.), Deutscher Widerstrand, S. 29–31.
609 Zit. nach Wallach, Dogma der Vernichtungsschlacht, S. 329, dessen interpretatorischer Verknüpfung mit Clausewitz' Denken ich hier folge.
610 Ebd., S. 450.
611 Zu den Zielen der Appeasement-Politik: Norrin M. Ripsman/Jack S. Levy, Wishful Thinking or Buying Time? The Logic of British Appeasement in the 1930s, in: International Security 33/2 (2008), S. 148–181; zu Chamberlains Bemühen, aus 1914 zu lernen: Herfried Münkler, Ukraine-Krise: »Putin überkam die Angst vor Gesichtsverlust«, Interview mit Andrea Seibel und Alan Posener, in: Die Welt, 19.03.2014, https://www.welt.de/kultur/article125943063/Putin-ueberkam-die-Angst-vor-Gesichtsverlust.html [02.04.2024]; Formulierung »Schatten von 1914« von John Horne, Kulturelle Demobilmachung 1919–1939. Ein sinnvoller historischer Begriff?, in: Geschichte und Gesellschaft. Sonderheft 21 (2005), S. 129–150, hier S. 150; zu Chamberlains »mindset«: R. A. C. Parker, Chamberlain and Appeasement. British Policy and the Coming of the Second World War, London 1993.
612 Vgl. Yuen Foong Khong, Analogies at War. Korea, Munich, Dien Bien Phu, and the Vietnam Decisions of 1965, Princeton 1992, S. 175–179.
613 Vgl. die Statements in: Aus der Geschichte lernen, in: Süddeutsche Zeitung, 06.09.2014, http://www.sueddeutsche.de/politik/weltkriegs-gedenken-und-ukraine-krise-aus-der-geschichte-lernen-1.2115983 [29.03.2024]; grundsätzlicher zur Funktion von Hitler- und Appeasement-Vergleichen in Entscheidungsprozessen: Robert Jervis, Perceptions and Misperceptions in International Politics, Princeton 2017 (zuerst 1978), S. 217–224.
614 Vgl. Chamberlains Bericht im Kabinett am 30. September 1938, National Archives, CAB 23/95/11, Protokollseite 2, fortlaufende Bogennummerierung 280. Hier und im Folgenden werden alle »Cabinet Papers« nach Digitalisaten der britischen National Archives (Kew) zitiert, zugänglich unter: https://discovery.nationalarchives.gov.uk/details/r/C3830 [26.11.2024]; zum Ablauf der Münchener Konferenz: Note by Sir Henry Wilson on the Munich Conference, 29–30. September 1938, zit. nach E. L. Woodward/Rohan Butler (Hg.), Documents on British Foreign Policy [nachfolgend abgekürzt: DBFP], Reihe III, Bd. 2: 1938, London 1949, Nr. 1227, S. 630–625 .
615 Hoßbach-Niederschrift über die Besprechung in der Reichskanzlei am 5. November 1937, 10. November 1937, in: Akten zur Deutschen Auswärtigen Politik [nachfolgend abgekürzt:

ADAP], Serie D, Bd. I, Baden-Baden 1950, Nr. 19, S. 25–32, hier S. 32; zur Bevölkerung und politisch-strategischen Situation des Sudetenlandes detailliert: Detlef Brandes, Die Sudetendeutsche Partei im Krisenjahr 1938, 2. Aufl. München 2010.

616 Zu den genannten Regelungen des Abkommens vom 29. September 1938: Reichsgesetzblatt, Teil II, 1938, S. 853 f.; zu Hitlers weiteren Aggressionsschritten unter Verletzung des Abkommens: Klaus Hildebrand, Das Dritte Reich, 6. Aufl. München 2003, S. 46.

617 Zur nach Osten gerichteten »Bodenpolitik« besonders deutlich: Adolf Hitler, Mein Kampf, 286.–290. Aufl. München 1938, S. 742.

618 Rede Hitlers, in: Reichstagsprotokolle, 8. Wahlperiode 1933, 3. Sitzung, 17.05.1933, S. 47–54, Zitat S. 49, vgl. zur voranstehend geschilderten Täuschungsstrategie: Christoph Studt, Nationalsozialistische Außenpolitik bis zum Sommer 1938, in: Jürgen Zarusky/Martin Zückert (Hg.), Das Münchner Abkommen von 1938 in europäischer Perspektive, München 2003, S. 17–29, hier S. 17; Günter Wollstein, Von Weimarer Revisionismus zu Hitler, Bonn 1973, S. 23 und 27 (scheinbare Kontinuitäten zur Weimarer Außenpolitik).

619 Hitler vor den Befehlshabern des Heeres und der Marine, 3. Februar 1933, handschriftliche Aufzeichnungen des Generalleutnants Liebmann, zit. nach Thilo Vogelsang, Neue Dokumente zur Geschichte der Reichswehr 1930–1933, in: Vierteljahrshefte für Zeitgeschichte 2/4 (1954), S. 397–436, hier Dok. 8, S. 435.

620 Zu den voranstehend skizzierten Entwicklungen auf der Abrüstungskonferenz: Wollstein, Von Weimarer Revisionismus zu Hitler, S. 31–36 (Ausgangsbedingungen der Konferenz; deutsche Abrüstung als Auftakt allgemeiner Abrüstung); Manfred Messerschmitt, Außenpolitik und Kriegsvorbereitung, in: Wilhelm Deist u. a. (Hg.), Das Deutsche Reich und der Zweite Weltkrieg, Bd. 1: Ursachen und Voraussetzungen der deutschen Kriegspolitik, Frankfurt a. M. 1989, S. 641–849 (deutsche »Abrüstungspolitik« als faktische Aufrüstungspolitik, ebd., S. 670 und 685); zur Unehrlichkeit deutscher Forderungen nach allgemeiner Abrüstung: Gerhard L. Weinberg, Hitler's Foreign Policy 1933–1939. The Road to World War II, New York 2015, S. 128; zur deutschen Begründung des Austritts: Aufruf der Reichsregierung an das deutsche Volk, 14. Oktober 1933, in: ADAP C,II,1 (bearb. von Franz Knipping, Göttingen 1973), Nr. 1, S. 1 f., hier S. 1.

621 Zur offenen Aufrüstung: Karl-Volker Neugebauer, Vom eigenständigen Machtfaktor zum Instrument Hitlers – Militärgeschichte im »Dritten Reich«, in: Ders. (Hg.), Grundkurs deutsche Militärgeschichte, Bd. 2: Das Zeitalter der Weltkriege. Völker in Waffen, München 2007, S. 206–295, hier S. 258 und 262; zur Rheinlandbesetzung: Hildebrand, Das Dritte Reich, S. 36; zur Saarabstimmung: ebd., S. 25; zu Österreich: ebd., S. 37 f.; für 1933–1938 zusammenfassend: Studt, Nationalsozialistische Außenpolitik, S. 17–29.

622 Voranstehendes Pressezitat aus: Opinion, in: Daily Express, 14.03.1938, S. 12 (ebenso wie nachfolgende Zitate aus dem *Daily Express* und *Daily Mirror* nach Digitalisaten von UK Press online: https://ukpressonline.co.uk/ [08.09.2011], Übers. P. Geiss); zu dieser Zeitung: Franklin Reid Gannon, The British Press and Germany 1936–39, Oxford 1971, S. 34–38; zu Beaverbrook: Geoffrey Hayes, Max Aitken, Lord Beaverbrook, in: Ute Daniel u. a. (Hg.), 1914–1918-online. International Encyclopedia of the First World War, 19.11.2018, http://dx.doi.org/10.15463/ie1418.11317.

623 Zur Ambivalenz Lloyd Georges und der britischen Deutschlandpolitik 1918/19 insgesamt: Christoph Jahr, Der lange Weg nach München. Britische Außenpolitik und der Weg nach Versailles, in: Gerd Krumeich (Hg., unter Mitarbeit von Silke Fehlemann), Versailles 1919. Ziele – Wirkung – Wahrnehmung, Essen 2001, S. 113–125, hier S. 118 f. Die genannte Denkschrift, das sogenannte Fontainebleau-Memorandum, ist abgedruckt in: Klaus Schwabe (Hg.), Quellen zum Friedensschluss von Versailles, Darmstadt 1997, Nr. 58, S. 156–167; zur Einstufung als frühes Dokument des Appeasement: Bernd Jürgen Wendt, Lloyd Georges Fontainebleau-Memorandum: Eine Wurzel des Appeasement?, in: Ursula Lehmkuhl/Clemens A. Wurm/Hubert Zimmermann (Hg.), Deutschland, Großbritannien, Amerika. Politik, Gesellschaft und Internationale Geschichte im 20. Jahrhundert. Festschrift für Gustav Schmidt, Wiesbaden 2003, S. 27–44, hier S. 28 f.

624 Voranstehende Zitate und Bezugnahmen auf das Gespräch nach: Notes of a Conversation between Mr. Lloyd George and Herr Hitler at Berchtesgaden, 4. September 1936, in: UK Parliament, Parliamentary Archive, LG/G/260, S. 17 f. (in derselben Mappe auch die genannten Fotos und Zeitungsausschnitte); zur Rolle Erzbergers und Bauers: Eberhard Kolb/Dirk Schumann, Die Weimarer Republik, 8. Aufl. München 2013, S. 8 f. und 34 f.; zu den Hintergründen der Reise mit weiteren Quellen und zum Einfluss Lloyd Geogres als *elder statesman*: Antony Lentin, Lloyd George and the Lost Peace. From Versailles to Hitler 1919–1936, Houndmills u. a. 2001, S. 89–105.

625 Nachfolgende Zusammenfassung und Zitate nach: General Staff Plans – »A Machine in Motion«. Mr. Lloyd George on the events of 1914, in: The Times, 02.04.1936, S. 15 (Übers. P. Geiss, dieses und weitere Zitate aus der *Times* nach den Digitalisaten unter: https://nl.sub.uni-goettingen.de/collection/nlh-tda1 [18.12.2024]); zum allgemeinen Kontext der Generalstabspläne und der deutschen Vorschläge zur Beilegung der Krise vgl. ferner die Artikel ebd., S. 14.

626 Vgl. Ian Kershaw, Making Friends with Hitler. Lord Londonderry, the Nazis and the Road to World War II, New York 2004, S. 52; zahlreiche weitere Beispiele bietet Detlev Clemens, Herr Hitler in Germany. Wahrnehmungen und Deutungen des Nationalsozialismus in Deutschland 1920 bis 1939, Göttingen/Zürich 1996, u. a. S. 418 (»Gleichsetzung« der außenpolitischen Eliten des NS-Staates mit den vor 1914 bestimmenden wilhelminischen Eliten und fatale Analogien).

627 Notes of a Conversation between Mr. Lloyd George and Herr Hitler at Berchtesgaden, S. 19 f.

628 Randnotiz Wilhelms II. zu einem Telegramm Lichnowskys an Jagow, 29. Juli, zit. nach: Immanuel Geiss (Hg.), Juli 1914. Die europäische Krise und der Ausbruch des Ersten Weltkriegs, München 1965, Nr. 130, S. 289.

629 Vgl. in entscheidungstheoretischer Perspektive Glenn H. Snyder, The Security Dilemma in Alliance Politics, in: World Politics 36/4 (1984), S. 461–495, hier S. 467; zur Relevanz dieses Gedankens Ende Juli 1914: Gerd Krumeich, Juli 1914. Eine Bilanz, Paderborn 2014, S. 122; zu den voranstehend beschriebenen Ambivalenzen Greys im Kontext der Krise: Christopher Clark, The Sleepwalkers. How Europe Went to War in 1914, London 2012, S. 527–551.

630 Zur Lokalisierung als Risikostrategie: Krumeich, Juli 1914, S. 183 f.

631 Zum voranstehenden Absatz: Weinberg, Hitler's Foreign Policy, S. 633 (Aktualität von 1914 in der Krise von 1938) Krumeich, Juli 1914, S. 120 (zeitgenössischer Vorwurf an Grey); Henderson an Halifax, 02.09.1938, in: DBFP III,2, Nr. 748, S. 216 und David Faber, Munich. The 1938 Appeasement Crisis, London u. a. 2008, S. 235 (Weizsäcker zu 1914); Bezugnahmen auf 1914 in der Unterhausdebatte zu »Foreign Affairs (Austria)«, 14. März 1938, in: Commons Hansard, Bd. 333, Sp. 45–169, https://hansard.parliament.uk/Commons/1938-03-14/debates/3a5993b0-e8b0-4ec4-83e4-df3898e29649/ForeignAffairs(Austria) [02.04.2024]; Clemens, Herr Hitler in Germany, S. 419 (Plausibilität der auf 1914 gestützten Forderung nach Eindeutigkeit).

632 Vgl. zur Rolle der SdP detailliert: Brandes, Die Sudetendeutsche Partei.

633 Vgl. o. A., Vortragsnotiz über meine Besprechung mit dem Führer der Sudetendeutschen Partei, Konrad Henlein, und seinem Stellvertreter Karl Hermann Frank, in: ADAP D,II, Baden-Baden 1950, Nr. 107, S. 158–161, hier S. 158; dazu Hildebrand, Das Dritte Reich, S. 38.

634 Zur Rolle Henleins aus Hitlers Sicht: o. A., Vortragsnotiz über meine Besprechung mit dem Führer der Sudetendeutschen Partei, Konrad Henlein, und seinem Stellvertreter Karl Hermann Frank, in: ADAP D,II, Nr. 107, S. 158–161, hier S. 158; hierzu und insgesamt zur deutschen Steuerung der Krise: Hildebrand, Das Dritte Reich, S. 38 f.

635 Belegstellen zum Voranstehenden: Hoßbach-Niederschrift, in: ADAP D,I, Nr. 19, S. 25 f. und 29 f.

636 Zitat aus: Der oberste Befehlshaber der Wehrmacht an die Oberbefehlshaber des Heeres, der Marine und der Luftwaffe. Weisung für den »Plan Grün«, 30. Mai 1938, in: ADAP D,II, Nr. 221, S. 281–285, hier S. 282.

637 Vgl. zur Runciman-Mission detailliert Paul Vyšný, The Runciman Mission to Czechoslovakia, 1938. Prelude to Munich, London 2003, zur Uneindeutigkeit der Mission: S. 80, zur Beurteilung der Mission als Wegbereiterin der Münchner Konferenz: S. IX; zur wahrscheinlichen Manipulation: J. W. Brügel, Der Runiman-Bericht, in Vierteljahrshefte für Zeitgeschichte 26/4 (1978), S. 652–659; zur vorangehenden Maikrise und Kriegsgefahr: Vgl. Faber, Munich, S. 180–182.

638 Rede Adolf Hitlers über die sudetendeutsche Frage auf dem Kongreß des Reichsparteitags zu Nürnberg, 12. September 1938, zit. nach Herbert Michaelis/Ernst Schraepler (Hg.), Ursachen und Folgen. Vom deutschen Zusammenbruch 1918 und 1945 bis zur staatlichen Neuordnung Deutschlands in der Gegenwart, Berlin o. J. (Sonderausgabe für die Kommunalbehörden etc.), Bd. 12, Nr. 2700 (e), S. 320.

639 Zum Voranstehenden: Daily Mirror, 13.09.1938, S. 3.

640 Protokoll zitiert und kommentiert in Faber, Munich, S. 268.

641 Zu dieser Rede: Faber, Munich, S. 368 f.; Parker, Chamberlain and Appeasement, S. 175; zum zögerlichen und unentschiedenen Erkennen der totalitären Dimensionen des Nationalsozialismus in Großbritannien: Clemens, Herr Hitler in Germany, S. 344 f.

642 Rede abgedruckt in: Völkischer Beobachter, 27. September 1938, S. 2 und 4, hier S. 4, http://anno.onb.ac.at/cgi-content/anno?aid=vob&datum=19380927&seite=4 [29.11.2024].

643 Die Gültigkeit des britisch-französischen Bündnisses beschwört René Cassin, Les traités d'assistance entre la France et la Tchécoslovaquie, in: Politique étrangère 3/4 (1938), S. 334–359.

644 Chamberlain im Unterhaus, 24. März 1938, in: Commons Hansard, Bd. 333, Sp. 1405 f., https://hansard.parliament.uk/Commons/1938-03-24/debates/64f1b994-a007-4e92-af8d-ce51f175116a/ForeignAffairsAndRearmament [27.11.2024] (Übers. P. Geiss); vgl. Parker, Chamberlain and Appeasement, S. 139 und 144.

645 Vgl. Nicolas Beaupré, Das Trauma des großen Krieges 1918–1932/33, übers. von Gabi Sonnabend, Darmstadt 2009, S. 10–12; Tim Bouverie, Appeasing Hitler. Chamberlain, Churchill and the Road to War, London 2019, S. 421, S. 416; zur Präsenz von 1914 in der Sudetenkrise: Horne, Kulturelle Demobilmachung, S. 150.

646 Stefan Zweig, Die Welt von Gestern. Erinnerungen eines Europäers, 36. Aufl. Frankfurt a. M. 2007 (zuerst 1942), S. 467–469; am Ende des Buches (S. 492) bezogen auf den Kriegsbeginn 1939 ebenfalls die Metapher des »Schattens« von 1914–18.

647 Vgl. Dietrich Aigner, Das Ringen um England. Das deutsch-britische Verhältnis. Die öffentliche Meinung 1933–1939. Tragödie zweier Völker, München/Esslingen 1969. Der Titel dieser materialreiche und über weite Strecken auch analysestarken Studie ist abwegig: Die deutsche Aggressionspolitik, die Deutsche und Briten in den Krieg stürzte, ist ein verbrecherisches Phänomen, das auf deutscher Seite keinerlei Züge von Tragik erkennen lässt.

648 Vgl. mit grundsätzlichen Überlegungen am Beispiel 1618: Arthur C. Danto, Analytische Philosophie der Geschichte, Frankfurt a. M. 1980, S. 245 f.; dazu auch Hans-Jürgen Pandel, Geschichtsdidaktik. Eine Theorie für die Praxis, 2. Aufl. Schwalbach/Ts. 2017, S. 86–92.

649 Thomas Nipperdey, Kann Geschichte objektiv sein?, in: Geschichte in Wissenschaft und Unterricht 30 (1979), S. 329–342, hier S. 341; zu dieser Diskrepanz bezogen auf Zeitzeugen und Geschichtswissenschaft: Horst Möller, Europa zwischen den Weltkriegen, München 1998, S. 118.

650 Zur Ausblendung des spezifisch totalitären Charakters des Nationalsozialismus und zur Verwechslung mit *Prussianism*: Aigner, Ringen um England, S. 229–231, 244 und *passim* sowie Clemens, Herr Hitler in Germany, S. 303–314 und 418.

651 Vgl. Churchill im Daily Telegraph, 15.09.1938, zit. nach Aigner, Ringen um England, S. 328

652 Winston S. Churchill, The Second World War, Bd. 1: The Gathering Storm, Boston 1948, S. 225 f.

653 Gesprächsinhalte nach Chamberlains Vortrag in der Kabinettssitzung vom 17. September 1938, National Archives, CAB 23/95/3, Protokollseite 11, Bogen 74.

654 Vgl. Kabinettssitzung vom 21. September 1938, National Archives, CAB 23/95/5, Protokollseite 22, Bogen 163.

655 Note des französischen Gesandten in Prag, Victor-Léopold de Lacroix, 21. September 1938, zit. nach Michaelis/Schraepler (Hg.), Ursachen und Folgen, Bd. 12, Nr. 279 (e), S. 360.
656 Vgl. The Duff Cooper Diaries 1915–1951, hg. von John Julius Norwich, London 2005, S. 261 (Eintrag vom 17. September 1938).
657 Zum voranstehend referierten Gesprächsinhalt vgl. Chamberlains Bericht in: Kabinettssitzung vom 24. September 1938, National Archives, CAB 23/95/6, Protokollseiten 1–3, Bögen 168–170.
658 Viscount Halifax to the British Delegation (Godesberg), 23.09.1938, in: DBFP III,2, Nr. 1058, S. 490 (Übers. P. Geiss); zum Stimmungsumschwung während der Konferenz und zur Einstellung der Briten auf Krieg: Faber, Munich, S. 339 und 357; Charles Madge/Tom Harrisson, Britain by mass-observation, Harmondsworth 1939, S. 77 f.; Richard Cocket, Twilight of Truth. Chamberlain, Appeasement and the Manipulation of the Press, London 1989, S. 78; zu den Zusammenhängen knapp mit weiterer Literatur Peter Geiss, Internationale Politik in bewegten Bildern – britische Wochenschaufilme der Zwischenkriegszeit als Quellen, in: Peter Hoeres/Anuschka Tischer (Hg.), Medien in den Außenbeziehungen von der Antike bis zur Gegenwart, Köln/Wien 2017, S. 257–282, hier S. 275–280.
659 The Diaries of Sir Alexander Cadogan, O. M., 1938–1945, hg. von David Dilks, London 1971, S. 109 (Eintrag vom 28. September 1938) und 103 f. (Eintrag vom 24. September 1938) (Übers. P. Geiss).
660 Duff Cooper Diaries, S. 265 (Eintrag vom 24. September 1938).
661 Vgl. Parker, Chamberlain and Appeasement, S. 344; voranstehendes Pressezitat: Daily Mirror, 26. September 1938, S. 14 f.
662 Zur Volatilität der öffentlichen Meinung. Madge/Harrison, Britain by mass-observation, S. 78; zum Schuldvorwurf: Bouverie, Appeasing Hitler, S. 413 f., »Cato«, Guilty Men, London 1940.
663 »Labour lunatics who wished to attack everyone and who voted against armament«, zit. nach Bouverie, Appeasing Hitler, S. 413 (Übers. P. Geiss); vgl. auch Churchill, Gathering Storm, S. 178. Zu diesem Widerspruch der pazifistischen Linken Hermann Graml, Hitler und England. Ein Essay zur nationalsozialistischen Außenpolitik 1920 bis 1940, München 2010, S. 55 (»blinder Glaube« an den Völkerbund).
664 Zum voranstehenden Absatz: Martin Ceadel, The First British Referendum. The Peace Ballot, 1934–5, in: The English Historical Review 95/377 (1980), S. 810–839, hier insbes. S. 812 (Rolle der L.N.U.), 830 (unvollkommener Ersatz für damals erst beginnende Demoskopie), 828 (Ergebnisse zu Sanktionen in Zahlen) und 836 (Einfluss auf milde Sanktionspolitik Baldwins gegenüber Italien); Fragenliste in: J. A. Thomson, The Peace Ballot and the Public, in: Albion 13/4 (1981), S. 381–392, hier S. 382; zu den konkreten Sanktionen gegen Italien: Alfred Pfeil, Der Völkerbund. Literaturbericht und Darstellung seiner Geschichte, Darmstadt 1976, S. 133 f.
665 Vgl. zu den voranstehend charakterisierten Denkmustern etwa Patrick Kyba, Covenant without a Sword. Public Opinion and British Defense Policy 1931–35, Waterloo 1983.
666 Die Definition folgt hier Forrest E. Morgan u. a., Dangerous Thresholds. Managing Escalation in the 21st Century, Santa Monica u. a. 2008, S. 15, zur Leitermetaphorik: S. 14.
667 Vgl. Churchill, Gathering Storm, S. 216.
668 Zum Voranstehenden: Graml, Hitler und England, S. 70, 86–88 (japanische und italienische Aggressionen als Ermutigung für Hitler und Zeichen für fehlende Widerstandsbereitschaft der Demokratien; Stärkung von Hitlers Vorsehungsglaube durch Rheinlandkrise); Jodl, zit. nach Michaelis/Schraepler (Hg.), Ursachen und Folgen, Bd. 10, Nr. 2453, S. 423.
669 Vgl. Hoßbach-Niederschrift, in: ADAP D,I, Nr. 19, S. 30 f.; zu von Jagows Annahme 1914 vgl. Volker Berghahn, Der Erste Weltkrieg, 3. Aufl. München 2006, S. 35.
670 Hitler, Mein Kampf, S. 742.
671 Vgl. Hannah Arendt, Elemente und Ursprünge totaler Herrschaft. Antisemitismus, Imperialismus, totale Herrschaft, 11. Aufl. München 2006, S. 727 f. und 742.
672 Becks Stellungnahme zu Hitlers Ausführungen am 5. November 1937, zit. nach Bodo Scheurig (Hg.), Der deutsche Widerstand. Fortschritt oder Reaktion, München 1969, Nr. 1, S. 29–31,

673 hier S. 29; zur Charakterisierung von Becks Denken und Rolle: Peter Hoffmann, Ludwig Beck – Oberhaupt der Verschwörer, in: Klemens von Klemperer/Enrico Syring/Rainer Zitelmann (Hg.), Das Attentat. Die Männer des 20. Juli, Wien 2006 (zuerst 1994), S. 26–43.
673 Zu Becks Kritik an den Parallelen: Scheurig (Hg.), Der deutsche Widerstand, S. 30.
674 Vgl. Hoßbach-Niederschrift, in: ADAP D,I, Nr. 19, S. 28.
675 Zu Hitlers »Vorsehungsglauben«: Graml, Hitler und England, S. 87; Metapher nach Klaus Bergmann, Geschichte als Steinbruch? Anmerkungen zum Gegenwartsbezug im Geschichtsunterricht, in: Zeitschrift für Geschichtsdidaktik 1 (2002), S. 138–150.
676 Zur Tragik Chamberlains: Bouverie, Appeasing Hitler, S. 421.
677 Aristoteles, Poetik, 1453a (Griechisch/Deutsch, hg. u. übers. von Manfred Fuhrmann, Stuttgart 1982, S. 38 f.).
678 Vgl. zum Voranstehenden: Note of a Conversation between Sir R. Vansittart and Herr von Kleist, 18. August 1938, in: DBFP III,2, Appendix IV (i), S. 683–685, hier S. 685 (Übers. P. Geiss).
679 Letter from Mr. Chamberlain to Viscount Halifax, 19. August 1938, in: ebd., Appendix IV (ii), S. 686 f., hier S. 686; zu Chamberlains Analogie vgl. John S. Morrill, Art. »Jacobite«, in: Encyclopedia Britannica online, https://www.britannica.com/topic/Jacobite-British-history [02.04.2024].
680 Vgl. z. B. Daily Mirror, 29.09.1938, S. 14 (Evakuierung von Kindern), 16 (Engagement von Frauen im Zivilschutz) und 18 (Gasmasken).
681 Chamberlain im Unterhaus, 28. September 1938, in: Commons Hansard, Bd. 339, Sp. 5–28, hier Sp. 5 (Übers. P. Geiss), https://api.parliament.uk/historic-hansard/commons/1938/sep/28/prime-ministers-statement [02.04.2024]; vgl. Faber, Munich, S. 394.
682 Vgl. Diaries of Sir Alexander Cadogan, S. 109 (Eintrag vom 28. September 1938); zur Situation: Parker, Chamberlain and Appeasement, S. 179.
683 On to Munich, in: The Times, 29.09.1938, S. 13 (Übers. P. Geiss).
684 Madge/Harrisson, Britain by mass-observation, S. 80 (Übers. P. Geiss).
685 Duff Cooper im Unterhaus, 3. Oktober 1938, in: Commons Hansard, Bd. 339, Sp. 30–40, https://hansard.parliament.uk/Commons/1938-10-03/debates/87f088c7-4ff9-4bbd-b66f-0319a28d9d46/PersonalExplanation [29.11.2024], hier Sp. 31 f., Zitat Sp. 32 (Übers. P. Geiss); zum voranstehenden Absatz: Kabinettsinterner Vergleich von Godesberg-Memorandum und Münchner Ergebnissen vom 1. Oktober 1938, in: National Archives, CAB 24/279 und Georges-Henri Soutou, Die Westmächte und die Septemberkrise unter besonderer Berücksichtigung Frankreichs, in: Jürgen Zarusky/Martin Zückert (Hg.), Das Münchner Abkommen von 1938 in europäischer Perspektive, München 2013, S. 159–179, hier S. 172 (angebliche »Fortschritte« gegenüber der Godesberger Konferenz); Movietone-Wochenschau, »History Made in Munich«, Beitrag vom 3. Oktober 1938, Story-Nr. 34484, online verfügbar unter: https://www.youtube.com/watch?v=dHsDwH7ARl4 [29.11.2024] (Chamberlain als *saviour of peace*, jubelnde Massen in München); Madge/Harrison, Britain by mass-observation, S. 88, 99, 105 und 107 (psychologische Erklärung der Zustimmung mit starken Erleichterungseffekten, aber auch mediales Konstrukt von Zustimmung; Chamberlain-Zitat: Multitude cheer the Premier home and hear him say: »You may sleep quietly – it is peace for our time«, in: Daily Express, 01.10.1938, S. 1.
686 Grundlage der voranstehenden Skizze beider Modelle: Jervis, Perception and Misperception, S. 58–113.
687 Vgl. z. B. Duff Cooper Diaries, S. 256 (Eintrag vom 30. August 1938).
688 Zur Irrationalität Hitlers und der daraus resultierenden Unanwendbarkeit beider Modelle vgl. Jervis, Perception and Misperception, S. 96.
689 Dieses Kapitel greift Überlegungen aus dem von mir verfassten zweiten Teil des folgenden Aufsatzes auf: Peter Geiss/Michael Rohrschneider, Transfers und Modelle: Aspekte von Versöhnung in geschichtswissenschaftlicher Perspektive, in: Esther Gardei/Michael Schulz/Hans-Georg Soeffner (Hg.), Versöhnung. Theorie und Empirie, Göttingen 2023, S. 175–206 (Teil 2: S. 186–196).
690 Vgl. Horst Möller, Einleitung, in: Ders./Klaus Hildebrand (Hg.), Die Bundesrepublik Deutschland und Frankreich. Dokumente 1949–63, Bd. 1, bearb. von Ulrich Lappenküper, München 1997,

S. 9*–21*, hier S. 14*; zur Rückprojektion nationaler Feindbilder zudem: Ute Planert, Der Mythos vom Befreiungskrieg. Frankreichs Kriege und der deutsche Süden. Alltag – Wahrnehmung – Deutung 1792–1841, Paderborn u. a. 2007, S. 655 f. und *passim*.

691 Vgl. Rainer Riemenschneider/Emanuel von Geibel, Grenzprobleme im Schulbuch. Dokumentation zur Darstellung der Annexion von Elsaß und Lothringen in deutschen und französischen Geschichtsbüchern von 1876 bis 1976, in: Internationale Schulbuchforschung 2 (1980), S. 85–107.

692 Gerd Krumeich/Joachim Schröder (Hg.), Der Schatten des Weltkriegs. Die Ruhrbesetzung 1923, Essen 2004.

693 Zum Voranstehenden: Raymond Poidevin/Jacques Bariéty, Frankreich und Deutschland. Die Geschichte ihrer Beziehungen 1815–1975, München 1982, S. 332 (Ruhrkampf und Hyperinflation 1923/24) und 344–347 (Profil und Entwicklung Stresemanns); Wolfgang Michalka, Deutsche Außenpolitik 1920–1933, in: Karl Dietrich Bracher/Manfred Funke/Hans-Adolf Jacobsen (Hg.), Die Weimarer Republik 1918–1933. Politik – Wirtschaft – Gesellschaft, 2. Aufl. Bonn 1988, S. 303–326, hier S. 309 und 311 f. und Eberhard Kolb/Dirk Schumann, Die Weimarer Republik, 8. Aufl. München 2013, S. 46 f. (Reparationslast, Erfüllungspolitik, Rapallo und die Folgen, »produktive Pfänder« 1923).

694 Vgl. Kolb/Schumann, Weimarer Republik, S. 53 und 65.

695 Stresemanns Kronprinzenbrief zit. nach Karl Heinrich Pohl, Der Kronprinzenbrief Gustav Stresemanns vom September 1925. Ein Beispiel für wissenschaftsnahe Quelleninterpretation auf der gymnasialen Oberstufe, in: Geschichtsdidaktik. Probleme – Projekte – Perspektiven 8 (1983), S. 125–163, hier S. 152 f.

696 Vgl. Wolfram Siemann, Metternich. Stratege und Visionär – Eine Biographie, München 2016, S. 306 f. mit einem Stresemanns Formulierung ähnlichem Zitat Metternichs, S. 307 (»ausschließendes Lavieren«, »Ausweichen dem Andrange«).

697 Vgl. ebd., S. 306.

698 Egon Bahr, Wandel durch Annäherung. Rede in der Evangelischen Akademie Tutzing, 15. Juli 1963, S. 2, https://www.1000dokumente.de/index.html?l=de&c=dokument_de&dokument=0091_bah&object=facsimile [03.04.2024]; auf den genannten Unterschied und damit verbunden die fehlende Eignung Stresemanns als Referenzfigur bundesrepublikanischer außenpolitischer Traditionsbildung verweist Pohl, Kronprinzenbrief, S. 162.

699 Zur Person: Art. »Priesdorff, Kurt von«, in: Deutsche Biographie, https://www.deutsche-biographie.de/pnd127871233.html [03.04.2024].

700 Curt von Priesdorff, Die Sendung des Prinzen Wilhelm von Preußen nach Paris und das Angebot eines preußisch-französischen Bündnisses im Jahre 1808, Berlin 1924, S. 1. Für die digitale Verfügbarmachung danke ich der Staatsbibliothek Berlin. Pohl (Kronprinzenbrief, S. 157) ordnet die Schrift einem »Grafen von Bismarck« zu, was angesichts der expliziten Nennung von Priesdorffs im Typoskript nur ein Irrtum sein kann.

701 Diese Deutung und der Verweis auf das Ansehen der Vorbilder in konservativ-nationalen Kreisen nach Pohl, Kronprinzenbrief, S. 157.

702 Voranstehende Zitate und Bezugnahmen: Priesdorff, Sendung des Prinzen Wilhelm, S. 2 f. und 5 f.; zum Konzept des Sicherheitspakts 1924: Akten zur Deutschen Auswärtigen Politik, Reihe A, Bd. IX, bearb. von Hans-Georg Fleck u. a., Göttingen 1991, Nr. 146 (undatiertes Konzept), S. 381–384 (nach Anm. 1 ebd., S. 381 am 11.2.1924 dem britischen Botschafter d'Abernon zur Kenntnis gebracht); dazu Patrick O. Cohrs, The Unfinished Peace. America, Britain and the Stabilisation of Europe 1919–1932, Cambridge u. a. 2008, S. 229; zu Stresemanns Angebot an Frankreich 1925: Kolb/Schumann, Weimarer Republik, S. 69 f.

703 Von Priesdorff, Die Sendung des Prinzen Wilhelm, S. 7.

704 Zum voranstehenden Absatz: Pohl, Kronprinzenbrief, S. 159 (Kritik an Ungleichbehandlung von Ost- und Westgrenzen), 161 f. (Deutung von Stresemanns Kurs als nationale Interessenpolitik); Kolb/Schumann, Weimarer Republik, S. 65 (»Vernunftrepublikaner«) und 66–71 (amerikani-

sches Kapital und Dawes-Plan als Wegbereiter, Überblick über die Regelungen von Locarno und Spitze gegen Polen, dazu auch: Poidevin/Bariéty, Frankreich und Deutschland, S. 352 f.).

705 Patrick O. Cohrs, The First »Real« Peace Settlement after the First World War. Britain, the United States and the Accords of London and Locarno, 1923–1925, in: Contemporary European History 12/1 (2003), S. 1–31 und Ders., The Unfinished Peace (»echter Friede« auf Augenhöhe).

706 Vgl. Poidevin/Bariéty, Frankreich und Deutschland, S. 355.

707 Aristide Briand, Rede vor der Vollversammlung des Völkerbundes, 10.09.1926, zit. nach der Übers. in: Deutschlands Einzug im Völkerbund, in: Vossische Zeitung, 10.09.1926, Abendausgabe, S. 1, https://dfg-viewer.de/show/?set%5Bmets%5D=https://content.staatsbibliothek-berlin.de/zefys/SNP27112366-19260910-1-0-0-0.xml [02.12.2024]; längerer französischer Auszug in: Olivier Wieviorka/Christophe Prochasson (Hg.), La France du XX$^e$ siècle, Paris 1994, S. 295–297.

708 Unterredung zwischen Auriol und François-Poncet am 28.12.1949, zit. nach Hildebrand/Möller (Hg.), Die Bundesrepublik Deutschland und Frankreich, Bd. 1, Dok.-Nr. 4, hier S. 74 (Übers. P. Geiss). Die oben beschriebene Tragik konstatiert bereits: Alfred Grosser, France-Allemagne: 1936–1986, in: Politique étrangère 51/1 (1986), S. 247–255, hier S. 249.

709 Gottfried Niedhart, Die Außenpolitik der Weimarer Republik, 3. Aufl. München 2013, S. 58.

710 Zit. nach Akten der Reichskanzlei, Die Kabinette Brüning I/II, Bd. 1, Nr. 68, Ministerbesprechung vom 8. Juli 1930, 20 Uhr, https://www.bundesarchiv.de/aktenreichskanzlei/1919-1933/0000/bru/bru1p/kap1_2/kap2_68/para3_1.html [14.06.2023]; vgl. Niedhart, Außenpolitik der Weimarer Republik, S. 35; zu Briands Projekt: Poidevin/Bariéty, Frankreich und Deutschland, S. 362 f.

711 Charles de Gaulle, Mémoires d'espoir. Le renouveau 1958–1962, Paris 1970, S. 184 (Übers. P. Geiss); zu den Wirkungen der deutschen Besatzungs- und Gewaltherrschaft in Frankreich: Poidevin/Bariéty, Frankreich und Deutschland, S. 416–420.

712 Vgl. hierzu und zum Anknüpfen an 1919: Rainer Hudemann, Reparationsgut oder Partner? Zum Wandel in der Forschung über Frankreichs Deutschlandpolitik nach 1945, in: Aus Politik und Zeitgeschichte B6/1997, S. 31–40.

713 Vgl. Franz Knipping, »Que faire de l'Allemagne?« Die französische Deutschlandpolitik 1945 bis 1950, in: Ders./Ernst Weisenfeld (Hg.), Eine ungewöhnliche Geschichte. Deutschland – Frankreich seit 1870, Bonn 1988, S. 141–163, hier S. 141–145.

714 Zit. nach der dt. Übers. in ebd., S. 142 f.; franz. Original in: Charles de Gaulle, Lettres, notes et carnets. Mai 1945–Juin 1951, Paris 1984, S. 85–98. Vgl. auch den ähnlich orientierten Brief an General König vom 19.10.1945, ebd., S. 106–108.

715 Vgl. Joseph Rovan, L'Allemagne de nos mérites, in: Esprit 13, Nr. 115 (1945), S. 529–540, hier S. 530; alle voranstehenden biografischen Angaben nach: Horst Möller, Joseph Rovan, in: Francia 32/3 (2005), S. 195–199.

716 Voranstehende Bezugnahmen und Zitate: Rovan, L'Allemagne de nos mérites, S. 532 f. (Übers. P. Geiss), mit explizitem Verweis auf Universalismus.

717 Voranstehende Bezugnahmen und Zitate (Übers. jeweils P. Geiss): ebd., S. 533 (Folgen des Faschismus, »Verleugnung«), 534 (»Abdankung des Geistes« in den deutschen Lagern), 535 (Mitverantwortung, aber nicht wie gegenüber Kindern). Diese Mitverantwortung sieht auch Grosser, France-Allemagne, S. 520 f.

718 Rovan, L'Allemagne de nos mérites, S. 540 (Übers. P. Geiss); voranstehende Bezugnahmen und Zitate: ebd., S. 236 und 238 (Vorleben von Idealen gegen Propagandaverdacht), 540 und *passim* (Gefahr einer Entwertung der Ideale von Revolutionsarmee und Résistance).

719 Vgl. Knipping, »Que faire de l'Allemagne?«, S. 144; zur zeitverzögerten Wirksamkeit der Ideen Rovans bei Schuman und de Gaulle: Grosser, France-Allemagne, S. 250.

720 Zur Neuausrichtung der französischen Deutschlandpolitik angesichts der sowjetischen Bedrohung: Knipping, »Que faire de l'Allemagne?«, S. 149–155; Hellmuth Auerbach, Die europäische Wende der französischen Deutschlandpolitik 1947/48, in: Ludolf Herbst/Werner Bührer/Hanno Sowade (Hg.), Vom Marshallplan zur EWG. Die Eingliederung der Bundesrepublik

Deutschland in die westliche Welt, München 1990, S. 577–591; zur französischen Akzeptanz der Gründung der Bundesrepublik: Poidevin/Bariéty, Frankreich und Deutschland, S. 426 f.

721 Vgl. Knipping, »Que faire de l'Allemagne?«, S. 155; Gilbert Trausch, Der Schuman-Plan zwischen Mythos und Realität. Der Stellenwert des Schuman-Planes, in: Rainer Hudemann (Hg.), Europa im Blick der Historiker. Europäische Integration im 20. Jahrhundert: Bewusstsein und Institutionen, Berlin/Boston 1995, S. 105–128, hier S. 114.

722 So Hartmut Marhold, Historische Bedingungen für Schumans Plan, in: Matthias Waechter/Peter Becker/Otto Neubauer (Hg.), Robert Schuman. Politischer Realist und europäischer Geist, Wiesbaden 2022, S. 9–32, hier S. 24–26; zu Schumans Wurzeln und deutschem Militärdienst zudem: Joseph Rovan, Die Grundlagen des Neubeginns. Eindrücke aus Jahren der Wirrnis und der Klärung (1945–1955), in: Knipping/Weisenfeld (Hg.), Eine ungewöhnliche Geschichte, S. 156–163, hier S. 160.

723 Troisième projet de la déclaration Schuman, 17.04.1950 (Übers. P. Geiss), https://www.cvce.eu/obj/troisieme_projet_de_la_declaration_schuman_avril_1950-fr-c03e7993-036f-4764-9670-afd5d58c5233.html [03.04.2024]; vgl. Marhold, Historische Bedingungen für Schumans Plan, S. 26; zum Absatz vor dem Zitat: Jean Monnet, Mémoires, Paris 1976, S. 349 (Rolle und Überlegungen Monnets); Klaus Schwabe, Jean Monnet. Frankreich, die Deutschen und die Einigung Europas, Baden-Baden 2016, S. 157 f. (Kernidee der Montanunion); Trausch, Der Schuman-Plan zwischen Mythos und Realität, S. 106 (Aufbau und Supranationalität); John Gillingham, Die französische Ruhrpolitik und die Ursprünge des Schuman-Plans, in: Vierteljahrshefte für Zeitgeschichte 35/1 (1987), S. 1–24, hier S. 4 (strategischen Überschätzung von Kohle und Stahl um 1950). Die Bedeutung Monnets hat mir dankenswerterweise Ludger Kühnhardt bewusst gemacht.

724 Zit. nach Poidevin/Bariéty, Frankreich und Deutschland, S. 331; zur voranstehend thematisierten Vereinigung der Ressourcen von Ruhr und Lothringen 1871–1918: Christian Marx, La Lorraine comme ressource et lieu de production de l'industrie de la Ruhr, in: Guerres mondiales et conflits contemporains 267/3 (2017), S. 73–86.

725 Déclaration de Robert Schuman, 09.05.1950, S. 1 (Übers. P. Geiss), https://www.cvce.eu/obj/declaration_de_robert_schuman_paris_9_mai_1950-fr-9cc6ac38-32f5-4c0a-a337-9a8ae4d5740f.html [03.04.2024], dort auch eine andere deutsche Übersetzung der ganzen Rede; zum Kontext: Marhold, Historische Bedingungen für Schumans Plan, S. 9–13. Eine starke Gegenwartsrelevanz des Zitats sehen: Waechter/Becker/Neubauer, Vorwort, in: Dies. (Hg.), Robert Schuman, S. 5.

726 Monnet, Mémoires, S. 344 (Übers. P. Geiss).

727 Vgl. Marhold, Historische Bedingungen für Schumans Plan, S. 11–13.

728 Monnet, Mémoires, S. 343 (Übers. P. Geiss).

729 Vgl. Marhold, Historische Bedingungen für Schumans Plan, S. 12 f.

730 Déclaration de Robert Schuman, 09.05.1950, S. 1 (Übers. P. Geiss). Den Schuman-Plan betrachtet auch Marhold (Historische Bedingungen für Schumans Plan, S. 31) als Erfolg, hält den dadurch angestoßenen Integrationsprozess aber nicht für abgeschlossen.

731 Déclaration de Robert Schuman, 09.05.1950, S. 2 f. (Übers. P. Geiss).

732 Bundeskanzler Adenauer, Interview mit der Wochenzeitung *Die Zeit*, 03.11.1949, zit. nach Hildebrand/Möller, Die Bundesrepublik Deutschland und Frankreich, Bd. 1, Dok. 2, S. 60; zum Abschnitt vor dem Zitat: Schwabe, Jean Monnet, S. 162 f. (Adenauers Zustimmung als Erfolgsbedingung), 157 und 176 sowie Hans-Peter Schwarz, Konrad Adenauer. Bd. 1: Der Aufstieg, 2. Aufl. Stuttgart 1986, S. 266, Manfred Görtemaker, Geschichte der Bundesrepublik Deutschland. Von den Gründerjahren bis zur Gegenwart, Frankfurt a. M. 2004, S. 93 (ähnliche Pläne Adenauers in der Zwischenkriegszeit).

733 Adenauer, Interview mit der Wochenzeitung *Die Zeit*, S. 60.

734 Monnet, Mémoires, S. 345 (Übers. P. Geiss).

735 Voranstehende Zusammenfassung der Rede René Plevens und Zitate nach: Journal officiel de la République française. Débats parlementaires, 24.10.1950, S. 7118 f. (Übers. P. Geiss), Digi-

talisat des Archivs der Nationalversammlung 2024 nicht mehr online; zu Plevens Zielen und der Einordnung seines Plans in den Kontext des Koreakrieges: Corine Defrance/Ulrich Pfeil, WBG Deutsch-Französische Geschichte, Bd. 10: Eine Nachkriegsgeschichte in Europa 1945–1963, aus dem Franz. übers. von Jochen Grube, Darmstadt 2011, S. 76.

736 Pierre Cot, zit. nach Journal officiel, 25.10.1950, S. 7181 (Übers. P. Geiss); voranstehende Informationen zur Person nach Kurzbiografie von Jean Jolly unter: https://www2.assemblee-nationale.fr/sycomore/fiche/(num_dept)/1997 [03.12.2024].

737 Vgl. Journal officiel, 25.10.1950, S. 7179.

738 Charles Serre, zit. nach ebd., S. 7121 (Übers. P. Geiss); zur Parteizugehörigkeit: https://www2.assemblee-nationale.fr/sycomore/fiche/(num_dept)/6398 [05.04.2024]; zum MRP: Matthias Waechter, Geschichte Frankreichs im 20. Jahrhundert, München 2019, S. 288.

739 Zu den erwähnten Bündnissen: Poidevin/Bariéty, Frankreich und Deutschland, S. 195, 319–321 und 426 f.

740 Voranstehende Bezugnahmen und Zitate: Serre, Journal officiel, 24.10.1950, Zitate S. 7123 und 7122 (Übers. P. Geiss).

741 Vgl. das digitalisierte Exemplar des Hauses der Geschichte Bonn: https://www.hdg.de/lemo/bestand/objekt/plakat-alerte.html [05.04.2024].

742 Zum Konzept: Stefan Troebst, Geschichtspolitik, Version: 1.0, in: Docupedia-Zeitgeschichte, 04.08.2014, http://docupedia.de/zg/troebst_geschichtspolitik_v1_de_2014 [03.04.2024]. Von »Symbolpolitik« sprechen Defrance/Pfeil, WBG Deutsch-Französische Geschichte, S. 110.

743 Vgl. de Gaulle, Mémoires d'espoir, S. 184–190.

744 Ebd., S. 181 (Übers. P. Geiss).

745 Vgl. Charles de Gaulle, Pressekonferenz im Elysée-Palast, 15.05.1962, Auszug unter: https://www.ina.fr/ina-eclaire-actu/video/i00012372/charles-de-gaulle-l-europe-des-patries [05.04.2024].

746 Michel Debré am 15.01.1959, zit. nach Journal officiel 1958/59, Nr. 4, S. 29 (Übers. P. Geiss), https://archives.assemblee-nationale.fr/1/cri/1958-1959-extraordinaire1/001.pdf [05.04.2024]; zu Debré: Waechter, Geschichte Frankreichs, S. 385; zu de Gaulles strikter Ablehnung supranationaler Strukturen in Europa, die auf eine Begrenzung französischer Souveränität hätten hinauslaufen können: ebd., S. 404 f.

747 Vgl. Nicole Colin/Claire Demesmay (Hg.), Franco-German Relations Seen from Abroad. Post-war Reconciliation in International Perspectives, Cham 2021.

748 François Mitterrand, Rede vor dem Bundestag, zit. nach der dt. Übers. des Bundestagsprotokolls, 9. Wahlperiode, 142. Sitzung, 20.01.1983, S. 8985–8992, Zitate S. 8985; vgl. dazu Briands oben zitierte Rede vor der Vollversammlung des Völkerbundes, 10.09.1926.

749 Voranstehende Bezugnahmen auf Mitterands Rede und Zitate daraus: Mitterrand, Rede vom 20.01.1983, S. 8987 f.; zu de Gaulles Position: Dominique Mongin, Genèse de l'armement nucléaire français, in: Revue historique des armées 262 (2011), S. 8 f.; Kurzzusammenfassung der aktuellen französischen Nukleardoktrin: https://www.defense.gouv.fr/dgris/politique-defense/la-dissuasion-nucleaire-francaise [03.12.2024]; zum NATO-Doppelbeschluss: Tim Geiger, Der NATO-Doppelbeschluss. Vorgeschichte und Implementierung, in: Christoph Becker-Schaum u. a. (Hg.), »Entrüstet Euch!«. Nuklearkrise, NATO-Doppelbeschluss und Friedensbewegung, Paderborn u. a. 2012, S. 54–70.

750 Mitterrand, Rede vom 20.01.1983, S. 8985; Zitate aus Victor Hugo, Le Rhin, Bd. 4, Paris 1858, S. 134 und 138, zit. nach URL: https://gallica.bnf.fr/ark:/12148/bpt6k406189x/f161.item.r=Victor%20Hugo%20le%20rhin [05.04.2024].

751 Ebd., S. 138 (Übers. P. Geiss).

752 Victor Hugo, Le Rhin, Bd. 1, Paris 1842, S. XII f. (Übers. P. Geiss), https://ia601608.us.archive.org/26/items/lerhin00unkngoog/lerhin00unkngoog.pdf [04.12.2024]; zu den oben skizzierten Hintergründen der Rheinkrise: Poidevin/Bariéty, Frankreich und Deutschland, S. 32–35.

753 Hugo, Le Rhin, Bd. 1, S. XXV f. (Übers. P. Geiss); zur Versöhnungsfunktion: ebd., S. XIX.

754 Victor Hugo, Le Rhin, Bd. 2, Paris 1844, Brief XXVII, S. 318 (Übers. P. Geiss), https://archive.org/details/lerhin06unkngoog/page/n9/mode/1up [09.08.2023].

755 Ebd., S. 319 (Übers. P. Geiss); vgl. zu diesem Ereignis auch den Stich »Die alten und neuen Franzosen« im Historischen Museum der Pfalz (https://rlp.museum-digital.de/object/82581) sowie die Schilderung von Wilhelm Friedrich Kuhlmann, Geschichte der Zerstörung der Reichsstadt Speyer, durch die französischen Kriegsvölker im Jahr 1689, Speyer 1789, S. 107–111, https://mdz-nbn-resolving.de/urn:nbn:de:bvb:12-bsb10375778-8 [beide 05.04.2024].

756 Vgl. Karl Markus Ritter, Der Dom zu Speyer. Weltliche Macht und christlicher Glaube, Darmstadt 2021, S. 100 f.

757 Vgl. Hugo, Le Rhin, Bd. 1, S. XIX f.

758 Voranstehende Zitate: Hugo, Le Rhin, Bd. 2, Brief XXVII, S. 319 (Übers. P. Geiss).

759 Vgl. Mitterrand, Rede vom 20.01.1983, S. 8985 f.; zum »traditionalen Erzählen«: Jörn Rüsen, Historisches Lernen. Grundlagen und Paradigmen, 2. Aufl. Schwalbach/Ts. 2008, S. 37.

760 Vgl. Mongin, Genèse de l'armement nucléaire français, S. 9 und Patrick Boureille, Des moyens et des hommes au service de l'indépendance nationale. L'esprit de Résistance et les débuts du CEA, in: Céline Jurgensen/Dominique Mongin (Hg.), Résistance et Dissuasion. Des origines du programme nucléaire français à nos jours, Paris 2018, S. 178–186.

761 Zu dieser identitätsbildenden Perspektive: Richard B. Grant, Victor Hugo's »Le Rhin« and the Search for Identity, in: Nineteenth-Century French Studies 23/3–4 (1995), S. 324–340; zum Mythos als »fundierender Geschichte«: Jan Assmann, Das kulturelle Gedächtnis. Schrift, Erinnerung und politische Identität in frühen Hochkulturen, 6. Aufl. München 2007, S. 77.

762 Emmanuel Macron, Rede anlässlich der Unterzeichnung des Aachener Vertrags, 22.01.2019 (Übers. P. Geiss), franz. unter: https://www.elysee.fr/emmanuel-macron/2019/01/22/signature-du-traite-franco-allemand-d-aix-la-chapelle [05.04.2024]; zum missionarischen Narrativ vgl. Valéry Rosoux, La réconciliation franco-allemande. Crédibilité et exemplarité d'un »couple à toute épreuve«?, in: Cahiers d'histoire. Revue d'histoire critique 100 (2007), S. 23–36, https://journals.openedition.org/chrhc/623 [05.04.2024], hier: Abschnitt 21 der Online-Fassung.

763 Macron, Rede vom 22.01.2019 (Übers. P. Geiss), darauf bezogen auch voranstehende Gedanken und Zitate Macrons.

764 Corine Defrance, Construction et déconstruction du mythe de la réconciliation franco-allemande au XXe siècle, in: Ulrich Pfeil (Hg.), Mythes et tabous des relations franco-allemandes au XXe siècle, Bern u. a. 2012, S. 69–85, hier S. 70; voranstehendes Rüsen-Zitat: Jörn Rüsen, Historische Vernunft. Grundzüge einer Historik I: Die Grundlagen der Geschichtswissenschaft, Göttingen 1983, S. 51 f.

765 Zur Deutung von Thukydides' Melierdialog: Wolfgang Will, Der Untergang von Melos. Machtpolitik im Urteil des Thukydides und einiger Zeitgenossen, Bonn 2006, S. 111 f.; zu Thukydides' Bedeutung für den politischen Mindset des Realismus: Lawrence A. Title, Thucydides and the Cold War, in: Michael Mechler (Hg.), Classical Antiquity and the Politics of America. From George Washington to George W. Bush, Waco 2006, S. 127–140.

766 Ansprache Adenauers zit. nach Hans-Adolf Jacobsen (Hg.), Friedenssicherung durch Verteidigungsbereitschaft, Mainz 1999, Zitate S. 88 f.; vgl. Rüdiger Wenzke/Irmgart Zürndorf, »Ein Eiserner Vorhang ist niedergegangen.« Militärgeschichte im Kalten Krieg, in: Grundkurs deutsche Militärgeschichte 3: Die Zeit nach 1945. Armeen im Wandel, München 2008, S. 1–151, hier S. 107.

767 Vgl. mit dem Zitat Johannes Hürter, Hitlers Heerführer. Die deutschen Oberbefehlshaber im Krieg gegen die Sowjetunion 1941/42, 2. Aufl. München 2007, S. 212 und Anm. 40; dazu Martin Rink, Die Bundeswehr 1950/55 bis 1989, Berlin/Boston 2015, S. 29 und 50.

768 Vgl. hierzu und zu seiner Ablehnung einer Mitwirkung am Widerstand: Gerd R. Überschär, Für ein anderes Deutschland. Der deutsche Widerstand gegen den NS-Staat, Frankfurt a. M. 2005, S. 179 und 206.

769 Vgl. Heusinger: Bittgang zur Gestapo, in: Der Spiegel 22/1959, 26.05.1959, https://www.spiegel.de/politik/bittgang-zur-gestapo-a-6ed40ea3-0002-0001-0000-000042625421 [16.02.2024].
770 Vgl. Georg Meyer, Adolf Heusinger. Dienst eines deutschen Soldaten 1915 bis 1964, Bonn 2001, S. 635 und 912, Anm. 779 (zur Annahme einer Falschbeschuldigung gegen Heusinger tendierend); freundlicher Literaturhinweis von Christoph Studt.
771 Zahlen nach Manfred Görtemaker, Geschichte der Bundesrepublik Deutschland. Von der Gründung bis zur Gegenwart, Frankfurt a. M. 2004, S. 341.
772 Zum Zusammenhang zwischen Koreakrieg und Bundeswehrgründung: Rink, Bundeswehr, S. 30.
773 Himmeroder Denkschrift, in: Hans-Jürgen Rautenberg/Norbert Wiggershaus, Die »Himmeroder Denkschrift« vom Oktober 1950, in: Militärgeschichtliche Mitteilungen 1 (1977), S. 135–206, S. 168–189 (Dok. 2); zur Illegalität und Strafbarkeit: ebd., S. 188. Auf diesen Abdruck beziehen sich alle nachfolgenden Zitate. Vgl. zur Himmeroder Tagung auch Rink, Bundeswehr, S. 31.
774 Himmeroder Denkschrift (Ed. Rautenberg/Wiggershaus), S. 170 f.
775 Vgl. zur Bundesrepublik als möglichem Schlachtfeld und den daraus abgeleiteten Vorstößen und Truppenstärken: ebd., S. 171 f. und 174; zur »Vorneverteidigung«: Rink, Bundeswehr, S. 56.
776 Zu den genannten Zusagen, Planungen und Problemen: Görtemaker, Geschichte der Bundesrepublik, S. 322, 326 und 338–346.
777 Himmeroder Denkschrift (Ed. Rautenberg/Wiggershaus), S. 185; zum Lernen aus der Geschichte als Charakteristikum der Gründungsphase: Jacobsen, Friedenssicherung durch Verteidigungsbereitschaft, S. 13.
778 Zum Voranstehenden: Rink, Bundeswehr, S. 13 (Konzept »Staatsbürger in Uniform«); Eberhard Kolb/Dirk Schumann, Die Weimarer Republik, 8. Aufl. München 2013, S. 40 f. (Seeckts Unterstützungsverweigerung beim Kapp-Putsch), 42 (»Staat im Staat«), 16 f. (Morde an Liebknecht und Luxemburg), 50 (Mord an Rathenau), 55 (Hitler-Putsch von 1923); Klaus Hildebrand, Das Dritte Reich, München 2003, S. 16 f. (»Röhm-Putsch«); zur Rolle der Wehrmacht im Vernichtungskrieg detailliert: Hürter, Hitlers Heerführer.
779 Wolf Graf von Baudissin, Der Beitrag des Soldaten zum Dienst am Frieden (1968/69), in: Soldat für den Frieden. Entwürfe für eine zeitgemäße Bundeswehr, hg. von Peter von Schubert, München 1969, S. 49; zur Person: Wenzke/Zürndorf, »Ein Eiserner Vorhang ist niedergegangen«, S. 85.
780 Wolf Graf von Baudissin, Als Mensch hinter den Waffen, hg. von Angelika Dörfler-Dierken, Göttingen 2006, S. 131, Einordnung: S. 121.
781 Vgl. Sönke Neitzel, Deutsche Krieger. Vom Kaiserreich zur Berliner Republik – eine Militärgeschichte, Bonn 2021, S. 252, der von einem »Schlagwort« spricht (freundlicher Literaturhinweis von Sandra Müller-Tietz).
782 Vgl. Hürter, Hitlers Heerführer, S. 608, 612–617; Hamburger Institut für Sozialforschung (Hg.), Verbrechen der Wehrmacht. Dimensionen des Vernichtungskriegs 1941–1944, Konzeption: Ulrike Jureit/Jan Philipp Reemtsma, 2. Aufl. Hamburg 2002, Einleitung S. 8–14; Jörg Echternkamp, Soldaten im Nachkrieg. Historische Deutungskonflikte und westdeutsche Demokratisierung 1945–1955, München 2014, S. 264 f.
783 Position zu Kriegsverbrechern referiert und zit. nach: Himmeroder Denkschrift (Ed. Rautenberg/Wiggershaus), S. 169.
784 Zu diesem Problemfeld: Rink, Bundeswehr, S. 16 und Norbert Frei, Vergangenheitspolitik. Die Anfänge der Bundesrepublik und die NS-Vergangenheit, München 2012 (zuerst 1996), S. 195 f.
785 Vgl. die Dokumentation im Ausstellungskatalog: Hamburger Institut für Sozialforschung (Hg.), Verbrechen der Wehrmacht, S. 687–729.
786 Rink, Bundeswehr, S. 16.

787 Vgl. Neitzel, Deutsche Krieger, S. 258–260; zur narrativen »Sinnbildung« als »Bewältigung von Zeiterfahrung«: Jörn Rüsen, Historik. Theorie der Geschichtswissenschaft, Köln u. a. 2013, S. 34 und *passim*.
788 Voranstehende Schilderung und Zitat nach: Michael Strasas, 4000 demonstrieren am Landsberger Hauptplatz für die Begnadigung der letzten zum Tode verurteilten Kriegsverbrecher, zit. nach https://www.kaufering-memorial.de/publikationen/4000-demonstrieren-am-landsberger-hauptplatz-fuer-die-begnadigung-der-letzten-zum-tode-verurteilten-kriegsverbrecher/ [04.04.2024]; vgl. auch Frei, Vergangenheitspolitik, S. 211.
789 Himmeroder Denkschrift (Ed. Rautenberg/Wiggershaus), S. 170; zur Täter-Opfer-Umkehr vgl. einen Artikel der *Jüdischen Allgemeinen Zeitung* von 1951, zit. bei Frei, Vergangenheitspolitik, S. 211, Anm. 73.
790 Konrad Adenauer, Bundestagsprotokolle, 1. Wahlperiode, 240. Sitzung, 03.12.1952, S. 11141; vgl. dazu Rink, Bundeswehr, S. 23.
791 Archiv der Gegenwart, 16.01.1951, Bd. 1, S. 427, zit. nach Digitale Bibliothek, Bd. 78 (CD-ROM), S. 2589. Alle Texte aus dem *Archiv der Gegenwart* werden nach dieser digitalen Edition mit den dort genannten primären Quellenangaben zitiert. Die Bandnummern und für die Zitation maßgeblichen Seitenzahlen der »Digitalen Bibliothek« stehen in eckigen Klammern. In einem späteren Bericht vom 18.01.1951, Bd. 1, S. 428 [DB 78, S. 2598] war davon die Rede, Remer habe nur seine Unterstützung signalisiert, aber nicht unterschrieben.
792 Archiv der Gegenwart, 04.01.1952, Bd. 1, S. 619 [DB 78, S. 3720].
793 Zu Parteigründung und Anliegen: Archiv der Gegenwart, 01.12.1952, Bd. 1, S. 849 [DB 78, S. 4982], Wahlergebnis ebd., 06.09.1953, Bd. 1, S. 1019 [DB 78, S. 5909]; zu Wessel: Irmgard Zündorf, Biografie Helene Wessel, in: Lebendiges Museum Online, http://www.hdg.de/lemo/biografie/helene-wessel.html [04.04.2024]
794 Max Reimann, Bundestagsprotokolle, 1. Wahlperiode, 190. Sitzung, 07.02.1952, S. 8136; zur Person: Erhard Lange, Art. »Reimann, Max«, in: Neue Deutsche Biographie 21 (2003), S. 336 f., Online-Version, https://www.deutsche-biographie.de/pnd118744097.html [04.04.2024]; vgl. zur Wiederbewaffnungsdebatte (»Ohne-Mich-Bewegung« und später »Kampf dem Atomtod«): Görtemaker, Geschichte der Bundesrepublik, S. 189–193.
795 Vgl. Neitzel, Deutsche Krieger, S. 255.
796 Himmeroder Denkschrift (Ed. Rautenberg/Wiggershaus), S. 186.
797 Bundesgesetzblatt, Nr. 11, 21.03.1956, S. 116.
798 Fritz Bauer, »Heute Abend Kellerclub«. Die Jugend im Gespräch mit Fritz Bauer, in: Ders., Kleine Schriften, hg. von Lena Foljanty und David Johst, Frankfurt a. M./New York 2018, Bd. 2, S. 1224–1241, hier S. 1232; dazu Irmtrud Wojak, Fritz Bauer und Martin Luther King jr. oder die Pflicht zum Ungehorsam, in: Forschungsjournal soziale Bewegungen 28 (2015), S. 144–161, hier S. 157; vgl. auch Peter Geiss, »Daß es in unserem Leben eine Grenze gibt, wo wir nicht mehr mitmachen dürfen«. Fritz Bauers Widerstandsbegriff in der Perspektive politisch-historischer Urteilsbildung bei Jugendlichen, in: Daniel E. D. Müller/Christoph Studt (Hg.), Vom 20. Juli 1944 zum Hambacher Forst. Der Begriff des Widerstands, Augsburg 2021, S. 53–88, hier S. 78.
799 Vgl. Dieter Pohl, Verfolgung und Massenmord in der NS-Zeit 1933–1945, Darmstadt 2003, S. 18 und 38 f.; vgl. zur Wehrmacht als »negativem Bezugspunkt« der Inneren Führung (neben den Armeen der sozialistischen Diktaturen): Wilfried von Bredow, Sicherheit, Sicherheitspolitik und Militär. Deutschland seit der Wiedervereinigung, Wiesbaden 2015, S. 168.
800 Protest, in: Frankfurter Allgemeine Zeitung, 12.09.1955, S. 2.
801 Vgl. Echternkamp, Soldaten im Nachkrieg, S. 424.
802 Zur Bedeutung der Preußischen Reformer für Baudissins Denken: Görtemaker, Geschichte der Bundesrepublik, S. 339; Claus Freiherr von Rosen, Erfolg oder Scheitern der Inneren Führung aus Sicht von Wolf Graf von Baudissin, in: Rudolf J. Schlaffer/Wolfgang Schmidt, Wolf Graf von Baudissin 1907–1993. Modernisierer zwischen totalitärer Herrschaft und freiheitlicher Ordnung, München 2007, S. 203–222, hier S. 215.

803 Wolf Graf von Baudissin, Innere Führung (1965) [Dankesrede für den Freiherr-vom-Stein-Preis], in: Ders., Soldat für den Frieden, S. 117–130, hier S. 118; zur Einordnung: Einleitung des Hg. Schubert, ebd., S. 117; vgl. zu dieser Rede auch Rosen, Erfolg oder Scheitern der Inneren Führung, S. 211
804 Vgl. Görtemaker, Geschichte der Bundesrepublik, S. 340.
805 Voranstehende Zitate Theodor Blanks nach: Bundestagprotokolle, 2. Wahlperiode, 143. Sitzung, 04.05.1956, S. 7481.
806 Zit. nach Carola Groppe, Texte einer Diskursgemeinschaft: Die preußischen Heeresreformer schreiben über Bildung. Quellentexte von Gerhard von Scharnhorst und August Neidhardt von Gneisenau, in: Jahrbuch für Historische Bildungsforschung 2020. Schwerpunkt Konservatismus und Pädagogik im Europa des 20. Jahrhunderts. Bad Heilbrunn 2020, S. 196–229, hier S. 212; zur nichtadeligen Herkunft der meisten Reformer: ebd., S. 205–208; zur voranstehend geschilderten Situation Preußens ab 1806 und dem Verlust seiner Großmachtrolle als Ausgangspunkt der Reformen: Thomas Nipperdey, Deutsche Geschichte 1800–1866. Bürgerwelt und starker Staat, München 1998 (Sonderausg.), S. 15 f. und 51 f. (bürgerlicher Geist der Militärreform).
807 Vgl. August Bebel, Nicht stehendes Heer sondern Volkswehr!, Stuttgart 1898, S. 19 f. und 43, https://nbn-resolving.org/urn:nbn:de:bvb:355-ubr27670-6 [14.12.2024]. Dieser Trend zur Professionalisierung und »Entpolitisierung« der Armee kennzeichnete die Reformen der 1860er Jahre tatsächlich, vgl. Nipperdey, Deutsche Geschichte, S. 753–757.
808 Zit. nach Groppe, Texte einer Diskursgemeinschaft, S. 228, Kontextualisierung ebd., S. 218.
809 Vgl. Karl-Wilhelm Welwei, Art. »Epameinondas«, in: Hubert Cancik/Helmuth Schneider (Hg.), Der Neue Pauly, Bd. 3, Stuttgart 1997, Sp. 61–63, hier Sp. 61.
810 Vgl. Groppe, Texte einer Diskursgemeinschaft, S. 219.
811 Vgl. zu dieser Parallelisierung bei den Reformern: Echternkamp, Soldaten im Nachkrieg, S. 357.
812 Jörn Rüsen, Historik. Theorie der Geschichtswissenschaft, Köln u. a. 2013, S. 32.
813 Zur Traditionsbildung in Bezug auf ein als unbelastet gedachtes Preußen: Donald Abenheim, Bundeswehr und Tradition. Die Suche nach dem gültigen Erbe des deutschen Soldaten, München 1989, S. 109; Bundeswehr und Tradition, 1. Juli 1965, zit. nach ebd., S. 227 (Abs. 17: Zitat zum preußischen Erbe) und 228 f. (Abs. 25: Hakenkreuzverbot, aber bedingte Zulässigkeit von Truppenfahnen); seit 2018 geltende Regelung zum Umgang mit der Wehrmachtstradition: Die Tradition der Bundeswehr. Richtlinien zum Traditionsverständnis und zur Traditionspflege, https://www.bmvg.de/resource/blob/23234/6a93123be919584d48e16c45a5d52c10/20180328-die-tradition-der-bundeswehr-data.pdf [04.04.2024], S. 6 (Nr. 3.4.1: keine Traditionsfähigkeit der Wehrmacht im Ganzen, aber personenbezogene Einzelfallprüfungen) und 9 (Nr. 4.9: Verbot von Hakenkreuz und – über 1965 hinausgehend – Wehrmachtsfahnen).
814 Voranstehende Gedanken und Zitate aus dem Aufsatz von 1956: Wolf Graf von Baudissin, Die Bedeutung der Reformen aus der Zeit der deutschen Erhebung für die Gegenwart (1957), in: Ders., Soldat für den Frieden, S. 86–94, hier S. 93 f.
815 Wolf Graf von Baudissin, 20. Juli 1944 (1964) [Rede in der Bonner Beethovenhalle], in: Ders., Soldat für den Frieden, S. 102–108, hier S. 102 f., Zitat S. 103; vgl. dazu Rosen, Erfolg oder Scheitern der Inneren Führung, S. 211.
816 Voranstehende Gedanken und Zitate aus Baudissins Rede von 1965: Baudissin, 20. Juli 1944, S. 105 (Spannung zwischen Widerstandstradition und Loyalität als Problem für Konservative, Lösung durch Deutung des NS-System als »unkonservativ«; vgl. Einleitung des Hg., S. 103), S. 106 (Zitate zum Treuebegriff). Für eine detailliertere Analyse des Konzepts »Innere Führung«: Bormann, Erziehung in der Bundeswehr, S. 72–76. Ein kurzes Interview, in dem sich Baudissin vor dem Hintergrund als schikanös präsentierten Drills bei der Bundeswehr zur Inneren Führung äußert, ist verfügbar unter https://www.ardmediathek.de/video/swr-retro-report-chronik/interview-mit-wolf-graf-baudissin/swr/Y3JpZDovL3N3ci5kZS9hZXgvbzE0MzE2Nzk [04.04.2024].
817 Plädoyer abgedruckt in: Fritz Bauer, Der Generalstaatsanwalt hat das Wort. Das Plädoyer des Anklägers Dr. Bauer im Prozeß gegen Remer, in: Ders., Kleine Schriften, Bd. 1, S. 323–336;

vgl. mit weiterer Literatur Geiss, »Daß es in unserem Leben eine Grenze gibt«, S. 69 f.; zu Remers Rolle 1944, seiner neonazistischen Nachkriegsbiografie und zum Prozess: Nils Kleine, Der geschichtspolitische Ort des 20. Juli 1944 in der Frühphase der Bundesrepublik Deutschland. Fallbeispiel Remer-Prozess, in: Ders./Christoph Studt (Hg.), »Das Vermächtnis ist noch in Wirksamkeit, die Verpflichtung noch nicht eingelöst.« Der Widerstand gegen das »Dritte Reich« in Öffentlichkeit und Forschung seit 1945, Augsburg 2016, S. 41–54, hier: S. 42 f.

818  Bauer, Der Generalstaatsanwalt, S. 334.
819  Otto Ernst Remer, zit. nach: Kleine, Geschichtspolitischer Ort des 20. Juli 1944, S. 43.
820  Vgl. Bauer, Der Generalstaatsanwalt, S. 323.
821  Vgl. Bauer, »Heute Abend Kellerclub«, S. 1232. Die Pflicht zur Verweigerung macht Bauer u. a. daran fest, dass der Eid von Beamten und Soldaten auf die Weimarer Reichsverfassung niemals annulliert wurde und der Eid auf Hitler unzulässig war. Vgl. Bauer, Der Generalstaatsanwalt, S. 331 f.
822  Vgl. Rosen, Erfolg oder Scheitern der Inneren Führung, S. 221 f. (Baudissins Kritik an leichtfertiger Verwendung des Widerstandsbegriffs in der Demokratie). Das Problem der missbräuchlichen Verwendungen des Widerstandsbegriffs thematisiere ich in: Geiss, »Daß es in unserem Leben eine Grenze gibt«, bei dessen Veröffentlichungen mir Baudissins Überlegungen noch nicht bekannt waren.
823  Wolf Graf von Baudissin, Gedanken über Tradition (1968), in: Ders., Soldat für den Frieden, S. 109–113, hier S. 110.
824  Vgl. Frei, Vergangenheitspolitik, S. 229 (am Beispiel des Einsatzgruppenchefs Ohlendorf).
825  Baudissin, Gedanken über Tradition, S. 111.
826  Platon, Laches, 198a (Werke, Bd. 1, Griech./Deutsch, bearb. von Heinz Hofmann, übers. von Friedrich Schleiermacher, 2. Aufl. Darmstadt 1990, S. 274 f.).
827  Vgl. Baudissin, Gedanken über Tradition, S. 111; voranstehende Angaben zu Schlacht und Mythos nach: Lukas Grawe, Langemarck Myth, in: Ute Daniel u. a. (Hg.), 1914–1918-online. International Encyclopedia of the First World War, 29.01.2019, http://dx.doi.org/10.15463/ie1418.11333 und Andreas Weinrich, Kult der Jugend – Kult des Opfers. Der Langemarck-Mythos in der Zwischenkriegszeit, in: Historical Social Research 34/4 (2009), S. 319–330.
828  Zu vergeblichem Widerstand gegen sinnlose Befehle und Falkenhayns Reaktion wie auch seiner Charakterisierung durch Groener: Hans Biegert, Realität und Mythos im Ersten Weltkrieg: Das Beispiel Langemarck/Ypern, in: Leviathan 44/1 (2016), S. 97–125, hier S. 113 f.
829  Baldur von Schirach, Revolution der Erziehung. Reden aus den Jahren des Aufbaus, München 1938, S. 31 f.; vgl. zu dieser Passage mit Kommentierung: Weinrich, Kult der Jugend, S. 325.
830  Von Schirach, Revolution der Erziehung, S. 32; zur Interpretation als »Opfertod« und »Auferstehung«: Weinrich, Kult der Jugend, S. 326.
831  Baudissin, Innere Führung, S. 127 (dort auch der Hinweis auf Anerziehung von Härte im Totalitarismus, Ablehnung einer Imitation totalitärer Regime, Missbrauchsgefahr).
832  Zit. nach Baudissin, Als Mensch hinter den Waffen, S. 126; zur Kritik vieler Offiziere an der Inneren Führung als »weich« und gegen Kampf- und Abschreckungskraft wirkend: Neitzel, Deutsche Krieger, S. 268 f., 275 und 281.
833  Klaus Bergmann, Geschichte als Steinbruch? Anmerkungen zum Gegenwartsbezug im Geschichtsunterricht, in: Zeitschrift für Geschichtsdidaktik 1 (2022), S. 138–150, insbes. S. 142 (Gegenwartsbezüge zwischen »Kohärenz« und »Differenz«).
834  Aufsatz von 1969 voranstehend zusammengefasst und zitiert nach: Baudissin, Beitrag des Soldaten zum Dienst am Frieden, S. 39 f.
835  Voranstehendes zu Karst und seinem Verhältnis zu Baudissin: Neitzel, Deutsche Krieger, S. 268 f. (mit den Zitaten).
836  Heinz Karst, Das Bild des Soldaten. Versuch eines Umrisses, Boppard am Rhein 1964, S. 13.
837  Vgl. ebd., S. 14; vgl. Neitzel, Deutsche Krieger, S. 269.
838  Karst, Bild des Soldaten, S. 16.
839  Ebd., S. 30.

840 Ebd., S. 36. Zur Untermauerung greift Karst auf entsprechende Zeilen aus Kriegsbriefen zurück: Walther Schmidt, 30. August 1916, in: Hermann Witkop (Hg.), Kriegsbriefe gefallener Studenten, München 1928, S. 281 f.
841 Karst, Bild des Soldaten, S. 45.
842 Ebd., S. 85 f.
843 Zit. nach Christoph Kleßmann, Die doppelte Staatsgründung. Deutsche Geschichte 1945–1955, 5. Aufl. Bonn 1991, S. 484 f.; zur Paulskirchen-Bewegung: Wolfgang Kraushaar, Protest im ersten Jahrzehnt der Bundesrepublik, in: Sabine Mecking (Hg.), Polizei und Protest in der Bundesrepublik Deutschland, Wiesbaden 2020, S. 29–41, hier S. 32–34 und Anm. 11.
844 Voranstehend referierte Einschätzung mit Zitaten nach: Führungsstab der Bundeswehr, Voraussetzung einer wirksamen Verteidigung, Denkschrift vom August 1960, zit. nach Jacobsen, Friedenssicherung durch Verteidigungsbereitschaft, S. 95–97, hier S. 97; zur sicherheitspolitischen Argumentation für taktische Atomaffen und zur Rolle von Strauß: Robert Lorenz, Protest der Physiker: Die »Göttinger Erklärung« von 1957, Essen 2011, S. 35–37 und Bredow, Sicherheit, Sicherheitspolitik und Militär, S. 115–120; vgl. auch Rink, Bundeswehr, S. 59 und 188; zur deutsch-französischen Dimension des westdeutschen Bemühens um Atomwaffen: Georges-Henri Soutou, L'alliance incertaine. Les rapports stratégiques franco-allemands, 1954–1996, Paris 1996, S. 71–95.
845 Vgl. Voranstehendes zur Rolle der strategischen und taktischen Atomwaffen im Kontext der Doktrinen: Bredow, Sicherheit, Sicherheitspolitik und Militär, S. 116–118.
846 Theodor Blank, Die Lehren aus den Manövern »Carte Blanche« – Folgerungen für den deutschen Verteidigungsbeitrag, zit. nach Jacobsen, Friedenssicherung durch Verteidigungsbereitschaft, S. 57 f., hier S. 58.
847 Zur nuklearen Aufrüstung der Bundeswehr: Rink, Bundeswehr, S. 160 und 188.
848 Konrad Adenauer, zit. nach Hans-Peter Schwarz, Adenauer, Bd. 2: Der Staatsmann 1952–1967, Stuttgart 1991, S. 332 f.
849 Vgl. Lorenz, Protest der Physiker, S. 35–40.
850 Kabinettsprotokolle der Bundesregierung, 2. Wahlperiode, 19.12.1956, Bundesarchiv B 136/36115, https://kabinettsprotokolle.bundesarchiv.de/protokoll/f075c9d8-f5e1-4066-a104-d43507feb5e8 [04.04.2024]; kontextualisiert in Lorenz, Protest der Physiker, S. 39, Anm. 20.
851 Dazu detailliert: Holger Löttel, Des »Emotionalen Herr werden«. Konrad Adenauer und die »Angst vor der Atombombe« im Jahr 1957, in: Patrick Bormann/Thomas Freiberger/Judith Michel (Hg.), Angst in den Internationalen Beziehungen, Göttingen 2010, S. 206–225.
852 Gustav Heinemann, Bundestagsprotokolle, 3. Wahlperiode, 9. Sitzung, 23.01.1958, S. 404 (dort auch die Verteidigung gegen den Vorwurf der »Panikmache«).
853 Göttinger Manifest, zit. nach Lorenz, Protest der Physiker, S. 31 f. (dort auch die weiter oben wiedergegebenen Gedanken und Zitate der Physiker).
854 Vgl. Die Wahl abgewartet: Die Göttinger stehen zu ihrer Erklärung. Die 18 Atomphysiker wollen auf Einwände antworten, in: Frankfurter Allgemeine Zeitung, 02.10.1957, S. 1.
855 Carl Friedrich von Weizsäcker, Ziel und Methode der Untersuchung, in: Ders. (Hg.), Kriegsfolgen und Kriegsverhütung, München 1971, S. 3–21, hier S. 20; zu »transnationaler« Kooperation statt Abschreckung als Schlussfolgerung der Studie: Bruno Lezzi, Die Aussagen der Weizsäcker-Studie »Kriegsfolgen und Kriegsverhütung«, in Allgemeine Schweizerische Militärzeitschrift 139 (1973), S. 313–315, hier S. 314 f.
856 Weizsäcker, Ziel und Methode, S. 5.
857 Zu »Matador C«, US-Kontrolle über Sprengköpfe und Debatte: Görtemaker, Geschichte der Bundesrepublik, S. 347.
858 Deutscher Bundestag, 3. Wahlperiode, Drucksache 230, 25.03.1958 [Datum wohl fehlerhaft, da Debatte bereits am 20.03.1958 einsetzte]: Große Anfrage der Fraktion der FDP betr. Gipfelkonferenz und atomwaffenfreie Zone; zum Rapacki-Plan: Görtemaker, Geschichte der Bundesrepublik, S. 347.

859 Karl Otto Adolf Arndt, Bundestagsprotokolle, 3. Wahlperiode, 18. Sitzung, 20.03.1958, S. 859; zur Person: Art. »Arndt, Karl Otto Adolf«, in: Hessische Biografie, https://www.lagis-hessen.de/pnd/118650211 [04.04.2024].
860 Konrad Adenauer, ebd., 20.03.1958, S. 844.
861 Arndt, ebd., S. 856; Lloyd George zit. nach Annika Mombauer, Guilt or Responsibility? The Hundred-Year Debate on the Origins of World War I, in: Central European History 48/4 (2015), S. 541–564, hier S. 543, Anm. 10 (Übers. P. Geiss).
862 Arndt, Bundestagsprotokolle, 3. Wahlperiode, 18. Sitzung, 20.03.1958, S. 856.
863 Ebd., S. 859.
864 Ebd., S. 860; Text der Landkriegsordnung: https://www.1000dokumente.de/index.html?c=dokument_de&dokument=0201_haa&object=translation&l=de [04.04.2024].
865 Aussagen Irene Wessels voranstehend referiert bzw. zit. nach: Bundestagsprotokoll, 3. Wahlperiode, 19. Sitzung, 21.03.1958, S. 975 f.
866 Aussagen Franz Josef Strauß' voranstehend referiert bzw. zit. nach: Bundestagsprotokolle, 3. Wahlperiode, 18. Sitzung, 20.03.1958, S. 861 f., 864, 869.
867 Adenauer und Strauß greifen nach Atomwaffen, in: Neues Deutschland, 21.03.1958, S. 1 sowie 2 (Maier-Zitat: »Reichskriegsminister«).
868 Karikatur in: Neues Deutschland, 22.03.1958, S. 1.
869 Vgl. Beispiele in Hamburger Institut für Sozialforschung (Hg.), Verbrechen der Wehrmacht; zur Problematik der Mitwisserschaft: Peter Longerich, »Davon haben wir nichts gewusst«. Die Deutschen und die Judenverfolgung 1933–1945, Bonn 2006.
870 Alfred Dregger, Bundestagsprotokolle, 13. Wahlperiode, 163. Sitzung, 13.03.1997, S. 14711; zu den Kontroversen um die Ausstellung vgl. Bogdan Musial, Vernichtungskrieg. Der Bildersturm. Aufstieg und Fall der ersten Wehrmachtsausstellung, in: Deutschland Archiv, 01.09.2011, http://www.bpb.de/geschichte/zeitgeschichte/deutschlandarchiv/53181/die-erste-wehrmachtsausstellung [04.04.2024].
871 Zur stabilisierenden Rolle von Nuklearwaffen und respektierten Einflusszonen: John Lewis Gaddis, The Long Peace, in: The Wilson Quarterly 13/1 (1989), S. 42–65, hier S. 58–63; zu den Wirkungen und Nachwirkungen des deutschen Vernichtungskrieges: Martin Aust, Erinnerungsverantwortung. Deutschlands Vernichtungskrieg und Besatzungsherrschaft im östlichen Europa 1939–1945, Bonn 2021.
872 Zu diesem Absatz: Jürgen Osterhammel, Kolonialismus. Geschichte, Formen, Folgen, 5. Aufl. München 2006, S. 8 f. und 20 f. (Wesensmerkmale des Kolonialismus); Gregor Schöllgen, Das Zeitalter des Imperialismus, München 2000, S. 52 f. und 154 (Aufteilung der Welt); Horst Gründer, Eine Geschichte der europäischen Expansion. Von Entdeckern und Eroberern zum Kolonialismus, Stuttgart 2003 (Überblick über Ausprägungsformen); Eric Hobsbawm, The Age of Extremes, London 1994, S. 14 (kriegsbedingtes Ende der europäischen Dominanz zugunsten der USA und der UdSSR); Gründer, Geschichte der europäischen Expansion, S. 162 (gründungsbedingt antikoloniale Ausrichtung der USA, aber *de facto* imperialistische Expansion); Odd Arne Westaad, The Cold War. A World History, London 2017, S. 265 f. (amerikanischer Schutz für europäische Kolonialherrschaft im Zeichen des Antikommunismus) und 278 f. (Antikolonialismus der UdSSR).
873 Hans Ulrich Thamer, Die Französische Revolution, 3. Aufl. München 2009, S. 11; zur flächenbezogenen Rangfolge der Kolonialreiche: Gründer, Geschichte der europäischen Expansion, S. 154.
874 Voranstehende Angaben zu Toussaints Leben nach: Sudir Hazareesingh, Black Spartacus. The Epic Life of Toussaint Louverture, London 2020, S. 30, 32 f., 47–52; Isabell Lammel, Der Toussaint-Louverture-Mythos, Essen 2015, S. 47 f., 34, 36, 50 f. und 261 f. und Charles Forsdick/Christian Høgsbjerg, Toussaint Louverture. A Black Jacobin in the Age of Revolutions, London 2017, S. 25.
875 Kreolische Version zit. nach dem Faksimile der Proklamation, eingebettet in Tiphaine Gaumy, 1793, Les esclaves de Saint-Domingue sont affranchis, in: Archives nationales, https://

www.archives-nationales.culture.gouv.fr/proclamation-creole-commissaire-Sonthonax-1793 [05.04.2024]; deutsch (P. Geiss) nach der franz. Übers.: https://mjp.univ-perp.fr/constit/ht1793.htm [05.04.2024], Vorrede.
876  Vgl. Hazareesingh, Black Spartacus, S. 66.
877  Vgl. Pierre Pluchon, Toussaint Louverture défie Bonaparte. L'adresse inédite du 20 décembre 1801, in: Revue française d'histoire d'outre-mer 79/296 (1992), S. 383–389 (Warnung vor Wiedereinführung der Sklaverei, vorsichtige Tarnung als Gerücht); Lammel, Toussaint-Louverture-Mythos, S. 39–41 (Festigung der eigenen Position durch Verfassung ohne Bruch mit Frankreich, Friedensverhandlungen mit England) und 47–49 (Widerstand gegen Napoleons Expeditionsheer, Gefangennahme und Tod).
878  Vgl. ebd., S. 49–51.
879  Constitution d'Hayti, 20.05.1805, S. 2 (Art. 12; Übers. P. Geiss), https://gallica.bnf.fr/ark:/12148/bpt6k316887c/f5.item [05.04.2024].
880  Vgl. zu diesem politischen Verständnis von »schwarz«: Sibylle Fischer, Modernity Disavowed. Haiti and the Cultures of Slavery in the Age of Revolution, Durham/London 2004, S. 233 f.
881  Constitution d'Haïti, 20.05.1805, S. 10 (Übers. P. Geiss). Fischer, Modernity Disavowed, S. 231 f. spricht von einer »dialektischen« Beziehung zwischen Universalismus und identitätsbezogener partikularer Affirmation.
882  Vgl. Philippe Pétain, Message du 30 octobre 1940. mercredi [mit einem erläuternden Essay von Dieter Gosewinkel], in: Themenportal Europäische Geschichte, 2006, https://www.europa.clio-online.de/quelle/id/q63-28261 [05.04.2024].
883  Zu diesem Absatz: Jean Pierre Azéma, De Munich à la Libération 1938–1944, Paris 2002 (zuerst 1979), S. 271–291 (Lage im französischen Kolonialreich, CFLN, de Gaulles Durchsetzung von Antinazismus und Souveränitätsanspruch); Londoner Aufruf de Gaulles oben zit. nach: Olivier Wieviorka/Christophe Prochasson (Hg.), La France du XXe siècle, Paris 1994, S. 369 (Übers. P. Geiss); zum Kontext: Matthias Waechter, Geschichte Frankreichs im 20. Jahrhundert, München 2019, S. 221 und 323 (Funktion von Brazzaville).
884  Charles de Gaulles, Eröffnungsrede, zit. nach: La Conférence africaine française, Brazzaville 30 janvier–8 février 1944, Paris 1945, S. 27–31, hier S. 29 (Übers. P. Geiss), https://gallica.bnf.fr/ark:/12148/bpt6k9731962v/f31.item [05.04.2024]; zur Einordnung und Resonanz: Azéma, De Munich à la Liberation, S. 286.
885  Kurzporträt Léopold Sédar Senghor unter https://www.presidence.sn/fr/presidence/leopold-sedar-senghor [09.12.2024] (Übers. P. Geiss): zum Neokolonialismus-Vorwurf: Christian Roche, Léopold Sédar Senghor. Le président humaniste, Toulouse 2006, S. 153; biografische Angaben im vorangehenden Abschnitt gestützt auf diese Biografie und Jean-Pierre Langellier, Léopold Sédar Senghor, Paris 2021.
886  Zur Entwicklung des Konzepts *Négritude*: Roche, Senghor, S. 31 f.
887  Léopold Sédar Senghor, Assimilation et association, in: Ders., Liberté, Bd. 2: Nation et voie africaine du socialisme, Paris 1971, S. 19–28, hier S. 22 (Übers. P. Geiss); vorangehende Bezugnahmen auf diese Rede und Zitate daraus: ebd., S. 19–21 (mit weiterer Bezugnahme auf Merlet); dazu Roche, Senghor, S. 58 f. Senghor bezog sich auf: Jean-François Merlet, Opinion [...] sur la question de la Représentation des Colonies dans le Corps législatif, in: Recueils de pièces imprimées concernant les colonies, 1ere série, Saint Domingue 1791/92, S. 1–14, https://gallica.bnf.fr/ark:/12148/bpt6k9791346b/f33.item [05.04.2024].
888  Vgl. Jacques Binoche, Les députés d'outre-mer pendant la Révolution française (1789–1799), in: Annales historiques de la Révolution française 50/231 (Janvier–Mars 1978), S. 45–80, hier S. 55.
889  Zu den genannten Entwicklungen: ebd., S. 67 (Dekret vom 23. August: Anzahl kolonialer Abgeordneter), 68 (Dekret vom 28. März: Wahlrecht nur für Freie, unabhängig von Hautfarbe), 69 (erste schwarze Mandatsträger), 70 und 76 (Abschaffung und Wiedereinführung der Sklaverei).
890  Eric Hobsbawm, Introduction: Inventing Traditions, in: Eric Hobsbawm/Terence Ranger (Hg.): The Invention of Tradition, Cambridge 1983, S. 1–14.

891 Vgl. Manuel Covo, Le Comité des colonies. Une institution au service de la »famille coloniale«? (1789–1793), in: La Révolution française 3 (2012), https://doi.org/10.4000/lrf.692, Abs. 23; Binoche, Les députés d'outre-mer, S. 52.
892 In diesem Sinne bereits Ibrahima Thioub, Writing National and Transnational History in Africa. The Example of the ›Dakar School‹, in: Stefan Berger (Hg.), Writing the Nation. A Global Perspective, Houndmills 2007, S. 179–231, hier S. 200.
893 Senghor, Assimilation et association, S. 23 (Übers. P. Geiss).
894 Vgl. mit ähnlicher Überlegung Lutz van Dijk, Die Geschichte Afrikas, 2. Aufl. Frankfurt a. M. 2008, S. 84.
895 Mit Kontextualisierung zit. nach Langellier, Senghor, S. 84 und 112 f.
896 Voranstehende Bezugnahmen und Zitate nach: Senghor, Assimilation et association, S. 23 f. (Übers. P. Geiss).
897 Ebd. (Übers. P. Geiss) und noch deutlicher in Léopold Sédar Senghor, Qu'est-ce que la négritude [Conférence à l'universite Montréal, 29 septembre 1966], in: Ders., Liberté, Bd. 3: Négritude et civilisation de l'universel, Paris 1977, S. 90–101, hier S. 92 f.
898 Senghor, Assimilation et association, S. 25
899 Ebd. (im Rekurs auf Monod).
900 Arthur Girault, Principes de colonisation et de législation coloniales, Bd. 1, 2. Aufl. Paris 1904, S. 67 (Übers. P. Geiss), vgl. Jean Fremigacci, La colonisation, in: Jean-Louis Robert (Hg.), Le XIX$^e$ siècle. Histoire contemporaine, Paris 1995, S. 47–85, hier S. 65.
901 Vergil, Aeneis, 6,853 (P. Vergilius Maro, Aeneis, Lat./Deutsch, übers. und hg. von Gerhard Fink, Düsseldorf 2009, S. 294 f.).
902 Vgl. Girault, Principes de colonisation, Bd. 1, S. 86. Es waren allerdings nicht nur »Lateiner«, sondern durchaus auch Briten, die Rom als Referenz für ihren Kolonialismus nutzten, vgl. Eva Marlene Hausteiner, Greater than Rome. Neubestimmungen britischer Imperialität 1870–1914, Frankfurt a. M./New York 2015.
903 Girault, Principes de colonisation, Bd. 1, S. 66 (Übers. P. Geiss).
904 Ebd., S. 26 (Übers. P. Geiss).
905 Vgl. Mads Bomholt Nielsen, Britain, Germany and Colonial Violence in South-West Africa, 1884–1919. The Herero and Nama Genocide, Cham 2022, S. 25.
906 Senghor, Assimilation et association, S. 25.
907 Cheikh Anta Diop, Nations nègres et culture, Paris 1979 (zuerst 1954), S. 54 f. (Verweis auf Gobineau und Senghor-Zitat, eine Quelle gibt Diop für letzteres nicht an); zur Persistenz des Problems (Antirassismus als mögliche Quelle von essentialisierenden Denkmustern, die dem Rassismus strukturverwandt sind): Christian Geulen, Rassismus, in: David Ranan (Hg.), Sprachgewalt. Missbrauchte Wörter und andere politische Kampfbegriffe, Bonn 2021, S. 97–110, hier S. 105.
908 Kahiudi Claver Mabana, Léopold Sédar Senghor et la civilisation de l'universel, in: Diogène 3/2011, S. 3–13, hier S. 10; zum Gobineau-Bezug auch Langellier, Senghor, S. 117.
909 Vgl. Mabana, Senghor et la civilisation de l'universel, S. 6.
910 Dazu mit Zitaten Senghors: Andreas Eckert, Das Paris der Afrikaner und die Erfindung der Négritude, in: Themenportal Europäische Geschichte, 2007, www.europa.clio-online.de/essay/id/fdae-1320 [13.12.2024].
911 Zur Charakterisierung als »kulturalistisch«: Thioub, Writing National and Transnational History in Africa, S. 198.
912 Zit. nach Langellier, Senghor, S. 117 (Übers. P. Geiss); ebd., S. 117 f. auch die Beobachtung zu Senghors späterer Distanzierung von Überlegenheitsdenken, wie es für den europäischen Kolonialrassismus typisch war.
913 Arthur de Gobineau, Essai sur l'inégalité des races humaines, Paris 1884, Bd. 1, S. 214 f., https://gallica.bnf.fr/ark:/12148/bpt6k650519/f251.item [05.04.2024].
914 Aimé Césaire, Discours sur le colonialisme [1955], in: Ders., Discours sur le colonialisme, suivi de Discours sur la Négritude, Paris 2004, S. 7–74, hier S. 10 f. (Übers. P. Geiss).

915 Zum Voranstehenden: Waechter, Geschichte Frankreichs im 20. Jahrhundert, S. 322–330 (über Besserstellung im französischen Kolonialverband hinausreichende Unabhängigkeitsforderungen, Indochina) und 335 f. (Sondersituation und Krieg in Algerien).
916 Vgl. Roche, Senghor, S. 105–109.
917 Vgl. Mabana, Senghor et la civilisation de l'universel, S. 5 f.
918 Vgl. Thioub, Writing National and Transnational History in Africa, S. 200 f.
919 Joseph Saint-Rémy, Etude historique et critique, in: Memoires du Général Toussaint-L'Ouverture écrits par lui-même […], Paris 1853, S. 7–27, hier S. 8 f., https://gallica.bnf.fr/ark:/12148/bpt6k5470300x.textelmage [05.04.2024].
920 Vgl. Thioub, Writing National and Transnational History in Africa, S. 201
921 Léopold Sédar Senghor, Ce que je crois. Négritude, francité et civilisation de l'universel, Paris 1988, S. 89; zum Spannungsverhältnis zwischen Cheikh Anta Diop und Senghor vgl. Langellier, Senghor, S. 332.
922 Léopold Sédar Senghor, Union française et fédéralisme [Université des Annales, 21 novembre 1956], in: Liberté 2, S. 197–210, hier S. 209.
923 Vgl. zu dieser Deutung: François Furet, La Révolution, Bd. 1: 1770–1814, Paris 1988, S. 200 f.; zum Mythos: Ian Germani, 1792: Myths and Realities of the Nation-in-Arms, in: Lumen 19 (2000), S. 153–170.
924 Déclaration d'indépendance de la République démocratique du Viêt Nam (Hanoï, 2 septembre 1945), zit. nach: https://www.cvce.eu/en/obj/declaration_of_independence_of_the_democratic_republic_of_vietnam_hanoi_2_september_1945-en-905f208b-5fc7-43bd-a533-a0731c2c61ec.html [05.04.2024]; vgl. Enrique Leon, Das Ende der Kolonialreiche, in: Peter Geiss/Guillaume Le Quintrec (Hg.), Histoire/Geschichte, Europa und die Welt seit 1945, Leipzig 2006, S. 82–95, hier S. 95.
925 Léopold Sédar Senghor, Pour un humanisme de la francophonie, in: Revue des deux mondes, février 1975, S. 276–284, hier S. 280.
926 Zur Überlieferung und zur Einstufung als »Gründungsurkunde der demokratischen Politik«: Régine Bonnardel, 1789: Le cahier de doléances des Saint-Louisiens (Sénégal). Mythe et réalité, in: Esclavage, colonisation, libérations nationales de 1789 à nos jours, Paris 1990, S. 51–59, Zitat S. 53 (Übers. P. Geiss); zur Identität der »Einwohner«: Mamadou Diouf, Le cahier de doléances des Habitants de Saint-Louis. Contexte et signification, https://gerflint.fr/Base/Afriqueouest1/mamadoudiouf.pdf [05.04.2024].
927 Senghor, Pour un humanisme de la francophonie, S. 280 (Übers. P. Geiss). Das Beschwerdeheft zitiert er überdies in: Léopold Sédar Senghor, Chacun doit être métisse à sa façon ou l'université Gaston-Berger [1975], in: Ders., Liberté, Bd. 5: Le dialogue des cultures, Paris 1993, S. 46–52, hier S. 51 f.
928 Très-humbles doléances et remontrances des habitans du Sénégal, aux citoyens français tenants les états-généraux, in: Dominique Lamiral, L'Affrique et le peuple affriquain, considérés sous tous leurs rapports avec notre commerce & nos colonies, Paris 1789, S. 1–47, https://gallica.bnf.fr/ark:/12148/bpt6k1518806c/f15.item [05.04.2024], hier S. 2 (Übers. P. Geiss); zur wahrscheinlichen Authentizität der Wiedergabe des Beschwerdehefts durch Lamiral und zur Übersendung an die Nationalversammlung: Thioub, Writing National and Transnational History in Africa, S. 200 und Bonnardel, 1789, S. 53.
929 Senghor, Qu'est-ce que la négritude, S. 90 (Übers. P. Geiss).
930 Zitate in den beiden vorangehenden Sätzen: ebd., S. 90 f. (Übers. P. Geiss).
931 Très-humbles doléances, S. 4 (Übers. P. Geiss).
932 Ebd., S. 2 (Übers. P. Geiss).
933 Vgl. ebd., S. 13.
934 Ebd., S. 15 (Übers. P. Geiss); zur revolutionstypischen Legitimierung partikularer Interessen in Form eines Gemeinwohl-Diskurses: Keith Michael Baker, Die ideologischen Ursprünge der Französischen Revolution, in: Christoph Konrad/Martina Kessel (Hg.), Geschichte Schreiben in der Postmoderne. Beiträge zur aktuellen Diskussion, Stuttgart 1994, S. 251–282, hier S. 260 f.

935  Vgl. Très-humbles doléances, S. 11.
936  Ebd., S. 19 (Übers. P. Geiss). Vgl. zu Saint-Louis als Ausgangspunkt des transatlantischen Sklavenhandels: Michael Zeuske, Handbuch Geschichte der Sklaverei. Eine Globalgeschichte von den Anfängen bis zur Gegenwart, Bd. 1, 2. Aufl. Berlin/Boston 2019, S. 75 f.
937  Très-humbles doléances, S. 25 (Übers. P. Geiss); zum Einsatz als Matrosen: ebd., S. 19.
938  Beispiele aufklärerischer Sklavereikritik bietet: Antoine Lilti, L'héritage des lumières. Ambivalence de la modernité, Paris 2019; zum komplexen Bild der Aufklärung in Bezug auf die Sklaverei: Bernard Gainot u. a., Lumières et esclavage, in: Annales historiques de la Révolution française 380/2 (2015), S. 149–169.
939  Ambivalenzen der Aufklärung betont Lilti, L'héritage des lumières, S. 7–117. Einen facettenreichen Einblick in die französische Rolle im Sklavenhandel bietet: Krystel Gualdé, L'Abîme. Nantes dans la traite atlantique et l'esclavage colonial 1707–1830, Nantes 2021.
940  Senghor, Union française et fédéralisme, S. 201. Möglicherweise bezieht er sich dabei nicht nur auf die Opfer des transatlantischen Sklavenhandels, was aber wegen des Fehlens einer präzisierenden Angabe nicht klar ist. Zeuske gibt für den transatlantischen Sklavenhandel eine geschätzte Zahl von 12,5 Millionen verschleppten Menschen an: Zeuske, Handbuch Geschichte der Sklaverei, Bd. 2, S. 763 f.
941  Thioub, Writing National and Transnational History in Africa, S. 200 (Übers. P. Geiss). Thioub, der auf das Ausklammern der Sklavereithematik bei Senghors Verwendung des *cahier* hinweist, geht von einem »Filtern historischer Ereignisse entweder zu didaktischen Zwecken oder zur Legitimation von Macht aus.« (Ebd., S. 199 f.)
942  So bezogen auf eine Ungereimtheit hinsichtlich seiner Berichte zur ersten Begegnung mit Césaire auch Langellier, Senghor, S. 72 f.
943  Déclaration des droits de l'homme et du citoyen: Décrétés par l'Assemblée Nationale dans les séances des 20, 21, 23, 24 et 26 août 1789, acceptés par le Roi, https://gallica.bnf.fr/ark:/12148/btv1b69480451/f1.item.zoom [05.04.2024] (Übers. P. Geiss).
944  Dieses und die Folgezitate aus dieser Debatte nach: Journal officiel de la République française. Débats parlementaires. Chambre des députés, 29.07.1885, https://gallica.bnf.fr/ark:/12148/bpt6k6344898r/f10.item [05.04.2024], hier S. 1668 (Übers. P. Geiss); zur Einordnung: Olivier Wieviorka/Christophe Prochasson (Hg.), La France du XXᵉ siècle. Documents d'histoire, Paris 1994, S. 68–81.
945  Journal officiel, 29.07.1885, S. 1668 (Übers. P. Geiss).
946  Ebd. (Übers. P. Geiss).
947  Vgl. Langellier, Senghor, S. 94; Roche, Senghor, S. 19; zu Clemenceaus Rassismuskritik: Journal officiel, 31.07.1885, S. 1681.
948  Léopold Sédar Senghor, Œuvre poétique, Paris 1990, S. 94 f. (Übers. P. Geiss); zit. u. kontextualisiert in Langellier, Senghor, S. 187.
949  Vgl. ebd., S. 307.
950  Zitate und Bezugnahmen auf Césaire in diesem und dem vorangehenden Absatz: Césaire, Discours sur le colonialisme (Übers. P. Geiss), S. 7 f. (Unehrlichkeit und Unglaubwürdigkeit Europas), 9 f. (offene Gewaltherrschaft der Konquistadoren im Gegensatz zu moderner kolonialer »Heuchelei«), 14 (»Pseudo-Humanismus«, rassistisches Verständnis von Menschenrechten), 15 f. (Renan, Vergil, Hitler), 18 (Tendenz der kolonialen »Zivilisation« zu Hitler und darin liegende »Bestrafung«), 21 (»Enthumanisierung« der Kolonisatoren, »Tiere«), 7 (Untreue der Europäer gegenüber eigener humanistischer Tradition; »sterbende Zivilisation«), 10 (Kolonialismus als Isolation, Mangel an »Sauerstoff«) und 71 f. (zerstörerische Wirkung »römischer Einheitszivilisation«, neue Barbarei, Selbstvernichtung Europas).
951  Zur Diversität des Imperium Romanum: Ralph W. Mathisen, Peregrini, Barbari, and Cives Romani. Concepts of Citizenship and the Legal Identity of Barbarians in the Later Roman Empire, in: American Historical Review 111/4 (2006), S. 1011–1040, hier S. 1040; zu seiner Integrationskraft: Uwe Walter, Wachstum durch Integration: das Imperium Romanum. Eine Anregung für den Unterricht, in: Geschichte für heute 5/1 (2012), S. 40–59; zum Fehlen von Rassismus im

Imperium Romanum: Andreas Hartmann, Im Osten nichts Neues. Europa und seine Barbaren seit dem V. Jahrhundert v. Chr., in: Andreas Michler/Waltraut Schreiber (Hg.), Blicke auf Europa. Kontinuität und Wandel, Neuried 2003, S. 53–55; zum neuen Verständnis von Romanisierung als Vernetzung: Frederick G. Naerebout, Convergence and Divergence. One Empire, Many Cultures, in: Gerda de Kleijn/Stéhane Benoist (Hg.), Integration in Rome and in the Roman World. Proceedings of the Tenth Workshop of the International Network Impact of Empire (Lille, June 23–25, 2011), Leiden/Boston 2014, S. 263–281; Peter Geiss, Grenzgänger an Rhein und Donau. Geschichtsdidaktische Überlegungen zur Integration im römischen Heer, in: Uta Fenske/Daniel Groth/Matthias Weipert (Hg.), Grenzgang. Grenzgängerinnen. Grenzgänger. Historische Perspektiven. Festschrift für Bärbel Kuhn zum 60. Geburtstag, St. Ingbert 2017, S. 279–292.

952 Césaire, Discours sur le colonialisme, S. 74 (Übers. P. Geiss).
953 Aimé Césaire, Le Discours sur la négritude, in: Ders., Discours sur le colonialisme, suivi de Discours sur la Négritude, Paris 2004, S. 77–92, hier S. 92 (Übers. P. Geiss).
954 Vgl. Armin Nassehi, Du erst recht! Nein ich doch nicht!, in: Frankfurter Allgemeine Zeitung, 05.08.2020, S. N3; zu dieser Herausforderung nun ganz aktuell und im direkten Rückbezug auf Césaire und Senghor: Souleymane Bachir Diagne, Universaliser. »L'humanité par les moyens d'humanité«, Paris 2024.
955 Zit. nach Langellier, Senghor, S. 283 (Übers. P. Geiss).
956 Vgl. Langellier, Senghor, S. 304–309 (Humanismus, *Négritude* und *Francophonie* als Grundlage für die Angreifbarkeit von Senghors praktischer Politik), 282–285 (Einparteiensystem und seine begrenzte Überwindung), 274–281 (Umgang mit Dia), 332 (Einfluss Senghors auf die Ausrichtung von Parteien) und 312 f. (Verzicht auf Begnadigung bei Todesurteilen).
957 Vgl. Die Straßenschlacht um die Paulskirche, in: Frankfurter Allgemeine Zeitung, 23.09.1968, S. 25. Die *FAZ* berichtete dicht und druckte auch Senghors Paulskirchen-Rede in Übersetzung ab: ebd., S. 19.
958 »Endlösung der APO-Frage. Schnellverfahren gegen Cohn-Bendit«, Flugblatt des SDS, 27.09.1968 [handschriftliche Datierung], zit. nach Hartmut Riem, Studentenbewegung Universität Frankfurt, 1967–1969, Dokumentensammlung, https://www.studentenbewegung-frankfurt.de/wp-content/uploads/2021/09/680927_Flugblatt_SDS_Schnellverferfahren-gegen-Cohn-Bendit.pdf [12.06.2023].
959 Vgl. Langellier, Senghor, S. 320 f. und: Brandt entschuldigt sich bei Senghor, in: Frankfurter Allgemeine Zeitung, 23.09.1968, S. 1.
960 Frantz Fanon, Les damnés de la terre (1961), in: Ders., Œuvres, Paris 2011, S. 431–676, Zitat S. 673 f. (Übers. P. Geiss); zur Bedeutung als Klassiker des linken Engagements für die damals sogenannte »Dritte Welt«: Sabine Kebir, Revolutionäre Subjekte bei Frantz Fanon, in ApuZ 14–15 (2008), S. 28–33, https://www.bpb.de/medien/31330/ZD0G73.pdf [05.04.2024].
961 John F. Kennedy, Radio-TV Address of the President to the Nation from the White House, 22.10.1962 (abgedruckt in: Laurence Chang/Peter Kornbluh (Hg.), The Cuban Missile Crisis. A National Security Archive Document Reader, New York 1998, Dok. 29, S. 160–164), vgl. auch Audio-Datei und Transkript unter: https://www.jfklibrary.org/learn/about-jfk/historic-speeches/address-during-the-cuban-missile-crisis [04.04.2024]. Eine Chronologie mit zahlreichen eingebetteten Quellen bietet: https://microsites.jfklibrary.org/cmc/oct16/index.html [04.04.2024]; weitere Sachinformationen und Quellen unter: https://nsarchive2.gwu.edu/nsa/cuba_mis_cri/index.htm [04.04.2024]; zu den US-Aufklärungsinformationen am 15. Oktober (basierend auf Luftbildern): Bernd Greiner, Kuba-Krise. Analysen, Dokumente, Zeitzeugen, Nördlingen 1988, S. 36–38 und Ders., Die Kuba-Krise. Die Welt an der Schwelle zum Atomkrieg, München 2010, S. 49. Für hilfreiche Rückmeldungen zu diesem Kapitel (12) danke ich herzlich Dominik Geppert, Hans-Dieter Heumann und Friedrich Kießling.
962 Vgl. hierzu überdies das CIA-Dokument: Major Consequences of Certain U.S. Courses of Action on Cuba, 20.10.1962, S. 1–3, https://nsarchive2.gwu.edu/nsa/cuba_mis_cri/19621020cia.pdf [04.04.2024] (Chang/Kornbluh, Dok. 25, S. 146 f.).
963 Kennedy, Radio-TV Address, 22.10.1962 (Chang/Kornbluh, Dok 29, S. 162, Übers. P. Geiss).

964 The Ambassador in the United Kingdom (Kennedy) to the Secretary of State, 10.09.1938, in: Matilda F. Axton u. a. (Hg.), Foreign Relations of the United States Diplomatic Papers. 1938, Bd. 1: General, Washington 1955, Dok. 563, https://history.state.gov/historicaldocuments/frus1938v01/d563 [04.04.2024]; zur Unterstützung des Appeasement durch Joseph Kennedy: Joseph M. Siracusa, Art. »The Munich Analogy«, Unterpunkt »The Cuban Missile Crisis«, in: Encyclopedia of American Foreign Policy, https://www.americanforeignrelations.com/E-N/The-Munich-Analogy.html [04.04.2024].

965 John F. Kennedy, Why England Slept, New York 1940, https://hdl.handle.net/2027/inu.32000007313341 [02.10.2021], S. 229. Die Titelei nennt für 1940 fünf Nachdrucke. Digitalisat des Typoskripts: https://www.jfklibrary.org/asset-viewer/archives/JFKPP/026/JFKPP-026-004 [04.04.2024].

966 Vgl. Philip D. Zelikow/Ernest R. May, The Presidential Recording Project, in: Dies./Timothy Naftali (Hg.), The Presidential Recordings: John F. Kennedy. The Great Crises, New York/London 2001, Bd. 1, S. XI–XVI, aus dieser dreibändigen Edition auch die folgende Quellenzitate; zur »außergewöhnlichen Transparenz« der Krise: Jean-Yves Haine, Kennedy, Kroutchev et les missiles de Cuba. Choix rationnel et responsabilité individuelle, in: Cultures & Conflits 36 (1999/2000), 6 Teile, hier Teil 1: https://doi.org/10.4000/conflits.594 [04.04.2024], S. 3; zum Zutreffen von Rankes Diktum »wie es eigentlich gewesen« auf diese Krise: Sheldon M. Stern, The Cuban Missile Crisis in American Memory. Myths versus Reality, Stanford 2012, S. 3.

967 Kurz für »Executive Committee«; zum ExComm: Greiner, Kuba-Krise (2010), S. 49 f.

968 Meeting with the Joint Chiefs of Staff on the Cuban Missile Crisis, 19.10.1962 (Naftali/May/Zelikow, Bd. 2, S. 578–599, hier S. 583); zum Kontext: Greiner, Kuba-Krise (2010), S. 62 (von dort auch die Kontextinformationen zu LeMay und Kennedy Sr.).

969 Le May und Kennedy zit. nach: Meeting with the Joint Chiefs of Staff, 19.10.1962 (Naftali/May/Zelikow, Bd. 2, S. 588).

970 Ebd., S. 597 f. Shoups Äußerungen spiegeln die grundsätzliche Linie der Stabschefs wider, vgl. Dan Martins, The Cuban Missile Crisis and the Joint Chiefs, in: Naval War College Review 71/4 (2018), S. 91–110, hier S. 95.

971 Meeting with the Joint Chiefs of Staff, 19.10.1962 (Naftali//May/Zelikow, Bd. 2, S. 590 [Kennedys Opferzahlen, Befürchtungen und kreisende Reflexionen], 583 und 585 [Le Mays Forderung nach energischem Vorgehen]).

972 So Martins, Cuban Missile Crisis and the Joint Chiefs, S. 106.

973 Vgl. Robert Namara, Foreword, in: Chang/Kornbluh (Hg.), Cuban Missile Crisis, S. XI–XIII, hier S. XII. Es existierte ein entsprechendes, allerdings nicht unterschriebenes Memorandum aus dem sowjetischen Verteidigungsministerium vom 08.09.1962, https://nsarchive2.gwu.edu/nsa/cuba_mis_cri/620908%20Memorandum%20from%20Malinovsky.pdf [04.10.2021].

974 Vgl. Scott D. Sagan, Nuclear Alerts and Crisis Management, in: International Security 9/4 (1985), S. 99–139, hier S. 109; vgl. Haine, Kennedy, Kroutchev et les missiles de Cuba (Teil 1), S. 2

975 Vgl. Sagan, Nuclear Alerts and Crisis Management, S. 111 und folgende Übersicht über den Stand der militärischen Kräftemobilisierung für Kennedy: Cuba Fact Sheet, 27.10.1962 (Chang/Kornbluh, Dok. 47, S. 201–203).

976 Vgl. Major Consequences of Certain U.S. Courses of Action on Cuba, 20.10.1962, S. 2 f. Die CIA hatte allerdings keine Sprengköpfe identifiziert. Vgl. ExComm, Off-the-Record-Meeting on Cuba, 10.10.1962, 11h50–12h57 (Chang/Kornbluh, Dok. 16, S. 97); ähnlich auch der stellvertretende Verteidigungsminister Paul Nitze, zit. in: Richard E. Neustadt/Ernest R. May, Thinking in Time. The Uses of History for Decision Makers, New York 1988 (zuerst 1986), S. 10; zur Aufrechterhaltung des strategischen Gleichgewichts trotz der Stationierung (ähnlich wie der zit. CIA-Bericht) und zur eminent politischen Dimension der Krise: Arthur Schlesinger, Foreword, in: Robert Kennedy, Thirteen Days. A Memoir of the Cuban Missile Crisis, New York/London 1999 (zuerst 1968), S. 7–15, hier S. 10 f.; so auch Greiner, Kuba-Krise (2010), S. 51 f.

977 Transcript of the Second Executive Meeting, 16.10.1962 (Chang/Kornbluh, Dok. 17, S. 113). Auch der Ausbau der Karibikinsel zu einer sowjetischen »Festung« mit einem Stützpunkt für

U-Boote war eine ernste Gefahr, vgl. Haine, Kennedy, Kroutchev et les missiles de Cuba, Teil 5 (https://doi.org/10.4000/conflits.602), S. 2.
978 Vgl. Jonathan Coleman, The Cuban Missile Crisis. Origins, Course and Aftermath, Edinburgh 2016, S. 64.
979 Zitat: Greiner, Kuba-Krise (2010), S. 38. Zur zentralen Rolle der Glaubwürdigkeitsfrage in der Kubakrise vgl. auch ebd., S. 52 und Haine, Kennedy, Kroutchev et les missiles de Cuba, Teil 4 (https://doi.org/10.4000/conflits.600), S. 7.
980 Zur Komplexitätsreduktion durch historische Analogiebildung (hier insbesondere mit »München 1938«) vgl. ebd., S. 3 f.; zur München-Analogie als »shortcut«: Mikel Vedby Rasmussen, The History of a Lesson. Versailles, Munich and the social Construction of the Past, in: Review of International Studies 29 (2003), S. 499–519, hier S. 500 f.; Konzept des »shortcut« auch in Robert Jervis, Perceptions and Misperceptions in International Politics, Princeton 2017, S. 220; vgl. ferner: Ernest R. May, Lessons of the Past. The Use and Misuse of History in American Foreign Policy, New York 1973, S. 190.
981 Vgl. Haines, Kennedy, Kroutchev et les missiles de Cuba (Teil 4), S. 4.
982 Eine solche Absicht vermutet Greiner, Kuba-Krise (2010), S. 62.
983 Zit. nach Harry S. Truman, Radio and Television Address to the American People on the Situation in Korea, in: Gerhard Peters/John T. Woolley (Hg.), The American Presidency Project, https://www.presidency.ucsb.edu/node/230990 [05.10.2021] (Übers. P. Geiss); vgl. Fredrik Logevall/Kenneth Osgood, The Ghost of Munich. America's Appeasement Complexes, in: World Affairs 173/2 (2010), S. 13–26, hier S. 15, dort auch weitere Beispiele, ebenso in Siracusa, Art. »The Munich Analogy« und in Neustadt/May, Thinking in Time, S. 34–46.
984 Kennedy, Radio-TV Address, 22.10.1962 (Chang/Kornbluh, Dok 29, S. 162, Übers. P. Geiss).
985 Kennedy an Chruschtschow, 22.10.1962 (Chang/Kornbluh, Dok. 28, S. 158 f., hier S. 158, Übers. P. Geiss).
986 Transcript of the Second Executive Committee Meeting, 16.10.1962 (Chang/Kornbluh, Dok. 17, S. 120 f.).
987 Vgl. David R. Gibson, Talk at the Brink. Deliberation and Decision during the Cuban Missile Crisis, Princeton/Oxford 2012, S. 76–82; zur Verteidigung der Chiefs of Staff gegen den Vorwurf der Kriegstreiberei in der Gesamttendenz auch Martins, Cuban Missile Crisis and the Joint Chiefs.
988 Off-the-Record-Meeting on Cuba, 10.10.1962, 11h50–12h57 (Chang/Kornbluh, Dok. 16, S. 102).
989 Vgl. ebd., S. 103 (Befürchtung von Finanzminister Douglas Dillon).
990 So Gibson, Talk at the Brink, S. 76.
991 Freie Übersetzung (P. Geiss) und Adaption des kontrafaktischen Szenarios aus: Richard E. Neustadt/Graham T. Allison, Afterword, in: R. Kennedy, Thirteen Days, S. 101–145, hier S. 106.
992 Vgl. ebd., S. 106 f. (dort auch zum Risiko von Zwischenfällen) und Sagan, Nuclear Alerts and Crisis Management, S. 112–117, mit der Forderung nach Einplanung dieses Risikos.
993 Zit. nach ebd., S. 119 (Übers. P. Geiss).
994 Vgl. Haine, Kennedy, Kroutchev et les missiles de Cuba, Teil 4, S. 4; Meeting on the Cuban Missile Crisis, 18.10.1962 (Naftali/May/Zelikow, Bd. 2, S. 512–572, hier S. 539, Einwand Balls) und Notes taken from Transcripts of Meetings of the Joint Chiefs of Staff, October–November 1962: Dealing with the Cuban Missile Crisis, S. 11, https://nsarchive2.gwu.edu/nsa/cuba_mis_cri/621000%20Notes%20Taken%20from%20Transcripts.pdf [04.04.2024]; Position of [Under Secretary of State] George W. Ball, ca. 18.10.1962 (Chang/Kornbluh, Dok. 21, S. 131).
995 Zum Voranstehenden: Dominic Tierney, »Pearl Harbor in Reverse«. Moral Analogies in the Cuban Missile Crisis, in: Journal of Cold War Studies 9/3 (2007), S. 49–77, hier S. 57 (Opferzahl, Trauma und Kriegseintritt) und 49 f. (Zurückweisung eines solchen Verhaltens als Option für die USA und daraus resultierende strategische Schlussfolgerung). Der frühere US-Außenminister Dean Acheson stellte die Analogie jedoch infrage, zit. nach May, Lessons of the Past, S. 7; Stern

bezweifelt die Relevanz dieser Analogie für den Entscheidungsprozess, vgl. Stern, Cuban Missile Crisis in American Memory, S. 37.

996 Zu den voranstehend referierten Erinnerungen: R. Kennedy, Thirteen Days, S. 49 (Tuchmans *Guns of August* und Gefahr eines ähnlich unbeabsichtigten Krieges 1962), 97 f. (erneuter Bezug auf Tuchman, *room to move* als Konsequenz der Lektüre); dazu Haine, Kennedy, Kroutchev et les missiles de Cuba, Teil 6 (https://doi.org/10.4000/conflits.604), S. 9, Anm. 21 und S. 5; vgl. ferner knapp Peter Geiss, »War da was?« – Historische Bildung im Output-Zeitalter, in: Stephan Stomporowski/Anke Redecker/Rainer Kaenders (Hg.), Bildung – noch immer ein wertvoller Begriff?! Festschrift für Volker Ladenthin, Göttingen 2019, S. 133–149, hier S. 143 f.; ähnlich auch Michael Dobbs, Why we should still Study the Cuban Missile Crisis, in: United States Institute of Peace, Special Report 205 (2008), S. 11 (»history as a cautionary tale«).

997 Dargestellt in Abgrenzung zum »Abschreckungsmodell« in Jervis, Perception and Misperception, S. 58–113.

998 Zur Überrationalisierung: Haine, Kennedy, Kroutchev et les missiles de Cuba (Teil 1), S. 4; zur Mythenbildung bei Robert Kennedy: Greiner, Kuba-Krise (1988), S. 10 und Stern, Cuban Missile Crisis in American Memory, S. 33 (Erinnerungen als Matrix), 35 (Rolle der Erinnerungen bei einer möglichen Präsidentschaftskandidatur Robert Kennedys) und 39 (*Thirteen Days* als beispielhafte Warnung vor der Unzuverlässigkeit von Zeitzeugenberichten).

999 Memorandum of conversation between President Kennedy and Premier Nikita Khrushew at the Vienna Summit, 03.06.1961 (Chang/Kornbluh, Dok. 1, S. 9–14, hier S. 10) sowie Kennedy an Chruschtschow, 22.10.1962 (Chang/Kornbluh, Dok. 28, S. 159), Übers. jeweils P. Geiss.

1000 Zit. nach R. Kennedy, Thirteen Days, S. 49.

1001 Vgl. May, Lessons of the Past, S. XII; ähnlich auch Neustadt/May, Thinking in Time, S. 15 f.

1002 Naftali, Five Hundred Days: Introduction, S. XIV (Übers. P. Geiss).

1003 Voranstehend referierte Gesprächsinhalte und Zitate nach: Memorandum, 03.06.1961 (Chang/Kornbluh, Dok. 1, S. 10, Übers. P. Geiss); vgl. dazu Manifest der Kommunistischen Partei, zit. nach: Karl Marx/Friedrich Engels, Werke, Berlin (Ost) 1959, Bd. 4, S. 459–493.

1004 Vgl. R. Kennedy, Thirteen Days, S. 95.

1005 Zu den genannten Lehren, die Chruschtschow aus der Geschichte zog, und zu Castros Wandlung zum Kommunisten, die er damals offenbar noch als Entwicklungsmöglichkeit, aber nicht als Realität betrachtete: Memorandum, 03.06.1961 (Chang/Kornbluh, Dok. 1, S. 13 f.).

1006 Vgl. Greiner, Kuba-Krise (1988), S. 19; ferner Coleman, Cuban Missile Crisis, S. 19–25.

1007 Vgl. Logevall/Osgood, The Ghost of Munich.

1008 Vgl. Cuba Fact Sheet, 27.10.1962 (Chang/Kornbluh, Dok. 47, S. 201–203); zu den Invasionsvorbereitungen: Dino A. Brugioni, The Invasion of Cuba, in: HistoryNet, 01.08.2017, https://www.historynet.com/the-invasion-of-cuba.htm [05.10.2021]

1009 Vgl. Neustadt und May, Thinking in Time, S. 8.

1010 Stewart Alsop/Charles Bartlett, In Time of Crisis, in: The Saturday Evening Post, 08.12.1962, S. 15–21, hier S. 18 (Überschrift) und 20, http://www.saturdayeveningpost.com/wp-content/uploads/satevepost/1962-12-08-missile-crisis.pdf [05.10.2021]; dazu und zu den negativen Folgen für Stevenson und die liberalen Teile der Demokraten: Greiner, Kuba-Krise (1988), S. 69–72 und 188 f., Anm. 17, zum »Raketentausch«: ebd., S. 112.

1011 Vgl. National Security Council Meeting on the Cuban missile crisis, 20.10.1962 (Naftali/May/Zelikow, Bd. 2, S. 601–614, hier S. 613).

1012 So die Darstellung Robert Kennedys, der Stevenson überdies als »mutig« in Schutz nimmt, R. Kennedy, Thirteen Days, S. 39 f.; vgl. zu Stevensons Plan auch Greiner, Kuba-Krise (1988), S. 69 f.

1013 Zu Kennedys Zweifeln: R. Kennedy, Thirteen Days, S. 39; zur Relevanz des Faktors Prestige auch auf sowjetischer Seite: Haine, Kennedy, Kroutchev et les missiles de Cuba (Teil 5), S. 6.

1014 Vgl. etwa mit einem Zitat Poincarés zu Russland Gerd Krumeich, Juli 1914. Eine Bilanz, Paderborn u. a. 2014, S. 116, ferner im Vergleich zur Kubakrise Geiss, »War da was?«, S. 143.

1015 Nitzes Bedenken nach: Transcript of the Executive Committee Meeting, 27.10.1962 (Chang/Kornbluh, Dok. 50, S. 211–230, hier S. 211); vgl. Greiner, Kuba-Krise (1988), S. 113; zur Diskussion um die »Abkoppelung« europäischer von amerikanischer Sicherheit seit den späten 70er Jahren vgl. die Literatur in: Peter Geiss, »Frieden schaffen ohne Waffen« oder »realistische Friedenspolitik«? – NATO-Doppelbeschluss und Nachrüstung in geschichtsdidaktischer Perspektive, in: Ders./Peter Arnold Heuser (Hg.), Friedensordnungen in geschichtsdidaktischer und geschichtswissenschaftlicher Perspektive, unter Mitarbeit von Victor Henri Jaeschke, Göttingen 2017, S. 197–225, hier insbes. S. 208 und Anm. 51.

1016 Vgl. Coleman, Cuban Missile Crisis, S. 159 und 183–187 und Robert Kennedys Memorandum for the Secretary of State from the Attorney General on Robert Kennedy's October 27 Meeting with Dobrynin, 30.10.1962, S. 3 (mit dem wörtlichen Zitat, nachträglich durchgestrichen), https://nsarchive2.gwu.edu/nsa/cuba_mis_cri/621030%20Memorandum%20for%20Sec.%20of%20State.pdf [10.10.2021]; von der Gegenseite bestätigt durch Dobryins Bericht nach Moskau: https://nsarchive2.gwu.edu/nsa/cuba_mis_cri/621027%20Dobrynin%20Cable%20to%20USSR.pdf [10.10.2021].

1017 Vgl. den oben zit. Bericht Dobrynins.

1018 So Coleman, Cuban Missile Crisis, S. 184, mit Zitaten offensichtlicher Lügen von Verteidigungsminister McNamara und Außenminister Rusk im Kongress ebd., S. 185.

1019 Chruschtschow an Kennedy, 25.10.1962 (Chang/Kornbluh, Dok. 35, S. 174, Übers. P. Geiss).

1020 Die voranstehende Darstellung der Ereignisse stützt sich auf Greiner, Kuba-Krise (1988), S. 85–90 sowie Ders., Kuba-Krise (2010), S. 71–96; zur Verengung des Blockaderinges und den Motiven dahinter auch R. Kennedy, Thirteen Days, S. 52.

1021 Voranstehendes zur »Eyeball«-Legende mit dem Rusk-Zitat und Kontextualisierung nach Coleman, Cuban Missile Crisis, S. 103 f. (Übers. P. Geiss).

1022 Voranstehende referierte Briefinhalte und -zitate: Chruschtschow an Kennedy, 26.10.1962 (Chang/Kornbluh, Dok. 45, S. 195–198, hier S. 195 f. [Kriegserinnerung Chruschtschows], 196 [Unmöglichkeit eines atomaren Eroberungskrieges, »friedlicher Wettbewerb« der Systeme], 197 [Schweinebucht-Invasion als Stationierungsgrund, Sympathie für Kuba]); zur Charakterisierung des Briefes als »emotional«: R. Kennedy, Thirteen Days, S. 66; Zitat zur Partnerschaft der Kontrahenten: Neustadt/Allison, Afterword, S. 107 (Übers. P. Geiss).

1023 Zum Voranstehenden mit den Zitaten: Chruschtschow an Kennedy, 26.10.1962 (Chang/Kornbluh, Dok. 45, S. 197 [Erinnerung an westliche Interventionen im russischen Bürgerkrieg, vor diesem Hintergrund besondere Sympathie für Kuba], 198 [Bild des Seils]).

1024 Voranstehendes zusammengefasst nach: Chruschtschow an Kennedy, 27.10.1962 (Chang/Kornbluh, Dok. 49, S. 207 f.).

1025 Vgl. die einschlägige Passage seiner Rede in: Nikita Chruschtschow, Report of the Central Committee of the Communist Party of the Soviet Union to the 20th Party Congress, Moskau 1956, S. 34, https://archive.org/details/reportcc20thcpsucongress [12.10.2021].

1026 Transcript of the Executive Committee Meeting, 27.10.1962 (Chang/Kornbluh, Dok. 50, S. 228–230, hier S. 229, Übers. P. Geiss).

1027 Vgl. Kennedy an Chruschtschow, 27.10.1962 (nach Chang/Kornbluh, Dok. 52, S. 234 f.).

1028 Vgl. das bereits oben zit. Memorandum for the Secretary of State from the Attorney General on Robert Kennedy's October 27 Meeting with Dobrynin, 30.10.1962, S. 3 und Chronologie in Chang/Kornbluh (Hg.), Cuban Missile Crisis, S. 386 f. und 390.

1029 Memorandum for the Secretary of State from the Attorney General, 30.10.1962, S. 4 (Übers. P. Geiss); vgl. mit anderen Formulierungen auch R. Kennedy, Thirteen Days, S. 82 f.

1030 Vgl. Greiner, Kuba-Krise (1988), S. 155–161.

1031 Zit. nach Executive Committee Meeting of the National Security Council on the Cuban Missile Crisis (4:00–7:45 P.M), 27.10.1962 (Naftali/May/Zelikow, Bd. 3, S. 387–488, hier S. 409, Übers. P. Geiss); vgl. dazu Greiner, Kuba-Krise (1988), S. 137 f.

1032 Vgl. Executive Committee Meeting (4:00–7:45 P.M), 27.10.1962 (Naftali/May/Zelikow, Bd. 3, S. 409 f.; zur voranstehend thematisierten Lokalisierungsidee von 1914: Krumeich, Juli 1914, S. 13, 82 und öfter.
1033 Chruschtschow an Kennedy, 28.10.1962 (Chang/Kornbluh, Dok. 53, S. 235–237, hier S. 237); vgl. Greiner, Kuba-Krise (1988), S. 161.
1034 Zur nachrichtendienstlichen Bestätigung des Raketenabzugs: Coleman, Cuban Missile Crisis, S. 177; zu Castros Widerstand gegen Inspektionen und Verbleib der nuklearwaffenfähigen Bomber: ebd., S. 178–180.
1035 Vgl. Chronologie in Chang/Kornbluh (Hg.), Cuban Missile Crisis, S. 403; zu Demontage und sichtbarem Abtransport der Bomber: Coleman, Cuban Missile Crisis, S. 180 f.
1036 Vgl. mit ausführlichen Quellenzitaten Ingo Juchler, Revolutionäre Hybris und Kriegsgefahr: Die Kuba-Krise von 1962, in Vierteljahrshefte für Zeitgeschichte 41/1 (1993), S. 79–100. Dass es am Ende der Kubakrise nur Gewinner gab, konstatiert Odd Arne Westaad, The Cold War. A World History, London 2017, S. 308.
1037 Castro an Chruschtschow, 30.10.1962 (Chang/Kornbluh, Dok. 59, S. 254, Übers. P. Geiss).
1038 Voranstehende Bezugnahmen und Zitate: Chris Matthews, How John F. Kennedy's Appeasement Strategy Averted a Nuclear Holocaust, in: The New Republic, 14.10.2021, https://newrepublic.com/article/108575/how-john-f-kennedys-appeasement-strategy-averted-nuclear-holocaust [04.04.2024] (Übers. P. Geiss).
1039 Zu dem von Herz versuchten Brückenschlag und zum Lebenshintergrund: Christian Hacke, Ein Vordenker des 21. Jahrhunderts. Zum Tode des großen »idealistischen Realisten« John H. Herz, in: Internationale Politik 2/2006, S. 95–97; zum Pendeln amerikanischer Außenpolitik zwischen *Wilsonianism* und Realismus: Henry Kissinger, World Order, London 2014, S. 8 und 256 f. (Wilsons wertegebundenes Weltordnungskonzept).
1040 Voranstehender Gedankengang und Oppenheimer-Zitat nach: John H. Herz, The Relevancy and Irrelevancy of Appeasement, in: Social Research 31/3 (1964), S. 296–320, hier S. 305 (Übers. P. Geiss); »Skorpion«-Beispiel aus Robert Oppenheimer, Atomic Weapons and American Policy, in: Foreign Affairs 31/4 (1953), S. 525–535, hier S. 529; zu Skrupeln und politischer Sensibilität des ›Vaters der Atombombe‹ eindrucksvoll M. Kai Bird/Martin J. Sherwin, American Prometheus. The Triumph and Tragedy of J. Robert Oppenheimer, London 2006.
1041 Herz, Relevancy and Irrelevancy of Appeasement, S. 303 (Übers. P. Geiss).
1042 Bezugnahmen auf Herz und Zitate in diesem Abschnitt (jeweils Übers. P. Geiss): ebd., S. 309 (Unangemessenheit der Bezeichnung »Appeasement« für Vermeidung eines Atomkrieges oder konventionellen Krieges mit nuklearem Eskalationsrisiko, Glaubwürdigkeitsproblem), 310 (Kriegsvermeidung ohne Erpressbarkeit, bei Offenhalten der Kriegsoption), 311 (Gefahren der Übertragung des Appeasement-Vorwurfs auf eine nukleare Gegenwart) und 312 (Unterschied zwischen Hitler und Chruschtschow, Möglichkeit der Abgrenzung von Interessensphären in der Gegenwart); zum »nuklearen Paradox«: Neustadt/Allison, Afterword, S. 107 f. und ▶ Kap. 16.
1043 Bezugnahmen auf Herz und Zitate in diesem Abschnitt: Herz, Relevancy and Irrelevancy of Appeasement, S. 315 f. (Rassismus), 317 und 319 (Wirtschaftshilfe, kritische Distanz zu autoritären Regimen); zur Realität der Kooperation der USA mit lateinamerikanischen Regimen: Westaad, Cold War, S. 339–363, der allerdings den Vorwurf einer Beteiligung der CIA an der Ermordung Allendes vor der Installation der Pinochet-Diktatur in Chile zurückweist (ebd., S. 357); Charakterisierung von Herz: Hacke, Ein Vordenker des 21. Jahrhunderts, S. 95.
1044 Zu diesem Abschnitt: Herz, Relevancy and Irrelevancy of Appeasement, S. 320 (Zitat zu den Grenzen des Appeasement) und 318 (Berlin und Taiwan als Beispiele).
1045 Vgl. May, Lessons of the Past, S. XII (Vermeidung der Beschränkung auf eine einzige Analogie bei Kennedy) und Neustadt/May, Thinking in Time, S. 7–16; zum Nutzen weiterer Auseinandersetzungen mit der Kubakrise ferner Dobbs, Why We Should Still Study the Cuban Missile Crisis.
1046 Vgl. zum Begriff »Spaltprodukt« u. a. Eberhard Jesse, Extremismus, Version 22.10.2019, in: Staatslexikon online, https://www.staatslexikon-online.de/Lexikon/Extremismus [06.04.2024] – von einem »Zerfallsprodukt« spricht Norbert Frei, 1968. Jugendrevolte und globaler Protest,

München 2003, S. 223. Die Bedeutung der Studentenbewegung für die RAF thematisierte 1977, kurz nach dem »Deutschen Herbst«, der RAF-Mitbegründer Horst Mahler in einem Interview für den Film *Deutschland im Herbst* (Regie: Rainer Werner Fassbinder u. a., BRD 1978, ca. Min. 50). Zur Bedeutung von NS-Kontinuitäten für die 68er vgl. Wolfgang Kraushaar, Die blinden Flecken der 68er Bewegung, Stuttgart 2018, S. 185; zu den Übergängen zwischen der Protestkultur der 1960er Jahre und dem Terrorismus Wolfgang Kraushaar, Die blinden Flecken der RAF, Stuttgart 2017, S. 33–99. Für Rückmeldungen zu diesem Kapitel (13) danke ich herzlich Matthias Bormuth.

1047 Zum Zusammenhang zwischen dem Anspruch des Lernens aus der Geschichte und dem RAF-Terrorismus bereits Kraushaar, Die blinden Flecken der 68er, S. 240; zum Faschismus-Begriff vgl. Fernando Esposito, Faschismus – Begriff und Theorien, Version: 1.0, in: Docupedia-Zeitgeschichte, 06.05.2016, http://docupedia.de/zg/esposito_faschismus_v1_de_2016 [06.04.2024] und Frei, 1968, S. 222.
1048 Jutta Ditfurth, Ulrike Meinhof. Die Biographie, 5. Aufl. Berlin 2019, S. 121.
1049 Matthias Bormuth, An den Grenzen des biografischen Verstehens. Ulrike Meinhofs Radikalisierung im Horizont von Karl Jaspers, in: Forensische Psychiatrie, Psychologie, Kriminologie 112 (2018), S. 11–20, hier S. 19.
1050 Vgl. Philippe Buc, Heiliger Krieg. Gewalt im Namen des Christentums, übers. von Michael Haupt, Darmstadt 2015, speziell zur RAF: S. 155–161.
1051 Karl Löwith, Weltgeschichte und Heilsgeschehen. Die theologischen Voraussetzungen der Geschichtsphilosophie, Stuttgart 2004
1052 Vgl. Esposito, Faschismus.
1053 Vgl. eine Propaganda-Broschüre der DDR von 1962, Sammlung Haus der Geschichte Bonn, EB-Nr. A 009411, https://www.hdg.de/lemo/bestand/objekt/druckgut-du-und-die-mauer.html [06.04.2024].
1054 Rote Armee Fraktion, Das Konzept Stadtguerilla, Amsterdam 1971, https://socialhistoryportal.org/sites/default/files/raf/0019710501_7.pdf [06.04.2024], S. 8 (Kap. III).
1055 Grundlage der biografischen Informationen in diesem und dem folgenden Absatz: Bormuth, An den Grenzen des biografischen Verstehens; ferner Stefan Aust, Der Baader-Meinhof-Komplex, Neuausg. Hamburg 2017 (von dort, S. 495, auch das Ensslin zugeschriebene Zitat »Stimme der RAF«) und Ditfurth, Ulrike Meinhof, sowie das chronologische Datengerüst in: Martin Hoffmann (Bearb.), Rote Armee Fraktion. Texte und Materialien zur Geschichte der RAF, Berlin 1997, S. 514–518.
1056 Vgl. z. B. Ulrike Meinhof, Zum 20. Juli 1944 (1964), in: Dies., Die Würde des Menschen ist antastbar, Berlin 2021, S. 49–51, hier S. 50 f.; dazu auch Bormuth, An den Grenzen des biografischen Verstehens, S. 12.
1057 Von Suizid geht die Literatur überwiegend aus, z. B. Bormuth, An den Grenzen des biografischen Verstehens. Jutta Ditfurth (Ulrike Meinhof, S. 444) formuliert zwar keine Mord-These, spricht aber unter Verweis auf Ungereimtheiten und Ermittlungsschwächen von einem »Verdacht«; zu den schweren Auseinandersetzungen zwischen Ensslin und Meinhof vgl. Petra Terhoeven, Die Rote Armee Fraktion. Eine Geschichte terroristischer Gewalt, München 2017, S. 72 und Aust, Baader-Meinhof-Komplex, S. 588–592. Ditfurth (Ulrike Meinhof, S. 435) bezweifelt eine Kausalität zwischen den aus ihrer Sicht überwundenen internen Konflikten und Meinhofs Tod. Ensslins Ablehnung des Anschlags gegen das Springer-Hochhaus ist nachlesbar im Stammheimer Prozessprotokoll, 106. Verhandlungstag, 04.05.1976, S. 9449 f., zit. nach Florian Jeßberger u. a. (Hg.), Das Stammheim-Protokoll. Die Gesamtedition, https://www.stammheim-prozess.de/protokoll/ [06.04.2024], wie weitere Zitate aus dem Prozessprotokoll von dort.
1058 Zu den voranstehend geschilderten Ereignissen: Aust, Baader-Meinhof-Komplex, S. 911–915; speziell zu den spekulationsfördernden Ermittlungspannen, Einseitigkeiten, Abhörmaßnahmen, Kontrollproblemen und zum Einschmuggeln von Waffen: Sabine Bergstermann, Stammheim. Eine moderne Haftanstalt als Ort der Auseinandersetzung zwischen Staat und RAF, München 2016, S. 242 (mit Aust-Zitat) und 249–251.

1059 Vgl. Esposito, Faschismus; zur RAF-Charakterisierung der Bundesrepublik als »faschistoid« ferner Robert Wolff, Folter und Mord an den »Helden des Volkes« in bundesdeutschen Justizvollzugsanstalten? Das konspirationistische Weltbild der Roten Armee Fraktion, 1970–1977, in: Beiträge aus der Akademie der Diözese Rottenburg-Stuttgart 3 (2020), S. 121–138, hier S. 132.
1060 Vgl. Terhoeven, Die Rote Armee Fraktion, S. 84.
1061 Fritz Bauer, »Heute Abend Kellerclub«. Die Jugend im Gespräch mit Fritz Bauer, in: Ders., Kleine Schriften, hg. von Lena Foljanty und David Johst, Frankfurt a. M./New York 2018, Bd. 2, S. 1224–1241, hier S. 1225.
1062 Stammheim-Protokoll, 32. Verhandlungstag, 02.09.1975, S. 2602.
1063 Fritz Bauer, Der Generalstaatsanwalt hat das Wort. Das Plädoyer des Anklägers Dr. Bauer im Prozeß gegen Remer, in: Ders., Kleine Schriften, Bd. 1, S. 323–336; ▶ Kap. 10.
1064 Voranstehende Analyse des Kursbuchs mit Zitaten nach: Jürgen Seyfert, Plädoyer gegen die Ächtung des politischen Gegners, in: Kursbuch 32 (August 1973), https://socialhistoryportal.org/sites/default/files/raf/0019730800_01_2.pdf [06.04.2024], S. 129–135, hier S. 129–131. Zu diesem Kursbuch bereits Ditfurth, Ulrike Meinhof, S. 412
1065 Vgl. Kraushaar, Die blinden Flecken der RAF, S. 118–137; Quellenbasis u. a.: An der Brüstung, in: Der Spiegel 50/1974 (08.12.1974), https://www.spiegel.de/politik/an-der-bruestung-a-6b008e7c-0002-0001-0000-000041599780 [06.04.2024].
1066 Daniel Vernet, Après la visite à Andreas Baader M. Jean-Paul Sartre dénonce les »conditions de vie intolérables« des détenus politiques, in: Le Monde, 06.12.1974 (Übers. P. Geiss).
1067 Vgl. Kraushaar, Die blinden Flecken der RAF, S. 137 f.
1068 Vgl. Bergstermann, Stammheim, S. 103–105, Zitat S. 105; zur Gründung als Reformgefängnis 1963 vgl. ebd., S. 30.
1069 Sofern ich folgende Passagen der Biografie nicht gänzlich falsch verstehe: Ditfurth, Ulrike Meinhof, S. 411 (»Es ging ums Überleben«) und 416 (Zitat des Gutachters Wilfried Rasch, s. u., mit dem Hinweis, dass sein Gutachten zum desaströsen Zustand der Gefangenen von den Anwälten nicht genutzt werden durfte).
1070 Vgl. Kraushaar, Die blinden Flecken der RAF, S. 138.
1071 Sämtliche im Folgenden referierten Äußerungen Raschs aus dem Interview in der Sendung Panorama, 22.08.1977, https://daserste.ndr.de/panorama/archiv/1977/-,panorama12414.html [06.04.2024], ca. Min. 4:45–7:35.
1072 Vgl. Ditfurth, Ulrike Meinhof, S. 415–417.
1073 Voranstehendes zum Prozess nach: Florian Jeßberger, Prozess, in: Ders. u. a. (Hg.), Das Stammheim-Protokoll, https://www.stammheim-prozess.de/prozess/ [06.04.2024]; Urteil in der Strafsache gegen Bader, Ensslin und Raspe vom 28. April 1977, S. 3 f., https://www.stammheim-prozess.de/urteil/ [06.04.2024]; zu den terroristischen Aktionen des Herbstes 1977 und den Reaktionen des Staates: Terhoeven, Die Rote Armee Fraktion, S. 75–85.
1074 Stammheim-Protokoll, 65. Verhandlungstag, 20.01.1976, insbes. S. 5673 und 5677; in Auszügen nachhörbar unter: https://www1.wdr.de/archiv/deutscher-herbst/tonbaender_stammheim_sieben100.html [06.04.2024].
1075 Stammheim-Protokoll, 65. Verhandlungstag, 20.01.1976, S. 5684.
1076 Vgl. Andreas Baader, in: Stammheim-Protokoll, 29. Verhandlungstag, 26.08.1975, S. 2349.
1077 Stammheim-Protokoll, 65. Verhandlungstag, 20.01.1976, S. 5702; vgl. dazu Peter Geiss, »Daß es in unserem Leben eine Grenze gibt, wo wir nicht mehr mitmachen dürfen«. Fritz Bauers Widerstandsbegriff in der Perspektive politisch-historischer Urteilsbildung bei Jugendlichen, in: Daniel E. D. Müller/Christoph Studt (Hg.), Vom 20. Juli 1944 zum Hambacher Forst. Der Begriff des Widerstands, Augsburg 2021, S. 53–88, hier S. 65 f.; zum Gehalt des oben zit. Art. 20 Abs. 4 GG: Otto Depenheuer, Das Widerstandsrecht des Grundgesetzes. Staatsphilosophische und verfassungsrechtliche Perspektiven, in: ebd., S. 89–100; zum Kontext seiner Aufnahme in das GG: Christoph Böckenförde, Die Kodifizierung des Widerstandsrechts im Grundgesetz, in: Juristenzeitung 25 (1970), S. 168–172, hier S. 169.
1078 Vgl. Stammheim-Protokoll, 65. Verhandlungstag, 20.01.1976, S. 5702.

1079 Meinhof, Zum 20. Juli, in: Dies.; Die Würde des Menschen ist antastbar, S. 49–51, hier S. 50; zu Strauß' Kurs der atomaren Aufrüstung: Alois Prinz, Lieber wütend als traurig. Die Lebensgeschichte der Ulrike Marie Meinhof, Weinheim u. a. 2003, S. 86 und 118 f.; Ditfurth, Ulrike Meinhof, S. 160 f.

1080 Zit. nach Ditfurth, Ulrike Meinhof, S. 108 und 450, Anm. 25 (Quellenangabe dort: »Brief an die Studentenschaft«, Flugblatt vom 15.05.1958, hg. vom studentischen Arbeitskreis für ein kernwaffenfreies Deutschland Münster, Westfalen).

1081 Zum Tod von Meins und zur propagandistischen Verwendungen des Bildes durch die RAF und ihr Umfeld: Terhoeven, Die Rote Armee Fraktion, S. 58 f.; Wolff, Folter und Mord an den »Helden des Volkes«?, S. 134 f. (Verknüpfung des Bildes mit dem Vorwurf der »Vernichtungshaft«).

1082 Hungerstreikerklärung vom 8. Mai 1973, in: Hoffmann (Bearb.), Texte und Materialien, S. 187–190, hier S. 189.

1083 Hungerstreikerklärung vom 13. September 1974, in: Hoffmann (Bearb.), Texte und Materialien, S. 190–192, hier S. 190.

1084 Vgl. Jürgen Matthäus, Art. »Sonderbehandlung«, in: Wolfgang Benz/Hermann Graml/Hermann Weiß (Hg.), Enzyklopädie des Nationalsozialismus, 5. Aufl. München/Stuttgart 2007, S. 802.

1085 Zit. nach Pieter H. Bakker Schut (Hg.), Das Info. Briefe der Gefangenen der RAF 1973–1974 / Dokumente, Hamburg 1987, S. 21; zur Funktionsweise des »info«: Vorbemerkung des Hg., ebd., S. 5 f.; zu der Passage und der Selbstannäherung der RAF an NS-Opfer auch: Wolff, Folter und Mord an den »Helden des Volkes«?, S. 131 und Terhoeven, Rote Armee Fraktion, S. 58.

1086 Vgl. Ditfurth, Ulrike Meinhof, S. 393 f.; zur RAF-internen Diskussion über den Hungerstreik vgl. die Dokumente in Bakker Schut (Hg.), Das Info, S. 63–67 und 183–186.

1087 Zum Voranstehenden: Terhoeven, Die Rote Armee Fraktion, S. 59 (Inkaufnahme von Hungertoten, so auch Wolff, Folter und Mord an den »Helden des Volkes«?, S. 135); Hungerstreikerklärung vom 13. September 1974, in: Hoffmann (Bearb.), Texte und Materialien, S. 192 (Ziele); ferner zur RAF-Perspektive: »Es werden Typen dabei kaputtgehen«, in: Der Spiegel 47/1974 (17.11.1974), https://www.spiegel.de/politik/es-werden-typen-dabei-kaputtgehen-a-605c8de5-0002-0001-0000-000041651325 [06.04.2024].

1088 Zit. nach: Bakker Schut (Hg.), Das Info, S. 184 (01.11.1974, ebd. auch das voranstehende Zitat zum »Schweinesieg«), kurz darauf veröffentlicht in: »Entweder Mensch oder Schwein«, in: Der Spiegel 47/1974 (18.11.1974), https://www.spiegel.de/spiegel/print/d-41651326.html [06.04.2024]; weitere vorangehende Meins-Zitate (»waffe mensch« etc.) nach Bakker Schut (Hg.), Das Info, S. 65 f. (05.06.1974); vgl. Geiss, »Daß es in unserem Leben eine Grenze gibt«, S. 64.

1089 So Manfred Grashof, zit. nach Aust, Baader-Meinhof-Komplex, S. 424.

1090 Vgl. Petra Terhoeven, Opferbilder – Täterbilder. Die Fotografie als Medium linksterroristischer Selbstermächtigung, in: Geschichte in Wissenschaft und Unterricht 58/7–8 (2007), S. 380–399 hier S. 392 f. Die Ohnmachtssituation der Isolationshaft beschreibt Ditfurth, Ulrike Meinhof, S. 371–381; zu Meins' Tod unter Zwangsernährung: ebd., S. 393 f.; zu Gruppenzwang in der RAF: Bormuth, An den Grenzen des biografischen Verstehens, S. 17.

1091 Rudi Dutschke, »Holger, der Kampf geht weiter!«, in: Der Spiegel 39/1977 (09.10.1977), https://www.spiegel.de/politik/holger-der-kampf-geht-weiter-a-36c929e1-0002-0001-0000-000040736248 [06.04.2024]; kurzer Filmmitschnitt der Szene am Grab unter: https://www.youtube.com/watch?v=GTpXRSnhaBU [06.04.2024]; vgl. mit Zitaten Aust, Baader-Meinhof-Komplex, S. 476; zum auf den Tod von Meins folgenden Mord an Drenkmann: Terhoeven, Die Rote Armee Fraktion, S. 59; Ditfurth, Ulrike Meinhof, S. 394.

1092 Sjef Teuns, Isolation/Sensorische Deprivation: Die programmierte Folter, in: Kursbuch 32 (August 1973), S. 118–125, hier S. 118; vgl. bereits Ditfurth, Ulrike Meinhof, S. 412.

1093 Stammheim-Protokoll, 12. Verhandlungstag, 09.07.1975, S. 1213.

1094 Erklärung vom 25. Mai 1972, in: Hoffmann (Bearb.), Texte und Materialien, S. 147 f.; vgl. auch Meins' Verharmlosung des Holocaust im Vergleich zum Vietnamkrieg in: Bakker Schut (Hg.),

Das Info, S. 91 f.; zur radikalisierenden Rolle des Vietnamkrieges vgl. Ditfurth, Ulrike Meinhof, S. 428.
1095  Zu diesem Anschlag und seiner Bilanz vgl. Aust, Baader-Meinhof-Komplex, S. 388–390.
1096  Vgl. hierzu bereits kritisch Hanno Balz, Rez. »Ditfurth, Jutta: Ulrike Meinhof. Die Biographie [...]«, in: H-Soz-Kult, 07.04.2008, www.hsozkult.de/publicationreview/id/reb-8488 [06.04.2024]; zur Tendenz der RAF und ihrer ›Ehemaligen‹, Opfer eigener Verbrechen zugunsten der Selbstinszenierung als Opfer auszublenden (sogar noch in der Auflösungserklärung der RAF): Terhoeven, Rote Armee Fraktion, S. 107 f.
1097  Vgl. hierzu auch das scharfe Urteil von Kraushaar, Die blinden Flecken der RAF, S. 244.
1098  Interviewauszug zit. nach https://www.youtube.com/watch?v=oTOJOwfHlXI [06.04.2024]; vgl. Bormuth, An den Grenzen des biografischen Verstehens, S. 14.
1099  Vgl. mit voranstehendem wörtlichen Zitat: Gutachten Elisabeth Blochmanns vom 4. Juli 1956, in: Alexander Gallus (Hg.), Meinhof, Mahler, Ensslin. Die Akten der Studienstiftung des deutschen Volkes, Göttingen 2016, S. 113, voranstehendes Zitat S. 112 f.; vgl. dazu Aust, Baader-Meinhof-Komplex, S. 50 und Bormuth, An den Grenzen des biografischen Verstehens, S. 13.
1100  Vor der voranstehend thematisierten Rückprojektion warnt Alexander Gallus, Zur Einführung: Meinhof, Mahler, Ensslin und die Studienstiftung. Die Akten dreier ›Hochbegabter‹, in: Ders. (Hg.), Meinhof, Mahler, Ensslin, S. 11–47, hier S. 41–43.
1101  Stammheim-Protokoll, 41. Verhandlungstag, 28.10.1975, S. 3224, im Originalton nachzuhören unter: https://www1.wdr.de/archiv/deutscher-herbst/tonbaender_stammheim_sechs100.html [06.04.2024].
1102  Zu den voranstehend referierten Gedanken und Zitaten: Ulrike Meinhof, Hitler in euch (1961), in: Dies., Deutschland, Deutschland unter anderem. Aufsätze und Polemiken, Berlin 2012 (Nachdruck der Ausg. 1995 mit veränderter Seitenzählung), S. 32–36, hier S. 36.
1103  Franz Josef Strauß, Bundestagsprotokolle, 3. Wahlperiode, 21. Sitzung, 25.03.1958, S. 1111.
1104  Vgl. Ditfurth, Ulrike Meinhof, S. 160 f., von dort (S. 153 f. und 158 f.) auch obige Angaben zu den von Meinhof mit Riemeck und der DFU geteilten Sichtweisen; Prinz, Lieber wütend als traurig, S. 118 f. sowie 112 (Spiegel-Bericht über Riemeck und die DFU mit Erwähnung Meinhofs); Meinhofs voranstehend zit. Artikel: Dies., Zum 20. Juli, S. 50 f.
1105  Zu diesem Absatz: Ulrike Meinhof, Gegen wen? Wider ein deutsches Notstandsgesetz (1962), in: Dies., Deutschland, Deutschland unter anderem, S. 43–48, hier S. 46 (Tradition des Art. 48, Zitat zum Scheitern von Weimar), 44 (Berlin-Blockade als für den Notstand hinreichender Erfahrungshintergrund des GG) und 45 (Gefahr der Untreue gegenüber GG als »antithetisch zu Krieg und Terror«); zur Ära der Präsidialkabinette in der Weimarer Republik: Eberhard Kolb/Dirk Schuhmann, Die Weimarer Republik, 8. Aufl. München 2013, S. 130–153; zur Funktion der Notstandsgesetze und zur Diskussion über sie: Manfred Görtemaker, Geschichte der Bundesrepublik Deutschland. Von der Gründung bis zur Gegenwart, Frankfurt a. M. 2004, S. 453–457.
1106  Zur Linken in der Tradition von 1848: Meinhof, Gegen wen?, S. 47.
1107  Zum Problemfeld ›Adenauer und Nationalsozialismus‹: Corinna Franz, Prinzipien und Pragmatismus. Konrad Adenauers Umgang mit der NS-Vergangenheit, in: Stefan Creuzberger/Dominik Geppert (Hg.), Die Ämter und ihre Vergangenheit. Ministerien und Behörden im geteilten Deutschland 1949–1972, Paderborn 2018, S. 17–45.
1108  Zu diesem Fall vgl. Nicht geküßt, in: Der Spiegel 31/1962 (31.07.1962), https://www.spiegel.de/politik/nicht-gekuesst-a-583e6f8b-0002-0001-0000-000045141027 [06.04.2024]; die kurze Notiz auf der Internetseite der Bundesanwaltschaft: https://www.generalbundesanwalt.de/DE/Wir-ueber-uns/WolfgangFraenkel/WolfgangFraenkel-node.html [06.04.2024] sowie eine Fernsehdiskussion bei *Panorama*, 15.07.1962, https://daserste.ndr.de/panorama/archiv/1962/-,panorama9932.html [06.04.2024].
1109  Vgl. Ulrike Meinhof, Auf Anhieb: Mord. Einzelheiten zum Fall Fränkel (1962), in: Dies., Deutschland, Deutschland unter anderem [hier abweichend Berlin 1995: in der Neuausgabe 2012 nicht mehr enthalten], S. 55–61, hier S. 55 und Fallbeispiele S. 56 f.; vgl. hierzu Fränkels eigene Erklärung des Instruments »Nichtigkeitsbeschwerde«: Wolfgang Fränkel, Die Nich-

tigkeitsbeschwerde in der Praxis, in: Deutsches Recht 11/44 (1941), S. 2305–2312, https://www.generalbundesanwalt.de/SharedDocs/ExterneLinks/DE/Download/Deutsches-Recht.html [06.04.2024].
1110 Vgl. zum Voranstehenden: Nicht geküßt, in: Der Spiegel 31/1962 (31.07.1962). Dies bezieht sich auf: Wilhelm Stuckart/Hans Globke, Kommentare zur deutschen Rassegesetzgebung, Bd. 1, München/Berlin 1936, S. 112, Zitat aus der Einleitung ebd., S. 12 f., https://archive.org/details/wilhelm-stuckart-hans-globke-kommentar-zu-den-rassegesetzen/page/n2/mode/1up [21.12.2024].
1111 Meinhof, Auf Anhieb: Mord, S. 60 f.
1112 Bundestagsprotokolle, 4. Wahlperiode. 42. Sitzung, 24.10.1962, S. 1792.
1113 Terhoeven, Rote Armee Fraktion, S. 10, 16 und 123.
1114 Zur Einschätzung von Prinz: Lieber wütend als traurig, S. 116. Zum späteren, weiten Faschismusbegriff vgl. das oben zitierte Gefängnisinterview des damals gegenüber dem Linksterrorismus bereits kritischen, aber noch nicht rechtsextremen Horst Mahler im Film *Deutschland im Herbst*, ca. Min. 51.
1115 Rote Armee Fraktion, Konzept Stadtguerilla, S. 11 (Kap. V); vor dem Zitat geschilderte Zusammenhänge: Frei, 1968, S. 112–114 (studentische Wahrnehmung des Schah-Regimes und Gewalteskalation bei der Demonstration); obiges Zitat zu Ohnesorgs Tod (»Meilenstein«): Aust, Baader-Meinhof-Komplex, S. 98.
1116 Zit. nach Kraushaar, Die blinden Flecken der 68er, S. 179.
1117 Ulrike Meinhof, Offener Brief an Farah Diba (1967), in: Dies., Deutschland, Deutschland unter anderem, S. 97–103, hier S. 102.
1118 Vgl. Jochen Staadt, Die Lübke-Legende. Wie ein Bundespräsident zum »KZ-Baumeister« wurde – Teil II, in: Zeitschrift des Forschungsverbunds SED-Staat 19 (2016), S. 107–124, hier S. 124.
1119 Ulrike Meinhof, Vietnam und die Deutschen (1967), in: Dies., Die Würde des Menschen ist antastbar, S. 108–111, hier S. 110.
1120 Zu diesem »Organisationsreferat« Dutschkes und Krahls: Kraushaar, Die blinden Flecken der 68er Bewegung, S. 13 f. Die radikalisierende Wirkung des Vietnamkrieges auf die erste Generation der RAF betont Ditfurth, Ulrike Meinhof, S. 428.
1121 Panorama, 04.11.1968, https://daserste.ndr.de/panorama/archiv/1968/Brandstifter-Gudrun-Ensslins-Jugend,ensslin101.html [05.04.2024]. Die nachfolgenden inhaltlichen Rekurse und Zitate beziehen sich auf folgende Abschnitte: Min. 3:45–5:45 (Gudrun Ensslin) und 5:45–9:12 (ihr Vater, Helmut Ensslin). Vgl. auch Helmut Ensslins Brief im Spiegel: Helmut Ensslin, »All jenen Eltern ...«, in: Der Spiegel 9/1972 (20.02.1972), https://www.spiegel.de/politik/helmut-ensslin-all-jene-eltern-a-b6834125-0002-0001-0000-000042972192 [05.04.2024]; zur Brandstiftung als Protest gegen den Vietnamkrieg und zur Verteidigung durch den Anwalt Mahler: Kraushaar, Die blinden Flecken der RAF, S. 307.
1122 Ulrike Meinhof, Warenhausbrandstiftung (1968), in: Dies., Die Würde des Menschen ist antastbar, S. 153–156, hier S. 154.
1123 Ebd., S. 156; vgl. Bormuth, An den Grenzen des biografischen Verstehens, S. 16.
1124 Ulrike Meinhof, Vom Protest zum Widerstand (1968), in: Dies., Die Würde des Menschen ist antastbar, S. 138–141, hier S. 138.
1125 Ebd., S. 140.
1126 Vgl. ebd. und dazu Kraushaar, Die blinden Flecken der RAF, S. 80.
1127 Ulrike Meinhof, Natürlich kann geschossen werden, in: Der Spiegel 25/1970 (14.06.1970), https://www.spiegel.de/politik/natuerlich-kann-geschossen-werden-a-eeb9c6b2-0002-0001-0000-000044931157 [10.01.2022]; zum Kontext des Interviews: Ditfurth, Ulrike Meinhof, S. 287.
1128 Rote Armee Fraktion, Konzept Stadtguerilla, S. 1 (Titelseite).
1129 Zitierter Begriff und Deutung von Philippe Buc (Heiliger Krieg, S. 157).
1130 Stammheim-Protokoll, 121. Verhandlungstag, 22.06.1976, S. 10129; vgl. zu dieser Argumentation Aust, Baader-Meinhof-Komplex, S. 605. Der von Heldmann zit. Text Fritz Bauers ist heute

ediert in: Fritz Bauer, Widerstandsrecht und Widerstandspflicht des Staatsbürgers, in: Ders., Kleine Schriften, Bd. 2, S. 974–993, hier S. 983.
1131 Stammheim-Protokoll, 121. Verhandlungstag, 22.06.1976, S. 10134; zum voranstehend erwähnten Frankfurter Anschlag: Aust, Baader-Meinhof-Komplex, S. 383–385.
1132 Stammheim-Protokoll, 121. Verhandlungstag, 22.06.1976, S. 10150 f.
1133 Zur Verteidigungsstrategie (Wertung der Anschläge als ›Widerstand‹ mithilfe von Zeugen angenommener US-Verbrechen) und ihrer Zurückweisung: Aust, Baader-Meinhof-Komplex, S. 604–607; Bericht über Peck mit obigem Zitat: Die NSA weiß alles, in Der Spiegel 31/1972 (23.07.1972), https://www.spiegel.de/politik/dirnsa-weiss-alles-a-dff6b2af-0002-0001-0000-000042854136 [11.01.2022]; dazu Ditfurth, Ulrike Meinhof, S. 429. Die Diskussion um die Zurückweisung begann mit einem entsprechenden Antrag des Bundesanwalts Wunder, der von »agitatorischer Selbstdarstellung« sprach: Stammheim-Protokoll, 121. Verhandlungstag, 22.06.1976, S. 10126; zur Ablehnung der Zeugenbefragung als für den Strafprozess irrelevante Agitation: ebd., S. 10138–10141 (dort S. 10138 der Hinweis darauf, dass für die Angeklagte nur »revolutionäre Moral« gelte).
1134 Max Horkheimer/Theodor W. Adorno, Dialektik der Aufklärung. Philosophische Fragmente, Frankfurt a. M. 1996, Vorrede und erstes Kapitel (»Begriff der Aufklärung«).
1135 Eine Selbstkritik, die wie qualvolle Selbstkasteiung wirkt, aber völlig ideologieimmanent bleibt, ist dokumentiert in einer Mitteilung von Meinhof im »info« vom 19. März 1976, in: Bakker Schut (Hg.), Das Info, S. 263–265; ein anderes Beispiel in Bormuth, An den Grenzen des biografischen Verstehens, S. 17.
1136 Zur ›Unsichtbarkeit‹ der Pandemie trotz der im Vergleich zu den Kriegen höheren Opferzahlen: Laura Spinney, 1918. Die Welt im Fieber. Wie die Spanische Grippe die Gesellschaft veränderte, übers. von Sabine Hübner, Darmstadt 2018, S. 12; o. g. Zahl der Kriegsopfer nach: Antoine Prost, War Losses, in: Ute Daniel u. a. (Hg.), 1914–1918-online. International Encyclopedia of the First World War, 08.10.2014, http://dx.doi.org/10.15463/ie1418.10271.
1137 Zum Hintergrund der Bezeichnung »spanisch« sowie zur Ursprungs- und Ausbereitungstheorie: David Rengeling, Vom geduldigen Ausharren zur allumfassenden Prävention. Grippe-Pandemien im Spiegel von Wissenschaft, Politik und Öffentlichkeit, Baden-Baden 2017, S. 52.
1138 Kritisch dazu: Martha I. Nelson/Michael Worobey, Origins of the 1918 Pandemic. Revisiting the Swine »Mixing Vessel« Hypothesis, in: American Journal of Epidemiology 187/12 (2018), S. 2498–2502.
1139 Vgl. zu diesem Abschnitt: Rengeling, Vom geduldigen Ausharren, S. 20; zur Marginalisierung im kollektiven Gedächtnis wegen der anderen genannten Krisenfaktoren: ebd., S. 59, 105 (begrenzte Erklärungskraft der Kriegszensur) und 416.
1140 Generalanzeiger für Bonn und Umgegend, 28.02.1920, S. 2, zit. nach https://zeitpunkt.nrw/ulbbn/periodical/zoom/3844227 [19.04.2024].
1141 Zum Voranstehenden: Facts and Figures of »Flu«, in: Audubon Republican, 20.02.1919, S. 4, https://chroniclingamerica.loc.gov/lccn/sn87057928/1919-02-20/ed-1/seq-4/ [20.04.2024]; von den in dieses Portal eingebundenen Zeitungsporträts die Kontextinformationen zu allen in diesem Kapitel zit. Beispielen amerikanischer Regionalpresse.
1142 M. O. Kingsbury, Convincing Conclusions, in: Audubon Republican, 20.02.1919, S. 4.
1143 Monett Times, 23.05.1919, S. 8, https://chroniclingamerica.loc.gov/lccn/sn90061308/1919-05-23/ed-1/seq-8/ [20.04.2024].
1144 Grabstein mit Foto (2014), Concord Cemetery in Ridgley, https://de.findagrave.com/memorial/101009782/j-alvis-parmley [19.04.2024].
1145 Niall P. A. S. Johnson/Juergen Mueller, Updating the Accounts. Global Mortality of the 1918–1920 »Spanish« Influenza Pandemic, in: Bulletin of the History of Medicine 67/1 (2002), S. 105–115, hier S. 111 und 115.
1146 Vgl. Rengeling, Vom geduldigen Ausharren, S. 413, der von einem »Relevanz-Diskurs« spricht.
1147 Heute verfügbar als Neuauflage mit abweichendem Titel: Alfred W. Crosby, America's Forgotten Pandemic. The Influenza of 1918, Cambridge 2003; zum Einfluss des Buches in den 1970er

Jahren, zu seinem Beispielcharakter für die ›Wiederentdeckungserzählung‹ und zur Titeländerung vgl. Rengeling, Vom geduldigen Ausharren, S. 266 f.
1148 Vgl. Richard E. Neustadt/Harvey R. Fineberg, The Swine Flu Affair. Decision-Making on a Slippery Disease (1978), Washington 2009, S. 25.
1149 Vgl. Crosby, America's Forgotten Pandemic, S. XI.
1150 Spinney, 1918, S. 12.
1151 Voranstehendes zur Forschungsgeschichte: ebd., S. 207–247 und – speziell zu Hultins Entdeckungen in Brevig Mission: Douglas Jordan (unter Mitarbeit von Terrence Tumpey und Barbara Jester), The Deadliest Flu. The Complete Story of the Discovery and Reconstruction of the 1918 Pandemic Virus, Zugriff zuletzt 11.11.2021, 2024 nur noch als Archivversion mit eingeschränkter Funktionalität verfügbar unter: https://archive.cdc.gov/www_cdc_gov/flu/pandemic-resources/reconstruction-1918-virus.html [20.04.2024]. Diesem Beitrag verdanke ich die Kenntnis der im Folgenden zit. Lit. zum Virus H1N1.
1152 Vgl. Ann H. Reid u. a., Characterization of the 1918 »Spanish« influenza virus neuraminidase gene, in: Proceedings of the National Academy of Sciences 97/12 (2000), S. 6785–6790, hier S. 6786.
1153 Vgl. ebd., S. 6785 und 6789 f.
1154 Ebd., 6790 (Übers. P. Geiss), von dort auch die vor dem Zitat referierte Aussage; zur Überraschung des menschlichen Immunsystems: Rengeling, Vom geduldigen Ausharren, S. 36. Eine Zusammenfassung der Erkenntnisse des Teams um Taubenberger bietet: James E. Hollenbeck, Lessons learned from the 1918–1919 influenza pandemic, in: Indian Journal of Microbiology 49 (2009), S. 348–351.
1155 Zum »W« mit Angaben zu den Altersgruppen und zum Vergleich mit den »U-Profilen« von 1911 bis 1917: Jeffery K. Taubenberger/David M. Morens, 1918 Influenza: the Mother of All Pandemics, in: Emerging Infectious Diseases 12/1 (2006), S. 15–22, hier S. 19; Zahlenvergleich zur Übersterblichkeit der drei Pandemien 1918/19, 1957/58 und 1968/69 in: Antoine Flahaut/Patrick Zylberman, Influenza Pandemics: Past, Present and Future Challenges, in: Public Health Reviews 32/1 (2010), S. 319–340, hier S. 325.
1156 Jahreszeitenangaben bezogen auf die Nordhalbkugel nach Johnson/Mueller, Updating the Accounts, S. 107; vgl. auch die Kurve für das Vereinigte Königreich in Taubenberger/Morens, 1918 Influenza, S. 17.
1157 Vgl. Johnson/Mueller, Updating the Accounts, S. 107.
1158 Vgl. Kai Portmann, Virologe Drosten zu Epidemien: »Veranstaltungsstopps und Schulschließungen in Kombination sind extrem effizient«, in: Der Tagesspiegel, 12.03.2021, https://www.tagesspiegel.de/wissen/virologe-drosten-zu-epidemien-veranstaltungsstopps-und-schulschliessungen-in-kombination-sind-extrem-effizient/25638436.html [20.04.2024].
1159 Zu den Fakten: Rengeling, Vom geduldigen Ausharren, S. 79–82 und Walter R. Dowdle, The 1976 Experience, in: Infectious Diseases 176 (1997), Suppl. 1, S. 69–72.
1160 Richard Neustadt/Ernest R. May, Thinking in Time. The Uses of History for Decision Makers, New York 1986, S. 48–57; zu den zeitgenössischen Befürchtungen und Unsicherheiten: Neustadt/Fineberg, Swine Flu Affair, S. 1; zur Unsicherheit hinsichtlich der Virulenz: Rengeling, Vom geduldigen Ausharren, S. 39.
1161 Vgl. zu diesem Absatz: Neustadt/Fineberg, Swine Flu Affair, S. 4 f. (Ausbruch in Fort Dix), 12 f. (Experten zu antigenischer Ähnlichkeiten der Viren 1976 und 1918/19), 9 f. (Perspektive einer im Herbst beginnenden Pandemie mit Hunderttausenden Toten), 10 (weiterreichende Überlegungen zur Präventionsmedizin), 1 f. (Kosten der Impfungen und Zahl der Geimpften), 41 und 51–53 (verunsichernde Forderungen der Pharmaindustrie, Zustimmung des Kongresses nach einem Ausbruch der Legionärskrankheit), 56–58 (Medienberichte über Todesfälle und durch Präsidentenimpfung nicht zu korrigierender Abwärtstrend bei Impfungen) sowie den Überblick in Rengeling, Vom geduldigen Ausharren, S. 79–81; zum Abbruch nach Guillain-Barré-Fällen: ebd., S. 81 und Dowdle, The 1976 Experience, S. 72. Die oben zit. bange Frage stellte Harry Meyer, Direktor des Bureau of Biologics der amerikanischen Food and Drug Administration

(FDA), zit. nach: Proposed national swine flu vaccination program. Hearing before the Subcommittee on Health and the Environment of the Committee on Interstate and Foreign Commerce. House of representatives […], March 31,1976, Serial No. 94-79, Washington 1976, S. 21 (dort auch Hinweis auf jahrzehntelanges Zirkulieren in Schweinen und 1976 bestehende Gefahr des Übergangs auf Menschen), https://books.google.de/books?id=2HkmAAAAMAAJ [26.04.2024]; Quelle nachfolgend zit. als »Flu Vaccination Program [Anhörung], 31.03.1976«; zum Krankheitsbild der möglichen Impfschäden: Miquel Porta, Art. »Guillain–Barré syndrome«, in: John M. Last (Hg.), A Dictionary of Public Health, 2. Aufl. Oxford 2018, https://www.oxfordreference.com/view/10.1093/acref/9780191844386.001.0001/acref-9780191844386-e-1822 [26.04.2024].
1162 The MacNeil/Lehrer Report, Swine Flu, 13.10.1976, zit. nach dem Transkript unter: https://americanarchive.org/catalog/cpb-aacip_507-rj48p5w62d [26.04.2024].
1163 Zit. nach Neustadt/Fineberg, Swine Flu Affair, S. 127; voranstehend referierte Einschätzung des Dokuments: ebd., S. 12.
1164 So Rengeling, Vom geduldigen Ausharren, S. 15 und 113 sowie Patrick Zylberman, Influenza Pandemics and the Politics of Historical Analogy, in: Tamara Giles-Vernick/Susan Craddock/Jennifer Gunn (Hg.), Influenza and Public Health, London/Washington 2010, S. 84–90, hier S. 84 f.
1165 Hier mit den einleitenden Kontextinformationen zit. nach Neustadt/Fineberg, Swine Flu Affair, S. 17.
1166 Ebd. (Übers. P. Geiss).
1167 So habe sich Matthews in einem Gespräch mit Neustadt und Fineberg geäußert, Zitat ebd., S. 16 (Übers. P. Geiss).
1168 Flu Vaccination Program [Anhörung], 31.03.1976, S. 1.
1169 John F. Kennedy, Address during the Cuban Missile Crisis, 22.10.1962 (ediert in: Laurence Chang/Peter Kornbluh (Hg.), The Cuban Missile Crisis. A National Security Archive Document Reader, New York 1998, Dok. 29, S. 160–164, hier: S. 162). Für *unchecked* käme auch die Übersetzung »unkontrolliert« infrage, die aber im Deutschen die Dramatik nicht so deutlich wiedergibt wie die Schach-Metapher.
1170 Flu Vaccination Program [Anhörung], 31.03.1976, S. 4.
1171 Ebd., S. 59 (Übers. P. Geiss), zur institutionellen Rolle ebd., S. 51.
1172 Ebd., S. 11 (Übers. P. Geiss).
1173 Ebd., S. 19 (Übers. P. Geiss).
1174 Zit. nach Neustadt/Fineberg, Swine Flu Affair, S. 25, nachzuhören auch unter: https://www.fordlibrarymuseum.gov/library/av/whca_audio/7603088.mp3 [12.04.2024]; Transkript unter https://www.fordlibrarymuseum.gov/the-fords/gerald-r-ford/key-speeches-and-writings-gerald-r-ford [23.12.2024]. Fords Hinweis auf die Spanische Grippe ist nur in den beiden zuletzt genannten Digitalisaten enthalten, nicht im Zitat bei Neustadt/Fineberg.
1175 Zu Rogers voranstehend referierten Aussagen mit den Zitaten: Congressional Record, House of Representatives, 05.04.1976, https://www.congress.gov/94/crecb/1976/04/05/GPO-CRECB-1976-pt8-3-2.pdf [26.04.2024], S. 9452–9454, Zitate S. 9454 (Übers. P. Geiss).
1176 Ebd., S. 9455 (Übers. P. Geiss).
1177 Vgl. Markus Brechtken, Raul Hilberg, der Begriff Holocaust und die Konferenzen von San José bis Stuttgart, in: René Schlott (Hg.), Raul Hilberg und die Holocaust-Historiographie, Göttingen 2019, S. 47–70, hier S. 47. Einen auf die Spanische Grippe bezogenen Beleg des Begriffs bietet für 1962 Rengeling, Vom geduldigen Ausharren, S. 47; zur Verwendung *nuclear holocaust* vgl. den Eintrag im *Merriam-Webster*: https://www.merriam-webster.com/dictionary/holocaust [26.04.2024].
1178 Vgl. Neustadt/Fineberg, Swine Flu Affair, S. 108.
1179 Zu den voranstehend referierten und zitierten Positionen im Ausschuss: Flu Vaccination Program [Anhörung], 31.03.1976, S. 6 (Waxmann und Zitat Senator Kennedys, Übers. P. Geiss), 41 (Verbandsvertreter Brennan).
1180 Zu Weigerung und Freistellung der Versicherungen: Neustadt/Fineberg, Swine Flu Affair, S. 51–53.

1181 Zu den Folgen des Guillain-Barré-Syndroms für die Kampagne: ebd., S. 58; Rengeling, Vom geduldigen Ausharren, S. 276.
1182 David J. Sencer/J. Donald Millar, Reflections on the 1976 Swine Flu Vaccination Program, in: Emerging Infectious Diseases 12/1 (2006), S. 29–33, https://www.ncbi.nlm.nih.gov/pmc/articles/PMC3291400/pdf/05-1007.pdf [22.11.2021], hier S. 31 f.
1183 Schwartz' Kritik voranstehend zusammengefasst und zit. nach: Harry Schwartz, Swine Flu Fiasco, in: The New York Times, 21.12.1976, S. 33 (Übers. P. Geiss). Bei der Interpretation folge ich Neustadt/Fineberg, Swine Flu Affair, S. 60; zur Zerstörung von Vertrauen zudem: Rengeling, Vom geduldigen Ausharren, S. 429.
1184 Sencer/Millar, Reflections on the 1976 Swine Flu Vaccination Program, S. 32 (Übers. P. Geiss).
1185 Neustadt/Fineberg, Swine Flu Affair, S. 52 (Übers. P. Geiss); Bezeichnung als »autocrat«: ebd., S. 8.
1186 Sencers Bericht (Memorandum, 18.03.1976) unterzeichnet von seinem Vorgesetzten Theodore Cooper, ebd., S. 128 (Faksimile, Übers. P. Geiss). Die Rede ist dort von »strong possibility«. Der Bericht wird eingeordnet ebd., S. 11.
1187 Vgl. ebd., S. 129.
1188 Zit. nach ebd., S. 13 und Faksimile S. 130 (Übers. P. Geiss); vgl. Dowdle, The 1976 Experience, S. 72.
1189 Sencer/Millar, Reflections on the 1976 Swine Flu Vaccination Program, S. 33 (Übers. P. Geiss).
1190 Hannah Arendt im Gespräch mit Günter Gaus, in: RBB »Zur Person«, 28.10.1964, zit. nach dem Transkript unter: https://www.rbb-online.de/zurperson/interview_archiv/arendt_hannah.html [26.04.2024]; vgl. dazu: Peter Geiss, Gehört Karl Poppers Falsifikationsprinzip in den Geschichtsunterricht? Zur Einordnung eines Schulfaches zwischen Geisteswissenschaften und empirischen Disziplinen, in: Roland Ißler/Rainer Kaenders/Stephan Stomporowski (Hg.), Fachkulturen in der Lehrerbildung weiterdenken, Göttingen 2022, S. 163–188, hier S. 183; zu Arendts unabgeschlossener Auseinandersetzung mit dem Urteilen vgl. auch Hannah Arendt, Das Urteilen. Texte zu Kants politischer Philosophie (Vom Leben des Geistes, Teil 3), hg. von Ronald Beiner, übers. von Ursula Ludz, 6. Aufl. München 2021.
1191 Vgl. Max Weber, Wissenschaft als Beruf, in: Ders., Gesammelte Aufsätze zur Wissenschaftslehre, hg. von Johannes Winckelmann, 7. Aufl. Tübingen 1988, S. 582–613, hier S. 601 f.
1192 Dowdle, The 1976 Experience, S. 71 f. (Übers. P. Geiss); zu seiner Rolle: Neustadt/Fineberg, Swine Flu Affair, S. 6 und 99; zur Verwendung des Adjektivs »political« durch amerikanische Ärzte vgl. Neustadt/Fineberg, Swine Flu Affair, S. 25. In allgemeiner Perspektive diskutiert das von Dowdle aufgeworfene Problem: Alexander Bogner, Die Epistemisierung des Politischen. Wie die Macht des Wissens die Demokratie gefährdet. Stuttgart 2021 (▸ Kap. 5).
1193 Rengeling, Vom geduldigen Ausharren, S. 430.
1194 Zit. nach Neustadt/Fineberg, Swine Flu Affair, S. 16 (Übers. P. Geiss, Auslassungszeichen in der Vorlage).
1195 Vgl. Timothy Naftali/Ernest R. May/Philip Zelikow (Hg.), The Presidential Recordings: John F. Kennedy. The Great Crises, New York/London 2001, Bd. 2, S. 590; zum Vergleich die Schätzungen von 1976 zu US-amerikanischen Grippetoten 1918/19: 450 000, vgl. Neustadt/Fineberg, Swine Flu Affair, S. 127.
1196 Neustadt/May, Thinking in Time, S. 55 (Übers. P. Geiss); »Unreasoning from analogies« ist das 3. Kapitel des vorgenannten Buches überschrieben, in dem neben dem Impfprogramm von 1976 auch Appeasement-Vergleiche im Koreakrieg 1950 behandelt werden.
1197 Vgl. ebd. Das Lagern des Impfstoffs war diskutiert, aber verworfen worden, vgl. Neustadt/Fineberg, Swine Flu Affair, S. 39.
1198 Vgl. John Dewey, The Public and its Problems, Athens 2012 (zuerst 1927), S. 208 f. Zur Interpretation von Deweys Ansatz: Laura M. Westhoff, The Popularization of Knowledge. John Dewey on Experts and American Democracy, in: History of Education Quarterly 35/1 (1995), S. 27–47.
1199 Zur Vorläufigkeit in Wissenschaft und Demokratie: Michel Fabre, Les Lumières sont-elles vraiment modernes?, in: Ders./Céline Chauvigné (Hg.), L'éducation et les Lumières. Enjeux philoso-

phiques et didactiques contemporains, Dijon 2020, S. 51–64 (freundlicher Literaturhinweis von Sylvain Doussot) und Joseph G. Metz, Democracy and the Scientific Method in the Philosophy of John Dewey, in: The Review of Politics 31/2 (1969), S. 242–262.

1200 Dewey, The Public and its Problems, S. 208 f.
1201 Voranstehend resümierte Kritik nach: Neustadt/May, Thinking in Time, S. 56 f.; zur Bedeutung des präventionsmedizinischen Denkens: Neustadt/Fineberg, Swine Flu Affair, S. 10.
1202 Das Urteil in diesem Absatz leitet sich unmittelbar aus der Analyse von Neustadt und Fineberg (Swine Flu Affair) ab, die allerdings in der skizzierten Logik kein Entlastungsargument für die Politik sehen.
1203 Anonymes Zitat, zit. nach Neustadt/Fineberg, Swine Flu Affair, S. 8 und 21 (Übers. P. Geiss); ferner offenbar auch von Matthews gegenüber Ford verwendete Charakterisierung der Lage: ebd., S. 22.
1204 Rengeling, Vom geduldigen Ausharren, S. 412.
1205 Albrecht Koschorke, Wahrheit und Erfindung. Grundzüge einer allgemeinen Erzähltheorie, Frankfurt a. M. 2012, S. 238. Auch Rengeling (Vom geduldigen Ausharren, S. 258) versteht Analogiebildung als Erzählung, wenn er von einer »narrative[n] Reaktualisierung der Spanischen Grippe in den 1970er Jahren« spricht.
1206 Vgl. zur auch für Industrieländer »unbesiegten« Gefahr der Influenza: Rengeling, Vom geduldigen Ausharren, S. 421.
1207 Die Konstruktdimension historischer Analogien betont Mikel Vedby Rasmussen, The History of a Lesson. Versailles, Munich and the Social Construction of the Past, in: Review of International Studies 29 (2003), S. 499–519, hier S. 500 f.; weitere Literatur in ▶ Kap. 12 des vorliegenden Bandes; zur Ähnlichkeit der Viren von 1918/19 und 1976: Neustadt/Fineberg, The Swine Flu Affair, S. 12.
1208 Dewey, The Public and its Problems, S. 202 f. (Übers. P. Geiss).
1209 Vgl. Thukydides 2,51–2,54 (Geschichte des Peloponnesischen Krieges, I. Teil: Buch I–IV, Griech./Deutsch, übers. von Georg Peter Landmann, München 1993, S. 255–261) bzw. Text und Kommentar in: Giovanni Boccaccio, Poesie nach der Pest. Anfang des *Decameron*. Ital./Deutsch, übers. und hg. von Kurt Flasch, Mainz 1992.
1210 Vgl. Tanja Potthoff/Michael Wiehen, »da man die Juden zu Colne sluch«. Das Pestpogrom in Köln von 1349, in: Alexander Berner u. a. (Koordination), Pest! Eine Spurensuche (Katalog zur gleichnamigen Ausstellung, 20. September 2019–10. Mai 2020, LWL-Museum für Archäologie/Westfälisches Landesmuseum Herne), Darmstadt 2019, S. 123–131; zu den allgemein verbreiteten judenfeindlichen Stereotypen und Unterstellungen: Christian Scholl, Die Judenverfolgungen zur Zeit des Schwarzen Todes. Am Beispiel der oberdeutschen Reichsstädte Ulm, Augsburg und Straßburg, in: ebd., S. 113–131, hier S. 113–115; generell zu Sündenbockmechanismen in Zeiten der Epidemien und Pandemien: Frank M. Snowden, Epidemics and Society. From the Black Death to the Present, Yale 2020, S. 63–65.
1211 Voranstehend referierte Ereignisgeschichte nach: Heinrich August Winkler, Geschichte des Westens. Die neuste Zeit, München 2015, S. 57 (Srebrenica), 60 (Dayton) und 173 (Eskalation zum Bürgerkrieg, Račak); Edgar Wolfrum, Rot-Grün an der Macht. Deutschland 1998–2005, München 2013, S. 87 (erster Kampfeinsatz der Bundeswehr), 69 (Beginn der Vertreibungen in Kosovo); Marie-Janine Celik, Geschichte Jugoslawiens, München 2018, S. 275–324 (Zerfallskriege und Vorgeschichte); zit. Opferzahlen nach: Memorial Center Srebrenica: https://srebrenicamemorial.org/en/page/genocide-in-srebrenica/26 [27.12.2024].
1212 Rambouillet Agreement. Interim Agreement for Peace and Self-Government in Kosovo, https://1997-2001.state.gov/www/regions/eur/ksvo_rambouillet_text.html [27.04.2024], Appendix B: Status of Multi-National Military Implementation Force, Punkt 8 (Übers. P. Geiss); zu Genozidbefürchtungen, militärischer Interventionsbereitschaft der NATO, Bemühungen um eine Verhandlungslösung und gescheitertem Abkommen: Winkler, Geschichte des Westens, S. 173–175.

1213 Vgl. Elisa Satjukow, Die andere Seite der Intervention. Eine serbische Erfahrungsgeschichte der NATO-Bombardierung 1999, Bielefeld 2020, S. 72 (serbische und kosovarische Reaktionen auf das Abkommen) und 176 f. (Scheitern der Verhandlungen, serbische Operation im Kosovo und Kriegsbeginn); zur Entwicklung der Flüchtlingszahlen: Astrid Suhrke u. a., The Kosovo Refugee Crisis. An Independent Evaluation of UNHCR's Emergency Preparedness and Response, UNHCR 2000, S. 117 (Tabelle I), https://library.alnap.org/system/files/content/resource/files/main/erd-2848-full.pdf [27.04.2024].
1214 Zur Argumentation der PDS (mit Zitat) und zur gerichtlichen Zurückweisung: Bundesverfassungsgericht (BVerfG), Beschluß des Zweiten Senats vom 25. März 1999, 2 BvE 5/99, https://www.bverfg.de/e/es19990325_2bve000599.html [27.04.2024], S. 3–6, Zitat S. 3 f.
1215 BVerfG, Beschluss der 3. Kammer des Zweiten Senats vom 2. Juni 2003, 2 BvR 1775/02, http://www.bverfg.de/e/rk20030602_2bvr177502.html [27.04.2024].
1216 Vgl. BVerfG, Pressemitteilung Nr. 55/2013 vom 3. September 2013 zum Beschluss vom 13. August 2013 (2 BvR 2660/06), https://www.bundesverfassungsgericht.de/SharedDocs/Pressemitteilungen/DE/2013/bvg13-055.html [27.04.2024].
1217 Zu den Vorwürfen: Specialist Prosecutor's Office, Public Redacted Version of Amended Indictment, KSC-BC-2020-06, 30.09.2022, https://repository.scp-ks.org/LW/Published/Filing/0b1ec6e980d458c6/ANNEX%203%20to%20Submission%20of%20confirmed%20amended%20Indictment.pdf [27.04.2024], S. 1 und 9.
1218 Zur Bedeutung des Faktors »Lernen aus der Geschichte« bereits Marcel Tambarin, La paix au prix de la guerre? L'Allemagne et l'intervention de l'Otan au Kosovo (1998–1999), in: Études Germaniques 254/2 (2009), S. 471–488 und Paul Maurice, Un pacifisme à géométrie variable. Les partis allemands et la participation de la Bundeswehr à des opérations extérieures, in: Notes du Cerfa 160 (2021), S. 21.
1219 Zur 1999 beobachtbaren Neuakzentuierung des Lernens aus der Geschichte mit massiver Abschwächung der pazifistischen Traditionslinie: Tambarin, La paix au prix de la guerre?, S. 480 f. und Maurice, Un pacifisme à géométrie variable, S. 21 f. sowie Wolfrum, Rot-Grün an der Macht, S. 109.
1220 Joschka Fischer, Rede auf dem Sonderparteitag der Grünen zur Kosovo-Krise (1999), zit. nach https://germanhistory-intersections.org/de/deutschsein/ghis:document-241 [27.04.2024]. Die Rede ist vollständig zu sehen und zu hören auf dem YouTube-Kanal von Bündnis 90/Die Grünen: https://www.youtube.com/watch?v=7jsKCOTM4Ms [27.04.2024]; vgl. dazu auch Winkler, Geschichte des Westens, S. 179.
1221 Theodor W. Adorno, Erziehung nach Auschwitz (1966), in: Ders., Erziehung zur Mündigkeit. Vorträge und Gespräche mit Hellmut Becker 1959–1969, hg. von Gerd Kadelbach, 27. Aufl. Frankfurt a. M. 2019 (zuerst 1971), S. 88–104, hier S. 88.
1222 Vgl. Fischer, Rede auf dem Sonderparteitag.
1223 Dieser Konflikt durchzieht Fischers gesamte Rede; zu Pazifismus als zentralem Bestandteil grüner Identität und zur »Zerreißprobe«: Wolfrum, Rot-Grün an der Macht, S. 65. Eine Wende in der argumentativen Verwendung der deutschen NS-Vergangenheit sieht neben Wolfrum (ebd., S. 106) auch Winkler (Geschichte des Westens, S. 179); zur voranstehend thematisierten Verankerung der Grünen in der Friedensbewegung: Manfred Görtemaker, Geschichte der Bundesrepublik Deutschland. Von der Gründung bis zur Gegenwart, Frankfurt a. M. 2004, S. 645–648; zur Anti-Atomtod-Bewegung der Adenauer-Zeit ebd., S. 189–193; Strauß-Kritik Ulrike Meinhofs in: Dies., Zum 20. Juli 1944, in: Dies., Die Würde des Menschen ist antastbar, Berlin 2021, S. 49–51, hier S. 50 f.
1224 Henning Voscherau, in: SPD-Vorstand (Hg.), Protokoll Parteitag Bonn. 12. April 1999. Verantwortung, Frankfurt a. M. 1999, https://www.spd.de/fileadmin/Dokumente/Beschluesse/Bundesparteitag/beschlussbuch_bundesparteitag_bonn_1999.pdf [27.04.2024], S. 90.
1225 Ebd., S. 92 und 90 (»tragisches Dilemma«).
1226 Vgl. Reinhard Klimmt, in: ebd., S. 96–98, wörtliche Zitate S. 96 f.

1227 Günter Bannas, Das Elend des Pazifismus, in: Frankfurter Allgemeine Zeitung, 09.04.1999, S. 1. Auch Bannas sieht hier ein Dilemma.
1228 Vgl. Wolfrum, Rot-Grün an der Macht, S. 76 f.; ebd. (S. 68 und 71) auch obige Angaben zu den Weichenstellungen unter der Vorgängerregierung. Den Polizeischutz erwähnt Fischer selbst in seiner Rede; das oben zit. Video zeigt auch deutlich die Folgen der Farbattacke. Eine Schilderung und Problemanalyse aus Fischers Perspektive bietet: Joschka Fischer, Über den Kosovo-Krieg. Alptraum aller Alpträume, in: Der Spiegel 40/2007, S. 42–46.
1229 Gregor Gysi, Bundestagsprotokolle, 14. Wahlperiode, 32. Sitzung, 15.04.1999, S. 2637; dazu Wolfrum, Rot-Grün an der Macht, S. 81.
1230 Benjamin Mikfeld, in: SPD-Vorstand (Hg.), Parteitag 1999, S. 109.
1231 Joschka Fischer, in: Bundestagsprotokolle, 14. Wahlperiode, 32. Sitzung, 15.04.1999, S. 2639.
1232 Adorno, Erziehung nach Auschwitz, S. 90; vgl. dazu Peter Geiss, »Daß es in unserem Leben eine Grenze gibt, wo wir nicht mehr mitmachen dürfen«. Fritz Bauers Widerstandsbegriff in der Perspektive politisch-historischer Urteilsbildung bei Jugendlichen, in: Daniel E. D. Müller/Christoph Studt (Hg.), Vom 20. Juli 1944 zum Hambacher Forst. Der Begriff des Widerstands, Augsburg 2021, S. 53–88, hier S. 82.
1233 Diese Interpretation wurde bereits 1999 vertreten: Burghard Schmanck, Leserbrief, in: Allgemeine Jüdische Wochenzeitung, 29.04.1999, zit. nach Peter Gingold/Ulrich Sander (Hg.), Echo auf den Offenen Brief an die Minister Scharping und Fischer. »Gegen eine neue Art der Auschwitz-Lüge«, o. O., o. J., https://nrw-archiv.vvn-bda.de/bilder/doku_neue_auschwitz-luege.pdf [27.04.2024], S. 11.
1234 Hannah Arendt, Elemente und Ursprünge totaler Herrschaft. Antisemitismus, Imperialismus, totale Herrschaft, 11. Aufl. Frankfurt a. M. 2006 (dt. zuerst 1955), S. 811 und 907; ähnlich Harald Welzer (unter Mitarbeit von Michaela Christ), Täter. Wie aus ganz normalen Menschen Massenmörder werden, Frankfurt a. M. 2005, S. 246–286
1235 Hannah Arendt im Gespräch mit Günter Gaus, in: RBB »Zur Person«, 28.10.1964, zit. nach dem Transkript unter: https://www.rbb-online.de/zurperson/interview_archiv/arendt_hannah.html [27.04.2024].
1236 Arendt, Elemente und Ursprünge totalitärer Herrschaft, S. 946; vgl. dazu auch ebd., S. 945.
1237 Esther Bejarano/Peter Gingold/Kurt Goldstein u. a., Offener Brief [...], in: Frankfurter Rundschau, 23.04.1999, zit. nach Gingold/Sander (Hg.), Echo auf den Offenen Brief, S. 2; kommentiert in: Kurt Gritsch, Inszenierungen eines gerechten Krieges? Intellektuelle, Medien und der »Kosovo-Krieg« 1999, Hildesheim u. a. 2010, S. 114.
1238 Eva Krafczyk, Scharping besuchte mit deutschen Soldaten Auschwitz. »Völkermord darf nie mehr eine Chance haben«, in: Westfälische Rundschau, 15.02.1999, zit. nach Gingold/Sander (Hg.), Echo auf den Offenen Brief, S. 7.
1239 Vgl. zu Verlauf und Positionen Klaus Große Kracht, Debatte: Der Historikerstreit, Version: 1.0, in: Docupedia-Zeitgeschichte, 11.01.2010, http://dx.doi.org/10.14765/zzf.dok.2.586.v1 [27.04.2024], Zitat S. 8.
1240 Zur voranstehend referierten Position mit den Zitaten: Ernst Nolte, Vergangenheit, die nicht vergehen will. Eine Rede, die geschrieben, aber nicht gehalten werden konnte, in: Frankfurter Allgemeine Zeitung, 06.06.1986, zit. nach dem Abdruck in: »Historikerstreit«. Eine Dokumentation der Kontroverse um die nationalsozialistische Judenvernichtung, 6. Aufl. München 1988, S. 39–47, Zitate S. 46 f.
1241 Jürgen Habermas, Eine Art Schadensabwicklung. Die apologetischen Tendenzen in der deutschen Zeitgeschichtsschreibung, in: »Historikerstreit«, S. 62–76, hier S. 71 (zu Nolte insbes. S. 68–71).
1242 Ernst Nolte, Zwischen Geschichtslegende und Revisionismus?, in: »Historikerstreit«, S. 13–35, hier S. 24. Dass Nolte dies scheinbar nur als »These« referiert, kann seine geistige Nähe dazu im Textzusammenhang nicht verbergen.
1243 Vgl. Bejarano/Gingold/Goldstein u. a., Offener Brief.

1244 Zum Voranstehenden: Benjamin R. Bates, Circulation of the World War II / Holocaust Analogy in the 1999 Kosovo Intervention. Articulating a Vocabulary for International Conflict, in: Journal of Language and Politics 8/1 (2009), S. 28–51, hier S. 29 f., 38 und 47.
1245 William J. Clinton, Address to the Nation on Yugoslavia Strike, 24.03.1999 (Übers. P. Geiss), zit. nach dem Transkript unter: https://edition.cnn.com/ALLPOLITICS/stories/1999/03/25/clinton.transcript/ [01.05.2024].
1246 Vgl. Winston Churchill, The Second World War. Bd. 1: The Gathering Storm, Boston 1948 (Übers. P. Geiss), S. IV (»The Unnecessary War« – Aussage gegenüber Roosevelt), 41 (»second Armageddon«), 51 (Schwellenjahr 1934) und 18 (»councils of prudence and restraint«).
1247 Boris Jelzin, zit. nach o. A., Kosovo: Rußland gegen die Nato?, in: Manager-Magazin, 09.04.1999, https://www.manager-magazin.de/finanzen/artikel/a-16600.html [01.05.2024]; zu Befürchtungen mit Blick auf Russland vgl. Wolfrum, Rot-Grün an der Macht, S. 91.
1248 Voranstehende Bezugnahmen und Zitate: Erhard Eppler, in: SPD-Vorstand (Hg.), Parteitag 1999, S. 111, vgl. Kommentar in Wolfrum, Rot-Grün an der Macht, S. 91 f.
1249 Herfried Münkler, Symmetrie und asymmetrische Kriege. Der klassische Staatenkrieg und die neuen transnationalen Kriege, in: Merkur 664 (2004), S. 649–659; ausführlicher: Ders., Die neuen Kriege, 2. Aufl. Reinbek bei Hamburg 2004.
1250 Erhard Eppler, in: SPD-Vorstand (Hg.), Parteitag 1999, S. 112 f.
1251 Aristoteles, Poetik, 1453a (Griechisch/Deutsch), übers. und hg. von Manfred Fuhrmann, Stuttgart 1982, S. 38 f.).
1252 Vgl. mit dem lat. Zitat: Wolf Krötke, Art. »Glaube und Werke«, in: Religion in Geschichte und Gegenwart Online (2015), http://dx.doi.org/10.1163/2405-8262_rgg4_SIM_08698.
1253 Max Weber, Politik als Beruf, in: Ders., Gesammelte politische Schriften, hg. von Johannes Winckelmann, 5. Aufl. Tübingen 1988, S. 505–560, hier S. 550–559.
1254 Ebd., S. 559.
1255 Dietrich Bonhoeffer, Ethik, Werkausgabe Bd. 6, hg. von Ilse Tödt u. a., Gütersloh 2015, S. 275 f.; zur Deutung der Stelle in Bezug auf das Hitler-Attentat: Anne Kampf, Dietrich Bonhoeffer (1906–1945), in: evangelisch.de, 09.04.2020, https://www.ekd.de/dietrich-bonhoeffer-portraet-54499.htm [04.09.2024] und zur Schuldproblematik bei Bonhoeffer: Wolfgang Huber, Mündigkeit und Macht – Dietrich Bonhoeffers Anspruch an Kirche und Gesellschaft heute, Vortrag in Dessau, 07.03.2006, https://www.ekd.de/060307_huber_dessau.htm [12.05.2025].
1256 Ellen Schrecker, Introduction: Cold War Triumphalism and the Real Cold War, in: Dies. (Hg.), Cold War Triumphalism. The Misuse of History After the Fall of Communism, London 2004, S. 1–24, hier S. 3 (Übers. P. Geiss).
1257 Francis Fukuyama, The End of History?, in: The National Interest 16 (1989), S. 3–18; Ders., The End of History and the Last Man, New York u. a. 2006 (zuerst 1992); zum Bedeutungsverlust von Fukuyamas Narrativ: Schrecker, Introduction, S. 5; ferner Peter Geiss, Unterwegs zum Ende der Geschichte? Internationale Politik und Narrativität 1789–2016, in: Ders./Dominik Geppert/Julia Reuschenbach (Hg.), Eine Werteordnung für die Welt? Universalismen in Geschichte und Gegenwart, Baden-Baden 2019, S. 331–363, hier S. 331. Zum Erfolg des Westens durch Stärke: Horst Möller, Was waren die langen Linien der deutschen Außen- und Europapolitik seit Adenauer?, in: Dominik Geppert/Hans Jörg Hennecke (Hg.), Interessen, Werte, Verantwortung. Deutsche Außenpolitik zwischen Nationalstaat, Europa und dem Westen. Zur Erinnerung an Hans-Peter Schwarz, Paderborn 2019, S. 67–75.
1258 Zur Rücksichtnahme auf Russland: Gerhard Schröder und Henning Voscherau in: SPD-Vorstand (Hg.), Parteitag 1999, S. 43 f. und 92; ferner Gerhard Schröder und Edmund Stoiber, in: Bundestagsprotokolle, 14. Wahlperiode, 32. Sitzung, 15.04.1999, S. 2621 und 2643 sowie die Einbindung russischer Truppen gemäß den Agreed Points on Russian Participation in KFOR (Helsinki Agreement), zit. nach https://www.nato.int/kfor/docu/docs/pdf/helsinki.pdf [28.12.2024].
1259 Vgl. David Mendeloff, ›Pernicious History‹ as a Cause of National Misperceptions. Russia and the 1999 Kosovo War, in: Cooperation and Conflict 43/1 (2008), S. 31–56, Umfragedaten S. 44 f.
1260 Vgl. ebd., S. 37–42.

1261 Stark betont in: Sean McMeekin, July 1914. Countdown to War, New York 2013.
1262 Voranstehend resümierte und zitierte Äußerungen Lawrows und Erklärung Jelzins nach der englischen Fassung des Protokolls des 3988. Treffens des UN-Sicherheitsrats, 24.03.1999, https://undocs.org/en/S/PV.3988 [01.05.2024], S. 2–4 (Übers. P. Geiss).
1263 Vgl. Robert G. Kaiser/David Hoffman, Secret Russian Troop Deployment Thwarted, in: Washington Post, 25.06.1999, S. A1, https://www.washingtonpost.com/wp-srv/inatl/longterm/balkans/stories/russians062599.htm [01.05.2024].
1264 Von einem solchen »Spiegeln« geht aus: Jade McGlynn, Why Putin Keeps Talking About Kosovo, in: Foreign Affairs, 03.03.2022, https://foreignpolicy.com/2022/03/03/putin-ukraine-russia-nato-kosovo [17.10.2022]; zur Wahrnehmung des Kosovo-Krieges in Russland zudem: Martin Aust, Die Schatten des Imperiums. Russland seit 1991, München 2019, S. 96 f. und Mary E. Sarotte, Not One Inch. America, Russia, and the Making of the Post-Cold-War Stalemate, Yale 2021, S. 316–318.
1265 Charta der Vereinten Nationen (26.06.1945), Vorrede, zit. nach Albrecht Randelzhofer (Hg.), Völkerrechtliche Verträge, 7. Aufl. München 1995, S. 1; zum Gewaltverbot der UN-Charta als Folge der veränderten Kriegserfahrungen seit der Mitte des 19. Jahrhunderts: Jost Delbrück, Effektivität des UN-Gewaltverbots. Bedarf es einer Modifikation der Reichweite des Art. 2 (4) UN-Charta?, in: Die Friedens-Warte 74/1–2 (1999), S. 139–158, hier S. 141–143.
1266 UN-Charta, Art. 2, Abs. 4, zit. nach Randelzhofer (Hg.), Völkerrechtliche Verträge, S. 2 (von dort, S. 11 f. und 14 f., auch die nachfolgend zit. Artikel).
1267 Das nach Art. 53 gegen »Feindstaaten« des Zweiten Weltkrieges in Anspruch zu nehmende Recht, im Rahmen »regionaler Abmachungen« Maßnahmen zu ergreifen, kann hier außer Betracht bleiben. Zur humanitären Interpretation von Art. 39 vgl. Delbrück, Effektivität des UN-Gewaltverbots, S. 147.
1268 Zu den Zweifeln am Hufeisen-Plan: David Chandler, From Kosovo to Kabul and Beyond. Human Rights and International Intervention, London u. a. 2006, S. 15; Satjukow, Die andere Seite der Intervention, S. 138.
1269 Zu den Opferzahlen: ebd., S. 13; zum Angriff auf das Staatsfernsehen und den Reaktionen: ebd., S. 124–127; zur Bombardierung der chinesischen Botschaft: ebd., S. 122, Anm. 213.
1270 Zur Unnötigkeit der Unterstellung einer »hidden agenda«: Chandler, From Kosovo to Kabul, S. 19; zur Abwägung der Verhältnismäßigkeit: Delbrück, Effektivität des UN-Gewaltverbots, S. 153 f.
1271 The Independent International Commission on Kosovo (Hg.), The Kosovo Report. Conflict, International Response, Lessons Learned, 2. Aufl. Oxford 2005 (zuerst 2000), S. 4 (Übers. P. Geiss).
1272 Zu diesem Absatz: Bernard Kouchner, La responsabilité de protéger, in: Le Monde, 07.06.2002 (Verteidigung des Konzepts, Vorwurf »unterlassener Hilfeleistung«); ferner Immanuel Wallerstein, European Universalism. The Rhetoric of Power, New York/London 2006, S. 17 f. (Rolle Kouchners, »Recht auf Einmischung«); Winkler, Geschichte des Westens, S. 188 (Grenzen der Geltung); Alex J. Bellamy, The Responsibility to Protect – Five Years On, in: Ethics & International Affairs 24/2 (2010), S. 143–169, hier S. 151 (Gefahr des Missbrauchs für aggressive Zwecke) und 160 f. (unklarer rechtlicher Status).
1273 Vgl. Chandler, From Kosovo to Kabul, S. 16.
1274 Vgl. Peter Geiss, Unterwegs zum Ende der Geschichte? Internationale Politik und Narrativität 1789–2016, in: Ders./Dominik Geppert/Julia Reuschenbach (Hg.), Eine Werteordnung für die Welt? Universalismen in Geschichte und Gegenwart, Baden-Baden 2019, S. 331–363, hier S. 350; zum Übergang in eine Logik des *regime change*: Julien Pomarède, Des maux guerriers aux mots interventionnistes. Une analyse des mécanismes de légitimation de l'opération militaire internationale en Libye (2011), in: Études internationales 2 (2014), S. 229–260; zu Ruanda: Winkler, Geschichte des Westens, S. 47–49.
1275 Zu »Gladstonianismus« und »Wilsonianismus« als Traditionsquellen vgl. Dominik Geppert, Tony Blair, der Irak-Krieg und das Erbe William Ewart Gladstones, in: Ders./Geiss/Reuschenbach (Hg.), Eine Werteordnung für die Welt, S. 309–329, zit. Begriff S. 312.

1276 Zum Voranstehenden mit den Zitaten: Tony Blair, Doctrine of the International Community. Rede im Economic Club, Chicago, 24. April 1999, Rede voranstehend resümiert und zit. nach https://webarchive.nationalarchives.gov.uk/ukgwa/20070701133954/http://www.pm.gov.uk/output/Page1297.asp [26.11.2022] (Übers. von P. Geiss); analysiert in: Geppert, Blair, der Irak-Krieg und das Erbe Gladstones, insbes. S. 314 f. und 322 sowie S. Matthew Jamison, Humanitarian Intervention Since 1990 and Liberal Interventionism, in: Brendan Simms/D.J.B. Trimm (Hg.), Humanitarian Intervention. A History, Cambridge 2011, S. 365–380, hier S. 376.

1277 Vgl. die Ansprache von Nelson Mandela, 20.08.2000, zit. nach: The Independent International Commission on Kosovo (Hg.), The Kosovo Report, S. 14–17, hier S. 15; zum Afghanistankrieg als Folge der Solidarisierung westlicher Staaten mit den USA: Winkler, Geschichte des Westens, S. 205–208.

1278 Vgl. zu diesem Absatz: Celik, Geschichte Jugoslawiens, S. 285–287.

1279 Slobodan Milošević, Amselfeld-Rede, 28.06.1989, zit. nach dem Transkript der Verhandlung des Internationalen Strafgerichtshofs für das ehemalige Jugoslawien, 26.01.2005, S. 35795, https://www.icty.org/x/cases/slobodan_milosevic/trans/en/050126IT.htm [01.05.2024]; zum Kontext des 600. Jahrestages: Celik, Geschichte Jugoslawiens, S. 288; Satjukow, Die andere Seite der Intervention, S. 39 f.; zur Forschungskontroverse bezüglich der nationalen Aufladung: Matvey Lomonosov, ›Ethnic memories‹ from above? The Kosovo myth among the South Slavs and minimalist ethnosymbolism, in: Nations and Nationalism 27/4 (2021), S. 1111–1126, hier S. 1112; zu den spätmittelalterlichen Hintergründen: Branimir Anzulovic, Heavenly Serbia. From Myth to Genocide, New York 1999, S. 39 (Schlacht ohne scharfe ›nationale‹ Frontlinien), 13 (Tod der Anführer) und 41 (Bündnisse serbischer Adeliger mit den Osmanen); Auszüge aus der Milošević-Rede und quellenkritische Überlegungen in: Art. »Amselfeld-Rede«, in: Wikipedia, https://de.wikipedia.org/wiki/Amselfeld-Rede [01.05.2024].

1280 Auf das Fehlen eines direkten Aufrufs zu Kriegshandlungen verweist Satjukow, Die andere Seite der Intervention, S. 44 und auch der zit. Wikipedia-Art. »Amselfeld-Rede«.

1281 Milošević, Amselfeld-Rede, zit. nach Verhandlungstranskript, 26.01.2005, S. 35794; vgl. Radina Vučetić, Kosovo 1989. The (Ab)Use of the Kosovo Myth in Media and Popular Culture, in: Comparative Southeast European Studies 69/2–3 (2021), S. 223–243, hier S. 237.

1282 Milošević, Amselfeld-Rede, zit. nach Verhandlungstranskript, 26.01.2005, S. 35790.

1283 Zum Voranstehenden (Gesamtstimmung, Interpretation und Einordnung der Rede in den Kontext des Vorgehens gegen die Autonomie des Kosovo): Vučetić, Kosovo 1989, insbes. S. 224–226 und 237; Zitat: Milošević, Amselfeld-Rede, zit. nach Verhandlungstranskript, 26.01.2005, S. 35794 (sekundär übers. aus dem Englischen von P. Geiss).

1284 Vgl. ebd., S. 237 und die Interpretation der Rede in: Klaudija Sabo, Ikonen der Nationen Heldendarstellungen im post-sozialistischen Kroatien und Serbien, Wiesbaden 2017, S. 94–96.

1285 Christina Koulouri, The Joint History Project Books. An Alternative to National History?, in: Olivier Rathkolb (Hg.), How to (Re-)Write European History. History and Text Book Projects in Retrospect, Innsbruck 2010, S. 131–149.

1286 Vgl. Bogdan Murgescu/Halil Berktay (Hg.), The Ottoman Empire, 2. Aufl. Thessaloniki 2009 (Teaching Modern Southeast European History. Alternative Educational Materials, Workbook 1), http://www.jointhistory.net/download/eng/workbook1_eng.pdf [01.05.2024], Zitate S. 37 (Übers. P. Geiss).

1287 Johann Wolfgang von Goethe, Faust. Erster Teil und Zweiter Teil, in: Ausgewählte Werke in 22 Bänden, München 1964, S. 16.

1288 Thomas Nipperdey, Über Relevanz, in: Geschichte in Wissenschaft und Unterricht 10 (1972), S. 577–596, hier S. 583.

1289 Vgl. Jack L. Levy, Learning and Foreign Policy. Sweeping a Conceptual Minefield, in: International Organization 48/2 (1994), S. 279–312, hier S. 295 (Differenzierung garantiert keine besseren Entscheidungen).

1290 Zum Voranstehenden: Daniel Kahneman, Thinking, Fast and Slow, London 2012, S. 203 (*outcome bias*) und 76 (*illusion of causality*).

1291 Die oben skizzierte Bewertung der Adenauer'schen Sicherheitspolitik entspricht in der Tendenz: Horst Möller, Was waren die langen Linien der deutschen Außen- und Europapolitik seit Adenauer?, in: Dominik Geppert/Hans Jörg Hennecke (Hg.), Interessen, Werte, Verantwortung. Deutsche Außenpolitik zwischen Nationalstaat, Europa und dem Westen. Zur Erinnerung an Hans-Peter Schwarz, Paderborn 2019, S. 67–75, hier insbes. S. 70; zu den zeitgenössischen Ängsten und Gegenkräften: Holger Löttel, Des »Emotionalen Herr werden«. Konrad Adenauer und die »Angst vor der Atombombe« im Jahr 1957, in: Patrick Bormann/Thomas Freiberger/Judith Michel (Hg.), Angst in den Internationalen Beziehungen, Göttingen 2010, S. 206–225.

1292 Karl-Ernst Jeismann, »Aus der Geschichte lernen?« Grundfragen der Geschichtsdidaktik, in: Saskia Handro/Bernd Schönemann (Hg.), Aus der Geschichte lernen, Berlin 2016, S. 9–20, hier S. 19. Jeismann rekurriert offenbar auf: Ralf Dahrendorf, Ungewißheit, Wissenschaft und Demokratie, in: Ders., Konflikt und Freiheit. Auf dem Weg zur Dienstklassengesellschaft, München 1972, S. 292–300; dazu bereits: Holger Thünemann, Historische Werturteile. Positionen, Befunde, Perspektiven, in: Geschichte in Wissenschaft und Unterricht 71/1–2 (2020), S. 5–18, hier S. 18.

1293 Vgl. zu dieser Verwendung Karls des Großen die Internetpräsenz des Aachener Karlspreises unter: https://www.karlspreis.de/de/ [04.09.2023]; kritisch zur Überbetonung des Europagedankens im Umfeld des historischen Karls: Klaus Oschema, Bilder von Europa im Mittelalter, Ostfildern 2013, S. 140.

1294 Vgl. Henry Kissinger, World Order, New York 2014, S. 22–33.

1295 Vgl. Heinz Duchhardt, »Westphalian System«. Zur Problematik einer Denkfigur, in: Historische Zeitschrift 269 (1999), S. 305–315.

1296 Charta der Vereinten Nationen (26.06.1945), Art. 2 (4), zit. nach Albrecht Randelzhofer (Hg.), Völkerrechtliche Verträge, 7. Aufl. München 1995, S. 2.

1297 Hier mit den Kontextinformationen zit. nach: Neville Morley, Thucydides Quote Unquote, in: Arion: A Journal of Humanities and the Classics 20/3 (2013), S. 9–36, hier S. 12 f. (wörtliches Zitat: Übers. P. Geiss); vgl. auch: Christine Lee/Neville Morley, Introduction. Reading Thucydides, in: Dies. (Hg.), A Handbook to the Reception of Thucydides, Chichester 2015, S. 1–12, hier S. 1.

1298 Vgl. Morley, Thucydides Quote Unquote, S. 12 f.

1299 Zu diesem Absatz: Richard E. Neustadt/Ernest R. May, Thinking in Time. The Uses of History for Decision Makers, New York 1988, S. XXI (Notwendigkeit der Qualitätssicherung beim unvermeidlichen Lernen aus der Geschichte); Nipperdey, Über Relevanz, S. 582 (Gefahr des »Wucherns«); Karl-Ernst Jeismann, Zum Verhältnis von Fachwissenschaft und Fachdidaktik. Geschichtswissenschaft und historisches Lernen, in: Ders., Geschichte und Bildung. Beiträge zur Geschichtsdidaktik und zur Historischen Bildungsforschung, hg. von Wolfgang Jacobmeyer und Bernd Schönemann, Paderborn u. a. 2000, S. 73–86, hier S. 81 (kritisch-korrigierende Rolle der Historiker gegenüber dem gesellschaftlichen »Geschichtsbegehren«); Yuen Foong Khong, Analogies at War. Korea, Munich, Dien Bien Phu, and the Vietnam Decisions of 1965, Princeton 1992, S. 263 (besondere Gefährlichkeit der breit konsensfähigen Analogien).

1300 Entwickelt in: Neustadt/May, Thinking in Time, S. 39–43.

1301 Zum Voranstehenden: Khong, Analogies at War, S. 35 f., 212 (Funktion von Analogien) und 7 (Struktur des Schließens, ▸ Kap. 1).

1302 Zur Notwendigkeit, Analogien zu »testen«: Neustadt/May, Thinking in Time, S. 47; das nachfolgende Schema: ebd., S. 39–48. Das hier in das Schema ›eingesetzte‹ Beispiel entstammt: Graham Allison, The Thucydides Trap. Are the U.S. and China Headed for War?, in: The Atlantic, 24.09.2015, https://www.theatlantic.com/international/archive/2015/09/united-states-china-war-thucydides-trap/406756/ [06.05.2024]; Ders., Destined for War; dazu und zum Einfluss die Rezension von Richard Hanania, Graham Allison and the Thucydides Trap Myth, in: Strategic Studies Quarterly 15/4 (2021), S. 13–24; zur strategischen Ambiguität der USA in Bezug auf Taiwan: Philip Shetler-Jones, Strategic Communications, Ambiguity, and Taiwan. A Review Essay, in: Defence Strategic Communications 12 (2023), S. 65–83, hier S. 65–70, Bidens Erklärung im September 2022 zur Verteidigung Taiwans zit. ebd., S. 65 f.

1303 Thukydides 1,23 (Geschichte des Peloponnesischen Krieges. I. Teil: Buch I–IV. Griech./Deutsch, übers. von Georg Peter Landmann, München 1993, S. 35).
1304 Allison, Destined for War, S. VII, XV und 29. Die These drückt sich in der gesamten Argumentationsstruktur des Buches aus.
1305 Zur Vagheit bereits Hanania, Graham Allison and the Thucydides Trap Myth, S. 6; zu Verwendungen der Appeasement-Analogie im Gegensatz dazu: Neustadt/May, Thinking in Time, S. 36–46; Khong, Analogies at War, S. 175–179.
1306 Zum Voranstehenden: Allison, Destined for War, S. 1 (»business as usual«) und 185 (»Why war is not inevitable« – Annahme eines starken Trends, jedoch ohne Determinismus); zum ähnlichen Denken bei Monnet und Schuman: Hartmut Marhold, Historische Bedingungen für Schumans Plan, in: Matthias Waechter/Peter Becker/Otto Neubauer (Hg.), Robert Schuman. Politischer Realist und europäischer Geist, Wiesbaden 2022, S. 9–32, hier S. 9–13.
1307 Vgl. Hanania, Graham Allison and the Thucydides Trap Myth, S. 16.
1308 Vgl. Karl Popper, The Poverty of Historicism, London/New York 2002 (zuerst 1957), S. 124.
1309 So über den Peloponnesischen Krieg: Ernst Baltrusch, Außenpolitik, Bünde und Reichsbildung in der Antike, München 2008, S. 51; zur Ambivalenz von Bündnissen für deren Führungsmächte, die in Konflikte ihrer Partner ›hineingezogen‹ werden können: Allison, Destined for War, S. 212.
1310 Ebd., S. 206 f.
1311 Vgl. Hanania, Graham Allison and the Thucydides Trap Myth, S. 19.
1312 Vgl. Allison, Destined for War, S. 187–213; zur Verwechslung von Appeasement und Verständigung bzw. Interessenabgrenzung ebd., S. 221 f.; ähnlich auch schon der Historiker und Diplomat George F. Kennan 1966 im Kontext der Vietnamdebatte, zit. in Khong, Analogies at War, S. 175.
1313 Vgl. Barbara Tuchman, Die Torheit der Regierenden. Von Troja bis Vietnam, 4. Aufl. Frankfurt a. M. 2006, S. 51 und Kap. II ihres Buches insgesamt. Hanania (Graham Allison and the Thucydides Trap Myth, S. 16) zufolge beschränkt sich Grahams Modell auf sehr allgemeine »grand strategies«.
1314 Zu diesem Abschnitt: Max Weber, Die »Objektivität« sozialwissenschaftlicher und sozialpolitischer Erkenntnis, in: Ders., Gesammelte Schriften zur Wissenschaftslehre, hg. von Johannes Winckelmann, 7. Aufl. Tübingen 1988, S. 146–214, hier S. 191 (Idealtypus durch »Steigerung«), 194 (Bild des ›Messens‹).
1315 So ist wohl auch Khongs Feststellung zu lesen, dass Analogien von Politikern unterstützend herangezogen werden, um die »Wesensmerkmale [nature] der Situation zu definieren«, mit der sie es aktuell zu tun haben: Khong, Analogies at War, S. 10 (Übers. P. Geiss); ähnlich zur Bedeutung von Mustern auch Reinhart Koselleck, Zeitschichten, in: Ders., Zeitschichten. Studien zur Historik, 6. Aufl. Frankfurt a. M. 2021, S. 20–26, hier S. 23; zur Konstruktdimension von Analogien: Mikel Vedby Rasmussen, The History of a Lesson. Versailles, Munich and the Social Construction of the Past, in: Review of International Studies 29 (2003), S. 499–519.
1316 Zum Lernen im Koreakrieg: Neustadt/May, Thinking in Time, S. 34–48; zur Notwendigkeit mehrerer Beispiele: May, Lessons of the Past, S. XII und Neustadt/May, Thinking in Time, S. 7 f. (unter besonderer Betonung der Beispielkritik).
1317 Vgl. ebd.
1318 Zu diesem Absatz: May, Lessons of the Past, S. XII (Heranziehung und Hinterfragung mehrerer Analogien); Neustadt/May, Thinking in Time, S. 1 f. (Zeitmangel bei Entscheidern und Notwendigkeit proaktiver Beratung), XV (Zitat zu Geschichte und *imagination*; Übers. P. Geiss). Polybios 1,1,2 (Polybius, The Histories, übers. von W. R. Paton, Harvard/London 2010, S. 3): Paton übersetzt »training for a life of active politics«. Für den Bereich des schulischen Lernens wäre ein ›strategiesensibler Geschichtsunterricht‹ eine Option – vgl. meine Skizze dazu in: Peter Geiss, Das Risiko historischen Entscheidens, in Frankfurter Allgemeine Zeitung, 09.11.2023, S. 6.

# Abbildungsverzeichnis

| | | |
|---|---|---|
| Autor | *Foto:* Fotostudio Sachsse, Bonn | 2 |
| Abb. 1 | *Foto:* Reinhard Saczewski / Münzkabinett der Staatlichen Museen zu Berlin; *Information:* https://ikmk.smb.museum/object?lang=de&id=18202198 [07.02.2025] | 38 |
| Abb. 2 | *Foto:* Rabax63 (via Wikimedia Commons), CC BY-SA 4.0; *Information:* https://arachne.dainst.org/entity/1076609 [07.02.2025] | 46 |
| Abb. 3 | *Druck:* Jan Luyken (1701); *Bildvorlage und Information:* Rijksmuseum Amsterdam, https://id.rijksmuseum.nl/200225039 [07.02.2025], Public Domain | 65 |
| Abb. 4 | *Gemälde:* Eduard Schwoiser (1862), *Bildvorlage:* Ökumenisches Heiligenlexikon, https://www.heiligenlexikon.de/Glossar/Investiturstreit.html [07.02.2025], Public Domain; *Information:* H. Grimm, Art. »Schwoiser, Eduard«, in: Österreichisches Biographisches Lexikon 1815–1950, Bd. 12 (Lfg. 55, 2001), S. 66 | 77 |
| Abb. 5 | *Gemälde:* Giorgio Vasari (1565); *Foto:* Guillaume Piolle (via Wikimedia Commons), CC BY 3.0 | 103 |
| Abb. 6 | *Büste:* unbekannt; *Foto:* Bibi Saint-Pol (via Wikimedia Commons), Public Domain | 105 |
| Abb. 7 | *Stich:* Frans Hogenberg (1572); *Bildvorlage und Information:* Bibliothèque nationale de France, Paris, https://gallica.bnf.fr/ark:/12148/btv1b84006805 [07.02.2025] | 117 |
| Abb. 8 | *Foto:* Peter Geiss (2023) | 130 |
| Abb. 9 | *Zeichnung:* Jean-Baptiste Lesueur (1792/93); *Bildvorlage und Information:* Musée Carnavalet, Paris, https://www.parismuseescollections.paris.fr/en/node/111705 [07.02.2025], Public Domain | 141 |
| Abb. 10 | *Karikatur:* unbekannt (1815); *Bildvorlage und Information:* Bibliothèque nationale de France, Paris, https://gallica.bnf.fr/ark:/12148/btv1b6954647z [07.02.2025] | 150 |
| Abb. 11 | *Karte:* H. Wagner/E. Debes, Leipzig, bearb. von J. Kromayer (ca. 1922, Ausschnitte); *Bildvorlage und Information:* Universitätsbibliothek Heidelberg, https://doi.org/10.11588/diglit.7153#0031 | 179 |
| Abb. 12 | *Karte:* unbekannt (ca. 1915, Pfeile nachträglich nach G. Ritter); *Bildvorlage und Information:* Bibliothèque nationale de France, Paris, https://gallica.bnf.fr/ark:/12148/btv1b8593558n/f16.item [07.02.2025] | 185 |
| Abb. 13 | *Foto:* Oscar Tellgmann (1914) / Bundesarchiv 146-1994-022-19A (via Wikimedia Commons), CC BY-SA 3.0 | 205 |

Abbildungsverzeichnis

Abb. 14  *Foto:* unbekannt (1938); *Bildvorlage:* Nationales Digitales Archiv, Warschau (via Wikimedia Commons), Public Domain; *Information (Chamberlain-Zitat):* Wochenschaufilm von British Pathé (1938), Canister: UN 53 P, Media URN: 57841, https://www.britishpathe.com/asset/89986 [07.02.2025] ..................................................................................................223

Abb. 15  *Foto:* unbekannt (1943) / Bundesarchiv 1946-1985-100-33 (via Wikimedia Commons), CC BY-SA 3.0; *Information:* Archivtitel im Bundesarchiv .....236

Abb. 16  *Foto:* dpa/UPI / picture-alliance; *Information:* CVCE.eu, https://www.cvce.eu/obj/signature_du_traite_ceca_paris_18_avril_1951-fr-750bf92b-df2f-405c-ab1e-3b4f67129bc9.html [07.02.2025] ........................238

Abb. 17  *Foto:* Scherl / Süddeutsche Zeitung Photo; *Information:* V. Neugebauer (Hg.), Grundkurs deutsche Militärgeschichte 2: Die Zeit der Weltkriege. Völker in Waffen, München 2007, S. 198 ..........................................................253

Abb. 18  *Foto:* Helmut J. Wolf / Bundesarchiv 146-1998-006-34 (via Wikimedia Commons), CC BY-SA 3.0; *Information:* Archivtitel im Bundesarchiv ...........260

Abb. 19  *Zeichnung:* unbekannt (ca. 1795); *Bildvorlage und Information:* Bibliothèque nationale de France, Paris, https://gallica.bnf.fr/ark:/12148/cb402559058 [07.02.2025] ..........................................................................280

Abb. 20  *Foto:* Dominique Roger / UNESCO Archives, CC BY-SA 3.0; *Information:* https://atom.archives.unesco.org/photo0000002688-2 [07.02.2025] ...........292

Abb. 21  *Foto:* Scherl / Bundesarchiv 183-2004-1202-505 (via Wikimedia Commons), CC BY-SA 3.0; *Information:* Archivtitel im Bundesarchiv....................311

Abb. 22  *Foto:* Abbie Rowe / White House Photographs, Public Domain; *Information:* https://www.jfklibrary.org/asset-viewer/archives/jfkwhp-1962-10-23-b#?image_identifier=JFKWHP-AR7558-B [07.02.2025] ........................321

Abb. 23  *Foto:* Max Ehlert / Der Spiegel ........................................................................334

Abb. 24  *Foto:* unbekannt / Unternehmensarchiv der Axel Springer SE ....................336

Abb. 25  *Foto:* Harris & Ewing / Library of Congress, keine bekannten Einschränkungen; *Information:* https://www.loc.gov/pictures/item/2016855254 [07.02.2025] ..................................................................................................362

Abb. 26  *Foto:* David H. Kennerley / White House Photographs, Public Domain; *Information:* https://catalog.archives.gov/id/7064718 [07.02.2025]..............365

Abb. 27  *Foto:* Andrija1234567 (via Wikimedia Commons), GNU Free Documentation Licence..............................................................................................................382

Abb. 28  *Foto:* Gero Breloer / picture-alliance ............................................................387